Polícia Militar do Estado de São Paulo

Soldado PM de 2ª Classe

Volume II
- Informática
- Legislação

Editora Central de Concursos Ltda.
São Paulo
2014

Polícia Militar do Estado de São Paulo – Soldado PM de 2ª Classe - Volume II
São Paulo : Central de Concursos, 2014
280 p.; 21cm X 28cm.

1. Volume II

ISBN 000-00-00000-00-0

Solicitamos a gentileza de, ao término de seus estudos, preencher a carta-resposta que se encontra na última folha e entregá-la em qualquer agência dos Correios. Sua opinião é fundamental para que possamos trabalhar sempre de modo a atender, cada vez mais, às suas expectativas.

Atenciosamente,
Os Editores

editoracao@centraldeconcursos.com.br
www.centraldeconcursos.com.br

Eventuais erratas e complementos referentes a esta publicação estarão disponíveis em nosso site.

Apresentação

Prezado(a) Candidato(a)

A Equipe Editorial da Central de Concursos apresenta o mais novo material de estudo para o concurso da Polícia Militar do Estado de São Paulo para o cargo de Soldado PM de 2ª Classe abrangendo: Informática e Legislação de acordo com o conteúdo programático do edital.

A Central de Concursos trabalha para desenvolver um material livre de erros e sempre atualizado (no que diz respeito à legislação), mas nem sempre conseguimos. Sendo assim, às vezes, se faz necessária a elaboração de erratas, atualizações e complementos, disponíveis para consulta e impressão em nosso site *www.centraldeconcursos.com.br*. Contamos com a sua compreensão.

Esperamos que este material possa ser de grande utilidade na conquista de sua vaga.

Aproveitamos a oportunidade para solicitar-lhe a gentileza de preencher a carta-resposta que se encontra na última folha desta apostila, e postá-la em qualquer agência dos Correios, de modo que possamos conhecer a sua opinião e buscar atender, cada vez mais, suas expectativas.

Departamento de Editoração
editoracao@centraldeconcursos.com.br

Sumário

Informática 05
Legislação 199

Noções de Informática

1. Microsoft Windows 7 07

2. Microsoft Word 2010 25

3. Microsoft Excel 2010 69

4. Microsoft Power Point 2010 127

5. Internet e Correio Eletrônico 148

6. Provas de Concursos 182

1. Microsoft Windows 7

1. Área de Trabalho
2. Contas de Usuários
3. Fechamento o Windows 7
4. Suspendendo o Windows 7
5. Bloqueando o Windows 7
6. Hibernando o Windows 7
7. Principais Itens do Painel do Controle
8. Windows Explorer

1. Área de trabalho

A área de trabalho é a janela inicial do Windows, nela estão a informações para início da utilização dos recursos e aplicativos do sistema.

Exemplo: logon do Windows (acesso do usuário na máquina). Acesso aos atalhos de aplicativos ou arquivos e a barra de tarefas. O principal item da barra de tarefas, o botão  Iniciar, que pode ser usado para acessar programas, pastas e configurações do computador. Nesta barra encontramos também a seção intermediária, e área de notificação. Veja a figura abaixo:

Principais itens da barra de tarefas

1.1  **Botão Iniciar.** Abre o menu Iniciar.

IMPORTANTE PARA A PROVA. Windows 7 acrescentou algumas novidades neste menu. Veja exemplos a seguir.

Vejamos agora os novos recursos do menu Iniciar.

Lembrete de estudo: Se na prova for colocado que um dos avanços do Windows 7 está na facilidade de organizar e localizar arquivos, pastas e aplicativos, está correto.

Obs.: Estas afirmações, normalmente são feitas pelo CESPE (organizadora do MPU).

Listas de Saltos

O recurso Listas de Saltos é usado no menu Iniciar e na barra de tarefas. Este recurso deixa visível os itens recentes utilizados pelo usuários como arquivos, pastas ou sites, organizados pelo programa que você usa para abri-los. E também é possível fixar itens nos favoritos. No Windows 7, nenhum programa está fixo no menu Iniciar eles estarão visíveis logo após a primeira utilização.

Lembrete de estudo: É possível fixar favoritos na lista de saltos do Windows 7.

Bibliotecas

Nas versões anteriores, o gerenciamento dos seus arquivos significava organizá-los em diferentes pastas e subpastas. No Windows 7, também é possível utilizar bibliotecas para organizar e acessar arquivos por tipo, não importa onde eles estejam armazenados.

Conceito de Bibliotecas

Este recurso pega arquivos de diferentes locais e os exibe em um único lugar, sem os mover de onde estão armazenados. Isto facilita seus acessos. O Windows traz quatro itens da bibliotecas em seu padrão. São eles: (Documentos, Músicas, Imagens e Vídeos, porém o usuário poderá criar novas bibliotecas para outros itens.

Lembrete de estudo: Normalmente as perguntas são feitas no modo padrão do Windows.
Exemplo de pergunta: O Windows 7 disponibiliza no menu Iniciar a biblioteca três itens básicos e não permite criação de outros.

Certo ou Errado?
Errado. Veja o texto da definição. "O Windows traz quatro itens da biblioteca em seu padrão. São eles: Documentos, Músicas, Imagens e Vídeos, porém o usuário poderá criar novas bibliotecas para outros itens".

Função de cada item da biblioteca

Biblioteca Documento. Por padrão, a Biblioteca de documentos mostra todos os documentos localizados na pasta Meus Documentos.
Para vizualizar um documento sem abrir o programa em que ele foi criado. A sequência é, na barra de ferramentas, clique no botão Painel de Visualização e clique no documento.
• **Nota:** Para determinados tipos de arquivos, poderá ser necessário ter algum software adicional instalado.

Biblioteca Imagens. Utilizada para exibir e acessar arquivos de imagens digitais, obtidas da câmera, do scanner.
• **Nota:** No padrão, os arquivos movidos, copiados ou salvos na biblioteca Imagens são armazenados na pasta Minhas Imagens.

Biblioteca Músicas. Utilizada para exibir e acessar arquivos de músicas digitais, de CD de áudio ou copiadas da Internet.
• **Nota:** No padrão, os arquivos movidos, copiados ou salvos na biblioteca Músicas são armazenados na pasta Minhas Músicas.

Biblioteca Vídeos. Utilizada para exibir e acessar arquivos de vídeos, de clipes da câmera digital ou da câmera de vídeo, ou arquivos de vídeo copiados da Internet.
• **Nota:** No padrão, os arquivos movidos, copiados ou salvos na biblioteca Videos são armazenados na pasta Meus Vídeos.

Opções para criar uma biblioteca
1. Botão Iniciar, nome do usuário (que abre sua pasta pessoal) e, no painel esquerdo, escolha Bibliotecas.
2. No item excluir Bibliotecas, na barra de ferramentas, clique em Nova biblioteca.
3. Digite um nome para a biblioteca e pressione Enter.

Este processo é necessário pois para copiar, mover ou salvar arquivos em uma biblioteca, a pasta precisa existir.

Nota: Essa pasta se torna automaticamente o local de salvamento padrão da biblioteca. É possível incluir até 50 pastas em uma biblioteca.

Exemplo de pergunta: No Windows 7 é possível criar novas pasta na Biblioteca no menu Iniciar, porém o limite é de apenas 40 pastas.

Certo ou Errado?
Errado. Veja o texto da definição. "é possível incluir até 50 pastas em uma biblioteca."

Incluindo pastas em uma biblioteca. Como já visto nos itens anteriores o Windows 7 permite incluir outras pastas de vários lugares. Abaixo veremos exemplo de inclusão de pastas de uma unidade de disco externo.

Opções para incluir uma pasta de uma unidade de disco rígido externa em uma biblioteca

① A Biblioteca de Imagens

② Uma pasta incluída na Biblioteca de Imagens

1. Botão do Windows Explorer, da barra de tarefas.
2. No painel de navegação (painel esquerdo), clique em Computador e escolha a pasta na unidade de disco rígido externa que você deseja incluir será incluída.

3. Clique com o botão direito do mouse na pasta, aponte para Incluir na biblioteca e escolha uma biblioteca.

Nota: Pastas de dispositivos de mídia removível (como CDs e DVDs) e algumas unidades flash USB não podem ser incluídas em uma biblioteca.

Lembrete de estudo: Normalmente as perguntas são feitas no modo padrão do Windows.

Exemplo de pergunta: O Windows 7 disponibiliza, permite incluir na biblioteca uma pasta de qualquer unidade externa.
Certo ou Errado?
Errado. *Veja o texto da definição.* "Pastas de dispositivos de mídia removível (como CDs e DVDs) e algumas unidades flash USB não podem ser incluídas em uma biblioteca."

Observação: Também é possível de outros locais, como incluir uma pasta de seu computador em uma biblioteca, de uma rede. Para isso basta mudar o local de origem.

Nota: Se a opção Incluir na biblioteca não estiver visível, a pasta de rede não está indexada ou não está disponível offline.

Opções para remover uma pasta da biblioteca

Quando não quiser mais monitorar uma pasta em uma biblioteca, você pode removê-la. Quando você remove uma pasta de uma biblioteca, somente será excluído o atalho e não o conteúdo da pasta (arquivos e outras pastas). Siga os procedimentos abaixo.
1. Clique no botão do Windows Explorer.
2. No painel de navegação (painel esquerdo), clique na biblioteca e escolha o que será removido pastas.
3. No painel de bibliotecas, ao lado de Incluir, clique em Locais.
4. Na caixa de diálogo exibida, escolha a que deve ser removida, clique em Remover e em OK.

1.2  **Seção intermediária.** Mostra quais programas e arquivos estão abertos e permite alternar rapidamente entre eles.

Exemplo de pergunta: Nas bibliotecas quando remove um item da biblioteca somente o atalho será apagado.

Certo ou Errado?
Errado. "será excluído o atalho e não o conteúdo da pasta."

1.3 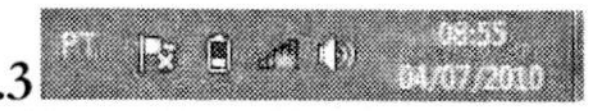 **Área de notificação.** Inclui um relógio e ícones (pequenas imagens) que exibem e permitem acessar o status de determinados programas e das configurações do computador. Esses ícones comunicam o status de algum item no computador ou fornecem acesso a determinadas configurações.

Observação:
A visualização de miniaturas somente será visível se o recurso Aero puder ser executado no seu computador, pois algumas versões do Windows 7 não possuem este recurso ou a configuração na máquina não o suporta.
Exemplo de pergunta: Qualquer versão do Windows 7 disponibiliza a visualização de miniaturas na barra de notificação.

Certo ou Errado?
Errado. *Veja o texto da definição.* "A visualização de miniaturas somente será visível se o recurso Aero puder ser executado no seu computador, pois algumas versões do Windows 7 não possuem este recurso ou a configuração na máquina não o suporta".

Novas opções da barra de tarefas

O Windows 7 adicionou novos recursos na área de trabalho visando melhorar organização e o gerenciamento de várias janelas e ajudar o usuário melhorar a personalização de sua área de trabalho.

Exemplo: nesta versão será possível alternar facilmente entre janelas abertas de modo que possa se concentrar nos programas e arquivos importantes.

Lembrete de estudo. Para os alunos do MPU. O edital pede o Windows XP e 7. Por experiências de provas anteriores notamos que normalmente o cespe compara as duas versões, portanto explora as principais diferenças.

Então, apresentaremos abaixo os novos recursos da área de trabalho.

Exemplo de novos recursos da Área de Trabalho

Snap

Função
A. Este recurso permite organizar e redimensionar janelas na área de trabalho com um único movimento do mouse.
B. Usando este recurso também é possível alinhar rapidamente as janelas no lado da área de trabalho, expandi-las verticalmente para ocupar toda a altura da tela ou maximizá-las para que preencham a área de trabalho completamente.

Principal objetivo. Snap é um recurso muito útil para comparar dois documentos, quando está copiando ou movendo arquivos entre duas janelas, maximizando a janela de trabalho ou expandindo documentos longos para facilitar sua leitura e exigir menos rolagem.

Lembrete de estudo: Normalmente as provas perguntam o que e por quê?

Por este motivo é importante estudar o que é a principal função

Nota: Arraste uma janela para o lado da área de trabalho para expandi-la à metade da tela.

Exemplo de como usar:

Arraste a barra de título de uma janela aberta para o lado da área de trabalho para alinhá-la ali ou arraste-a para a parte superior da área de trabalho para maximizar a janela. Para expandir uma janela verticalmente usando Snap, arraste a extremidade superior da janela para a parte superior da área de trabalho.

Exemplo de pergunta: O Windows 7 disponibiliza o recurso snap, que facilita a comparação de documentos, quando copia ou move.

Certo ou Errado?

Certo. Veja o texto da definição. "Snap é um recurso muito útil para comparar dois documentos, quando está copiando ou movendo arquivos entre duas janelas".

Shake

Função. Este recurso, permite minimizar rapidamente todas as janelas abertas na área de trabalho exceto aquela em que você deseja se concentrar.

Principal objetivo. Agilizar o processo de minimizar e restaurar.

Exemplo de como usar:

Basta clicar na barra de título da janela que você deseja manter aberta e arrastar a janela de um lado para o outro rapidamente, e as outras janelas abertas serão minimizadas. Para restaurar as janelas minimizadas, arraste a janela de um lado para o outro rapidamente.

Aero Peek

Função. Este recurso permite visualizar rapidamente a área de trabalho sem minimizar todas as janelas ou visualizar uma janela aberta apontando para seu ícone na barra de tarefas.

Principal objetivo. Este recurso poderá ser utilizado para visualizar rapidamente a área de trabalho sem minimizar todas as janelas ou visualizar uma janela aberta apontando para seu ícone na barra de tarefas.

Nota: O botão Mostrar área de trabalho foi movido para a extremidade oposta da barra de tarefas no botão Iniciar, facilitando clicar ou apontar para o botão sem abrir acidentalmente o menu Iniciar. Veja figura a seguir.

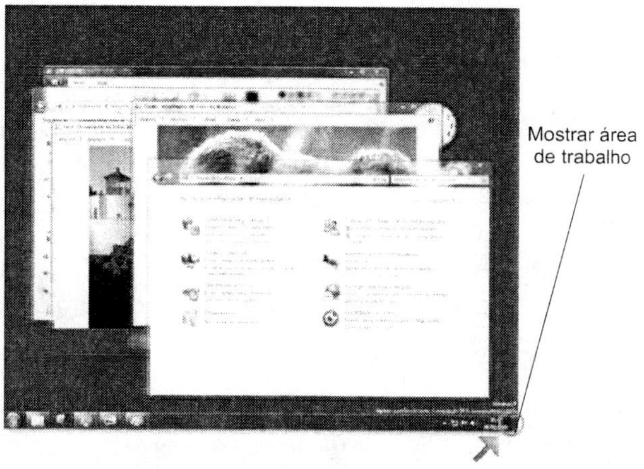

Exemplo de como usar:

Para acessar a área de trabalho, clique no botão Mostrar área de trabalho.

Caso queira apenas visualizar sem abrir ou seja exibir temporariamente basta apontar o mouse para o botão Mostrar área de trabalho.

Obs.: Quando estes recursos forem aplicados a janela aberta oculta da exibição, mostrando a área de trabalho. Para retornar às janelas, tire o mouse do botão Mostrar área de trabalho.

Exemplo de pergunta: No Windows 7 é possível visualizar a área de trabalho rapidamente clicando no mostrar área de trabalho.

Certo ou Errado?

Certo. Veja o texto da definição. "Para acessar a área de trabalho.Clique no botão Mostrar área de trabalho".

Função. Nesta versão a barra Lateral do Windows não foi inclusa no Windows 7. Porém é possível exibir os gadgets em qualquer lugar da área de trabalho e usar os recursos do Aero Peak para ver temporariamente gadgets de área de trabalho sem minimizar nem fechar as janelas com as quais você está trabalhando.

Principal objetivo. Os gatgets poderão ser utilizados para exibir uma apresentação de slides, exibir manchetes atualizadas continuamente ou pesquisar contatos.

Exemplo de como usar:

1. Clique para abrir o Windows SideShow.
2. Para cada dispositivo, marque ou desmarque a caixa de seleção ao lado do gadget que deseja ativar ou desativar.

Plano de fundo da área de trabalho

Principal objetivo. Este recurso permite que o usuário possa exibir uma apresentação de slides de imagens. Alguns temas do Windows incluem uma apresentação de slides ou criar sua própria apresentação de slides com sua coleção pessoal de imagens.

Nota: Como já vimos em exemplos anteriores os recursos citados neste capítulo dependem da configuração da máquina e da versão e instalação do sistema.

Organização e criação de pastas e arquivos

Conceito. Arquivo é qualquer item que armazena informações, de qualquer natureza e formato; exemplo: texto, imagens ou música. A Pasta é semelhante à gaveta que armazena os documentos convencionais.

Principal objetivo. Armazenar dados semelhantes a um documento de texto ou com uma imagem em uma gaveta ou em um arquivo convencional.

A representação gráfica deste arquivos ou pastas é feita por ícones; isso facilita o reconhecimento de um tipo de arquivo bastando olhar para o respectivo ícone. Veja exemplo nas figuras abaixo:

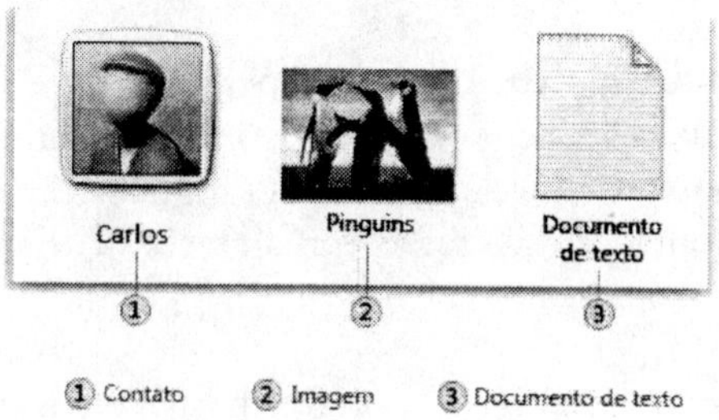

Ícones de alguns tipos de arquivo

Exemplo de ícones de pasta comuns:

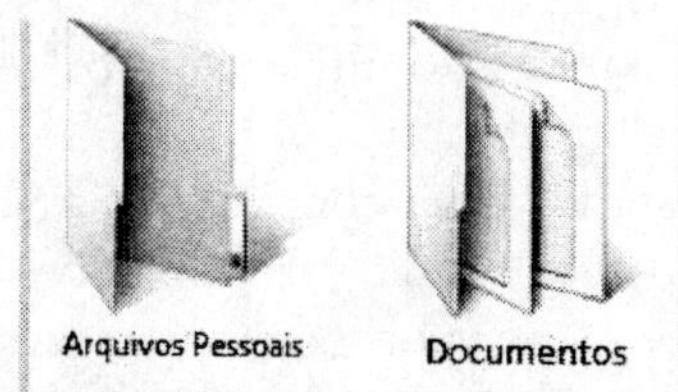

Nota: As pastas também podem conter outras pastas e também subpastas.

Exemplo de pergunta: O Windows 7 não disponibiliza o recurso para gadgets.

Certo ou Errado?
Errado. Veja o texto da definição. "Nesta versão a barra Lateral do Windows não foi inclusa no Windows 7. Porém é possível exibir os gadgets em qualquer lugar da área de trabalho".

2. Contas de Usuários

Função. Uma conta de usuário é um conjuto de dados que informa ao Sistema quais a permissões de acesso que usuário tem. Isto inclui quais alterações pode fazer no computador, quais são suas preferências pessoais, como plano de fundo da área de trabalho ou proteção de tela.

Principal objetivo. As contas de usuário permitem compartilhar um computador com várias pessoas, enquanto mantém seus próprios arquivos e configurações. Cada pessoa acessa a sua conta com um nome de usuário e uma senha.

O Windows 7 oferece três tipos de contas, cada tipo oferece ao usuário um nível diferente de controle do computador:

Função. As contas do tipo padrão são geralmente criadas para se utilizar no dia a dia.

Principal objetivo. Esta conta permite usar a maioria dos recursos do computador. Com uma conta deste tipo é possível usar a maioria dos programas instalados no computador e alterar as configurações que afetam a sua conta de usuário.

O que não pode. Não é possível instalar ou desinstalar um software ou um hardware, não é possível excluir arquivos necessários para o funcionamento do computador e não é possível alterar as configurações que afetam outros usuários ou a segurança do computador.

Função. As contas Administrador oferecem mais controle sobre um computador e só devem ser usadas quando necessário. Uma conta administrador é uma conta de usuário que permite fazer alterações que afetem outros usuários. Os administradores podem alterar configurações de segurança, instalar software e hardware e acessar todos os arquivos do computador. Eles também podem alterar contas de outros usuários. Usuário que configura o Windows deve criar uma conta de usuário. Essa conta é uma conta administradora que permite configurar o seu computador e instalar quaisquer programas que necessita usar.

Função. As contas do tipo Convidado não oferecem acesso a nenhum controle.

Principal objetivo. São utilizados por pessoas que precisam usar temporariamente um computador. Ou seja, seu acesso será limitado pelo administrador.

Exemplo de pergunta: No Windows uma conta do tipo padrão tem acesso ilimitado tanto no uso quanto nas instalações.

Certo ou Errado?
Errado. Veja o texto da definição."Não é possível instalar ou desinstalar um software ou um hardware."

Exemplo de como usar:
1. Acessar o Painel de controle.

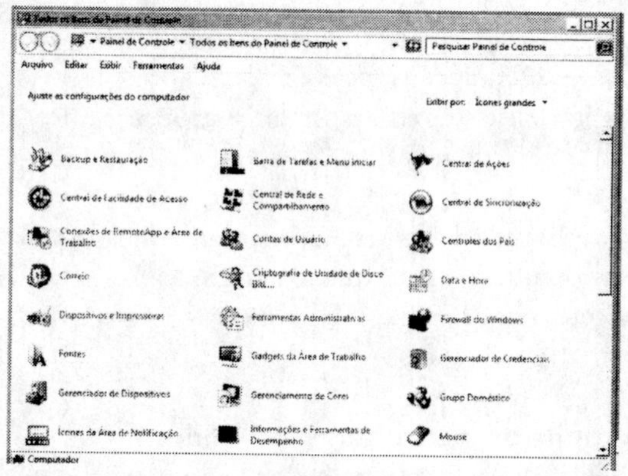

2. Clique para abrir Contas de Usuário.

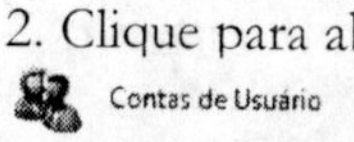

3. Clique em Gerenciar outra conta. Se você for solicitado a informar uma senha de administrador ou sua confirmação, digite a senha ou forneça a confirmação.

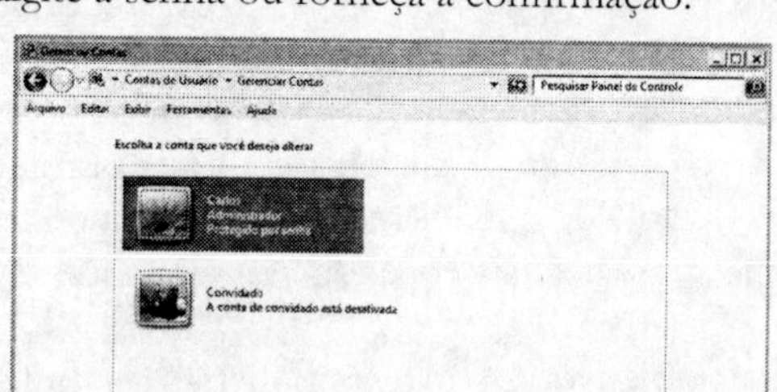

4. Clique em Criar uma nova conta.

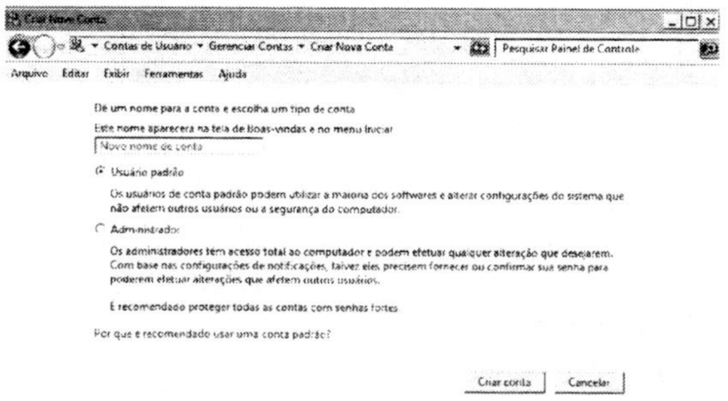

5. Digite o nome que deseja fornecer à conta de usuário, clique em um tipo de conta e depois clique em Criar conta.

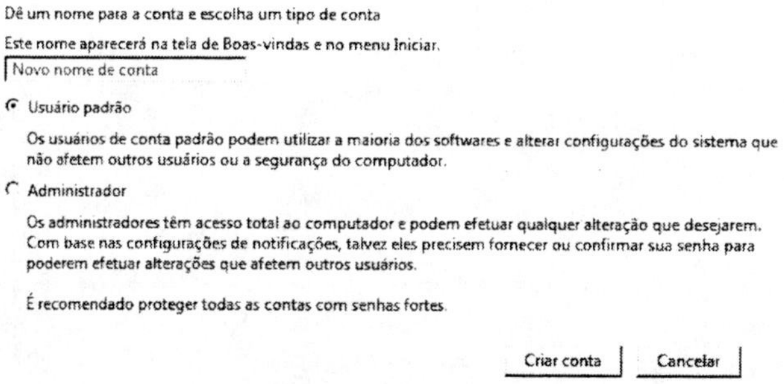

Mudar de usuário sem fazer logoff

Caso tenha mais de uma conta de usuário no computador, a Troca Rápida de Usuário é um modo fácil de outra pessoa fazer logon no computador sem fazer seu logoff ou fechar seus programas e arquivos.

1. Clique no botão Iniciar e aponte para seta ao lado do botão Desligar.
2. Clique em Trocar Usuário.
3. Pressione Ctrl+Alt+Delete e clique no usuário para o qual deseja alternar.

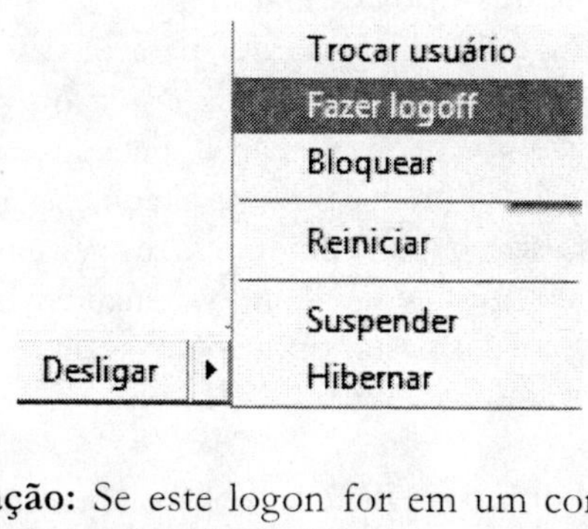

Observação: Se este logon for em um computador remoto, a troca Rápida de Usuário nesse computador não funcionará.

Exemplo de pergunta: O Windows 7, caso tenha mais de uma conta para usuários para fazer o logon, é necessário que o outro faça o logoff primeiro.

Certo ou Errado?

Errado. Veja o texto da definição. "Troca Rápida de Usuário é um modo fácil de outra pessoa fazer logon no computador sem fazer seu logoff ou fechar seus programas e arquivos."

Logoff

Quando se faz um logoff no Windows, todos aplicativos que estão sendo utilizados são fechados, mas o computador não desliga.

• Clique no botão Iniciar , aponte para a seta ao lado do botão Desligar 

e clique em Fazer Logoff.

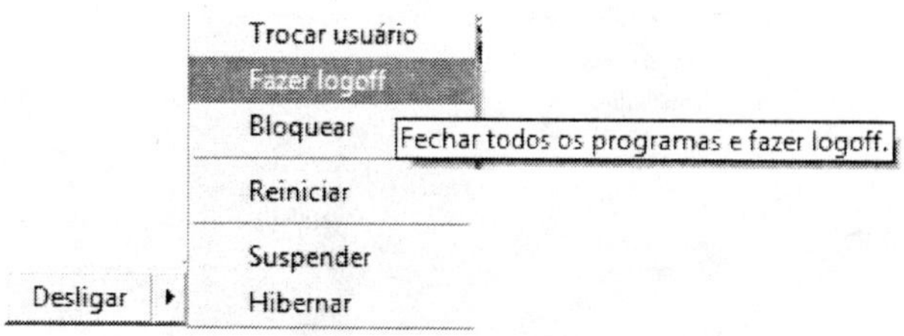

3. Fechando o Windows 7

1. Clique na opção desligar do menu Iniciar

Nota: CTRL + ESC, Acessa o Menu Iniciar. O Windows 7 abre uma janela para escolher o item desligar.

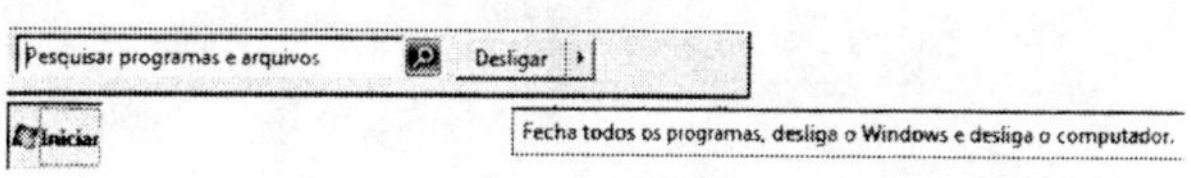

4. Suspendendo o Windows 7

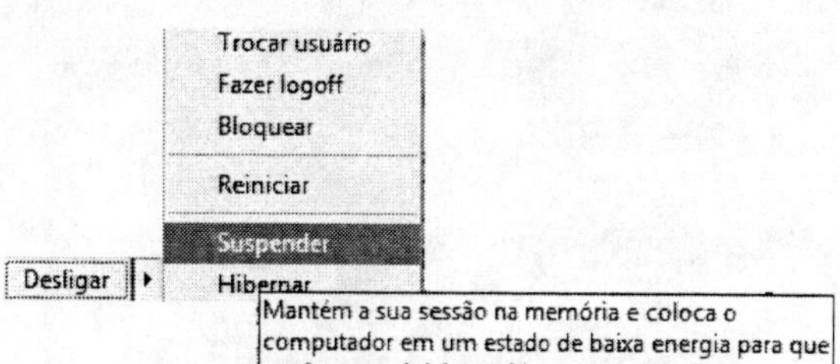

5. Bloqueando o Windows 7

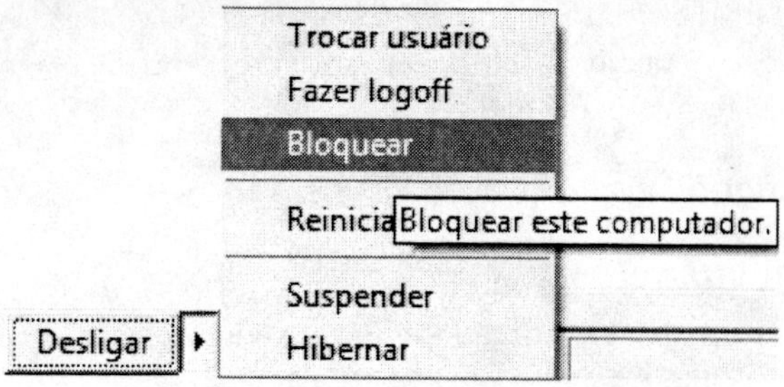

6. Hibernando o Windows 7

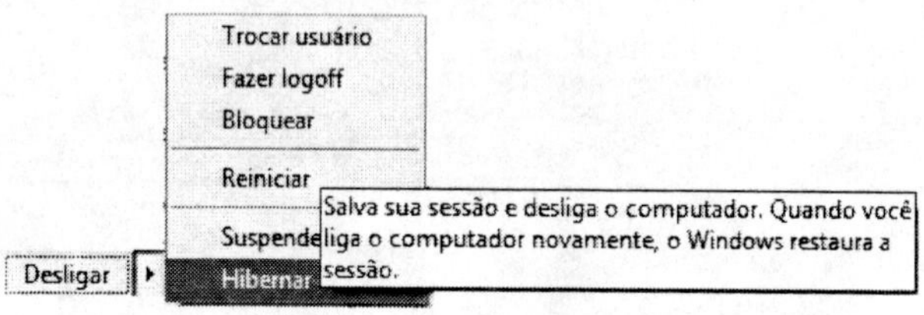

7. Principais Itens do Painel de Controle

Painel de Controle modo categoria

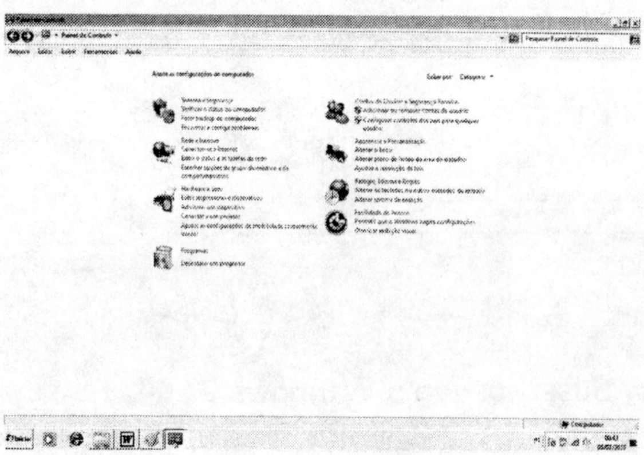

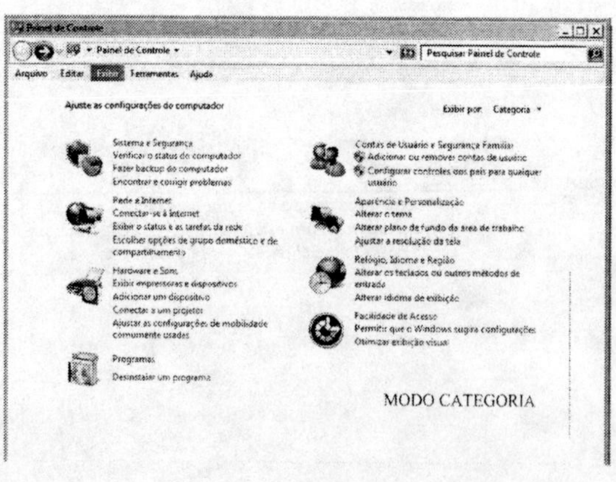

MODO CATEGORIA

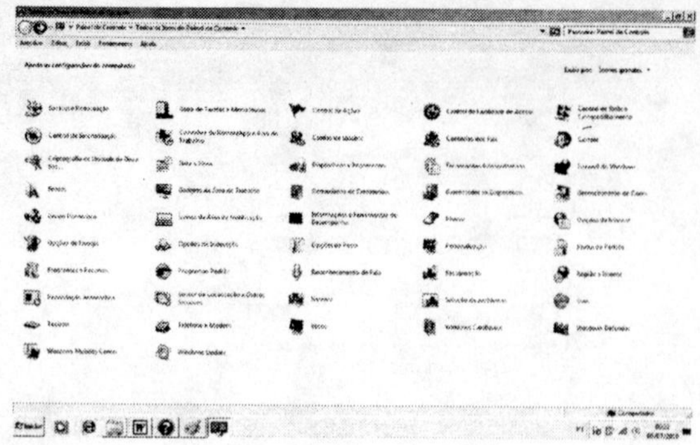

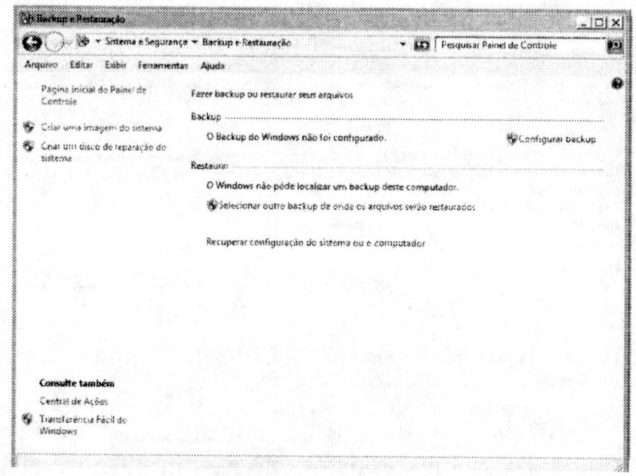

Tipos de backups do Windows 7

A. Backup do arquivo

Função. Este Backup é usado para fazer cópias dos arquivos de dados para todos os usuários que utilizam o computador.

Padrões destes tipos de backup

O usuário poderá configurar para que o Windows escolha o que será incluído na cópia ou o próprio usuário escolha o que vai fazer; os backups são criados periodicamente. Porém é possível alterar o agendamento e criar um backup manualmente. Uma vez configurado o Backup do Windows, o Windows mantém o controle dos arquivos e das pastas que são novas ou modificadas e as adiciona ao backup.

Principal objetivo. Realizar cópias de reservas periodicamente.

B. Backup da imagem do sistema

Função. Backup da imagem do sistema. Este Backup permite criar uma imagem do sistema, ou seja realiza uma cópia do Windows e as configurações do sistema, os programas e os arquivos.

Principal objetivo. Este backup é utilizado para restaurar o conteúdo do computador, caso o disco rígido ou o computador deixe de funcionar. Porém nesta restauração não é possível escolher apenas um item, deve ser restaurado todo o conteúdo.

Nota: É possível criar uma imagem do sistema manualmente ou se preferir incluir unidades de dados adicionais.

C. Versões anteriores

Função. Este tipo é utilizado para criar cópias de arquivos e pastas que o Windows salva automaticamente como parte da proteção do sistema.

Principal objetivo. Este backup é utilizado para restaurar arquivos ou pastas que foram modificadas ou excluídas acidentalmente ou que estavam danificadas. Porém backup do tipo versões anteriores podem ser úteis, mas não devem ser consideradas como um backup eficiente pois os arquivos são substituídos por novas versões e não estarão disponíveis se a unidade vier a falhar.

D. Restauração do sistema

Função. Esta opção permite restaurar arquivos do sistema do computador para um ponto anterior no tempo especificado.

Principal objetivo. Este recurso é utilizado para desfazer possíveis alterações do sistema sem danificar os arquivos pessoais, como email, documentos ou fotos. Este recurso utiliza o sistema chamado proteção do sistema.

Exemplo de como usar:
1. Clique para abrir o Backup e Restauração.
2. Siga um destes procedimentos:

Nota: Se o Backup do Windows ainda não foi utilizado, clique em Configurar backup e depois siga as etapas no assistente. Quando for solicitado a informar uma senha de administrador ou sua confirmação, digite a senha ou forneça a confirmação.

Se um backup já foi criado antes, pode-se aguardar o backup agendado regularmente ou criar um novo backup manualmente, clicando em Fazer backup agora e criando um novo backup.

Após criar o primeiro backup, o Windows adicionará as informações novas ou alteradas aos backups subsequentes. Caso o usuário esteja salvando os seus backups em um disco rígido ou em um local de rede, o Backup do Windows criará um backup novo e completo automaticamente, quando necessário. Se estiver salvando os backups em CDs ou DVDs, mas não puder encontrar um disco de backup existente, ou se quiser criar um novo backup de todos os arquivos do computador, o usuário poderá criar um backup completo.

Exemplo de como usar (processo inicial):
1. Clique para abrir o Backup e Restauração.
2. No painel esquerdo, clique em Criar um novo backup completo.

Exemplo de pergunta: O backup de arquivos do Windows 7 não permite restaurar arquivos para outro computador.

Certo ou Errado?

Errado. Veja o texto da definição. "de arquivos, poderá restaurar os arquivos em outro computador."
Permite alterar os padrões dos componentes para facilitar ou melhorar o sistema de acordo com a necessidade de cada usuário.

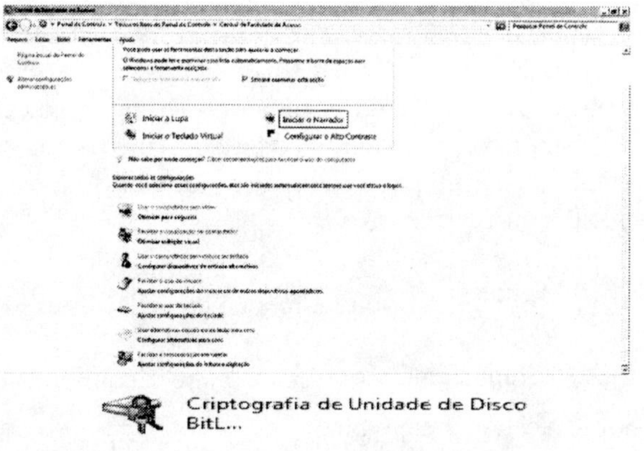

Função. Este recurso fornece proteção para unidades de sistemas operacionais, unidades de dados fixas, e unidades de dados removíveis que foram perdidas ou roubadas.

Principal objetivo. O BitLocker faz isso criptografando o conteúdo das unidades e pedindo que os usuários autentiquem suas credenciais para acessar as informações.

Exemplo de como usar:

O assistente para configuração do BitLocker poderá ser inicializado no Painel de Controle ou no Windows Explorer, e é utilizado para habilitar o BitLocker em uma unidade de dados fixa ou removível instalada no computador ou na unidade do sistema operacional dos computadores com um TPM compatível. Para habilitar o BitLocker em uma unidade do sistema operacional de um computador sem um TPM ou caso queira utilizar outros recursos e opções do BitLocker, o usuário poderá alterar as configurações da Diretiva de Grupo do BitLocker que controlam quais recursos estarão acessíveis pelo assistente para configuração do BitLocker.

Observação:

É recomendado sempre usar o driver padrão do TPM do Windows com o BitLocker. Caso esteja instalado um driver que não seja da Microsoft, ele pode evitar que o driver padrão do TPM seja carregado e fazer com que o BitLocker informe que um TPM não está presente no computador. Neste caso, o BitLocker não poderá usar o TPM. Se as configurações de Diretiva de Grupo forem configuradas para exigir que o BitLocker seja usado com um TPM, o BitLocker não poderá ser ativado até que o driver não-Microsoft seja removido.

Métodos de desbloqueio:

Através de Senha. Neste caso utiliza-se uma senha para desbloquear unidades de dados fixas (como discos rígidos internos) e unidades de dados removíveis (como discos rígidos externos e unidades flash USB). As configurações de Diretiva de Grupo podem ser usadas para definir o comprimento mínimo da senha.

Através do Cartão inteligente. Neste método utiliza-se um cartão inteligente com o BitLocker, o usuário deve ter um certificado compatível no seu cartão inteligente. O BitLocker escolherá automaticamente o certificado a menos que você tenha vários certificados compatíveis, nesse caso é preciso escolher qual certificado usar.

Fontes - Adiciona, altera e gerencia fontes.

Grupo Doméstico - Exibe e altera configurações domésticas, e altera senhas.

Opções de Energia

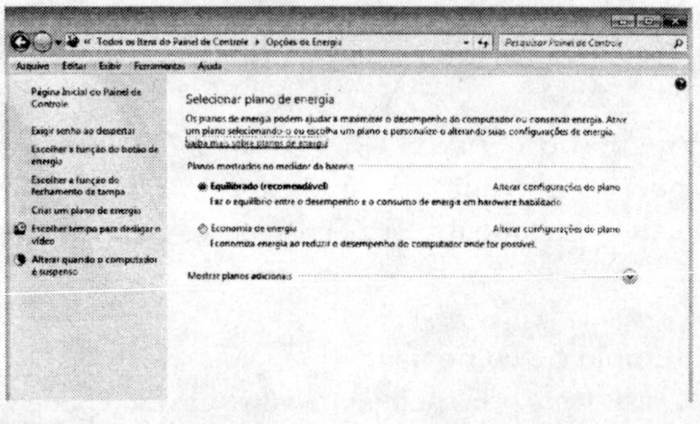

Plano de energia

Função. Este recurso possui um conjunto de configurações de hardware e de sistema que gerenciam o uso da energia do computador.

Principal objetivo. Tem como principal reduzir a quantidade de energia usada por seu computador, aumentar o desempenho ou equilibrar os dois.

Planos de energia disponíveis no Windows 7

Equilibrado

Função. Oferecer desempenho total quando necessário e economizar energia durante os períodos de inatividade.

Principal objetivo. Este é o plano ideal para a maioria dos equipamentos

Economia de energia

Função. Economizar energia reduzindo o desempenho do sistema e o brilho da tela.

Principal objetivo. Este plano é útil para os usuários de laptop, ajuda a obter o máximo proveito da carga de uma bateria única.

Alto desempenho

Função. Aumenta o brilho da tela e pode aumentar o desempenho do computador em algumas circunstâncias. Porém este recurso usa muito mais energia e reduzirá o tempo que a bateria de um laptop dura entre as cargas.

Principal objetivo. Útil, quando o ambiente de trabalho necessita de mais brilho.

Exemplo de pergunta: O plano de energia do Windows 7, possui um recurso denominado alto desempenho que aumenta o brilho e não usa mais energia.

Certo ou Errado?

Errado. Veja o texto da definição. "Aumenta o desempenho. Porém este recurso usa muito mais energia e reduzirá o tempo que a bateria de um laptop dura entre as cargas ."

Programas e Recursos - Recursos utilizados para desinstalar ou alterar programas do computador.

Reprodução Automática - Permite definir qual a forma que as mídias serão reproduzidas.

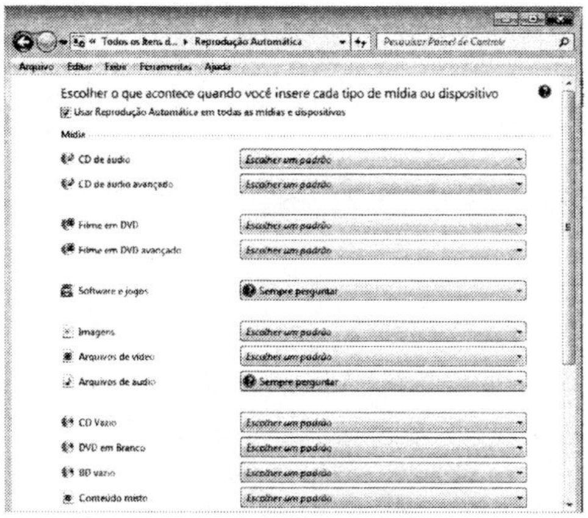

Teclado - Permite personalizar o padrão do teclado.

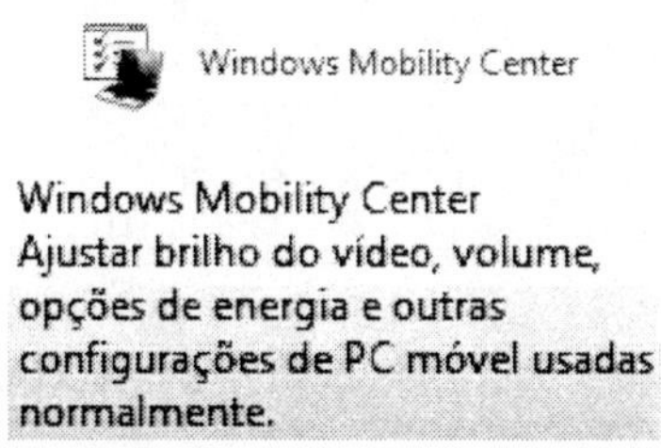

Barra de Tarefas e Menu Iniciar - Permite personalizar a barra de tarefas e o menu Iniciar.

Conexões de RemoteApp e Área de Trabalho

Função. Este recurso permite acessar programas e áreas de trabalho em computadores remotos e computadores virtuais, disponibilizados para o usuário pelo administrador da rede do seu local de trabalho.

Principal objetivo. Permite que o usuário possa acessar todos os programas e computadores que precisam de um outro local fora de ambiente de trabalho. Com uma conexão, todos esses recursos são localizados em uma pasta de fácil acesso no computador como se o usuário estivesse em sua rede local.

Principal objetivo. Veja sequência na figura abaixo:

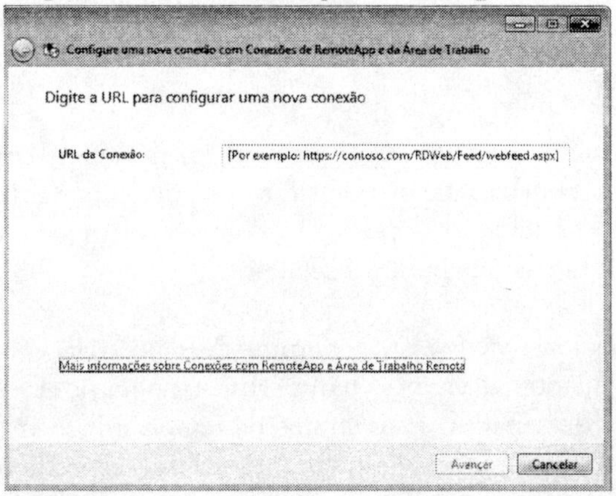

Data e Hora - Permite configurar a data e hora do sistema. Veja figura abaixo:

Gadgets da Área de Trabalho

Função. Este recurso mantêm as informações e as ferramentas disponíveis para que o usuário possa usar e configurar os gadgets.

Principal objetivo. Este recurso permite exibir manchetes de notícias ao lado dos programas abertos, manter o controle sobre o que há de novo enquanto trabalha, e não será necessário parar o que está fazendo e mudar para um site de notícias na Web e utilizar o gadget Manchetes do Feed para mostrar os títulos de notícias mais recentes encontrados nas fontes escolhidas. Neste caso não é necessário parar de trabalhar no documento, porque os títulos estão sempre visíveis.

ABAIXO JANELA DO GADGETS:

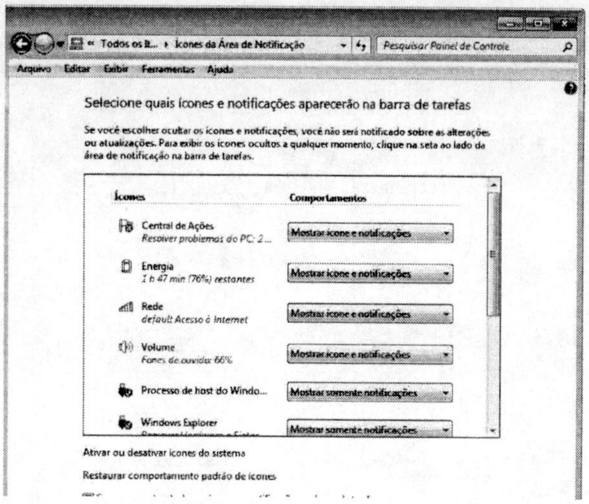

Ícones da Área de Notificação - Permite especificar ícones que aparecerão na área de notificação.

Opções de Indexação

Função. Permite alterar o modo como indexa seus arquivos para realizar pesquisas rápidas.

Principal objetivo. Este índice é utilizado para fazer pesquisas muito rápidas dos arquivos mais comuns em seu computador.

Quais os arquivos que são indexados?

Todos os arquivos mais comuns do computador são indexados. Isto inclui todas as pastas nas bibliotecas, e-mail e arquivos offline. Os arquivos que não são indexados são arquivos de programas e arquivos de sistema; arquivos que a maioria raramente precisa pesquisar.

Exemplo de pergunta: A opção de indexação do Windows 7 é utilizada para acelerar pesquisa dos arquivos, porém somente os arquivos de sistema são indexados.

Certo ou Errado?
Errado. Veja o texto da definição. "Os arquivos que não são indexados são arquivos de programas e arquivos de sistema."

Programas Padrão - Permite definir quais são os programas que serão utilizados como padrão nas atividades. Como navegação, envio de email e outros.

Reconhecimento de Fala - Permite configurar o modo de reconhecimento de voz de seu computador.

Sistema - Exibe configuração e característica de seu computador e também personalizar componentes de hardware.

Central de Ações - Este recurso exibe alertas para o usuário tomar providências que podem ajudar a executar o Windows uniformemente A Central de Ações o avisa quando itens precisam da sua atenção e lista mensagens importantes sobre configurações de segurança e manutenção que precisam da sua atenção. Os itens em vermelho na Central de Ações são rotulados como Importante e indicam problemas significativos que devem ser resolvidos logo, como um programa antivírus que precisa ser atualizado. Os itens em amarelo são tarefas sugeridas que você deve considerar executar, como tarefas de manutenção recomendadas.

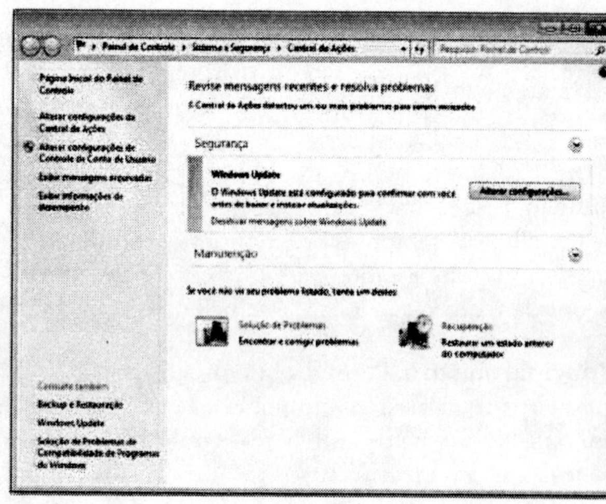

Contas de Usuário - Permite criar e alterar contas de usuários.

Controles dos Pais

Função. Este recurso é utilizado para definir limites para a quantidade de horas que seus filhos podem usar o computador, os tipos de jogos que podem jogar e os programas que podem executar.

Principal objetivo. Definir limites de tempo para controlar quando as crianças têm permissão para fazer logon no computador. Este limites de tempo impedem que as crianças façam logon durante as horas especificadas.

Nota: É possível definir horas de logon diferentes para cada dia da semana.Se elas estiverem conectadas quando o tempo alocado terminar, serão automaticamente desconectadas.

Solução de problemas

Função. Este recurso permite realizar tarefas comuns de manutenção no Windows, como limpar arquivos e atalhos não utilizados.

Principal objetivo. Aumentar espaços no disco e melhorar o desempenho do micro. Veja figura abaixo:

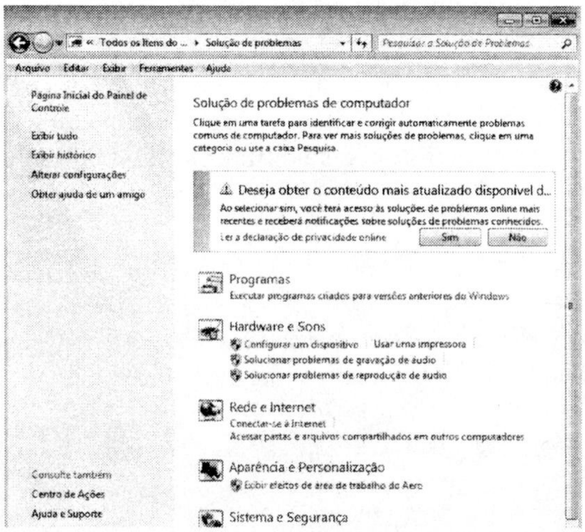

8. Windows Explorer

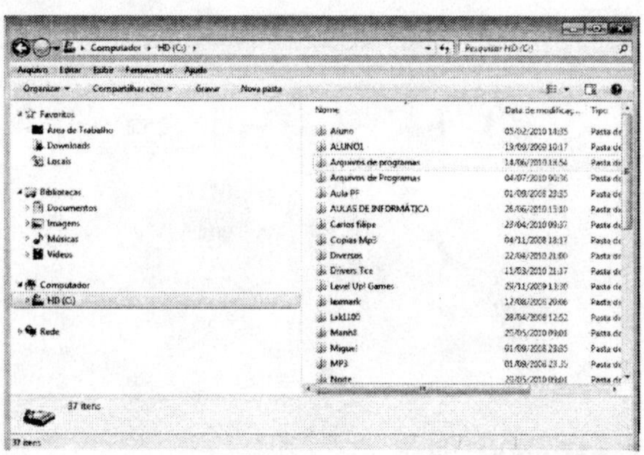

A barra de endereços aparece na parte superior de todas as janelas de pastas e exibe seu local atual como uma série de links separados por setas. Veja qual pode ser a aparência da barra de endereços na Biblioteca de documentos:

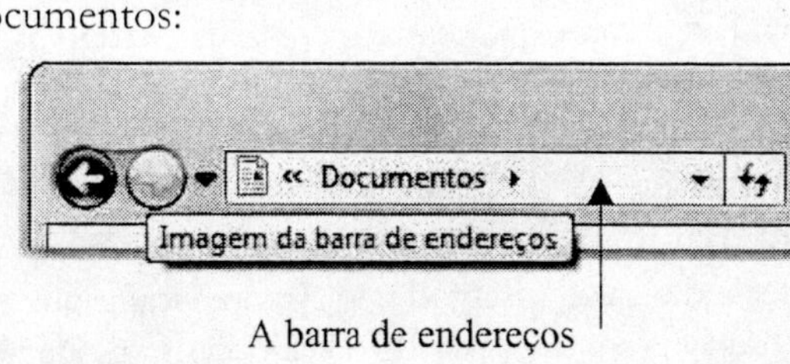

É possível navegar para um local diferente clicando em um link ou digitando o caminho de um local.

Para navegar clicando em um link

Procedimentos para navegar clicando em um link:

1. Clique em um link da barra de endereços para ir diretamente para esse local.
2. Clique na seta à direita do link na barra de endereços. Em seguida, clique em um item da lista para ir para esse local.

A barra de endereços exibindo uma lista de locais

Para navegar digitando um novo caminho

1. Clique no ícone no lado esquerdo da barra de endereços. A barra de endereços é alterada para exibir o caminho para o local atual.
2. Siga um destes procedimentos:

Para a maioria dos locais, digite o nome completo da pasta ou o caminho completo para o novo local (como C:\Users\Public) e pressione Enter.

Para acessar locais comuns, digite o nome (como Documentos) e pressione Enter.

Painel de Navegação

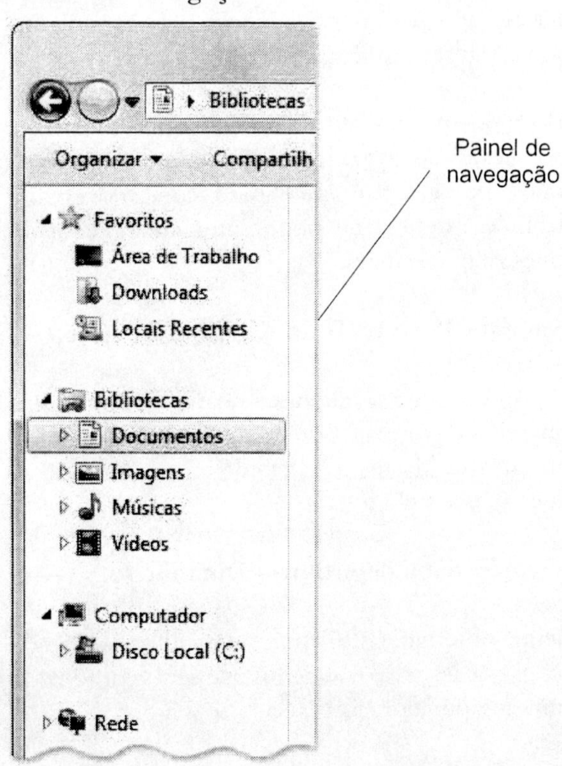

Utilize o painel de navegação (o painel à esquerda) para localizar arquivos e pastas. Também é possível mover ou copiar itens diretamente para um destino do painel de navegação.

Nota: Se não vir o painel de navegação no lado esquerdo de uma janela aberta, clique em Organizar, aponte para Layout e clique em Painel de navegação para exibi-lo.

Alterar configurações do painel de navegação
1. Em uma janela aberta, clique em Organizar e em Opções de pasta e pesquisa.
2. Na caixa de diálogo Opções de Pasta, clique na guia Geral e siga um ou todos os procedimentos abaixo:
• Para mostrar todas as pastas do computador no painel de navegação, incluindo sua pasta pessoal, marque a caixa de seleção Mostrar todas as pastas e clique em OK.
• Para expandir automaticamente o painel de navegação para a pasta selecionada na janela da pasta, marque a caixa de seleção Expandir automaticamente para a pasta atual e clique em OK.

Alterando o tamanho da miniatura e os detalhes do arquivo
É possível alterar o tamanho e a aparência de arquivos e pastas usando o botão Modos de Exibição, localizado na barra de ferramentas de cada pasta aberta.

Alterar a forma exibição dos itens em uma pasta
1. Abra a pasta que será alterada.
2. Clique na seta ao lado do botão Modos de Exibição, na barra de ferramentas.
3. Clique em um modo de exibição ou mova o controle deslizante para alterar a aparência de arquivos e pastas.

Nota. É possível mover o controle deslizante até um modo de exibição específico (como o modo de exibição Detalhes) ou ajustar o tamanho do ícone movendo o controle deslizante até um ponto entre Ícones Pequenos e Ícones Extra Grandes.

Gravar um CD ou DVD no Windows Explorer

O processo gravação de disco do Windows permite gravar discos no formato Sistema de Arquivos Dinâmico ou no formato Mastered de acordo com o formato de disco escolhido pelo usuário.

Formato Sistema de Arquivos Dinâmico

Principal objetivo. Este formato será utilizado quando quiser gravar um disco de dados que será reproduzido em um computador que executa o Windows XP ou posterior.

1. Insira um disco gravável, como CD-R, CD-RW, DVD-R, DVD-RW ou DVD+RW, no gravador de CD, DVD ou Blu-ray Disc no computador.

2. Na caixa de diálogo Reprodução Automática, clique em Gravar arquivos em disco usando o Windows Explorer.
Nota: Se a caixa de diálogo Reprodução Automática não aparecer, clique no botão Iniciar, em Computador e duas vezes no gravador de disco.

3. Na caixa de diálogo Gravar um Disco, digite um nome para esse disco na caixa Título do disco, clique em Como uma unidade flash USB e em Avançar.
Nota: Essa é a opção para gravar disco que usa o formato Sistema de Arquivos Dinâmico. O disco pode levar alguns minutos para ser formatado. Quando a formatação estiver concluída, uma pasta do disco vazia será aberta.

4. Abra a pasta que contém os arquivos que deseja gravar e arraste os arquivos para a pasta do disco vazia.
Para selecionar mais de um item, mantenha a tecla Ctrl pressionada e clique nos arquivos que serão gravados.

Conforme arrasta os arquivos para a pasta do disco, eles são copiados para o disco.

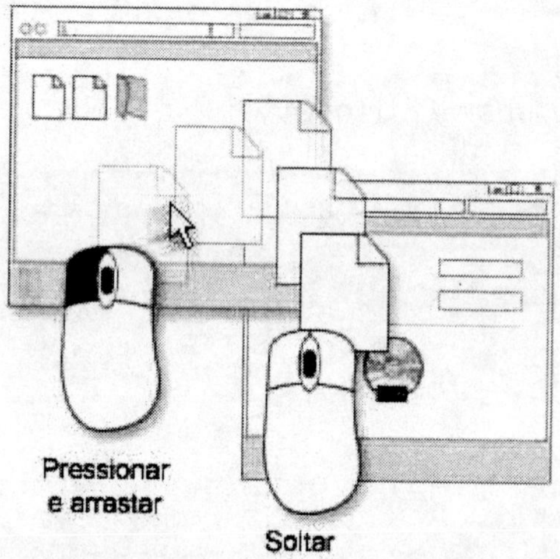

Formato Mastered

Objetivo principal. Este formato será utilizado quando o disco será reproduzido em qualquer computador ou em outros dispositivos eletrônicos, como CD, DVD e Blu-ray Disc players, que podem reproduzir arquivos de música, de imagem ou de vídeo digital.
1. Insira um disco gravável, como CD-R, CD-RW, DVD-R, DVD-RW ou DVD+RW, no gravador de CD, DVD ou Blu-ray Disc no computador.
2. Na caixa de diálogo Reprodução Automática, clique em Gravar arquivos em disco usando o Windows Explorer.

Nota: Se a caixa de diálogo Reprodução Automática não aparecer, clique no botão Iniciar, em Computador e duas vezes no gravador de disco.

3. Na caixa de diálogo Gravar um Disco, digite um nome para esse disco na caixa Título do disco, clique em Com um reprodutor de CD/DVD e em Avançar.

4. Abra a pasta que contém os arquivos que deseja gravar e arraste os arquivos para a pasta do disco vazia.

Nota: Para selecionar mais de um item, mantenha a tecla Ctrl pressionada e clique nos arquivos que serão gravados.

5. Na barra de ferramentas, clique em Gravar em disco e siga as etapas no assistente.

Os arquivos selecionados serão copiados para o disco. Quando a gravação do disco estiver concluída, a bandeja do gravador de disco será aberta e você poderá remover o disco. Agora, o usuário poderá usar o disco em outro computador ou em um CD ou DVD player. Esse tipo de disco não precisa ser fechado.

Um CD gravável típico pode conter cerca de 650 a 700 MB, ao passo que um DVD gravável típico pode conter seis vezes mais do que isso, cerca de 4,7 GB. Contudo, o volume total de espaço em disco que você pode usar para gravar arquivos no disco é inferior ao volume que em geral é indicado no próprio disco. Isso ocorre porque a capacidade do disco é calculada de uma forma diferente de como ela é usada no computador. Por exemplo, um DVD-R típico que tenha uma capacidade de disco de 4,7 GB pode armazenar somente cerca de 4,37 GB de dados no disco.

Barra de menus do Windows Explorer

Barra de título do Windows Explorer

Barra de ferramentas avançar e voltar

Barra de endereço e pesquisar

Barra de ferramentas

Modo de exibição

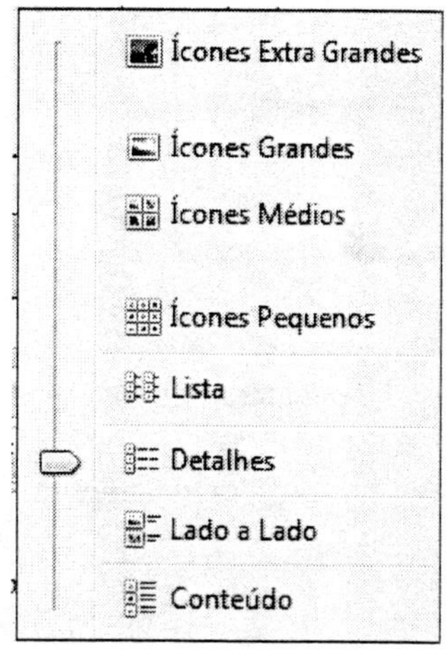

Botão organizar

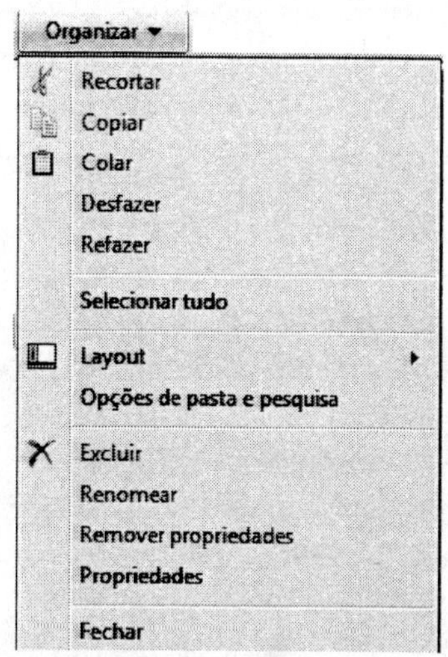

RESUMO DAS PRINCIPAIS NOVIDADES DO WINDOWS 7

Lembrete de estudo. Como já foi dito em tópicos anteriores nas provas que tem mais de uma versão do Windows. Exemplo XP e Windows 7, devemos prestar muita atenção nas diferenças, por este motivo adicionamos abaixo uma relação do próprio manual do Windows 7.

Dica do professor. Tenha prioridade em seus estudos, faça vários exercícios de provas anteriores, se não tiver tempo para estudar todo o conteúdo, que seria o ideal, estude pelo menos as diferenças do resumo.

Desempenho mais rápido e mais receptivo

Ninguém gosta de esperar. Por isso nos concentramos nos elementos básicos que podem afetar a velocidade de seu PC. O Windows 7 inicializa, desliga, retorna do modo de suspensão e responde mais rápido.

Barra de tarefas e visualização em tela inteira aprimoradas

Você pode usar a barra de tarefas na parte inferior da tela para alternar entre programas abertos. No Windows 7 você pode definir a ordem dos ícones da barra de tarefas e eles permanecerão na ordem escolhida. Além disso, os ícones são maiores. Ao apontar para um ícone, você verá uma pequena versão de visualização da página ou do programa. Se apontar para essa visualização, você verá uma visualização de tela inteira. Para abrir um programa ou arquivo, clique no ícone ou em uma das visualizações. Tenha uma visão ampla: Veja o que está aberto com visualizações de tela inteira.

Melhor em laptops

O Windows 7 ajuda a prolongar a vida útil da bateria de seu laptop com o recurso de economia de energia, que inclui o escurecimento da exibição quando você passa algum tempo sem usar o computador. Outro recurso amigável para laptops, a impressão com local conhecido, pode alternar automaticamente sua impressora padrão quando você for de casa para a escola ou o trabalho.

Lista de saltos

Com a Lista de Saltos, você pode localizar rapidamente os arquivos com os quais trabalhou recentemente. Clique com o botão direito do mouse no ícone de um programa para ver uma lista de arquivos recentemente abertos. Você também pode adicionar arquivos usados regularmente a uma Lista de Saltos. Algumas Listas de Saltos mostram comandos para tarefas comuns, como a execução de música ou vídeos.

Um salto em eficiência: As Listas de Saltos fornecem acesso rápido aos arquivos e tarefas mais comuns.

Encontre mais coisas mais rapidamente com a pesquisa aprimorada

Graças a um aprimoramento na pesquisa, você pode encontrar mais coisas, em mais lugares e com mais rapidez do que em versões anteriores do Windows. Basta digitar algumas letras na caixa de pesquisa para ver uma lista de itens relevantes, como documentos, imagens, música e email. Os resultados de pesquisa são agrupados por categoria e contêm palavras-chave realçadas para facilitar sua localização.

Hoje em dia, pouca gente armazena todos os seus dados em um só lugar. O Windows 7 foi projetado para pesquisar em discos rígidos externos, PCs em rede e outros locais. Ele também acelera sua pesquisa exibindo recomendações com base em consultas anteriores. Os resultados são esmagadores? Novos filtros dinâmicos podem reduzir os resultados instantaneamente classificando-os em categorias como tipo de dado ou de arquivo.

Formas mais simples de trabalhar com janelas

O Windows 7 simplifica a forma como você lida com as janelas em sua área de trabalho. Você tem formas mais intuitivas de abrir, fechar, redimensionar e organizar as janelas.

Maximize uma janela arrastando sua borda para a parte superior da tela e retorne-a ao tamanho original arrastando-a no sentido inverso. Arraste a borda inferior de uma janela para expandi-la verticalmente.

Para comparar os conteúdos de duas janelas, arraste-as para lados opostos da tela. Cada janela será redimensionada para se encaixar a uma metade da tela.

Para ver todos os gadgets[1] da sua área de trabalho, arraste o mouse para o canto inferior direito da área de trabalho. As janelas abertas ficarão transparentes, tornando a área de trabalho e os gadgets que nela se encontram imediatamente visíveis. Deseja minimizar todas as janelas abertas? Basta um clique. Após mover sua barra de tarefas, você pode arrastar o mouse para um canto diferente da área de trabalho de modo a tornar transparentes as janelas que estão abertas. Em um estalo: Basta arrastar uma janela para a borda da área de trabalho e ela será redimensionada de forma a preencher metade da tela, facilitando a comparação entre duas janelas.

Melhor gerenciamento de dispositivos

Dispositivos e Impressoras

Antes, era preciso ir a diferentes locais do Windows para gerenciar diferentes tipos de dispositivos. No Windows 7, há um só local de Dispositivos e Impressoras para conectar, gerenciar e usar impressoras, telefones e outros dispositivos. Ali você pode interagir com os dispositivos, navegar por arquivos e gerenciar configurações. Após a conexão de dispositivos, seu PC estará pronto para a ação em poucos cliques.

De uma só vez: Veja todos os seus dispositivos ao mesmo tempo em Dispositivos e Impressoras.

Device Stage

O Device Stage ajuda a gerenciar telefones celulares, câmeras, impressoras, MP3 players e outros dispositivos conectados ao computador. Ao conectar um dispositivo compatível, você verá seu status e uma lista de tarefas populares. Até mesmo uma imagem do dispositivo será exibida.

No centro da cena: O novo recurso Device Stage coloca em destaque seus dispositivos favoritos, facilitando a visualização do status e a realização de tarefas mais comuns.

Windows Grupo Doméstico

O Grupo Doméstico facilita a conexão com outros computadores que executem Windows 7 para que você possa compartilhar arquivos, fotos, música e impressoras em toda a casa. Você escolhe o que quer compartilhar com os outros membros do grupo doméstico.

Pacotes de temas que refletem seu estilo

Com o Windows 7, você pode começar com uma área de trabalho vazia e decidir qual será sua aparência. Existem modelos ou temas disponíveis, e você pode escolher o formato ou a cor.

Os novos pacotes de temas incluem 16 janelas de cores, esquemas de som, protetores de tela e planos de fundo diversificados. Você pode fazer download de novos temas e criar o seu próprio tema para compartilhar com os amigos e a família. Há diversas maneiras de personalizá-lo. Pelo design: Os novos temas e planos de fundo do Windows (exibidos) dão um toque pessoal à sua área de trabalho.

Assuma o controle dos problemas

No Windows 7, você pode escolher as mensagens que deseja ver. A Central de Ações consolida notificações de múltiplos recursos do Windows, incluindo o Windows Defender. Quando o Windows 7 necessitar sua atenção, você verá um ícone da Central de Ações na área de notificação e poderá clicar nele para saber mais informações. Sem tempo de ver o alerta imediatamente? A Central de Ações guardará a informação para você verificar depois. Reunindo as mensagens: A Central de Ações acaba com as interferências das mensagens pop-up consolidando as notificações do sistema.

Compartilhe música e vídeos

Após ter todas as suas imagens, vídeos e música em seu computador, é natural que você queira compartilhá-los com outros computadores de sua casa. O Windows 7 apresenta novos recursos de compartilhamento e fluxo de mídia que transformam seu PC em um grande hub de entretenimento doméstico. O Grupo Doméstico facilita o compartilhamento de música, imagens e vídeo com outros computadores que executem Windows 7.

Com outro novo recurso chamado "Executar em", você pode executar sua mídia digital em outros dispositivos da casa.

Apresentando o Windows Touch

O teclado e o mouse são ótimos para muitas tarefas, mas eles nem sempre são o modo mais fácil de fazer as coisas. Se você tiver uma tela sensível ao toque, bastará tocar na tela do computador para trabalhar de forma mais direta e natural. Use seus dedos para fazer rolagem e zoom. Grandes áreas sensíveis ao toque no menu Iniciar e na barra de tarefas facilitam o uso do Windows Touch.

Melhor suporte ao Tablet PC

O reconhecimento de manuscrito teve um grande avanço no Windows 7. Começando pela maior velocidade e precisão, o Windows 7 aprimora de diversas formas a entrada a caneta. Você pode criar dicionários personalizados para o reconhecimento de manuscrito e usar os novos idiomas com suporte no Windows 7. Além disso, você pode usar o Painel de Entrada de Expressões Matemáticas para escrever expressões matemáticas. Ou então, basta fazer uma lista rápida em uma nota autoadesiva usando a caneta eletrônica. É só escrever: O reconhecimento de manuscrito é mais preciso no Windows 7.

A experiência de área de trabalho do Aero[2] apresenta um design de vidro translúcido com animações sutis e novas cores de janelas. A experiência de área de trabalho do Aero tem janelas com visual vítreo, para se obter uma visão aberta.

Essa experiência de área de trabalho inclui estilos visuais diferenciados que combinam a aparência de janelas leves e translúcidas com poderosos avanços gráficos. Com o Aero, você pode apreciar efeitos e aparência visualmente atraentes e também se beneficiar de um melhor acesso aos seus programas.

Efeitos de vidro

Janelas de vidro translúcidas criam profundidade na área de trabalho. Um dos recursos mais visíveis do Aero são as bordas de vidro das janelas, que permitem que você se concentre no conteúdo das janelas abertas. O comportamento de janelas também foi reprojetado, animações sutis acompanham a minimização, a maximização e o reposicionamento das janelas para um efeito mais suave e fácil.

Tinja suas janelas usando as cores oferecidas ou crie sua própria cor personalizada.

Você pode até mesmo ajustar as cores e aparência das janelas, do menu Iniciar e da barra de tarefas, tingindo suas janelas translúcidas. Selecione uma das cores oferecidas ou crie sua própria cor personalizada, usando a mixagem de cores.

Alternar entre programas

Colocar o cursor sobre o botão de uma janela na barra de tarefas exibe uma visualização da janela.

A experiência de área de trabalho do Aero também inclui visualizações das janelas abertas na barra de tarefas. Ao apontar para um botão na barra de tarefas, você verá uma visualização em miniatura da janela, independentemente de o conteúdo da janela ser um documento, uma foto ou até mesmo um vídeo em execução.

Alternar janelas com Alt+Tab

Ao pressionar Alt+Tab para alternar as janelas, você poderá ver visualizações ao vivo das janelas de cada programa.

Nota: As seguintes edições do Windows 7 incluem o Aero:

- Windows 7 Enterprise
- Windows 7 Home Premium
- Windows 7 Professional
- Windows 7 Ultimate

Referência Bibliográfica

- Manual do Windows 7

Exercícios de Concursos

VUNESP - CETESB - Técnico Administrativo - 2013

01. A principal diferença existente entre a área de transferência do MS-Windows 7 e do MS-Office 2010 é que no primeiro é possível armazenar quantos conteúdos de cada vez?

a) 1.
b) 6.
c) 12.
d) 18.
e) 24.

02. Na figura mostrada a seguir, é exibida uma janela do MS-Windows 7, em sua configuração padrão:

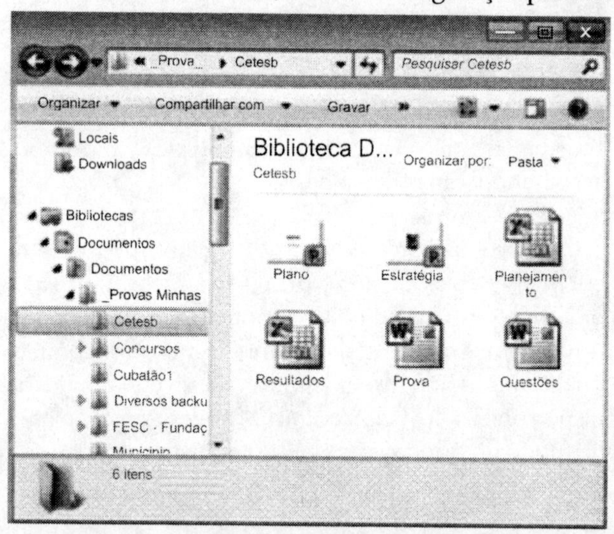

Baseando-se nos arquivos e pastas da janela, assinale a alternativa correta.

a) Cetesb é uma pasta que possui seis arquivos, sendo quatro apresentações do MS-PowerPoint 2010.
b) Concursos é uma pasta que não possui subpastas.
c) Cubatão1 é uma pasta que possui subpastas.
d) Ao selecionar o arquivo Prova, pressionar CTRL+C e, em seguida, CTRL+V será criado o arquivo Prova – Cópia.
e) Ao selecionar o arquivo Prova, pressionar CTRL+X e, em seguida, CTRL+V será criado o arquivo Prova – Cópia.

Gabarito

01. A **02. D**

2. Microsoft Word 2010

1. Visualizando e Identificando o Word 2010
2. Barra de Status
3. Guias
4. Método para Mover-se em um Documento
5. Métodos para Selecionar, Mover e Copiar

1. Visualizando e Identificando o Word 2010

Diferentemente da versão 2007, o Word 2010 não sofreu modificações significativas em seu visual e na disposição dos ícones que realizam as tarefas. Este é um fator positivo, pois evita um incômodo semelhante ao ocorrido durante a transição dos menus convencionais para o polêmico Ribbon, que ocorreu entre as versões 2003 e 2007.

No Word 2010, funções como salvar, imprimir e abrir documentos voltaram a ser realizadas por meio do item de guia Arquivo, tendo sido eliminado o botão com o símbolo do Office, existente na versão 2007, que fornecia acesso a estas opções. Com isso, o aplicativo volta a ter suas funções principais no esquema mais utilizado por aplicativos.

Visualizando a Janela do Word:

• **Barra de Título**

Indica se a janela está ativa ou não, o nome do aplicativo e o nome do arquivo. "Documento .." é um nome temporário utilizado pelo Word até você atribuir um novo. Com o auxílio do mouse, podemos arrastar a janela, desde que não esteja maximizada, clicando e mantendo o botão principal do mouse pressionado e movendo para o local desejado.

• **Barra de Ferramentas de Acesso Rápido**

Recurso que possibilita a personalização no menu que se abre ao clicar em

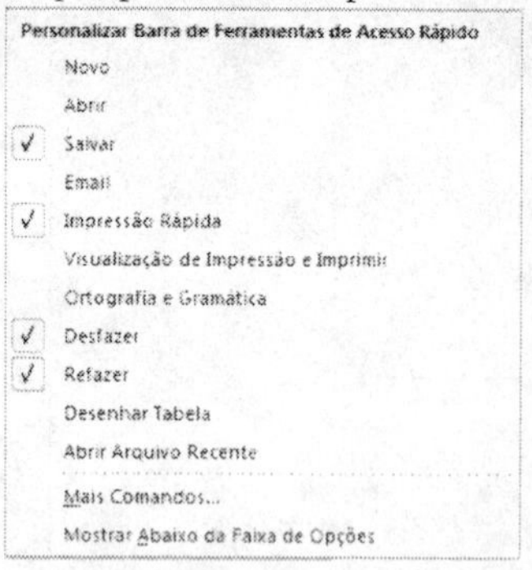

Ao se clicar nas setas tem-se uma lista dos atos realizados e pode-se selecionar uma determinada ação e considerar que todas as realizadas posteriormente serão desfeitas. Teoricamente, tudo o que for feito poderá ser desfeito.

Atalhos:

PARA	PRESSIONE
Cancelar uma ação.	ESC
Desfazer uma ação.	CTRL+Z
Refazer ou repetir uma ação.	CTRL+R

• **Guia Arquivo**

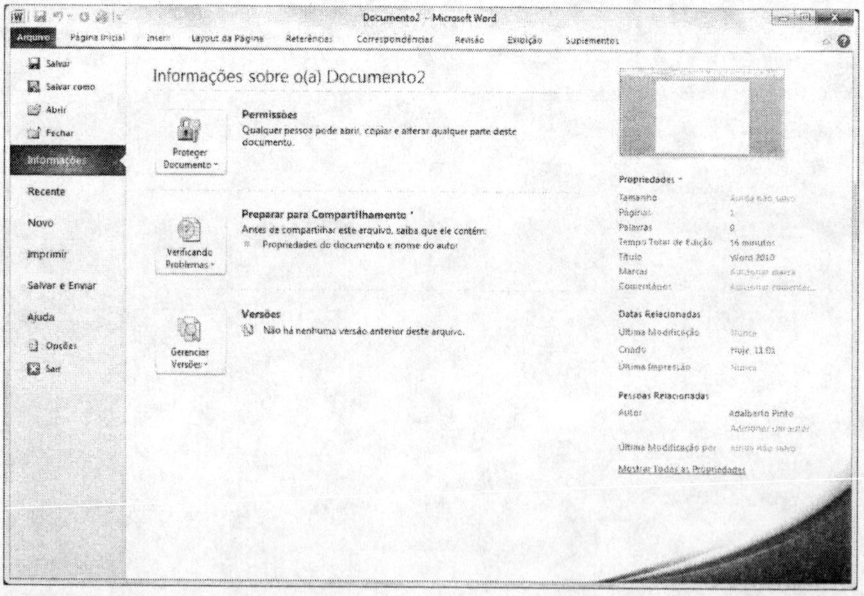

As nove Guias do Word permitem que você acesse todas as opções do Word que são organizadas em grupos. Ao clicar nas guias são disponibilizados os grupos.

- **Guia Página Inicial**
- **Guia Inserir**
- **Guia Layout de Página**
- **Guia Referência**
- **Guia Correspondências**
- **Guia Revisão**
- **Guia Exibição**
- **Guia Suplementos**
- **Guia Formatar (Guia Contextual)**

2. Barra de Status

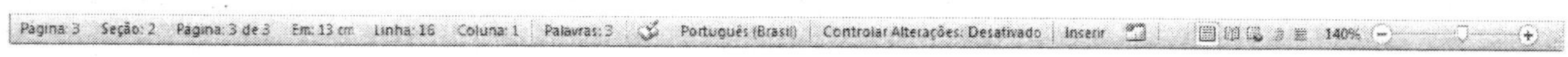

A barra de status, que é uma área horizontal na parte inferior da janela do documento no Microsoft Word, fornece informações sobre o estado atual do que está sendo exibido na janela e quaisquer outras informações contextuais.

Para personalizar a barra de status: posicione o ponteiro do mouse sobre a barra de status e clique com o botão direito do mouse.

Página: 3

Número da página. Mostra o número da página.

Seção: 2

Seção número. Mostra o número da seção[1] da página exibida na janela.

Página: 3 de 3

Número/número. Mostra o número da página e o número total de páginas com base na contagem de páginas físicas do documento.

Em: 13 cm

Em medida. Mostra a distância do início da página ao ponto de inserção. Nenhuma medida será exibida caso o ponto de inserção não esteja na janela.

Linha: 16

Linhanúmero. Mostra a linha do texto em que o ponto de inserção se encontra. Nenhuma medida será exibida caso o ponto de inserção não esteja na janela.

Coluna: 1

Colunanúmero. Mostra a distância, em número de caracteres, da margem esquerda ao ponto de inserção. Nenhuma medida será exibida caso o ponto de inserção não esteja na janela.

Clicando-se em qualquer um dos seis botões acima a opção que abre é "localizar e Substituir"

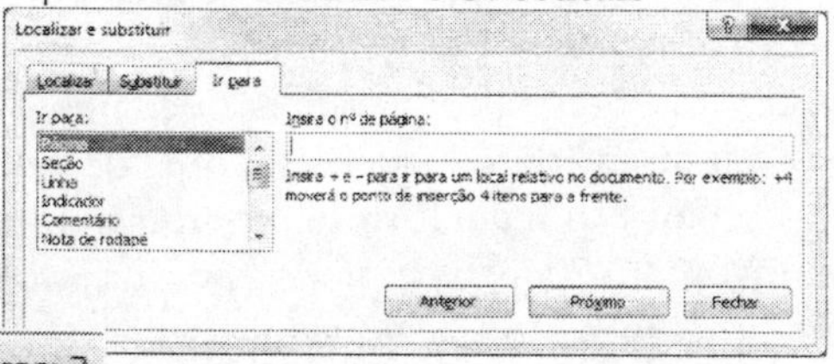

Palavras: 3

Indica a quantidade de palavras que o documento tem.

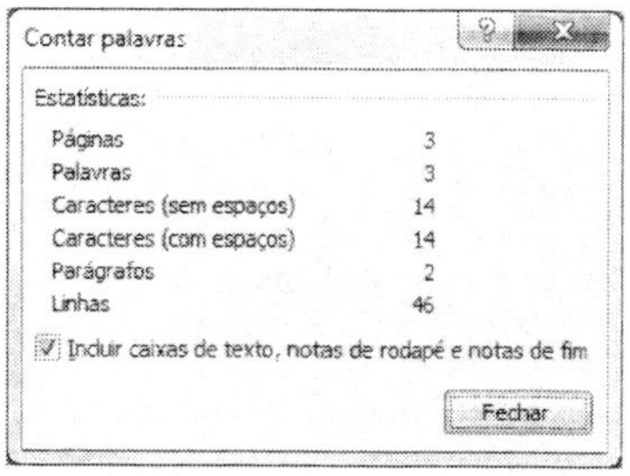

Mostra o status da verificação de ortografia e gramática. Quando o Word faz a verificação de erros, uma caneta animada aparece sobre o livro. Se nenhum erro for encontrado, será exibida uma marca de seleção. Se um erro for encontrado, será exibido um "X". Para corrigir o erro, clique nesse ícone.

Quando as opções de verificação ortográfica e gramatical estiverem desativadas, o verificador gramatical continua a ser executado para reconhecer as marcas inteligentes.Se desejar que o verificador ortográfico e gramatical seja desativado, você também precisa desativar as marcas inteligentes.

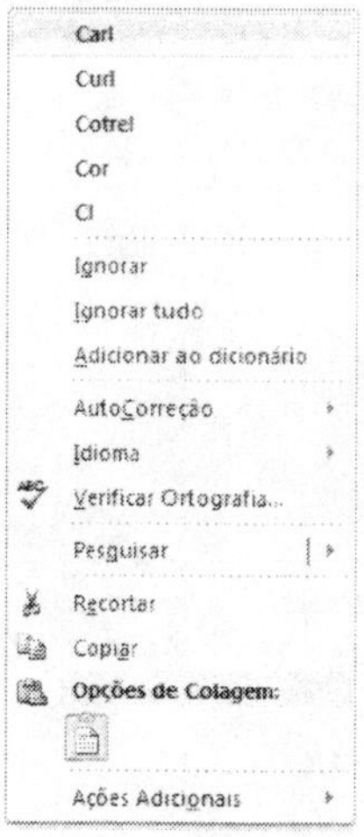

Português (Brasil)

Idioma. Mostra o idioma no ponto de inserção. Clique para alterar o formato do idioma do texto selecionado.

[1] **Seção**: parte de um documento em que você define determinadas opções de formatação de página. Você cria uma nova seção quando deseja alterar propriedades como numeração de linha, número de colunas ou cabeçalhos e rodapés.

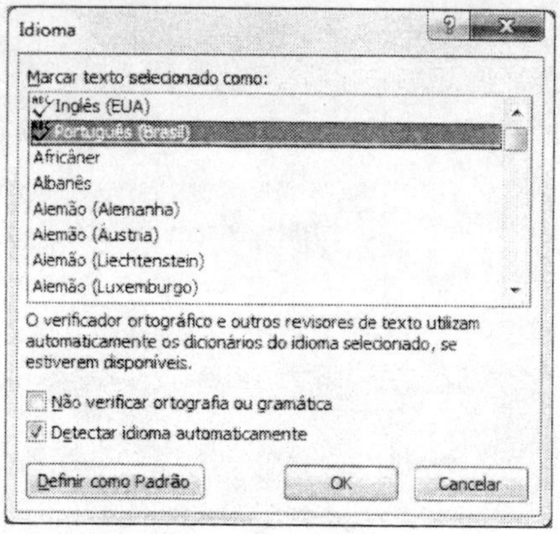

Mostra o status das alterações controladas. Clique no botão para ativar ou desativar o recurso de alterações controladas.

Mostra o status do modo sobrescrever. Clique para ativar ou desativar o modo. Quando o modo sobrescrever estiver desativado, aparece a palavra "Inserir" e quando estiver ativado a palavra "Sobrescrever" aparecerá.

Mostra o status da gravação da macro. Clique duas vezes para acessar o gravador de macro.

3. Guias

A seguir uma breve descrição das possibilidades de ações disponíveis em cada guia:

GuiaArquivo

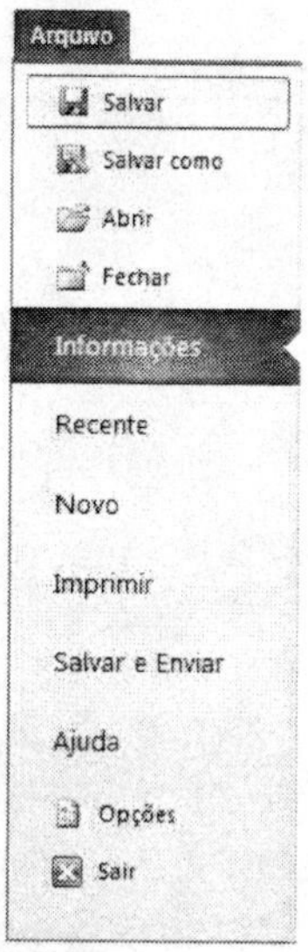

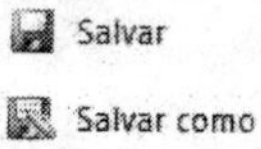

Há diversas maneiras de salvar documentos no Microsoft Word. Você pode salvar o **documento ativo**[2] no qual está trabalhando, seja ele novo ou não. Também é possível salvar todos os documentos abertos ao mesmo tempo. E, ainda, salvar uma cópia do documento ativo com um nome diferente ou em um local diferente.

Se desejar reutilizar um texto ou formatação em outros documentos criados, você poderá salvar um documento como um **modelo**[3] do Word.

Se você compartilha documentos com pessoas que utilizam versões anteriores do Word e quer ter certeza de que os documentos tenham a mesma aparência quando forem abertos em versões anteriores, poderá desativar os recursos que não fazem parte daquela versão.

Quando você precisa compartilhar documentos com pessoas que usam outros processadores de texto ou versões do Word com um formato de arquivo diferente (como o Word 97-2003), você pode salvar os documentos em outros formatos de arquivo.

[2] **Documento ativo**: O documento no qual você está trabalhando. O texto digitado ou os elementos gráficos inseridos no Microsoft Word aparecem no documento ativo. A barra de título do documento ativo é realçada.

[3] **Modelo**: Um arquivo ou arquivos que contêm a estrutura e as ferramentas para formatar elementos como o estilo e layout de página de arquivos concluídos.

Ao usar o Word para criar páginas da Web para exibição em um navegador da Web, você poderá salvar os documentos no formato de página da Web e publicá-los em um servidor Web. Também é possível salvar os documentos em um site FTP na Internet (você precisa ter uma conta de Internet fornecida por um provedor de serviços de Internet e permissão para salvar documentos no servidor FTP) ou na Intranet de uma empresa.

Na guia arquivo o ícone  salva o arquivo.

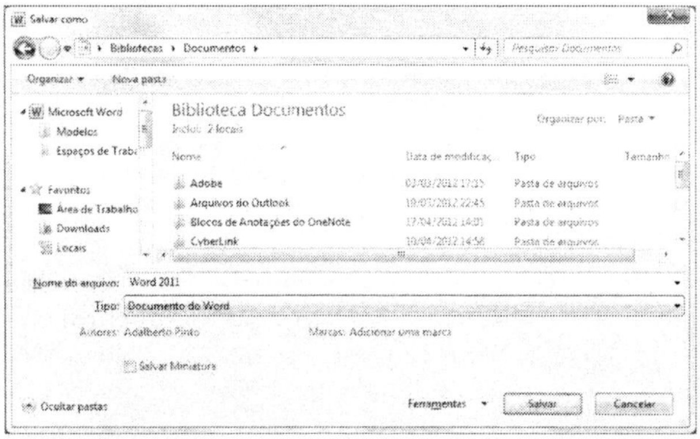

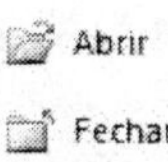

Determina onde se quer examinar um possível arquivo para ser aberto, clique sobre ele e pressione o botão abrir. Com um duplo clique sobre o arquivo iremos obter o mesmo resultado.

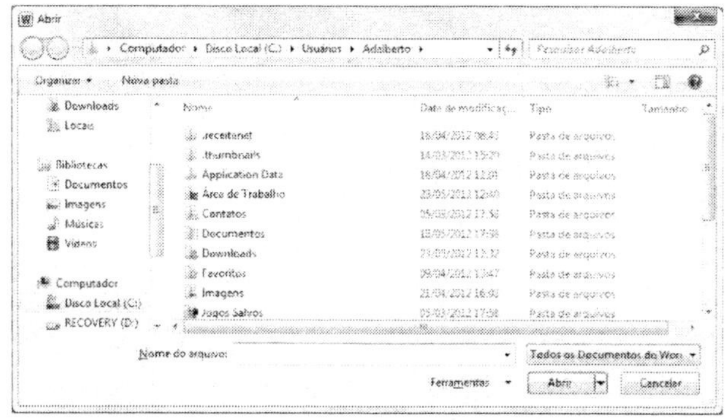

Modos de visualização do que está sendo acessado.

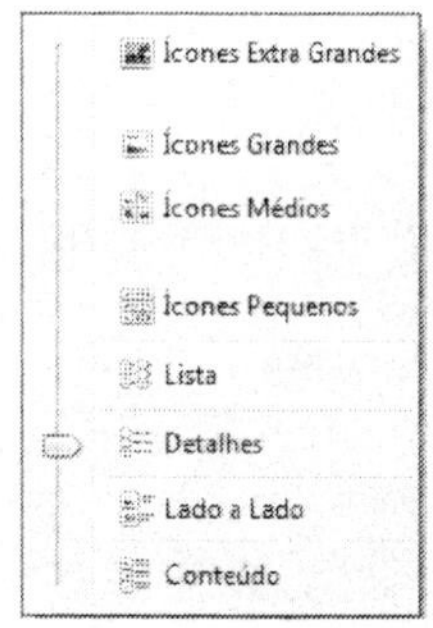

Na seta ao lado do botão **abrir** existem outras opções para a abertura deste documento.

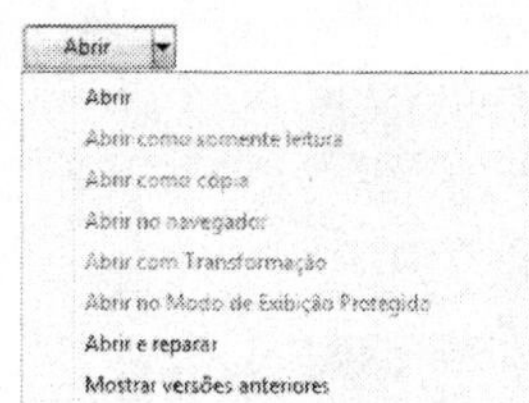

Atalhos:

PARA	PRESSIONE
Exibir a caixa de diálogo **Abrir**.	CTRL+F12
Exibir a caixa de diálogo **Salvar como**.	F12
Abrir a pasta ou arquivo selecionado.	ENTER
Abrir a pasta um nível acima da pasta selecionada.	BACKSPACE
Excluir a pasta ou o arquivo selecionado.	DELETE
Exibir um menu de atalho para um item selecionado, como uma pasta ou um arquivo.	SHIFT+F10
Avançar pelas opções.	TAB
Retroceder pelas opções.	SHIFT+TAB
Abrir a lista **Examinar**.	F4 ou ALT+I
Criar um novo documento.	CTRL+O
Abrir um documento.	CTRL+A
Fechar um documento ativo	CTRL+W

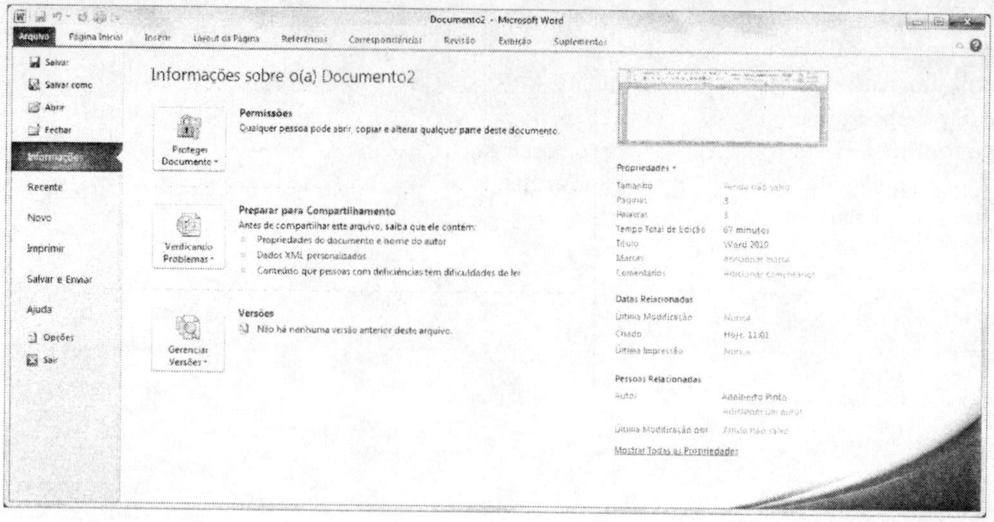

Proteger Documento possibilita:

Marcar como final – informar aos leitores que o documento é final e torná-lo somente leitura;

Criptografarcomsenha – Será necessária uma senha para abrir o documento;

Restringiredição – Controlar quais tipos de alterações as pessoas podem fazer neste documento;

Restringirpermissõesporpessoas – Conceder acesso às pessoas e as impedir de editar copiar ou imprimir;

Adicionarumaassinaturadigital – Garantir a integridade do documento adicionando uma assinatura digital invisível.

Verificando problemas permite:

Inspecionardocumento – Verificar se existe propriedades ocultas ou informações pessoais do documento;

Verificaracessibilidade – Verificar o documento em busca de conteúdo que pessoas com deficiências talvez tenham dificuldade de ler;

Verificarcompatibilidade – Procurar recursos sem suporte das versões anteriores do Word.

Gerenciar Versões possibilita:

Recuperar documentos não salvos – Procurar cópias recentes de arquivos não salvos;

Excluir todos os documentos não salvos – Excluir todas as cópias recentes de arquivos não salvos.

As propriedades de documento são detalhes sobre um arquivo que ajudam a identificá-lo — por exemplo, um título descritivo, o nome do autor, o assunto e as palavras-chave que identificam os tópicos ou outras informações importantes contidas no arquivo. Use as propriedades de documento para exibir informações sobre um arquivo ou ajudar a organizar seus arquivos de modo que você possa encontrá-los facilmente mais tarde. Você também pode pesquisar documentos com base nas suas propriedades.

Há quatro tipos de propriedades de documento:

- Entre as **propriedades atualizadas automaticamente** estão estatísticas mantidas para você pelos aplicativos do Microsoft Office, como tamanho do arquivo e as datas em que ele foi criado e modificado pela última vez. Por exemplo, você pode pesquisar todos os arquivos criados após 27 de fevereiro de 1999 ou todos os arquivos modificados ontem pela última vez.

- As **propriedades predefinidas** já existem (como autor, título e assunto), mas é necessário que você insira um valor de texto. Você pode usar a propriedade **Palavras-chave** para adicionar a palavra-chave "clientes" aos seus arquivos de vendas e pesquisar todos os arquivos de vendas com essa palavra-chave.

- As **propriedades personalizadas** são aquelas definidas por você. Pode-se atribuir um texto, uma hora ou um valor numérico às propriedades personalizadas, podendo-se também atribuir a elas os valores "sim" ou "não". Você pode fazer a sua escolha com base em uma lista de nomes sugeridos ou pode definir seus próprios nomes. Você também pode vincular propriedades personalizadas de documento a itens específicos contidos no arquivo, como uma célula nomeada no Microsoft Excel, um item selecionado no PowerPoint ou um indicador do Word. Por exemplo, em um formulário de contrato criado no Word, você pode criar uma propriedade personalizada de arquivo vinculada a um campo do formulário que contenha a data de vencimento do contrato. Depois disso, você pode pesquisar todos os arquivos de contrato que contenham datas de vencimento anteriores à data especificada por você.

- As **propriedades da biblioteca de documentos** são para arquivos que se encontrem em uma biblioteca de documentos, em um site da Web ou em uma pasta pública. Ao criar uma biblioteca de documentos, você define uma ou mais propriedades para a biblioteca e define regras referentes aos seus valores. Ao adicionar documentos à biblioteca, os usuários recebem um aviso solicitando que preencham um formulário atribuindo valores a cada uma dessas propriedades. Por exemplo, uma biblioteca de documentos que reúna ideias de produtos, pode solicitar aos usuários dados referentes a propriedades como Submetida por, Data, Categoria e Descrição.

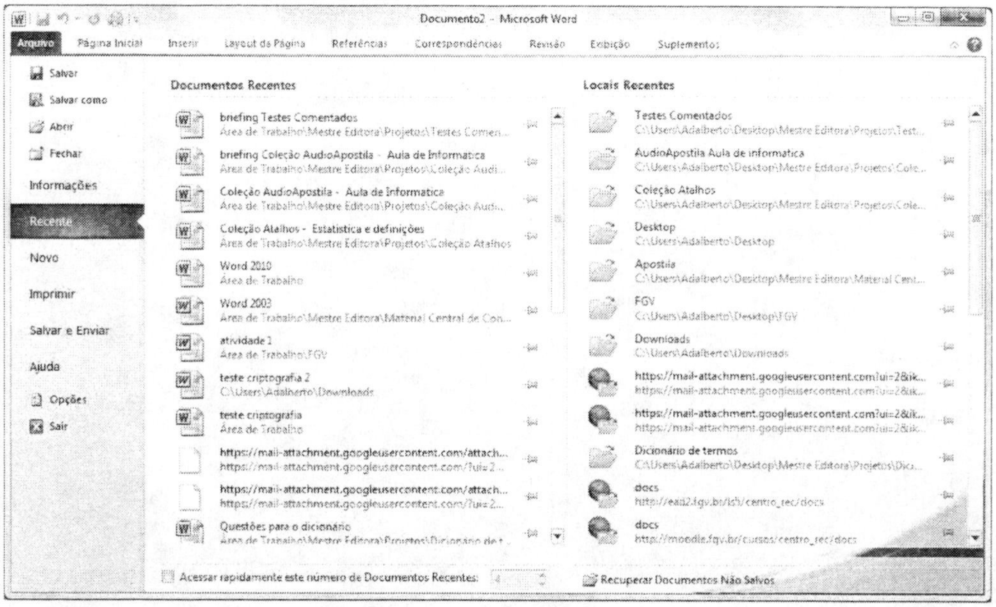

Relação de documentos e locais recentes de acesso

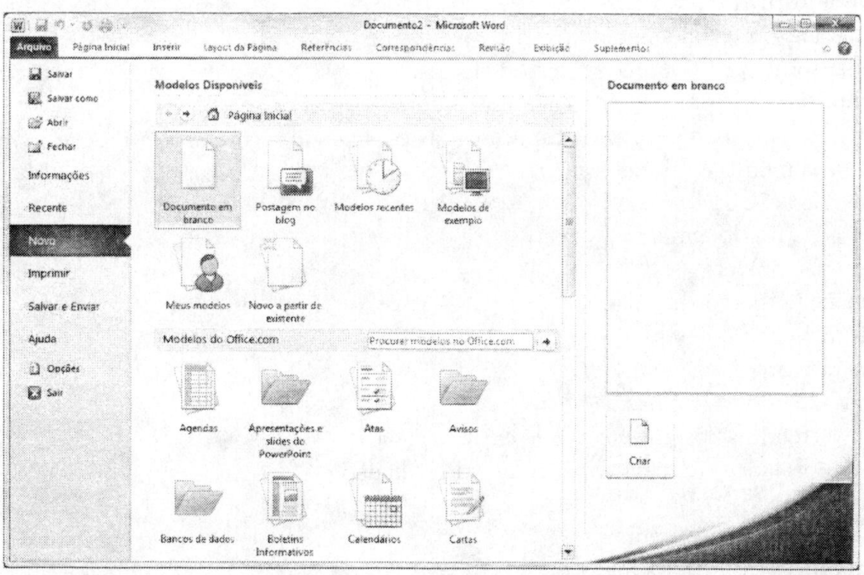

O Word 2010 permite que você aplique modelos internos, aplique seus próprios modelos personalizados e pesquise vários modelos disponíveis no Office.com. O Office.com fornece uma ampla seleção de modelos populares do Word, incluindo **currículos básicos, currículos específicos de um trabalho, agendas, cartões de visita para impressão** e **faxes**.

Para localizar e aplicar um modelo no Word siga este procedimento:

1. Na guia **Arquivo**, clique em **Novo**.
2. Em **Modelos Disponíveis**, siga um destes procedimentos:
   - Para usar um dos modelos internos, clique em **Modelos de Exemplo**, clique no modelo desejado e depois em **Criar**.
   - Para reutilizar um modelo usado recentemente, clique em **Modelos Recentes**, clique no modelo desejado e depois em **Criar**.
   - Para usar seu próprio modelo criado anteriormente, clique em **Meus Modelos**, clique no modelo desejado e depois em **OK**.
   - Para localizar um modelo no Office.com, em **Modelos do Office.com**, clique na categoria de modelo desejada, no modelo desejado e em **Baixar** para baixar o modelo do Office.com para o computador.

   Obs.: Você também pode pesquisar modelos no Office.com a partir do Word. Na caixa **Pesquisar modelos no Office.com**, digite um ou mais termos de pesquisa e clique no botão de seta para pesquisar.

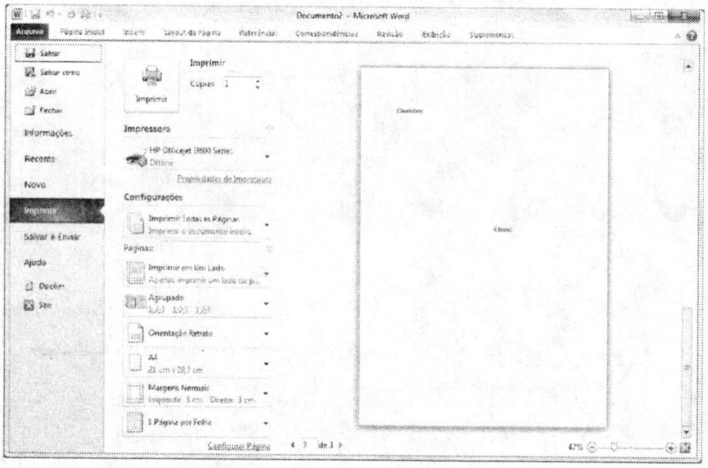

Impressora: Opção pela impressora configurada.

Configurações para imprimir:

- Todas as páginas – imprimir o documento inteiro.
- Seleção – Imprime somente o conteúdo selecionado.
- Página atual – imprime somente a página onde está o cursor.
- Intervalo personalizado – possibilidade de especificar as páginas ou seções específicas a serem impressas.
- Propriedades do documento e valores.
- Somente lista de marcações.
- Lista de estilos usados no documento.
- Lista de autotexto disponível.
- Lista de teclas de atalho personalizadas.
- Somente páginas ímpares ou pares.
- Apenas imprimir um lado da página.
- Dos dois lados invertendo as páginas na borda longa.
- Dos dois lados invertendo as páginas na borda curta.
- Manualmente dos dois lados (recarregar papel quando solicitado).
- Agrupado ou desagrupado.
- Orientado como retrato ou paisagem.
- Em um tamanho específico de papel.
- Configurado com margens: personalizadas, normal, estreita, moderada, larga e espelhada.
- Configurar quantidades de páginas por folha.

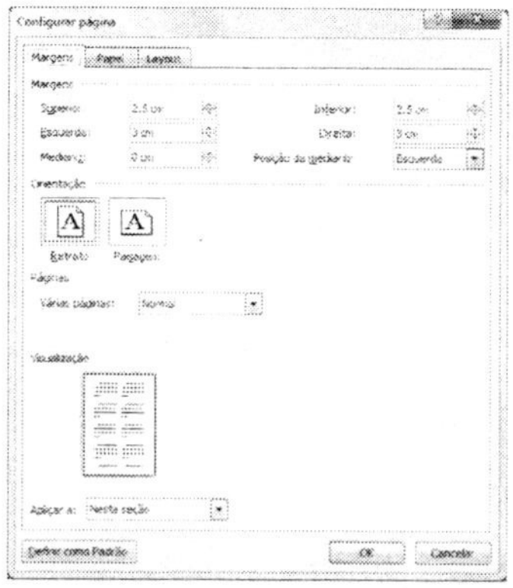

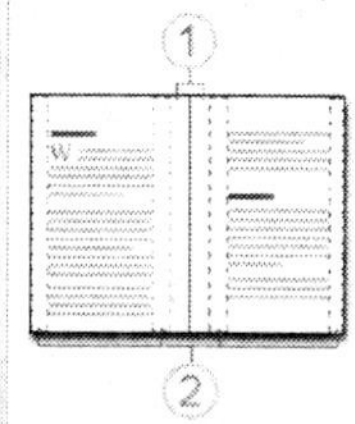

1 Margens de medianiz para encadernação

2 Margens de espelho para páginas opostas

Atalhos:

PARA	PRESSIONE
Imprimir um documento.	CTRL+P
Entrar no modo de visualização de impressão.	ALT+CTRL+I

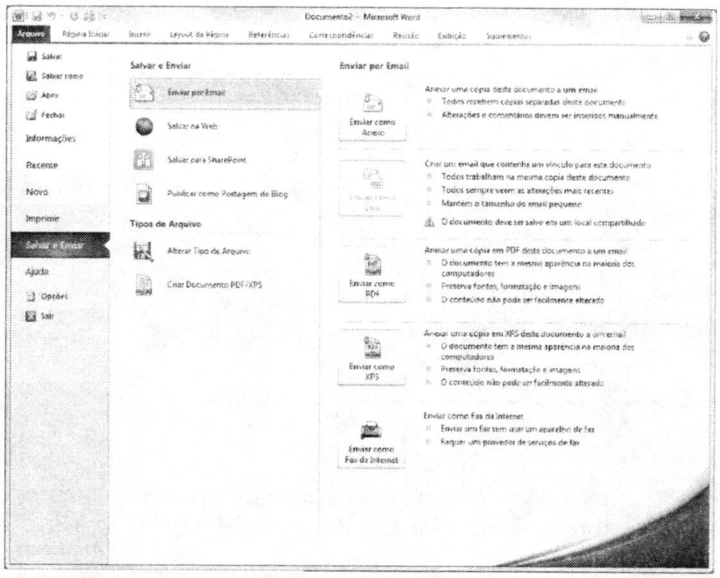

Permite o envio por e-mail:

- Anexando cópia
- Com link do documento
- Como arquivo em PDF
- Como cópia em XPS
- Como fax da internet

Usando o Windows Live você pode salvar o documento na Web e acessá-lo de qualquer computador.

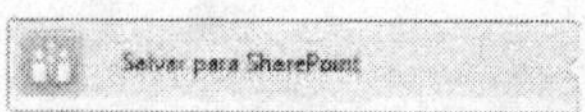

Salvar em um site para compartilhar com outras pessoas.

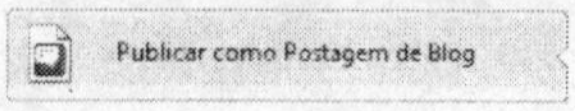

Criar uma nova postagem de blog usando o documento atual.

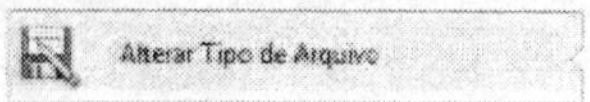

Modificar a extensão do arquivo.

Salvar este documento em um formato fixo (PDF) no qual o documento não poderá ser facilmente modificado.

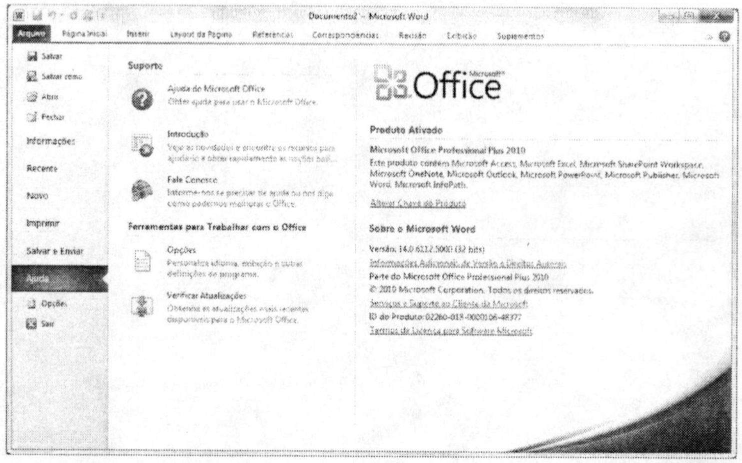

Ajuda do Microsoft Office

Introdução – Novidades e possibilidades de encontrar os recursos para ajudá-lo a obter rapidamente as noções básicas.

Fale Conosco

Possibilidade de obter atualizações mais recentes

Opções – Possibilidade de personalização de idioma, exibição e outras definições do programa.

Identificações sobre ativação e informações adicionais sobre o Word 2010

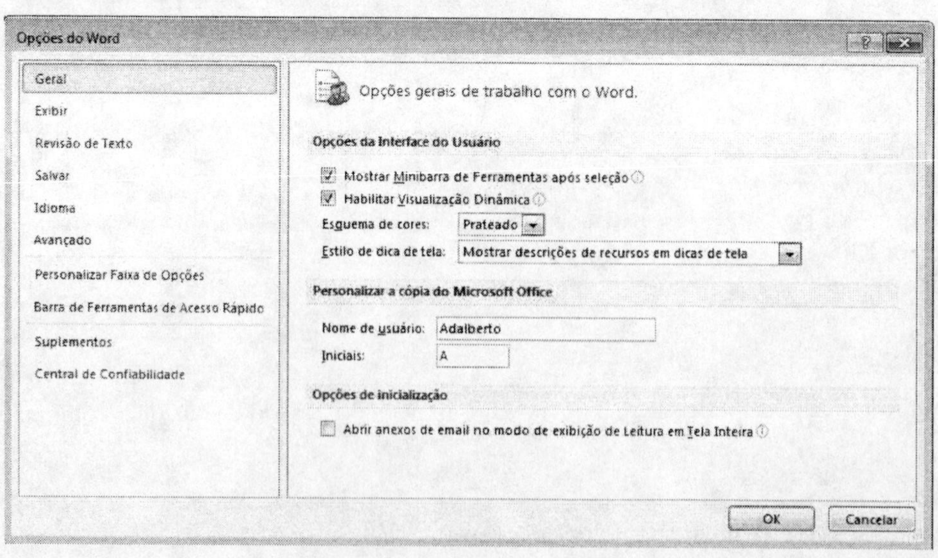

Guia Página Inicial

Na guia página inicial e nas demais guias vamos encontrar os recursos separados em grupos:

Grupo Área de transferência

Atalhos:

PARA	PRESSIONE
Copiar a formatação do texto.	CTRL+SHIFT+C
Aplicar a formatação copiada ao texto.	CTRL+SHIFT+V

Após um texto ter sido recortado ou copiado e ser colado em outro local, surge a imagem de um pequeno ícone logo abaixo do texto colado 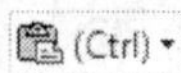, que permite opções quanto a formatação a ser adotada. As opções disponíveis dependem do tipo de conteúdo que você está colando, o aplicativo de onde você está fazendo a colagem e o formato do texto onde você está colando.

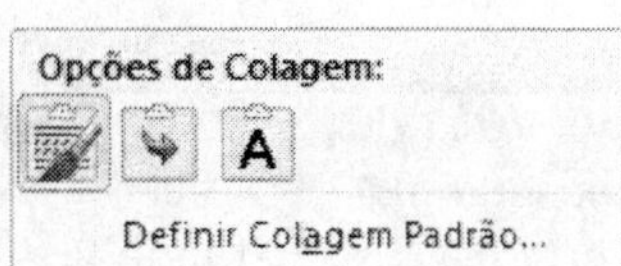

A área de transferência do Office funciona apenas com os programas do Office. Ela permite que você colete texto e itens gráficos de qualquer quantidade de documentos do Office ou outros programas para, em seguida, colá-los em qualquer documento do Office. Por exemplo, você pode copiar parte do texto de um documento do Microsoft Word, alguns dados do Microsoft Excel, uma lista com marcadores do Microsoft PowerPoint, texto do Microsoft FrontPage ou do Microsoft Internet Explorer e uma folha de dados do Microsoft Access, voltando para o Word e organizando alguns ou todos os itens coletados em seu documento do Word.

Ela funciona com os comandos Copiar e Colar padrão. Basta copiar um item para a Área de Transferência do Office para adicioná-lo à sua coleção. Depois, cole-o em qualquer documento do Office a qualquer momento. Os itens coletados permanecerão na Área de Transferência do Office até que você saia dele.

Para copiar itens para a Área de Transferência do Office, é necessário que ela seja exibida no painel de tarefas de um programa do Office ou que a opção **Coletar sem Mostrar Área de Transferência do Office** esteja ativada.

A Área de Transferência do Office é aberta automaticamente quando você:

- Copia ou corta dois itens diferentes consecutivamente no mesmo programa.
- Copia um item, cola o item e copia outro item do mesmo programa.
- Copia um item duas vezes sucessivamente.

Se você abrir a Área de Transferência do Office no painel de tarefas de um programa do Office, ela não será exibida automaticamente quando você alternar para outro programa do Office. Entretanto, você poderá continuar copiando itens de outros programas. Será exibida uma mensagem acima da área de status, indicando que um item foi adicionado à Área de Transferência do Office.

Observação: A exibição do ícone da área de transferência do Office e da mensagem do status de cópia pode ser desativada; para isso, desmarque as opções **Mostrar ícone da 'Área de Transferência do Office' na barra de tarefas** e **Mostrar status ao lado da barra de tarefas ao copiar** da Área de Transferência do Office.

A Área de Transferência do Office não estará disponível em modos de exibição onde os comandos Copiar, Cortar e Colar não estejam disponíveis.

A Área de Transferência do Office pode conter até 24 itens. Se você copiar um 25° item, o primeiro item será excluído.

Os itens coletados permanecerão na Área de Transferência do Office até que você encerre todos os programas do Office em execução no computador ou clique em **Limpar Tudo** na Área de Transferência do Office.

A cada item que vai sendo adicionado à Área de Transferência do Office, uma entrada é exibida na galeria da Área de Transferência do Office. A entrada mais recente sempre é adicionada ao topo da galeria.

Cada entrada inclui um ícone que representa um programa do Office e uma parte do texto copiado ou uma miniatura de um gráfico copiado.

Você pode colar os itens da Área de Transferência do Office individualmente ou todos de uma vez. O comando **Colar** cola apenas o último item copiado. **Colar Tudo** cola todos os itens armazenados na Área de Transferência do Office.

A Área de Transferência do Office está relacionada à área de transferência do sistema das maneiras a seguir:

- Quando você copia vários itens para a Área de Transferência do Office, o último item copiado é sempre copiado para a área de transferência do sistema.
- Ao limpar a Área de Transferência do Office, você estará limpando também a área de transferência do sistema.
- Quando você usa o comando Colar, o botão Colar ou as teclas de atalho (**Ctrl V**), você cola o conteúdo da área de transferência do sistema, não da Área de Transferência do Office.
- Copia a formatação do texto clicado e permite que seja copiada a outro texto clicado (não é preciso selecionar). Um duplo clique no ícone mantém ativado o botão até que seja clicado novamente.

É possível economizar tempo usando as **marcas inteligentes**[4] para realizar ações no Microsoft Word que você geralmente faria utilizando outros programas.

Quando o Word reconhece tipos de dados, marca esses dados com um indicador de marca inteligente ou com um sublinhado pontilhado roxo. Para descobrir que ações você pode realizar com uma marca inteligente, mova o ponto de inserção sobre o texto sublinhado até que o botão **Ação com Marcas Inteligentes** apareça. Você pode então clicar no botão para ver uma lista de ações que podem ser realizadas.

Quando você salva um documento, as marcas inteligentes são incorporadas para ficarem disponíveis a qualquer pessoa que abrir o documento. No entanto, você pode decidir não incorporá-las ao salvar o documento.

Se você salvar como página da Web um documento do Word que contém marcas inteligentes, algumas tarefas podem ser realizadas na Web usando-se o Microsoft Internet Explorer 5 ou posterior. Você também pode usar as marcas inteligentes em seus e-mails no Microsoft Outlook e no Microsoft Excel.

Cada identificador de marca inteligente identifica um tipo de dado, como nomes, datas ou números de telefone, e contém a lógica necessária para disponibilizar uma ou mais ações para cada tipo de dado.

Quando você digita texto em um documento novo ou abre um documento existente, a lógica da marca inteligente procura palavras que correspondam aos tipos de dados da lista. Ao encontrar uma correspondência,

[4] **Marcas inteligentes**: Dados reconhecidos e rotulados como um tipo particular. Por exemplo, o nome de uma pessoa ou o nome de um destinatário recente de mensagem de email do Microsoft Outlook é um tipo de dados que pode ser reconhecido e rotulado com uma marca inteligente.

insere um indicador de marca inteligente (uma linha pontilhada roxa) sob o termo e habilita as ações apropriadas.

As ações que você pode realizar dependem do tipo de dados que o Word reconhece e nomeia com uma marca inteligente.

Por exemplo, "José Santos" no exemplo anterior é reconhecido como uma marca inteligente "nome de pessoa", e as ações que podem ser realizadas são **Abrir Contato**, **Agendar uma Reunião**, **Adicionar a Contatos** ou **Inserir Endereço**.

Se você selecionar a ação **Adicionar a Contatos**, poderá adicionar o nome e o endereço à pasta de contatos do Outlook sem copiar as informações; para isso, basta abrir o Outlook e colar as informações em um cartão de visita.

Você pode encontrar marcas inteligentes adicionais criadas pela Microsoft, por outras empresas ou por profissionais da área de tecnologia da informação (TI), que poderão criar marcas inteligentes e ações para produtos e serviços específicos com os quais você trabalha. Por exemplo, se você trabalha em um departamento de vendas, seria possível clicar uma marca inteligente "nome do produto" no documento que oferecesse ações como "verificar quantidade no estoque" ou o "consultar preço".

Algumas vezes, você poderá ver outros botões que aparecem enquanto você trabalha no documento. Os botões **Opções de AutoCorreção** e **Opções de Colagem** (Ctrl) permitem que você realize ações sem clicar em um botão da barra de ferramentas ou abrir uma caixa de diálogo.

O botão **Opções de AutoCorreção** aparece primeiro como uma pequena caixa azul quando você posiciona o ponteiro do mouse perto de um texto que foi corrigido automaticamente. Muda para um ícone de botão quando você aponta para ele.

Caso você não queira que o texto seja corrigido, pode desfazer uma correção ou ajustar as opções de AutoCorreção clicando no botão e fazendo uma seleção.

O botão **Opções de Colagem** (Ctrl) aparecerá abaixo de um bloco de texto colado. Quando você clicar no botão, aparecerá uma lista que lhe permitirá especificar como o Word colará as informações no documento.

As opções disponíveis dependem do tipo de conteúdo que você estiver colando, do programa do qual estiver colando e do formato do texto onde você estiver colando.

Grupo Fonte

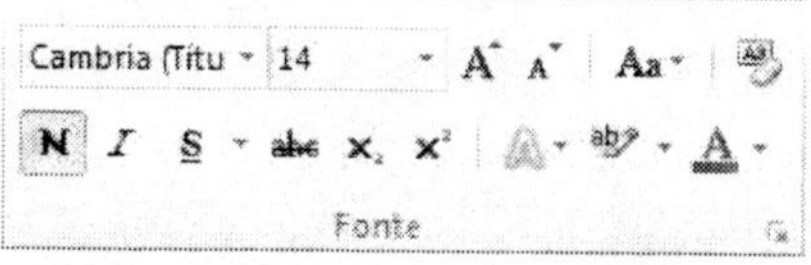

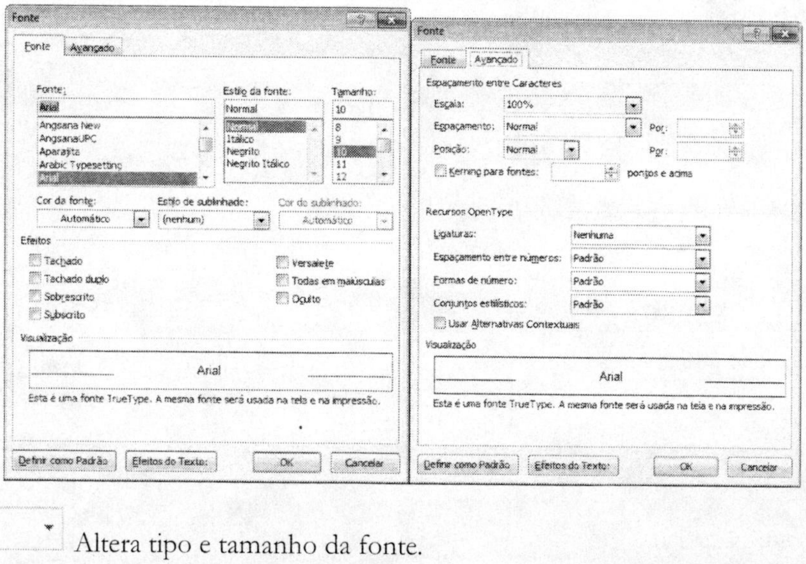

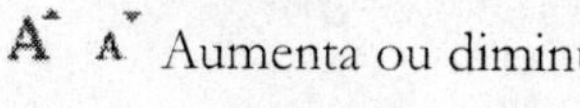 Altera tipo e tamanho da fonte.

A A Aumenta ou diminui tamanho da fonte.

No ícone **Aa** Altera todo o texto selecionado para maiúsculas, minúsculas ou outros usos comuns de maiúsculo e minúsculo:

- Primeira letra da sentença em maiúsculo.
- Minúsculo.
- Maiúsculo.
- Colocar cada palavra em Maiúsculo.
- Alternar Maiúsculo/Minúsculo.

Com o atalho shift f3 se obtém resultado semelhante, respeitando a seguinte sequência:

1. Maiúsculo.
2. Minúsculo.
3. Primeira letra da sentença em maiúsculo.

Limpa toda formatação da seleção.

N Aplica negrito.

I Aplica itálico.

S Aplica tipos diferentes de sublinhado.

abc Desenha uma linha no meio do texto selecionado (tachado).

x_2 Cria linhas pequenas abaixo da linha de base do texto.

x^2 Cria linhas pequenas abaixo da linha do texto.

Aplica um efeito visual ao texto como sombra, brilho ou reflexo.

Cor de realce do texto: faz o texto parecer como se tivesse sido marcado .

A Altera a cor do texto.

Atalhos:

PARA	PRESSIONE
Abrir a caixa de diálogo **Fonte** para alterar a fonte.	CTRL+SHIFT+F ou CTRL+D
Aumentar o tamanho da fonte.	CTRL+SHIFT+>
Diminuir o tamanho da fonte.	CTRL+SHIFT+<
Aumentar em 1 ponto o tamanho da fonte.	CTRL+]
Diminuir em 1 ponto o tamanho da fonte.	CTRL+[
Alternar as letras entre maiúsculas e minúsculas.	SHIFT+F3
Formatar todas as letras como maiúsculas.	CTRL+SHIFT+A
Aplicar negrito.	CTRL+N
Aplicar sublinhado.	CTRL+S
Sublinhar as palavras, mas não os espaços.	CTRL+SHIFT+W
Aplicar sublinhado duplo ao texto.	CTRL+SHIFT+D
Aplicar formatação de texto oculto.	CTRL+SHIFT+H
Aplicar itálico.	CTRL+I
Formatar as letras com versalete.	CTRL+SHIFT+K
Formatar com subscrito (espaçamento automático).	CTRL+SINAL DE IGUAL
Formatar com sobrescrito (espaçamento automático).	CTRL+SHIFT+SINAL DE ADIÇÃO
Remove a formatação manual dos caracteres.	CTRL+BARRA DE ESPAÇOS
Alterar a seleção para a fonte Symbol.	CTRL+SHIFT+Q
Copiar formatação.	CTRL+SHIFT+C
Colar formatação.	CTRL+SHIFT+V
Excluir um caractere à esquerda.	BACKSPACE
Excluir uma palavra à esquerda.	CTRL+BACKSPACE
Excluir um caractere à direita.	DELETE
Excluir uma palavra à direita.	CTRL+DELETE

Grupo Parágrafo

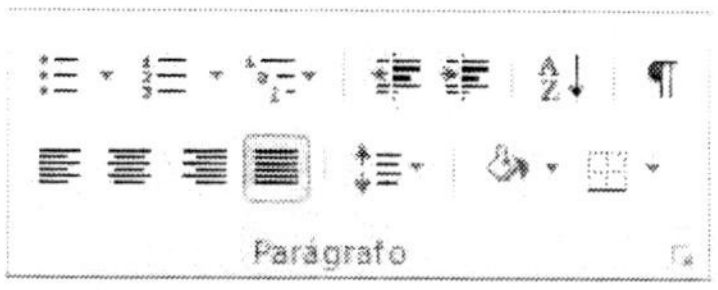

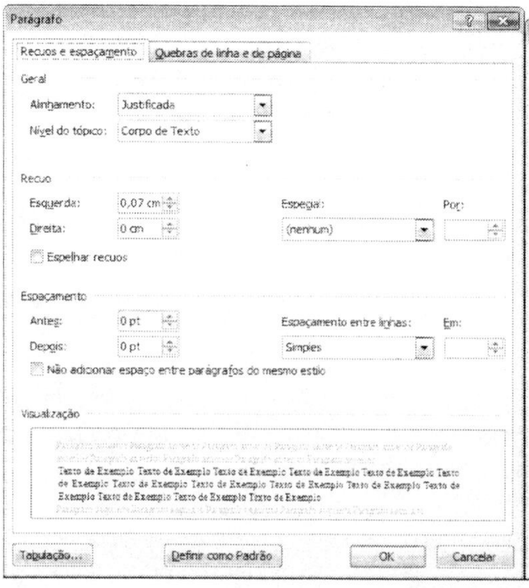

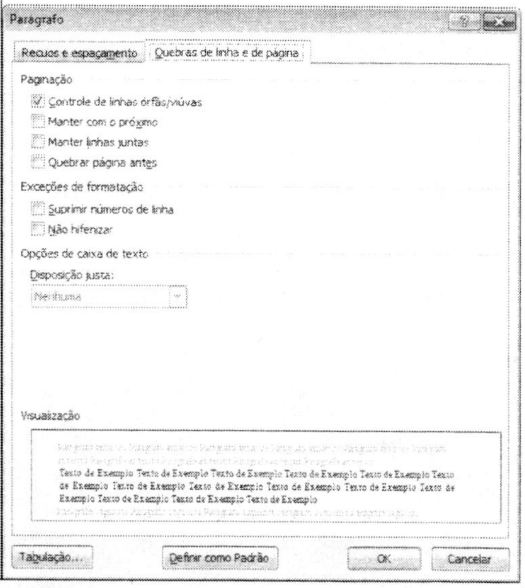

1 2 3 4

1 - Alinha à esquerda.
2 - Centraliza.
3 - Alinha à direita.
4 -Justifica (alinha à esquerda e à direita simultaneamente).

 Altera o espaçamento entre as linhas.

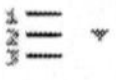 Insere numeração nos parágrafos.

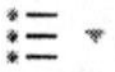 Insere marcadores nos parágrafos.

 Recua o parágrafo para a esquerda. Padrão:1,25cm.

 Recua o parágrafo para a direita. Padrão:1,25cm.

 Coloca o texto selecionado em ordem alfabética ou classificas dados numéricos.

 Mostra marcas de parágrafos e outros símbolos de formatação ocultos.

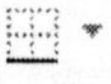 Bordas.

 Serve para colorir o plano de fundo atrás do texto ou parágrafo selecionado.

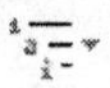 Inicia uma lista de vários níveis.

Recuar parágrafos

É possível recuar os parágrafos de um texto utilizando qualquer dos procedimentos abaixo:

Criar um recuo da primeira linha
1. Selecione o parágrafo que você deseja recuar.
2. Na régua horizontal, arraste o marcador **Recuo da primeira linha** para a posição em que você deseja que o texto comece.

Alterar o recuo direito de um parágrafo inteiro
1. Selecione o parágrafo que deseja alterar.
2. Na régua horizontal, arraste o marcador **Recuo à direita** para a posição em que deseja que o texto termine.

Criar um recuo deslocado
1. Selecione o parágrafo em que deseja criar um recuo deslocado.
2. Na régua horizontal, arraste o marcador **Recuo deslocado** para a posição em que você deseja que o recuo comece.

Criar um recuo negativo
1. Selecione o parágrafo que você deseja estender para a margem esquerda.
2. Na régua horizontal, arraste o marcador **Recuo à esquerda** para a posição em que você deseja que o parágrafo comece.

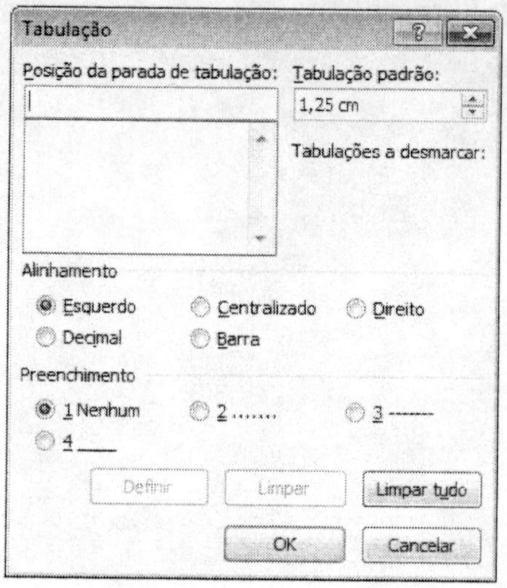

As tabulações permitem que você alinhe texto à esquerda, à direita, centralizado ou de acordo com um caractere decimal ou de barra. Você também pode inserir caracteres específicos automaticamente, como pontos ou traços, antes das tabulações.

Selecione o parágrafo no qual deseja definir uma parada de tabulação. E, para definir tabulações:

- Clique em **Esquerdo**  na extremidade esquerda da régua horizontal até obter o tipo de tabulação desejado:

 - Esquerdo

 - Direito

 - Centralizado

 - Decimal

 - Barra

- Clique na régua horizontal em que você deseja definir uma parada de tabulação.

Atalhos:

PARA	PRESSIONE
Aplicar espaçamento simples entre linhas.	CTRL+1
Aplicar espaçamento duplo entre linhas.	CTRL+2
Aplicar espaçamento de 1.5 linha.	CTRL+5
Adicionar ou remover um espaço de uma linha antes de um parágrafo.	CTRL+0 (zero)
Alternar um parágrafo entre alinhamento centralizado e à esquerda.	CTRL+E
Alternar um parágrafo entre alinhamento justificado e à esquerda.	CTRL+J
Alternar um parágrafo entre alinhamento à direita e à esquerda.	CTRL+G
Alinhar o parágrafo à esquerda.	CTRL+F
Recuar o parágrafo à esquerda.	CTRL+M
Remover o recuo à esquerda do parágrafo.	CTRL+SHIFT+M

Grupo Estilo

Um estilo é um conjunto de características de formatação, como nome da fonte, tamanho, cor, alinhamento de parágrafo e espaçamento. Alguns estilos incluem até mesmo borda e sombreamento.

Use estilos para formatar o documento e para aplicar de maneira rápida e fácil um conjunto de opções de formatação consistente em todo o documento. Exemplo, em vez de seguir três etapas separadas para formatar um título como 16 pontos, negrito, Cambria, você pode conseguir o mesmo resultado em uma única etapa aplicando o estilo Título 1 incorporado. Não é preciso se lembrar das características do estilo Título 1. Para cada rubrica no seu documento, basta clicar no título (você nem mesmo precisa selecionar todo o texto) e clicar em Título 1 na galeria de estilos.

Painel de Tarefas: Estilo

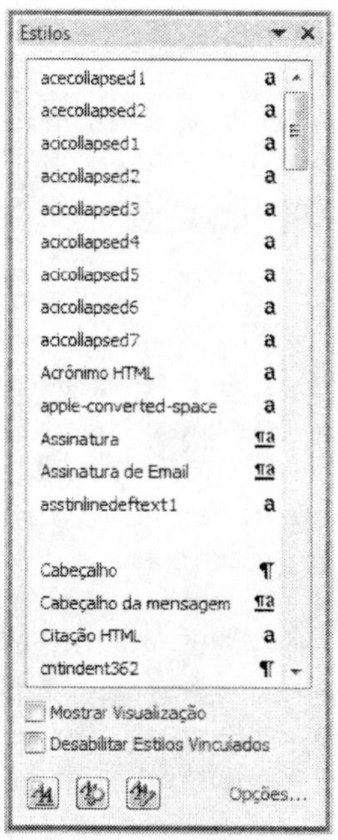

Grupo Edição

Utilizado, basicamente, para localizar e substituir textos em seu documento. Pode-se estender a pesquisa para que o Word encontre palavras similares ou reduzi-la para procurar uma parte de um documento ou texto que utilize formatações específicas. Ao selecionar uma palavra no texto e acionar o comando **Localizar...** a palavra selecionada já estará descrita como a que deve ser localizada (do mesmo modo em **Substituir...**). Com um clique no botão [Localizar próxima], o botão com as duas setas para baixo, na barra de rolagem, automaticamente usa as informações inseridas na caixa de diálogo Localizar e Substituir. Para procurar o texto novamente depois que a caixa de diálogo foi fechada, basta clicar nas setas.

Clicando no botão [Mais] encontramos possibilidades de serem habilitados os seguintes parâmetros para a busca:

- **Diferenciar Maiúscula de Minúscula** – Permite que localize o texto exatamente como foi digitado;
- **Encontrar Palavras Inteiras** é usado para procurar apenas por palavras completas e não por partes de uma palavra;
- **Usar Caracteres Curinga** – Permite alguns caracteres especiais. Caracteres curinga são usados para representar outros caracteres. Os mais usados são os sinais ?e*. O caractere ? representa qualquer caractere, enquanto o caractere * significa que você está procurando qualquer número de caracteres. Para obter uma lista completa dos curingas, selecione a caixa **Usar Caracteres Curinga** e clique no botão [Especial].

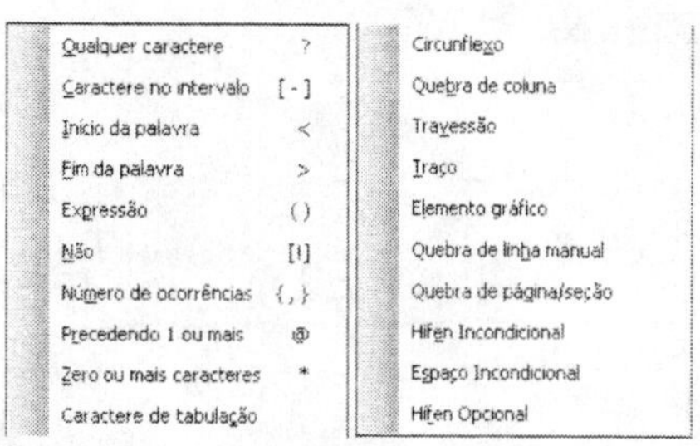

- **Semelhante (inglês)** – Permite encontrar palavras que têm o mesmo som, mas são escritas diferentemente (como their e there). Só funciona no idioma inglês;
- **Todas as Formas de Palavra (Inglês)** – Serve para encontrar todas as formas de uma determinada palavra (como o plural ou o passado). Só funciona no idioma inglês.

No comando **Ir Para...** podemos determinar ir para um local específico no documento. Em alguns itens podemos utilizar os sinais de + e – para ir para um local relativo no documento. Por exemplo: +4 moverá o ponto de inserção 4 itens para a frente.

PARA LOCALIZAR	DIGITE	EXEMPLO
Um único caractere qualquer	?	s?o localiza salvo e sonho.
Qualquer sequência de caracteres	*	t*o localiza tristonho e término.
O início de uma palavra	<	<(org) localiza organizar e organização, mas não localiza desorganizado.
O final de uma palavra	>	(do)> localiza medo e cedo, mas não localiza domínio.
Um dos caracteres especificados	[ ]	v[ie]r localiza vir e ver.
Qualquer caractere único neste intervalo	[-]	[r-t]ã localiza rã e sã. Os intervalos devem estar em ordem crescente.
Qualquer caractere único, exceto os caracteres no intervalo entre colchetes	[!x-z]	F[!a-m]rro localiza forro, mas não localiza ferro.
Exatamente *n* ocorrências do caractere ou expressão anterior	{n}	ca{2}tinga localiza caatinga, mas não catinga.
Pelo menos *n* ocorrências do caractere ou expressão anterior	{n,}	ca{1,}tinga localiza catinga e caatinga.
De *n* a *m* ocorrências do caractere ou expressão anterior	{n,m}	10{1,3} localiza 10, 100 e 1000.
Uma ou mais ocorrências do caractere ou expressão anterior	@	ca@tinga localiza catinga e caatinga.

Guia Inserir

GrupoPáginas

Folha de Rosto

Insere uma folha de rosto completamente formatada. Cabe ao usuário preencher o título o autor e data e outras informações.

Página em Branco

Insere uma nova página em branco na posição do cursor.

Quebra de página

Quando você preenche uma página com texto ou elementos gráficos, o Microsoft Word insere uma **quebra de página**[5] automática e inicia uma nova página. Para forçar uma quebra de página em um local específico, você poderá inseri-la manualmente.

[5] **Quebra de página**: O ponto em que uma página termina e outra começa. O Microsoft Word insere uma quebra de página "automática" (ou involuntária) ou você pode forçar uma quebra de página em um local específico inserindo uma quebra de página manual "manual" (ou forçada).

Por exemplo, você pode forçar uma quebra de página para assegurar que o título de um capítulo comece sempre em uma nova página.

Se você trabalhar com documentos que contenham diversas páginas e inserir quebras de página manuais, talvez seja necessário reinseri-las com frequência à medida que você editar o documento. Em vez disso, você poderá definir opções de paginação para controlar onde o Word posicionará as quebras de página automáticas. Por exemplo, você poderá impedir que uma quebra de página ocorra em um parágrafo ou em uma linha de tabela. Você também poderá assegurar que uma quebra de página não seja inserida entre dois parágrafos, como entre um título e o parágrafo seguinte.

GrupoTabelas

Insere ou desenha uma tabela no documento incluindo tabelas pré-formatadas e do Excel.

Grupo Ilustrações

 Insere uma imagem de um arquivo.

Insere clip art no documento incluindo desenhos, filmes, sons, ou fotos de catálogos para ilustrar um conceito específico.

 Insere formas prontas como retângulos, círculos, setas, linhas, símbolos de fluxogramas e textos explicativos.

 Insere um elemento gráfico SmartArt para comunicar informações visualmente. Eles variam desde linhas gráficas e diagramas de processos, até gráficos mais complexos e organogramas.

 Insere um gráfico para ilustrar ou comparar dados. Tipos: coluna, linha, pizza, barra, área, ações, superfície, rosca, dispersão, bolha e radar.

 Insere uma imagem de qualquer programa que não esteja minimizado na barra de tarefas.

Grupo Links

O ícone  cria uma conexão entre diferentes partes do documento, de outros documentos do Word ou de outros tipos de arquivos on-line. Por padrão, após o hyperlink inserido, será preciso pressionar a tecla **Crtl** para usá-lo:

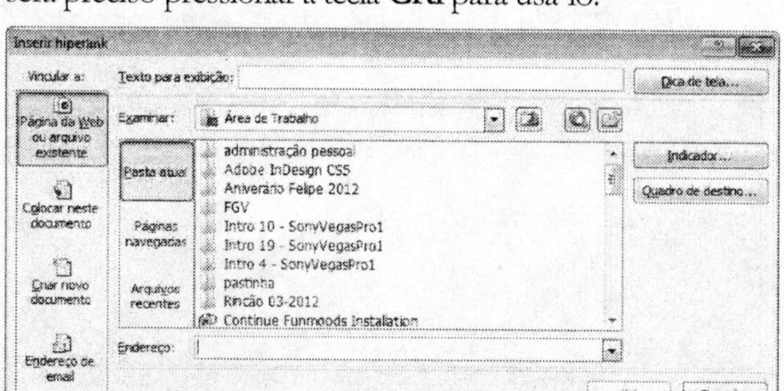

Um indicador identifica um local ou seleção de texto aos quais você atribui um nome e identifica para referência futura. Por exemplo, você poderá usar um indicador para identificar um texto que deseje revisar posteriormente. Em vez de rolar pelo documento para localizar o texto, você poderá ir para ele usando a caixa de diálogo **Indicador**.

Indicador

Cria um indicador para atribuir um nome a um ponto específico em um documento.

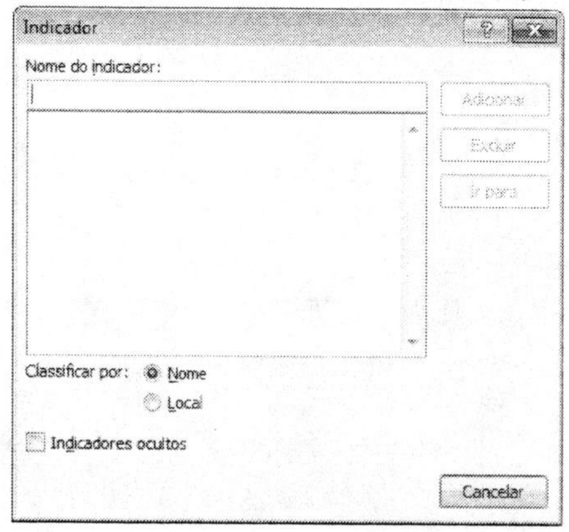

Referência Cruzada

Permite referir-se a itens, como títulos ilustrações e tabelas, inserindo uma referência cruzada como, por exemplo, "consulte a tabela abaixo".

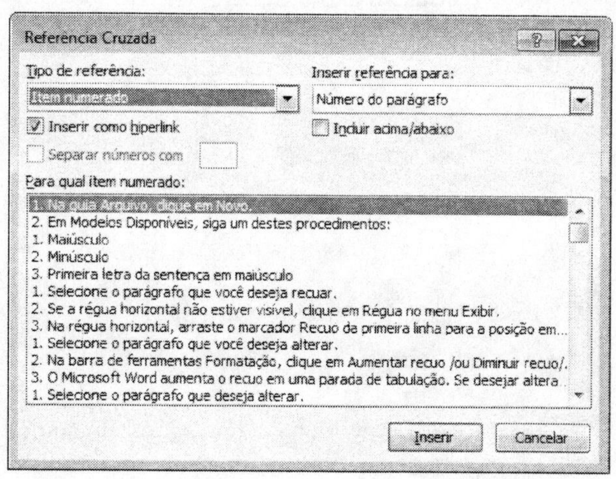

Atalhos:

PARA	PRESSIONE
Inserir um hiperlink.	CTRL+K
Voltar uma página.	ALT+SETA PARA A ESQUERDA
Avançar um página.	ALT+SETA PARA A DIREITA
Atualizar.	F9

Grupo Cabeçalho e Rodapé

Permite editar o cabeçalho e o rodapé do documento e permite inserir e formatar numeração de página do documento.

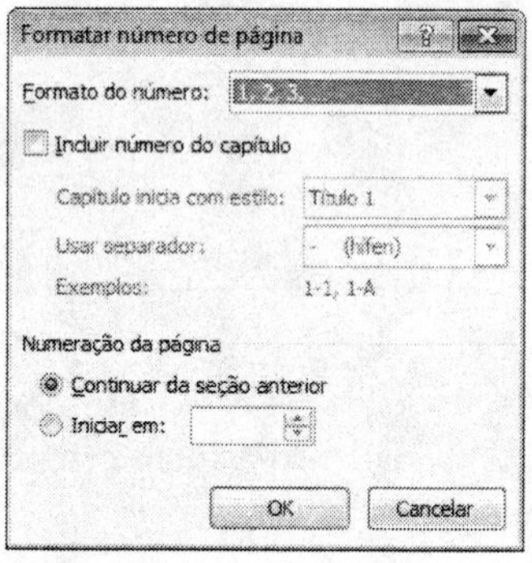

Grupo Texto

 Insere caixa de texto pré-formatada.

 Insere texto de conteúdo reutilizável, incluindo campos, propriedades de documento como título e autor ou qualquer fragmento de texto pré-formatado criados por você.

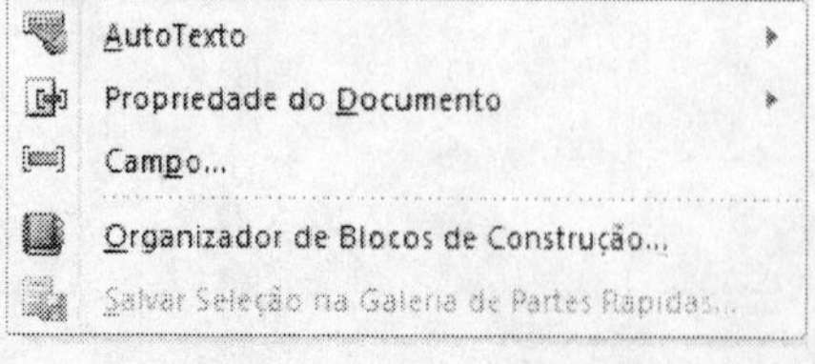

 Insere um texto decorativo no documento.

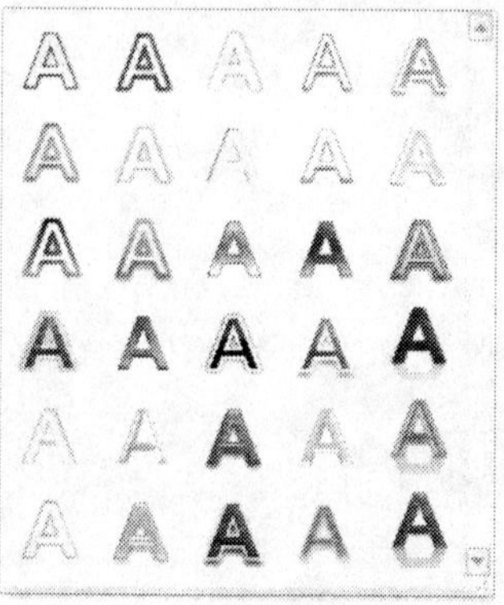

 Cria uma letra maiúscula grande no início de um parágrafo.

Linha de Assinatura Insere uma linha de assinatura que permite que se especifique a pessoa que deve assinar. A inserção de uma assinatura digital requer uma identificação digital.

Data e Hora Insere a data ou hora atuais no documento

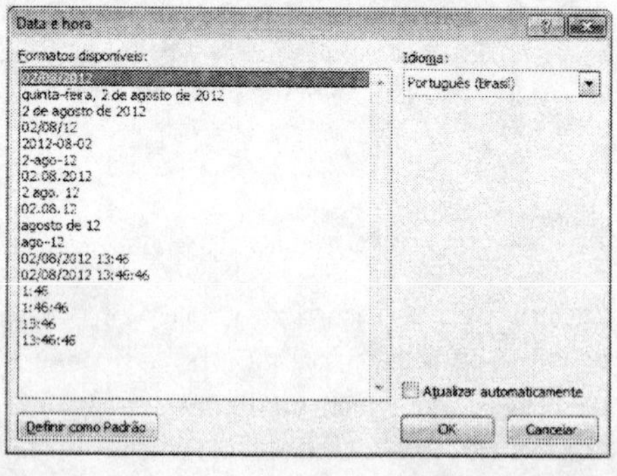

Objeto Permite inserir um objeto ou texto de arquivo.

Grupo Símbolos

Equação

Permite inserir equações matemáticas ou desenvolver suas próprias equações usando uma biblioteca de símbolos matemáticos.

Símbolo

Permite inserir símbolos que não constam no teclado, como símbolos de copyright, símbolos de marca registrada, marcas de parágrafo e caracteres especiais.

Guia Layout de Página

GrupoTemas

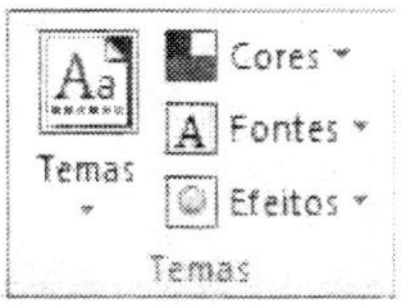

Tema

Permite alterar o design geral do documento inteiro incluindo cores, fontes e efeitos.

Cores

Permite alterar as cores do tema atual.

Fontes

Permite alterar a fonte do tema atual.

Efeitos

Permite alterar os efeitos do tema atual.

Grupo Configurar página

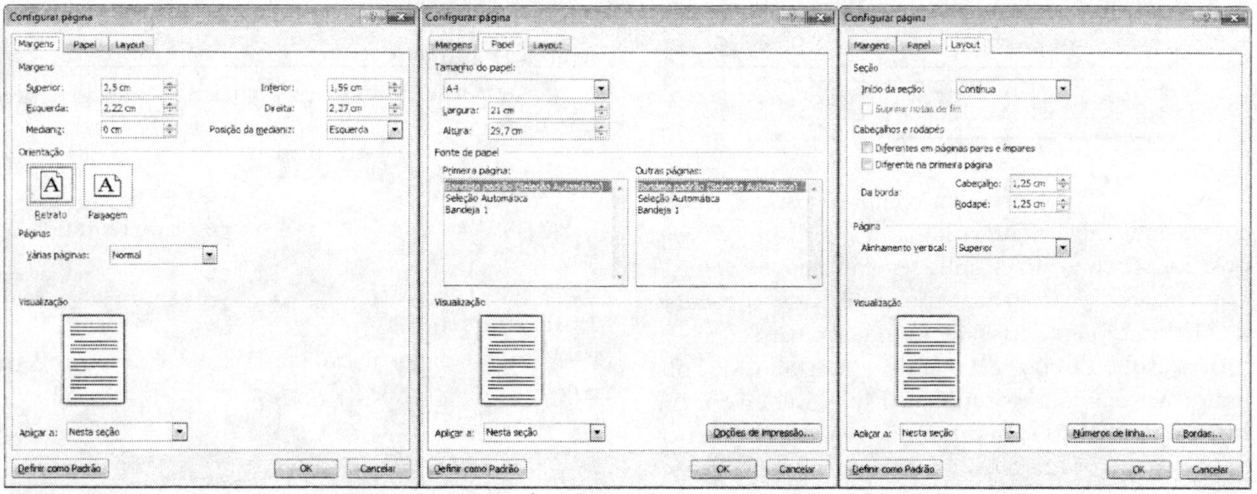

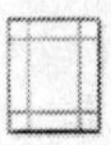 Permite selecionar o tamanho de margem do documento inteiro ou da seção atual.

 Permite alternar as páginas entre layouts retrato e paisagem.

 Permite escolher um tamanho de papel para a seção atual.

 Permite dividir o texto em duas ou mais colunas.

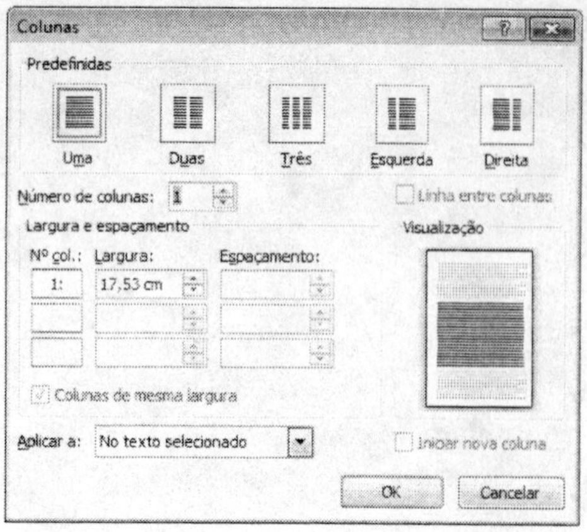

Quebras ▾ Permite adicionar página, seção ou quebras de coluna ao documento.

Números de Linha ▾ Permite adicionar números de linha à margem lateral de cada linha do documento.

Hifenização ▾ Permite ativar o recurso de hifenização que permite ao Word quebrar linhas entre as sílabas das palavras.

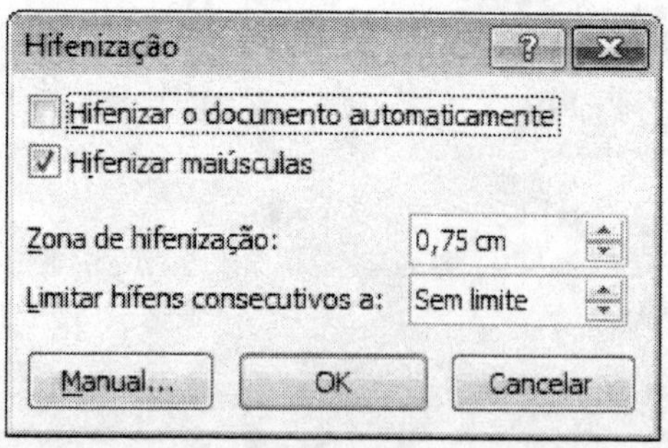

Se uma palavra for muita comprida para se ajustar ao tamanho final de uma linha, o Microsoft Word a posicionará no início da linha seguinte em vez de fazer a hifenização. Entretanto, você pode usar o recurso de hifenização e inserir hifens para eliminar folgas em textos justificados ou para manter os tamanhos de linha uniformes em colunas estreitas. É possível inserir um **hífen opcional**[6] ou um **hífen não separável**[7] ou permitir que o Word faça a hifenização de todas as partes do documento.

[6]**Hífen opcional**: Um hífen usado para controlar onde uma palavra ou frase será quebrada se ocorrer no final de uma linha. Por exemplo, você pode especificar que a palavra "imprimível" deve ser quebrada como "im-primível" em vez de "imprimí-vel.".

[7]**Hífen não separável:** Um hífen usado para evitar que uma palavra hifenizada, número ou frase quebre se ocorrer no final de uma linha. Por exemplo, é possível evitar que 555-0123 fique quebrado; em vez disso, o item inteiro é movido para o início da próxima linha.

Usando a hifenização automática

Ao ativar a hifenização automática, o Word insere automaticamente hífens onde são necessários no documento. Se você posteriormente editar o documento e alterar as quebras de linha, o Word hifenizará o documento novamente.

Usando hifenização manual

Ao escolher a hifenização manual, o Word pesquisa pelo texto para hifenizar, solicita que você confirme cada hífen opcional proposto e insere os hífens opcionais. Se você mais tarde editar o documento e alterar as quebras de linha, o Word exibirá e imprimirá somente os hífens opcionais que ainda caiam no final das linhas. O Word não hifenizará o documento novamente.

Hifenizar texto em outro idioma

Para hifenizar texto em outro idioma, você precisa certificar-se de que o idioma está ativo para edição e instalar os Revisores de Texto do Microsoft Office 2010 para esse idioma.

GrupoPlano de Fundo da Página

Marca D'água

Permite inserir um texto "fantasma" atrás do conteúdo da página.

Cor da Página

Permite escolher uma cor para o plano de fundo da página.

Bordas de página

Permite adicionar ou alterar a borda em torno da página.

Grupo Parágrafo

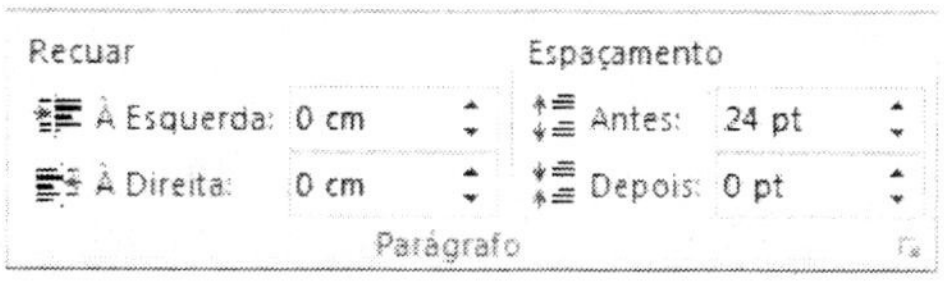

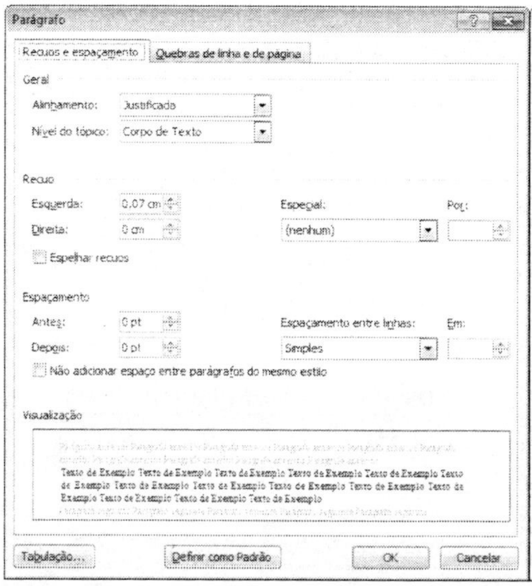

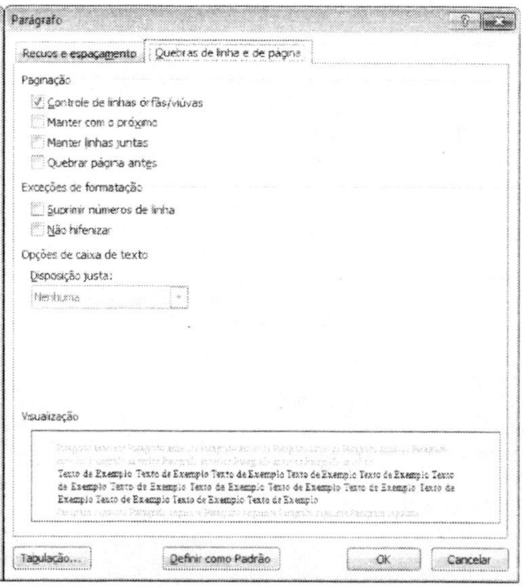

Organizar

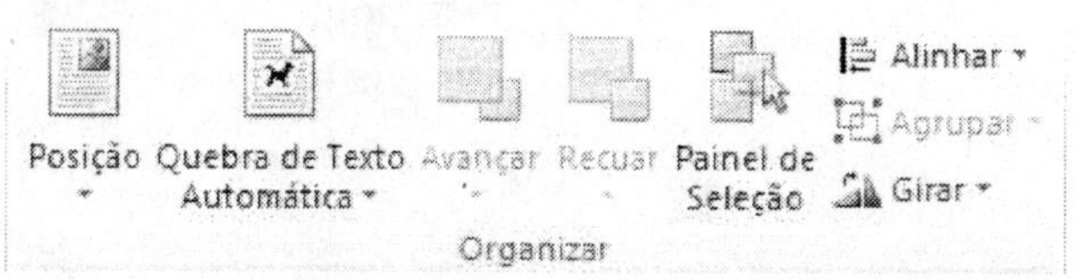

 Trata do posicionamento de objeto em relação à página.

 Altera a forma com que o texto será disposto ao redor do objeto selecionado.

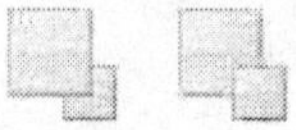 Posiciona o objeto selecionado para frente ou oculta o objeto atrás.

 Mostra o painel de seleção para ajudar a selecionar objetos individuais e para alterar a ordem e a visibilidade desses objetos.

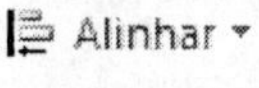

Alinha a borda dos objetos selecionados.

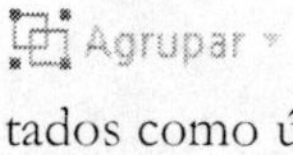

Agrupa objetos para que possam ser tratados como único.

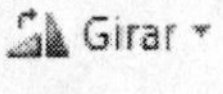

Gira o objeto selecionado.

Guia Referências

Grupo Sumário

Adiciona um sumário ao documento.

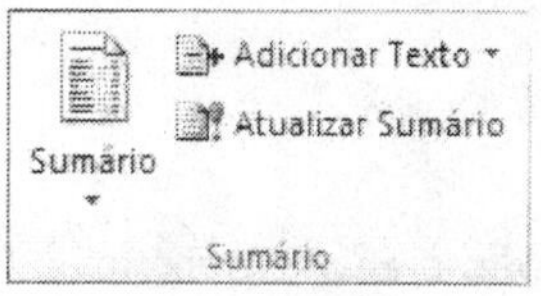

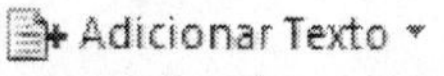

Adiciona o parágrafo atual como entrada do sumário.

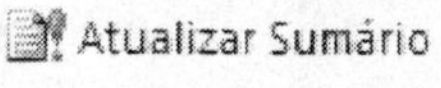

Atualiza o sumário de modo que todas as entradas indiquem o número de páginas correto.

Grupo Notas de Rodapé

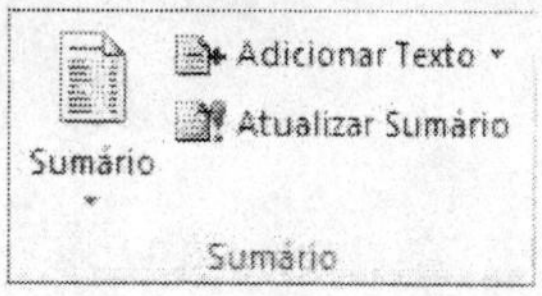

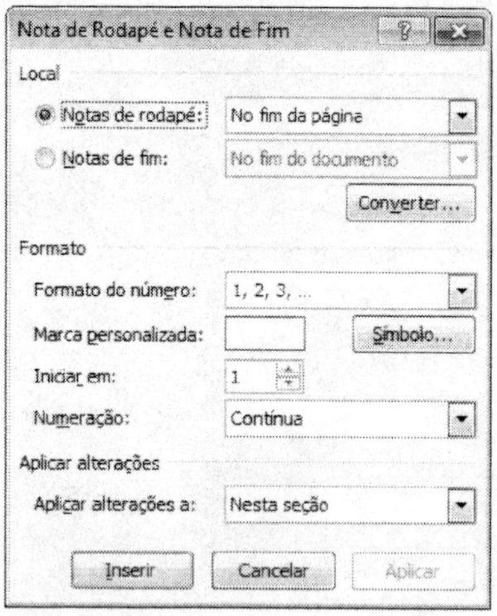

Adiciona uma nota de rodapé ao documento. Elas serão renumeradas automaticamente conforme movimentar o texto no documento.

Mostrar Notas

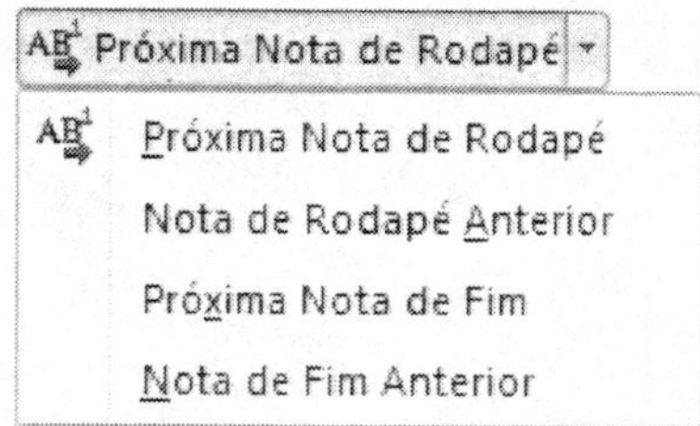

Rola o documento para mostrar o local em que as notas de rodapé ou notas de fim estão localizadas.

Atalhos:

PARA	PRESSIONE
Marcar uma entrada do sumário.	ALT+SHIFT+O
Marcar uma entrada do índice de autoridades (citação).	ALT+SHIFT+I
Marcar uma entrada do índice.	ALT+SHIFT+X
Inserir uma nota de rodapé.	ALT+CTRL+F

Grupo Citações e Bibliografia

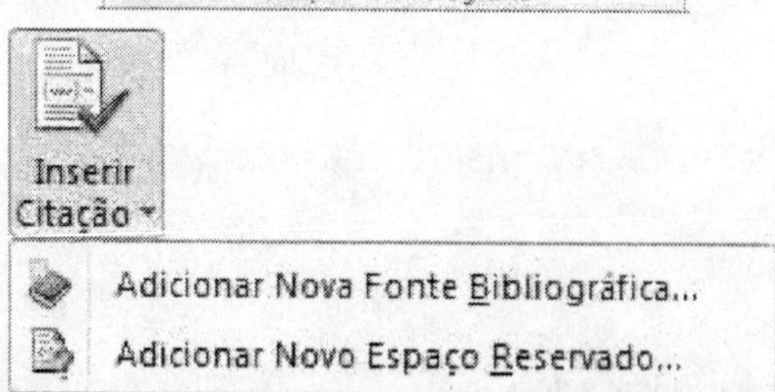

Permite citar um livro, artigo de jornal ou outro periódico como fonte das informações de documento. Escolha uma opção da lista de fontes que você criou ou especifique sobre uma nova fonte. O Word formatará a citação de acordo com o estilo selecionado.

Gerencia fontes bibliográficas. Exibe a lista de todas as fontes citadas no documento.

Estilo: APA Quinta Edição Estilo de bibliografia. Permite escolher o estilo da citação a ser utilizado no documento. As opções mais conhecidas são Estilo APA, Estilo Chicago e Estilo MLA.

Bibliografia

Grupo Legendas

Inserir legenda. Permite adicionar uma legenda a outra imagem. Legenda é uma linha de texto exibida abaixo de um objeto para descrevê-lo.

Inserir índice de ilustração. Permite inserir um índice de ilustração no documento. Isto inclui uma lista com todas as ilustrações, tabelas ou equações do documento.

Atualizar índice de ilustrações. Atualiza o índice de modo a incluir todas as entradas do documento.

Inserir referência cruzada. Permite referir-se a itens como títulos, ilustrações e tabelas, inserindo uma referência cruzada. Elas são atualizadas automaticamente se o conteúdo for movido para outro local. Por padrão elas são inseridas como hiperlinks.

Grupo Índice

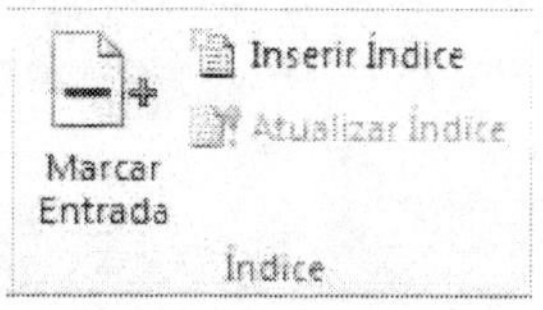

Marcar entrada. Inclui o texto selecionado no índice do documento.

Índice remissivo: é uma lista que pode ser de assuntos, de nomes de pessoas citadas, com a indicação da(s) página(s) no texto onde aparecem.

ÍndiceAnalítico: é uma sequência de títulos formada pela ordem de apresentação desses títulos no documento. O índice analítico é criado com base nos estilos utilizados para os títulos e subtítulos dos capítulos ou unidades do documento.

Grupo Índice e Autoridades

Marcar citação. Adiciona o texto selecionado como uma entrada no índice de autoridades.

Guia Correspondências

Grupo Criar

Permite criar e imprimir envelopes e etiquetas.

Grupo Iniciar Mala Direta

Iniciar mala direta para criar uma carta-modelo a ser impressa ou enviada várias vezes por e-mail, remetendo cada cópia a um destinatário diferente. Você pode inserir campos, como nomes ou endereço, que o Word substituirá automaticamente pelas informações de um banco de dados ou de uma lista de contatos em cada cópia da carta-modelo.

Grupo Gravar e Inserir Campos

Grupo Visualizar Resultados

Grupo Concluir

Guia Revisão

Grupo Revisão de Textos

Você pode verificar a ortografia e a gramática automaticamente ao digitar ou de uma só vez. Você também pode usar o dicionário de sinônimos para verificar sinônimos.

Quando o verificador ortográfico encontra uma palavra que não reconhece, ele determina quais palavras em seu dicionário têm semelhança ortográfica e exibe uma lista destas palavras, realçando aquela que mais se aproxima. O conteúdo da lista é determinado exclusivamente pela ortografia, desse modo quaisquer instâncias que pareçam fora de contexto serão mera coincidência.

O dicionário de sinônimos fornece uma lista de sinônimos para o texto que você está procurando. Assim como no verificador ortográfico, ocorrências de termos aparentemente impróprios são mera coincidência.

O verificador gramatical é baseado em "linguagem natural" e sinaliza possíveis problemas ao executar uma análise completa do texto. É possível que o verificador gramatical não encontre todos os tipos de problemas, uma vez que foi criado para se concentrar naqueles problemas mais típicos ou frequentes.

Para ajustar com precisão a maneira como o Microsoft Word revisa o documento, siga um destes procedimentos:

- Defina preferências como, por exemplo, ignorar texto durante uma verificação ortográfica e gramatical, ou escolher uma ortografia preferencial para uma palavra.
- Selecione as regras de estilo e gramática usadas durante uma verificação gramatical.
- Mostre ou oculte o sublinhado ondulado usado para marcar possíveis problemas de ortografia e gramática.
- Use dicionários personalizados para evitar que o verificador ortográfico questione palavras específicas, como termos técnicos, acrônimos ou outros termos especializados, que talvez não estejam incluídas no dicionário principal. O Word compartilha os dicionários personalizados com outros programas do Microsoft Office.

Você pode revisar texto em diferentes idiomas — por exemplo, verificar a ortografia ou procurar palavras no dicionário de sinônimos — contanto que as ferramentas estejam instaladas para a linguagem que você quer verificar. Ferramentas de revisão para vários idiomas podem ser instaladas com a sua versão de idioma do Microsoft Word.

Além disso, quando você cria ou adiciona um dicionário personalizado, você pode associá-lo a um idioma em particular de modo que o Word somente o utilize ao verificar texto naquele idioma. Todos os dicionários são depois agrupados por idioma na caixa de diálogo **Dicionários personalizados**.

Abre o painel de tarefas pesquisar para fazer uma pesquisa em materiais de referência como dicionários, enciclopédias e serviços de tradução.

Sugere palavras com significado semelhante ao da palavra selecionada.

Identifica o número de palavras, caracteres, parágrafos e linhas no documento ou parte do documento. Estas informações também podem ser encontradas na barra de status.

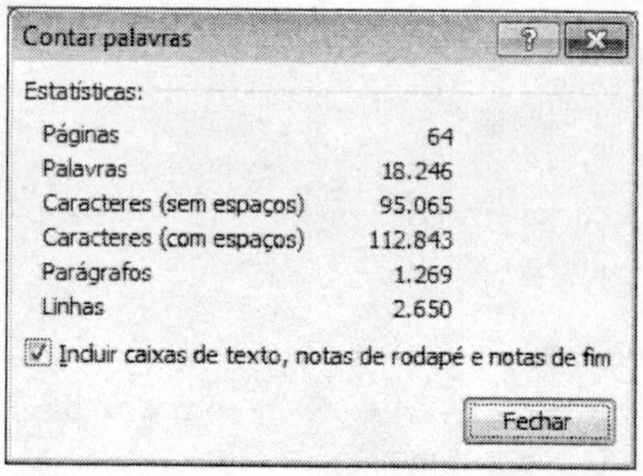

Grupo Idioma

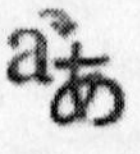
Traduzir palavras ou parágrafos em um idioma diferente usando dicionários bilíngues ou tradução automática.

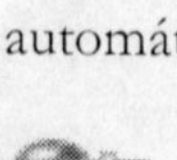
Seleciona opções de idioma.

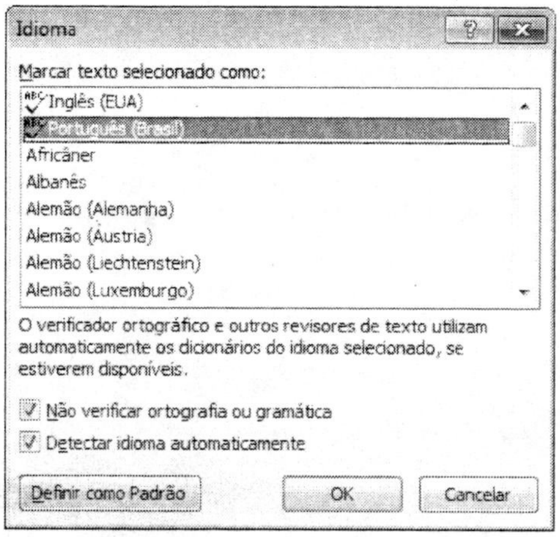

Quando você abre um documento ou insere texto, o Microsoft Word pode detectar automaticamente o idioma do texto para um determinado número de idiomas. Quando o Word detectar um idioma, ele usará os dicionários de ortografia e gramática, regras de pontuação e convenções de classificação para esse idioma. Esse recurso oferece uma maneira conveniente de executar determinadas tarefas ao digitar, como, por exemplo, verificar a ortografia e a gramática e trabalhar com textos multilíngues.

O Word usa algoritmos de linguagem especial e estatísticas para analisar as combinações de letras em cada frase. Ele não detecta o idioma de palavras separadas ou frases curtas. Ao detectar idiomas, o Word restringe os resultados para os idiomas com os quais ele está configurado para trabalhar, usando qualquer um dos critérios a seguir:

- Se o idioma estiver ativado para a edição.
- Se ele for o idioma padrão do documento (esse é o formato de idioma para o estilo Normal no modelo ativo).
- Se ele for o idioma do teclado ativo (caso mais de um idioma e formato de teclado esteja instalado).

A detecção do idioma ocorre enquanto você trabalha, sem interromper seu trabalho. Em um novo documento, o Word começa no início do documento e verifica cada frase enquanto você digita e cada texto que é colocado ou inserido no arquivo. Ao abrir um documento que ele nunca tenha verificado, o Word verifica cada frase do documento. Ele também verifica novamente frases que você edita.

Grupo Comentários

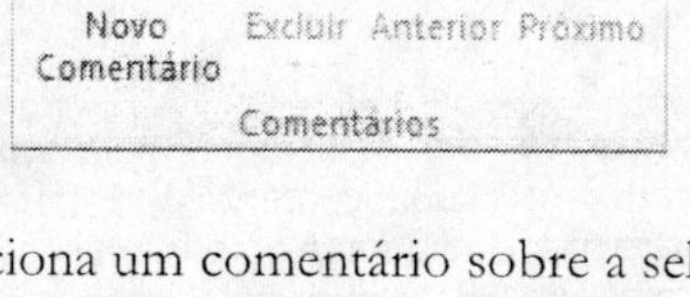

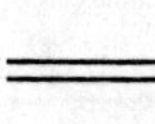 Adiciona um comentário sobre a seleção.

Grupo Controle

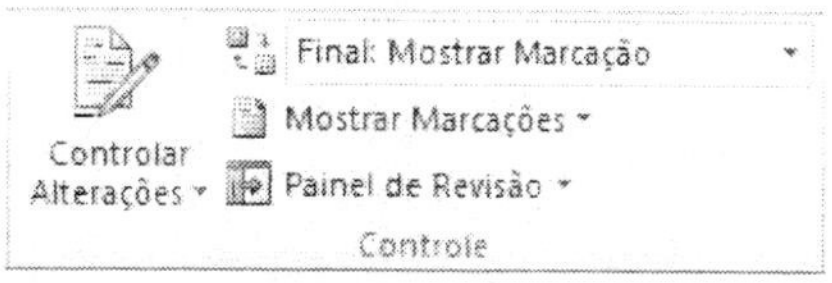

 Controlar alterações – Permite controlar todas as alterações feitas no documento, incluindo inserções, exclusões e alterações de formatação.

Exibir para revisão. Permite escolher a forma de exibir as alterações propostas no documento. ***Final*** mostra o documento com todas as alterações propostas incluídas. ***Original*** mostra o documento antes da implementação das alterações. As marcações mostram as alterações que foram propostas.

Mostrar marcações. Permite escolher o tipo de marcação a ser exibido no documento. Você pode ocultar ou mostrar comentários, inserções e exclusões, alterações de formatação e outros tipos de marcação.

Mostra as revisões em uma janela separada.

Grupo Alterações

 Permite aceitar a alteração atual e passar para a próxima alteração proposta. Basta clicar na seta para aceitar várias alterações de uma vez.

 Permite rejeitar a alteração atual e passar para a próxima alteração proposta. Basta clicar na seta para rejeitar várias alterações de uma vez.

Grupo Comparar

Permite comparar ou combinar várias versões de um documento.

Grupo Proteger

Permite bloquear outros autores, impedindo-os de editar o texto selecionado ou restringir como as pessoas editam ou formatam partes específicas do documento. Você pode impedir alterações de formatação, impor que todas as alterações sejam controladas ou habilitar apenas os

Atalhos:

PARA	PRESSIONE
Inserir um comentário.	ALT+CTRL+M
Ativar ou desativar o controle de alterações.	CTRL+SHIFT+E
Fechar o Painel de Revisão se ele estiver aberto.	ALT+SHIFT+C

Guia Exibição

Grupo Modos de Exibição de Documento

Sobre as maneiras de exibir um documento do Word

No Microsoft Word, há diferentes maneiras de você obter uma visualização adequada de seu trabalho, dependendo da tarefa que será efetuada. Modos de exibição de layout (para trabalhar com o documento):

Layout de impressão

Para ver como o texto, os elementos gráficos e outros elementos serão posicionados na página impressa.Esse modo de exibição é útil para editar cabeçalhos e rodapés, para ajustar margens e para trabalhar com colunas e objetos de desenho. Para digitar e editar texto nesse modo de exibição, você pode economizar espaço na tela ocultando o espaço em branco na parte superior e na parte inferior da página.

Leitura em Tela Inteira: Formato que oculta as barras do documento, facilitando a leitura em tela cheia, observe que no rodapé do documento à direita, ele possui uma flecha apontando para a próxima página. Para sair desse modo de visualização clique no botão fechar no topo à direita da tela.

Layout da Web: Este formato aproxima seu texto de uma visualização na internet. Desta forma você pode postar textos em sites e blogs.

Estrutura de tópicos

Usado para examinar a estrutura de um documento e para mover, copiar e reorganizar o texto arrastando os títulos. Nesse modo de exibição, você pode recolher um documento para ver apenas os títulos principais, ou pode expandi-lo, para ver todos os títulos e também o corpo do texto.

O modo de exibição de estrutura de tópicos também facilita o trabalho com **documentos mestres**[8]. Os documentos mestres facilitam a organização e manutenção de um documento longo, como um relatório de várias partes ou um livro com capítulos. Nesse modo de exibição, as quebras de página, cabeçalhos e rodapés, elementos gráficos e planos de fundo não aparecem.

Rascunho: É o formato bruto, permite aplicar vários recursos de produção de texto, mas não visualiza como impressão.

Grupo Mostrar

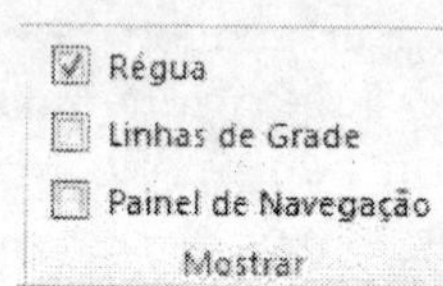

Grupo Zoom

Exibe a caixa de diálogo zoom para especificar o nível de zoom do documento. Na maioria dos casos, você também pode usar os controles de zoom da barra de status, na parte inferior da janela, para aplicar zoom rapidamente ao documento.

[8] **Documento mestre**: Um "recipiente" para um conjunto de arquivos separados (ou subdocumentos). É possível usar um documento mestre para configurar e gerenciar um documento com várias partes, como um livro com diversos capítulos.

Grupo Janela

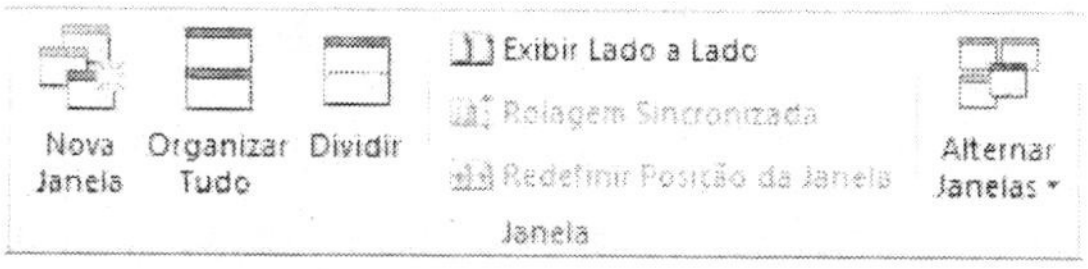

Nova janela – abre uma nova janela com exibição do documento atual.

Organizar tudo – permite colocar todas as janelas abertas do programa lado a lado na tela.

Dividir – Permite dividir a janela atual em duas partes, de modo que seções diferentes do documento possam ser vistas ao mesmo tempo.

Exibir lado a lado – Permite exibir dois documentos lado a lado para poder comparar os respectivos conteúdos.

Rolagem sincronizada – permite sincronizar a rolagem de dois documentos de modo que rolem juntos na tela.

Redefinir posição da janela – permite redefinir a posição da janela dos documentos que estão sendo comparados lado a lado de modo que dividam a tela igualmente. Para habilitar este recurso o recurso de exibir lado a lado deve estar ativado.

Alternar janelas – Permite passar para outra janela aberta.

Grupo Macros

É possível criar uma macro (macro: uma ação ou um conjunto de ações que você pode usar para automatizar tarefas. As macros são registradas na linguagem de programação Visual Basic for Applications.) usando a gravação de macro para gravar uma sequência de ações ou criar uma macro a partir do zero inserindo código do Visual Basic for Applications no Editor do Visual Basic.

Gravar: Execute as ações que você deseja incluir na macro. Ao gravar uma macro, você pode usar o mouse para clicar em comandos e opções, mas não para selecionar texto. Use o teclado para gravar esse tipo de ação. Por exemplo, você pode usar F8 para selecionar texto e pressionar END para mover o cursor para o fim da linha.

Para parar de gravar a macro, clique em **Parar gravação**.

Observação: Se você der a uma nova macro o mesmo nome de uma comando interno do Microsoft Word, as ações da nova macro substituirão as ações existentes.

Segurança: Como macros podem conter vírus, tenha cuidado ao executá-las. Tome estas precauções: execute software antivírus atualizado no computador; defina o nível de segurança da macro como alto; desmarque a caixa de seleção **Confiar em todos os suplementos e modelos instalados** ; use assinaturas digitais; mantenha uma lista de editores confiáveis.

4. Método para Mover-se por um Documento

É possível movimentar-se pelo documento utilizando qualquer dos procedimentos abaixo:

Rolar por um documento

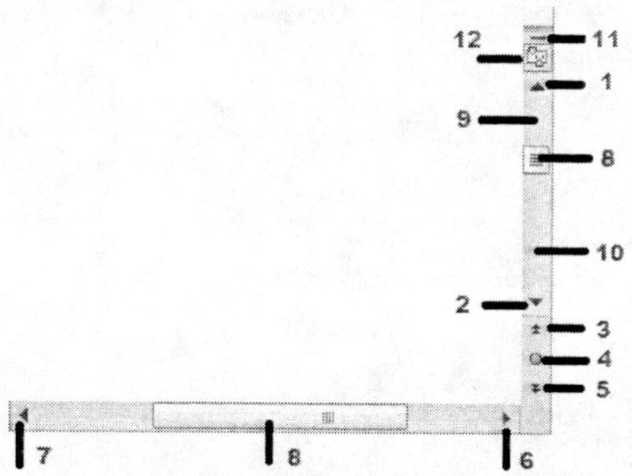

1 - Rolar uma linha para cima.
2 - Rolar uma linha para baixo.
3,4 e **5** - Navegador Word.
6 - Rolar para a direita.
7- Rolar para a esquerda. Mantenha a tecla **Shift** pressionada e clique na seta de rolagem para a esquerda. caso deseje, utilizando o modo de exibição normal, rolar além da margem.
8 - Rolar para uma página específica.
9 - Rolar uma tela para cima.
10 - Rolar uma tela para baixo.
12 - Exibir régua.

Observação: Para rolar mais lentamente, use as teclas de rolagem ou tecla a **PageUp** ou **PageDown** no teclado.

Rolar por duas partes de um documento simultaneamente dividindo a janela

Aponte para a caixa de divisão (**11**) na parte superior da barra de rolagem vertical (Split box). Quando o ponteiro mudar para um ponteiro de redimensionamento, arraste a barra de divisão para a posição desejada.

Observações: Para retornar para uma única janela, clique duas vezes na barra de divisão. Para mover ou copiar texto entre partes de um documento grande, divida a janela em dois painéis. Exiba o texto ou os elementos gráficos que você deseja mover ou copiar em um painel e o destino do texto e dos elementos gráficos no outro painel. Depois, selecione e arraste o texto ou os elementos gráficos pela barra de divisão.

Navegador do Word

IR para a página, tabela ou outro item seguinte ou anterior do mesmo tipo

1. Na barra de rolagem vertical, clique em **Selecionar Objeto da Procura** (**4**).

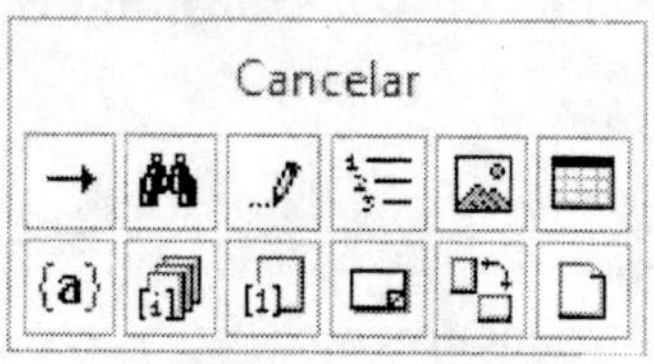

2. Clique no item desejado.

- Procura por campos

- Ir para

- procura por nota de fim

- Localizar

- Nota de rodapé

- Procura por edições

- Procura por comentários

- Procura por títulos

- Procura por seções

- Procura por gráficos

- Procura por páginas

- Procura por tabelas

3. Para ir para o item seguinte ou anterior do mesmo tipo, clique em **Próximo** (**5**) ou **Anterior** (**3**).

Voltar para um local de edição anterior

O Microsoft Word controla os três últimos locais nos quais você digitou ou editou textos. Para voltar para um local de edição anterior, pressione **Shift F5** até chegar ao local desejado. Observe que também pode-se usar esse recurso para voltar para um local anterior depois de salvar o documento.

5. Métodos para Selecionar, Mover e Copiar

Selecionar

Selecionar textos com formatação semelhante – Clique no botão direito do mouse com o ponteiro sobre o corpo do documento e Clique em selecionar textos com formatação semelhante;

Selecionar trecho de texto - Arrastar o ponteiro do mouse com o botão principal pressionado sobre a área que se quer selecionar;

Selecionar uma palavra - Duplo clique sobre uma palavra;

Seleciona a linha - Com o ponteiro do mouse na margem esquerda do texto, clicar quando o mouse apontar para o canto superior direito do documento. Seleciona a linha que estiver a sua frente;

Selecionar sentença - Com a tecla **Ctrl** pressionada clicar em qualquer lugar no texto;

Selecionar um parágrafo - Triplo clique sobre uma palavra;

Selecionar um parágrafo - Com o ponteiro do mouse na margem esquerda do texto dê um duplo clique quando o mouse apontar para o canto superior direito do documento – Seleciona o parágrafo que estiver a sua frente;

Selecionar trecho longo - Clique no início de um trecho longo e, em seguida, pressione a tecla **Shift** e clique no ponto até onde quer selecionar;

Selecionar trechos não contíguos - Arraste o ponteiro do mouse sobre um trecho, pressione a tecla **Ctrl** e arraste o ponteiro do mouse para selecionar outro trecho;

Selecionar todo o texto -Use o atalho **Ctrl T**;

Selecionar bloco vertical de texto – Clique no canto superior esquerdo do bloco desejado e pressionando a tecla **Alt** arraste o ponteiro do mouse para o fim do bloco desejado;

Selecionar parte inicial da linha – Clique em algum ponto da linha e pressione **Shift Home**;

Selecionar parte final da linha – Clique em algum ponto da linha e pressione **Shift End**.

Mover

Mover em distância curta – Arraste o texto selecionado para outro local;

Mover para uma curta ou longa distância – Selecione, e pressione a tecla **F2**, clique no novo local e pressione **Enter;**

Mover para uma longa distância ou para documento ou programa diferente – Selecione,clique no botão **Recortar** (**Ctrl X**) e, no novo local, no botão **Colar** (**Ctrl V**).

Copiar

Copiar em distância curta – Pressione a tecla **Ctrl** e arraste o texto selecionado para um novo local e solte a tecla;

Copiar para uma curta ou longa distância – Selecione e pressione as teclas **Shift F2**, clique no novo local e pressione **Enter;**

Copiar para uma longa distância ou para documento ou programa diferente – Selecione, clique no botão **Copiar** (**Ctrl C**) e, no novo local, no botão **Colar** (**Ctrl V**);

Copiar vários itens e inserir todos no mesmo lugar – Selecione e clique em *copiar* (**Ctrl C**), selecione o próximo item e clique em *copiar* (**Ctrl C**) novamente e repita o procedimento até no máximo 24 vezes. Clique no novo local e pressione o botão **Colar** (**Ctrl V**).

Atalhos

PARA	PRESSIONE
Alternar para a próxima janela.	ALT+TAB
Alternar para a janela anterior.	ALT+SHIFT+TAB
Fechar a janela ativa.	CTRL+W ou CTRL+F4
Restaurar o tamanho da janela ativa após maximizá-la.	ALT+F5
Mover para um painel de tarefas a partir de outro painel na janela do programa (direção no sentido horário). (Talvez você precise pressionar F6 mais de uma vez.)	F6
Mover para um painel de tarefas a partir de outro painel na janela do programa (direção no sentido anti-horário).	SHIFT+F6
Quando houver mais de uma janela aberta, alternar para a próxima janela.	CTRL+F6
Alternar para a janela anterior.	CTRL+SHIFT+F6
Maximizar ou restaurar a janela selecionada.	CTRL+F10
Copiar uma imagem da tela para a Área de Transferência.	PRINT SCREEN
Copiar uma imagem da janela selecionada para a Área de Transferência.	ALT+PRINT SCREEN
Voltar para a opção ou o grupo de opções anterior.	SHIFT+TAB
Alternar para a próxima guia de uma caixa de diálogo.	CTRL+TAB
Alternar para a guia anterior de uma caixa de diálogo.	CTRL+SHIFT+TAB
Alternar entre as opções da lista suspensa aberta ou de um grupo de opções.	Teclas de direção
Executar a ação atribuída ao botão selecionado; marcar ou desmarcar a caixa de seleção destacada.	BARRA DE ESPAÇOS
Selecionar uma opção; marcar ou desmarcar uma caixa de seleção.	ALT+ a letra sublinhada em uma opção
Abrir a lista suspensa selecionada.	ALT+ SETA PARA BAIXO
Selecionar uma opção de uma lista suspensa.	Primeira letra de uma opção em uma lista suspensa
Fechar a lista suspensa selecionada; cancelar um comando e fechar uma caixa de diálogo.	ESC
Executar o comando selecionado.	ENTER
Ir para o início da entrada.	HOME
Ir para o fim da entrada.	END
Mover um caractere para a esquerda ou para a direita.	SETA PARA A ESQUERDA ou SETA PARA A DIREITA
Mover uma palavra para a esquerda.	CTRL+SETA PARA A ESQUERDA
Mover uma palavra para a direita.	CTRL+SETA PARA A DIREITA
Marcar ou desmarcar um caractere à esquerda.	SHIFT+SETA PARA A ESQUERDA
Marcar ou desmarcar um caractere à direita.	SHIFT+SETA PARA A DIREITA
Marcar ou desmarcar uma palavra à esquerda.	CTRL+SHIFT+SETA PARA A ESQUERDA
Marcar ou desmarcar uma palavra à direita.	CTRL+SHIFT+SETA PARA A DIREITA
Selecionar do ponto de inserção ao início da entrada.	SHIFT+HOME
Selecionar do ponto de inserção ao fim da entrada.	SHIFT+END
Exibir a caixa de diálogo **Abrir**.	CTRL+F12 ou CTRL+O
Exibir a caixa de diálogo **Salvar como**.	F12
Abrir a pasta ou arquivo selecionado.	ENTER
Abrir a pasta um nível acima da pasta selecionada.	BACKSPACE
Excluir a pasta ou o arquivo selecionado.	DELETE
Exibir um menu de atalho para um item selecionado, como uma pasta ou um arquivo.	SHIFT+F10
Avançar pelas opções.	TAB
Retroceder pelas opções.	SHIFT+TAB

Abrir a lista **Examinar**.	F4 ou ALT+I
Cancelar uma ação.	ESC
Desfazer uma ação.	CTRL+Z
Refazer ou repetir uma ação.	CTRL+R
Mover para um painel de tarefas a partir de outro painel na janela do programa. (Talvez você precise pressionar F6 mais de uma vez.)	F6
Quando um menu estiver ativo, mover para um painel de tarefas. (Talvez você precise pressionar CTRL+TAB mais de uma vez.)	CTRL+TAB
Quando um painel de tarefas estiver ativo, selecionar a próxima opção ou a opção anterior no painel de tarefas.	TAB ou SHIFT+TAB
Exibir o conjunto completo de comandos no menu do painel de tarefas.	CTRL+BARRA DE ESPAÇOS
Executar a ação atribuída ao botão selecionado.	BARRA DE ESPAÇOS ou ENTER
Abrir um menu suspenso para o item de galeria selecionado.	SHIFT+F10
Selecionar o primeiro ou último item em uma galeria.	HOME ou END
Rolar para cima ou para baixo na lista de galeria selecionada.	PAGE UP ou PAGE DOWN
Exibir o menu de atalho do item selecionado.	SHIFT+F10
Exibir o menu ou a mensagem para uma ação disponível, para o botão Opções de AutoCorreção ou para o botão Opções de Colagem. Se houver mais de uma ação presente, alterne para a próxima ação e exiba o respectivo menu ou mensagem.	ALT+SHIFT+F10
Mover-se entre as opções de um menu de ações disponíveis.	Teclas de direção
Executar a ação correspondente ao item selecionado em um menu de ações disponíveis.	ENTER
Fechar o menu ou a mensagem de ações disponíveis.	ESC
Selecionar a guia ativa da Faixa de Opções e ativar as teclas de acesso.	ALT ou F10. Pressione uma dessas teclas novamente para voltar ao documento e cancelar as teclas de acesso.
Mover para outra guia na Faixa de Opções.	F10 para selecionar a guia ativa e então SETA PARA A ESQUERDA ou SETA PARA A DIREITA
Expandir ou recolher a Faixa de Opções.	CTRL+F1
Exibir o menu de atalho do item selecionado.	SHIFT+F10
Mover o foco para selecionar cada uma das seguintes áreas da janela: - Guia ativa da Faixa de Opções - Qualquer painel de tarefas aberto - Barra de status na parte inferior da janela - Seu documento	F6
Mover o foco para cada comando na Faixa de Opções, para a frente ou para trás, respectivamente.	TAB ou SHIFT+TAB
Mover para baixo, para cima, para a esquerda ou para a direita, respectivamente, entre os itens na Faixa de Opções.	SETA PARA BAIXO, SETA PARA CIMA, SETA PARA A ESQUERDA ou SETA PARA A DIREITA
Ativar o comando ou controle selecionado na Faixa de Opções.	BARRA DE ESPAÇOS ou ENTER
Abrir o menu ou galeria selecionado na Faixa de Opções.	BARRA DE ESPAÇOS ou ENTER
Ativar um comando ou controle na Faixa de Opções de forma que você possa modificar um valor.	ENTER
Concluir a modificação de um valor em um controle na Faixa de Opções e mover o foco novamente para o documento.	ENTER

Obter ajuda sobre o comando ou controle selecionado na Faixa de Opções. (Se não houver tópico de Ajuda associado ao comando selecionado, um tópico de Ajuda geral sobre o programa será mostrado.)	F1
Criar um espaço incondicional.	CTRL+SHIFT+BARRA DE ESPAÇOS
Criar um hífen incondicional.	CTRL+SHIFT+HÍFEN
Formatar as letras com negrito.	CTRL+N
Formatar as letras com itálico.	CTRL+I
Formatar as letras com sublinhado.	CTRL+S
Diminuir o tamanho da fonte em um valor.	CTRL+SHIFT+<
Aumentar o tamanho da fonte em um valor.	CTRL+SHIFT+>
Diminuir o tamanho da fonte em 1 ponto.	CTRL+[
Aumentar o tamanho da fonte em 1 ponto.	CTRL+]
Remover a formatação do parágrafo ou do caractere.	CTRL+BARRA DE ESPAÇOS
Copiar o texto ou objeto selecionado.	CTRL+C
Recortar o texto ou objeto selecionado.	CTRL+X
Colar um texto ou objeto.	CTRL+V
Colar especial.	CTRL+ALT+V
Colar somente formatação.	CTRL+SHIFT+V
Desfazer a última ação.	CTRL+Z
Refazer a última ação.	CTRL+R
Abrir a caixa de diálogo **Contar Palavras**.	CTRL+SHIFT+G
Criar um novo documento.	CTRL+O
Abrir um documento.	CTRL+A
Fechar um documento.	CTRL+W
Dividir a janela do documento.	ALT+CTRL+S
Remover a divisão da janela do documento.	ALT + SHIFT + C ou CTRL + ALT + S
Salvar um documento.	CTRL+B
Abrir o painel de tarefas **Navegação** (para pesquisar o documento).	CTRL+L
Repetir a operação de localização (depois de fechada a janela **Localizar e Substituir**).	ALT+CTRL+Y
Substituir texto, uma formatação específica e itens especiais.	CTRL+U
Ir para uma página, um indicador, uma nota de rodapé, uma tabela, um comentário, um elemento gráfico ou para outro local.	CTRL+ALT+G
Alternar entre os últimos quatro lugares editados.	ALT+CTRL+Z
Abrir uma lista de opções de navegação. Pressione as setas de direção para selecionar uma opção e, em seguida, pressione ENTER para navegar em um documento usando a opção selecionada.	ALT+CTRL+HOME
Mover para o objeto anterior procurado (definido nas opções de pesquisa).	CTRL+PAGE UP
Mover para o próximo objeto procurado (definido nas opções de pesquisa).	CTRL+PAGE DOWN
Alternar para o modo de exibição Layout de Impressão.	ALT+CTRL+P
Alternar para o modo de exibição de estrutura de tópicos.	ALT+CTRL+O
Alternar para o modo de exibição de rascunho.	ALT+CTRL+N
Elevar o nível de um parágrafo.	ALT+SHIFT+SETA PARA A ESQUERDA
Rebaixar o nível de um parágrafo.	ALT+SHIFT+SETA PARA A DIREITA
Rebaixar para corpo do texto.	CTRL+SHIFT+N
Mover os parágrafos selecionados para cima.	ALT+SHIFT+SETA PARA CIMA
Mover os parágrafos selecionados para baixo.	ALT+SHIFT+SETA PARA BAIXO
Expandir o texto embaixo de um título.	ALT+SHIFT+SINAL DE ADIÇÃO

Recolher o texto embaixo de um título.	ALT+SHIFT+SINAL DE SUBTRAÇÃO
Expandir ou recolher todos os textos ou títulos.	ALT+SHIFT+A
Ocultar ou exibir a formatação dos caracteres.	A tecla de barra (/) no teclado numérico
Mostrar a primeira linha do corpo do texto ou o corpo do texto inteiro.	ALT+SHIFT+L
Mostrar todos os títulos com o estilo Título 1.	ALT+SHIFT+1
Mostrar todos os títulos até o Título *n*.	ALT+SHIFT+*n*
Inserir um caractere de tabulação.	CTRL+TAB
Imprimir um documento.	CTRL+P
Entrar no modo de visualização de impressão.	ALT+CTRL+I
Mover-se pela página de visualização quando ela está ampliada.	Teclas de direção
Mover-se pela página de visualização quando ela está reduzida.	PAGE UP ou PAGE DOWN
Ir para a primeira página de visualização quando ela está reduzida.	CTRL+HOME
Ir para a última página de visualização quando ela está reduzida.	CTRL+END
Inserir um comentário.	ALT+CTRL+M
Ativar ou desativar o controle de alterações.	CTRL+SHIFT+E
Fechar o Painel de Revisão se ele estiver aberto.	ALT+SHIFT+C
Ir para o início do documento.	HOME
Ir para o fim do documento.	END
Ir para a página *n*.	*n*, ENTER
Sair do modo de exibição de layout de leitura.	ESC
Marcar uma entrada do sumário.	ALT+SHIFT+O
Marcar uma entrada do índice de autoridades (citação).	ALT+SHIFT+I
Marcar uma entrada do índice.	ALT+SHIFT+X
Inserir uma nota de rodapé.	ALT+CTRL+F
Inserir uma nota de fim.	ALT+CTRL+D
Inserir um hiperlink.	CTRL+K
Voltar uma página.	ALT+SETA PARA A ESQUERDA
Avançar um página.	ALT+SETA PARA A DIREITA
Atualizar.	F9
Excluir um caractere à esquerda.	BACKSPACE
Excluir uma palavra à esquerda.	CTRL+BACKSPACE
Excluir um caractere à direita.	DELETE
Excluir uma palavra à direita.	CTRL+DELETE
Recortar o texto selecionado para a Área de Transferência do Office.	CTRL+X
Desfazer a última ação.	CTRL+Z
Recortar para o AutoTexto Especial.	CTRL+F3
Abrir a Área de Transferência do Office.	Pressione ALT+H para mover para a guia **Página Inicial** e pressione F,O.
Copiar o texto ou elemento gráfico selecionado para a Área de Transferência do Office.	CTRL+C
Recortar o texto ou elemento gráfico selecionado para a Área de Transferência do Office.	CTRL+X
Colar a inclusão ou o item colado mais recente da Área de Transferência do Office.	CTRL+V
Mover texto ou elementos gráficos uma vez.	F2 (e, em seguida, mova o cursor e pressione ENTER)
Copiar texto ou elementos gráficos uma vez.	SHIFT+F2 (e, em seguida, mova o cursor e pressione ENTER)
Quando um texto ou objeto estiver selecionado, abrir a caixa de diálogo **Criar Novo Bloco de Construção**.	ALT+F3
Recortar para o AutoTexto Especial.	CTRL+F3
Colar o conteúdo do AutoTexto Especial.	CTRL+SHIFT+F3
Copiar o cabeçalho ou o rodapé usado na seção anterior do documento.	ALT+SHIFT+R

Um campo	CTRL+F9
Uma quebra de linha	SHIFT+ENTER
Uma quebra de página	CTRL+ENTER
Uma quebra de coluna	CTRL+SHIFT+ENTER
Um travessão	ALT+CTRL+SINAL DE MENOS
Um traço	CTRL+SINAL DE MENOS
Um hífen opcional	CTRL+HÍFEN
Um hífen incondicional	CTRL+SHIFT+HÍFEN
Um espaço incondicional	CTRL+SHIFT+BARRA DE ESPAÇOS
O símbolo de copyright	ALT+CTRL+C
O símbolo de marca registrada	ALT+CTRL+R
O símbolo de marca comercial	ALT+CTRL+T
Reticências	ALT+CTRL+PONTO
Aspas simples de abertura	CTRL+`(aspas simples), `(aspas simples)
Aspas simples de fechamento	CTRL+' (aspas simples), ' (aspas simples)
Aspas duplas de abertura	CTRL+` (aspas simples), SHIFT+' (aspas simples)
Aspas duplas de fechamento	CTRL+` (aspas simples), SHIFT+' (aspas simples)
Uma entrada de AutoTexto	ENTER (depois de digitar os primeiros caracteres do nome da entrada de AutoTexto e quando aparecer a dica de tela)
Ativar o modo de extensão.	F8
Selecionar o caractere mais próximo.	F8 e, em seguida, pressione a SETA PARA A ESQUERDA ou a SETA PARA A DIREITA
Aumentar o tamanho de uma seleção.	F8 (pressione uma vez para selecionar uma palavra; duas vezes para selecionar uma sentença e, assim, sucessivamente).
Reduzir o tamanho de uma seleção.	SHIFT+F8
Desativar o modo de extensão.	ESC
Ampliar uma seleção com um caractere à direita.	SHIFT+SETA PARA A DIREITA
Ampliar uma seleção com um caractere à esquerda.	SHIFT+SETA PARA A ESQUERDA
Ampliar uma seleção até o final de uma palavra.	CTRL+SHIFT+SETA PARA A DIREITA
Ampliar uma seleção até o início de uma palavra.	CTRL+SHIFT+SETA PARA A ESQUERDA
Ampliar uma seleção até o final de uma linha.	SHIFT+END
Ampliar uma seleção até o início de uma linha.	SHIFT+HOME
Ampliar uma seleção uma linha para baixo.	SHIFT+SETA PARA BAIXO
Ampliar uma seleção uma linha para cima.	SHIFT+SETA PARA CIMA
Ampliar uma seleção até o final de um parágrafo.	CTRL+SHIFT+SETA PARA BAIXO
Ampliar uma seleção até o início de um parágrafo.	CTRL+SHIFT+SETA PARA CIMA
Ampliar uma seleção uma tela para baixo.	SHIFT+PAGE DOWN
Ampliar uma seleção uma tela para cima.	SHIFT+PAGE UP
Ampliar uma seleção até o início de um documento.	CTRL+SHIFT+HOME

Ampliar uma seleção até o final de um documento.	CTRL+SHIFT+END
Ampliar uma seleção até o final de uma janela.	ALT+CTRL+SHIFT+PAGE DOWN
Ampliar uma seleção para incluir todo o documento.	CTRL+T
Selecionar um bloco vertical de texto.	CTRL+SHIFT+F8 e, em seguida, utilize as teclas de direção; pressione ESC para cancelar o modo de seleção
Ampliar uma seleção até um local específico em um documento.	F8+teclas de direção; pressione ESC para cancelar o modo de seleção
Selecionar o conteúdo da próxima célula.	TAB
Selecionar o conteúdo da célula anterior.	SHIFT+TAB
Estender a seleção para as células adjacentes.	Mantenha pressionada a tecla SHIFT e pressione repetidas vezes uma tecla de direção
Selecionar uma coluna.	Use as teclas de direção para mover a parte superior da coluna ou a célula inferior e faça o seguinte: - **Pressione** SHIFT+ALT+PAGE DOWN para selecionar a coluna da parte superior para a inferior. - **Pressione** SHIFT+ALT+PAGE UP para selecionar a coluna da parte inferior para a superior.
Estender uma seleção (ou um bloco).	CTRL+SHIFT+F8 e, em seguida, utilize as teclas de direção; pressione ESC para cancelar o modo de seleção
Selecionar uma tabela inteira.	ALT+5 no teclado numérico (com NUM LOCK desativado)
Um caractere para a esquerda	SETA PARA A ESQUERDA
Um caractere para a direita	SETA PARA A DIREITA
Uma palavra para a esquerda	CTRL+SETA PARA A ESQUERDA
Uma palavra para a direita	CTRL+SETA PARA A DIREITA
Um parágrafo para cima	CTRL+SETA PARA CIMA
Um parágrafo para baixo	CTRL+SETA PARA BAIXO
Uma célula para a esquerda (em uma tabela)	SHIFT+TAB
Uma célula para a direita (em uma tabela)	TAB
Uma linha para cima	SETA PARA CIMA
Uma linha para baixo	SETA PARA BAIXO
Para o fim de uma linha	END
Para o início de uma linha	HOME
Para o início da janela	ALT+CTRL+PAGE UP
Para o fim da janela	ALT+CTRL+PAGE DOWN
Uma tela para cima (rolando)	PAGE UP
Uma tela para baixo (rolando)	PAGE DOWN

Para o início da página seguinte	CTRL+PAGE DOWN
Para o início da página anterior	CTRL+PAGE UP
Para o fim de um documento	CTRL+END
Para o início de um documento	CTRL+HOME
Para uma revisão anterior	SHIFT+F5
Depois de abrir um documento, para o local onde estava trabalhando quando o documento foi fechado	SHIFT+F5
Para a próxima célula em uma linha	TAB
Para a célula anterior em uma linha	SHIFT+TAB
Para a primeira célula em uma linha	ALT+HOME
Para a última célula em uma linha	ALT+END
Para a primeira célula em uma coluna	ALT+PAGE UP
Para a última célula em uma coluna	ALT+PAGE DOWN
Para a linha anterior	SETA PARA CIMA
Para a próxima linha	SETA PARA BAIXO
Linha para cima	ALT+SHIFT+SETA PARA CIMA
Linha para baixo	ALT+SHIFT+SETA PARA BAIXO
Novos parágrafos em uma célula	ENTER
Caracteres de tabulação em uma célula	CTRL+TAB
Copiar a formatação do texto.	CTRL+SHIFT+C
Aplicar a formatação copiada ao texto.	CTRL+SHIFT+V
Abrir a caixa de diálogo **Fonte** para alterar a fonte.	CTRL+SHIFT+F
Aumentar o tamanho da fonte.	CTRL+SHIFT+>
Diminuir o tamanho da fonte.	CTRL+SHIFT+<
Aumentar em 1 ponto o tamanho da fonte.	CTRL+]
Diminuir em 1 ponto o tamanho da fonte.	CTRL+[
Abrir a caixa de diálogo **Fonte** para alterar a formatação de caracteres.	CTRL+D
Alternar as letras entre maiúsculas e minúsculas.	SHIFT+F3
Formatar todas as letras como maiúsculas.	CTRL+SHIFT+A
Aplicar negrito.	CTRL+N
Aplicar sublinhado.	CTRL+S
Sublinhar as palavras, mas não os espaços.	CTRL+SHIFT+W
Aplicar sublinhado duplo ao texto.	CTRL+SHIFT+D
Aplicar formatação de texto oculto.	CTRL+SHIFT+H
Aplicar itálico.	CTRL+I
Formatar as letras com versalete.	CTRL+SHIFT+K
Formatar com subscrito (espaçamento automático).	CTRL+SINAL DE IGUAL
Formatar com sobrescrito (espaçamento automático).	CTRL+SHIFT+SINAL DE ADIÇÃO
Remove a formatação manual dos caracteres.	CTRL+BARRA DE ESPAÇOS
Alterar a seleção para a fonte Symbol.	CTRL+SHIFT+Q
Exibir caracteres não imprimíveis.	CTRL+SHIFT+* (asterisco no teclado numérico não funciona)
Revisar a formatação do texto.	SHIFT+F1 (e, em seguida, clique no texto com a formatação que você deseja revisar)
Copiar formatação.	CTRL+SHIFT+C
Colar formatação.	CTRL+SHIFT+V
Aplicar espaçamento simples entre linhas.	CTRL+1
Aplicar espaçamento duplo entre linhas.	CTRL+2
Aplicar espaçamento de 1,5 linha.	CTRL+5
Adicionar ou remover um espaço de uma linha antes de um parágrafo.	CTRL+0 (zero)
Alternar um parágrafo entre alinhamento centralizado e à esquerda.	CTRL+E
Alternar um parágrafo entre alinhamento justificado e à esquerda.	CTRL+J

Alternar um parágrafo entre alinhamento à direita e à esquerda.	CTRL+G
Alinhar o parágrafo à esquerda.	CTRL+Q
Recuar o parágrafo à esquerda.	CTRL+M
Remover o recuo à esquerda do parágrafo.	CTRL+SHIFT+M
Criar um recuo deslocado.	Ctrl+H
Reduzir um recuo deslocado.	CTRL+SHIFT+T
Remover a formatação do parágrafo.	CTRL+F
Abrir o painel de tarefas **Aplicar Estilos**.	CTRL+SHIFT+U
Abrir o painel de tarefas **Estilos**.	ALT+CTRL+SHIFT+S
Iniciar a formatação automática.	ALT+CTRL+K
Aplicar o estilo Normal.	CTRL+SHIFT+Y
Aplicar o estilo Título 1.	ALT+SHIFT+1
Aplicar o estilo Título 2.	ALT+SHIFT+2
Aplicar o estilo Título 3.	ALT+SHIFT+3
Visualizar a mala direta.	ALT+SHIFT+K
Mesclar um documento.	ALT+SHIFT+N
Imprimir o documento mesclado.	ALT+SHIFT+M
Editar um documento com dados de mala direta.	ALT+SHIFT+E
Inserir um campo de mala direta	ALT+SHIFT+F
Inserir um campo DATE.	ALT+SHIFT+D
Inserir um campo LISTNUM.	ALT+CTRL+L
Inserir um campo PAGE.	ALT+SHIFT+P
Inserir um campo TIME.	ALT+SHIFT+T
Inserir um campo vazio.	CTRL+F9
Atualizar informações vinculadas em um documento de origem do Microsoft Word.	CTRL+SHIFT+F7
Atualizar os campos selecionados.	F9
Desvincular um campo.	CTRL+SHIFT+F9
Alternar entre o código de campo selecionado e seu resultado.	SHIFT+F9
Alternar entre todos os códigos de campo e seus resultados.	ALT+F9
Ir para o próximo campo.	F11
Ir para o campo anterior.	SHIFT+F11
Proteger um campo.	CTRL+F11
Desproteger um campo.	CTRL+SHIFT+F11
Barra de idiomas	
Obter Ajuda ou visitar o Microsoft Office.com.	F1
Mover texto ou elementos gráficos.	F2
Repetir a última ação.	F4
Escolher o comando **Ir para** (guia **Página Inicial**).	F5
Ir para o próximo painel ou quadro.	F6
Escolher o comando **Ortografia** (guia **Revisão**).	F7
Estender uma seleção.	F8
Atualizar os campos selecionados.	F9
Mostrar Dicas de Teclas.	F10
Ir para o próximo campo.	F11
Escolher o comando **Salvar como**.	F12
Iniciar a ajuda contextual ou revelar a formatação.	SHIFT+F1
Copiar texto.	SHIFT+F2
Alternar as letras entre maiúsculas e minúsculas.	SHIFT+F3
Repetir a ação **Localizar** ou **Ir para**.	SHIFT+F4
Ir para a última alteração.	SHIFT+F5
Ir para o painel ou estrutura anterior (após pressionar F6).	SHIFT+F6
Escolher o comando **Dicionário de Sinônimos** (guia **Revisão**, grupo **Revisão de Texto**).	SHIFT+F7
Reduzir o tamanho de uma seleção.	SHIFT+F8
Alternar entre o código de campo e seu resultado.	SHIFT+F9
Exibir um menu de atalho.	SHIFT+F10
Ir para o campo anterior.	SHIFT+F11
Escolher o comando **Salvar**.	SHIFT+F12
Expandir ou recolher a Faixa de Opções.	CTRL+F1

Escolher o comando **Visualizar Impressão**.	CTRL+F2
Recortar para o AutoTexto Especial.	CTRL+F3
Fechar a janela.	CTRL+F4
Ir para a próxima janela.	CTRL+F6
Inserir um campo vazio.	CTRL+F9
Maximizar a janela do documento.	CTRL+F10
Proteger um campo.	CTRL+F11
Escolher o comando **Abrir**.	CTRL+F12
Inserir o conteúdo do AutoTexto Especial.	CTRL+SHIFT+F3
Editar um indicador.	CTRL+SHIFT+F5
Ir para a janela anterior.	CTRL+SHIFT+F6
Atualizar informações vinculadas em um documento de origem do Word 2010.	CTRL+SHIFT+F7
Estender uma seleção ou um bloco.	CTRL+SHIFT+F8 e pressione uma tecla de direção
Desvincular um campo.	CTRL+SHIFT+F9
Desproteger um campo.	CTRL+SHIFT+F11
Escolher o comando **Imprimir**.	CTRL+SHIFT+F12
Ir para o próximo campo.	ALT+F1
Criar um novo **Bloco de Construção**.	ALT+F3
Sair do Word 2010.	ALT+F4
Restaurar o tamanho da janela do programa.	ALT+F5
Sair de uma caixa de diálogo aberta e voltar para o documento, no caso de caixas de diálogo com suporte a esse comportamento.	ALT+F6
Localizar o próximo erro ortográfico ou gramatical.	ALT+F7
Executar uma macro.	ALT+F8
Alternar entre todos os códigos de campo e seus resultados.	ALT+F9
Exibir o painel de tarefas **Seleção e Visibilidade**.	ALT+F10
Exibir código do Microsoft Visual Basic.	ALT+F11
Ir para o campo anterior.	ALT+SHIFT+F1
Escolher o comando **Salvar**.	ALT+SHIFT+F2
Exibir o painel de tarefas **Pesquisa**.	ALT+SHIFT+F7

Exercícios de Concursos

CESPE - BASA - Técnico Científico - 2010

01. No Word, o recurso de autocorreção do menu Ferramentas é útil para a correção gráfica e sintática de palavras e frases digitadas em um documento em edição.

CESPE - Agência Brasileira de Inteligência - OFICIAL TÉCNICO DE INTELIGÊNCIA -2010

02. Um documento criado no Word 2003 pode ser aberto no Word 2007 e salvo no formato docx

FCC - TRE/SP - Analista judiciário- 2012

03. **Muitas vezes o alinhamento justificado de parágrafos no *Microsoft Word* deixa grandes espaços entre as palavras, numa mesma linha ou em várias linhas do texto, que podem, além de comprometer a estética do texto, dificultara leitura. Uma solução para esse problema, no *Microsoft Word 2010*, é habilitar a hifenização automática do texto. Isso pode ser feito por meio da opção Hifenização da guia**

a) *Layout* da Página.
b) Inserir.
c) Página Inicial.
d) Exibição.
e) Parágrafo.

FCC – TRE/SP – Técnico – 2012

04. **João está concluindo um curso de pós-graduação e resolveu iniciar sua monografia utilizando o *Microsoft Word 2010*. Ao criar um novo documento, adicionou cinco páginas vazias (por meio de ações de quebra de página) para criar posteriormente a capa, sumário e outras partes iniciais. Na sexta página, iniciará a introdução do trabalho. De acordo com as recomendações da Universidade, João deverá iniciar a numeração das páginas a partir da Introdução, ou seja, da sexta página do documento. Para isso, João deve**

a) adicionar uma quebra de seção imediatamente antes da página em que começará a numeração.
b) concluir que a única maneira de realizar a tarefa será criar dois documentos, um para as cinco primeiras páginas e outro para o restante da monografia.
c) clicar na guia Inserir, na opção Número da Página e na opção Numeração Personalizada.
d) clicar na guia Inserir, na opção Quebras e na opção Quebra de Página com Numeração.
e) inserir o rodapé com o cursor posicionado na sexta página e adicionar uma numeração de página personalizada por meio do menu *Design*.

FCC – TRT 11ª Região – Analista – 2012

05. **Ao dar um duplo clique no botão esquerdo do *mouse*, quando o cursor do *mouse* estiver apontando para a direita e posicionado na margem esquerda do texto de um documento no *Word 2010*, será**

a) posicionado o cursor de texto no início da linha.
b) selecionado todo o texto do documento.
c) selecionada a primeira palavra da linha.
d) selecionado todo o parágrafo.
e) selecionada toda a linha.

FCC – TRT 11ª Região – Técnico – 2012

06. **À esquerda do Controle de Zoom, localizado no lado direito do rodapé da tela de um documento *Word 2010*, encontram-se cinco botões em miniatura cujas funções podem também ser acessadas em botões na guia**

a) Início.
b) Inserir.
c) Exibição.
d) Revisão.
e) *Layout* da Página.

FCC – SABESP - Analista de Gestão I –2012

07. **O *MS Word 2010* possui um recurso de verificação ortográfica e gramatical automáticas. Quando este recurso está ativado, de forma padrão,**

a) as palavras com ortografia errada aparecem sublinhadas em vermelho e frases com gramática errada aparecem sublinhadas em verde.
b) as palavras com ortografia errada aparecem sublinhadas em verde e é possível clicar com o botão direito para obter sugestões de correção.
c) as palavras com ortografia errada aparecem sublinhadas em verde e não há nenhum tipo de sugestão de correção.
d) as frases com gramática errada aparecem sublinhadas em verde e não há nenhum tipo de sugestão de correção.
e) é possível obter uma lista de erros e recomendações de correção clicando na guia Arquivo, em Ajuda e em Revisões.

VUNESP – FMSRP - analista de serviço administrativo - 2012

08. A imagem a seguir é uma ilustração da guia Página Inicial do programa MS-Word 2010, em sua configuração padrão.

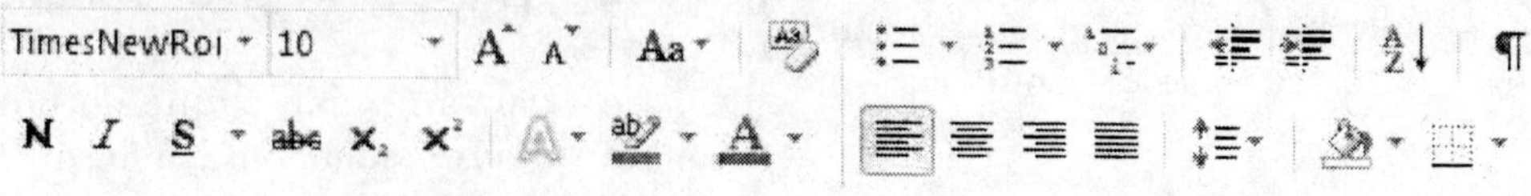

I II

Os nomes corretos dos grupos I e II são, respectivamente,

a) Layout; Fonte.
b) Parágrafo; Estilo.
c) Estilo; Parágrafo.
d) Fonte; Parágrafo.
e) Fonte; Estilo.

09. No Microsoft Word 2010, em sua configuração padrão, um usuário começa a escrever a palavra "Segunda-feira", mas antes de concluir, o Word já oferece uma opção de preenchimento.

O trecho que está ofuscado, entre parênteses, indica a tecla a ser pressionada pelo usuário, para que o termo seja automaticamente completado com a sugestão. Trata-se da tecla

a) TAB
b) CTRL
c) SHIFT
d) barra de espaço
e) ENTER

VUNESP – IAMSPE - Oficial administrativo - 2012

10. No Microsoft Word 2010, em sua configuração original, um usuário, durante a edição de um documento, inseriu nele um arquivo texto, usando a opção *Objeto* na guia *Inserir* e selecionando a caixa *Exibir como ícone*, na guia *Criar do arquivo*, conforme tela a seguir.

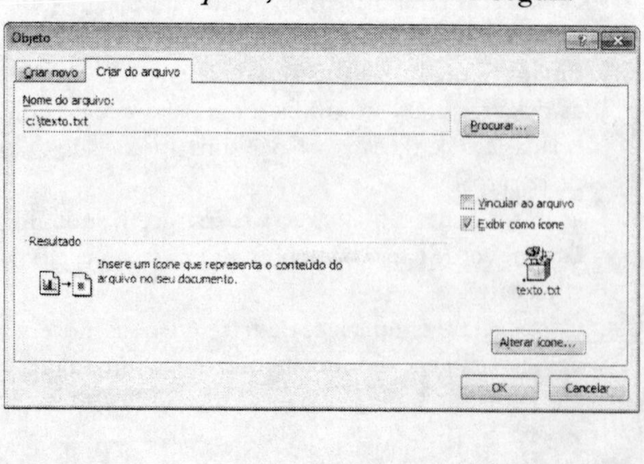

A partir da situação apresentada, têm-se as afirmações:

I. Ao selecionar o objeto "Texto.txt" no documento Word eapagá-lo, o arquivo texto original que estava no diretórioC:\ também será apagado.

II. Se esse documento Word for gravado em um pen drive,para ser aberto em outro computador que tenha MS Word,o arquivo original "Texto.txt" também deverá ser copiado,senão o documento não será aberto.

III. Ao efetuar um duplo-clique com o botão principal do mouse sobre o objeto inserido "Texto.txt", o Word abrirá o bloco de notas e exibirá o conteúdo do arquivo.

Está correto o contido em

a) I, apenas.
b) I e II, apenas.
c) II e III, apenas.
d) III, apenas.
e) I, II e III.

VUNESP – Câmara Municipal de Mauá - Técnico Legislativo – 2012

11. No Microsoft Word 2010, em sua configuração padrão, tem-seo seguinte documento, com ambas as linhas (1 e 2) selecionadas.

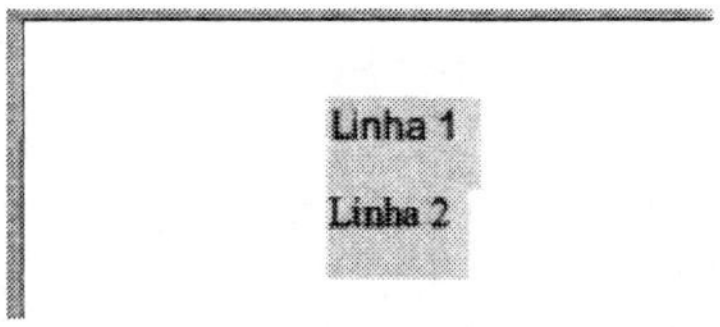

A partir da imagem a seguir, do grupo *Fonte* da guia *PáginaInicial*, conclui-se que

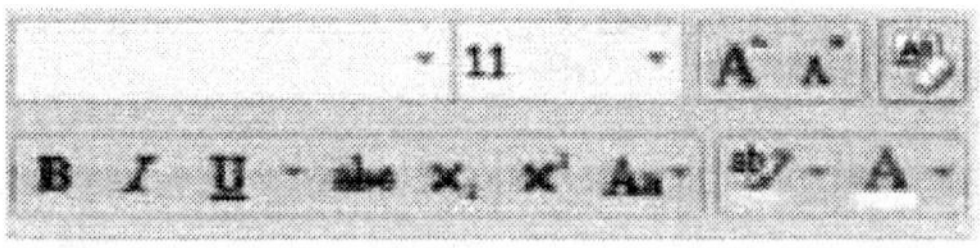

a) a única diferença entre as linhas 1 e 2 é o tamanho das fontes utilizadas.
b) as diferenças entre as linhas 1 e 2 são o tipo e tamanho das fontes utilizadas.
c) não existe nenhuma diferença entre as linhas 1 e 2.
d) a única diferença entre as linhas 1 e 2 é o tipo das fontes utilizadas.
e) a linha 1 está usando o recurso Itálico.

12. A imagem a seguir, do Microsoft Word 2010, em sua configuração padrão, cujo título e demais textos estão propositalmente ofuscados, refere-se ao recurso

a) colunas.
b) bordas.
c) marcadores.
d) inserção de objetos.
e) tabela.

VUNESP – Agente de Organização Escolar – 2012

13. No MS-Word 2010, a operação que permite alinhar um texto simultaneamente às margens esquerda e direita de um parágrafo selecionado é denominada
a) Alinhar Texto à Direita.
b) Alinhar Texto à Esquerda.
c) Centralizar.
d) Espaçar Linha.
e) Justificar.

14. Um usuário do MS-Word 2010 posicionou o cursor de edição no meio da linha de um parágrafo do documento e, posteriormente, pressionou o seguinte botão do grupo Páginas da guia Inserir.

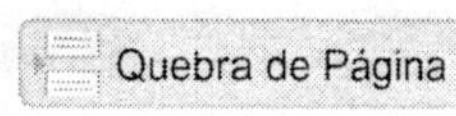

Como consequência dessa ação,
a) a próxima página será iniciada na posição atual do cursor.
b) passam a ser exibidas as linhas de Quebra de Página, caso não estejam habilitadas para visualização.
c) passam a ser exibidos os caracteres de Fim de Parágrafo, caso não estejam habilitados para visualização.
d) todo o parágrafo será mantido na página atual do documento.
e) todo o parágrafo será transferido para a próxima página do documento.

VUNESP - CETESB - Técnico Administrativo - 2013

15. Um usuário do MS-Word 2010, em sua configuração padrão, digitou o seguinte texto em uma página em branco:

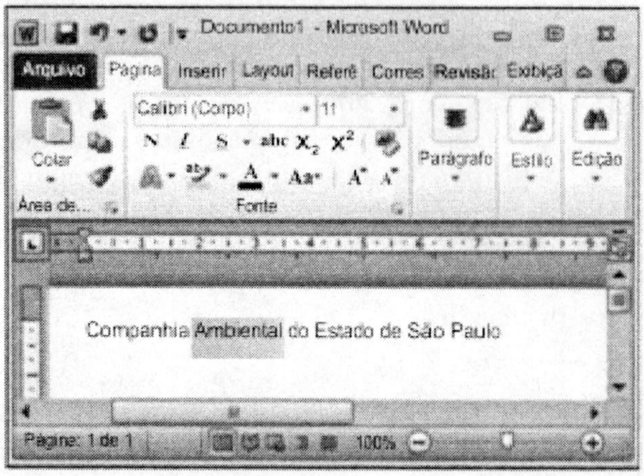

Observe a formatação que será aplicada na palavra selecionada.

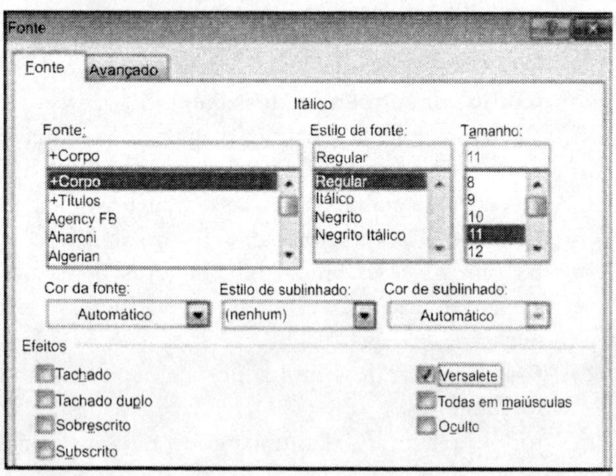

Assinale a alternativa que contém o resultado da formatação.

a) Ambiental
b) *Ambiental*
c) AMBIENTAL
d) Ambiental
e) ~~Ambiental~~

16. No Word 2010, a partir da sua configuração padrão, em um documento que está sendo editado, a opção mostrada na figura está disponível no guia:

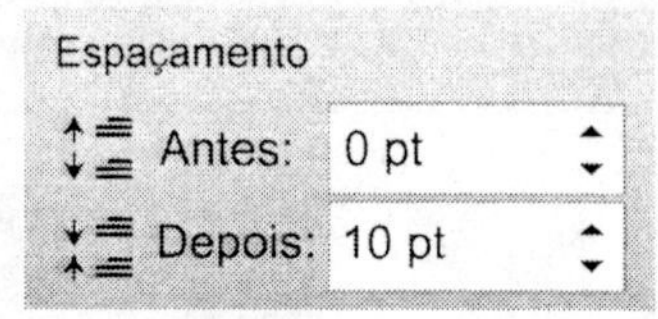

a) Página Incial.
b) Inserir.
c) Layout da Página.
d) Exibição.
e) Opções.

CESGRANRIO – Banco do Brasil - Escriturário – 2012 (adaptada)

17. No Microsoft Word versão 2010, para alinhar um texto selecionado tanto à margem direita quanto à margem esquerda, acrescentando espaço extra entre as palavras, conforme seja necessário, pode-se utilizar o atalho de teclado

a) Ctrl+ e
b) Ctrl+ j
c) Ctrl + d
d) Alt + a
e) Alt+ b

Gabarito

01. Errado		02. Certo	
03. A	04. A	05. D	06. C
07. A	08. D	09. E	10. D
11. D	12. E	13. E	14. A
15. C	16. C	17. B	

3. Microsoft Excel 2010

O Excel é o processador de planilhas eletrônicas da Microsoft, sendo um dos programas mais utilizados para este fim. Com ele, é possível criar vários tipos de planilhas, sendo uma ferramenta repleta de recursos e funcionalidades, apta à elaboração dos mais diversos tipos de planilhas, com fórmulas específicas para cada área, com inclusão de gráficos demonstrativos, de bancos de dados, além de vários outros recursos.

Este programa integra as funções de Planilha Eletrônica, Gráficos e Banco de Dados, por isso é o aplicativo mais utilizado na área de negócios. Suas planilhas são indispensáveis nas atividades de Administração de Empresas que se referem a Planejamento Financeiro, Fluxo de Caixa, Orçamento, Estatística, Compras, Custos, Planejamento e Análise de Vendas, Folha de Pagamento etc.

Nesta versão o Excel vem com a mesma interface de usuário do 2007, apenas apresentando algumas modificações em sua estrutura, mas com a mesma sofisticada visualização de dados e modos de exibição de tabela dinâmica, sendo mais fácil criar e usar gráficos de aparência profissional.

Assim como, na versão 2007, o número de colunas em cada planilha é 16.384, diferente das 256 colunas apresentadas na versão 2003 e o número de linhas é 1.048.576, diferente das 65.536 linhas do Excel 2003, o que permite importar e trabalhar com grandes quantidades de dados e alcançar um desempenho de cálculo mais rápido com suporte para processadores duais ou de vários núcleos.

O Excel 2010, assim como o 2007 permite salvar como XPS (XML Paper Specification) ou PDF(Portable Document Format) para facilitar o compartilhamento. O novo formato XML do Excel proporciona uma troca de informações mais eficiente, permite reduzir tamanhos de arquivo de planilhas e aprimorar sua interoperabilidade com outras fontes de dados usando o novo Formato XML do Excel.

Os arquivos do Excel são chamados de "Pastas". Portanto, enquanto você não salva os arquivos, eles são chamados de "Pasta 1", "Pasta 2", e assim sucessivamente, conforme for abrindo novos arquivos. Uma pasta inicia, por padrão, com 3 planilhas (Plan1, Plan2, Plan3), mas pode-se alterar esse valor para que o Excel já inicie com até 255. Para isso, clique na "**Guia Arquivo**", clique em "**Opções**". Uma janela é aberta. No item "**Geral**", vá para a opção "**Incluir este número de Planilhas**", em "**Ao criar novas pastas de trabalho**" e digite um número entre 1 e 255. O número de planilhas que podem ser criadas nas pastas vai depender da memória disponível, portanto, não há um limite especificado, porém, vejamos as especificações para nº de colunas e nº de linhas em cada planilha:

Colunas – 16.384 (de A até XFD)
Linhas – 1.048.576
Células – até 32.767 caracteres em cada célula.

Uma novidade do Microsoft Office 2010 é a substituição do Botão do Microsoft Office, da versão Microsoft Office 2007 pela guia Arquivo, que traz os comandos básicos que eram os mesmos disponibilizados no Botão do Microsoft Office (Novo, Abrir, Salvar, Salvar como, Imprimir, Opções, etc.).

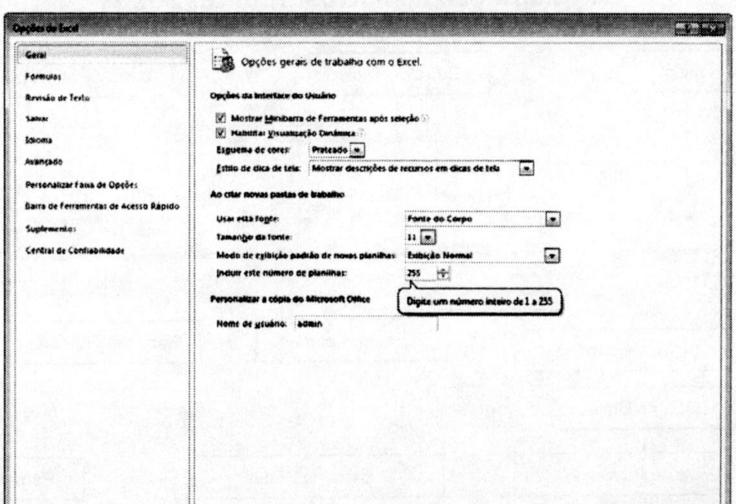

Não sendo necessário iniciar o arquivo com tantas planilhas, ou na necessidade de acrescentar mais planilhas à sua pasta de trabalho, basta clicar no botão "**Inserir Planilha**" da barra de planilhas do Excel, apresentado na figura a seguir, logo após Plan3, ou pressionar o atalho **Shift+F11**.

Caso você escolha iniciar o Excel com 255 planilhas, também poderá inserir mais planilhas depois.

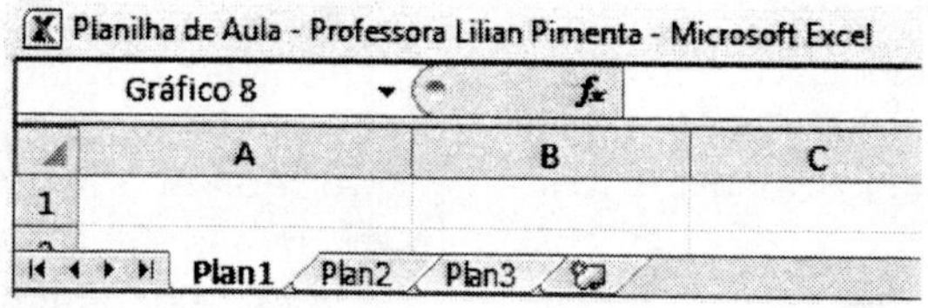

Assim como a interface do programa na versão anterior (2007), o Excel 2010 trabalha com guias na **Faixa de Opções**, possibilitando rápido acesso às ferramentas.

O Excel também possui guias contextuais, ou seja, relacionada ao objeto selecionado, como por exemplo, ao selecionar um gráfico, ele cria acima da barra de guias, uma guia com opções direcionadas à manipulação do objeto selecionado (Ferramentas de Gráfico).

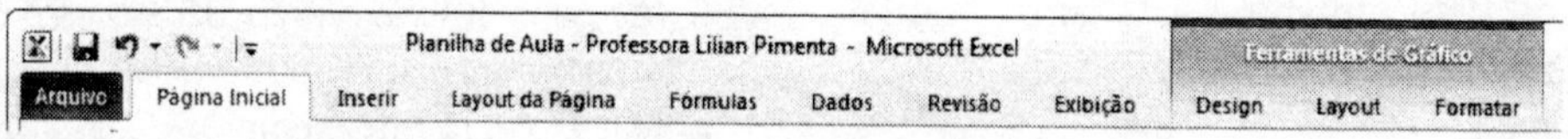

Na Barra de Título dos programas encontramos os botões (Minimizar, Restaurar, este que alterna com o Maximizar, e Fechar).

Logo abaixo desses botões, encontramos dois botões: o primeiro permite minimizar a Faixa de Opções (o botão em forma de setinha para cima) e o botão de ajuda do programa.

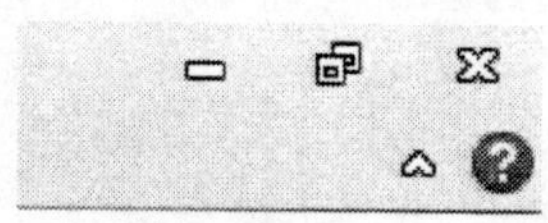

Obs.: Ao minimizar a Faixa de Opções, serão mostrados apenas os nomes das guias e o botão vira uma setinha para baixo, para que possa restaurar a visualização anterior.

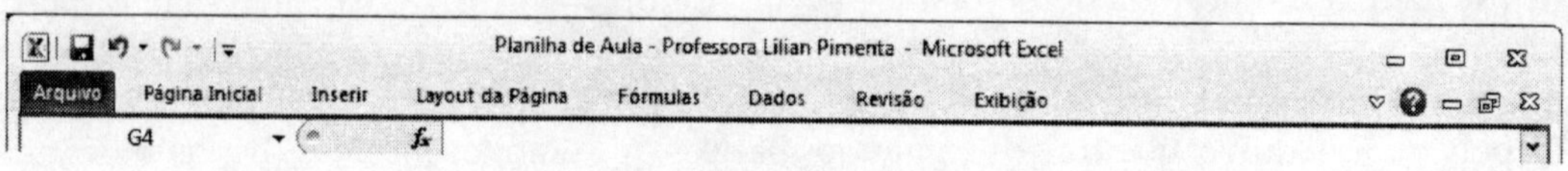

A Tela Inicial do Microsoft Excel 2010

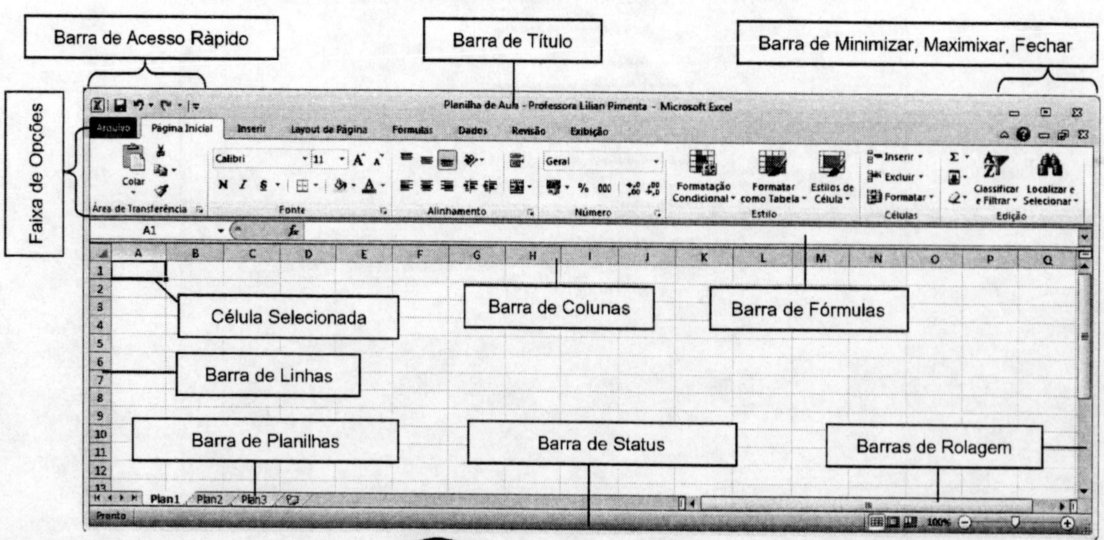

A Barra de Acesso Rápido

Na parte superior da tela do programa temos a barra de título, que apresenta o nome do documento em edição (Planilha de Aula – Professora Lilian Pimenta) e o nome do programa que está sendo utilizado (Microsoft Excel), separados por um hífen. À esquerda desta barra, temos a Barra de acesso rápido, que permite acessar alguns comandos, que, geralmente são mais utilizados, como salvar, desfazer, refazer. É possível personalizar essa barra, clicando no menu de contexto (seta para baixo) à direita dela (o último botão).

 Botão do menu de controle, onde é possível acessar opções como (**Restaurar, Mover, Tamanho, Minimizar, Maximizar e Fechar**).

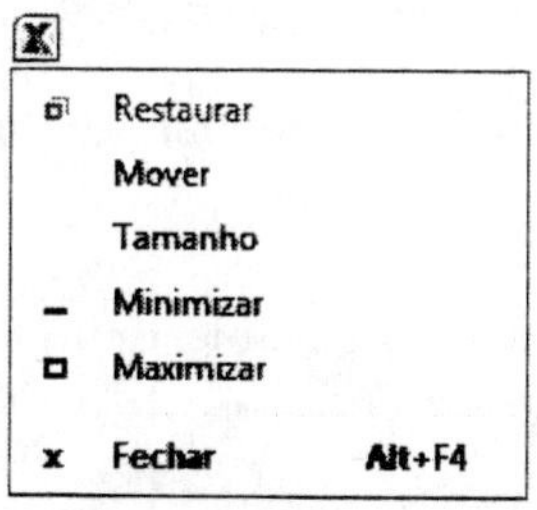

Obs.: Fechar: Alt+F4 – Fecha o programa.

 Botão **Salvar (Ctrl+B)** – Permite salvar a pasta em edição. Na primeira vez em que o arquivo é salvo, aparece a janela Salvar como, onde é possível dar um nome ao arquivo e escolher uma pasta para seu salvamento.

 Botão **Desfazer (Ctrl+Z)** – Permite desfazer a última ação executada. Quando clicado várias vezes, pode desfazer ações anteriores na sequência em que foram executadas. Clicando na seta para baixo ao lado do botão desfazer, é aberto um menu com as ações executadas, onde é possível desfazer a partir de uma determinada ação.

 Botão Personalizar Barra de Ferramentas de Acesso Rápido - Você pode personalizar essa barra, clicando neste botão (flecha para baixo). Aparece um menu contendo outros comandos que podem ser incluídos.

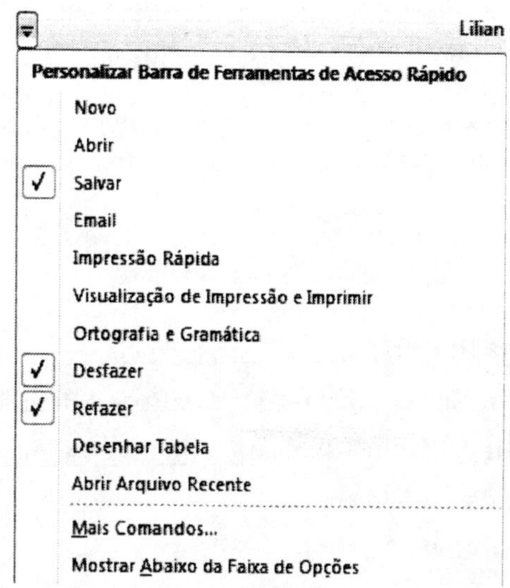

A Faixa de Opções

A Faixa de Opções é a parte correspondida pelas guias e grupos e suas ferramentas e foi criada para ajudar o usuário a localizar rapidamente os comandos necessários para executar uma tarefa. Os comandos são organizados em grupos lógicos, reunidos em guias. Cada guia está relacionada a um tipo de atividade e algumas guias são exibidas somente quando necessário. Por exemplo, a guia Ferramentas de Gráfico somente é exibida quando um gráfico é selecionado. No Excel 2010, as guias padrão são: Arquivo, Página Inicial, Inserir, Layout da Página, Fórmulas, Dados, Revisão e Exibição. Como já vimos, outras guias são adicionadas quando elementos são selecionados. Também é possível personalizar guias com outros nomes. Por exemplo:

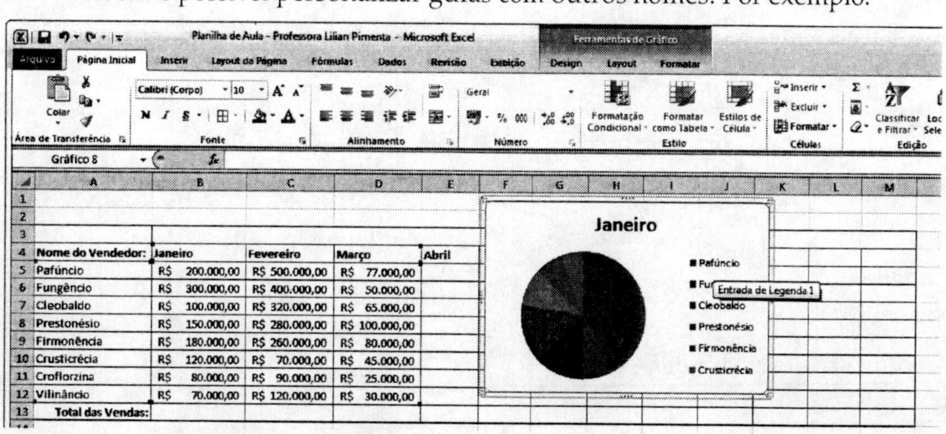

A Faixa de Opções contém três componentes básicos:

- As **guias** estão localizadas na parte superior da Faixa de Opções. Cada uma delas representa tarefas básicas executadas em um determinado programa.
- Os **grupos** são conjuntos de comandos relacionados, exibidos nas guias. Eles reúnem todos os comandos que provavelmente serão necessários para um tipo de tarefa e permanecem em exibição e acessíveis, fornecendo auxílios visuais.
- Os **comandos** são organizados em grupos. Um comando pode ser um botão, um menu ou uma caixa em que o usuário pode inserir informações.

Os Grupos

Os grupos são formas de organização das ferramentas nas guias. Cada guia tem seus grupos específicos relacionados a cada atividade. No exemplo da figura acima temos a guia "**Página Inicial**" selecionada e os seus grupos são: Área de Transferência, Fonte, Alinhamento, Número, Estilo, Células, Edição.

Observe que alguns grupos possuem uma setinha no canto direito, o que significa que serão abertas opções ao clicar nesta seta, podendo ser uma janela ou opções no Painel de Tarefas do Excel.

As Guias do Excel e seus respectivos Grupos: (os nomes dos grupos que estão sublinhados são aqueles que possuem a setinha ao lado, contendo mais opções).

Obs.: A guia Arquivo, embora nesta versão seja chamada de "guia", possui uma exibição diferente das outras guias do programa, apresentando-se, quando clicada, como um menu de opções.

Página Inicial: Área de Transferência, Fonte, Alinhamento, Número, Estilo, Células, Edição.

Inserir: Tabelas, Ilustrações, Gráficos, Minigráficos, Filtro, Links, Texto, Símbolos.

Layout da Página: Temas, Configurar Página, Dimensionar para Ajustar, Opções de Planilha, Organizar.

Fórmulas: Biblioteca de Funções, Nomes Definidos, Auditoria de Fórmulas, Cálculo.

Dados: Obter Dados Externos, Conexões, Classificar e Filtrar, Ferramentas de Dados, Estrutura de Tópicos.

Revisão: Revisão de Texto, Idioma, Comentários, Alterações.

Exibição: Modos de Exibição de Pasta de Trabalho, Mostrar, Zoom, Janela, Macros.

Barra de Fórmulas

A Barra de Fórmulas contém o indicador da célula ativa, os botões de confirmação e cancelamento de inserção de dados, além de exibir o conteúdo da célula. Na imagem abaixo, o Excel com uma célula sendo editada com a função SOMA.

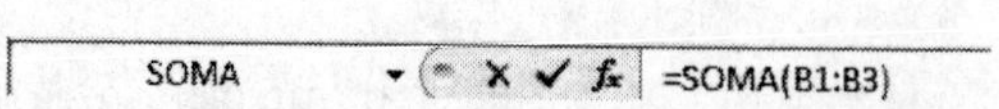

Ao pressionar a tecla Enter na célula que estava sendo editada, o Excel apresenta a indicação da célula que contém a fórmula de SOMA, neste caso, a célula B4.

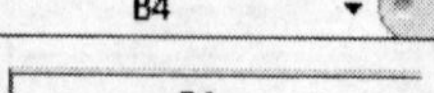

Indicador de Célula Ativa

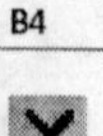
Cancelamento de dados

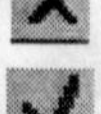
Confirmação de dados

Indicador de Coluna - Exibe a letra das Colunas.

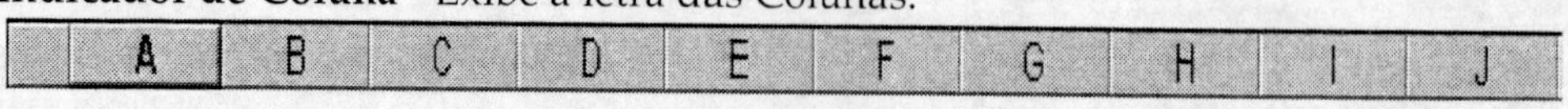

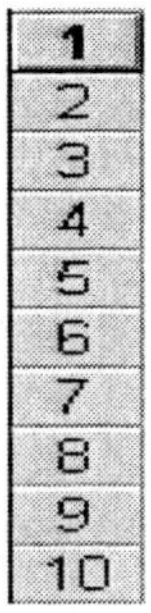

Indicador de Linha -
Exibe o número das linhas.

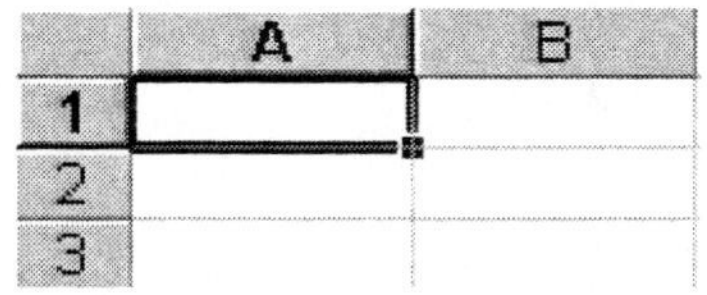

Célula Ativa -
É a célula selecionada.

Área da Planilha - É toda a tela da janela da planilha, onde são selecionadas as células.
Barras de Rolagem Vertical e Horizontal - Permitem a visualização de documentos grandes.
Guia da Planilha - Permite acessar uma planilha tornando-a ativa.

Barra de Status

A barra de Status é uma área horizontal na parte inferior da janela do Excel. Fornece informações sobre o estado atual do que está sendo exibido, Modos de Exibição, Zoom e Controle de Zoom, além de outras informações.

Modos de Exibição da Pasta de Trabalho: Normal, Layout da Página, Visualização de Quebra de Página, respectivamente.

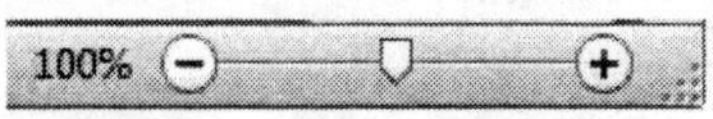

Zoom e Controle de Zoom

Movimentação e Seleção

A movimentação pela planilha pode ser feita através das teclas de direção → ↓ ← ↑, ou posicionando o mouse sobre a célula desejada com um clique. Para visualizar a parte da planilha que não está visível na tela, usa-se as barras de rolagem Vertical e Horizontal.

Para retornar à célula A1, usar a combinação das teclas **Ctrl + Home**.

Seleção de Célula

A seleção de célula é feita à medida que usamos as teclas de direção ou clicamos com o mouse sobre a célula desejada.

Uma célula selecionada assume a seguinte aparência.

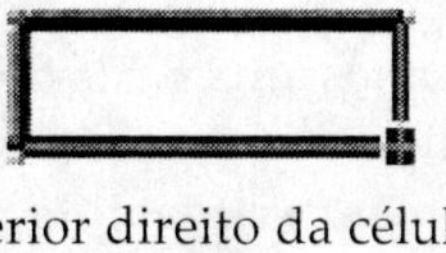

No canto inferior direito da célula, vemos a alça de preenchimento.

Intervalo de Células

É um conjunto de células selecionadas na planilha. Identifica-se um intervalo de células através da primeira e última célula selecionadas.

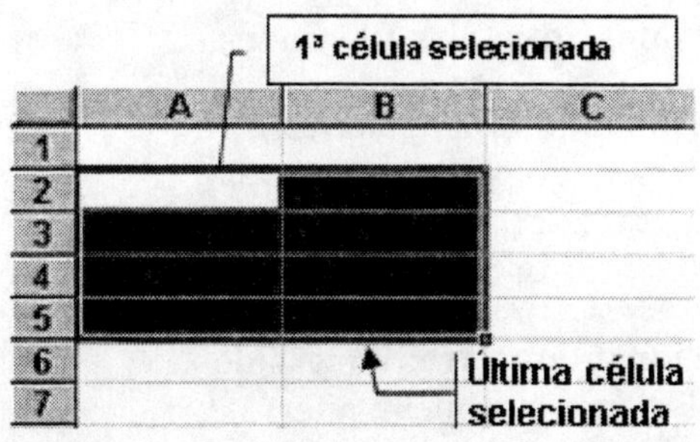

A representação escrita de um intervalo de células é feita da seguinte forma:
Primeira Célula:Última Célula
Exemplo: (A2:B5)
Existem várias opções para seleção de um intervalo de células.

Selecionando com o mouse
1º Clicar na primeira célula e mantendo o clique arrastar até a última célula desejada.
2º Clicar no indicador de uma coluna, seleciona todas as células da planilha na mesma coluna.
3º Clicar no indicador de uma linha, seleciona todas as células da planilha na mesma linha.

Selecionando através do teclado

Selecionar a 1ª célula do intervalo e utilizar a combinação das teclas Shift + as teclas de direção → ↓ ← ↑ de acordo com a direção da seleção.

Shift + → - Seleciona uma célula a direita da primeira célula selecionada na mesma linha.

Shift + ← - Seleciona uma célula a esquerda da primeira célula selecionada na mesma linha.

Shift + ↓ - Seleciona uma célula ou intervalo de células abaixo da primeira célula ou intervalo de células selecionado na mesma coluna.

Shift + ↑ - Seleciona uma célula ou intervalo de células acima da primeira célula ou intervalo de células selecionado.

Shift + Ctrl + → - Seleciona todas as células preenchidas da planilha, à direita da primeira célula selecionada, na mesma linha.

Shift + Ctrl + ← - Seleciona todas as células preenchidas da planilha, à esquerda da primeira célula selecionada, na mesma linha.

Shift + Ctrl + ↓ - Seleciona todas as células preenchidas da planilha, abaixo da primeira célula selecionada, na mesma coluna.

Shift + Ctrl + ↑ - Seleciona todas as células preenchidas da planilha, acima da primeira célula selecionada, na mesma coluna.

Selecionando Células Alternadas

Para selecionar células alternadamente devemos selecionar a primeira célula, pressionar a tecla Ctrl, manter pressionada e dar um clique sobre as próximas células desejadas.

Intervalos de células alternados.

Selecionando com o mouse.

1º Selecionar o primeiro intervalo;

2º Apertar a tecla Ctrl, manter pressionada;

3º Selecionar os próximos intervalos desejados.

Selecionando através do teclado

1º Selecionar o primeiro intervalo;

2º Apertar as teclas Shift + F8;

3º Selecionar o próximo intervalo desejado.

Ao selecionar o atalho de teclado Shift+F8, a opção "**Adicionar à Seleção**" aparece ativa na Barra de Status do Excel. Agora é só ir clicando nas células que deseja selecionar.

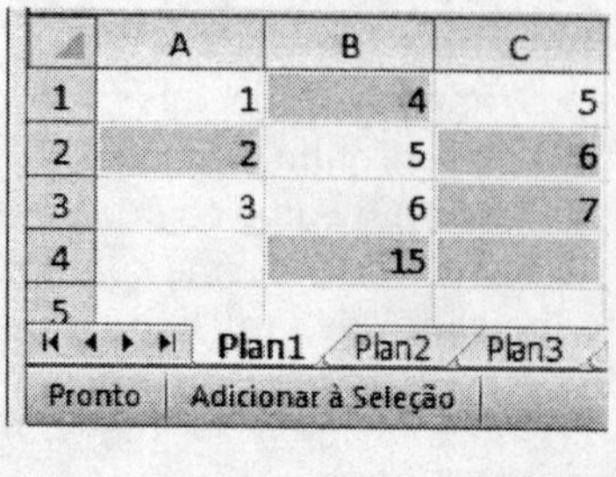

Manipulação de Planilhas

Movimentação

A movimentação entre as planilhas se dá através de um clique com o botão esquerdo do mouse sobre a planilha desejada na guia de planilhas ou através da combinação das teclas **Ctrl+PageDown** para selecionar uma planilha à direita e **Ctrl+PageUp** para selecionar uma planilha à esquerda da planilha selecionada.

Podemos mudar as posições das Planilhas selecionadas dentro da pasta de trabalho ou fazer uma cópia da planilha selecionada, para a mesma pasta ou para outra pasta selecionada.

- Movemos uma planilha selecionada, clicando na mesma e arrastando para a nova posição.
- Quando clicamos com o botão direito do mouse sobre a planilha desejada, abrimos o menu rápido interativo onde executamos o comando Mover ou Copiar. Este comando abre a caixa de diálogo Mover ou Copiar.

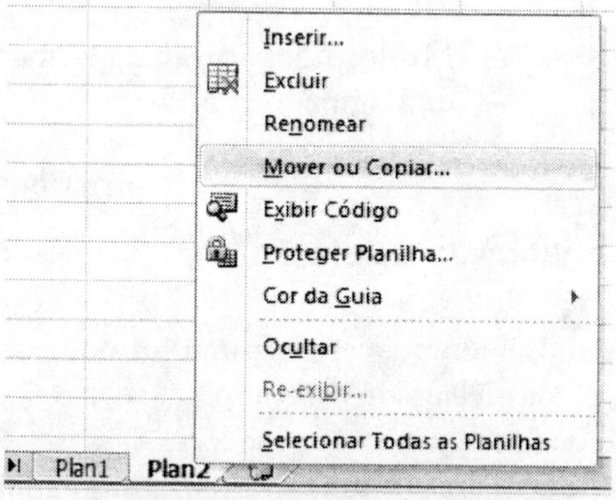

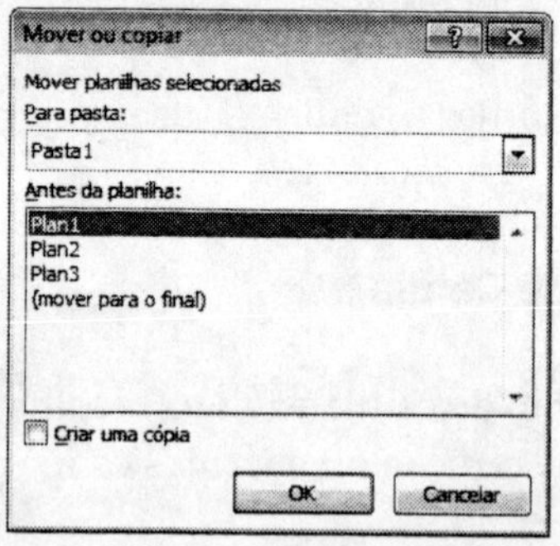

Renomeando Uma Planilha

Quando abrimos uma pasta de trabalho as planilhas recebem um nome inicial (Plan1, Plan2, Plan3). Podemos renomear as planilhas dando um outro nome, através do comando **Renomear**.

1º Para renomear uma planilha, clique sobre a aba da planilha na barra de planilhas e clique com o botão direito do mouse. Um menu aparece.

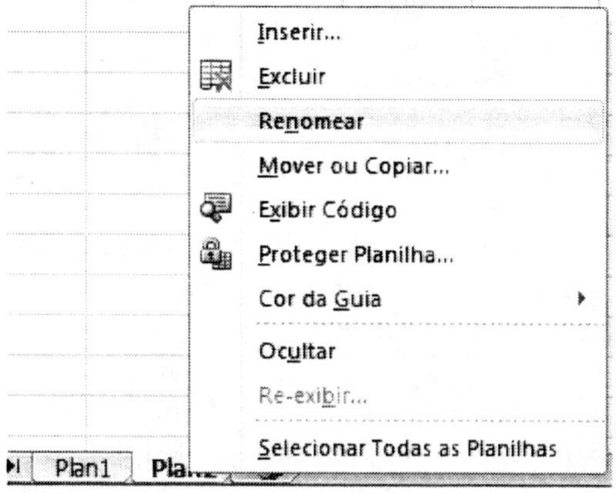

2º Clique em **Renomear**. O nome da planilha será editado e poderá ser modificado.
Pode-se também dar um duplo clique, sobre a planilha a ser renomeada.

Excluindo Planilhas

Para excluir uma planilha:

1º Clique sobre o nome da planilha na barra de planilhas.

2º Acesse o menu rápido interativo do botão direito do mouse sobre a planilha desejada e clique em **Excluir**.

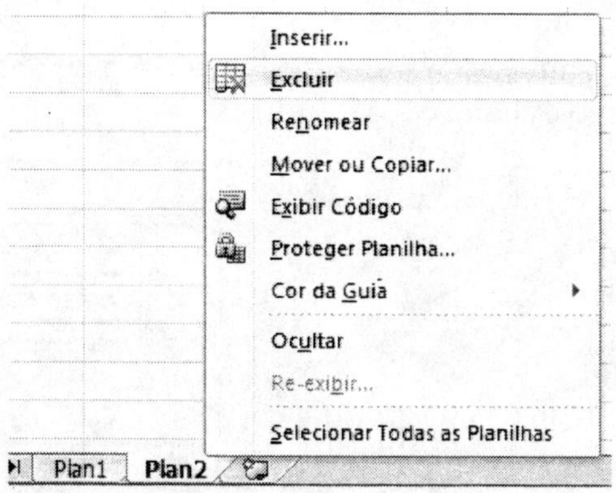

Este comando não é desfeito e a exclusão é permanente. Por ser definitivo, este comando abre a caixa de Confirmação de Exclusão.

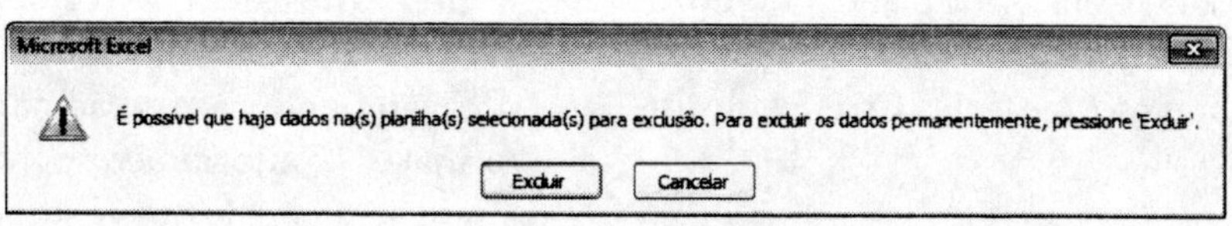

Ocultando Planilha

Quando ocultamos uma planilha, ela deixa de ser visível na guia de planilhas. A planilha a ser oculta deverá estar selecionada.

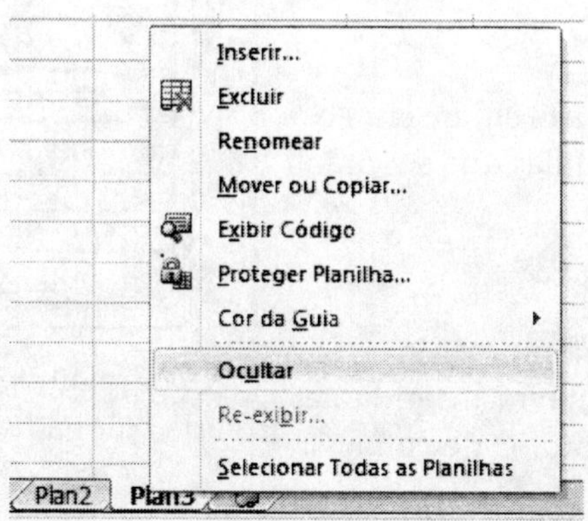

1º Clique sobre o nome da planilha na barra de planilhas.
2º Acesse o menu rápido interativo do botão direito do mouse sobre a planilha desejada e clique na opção **Ocultar**.

Salvando uma Pasta de Trabalho

Para que o trabalho não se perca devemos salvá-lo em disco. Pode ser no HD ou em um Pen-drive, ou ainda em outro tipo de drive.

O documento principal do Excel chama-se Pasta de Trabalho. Uma Pasta de Trabalho gravada é um arquivo que será guardado dentro de uma Pasta de Arquivos. Quando salvamos uma pasta de trabalho pela primeira vez, o sistema precisa de algumas informações para gravar o arquivo.

Para salvar um arquivo novo:

1º Acesse a Guia Arquivo, e clique no comando Salvar ou Salvar Como. Como é a primeira vez que o arquivo está sendo salvo, a janela "**Salvar Como**" será aberta para que seja escolhida a pasta onde seu arquivo será salvo. Dê um nome ao arquivo e clique em OK.

Quando utilizamos o comando Salvar em uma pasta de trabalho pela primeira vez, o Sistema abre a caixa de diálogo Salvar Como.

Fechando uma Pasta de Trabalho:

Para fechar uma Pasta de Trabalho sem sair do Excel existem quatro opções
1º Através da Guia Arquivo, comando Fechar.
2º Através do botão de controle Fechar da janela do documento.
3º Através da Caixa de Controle da janela do documento e no comando Fechar.
4º Através da combinação das teclas **Ctrl+F4** ou **Ctrl+W** no teclado.

Em qualquer uma das opções, se o documento não tiver sido salvo o Assistente perguntará se você deseja salvar as alterações.

Editando uma Planilha

A edição de uma planilha consiste em inserir copiar, excluir e alterar dados nas células que servirão para a apresentação de resultados.

Tipos de Dados

Uma célula pode conter dados do tipo:
Texto - Toda e qualquer letra, palavra inserida na célula, como nomes de pessoas, títulos de colunas, descrição de itens, etc.
Número - Todo e qualquer tipo de número, podendo ter o valor negativo ou positivo.
Fórmula - É uma expressão aritmética envolvendo números, operadores, funções e endereços de células.

Toda fórmula deve iniciar, por padrão, pelo operador de igualdade: = . Porém, pode-se iniciar uma fórmula com:
= (Igual)
+ (Sinal de Adição)
- (Sinal de Subtração)
@ (Arroba) – Obs.: Inicia-se uma fórmula com @, somente quando preceder uma função.

Inserindo dados

Toda informação digitada deve ser depositada dentro de uma célula. Quando o conteúdo de uma célula for texto e não couber em sua largura aparente, o texto invadirá o espaço da célula ou células adjacentes, porém, continuará pertencendo à célula em que foi digitado. Caso a célula ou células adjacentes possuam algum conteúdo, o texto será mostrado somente na sua célula de origem.

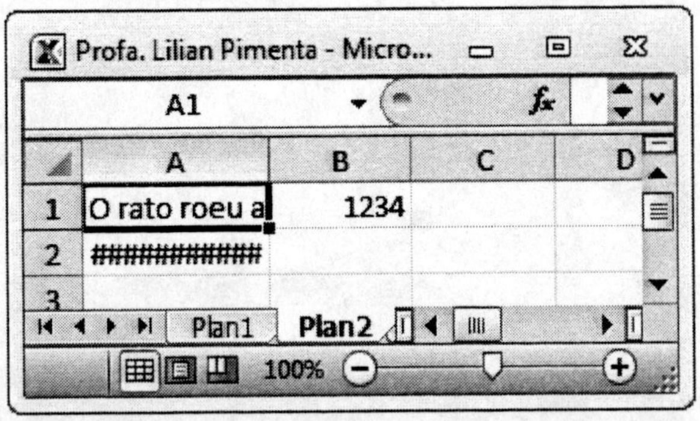

Quando o conteúdo de uma célula for numérico e não for possível mostrá-lo totalmente, serão mostrados vários sinais # (cerquilha, tralha ou jogo da velha), na célula ou o número será apresentado em notação científica, caso ainda a célula não tenha sido formatada como número; porém o conteúdo da célula ainda será aquele que foi digitado.

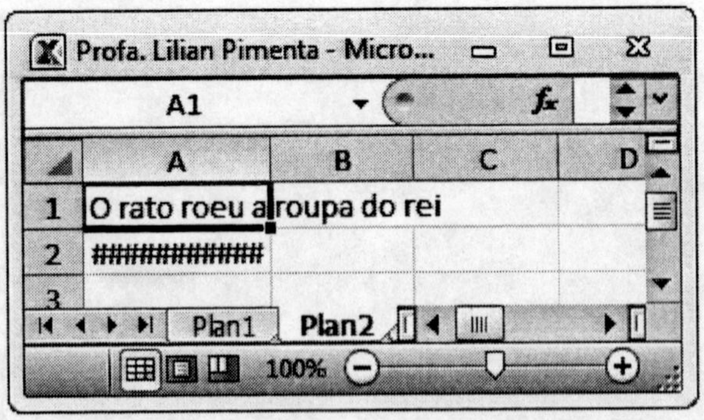

Em ambos os casos, deve-se aumentar a largura da coluna para visualizar os dados.

Quando selecionamos uma célula, está fica disponível para receber os dados que serão digitados. À medida que os dados vão sendo digitados, eles são mostrados na Barra de Fórmulas.

- Em caso de erros na digitação basta usar a tecla **Back Space**.
- Para confirmação dos dados digitados usa-se a tecla Enter, as setas de direção ← → ↑ ↓ ou o botão Confirmar ✔ da Barra de Fórmulas.
- Para cancelar a digitação dos dados, Tecle **Esc** ou o botão Cancelar ✖ da Barra de Fórmulas.
- Para mudar de linha dentro da mesma célula, deve-se pressionar o atalho **Alt+Enter**.

Inserindo Fórmulas

As fórmulas são o meio mais prático de obtenção e manutenção de dados nas planilhas pois são atualizadas a cada nova alteração de dados.

Para que as fórmulas funcionem no Excel, devemos seguir umas regras básicas:

Iniciar a digitação de uma fórmula com o sinal de igual = (Igual), + (Sinal de Adição), - (Sinal de Subtração) ou @ (Arroba) – Obs.: Inicia-se uma fórmula com @, somente quando preceder uma função.

Devemos usar o endereço das células para que o resultado da fórmula seja atualizado a cada alteração nas células envolvidas na fórmula.

O endereço das células podem ser digitados ou apontados com a tecla Shift mais setas de direção ou com o mouse, clicando e arrastando a seleção.

O uso dos parênteses é importante para as fórmulas grandes que envolvem vários cálculos ou procedimentos.

Os operadores usados para a definição da fórmula são:

Operadores matemáticos:
Vejamos os operadores abaixo e os Exemplos.
Para isso atribuímos os valores **B2=10** e **B3=2**
+ Adição
=B2+B3 ou +B2+B3 logo, o resultado será 12.
- Subtração
=B2-B3 onde o resultado será 8 ou -B2-B3 onde o resultado será -12
*** Multiplicação**
=B2*B3 onde o resultado será 20.
/ Divisão
=B2/B3 onde o resultado será 5.
^ Exponenciação
=B2^2 onde o resultado será 100, já que 102=100
% Porcentagem
=10% o número será dividido por 100 e o resultado será 0,1.

Veja um exemplo:

A célula B4 contém o número 4; a célula B5 contém o número 8, para somar essas duas células usaremos a célula B6 onde digitaremos a seguinte fórmula: = **B4+B5**. O resultado é 12.

Para multiplicar a soma acima por C3 que contém o valor 2, a fórmula ficaria assim: = **(B4+B5)*C3**

Veja como é importante o uso dos parênteses:

Caso a fórmula fosse digitada assim: = **B4+B5*C3**, como é matemática, primeiramente seria feita a multiplicação de B5 por C3, o que resultaria em 16 e só depois esse valor seria somado a B4, dando o resultado 20.

Já da maneira correta, vemos que a soma de B4 e B5 resulta em 12. Este resultado será multiplicado por C3, dando o resultado final 24.

Veja então, como é importante observar o uso dos parênteses nas fórmulas, principalmente em questões de provas de concursos.

Operadores de Relacionamentos:
> Maior
< Menor
= Igual
<> Diferente
>= Maior Igual
<= Menor Igual
Exemplo: Se você escrever a fórmula =B2<>B3 , o resultado na célula será FALSO, pois B2=10 e B3=2.

Operadores de Referência

Intervalo (dois pontos:) – Dois pontos significa "até". Ex.: =SOMA(B1:C2) irá somar da célula B1 até a célula C2, ou seja, B1, C1, B2 e C2. O resultado será 10. Veja o intervalo na planilha.

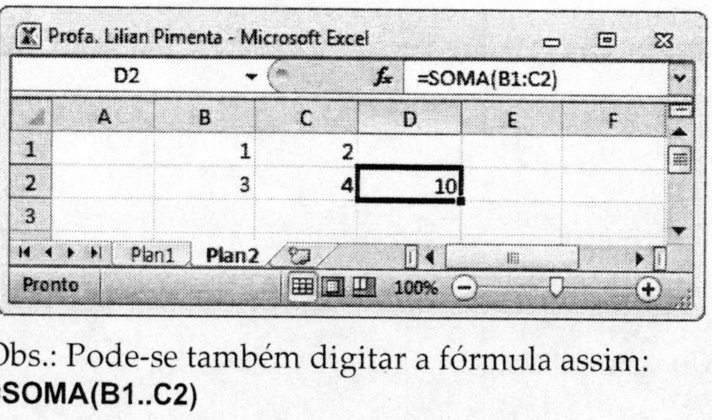

Obs.: Pode-se também digitar a fórmula assim: **=SOMA(B1..C2)**

União (ponto e vírgula ;) –significa "e". Ex.: =SOMA(B1;C2) irá somar a célula B1 e a célula C2, ou seja, B1+ C2. O resultado será 5. Veja o intervalo na planilha.

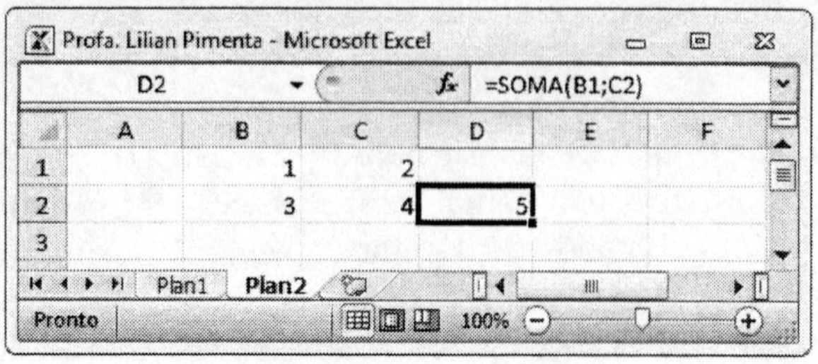

Inserindo Funções

São procedimentos de cálculos previamente definidos, determinando um resultado com significado único.

- As funções também devem ser iniciadas com o sinal de = ou @
- Normalmente são seguidas de um ou mais parâmetros dependo da função.

Ex.: **=SOMA(B1:C2)** ou *@SOMA(B1:C2)*

Categorias das Funções

Ao clicar no botão **fx**, abre-se o quadro para escolha da função.

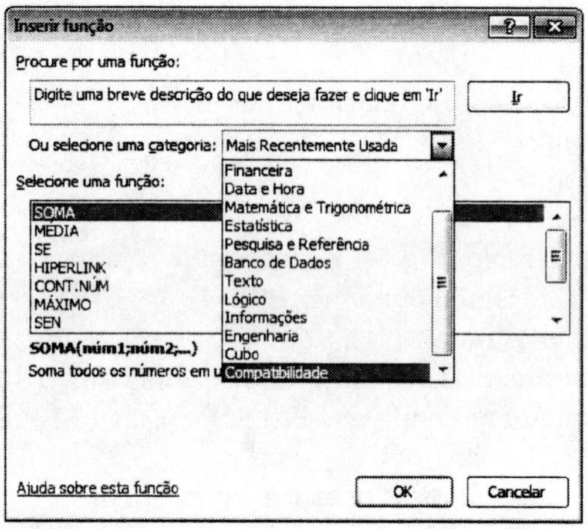

As Categorias são:
Financeira
Data e Hora
Matemática e Trigonométrica
Estatística
Pesquisa e Referência
Banco de Dados
Texto
Lógico
Informações
Engenharia
Cubo
Compatibilidade

Tipos de funções

As funções são muitas. Abaixo segue a lista das mais utilizadas e as que costumam aparecer em provas de concursos.

Tipos de funções mais utilizadas

- Sintaxe: **AGORA( )**
  Retorna a data e hora atuais.

- Sintaxe: **ANO(núm_série)**

Retorna o ano correspondente a uma data com um número inteiro. O ano é retornado como um inteiro no intervalo de 1900-9999.

Núm_série é a data do ano que você deseja localizar. As datas devem ser inseridas com a função DATA ou como resultado de outras fórmulas ou funções. Por exemplo, use DATA(2008;5;23) para 23 de maio de 2008.

- Sintaxe: **ARRED(núm;contagem)**

Arredonda um número até uma quantidade especificada de dígitos. **Núm** é o número que você deseja arredondar. Contagem especifica o número de dígitos para o qual você deseja arredondar **núm**. Se contagem for maior que 0, então **núm** será arredondado para o número especificado de casas decimais.

Se contagem for 0, então **núm** será arredondado para o inteiro mais próximo. Se contagem for menor que 0, então **núm** será arredondado para a esquerda da vírgula decimal.

- Sintaxe: **CONCATENAR (texto1;texto2; ...)**

Agrupa várias sequências de caracteres de texto em uma única sequência de caracteres de texto.

Texto1; texto2;... são 1 a 30 itens de texto a serem agrupados em um único item de texto. Os itens de texto podem ser sequência de caracteres de texto, números ou referências de célula única. O operador "&" pode ser usado no lugar de CONCATENAR para agrupar itens de texto.

• Sintaxe: **CONT.NÚM(valor1;valor2;...)**

Conta quantas células contêm números e também os números na lista de argumentos. Use CONT.NÚM para obter o número de entradas em um campo de número que estão em um intervalo ou matriz de números.

Valor1; valor2, ... são argumentos de 1 a 30 que contêm ou se referem a uma variedade de diferentes tipos de dados, mas somente os números são contados.

Os argumentos que são números, datas ou representações de texto de número são calculados, os argumentos que são valores de erro ou texto que não podem ser traduzidos em números são ignorados.

Se um argumento for uma matriz ou referência, somente os números nesta matriz ou referência são calculados. Células vazias, valores lógicos, texto ou valores de erro nesta matriz ou referência são ignorados. Exemplo:

• Sintaxe: **CONT.SE(intervalo;critérios)**

Calcula o número de células não vazias em um intervalo que corresponde a determinados critérios.

Intervalo é o intervalo de células no qual se deseja contar células não vazias. Critérios é o critério na forma de um número, expressão ou texto que define quais células serão contadas. Por exemplo, os critérios podem ser expressos como 32, "32", ">32", "maçãs".

• Sintaxe: **CONT.VALORES(valor1;valor2;...)**

Calcula o número de células não vazias e os valores na lista de argumentos. Use CONT.VALORES para calcular o número de células com dados em um intervalo ou matriz.

Valor1; valor2;... são argumentos de 1 a 30 que representam os valores que você deseja calcular. Neste caso, um valor é qualquer tipo de informações, incluindo texto vazio (""), mas não incluindo células em branco. Se um argumento for uma matriz ou referência, as células vazias na matriz ou referência são ignoradas. Se você não precisa calcular valores lógicos, texto ou valores de erro, utilize a função CONT.NÚM.

• Sintaxe: **DATA(ano,mês,dia)**

Retorna o número de série sequencial que representa uma determinada data.

Ano - O argumento de ano pode ter de um a quatro dígitos.

Mês - É um número que representa o mês do ano. Se o valor de mês for maior do que 12, esse número será adicionado ao primeiro mês do ano especificado. Por exemplo, DATA(2008,2,14) retorna o número de série que representa 2 fevereiro, 2009.

Dia - É um número que representa o dia do mês. Se o valor de dia for maior do que o número de dias do mês especificado, esse número será adicionado ao primeiro dia do mês. Por exemplo, DATA(2008,35,1) retorna o número de série que representa 4 fevereiro, 2008. Exemplo:

• Sintaxe: **E(valor_lógico1;valor_lógico2; ...)**

Retornará VERDADEIRO se todos os argumentos forem verdadeiros; retornará FALSO se um ou mais argumentos forem falsos.

Valor_lógico1; valor_lógico2;... são de 1 a 30 condições que você deseja testar e que podem ser VERDADEIRO ou FALSO.

Os argumentos devem ser avaliados para valores lógicos, como VERDADEIRO ou FALSO, ou devem ser matrizes ou referências que contêm valores lógicos.

Se um argumento de uma matriz ou referência contiver texto ou células vazias, esses valores serão ignorados. Se o intervalo especificado não contiver valores lógicos, E retornará o valor de erro #VALOR!. Exemplo:

• Sintaxe: **HOJE( )**

Retorna a data atual.

• Sintaxe: **ÍMPAR(núm)**

Retorna o número arredondado para cima até o inteiro ímpar mais próximo. Arredonda um número positivo (para cima) e um número negativo (para baixo) para o número inteiro ímpar mais próximo.

Núm - É o valor a ser arredondado.

• Sintaxe: **MAIOR(dados;posição_c)**

Retorna o maior valor k-ésimo de um conjunto de dados. Você pode usar esta função para selecionar um valor de acordo com a sua posição relativa. Por exemplo, você pode usar MAIOR para obter o primeiro, o segundo e o terceiro resultados.

dados - É a matriz ou intervalo de dados cujo maior valor k-ésimo você deseja determinar.

Posição_c - É a posição (do maior) na matriz ou intervalo de célula de dados a ser fornecida.

• Sintaxe: **MÁXIMO(número1;número2; ...)**

Retorna o valor máximo de um conjunto de valores.

Número1, número2,... são de 1 a 30 números para os quais você deseja saber o valor máximo.

• Sintaxe: **MÉDIA(número1;número2; ...)**

Retorna a média aritmética dos argumentos.

Número1, número2,... são os argumentos numéricos para os quais você deseja obter a média.

Os argumentos devem ser números ou eles devem ser nomes, matrizes ou referências que contenham números. Se uma matriz ou argumento de referência contiver texto, valores lógicos ou células vazias, estes valores serão ignorados; no entanto, células com valor zero serão incluídas.

• Sintaxe: **MÉDIAA(valor1;valor2;...)**

Calcula a média (média aritmética) dos valores na lista de argumentos. Além de números, são incluídos no cálculo valores lógicos e de texto, como VERDADEIRO e FALSO.

Valor1; valor2;... são os intervalos de células ou valores para os quais você deseja obter a média.

Os argumentos devem ser números, nomes, matrizes ou referências. Os argumentos de referência ou matriciais que contiverem texto serão avaliados como 0 (zero). O texto vazio ("") será avaliado como 0 (zero). Se o cálculo não deve incluir valores de texto na média, use a função

• Sintaxe: **MÊS(número)**

Retorna o mês de uma data representado por um número de série. O mês é fornecido como um inteiro, variando de 1 (janeiro) a 12 (dezembro).

Número é a data do mês que você está tentando encontrar. As datas devem ser inseridas com a função DATA ou como resultado de outras fórmulas ou funções.

• Sintaxe: **MUDAR(texto;posição;comprimento; novo_texto)**

MUDAR substitui parte de uma sequência de caracteres de texto, com base no número de caracteres especificado, por uma sequência diferente.

Texto refere-se ao texto no qual uma parte será substituída.

Posição refere-se à posição dentro do texto onde a substituição começa.

Comprimento é o número de caracteres no Texto a substituir.

NovoTexto refere-se ao texto que substitui Texto.

• Sintaxe: **SUBSTITUIR (texto; texto_de_pesquisa; novo_texto; ocorrência)**

SUBSTITUIR substitui um texto antigo por texto novo, com base em uma cadeia de caracteres.

Texto é o texto no qual os segmentos de texto serão trocados.

Texto_de_pesquisa é o segmento de texto que será substituído (repetidas vezes).

NovoTexto é o texto que deve substituir o trecho de texto.

Ocorrência (opcional) indica qual ocorrência do texto de pesquisa deve ser substituído. Se o parâmetro for omitido, o texto de pesquisa é substituído em todo o texto.

• Sintaxe: **MULT(número1;número2;...)**

Número1, número2,... são números de 1 a 30 que você deseja multiplicar.

Multiplica todos os números fornecidos como argumentos e retorna o produto.

• Sintaxe: **OU(valor_lógico1;valor_lógico2;...)**

Retorna VERDADEIRO se qualquer argumento for VERDADEIRO; retorna FALSO se todos os argumentos forem FALSOS.

Valor_lógico1;valor_lógico2,... são de uma a 30 condições que você deseja testar e que podem resultar em VERDADEIRO ou FALSO.

• Sintaxe: **PROCV(critério_de_pesquisa; matriz; índice;ordem_de_classificação)**

Pesquisa vertical com referência a células adjacentes à direita. Essa função verifica se um valor específico está contido na primeira coluna de uma matriz. A função retorna então o valor na mesma linha da coluna nomeada por Índice. Se o parâmetro Ordem for omitido ou definido como VERDADEIRO ou um, assume-se que os dados são ordenados em ordem crescente. Neste caso, se o CritérioDePesquisa não for encontrado, o último valor menor que o critério será retornado. Se Ordem é definido como FALSO ou zero, deve haver um valor exato, senão o erro Erro: Valor não disponível será o resultado. portanto, com um valor zero, os dados não precisam estar ordenados em ordem crescente.

A pesquisa permite expressões regulares. Você pode digitar "all.*", por exemplo, para localizar a primeira ocorrência de "all" seguida de outros caracteres. Caso deseje buscar um texto que seja também uma expressão regular, será necessário preceder todos os caracteres com um caractere \. É possível ativar e desativar a avaliação automática de expressões regulares em Ferramentas - Opções - BrOffice.org Calc - Calcular.

CritérioDePesquisa é o valor pesquisado na primeira coluna da matriz.

Matriz é a referência, que compreende no mínimo duas colunas.

Índice é o número da coluna na matriz que contém o valor a ser retornado. A primeira coluna começa com 1.

Ordem_de_classificação é um parâmetro opcional que indica se a primeira coluna na matriz é ordenada em ordem crescente. Entre com o valor booleano FALSO ou zero se a primeira coluna não for ordenada em ordem crescente. Colunas ordenadas podem ser pesquisadas muito mais rapidamente e a função sempre retorna um valor, mesmo se o valor pesquisado não existir exatamente, se estiver entre o menor e maior valor da lista ordenada. Numa lista não ordenada, o valor de pesquisa deve existir exatamente. Senão a função retornará esta mensagem: Erro: Valor não disponível.

• Sintaxe: **SE (teste_lógico; valor_então; valor_senão)**

Retorna um valor se uma condição que você especificou avaliar como VERDADEIRO e um outro valor se for avaliado como FALSO. Use SE para conduzir testes condicionais sobre valores e fórmulas.

Teste é qualquer valor ou expressão que possa ser avaliado como VERDADEIRO ou FALSO. Por exemplo, A10=100 é uma expressão lógica; se o valor da célula A10 for igual a 100, a expressão será considerada VERDADEIRO. Caso contrário, a expressão será considerada FALSO. Esse argumento pode usar qualquer operador de cálculo de comparação.

Valor_então é o valor retornado se teste for VERDADEIRO. Por exemplo, se esse argumento for a sequência de caracteres de texto "Dentro do orçamento" e o argumento **teste** for considerado VERDADEIRO, a função SE exibirá o texto "Dentro do orçamento". Se **teste** for VERDADEIRO e **valor_então** for vazio, o argumento retornará 0 (zero). Para exibir a palavra VERDADEIRO, use o valor lógico VERDADEIRO para esse argumento. **Valor_então** pode ser outra fórmula.

Valor_senão é o valor retornado se **teste** for FALSO. Por exemplo, se esse argumento for a sequência de caracteres de texto "Acima do orçamento" e o argumento **teste** for considerado FALSO, a função SE exibirá o texto "Acima do orçamento". Se **teste** for FALSO e **valor_senão** for omitido (ou seja, se não houver vírgula após **valor_então**), o valor lógico FALSO será retornado. Se teste for FALSO e **valor_senão** for vazio (ou seja, se houver uma vírgula após **valor_então** seguida do parênteses de fechamento), o valor 0 (zero) será retornado. **Valor_senão** pode ser outra fórmula.

É possível aninhar até sete funções SE como argumentos **valor_então e valor_senão** para construir testes mais elaborados. Consulte o último dos exemplos a seguir. Quando os argumentos **valor_então e valor_senão** são avaliados, SE retorna o valor que foi retornado por estas instruções. Se algum dos argumentos de SE for matriz, cada elemento da matriz será avaliado quando a instrução SE for executada.

• Sintaxe: **SOMA(núm1;núm2; ...)**

Retorna a soma de todos os números na lista de argumentos.

Núm1, núm2,... são argumentos de 1 a 30 que se deseja somar. Os números, valores lógicos e representações em forma de texto de números digitados diretamente na lista de argumentos são contados.

• Sintaxe: **SOMA SE (intervalo; critérios; soma_intervalo)**

Adiciona as células especificadas por um determinado critério.

Intervalo é o intervalo de células que se deseja calcular. **Critérios** são os critérios na forma de um número, expressão ou texto, que define quais células serão adicionadas.

Por exemplo, os critérios podem ser expressos como 32, "32", ">32", "maçãs". **soma_intervalo** são as células que serão realmente somadas.

As células em **soma_intervalo** são somadas somente se suas células correspondentes em intervalo coincidirem com os critérios estipulados. Se **soma_intervalo** for omitido, as células em intervalo serão somadas.

Agora veja alguns exemplos de aplicação de funções:

Observe a planilha abaixo:

B8 ▾ fx

	A	B	C
1			
2		4	
3		casa	
4		trem	
5		bosque	
6		10	
7		40	
8			
9			

Aplicando as funções:

1 - Função **CONT.NÚM**
=CONT.NÚM(B2:B7)

Esta função conta o nº de células que contém dados numéricos. O resultado na célula B8, observando a planilha acima, será 3.

2 - Função **CONT.VALORES**
=CONT.VALORES(B2:B7)

Esta função conta o nº de células não-vazias do intervalo (Não importa se a célula contém números e/ou letras. O resultado na célula B8, observando a planilha acima, será 6.

3 - Função **CONT.SE**
=CONT.SE(B2:B7;"<>0")

Esta função impõe uma condição e conta quantas células no intervalo de B2 até B7 são diferentes de 0 (zero). O resultado na célula B8, observando a planilha acima, será 6.

Agora observe:
=CONT.SE(B2:B7;"<>casa")
Neste caso, o resultado será 5.

4 - Função **MÁXIMO**
=MÁXIMO(B2:B7)

Esta função retorna o maior número do intervalo. O resultado na célula B8, observando a planilha acima, será 40.

5 - Função **MÍNIMO**
=MÍNIMO(B2:B7)

Esta função retorna o menor número do intervalo. O resultado na célula B8, observando a planilha acima, será 4.

6 - Função **SOMASE**
=SOMASE(B2:B7;"<>10")

Esta função impõe uma condição e soma as células que, no intervalo de B2 até B7 são diferentes de 0 (zero). Só soma números! O resultado na célula B8, observando a planilha acima, será 44.

7 - Função **MED**
=MED(B2:B7)

Esta função calcula a mediana, no intervalo de B2 até B7. A mediana será o número que está entre os menores e os maiores. No caso, 10. O resultado na célula B8, observando a planilha acima, será 10. Agora imagine se B3 fosse igual a 2. Então vejamos: Temos os valores 4, 2,10 e 40. Colocando na ordem fica: 2, 4, 10, 40. Aqui não um único valor no meio, e sim dois. Somam-se os valores do meio (4+10) e divide-se a soma por 2. O resultado será a mediana, que é igual a 7.

8 - Função **MOD**
=MOD(B6;B2)

Esta função retorna o resto da divisão, entre B6 e B2. O resultado na célula B8, observando a planilha acima, será 2, porque 10 dividido por 4 é igual a 2 e o resto é 2.

10 I_4__
2   2

Lembre-se! O que vale para o resultado é o valor que aparece no resto.

B5 | fx carro

	A	B	C
1			
2		1	
3		10	
4		1	
5		carro	
6		2	
7		casa	
8		1	

Observe a planilha acima:

9 – Função **MODO**
=MODO(B2:B7)

Esta função retorna a moda, no intervalo de B2 até B7. A moda é o nº que aparece em maior frequência no intervalo de células. Neste caso, 1.

O resultado na célula B8, observando a planilha acima, é 1.

Agora observe a seguinte planilha:

D6 | fx =MODO(B2:D5)

	A	B	C	D	E
1					
2		1	2	3	
3		3	4	3	
4		8	5	6	
5		7	8	4	
6				3	

A fórmula =MODO(B2:D5) foi inserida em D6. Repare que há vários números que se repetem, porém, o resultado será o que aparece primeiro no intervalo. Neste caso, o 3.

Na sequência, o intervalo de B2 até D5 é: (B2, C2, D2, B3, C3, D3, B4, C4, D4, B5, C5, D5).

10 – Função **CONCATENAR**

	A	B	C
1			
2		1	
3		10	
4		1	
5		carro	
6		2	
7		casa	
8		1	

=CONCATENAR(B3;B4)
ou
=B3&B4
ou
=SOMA(B3&B4)

Esta função junta o conteúdo de uma célula com outra. Então B3 e B4. O resultado será 101, porque a célula B3=10 e a célula B4=1.

=CONCATENAR(B5;B7)
ou
=B5&B7
O resultado será carrocasa.
=SOMA(B5&B7) – – DÁ ERRO – – #VALOR!
Só é possível usar concatenar com a função SOMA, para valores numéricos.

=CONCATENAR(B2;B7)
ou
=B2&B7
O resultado será 1casa.
=SOMA(B2&B7) – – DÁ ERRO – – #VALOR!
Só é possível usar concatenar com a função SOMA, para valores numéricos.

11 - Função PROCV

Esta função permite procurar valores em uma Tabela Matriz, associando esse valor a uma entrada em outra tabela ou em outra coluna. É necessário que os valores na Tabela Matriz estejam em ordem de classificação crescente.

Observe a planilha abaixo sendo editada no Excel 2010:

C9 | =PROCV(B9;$A$4:$B$5;2)

Lilian Pimenta

	A	B	C	D	E
1	LAN HOUSE PIMENTA NA REDE				
2	TABELA DE PREÇOS				
3	PERÍODO:	VALOR (R$)			
4	1/2 período (30 min)	3,00			
5	integral (1hora)	6,00			
6					
7					
8	Clientes:	Período:	Valor:	nº Período	Total:
9	Fungêncio	1/2 período (30 min)	3,00		0,00
10	Creobaldo	integral (1hora)	6,00	2	12,00
11	Pelemilda	1/2 período (30 min)	3,00		0,00
12	Crobertina	1/2 período (30 min)	3,00		0,00

A célula C9 está selecionada e é nela que está a fórmula que contém a função PROCV. Sintaxe:

=PROCV(B9;$A$4:$B$5;2)

PROCV(valor_procurado; matriz_tabela; núm_índice_coluna; [procurar_intervalo])

valor_procurado (B9). O valor a ser procurado na primeira coluna da tabela ou intervalo. O argumento valor_procurado pode ser um valor ou uma referência.
matriz_tabela ($A$4:$B$5). O intervalo de células que contém os dados. Os valores na primeira coluna de matriz_tabela são os valores procurados por valor_procurado. Os valores podem ser texto, números ou valores lógicos. Textos em maiúsculas e minúsculas são equivalentes.
núm_índice_coluna (2). O número da coluna no argumento matriz_tabela do qual o valor correspondente deve ser retornado.

12 - Função SE

Na planilha abaixo, a condição para o aluno estar Aprovado é ter média maior ou igual a 7.

C2 | =SE(B2>=7;"Aprovado";"Reprovado")

	A	B	C	D
1	ALUNO	MÉDIA	SITUAÇÃO	
2	Bronefrúcia	7,0	Aprovado	
3	Cristobaldo	6,5	Reprovado	
4	Senelúvrio	9,0	Aprovado	
5				

SE(teste_lógico;valor_se_verdadeiro;valor_se_falso)
=SE(B2>=7;"Aprovado";"Reprovado")
Teste_lógico: B2>=7
Valor_se_verdadeiro: "Aprovado"
Valor_se_falso: "Reprovado"

Podemos também entender da seguinte maneira:
Se a média (que está na célula B2) for maior ou igual a 7 (então) Aprovado (senão) Reprovado.

Funções Lógicas

Executam um teste lógico para retornar um resultado Falso ou Verdadeiro.
E - Retorna VERDADEIRO se todos as argumentos forem verdadeiros; retorna FALSO se um ou mais argumentos forem falsos.
FALSO - Retorna valor lógico FALSO.
NÃO - Inverte a lógica do argumento.
OU - Retorna VERDADEIRO se qualquer argumento for VERDADEIRO.
SE - Especifica um teste lógico a ser executado.
VERDADEIRO - Retorna o valor lógico VERDADEIRO.

Alterando dados digitados

A alteração dos dados digitados pode ser feita de duas maneiras:

Por sobreposição - Onde selecionamos a célula que será alterada e digitamos os novos dados e depois confirmamos a alteração através do botão confirmar na Barra de Fórmulas ou através da tecla Enter.

Por correção parcial - Onde selecionamos a célula a ser corrigida posicionando o cursor dentro da célula com um duplo clique ou usando a tecla F2.

Copiando e Colando Dados

A cópia de dados é um modo muito rápido e eficaz de preenchimento das planilhas, principalmente quando usamos fórmulas que, na maioria das vezes, são repetidas em várias células.

Para copiarmos uma célula ou intervalo de células, devemos antes de tudo selecioná-la.

Há várias maneiras de se copiar dados:
- Através da **Guia Página Inicial**, comando **Copiar**
- Através do Menu Rápido Interativo com o **botão direito do mouse**, comando **Copiar**,
- Através da combinação das teclas **Ctrl + C** no teclado.

Para colar a cópia feita, devemos selecionar nova célula e utilizar o comando **Colar**:
- Através da **Guia Página Inicial**, comando **Colar**,
- Através do Menu Rápido Interativo com o **botão direito do mouse**, comando **Copiar**,
- Através da combinação das teclas **Ctrl + V** no teclado.

Para colar um intervalo de células copiado, não é necessário selecionar a mesma quantidade de células copiadas, isto ocorre porque o Excel mantém a mesma posição das células de origem.

Preenchimento de Células

O preenchimento é outra forma de copiar células. Para efetuarmos o preenchimento, devemos selecionar um intervalo de células que contenha pelo menos uma célula preenchida. Posicione o cursor do mouse na alça de autopreenchimento e arraste. Aparece o botão "**Opções de autopreenchimento**". Escolha uma forma de autopreenchimento.

Botão Opções de autopreenchimento

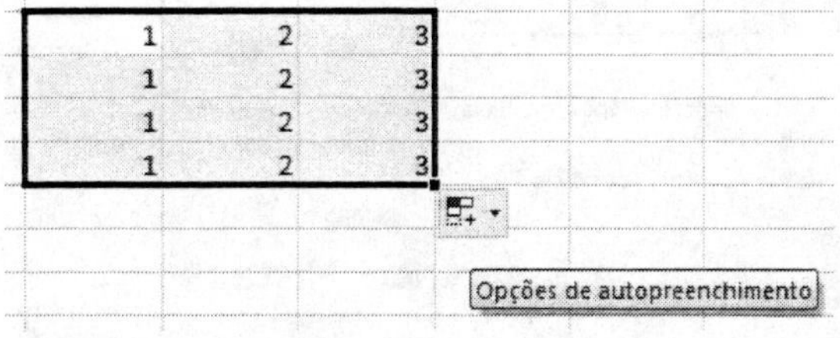

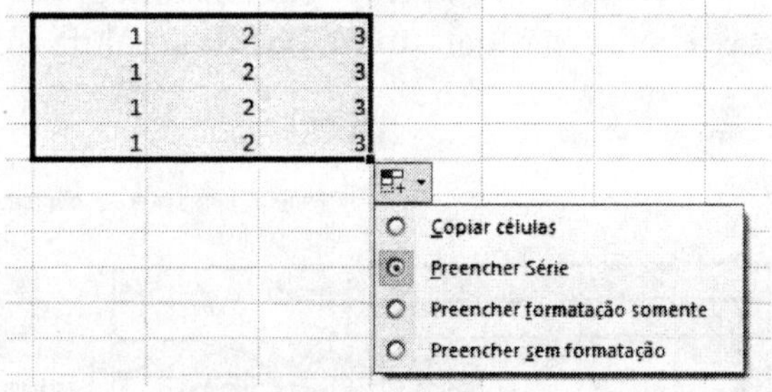

Referências

O Excel trabalha com vários tipos de referências. Veremos agora algumas delas.

Referência Relativa

Através da cópia podemos aproveitar fórmulas de uma célula ou intervalo de células para outra célula ou intervalo de células, sem precisar digitar novamente a fórmula.

O Excel ajusta automaticamente a cópia dos elementos de uma fórmula de acordo com suas posições relativas às colunas, linhas e células referenciadas.

Exemplo:

	A	B	C
1	7	8	=(A1+B1)
2	4	3	=(A2+B2)

A fórmula em C1 =(A1+B1) foi copiada para C2. Em C2, a fórmula ficou =(A2+B2). O Excel fez a referência relativa à linha para onde foi copiada a fórmula.

Referência Absoluta

Para manter o endereço inicial da fórmula em uma cópia, devemos tornar sua referência absoluta.

O sinal $ na frente da letra da coluna e do número da linha de uma célula faz com que seu endereço fique fixo não permitindo o ajuste automático de sua posição relativa a célula referenciada.

Exemplo:

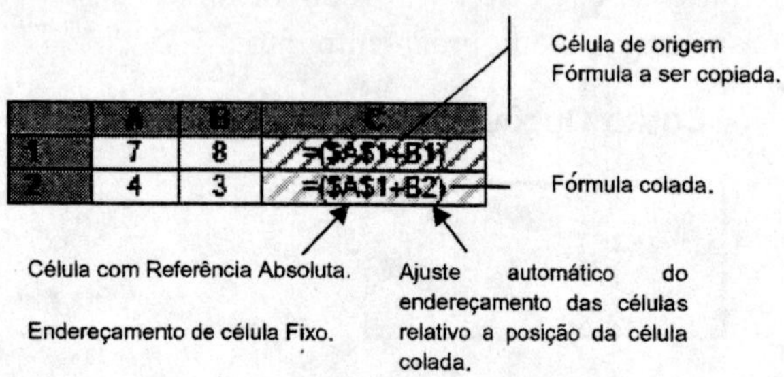

Referência Mista

A referência mista ocorre quando tornamos apenas a coluna ou a linha de uma célula absoluta (fixa).

Exemplo:

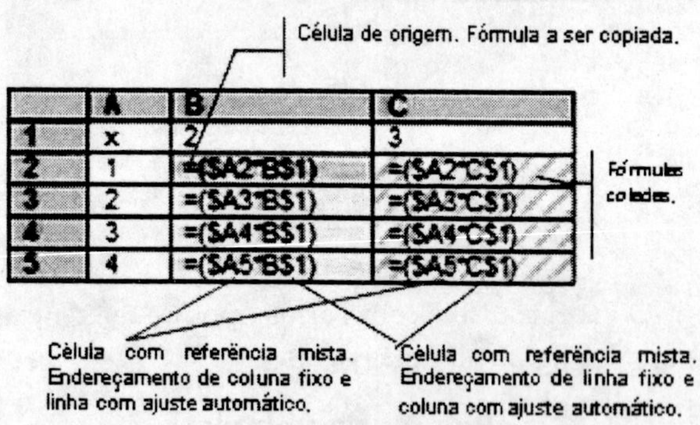

Movimentação de Células

Permite o reposicionamento de dados em qualquer local da planilha.

A movimentação de dados se dá através dos comandos Recortar e Colar nas células ou intervalo de células selecionados.

Há várias opções para utilização dos comandos **Recortar e Colar**:
- Através da **Guia Página Inicial**, comando **Recortar**,
- Através do Menu Rápido Interativo com o **botão direito do mouse**, comando **Recortar**,
- Através da combinação das teclas **Ctrl + X** no teclado,
- Através do Menu Rápido Interativo do mouse.

Para colar, devemos selecionar nova célula e utilizar o comando **Colar**:
- Através da **Guia Página Inicial**, comando **Colar**,
- Através do Menu Rápido Interativo com o **botão direito do mouse**, comando **Copiar**,
- Através da combinação das teclas **Ctrl + V** no teclado.

Inserindo Linhas, Células e Colunas na Planilha

A inserção de linhas, colunas e células em uma planilha é feita no local onde estiver o cursor.
Através do botão direito do mouse, é possível inserir linhas e colunas.
- **Linhas** - Permite a inserção de uma linha vazia acima da linha ou célula selecionada na planilha.
- **Células** - Permite a inserção de células no local selecionado.

Esse comando abre a caixa de diálogo Inserir células com as opções:

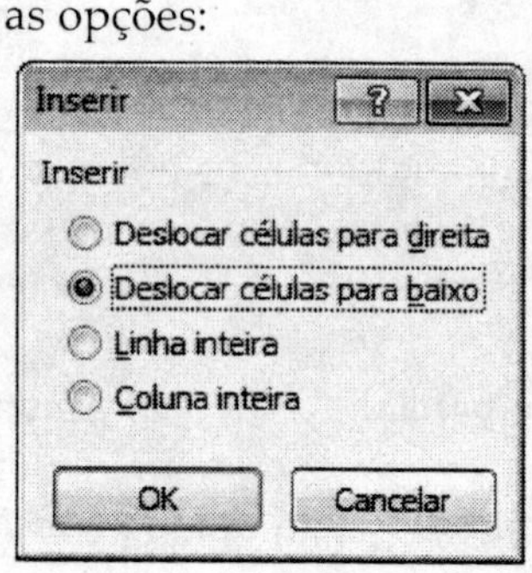

⇒ **Deslocar célula para direita** - desloca a célula selecionada para a direita e insere no local a nova célula vazia.

⇒ **Deslocar célula para baixo** - Desloca a célula selecionada para baixo e insere no local a nova célula vazia.

⇒ **Linha Inteira** - Desloca a linha da célula selecionada para baixo e insere no local uma nova linha vazia.

⇒ **Coluna Inteira** - Desloca a coluna da célula selecionada para a direita e insere no local uma coluna nova vazia.

Excluindo Linha, Colunas e Células

Clicando com o botão direito do mouse, também é possível Excluir. Este comando abre a caixa de diálogo Excluir com as opções;

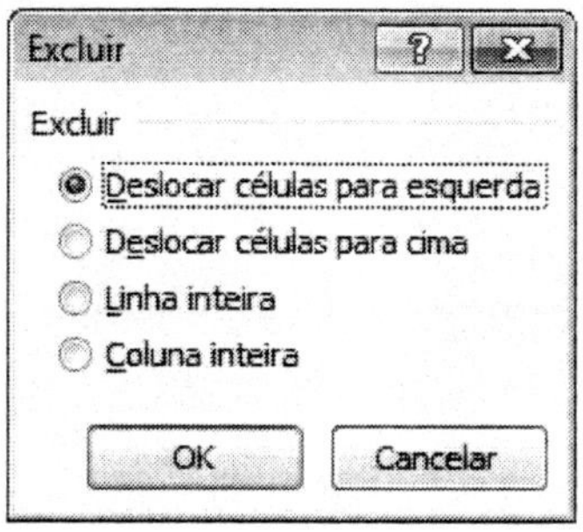

⇒ **Deslocar célula para a Esquerda** - Exclui a célula selecionada e desloca a célula da direita para o lugar a célula excluída.
⇒ **Deslocar Célula para Cima** - Exclui a célula selecionada e desloca a célula de baixo para o local da célula excluída.
⇒ **Linha Inteira** - Exclui toda a linha selecionada e desloca a linha de baixo para o local da linha excluída.
⇒ **Coluna Inteira** - Exclui toda a coluna selecionada e desloca a coluna da direita para o local da coluna excluída.

Inserindo uma Figura na Planilha

A inserção de figuras em uma planilha se dá através da Guia **Inserir**, comando **Imagem**. Depois da imagem inserida, é possível editá-la na planilha alterando seu tamanho, disposição, brilho e efeitos.

Salvando as Alterações em uma Pasta de Trabalho

Quando alteramos o conteúdo de uma pasta de trabalho, estas alterações devem ser salvas para que não se percam ao desligar o equipamento. Existem três maneiras de salvar uma pasta de trabalho já gravada.

Através do **Menu Arquivo**, comando **Salvar**.

Através da combinação das teclas **Ctrl+B**

Salvando as Alterações em uma Pasta de Trabalho como outro Documento

Podemos utilizar uma pasta de trabalho já gravada para efetuar alterações e gravar a pasta alterada com outro nome, sem modificar a pasta original. O comando **Salvar Como** permite que as alterações feitas na pasta utilizada sejam gravadas como se fosse um novo documento. O processo é o mesmo utilizado para salvar um novo documento. Através da Guia **Arquivo**, comando **Salvar Como.**

Formatação de Células

⇒ A formatação de dados tem o objetivo de melhor apresentá-los. Para aplicação da formatação de dados, deve-se primeiro, selecionar a área a ser formatada e clicar com o botão direito do mouse. O **botão direito do mouse** fornece opções de formatação através do **Menu Rápido Interativo**:

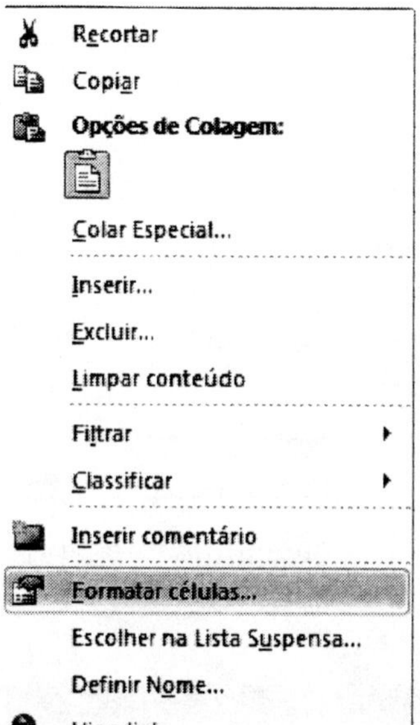

Através da opção **Formatar Células** podemos definir a aparência para:

⇒ **Número** - Permite a formatação de dados numéricos, datas, frações. Caso algumas das formatações existentes não agradem o operador, é possível descrever novos formatos.

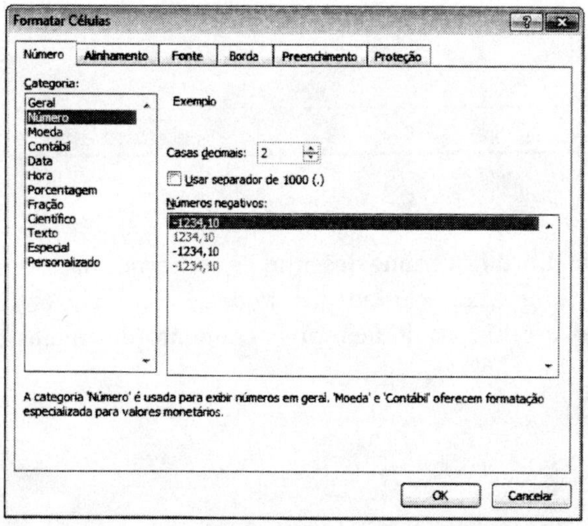

⇒ **Alinhamento** - Possibilita determinar o posicionamento do conteúdo da célula em relação ao tamanho da mesma ou da área selecionada. O posicionamento do texto em relação a altura das células também poderá ser modificado.

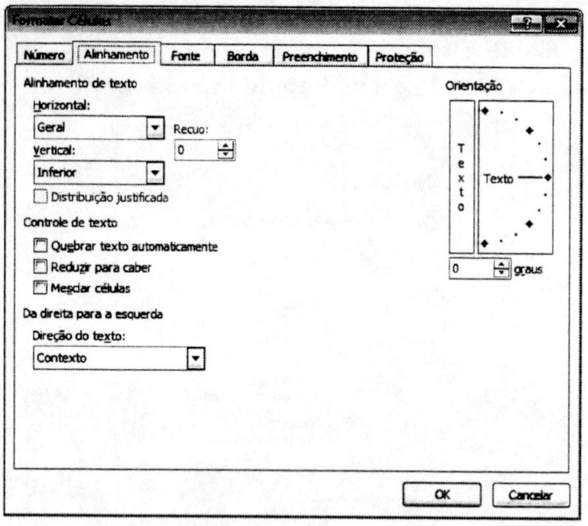

⇒ **Fonte** - Permite modificar a apresentação dos caracteres no que dizem respeito a tipos de letras, tamanho, estilo, cor e efeitos.

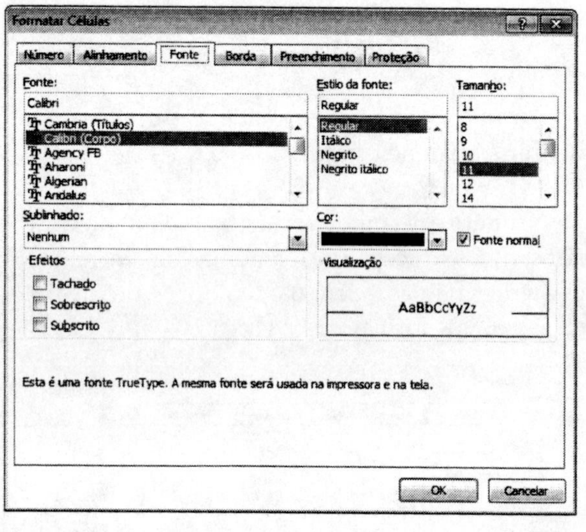

⇒ **Borda** - Permite desenho de contornos nas células ou áreas selecionadas. Pode-se escolher dentre as espessuras de fios, preenchimento de células e coloração.

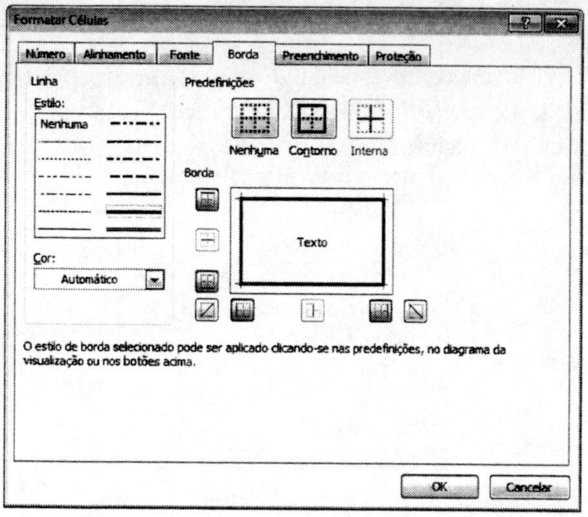

⇒ **Preenchimento** - Permite escolher o padrão de preenchimento das células (Hachuras). A cor dos traços do preenchimento é definido pela opção primeiro Plano e a cor de fundo pela opção Segundo Plano.

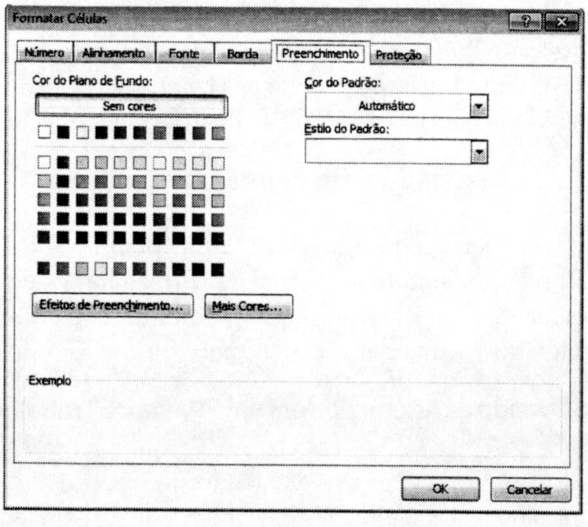

⇒ **Proteção** - Permite que as células selecionadas sejam alteradas e oculta fórmulas.

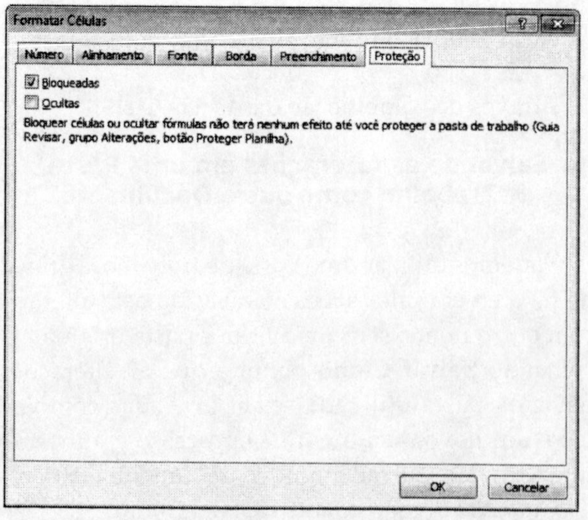

Guia Número

Permite a formatação de células contendo números

As Guias do Excel:

A Guia Arquivo

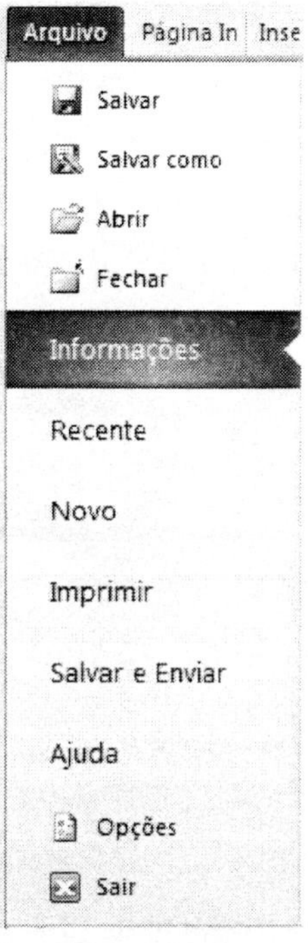

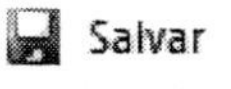

Salvar. Permite salvar as alterações em uma pasta que está em edição. Este comando quando executado pela primeira vez, abre a janela "Salvar Como" para que seja dado um nome e uma localização para o novo arquivo. Atalhos: **Ctrl+B** ou **Shift+F12**.

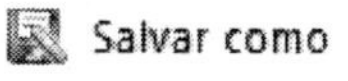

Salvar como. A primeira vez que a pasta de trabalho é salva abre-se a janela Salvar Como, para que seja dado um nome e uma localização para o novo arquivo. Após o arquivo ter sido salvo, pode-se renomeá-lo e/ou indicar um novo local para o arquivo através desse comando. Atalho: **F12**.

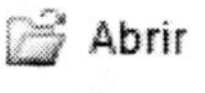

Abrir. Esta opção abre uma janela, onde é possível escolher um arquivo existente para abrir. Atalho: **Ctrl+A**.

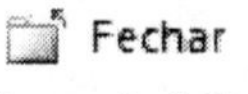

Fechar. Permite fechar o arquivo atual. Atenção! Esta opção permite fechar a pasta de trabalho atual, não fecha o programa. Atalhos: **Ctrl+W** ou **Ctrl+F4**.

Guia Arquivo/Informações

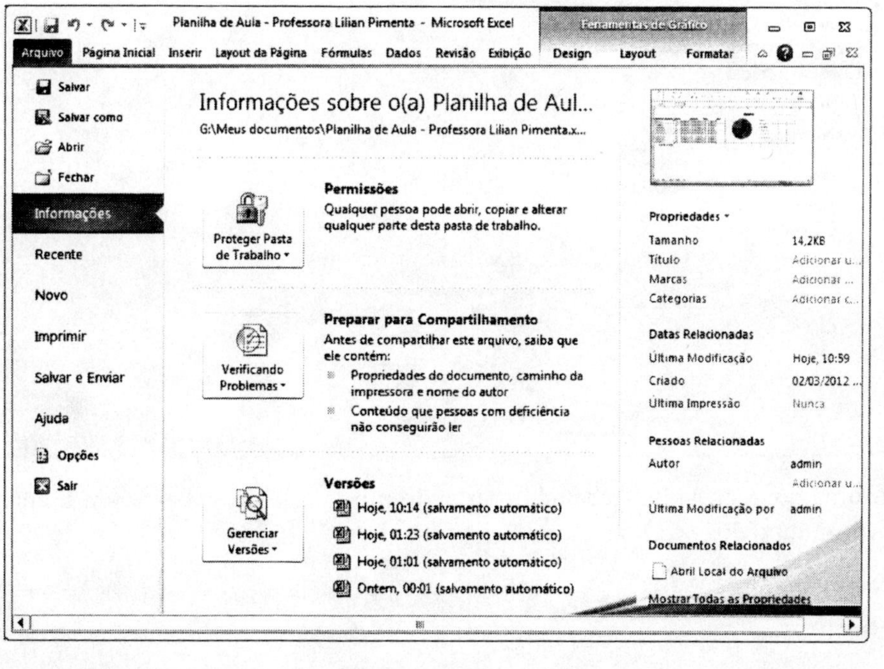

Essa opção permite visualizar as propriedades gerais do arquivo, como caminho de diretório, tamanho, data e hora da última modificação, além de informações sobre permissões, compartilhamento e gerenciamento de versões.

Guia Arquivo / Recente

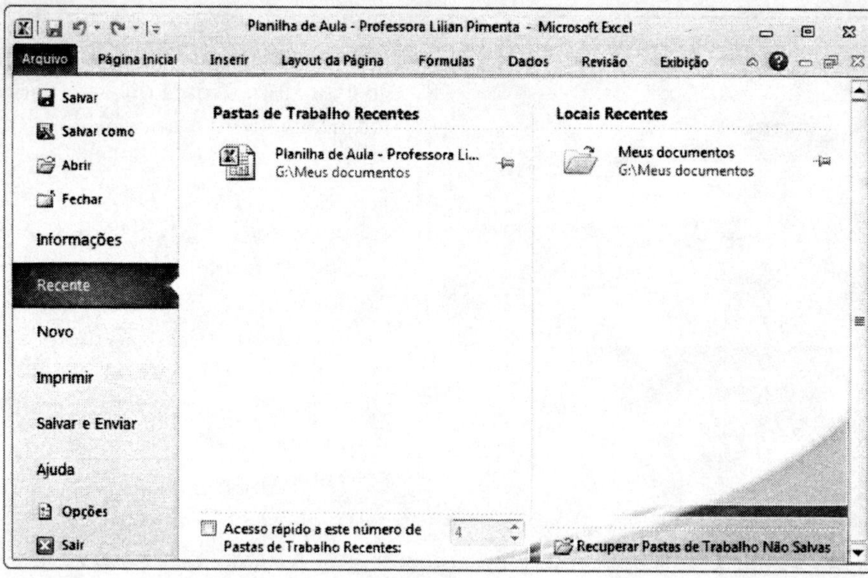

Permite visualizar os arquivos recentemente acessados.

Guia Arquivo / Novo

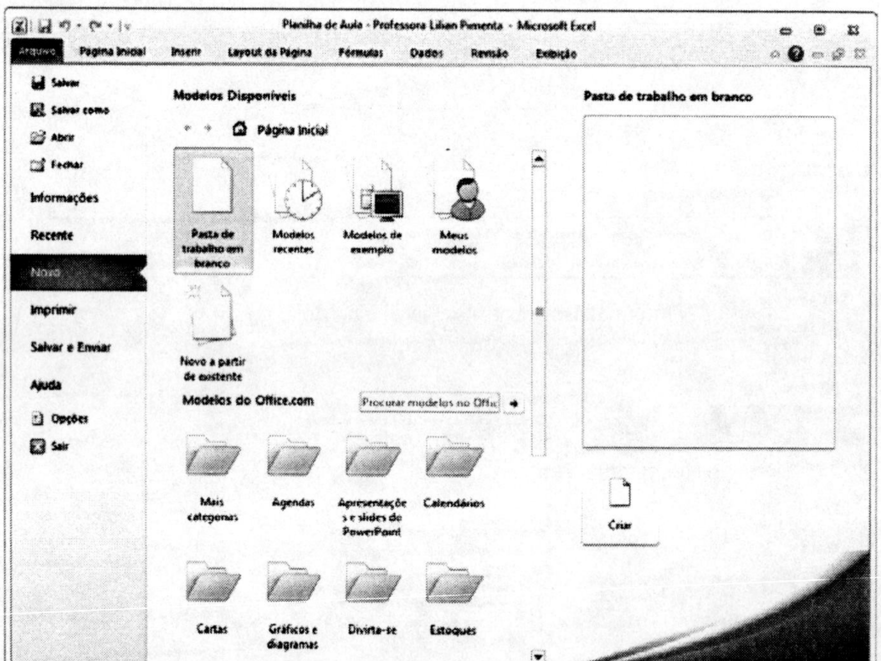

Permite abrir uma nova pasta de trabalho a partir de uma pasta de trabalho em branco ou escolher um modelo disponível ou modelos do Office.com.

Guia Arquivo /Imprimir

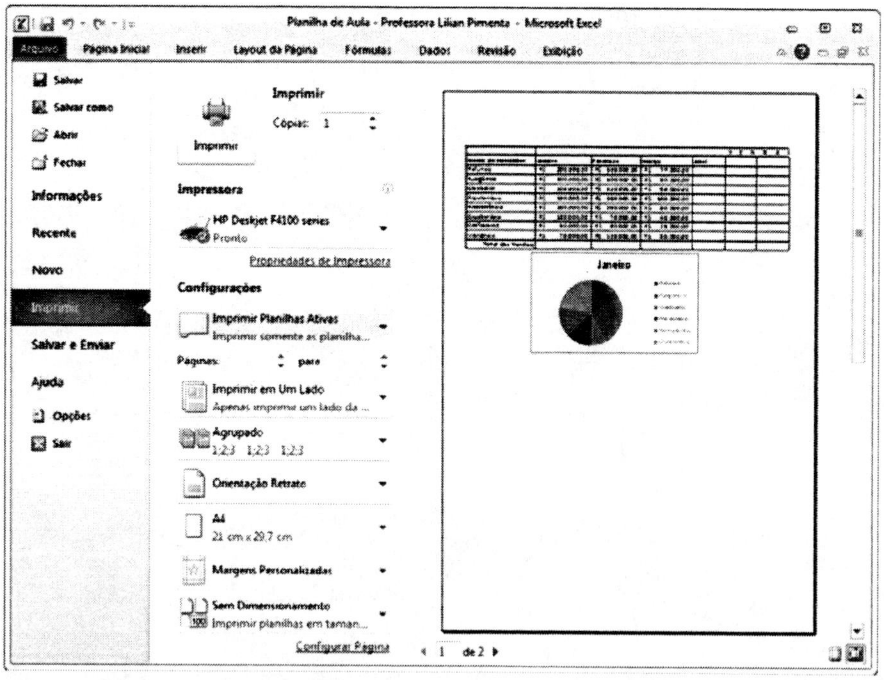

Permite imprimir as planilhas ativas, gerenciando as configurações de impressão, como número de Cópias; Impressora; Imprimir todas as planilhas ativas; escolher as páginas a serem impressas ou intervalo de páginas; imprimir Agrupado (1,2,3; 1,2,3; 1,2,3) ou Desagrupado (1,1,1; 2,2,2; 3,3,3); Orientação (Retrato – para página em pé, ou Paisagem – para página deitada); Margens Personalizadas (Normal, Estreita ou Larga). Atalho: **Ctrl+P**.

Guia Arquivo /Salvar e Enviar

Permite Enviar arquivo por E-mail, Salvar na Web, Enviar como PDF, dentre outras opções.

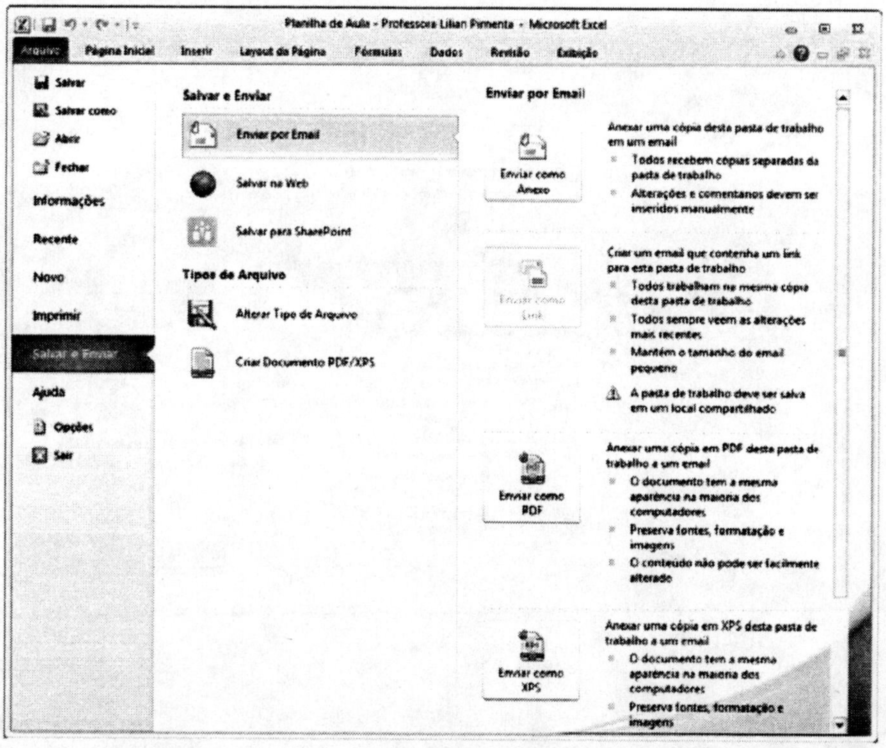

Guia Arquivo / Ajuda

Para acessar a Ajuda e Suporte do Office.

Guia Arquivo / Opções

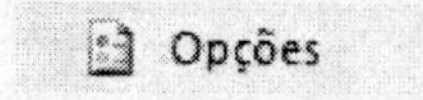

Acessa opções gerais de configurações das várias ferramentas do Excel.

Guia Arquivo / Opções / Geral

Permite acessar opções gerais de trabalho com o Excel.

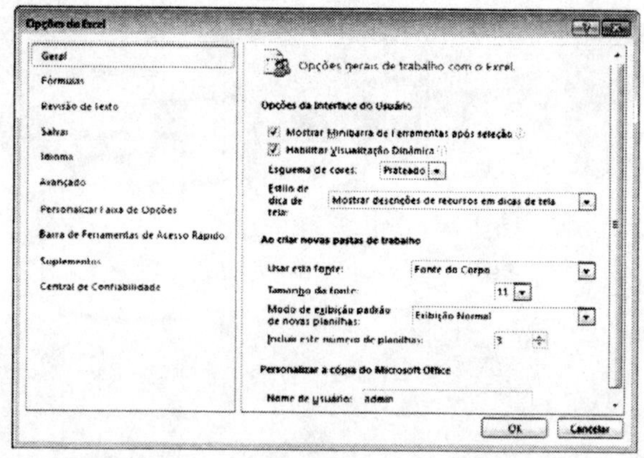

Guia Arquivo / Opções / Fórmulas

Para alterar as opções de cálculo de fórmulas, desempenho e tratamento de erros.

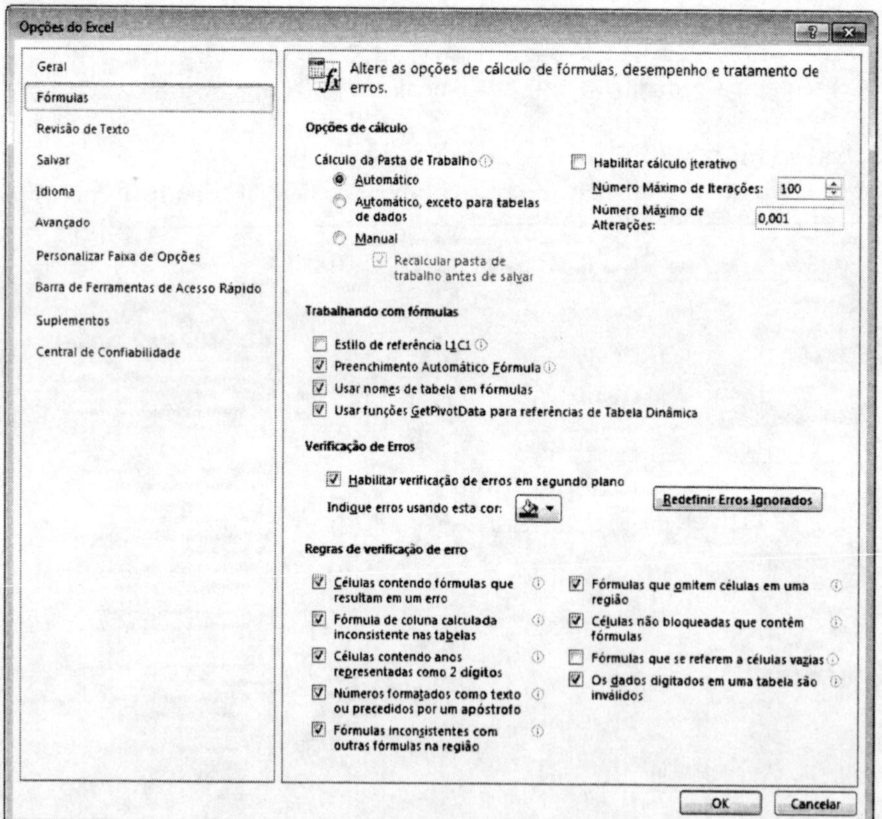

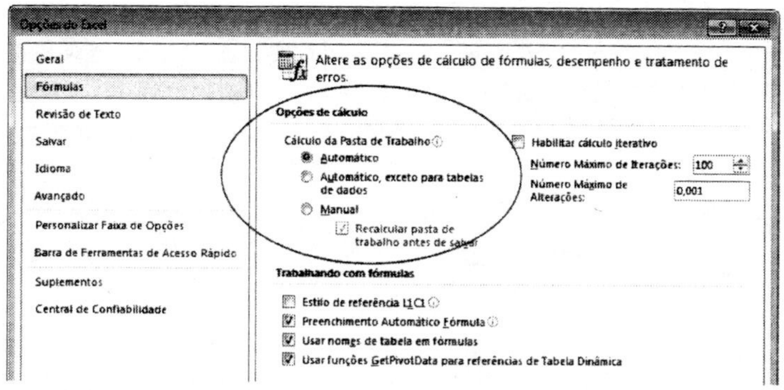

Neste quadro, vemos duas ferramentas que já foram perguntadas em provas de concursos anteriores, na época ainda na versão 2003 do Office.

A primeira ferramenta é o **Cálculo Automático** da pasta de trabalho:

Então vejamos, o cálculo automático pode não ser uma boa opção no caso de pastas de trabalho muito grandes, com várias planilhas, pois a cada alteração, pode-se levar muito tempo para que o Excel faça o recálculo de todas as fórmulas. Para isso, desliga-se o Cálculo automático, marcando a opção **Manual.**

A segunda ferramenta importante é **"Estilo de referência L1C1"**. Caso esta opção seja marcada, a visualização de sua planilha ficará da seguinte maneira:

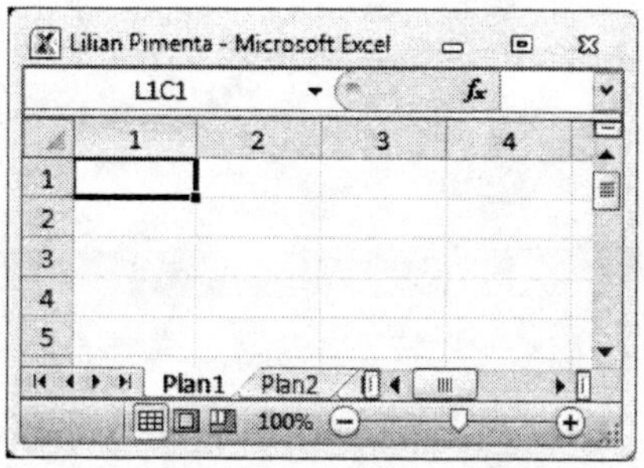

É bom memorizar onde encontrar essas duas ferramentas, que ficam na **Guia Arquivo/ Opções/Fórmulas**.

Guia Arquivo / Opções / Revisão de Texto

Permite alterar a maneira como o Excel corrige e formata o texto.

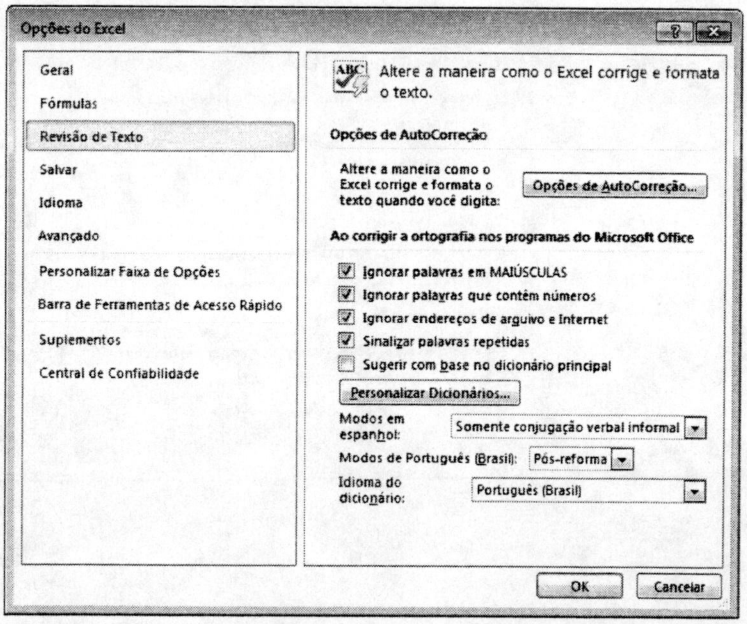

Guia Arquivo / Opções / Salvar

Para configurar a maneira como as pastas de trabalho são salvas. Aqui é possível configurar o tempo desejado para que o Excel salve informações de Auto-recuperação do arquivo. Por exemplo, mesmo que o usuário não salve o arquivo e ocorra uma queda de luz, o programa poderá recuperar dados a partir de um arquivo temporário criado pelo próprio programa.

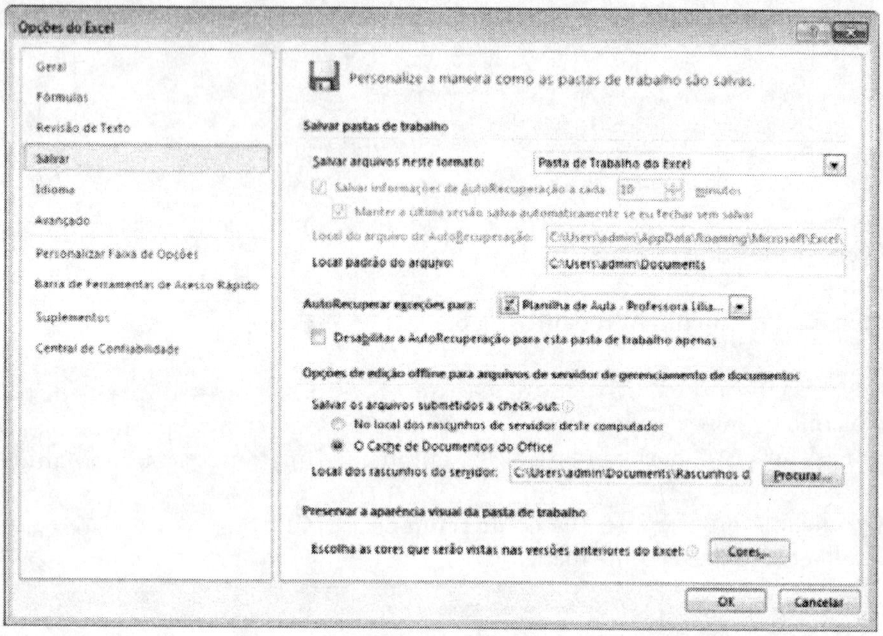

Guia Arquivo / Opções / Idioma

Para configurar preferências de Idioma do Office.

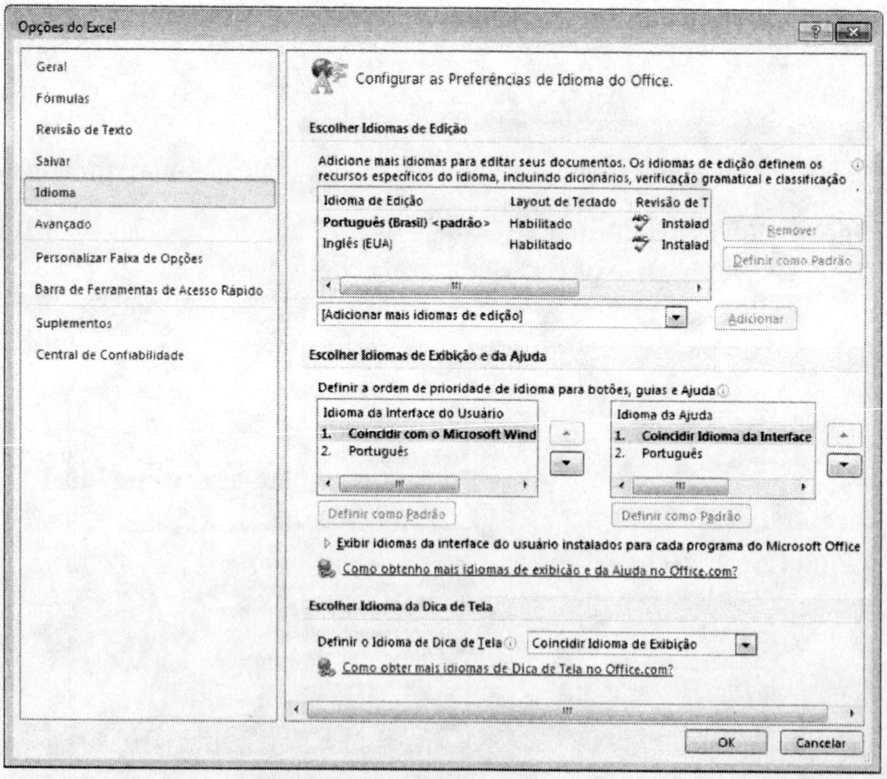

Guia Arquivo / Opções / Avançado

Permite configurar opções avançadas para trabalhar com o Excel.

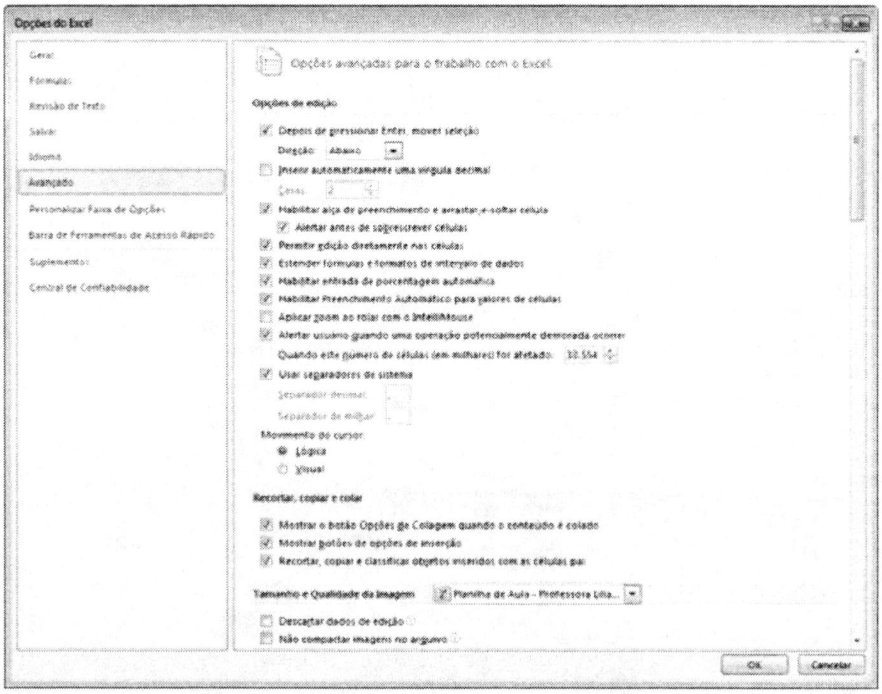

Guia Arquivo / Opções / Personalizar Faixa de Opções

Para personalizar a faixa de Opções e atalhos de teclado. É possível criar novas guias personalizadas, novos grupos e inserir botões. Veja na figura abaixo o destaque para a nova guia e grupo criados.

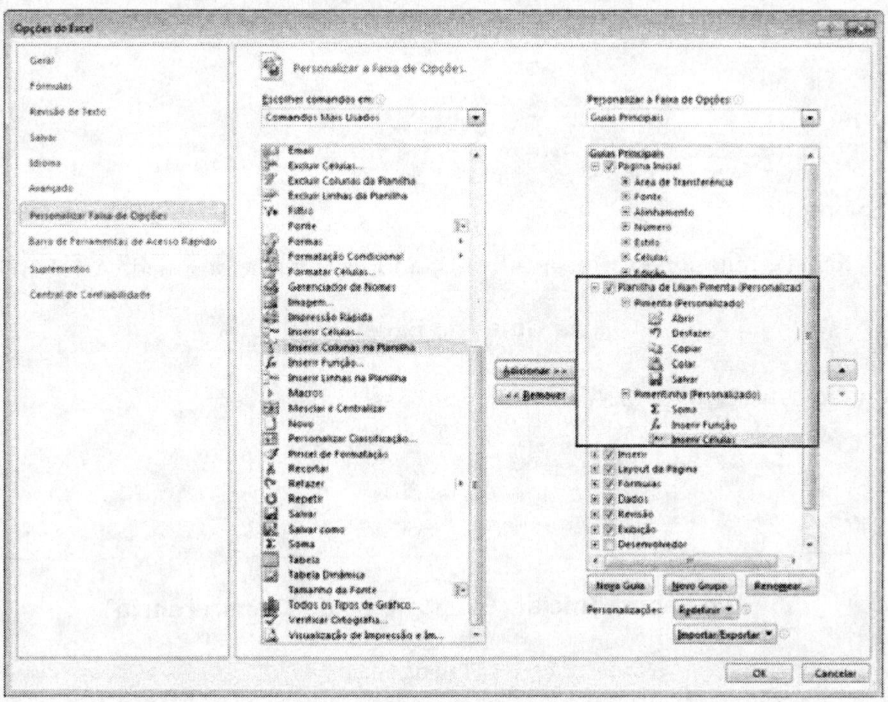

Guia Arquivo / Opções / Barra de Ferramentas de Acesso Rápido

Para personalizar a barra de ferramentas de acesso rápido, que por padrão aparece assim

Veja na figura abaixo que botões foram acrescentados à essa barra de ferramentas.

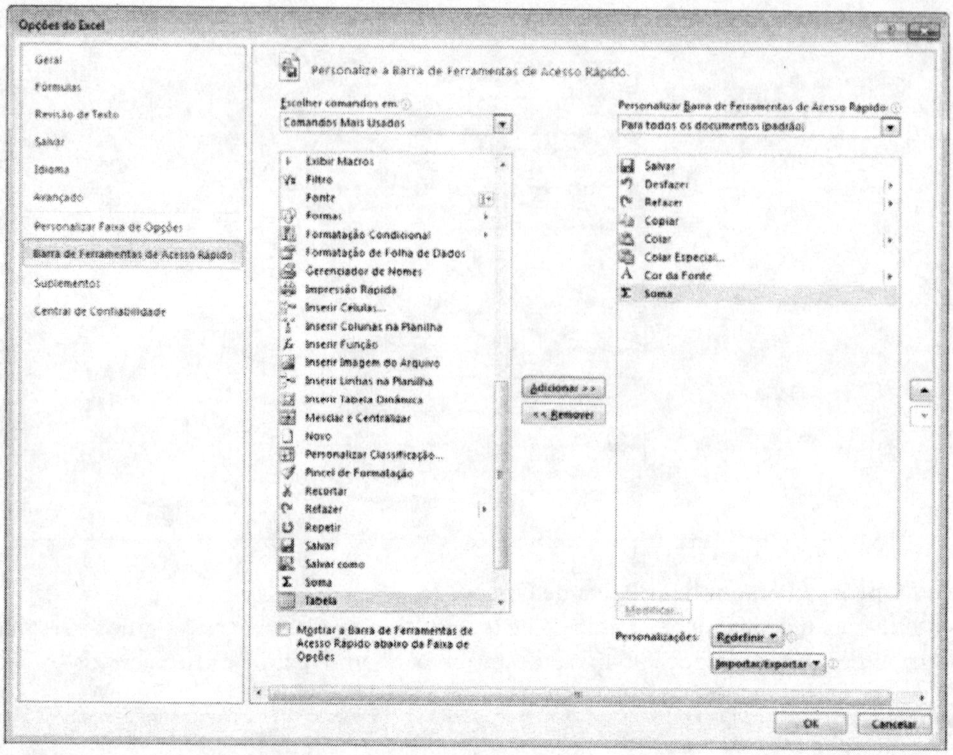

Agora ela ficou assim:

Guia Arquivo / Sair

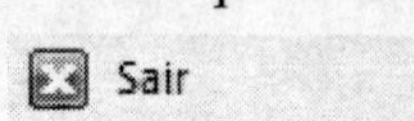

Sair. Permite sair do programa Excel. Equivale ao atalho de teclado **Alt+ F4** (Fecha o programa).

As Guias do Excel 2010

Guia Página Inicial

Nesta guia encontramos recursos para a edição de planilhas.

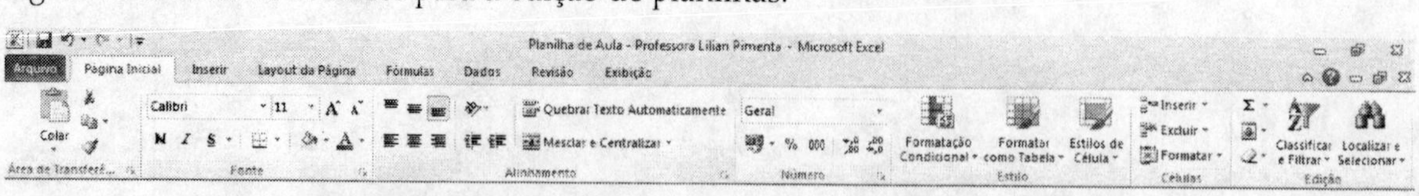

Guia Página Inicial (Grupo Área de Transferência)

Grupo: Área de Transferência

- **Colar** (Ctrl+V) - Cola o conteúdo da área de transferência na posição onde se encontra o cursor;
- **Recortar** (Ctrl+X) - Remove texto ou objeto selecionado, colocando-o na área de transferência, para ser colado em outro local;
- **Copiar** (Ctrl+C) - Copia texto ou objeto selecionado para a área de transferência para ser colado em outro local;
- **Formatar Pincel** (Ctrl+Shift+C) - Copia a formatação de um local e aplica em outro;
- **Área de transferência** - Abre janela com arquivos que estão salvos de forma automática ou copiados recentemente.

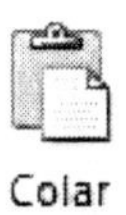

Colar - Cola parte da planilha que foi previamente copiada ou recortada em local onde está posicionado o cursor do mouse.

1º Após ter copiado ou recortado, clique onde irá colar e clique na guia **Página Inicial** e no botão **Colar** ou pressione o atalho de teclas **CTRL+V**.

Ao clicar na setinha logo abaixo do botão Colar, desce um menu com Opções de Colagem e ColarEspecial. Observe que dependendo do tipo de objeto a ser colado, as opções podem variar.

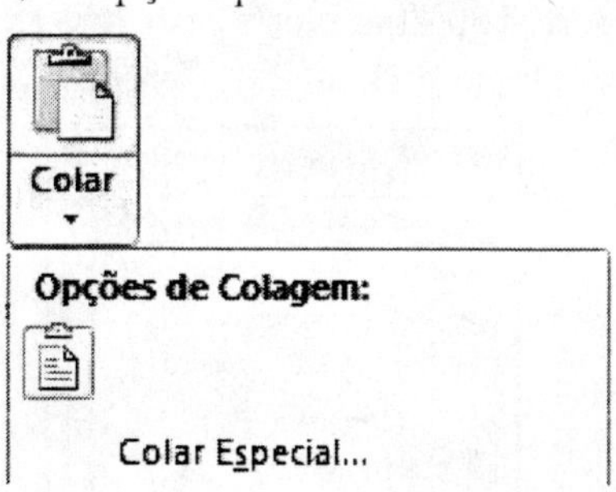

Clique na seta logo abaixo do botão Colar e clique no botão  **Colar**.

Ou ainda assim:

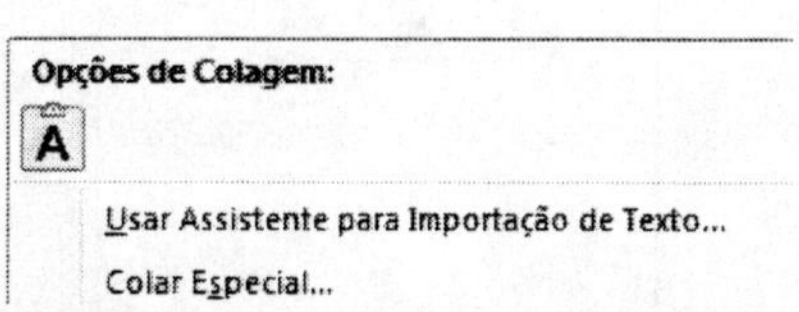

Clique na seta logo abaixo do botão Colar e clique no botão  para **Manter somente texto.**

Caso você esteja colando uma imagem os seguintes botões podem aparecer neste menu:

 **Manter Formatação Original**. Atalho: Pressione a letra "F" no teclado, quando o menu acima estiver disponível.

 **Colar como Imagem**. Atalho: Pressione a letra "M" no teclado, quando o menu acima estiver disponível.

Existem outras opções de colagem para o Excel, como colar fórmulas, colar valores, com ou sem a formatação etc.

Formas de Colar

- **Tudo** - Cola todo o conteúdo e a formatação das células dos dados copiados.
- **Fórmulas** - Cola somente as fórmulas dos dados copiados, conforme inseridas na barra de fórmulas.
- **Valores** - Cola somente os valores dos dados copiados, conforme exibidos nas células.
- **Formatos** - Cola a formatação da célula dos dados copiados.
- **Comentários** - Cola somente os comentários anexados à célula copiada.
- **Validação** - Cola regras de validação de dados das células copiadas para a área de colagem.
- **Todos usando tema de Origem** - Cola todo o conteúdo na formatação do tema do documento que é aplicado aos dados copiados.
- **Tudo, exceto bordas** - Cola todo o conteúdo e a formatação das células aplicados à célula copiada, exceto bordas.
- **Larguras de colunas** - Cola a largura de uma coluna copiada ou intervalo de colunas em outra coluna ou intervalo de colunas.
- **Fórmulas e formatos de número** - Cola somente fórmulas e todas as opções de formatação de número das células copiadas.
- **Valores e formatos de número** - Cola somente valores e todas as opções de formatação de número das células copiadas.

Colar Especial...:

Ao clicar nesta opção, aparece o quadro abaixo, onde é possível escolher opções de colagem para o texto ou imagem previamente copiado ou recortado para a área de transferência.

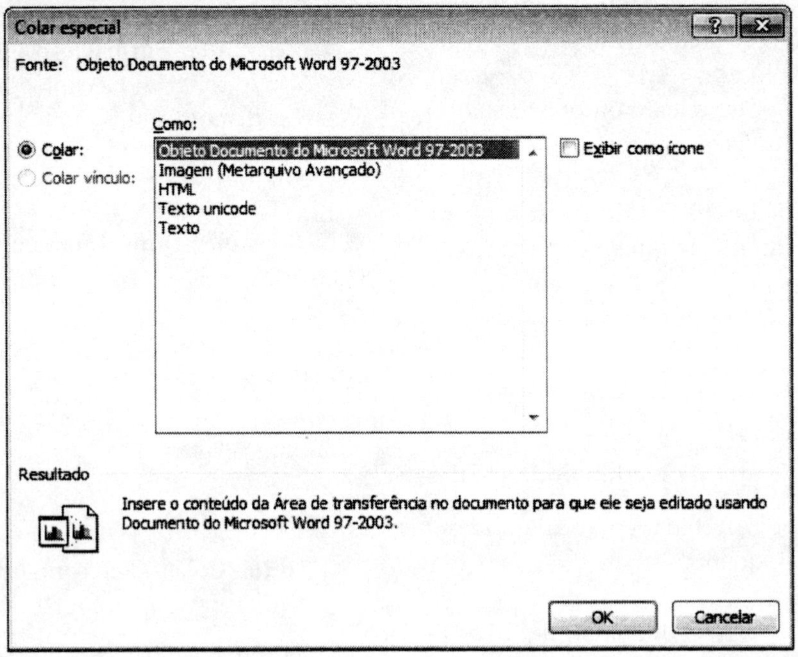

Recortar **Recortar.** Remove parte da planilha, que foi previamente selecionada, colocando na área de transferência, para que posteriormente possa ser executado o comando de colar.

1º: selecione a parte da planilha a ser recortada.

2º: Na Guia Página Inicial, clique sobre o botão **Recortar** ou utilize o atalho de teclado **CTRL+X**.

Copiar **Copiar.** Copia a parte da planilha selecionada para a área de transferência, para que posteriormente possa ser executado o comando de colar.

1º: selecione a parte da planilha a ser copiada.

2º: Na Guia Página Inicial, clique sobre o botão **Copiar** ou utilize o atalho de teclado **CTRL+C**.

Pincel de Formatação **Pincel de Formatação.** A ferramenta Pincel permite copiar a formatação de uma célula para outra. Atalho: **Ctrl+Shift+C**.

A Área de Transferência

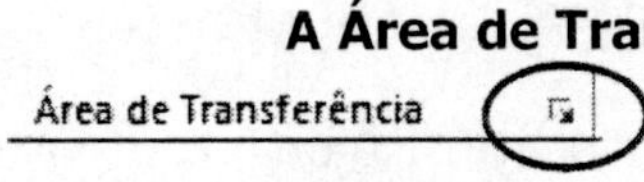

Alguns grupos possuem no canto direito uma seta. Isto significa que há opções referentes à ferramenta a serem abertas. Neste caso, será aberta a Área de Transferência no Painel de Tarefas.

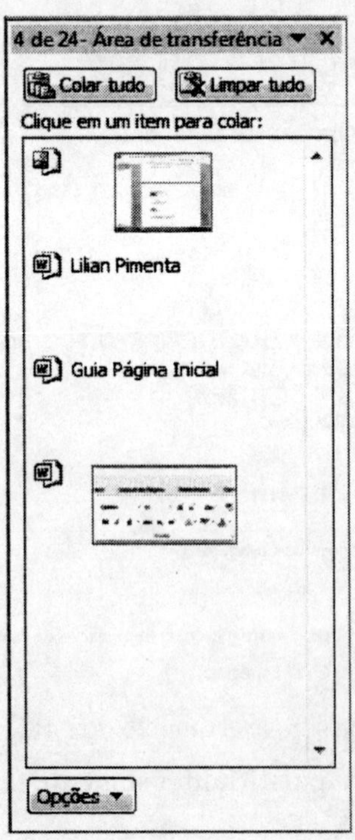

A Área de Transferência do Office 2010, assim como a do Office 2007 e do Office 2003, tem capacidade para até 24 elementos, que podem ter sidos copiados ou recortados e ficarão à disposição para serem colados a qualquer momento. Possui os botões "Colar tudo" (que permite colar todo o conteúdo da área de transferência de uma só vez) e Limpar tudo (que permite limpar todo o conteúdo da área de transferência).

Guia Página Inicial (Grupo Fonte)

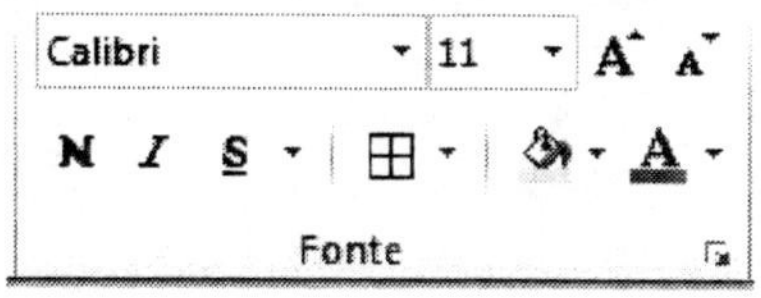

Botões:

Calibri **Fonte**. Permite escolher um tipo de fonte para o texto. (Ctrl+Shift+F)

11 **Tamanho da Fonte**. Permite escolher um tamanho de fonte para o texto. Atalho de teclado: **Ctrl+Shift+P**.

Aumentar Fonte. Aumentar o tamanho da fonte.

Diminuir Fonte. Diminuir o tamanho da fonte.

N Negrito. Aplica negrito ao texto. Atalho: **Ctrl+N** ou **Ctrl+Shift+N**

***I* Itálico**. Aplica itálico ao texto. Atalho: **Ctrl+I** ou **Ctrl+Shift+I**

S Sublinhado. Sublinha o texto. Atalho: **Ctrl+S** ou **Ctrl+Shift+S**

Este botão possui uma setinha ao lado que, quando clicada mostra um menu com opções de escolher a forma e a cor da linha para sublinhar o texto selecionado.

Borda Inferior. Para personalizar as bordas do texto ou células selecionadas. Obs.: De acordo com o botão apresentado, a descrição mostra "Borda Inferior", porém, existem várias configurações para as bordas, bastando clicar na setinha ao lado do botão para visualizá-las.

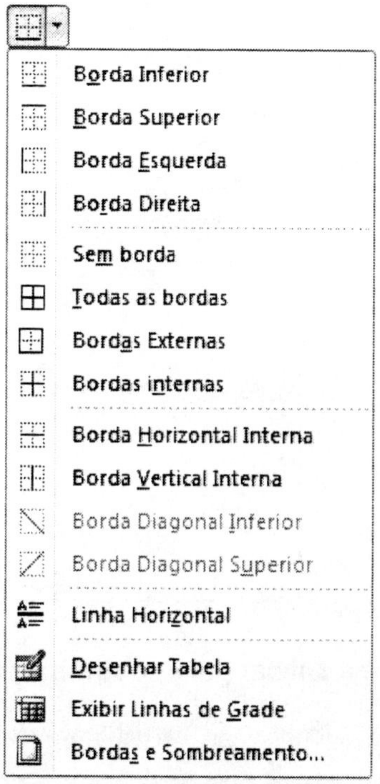

Cor de preenchimento - Colore o plano de fundo das células selecionadas;

Cor da Fonte - Permite alterar a cor do texto. Clicando na setinha ao lado do botão aparece uma paleta com diversas cores.

Fonte

Fonte. Ao clicar na seta do lado direito do grupo Fonte, aparece um quadro de diálogo com opções de configuração de fonte.

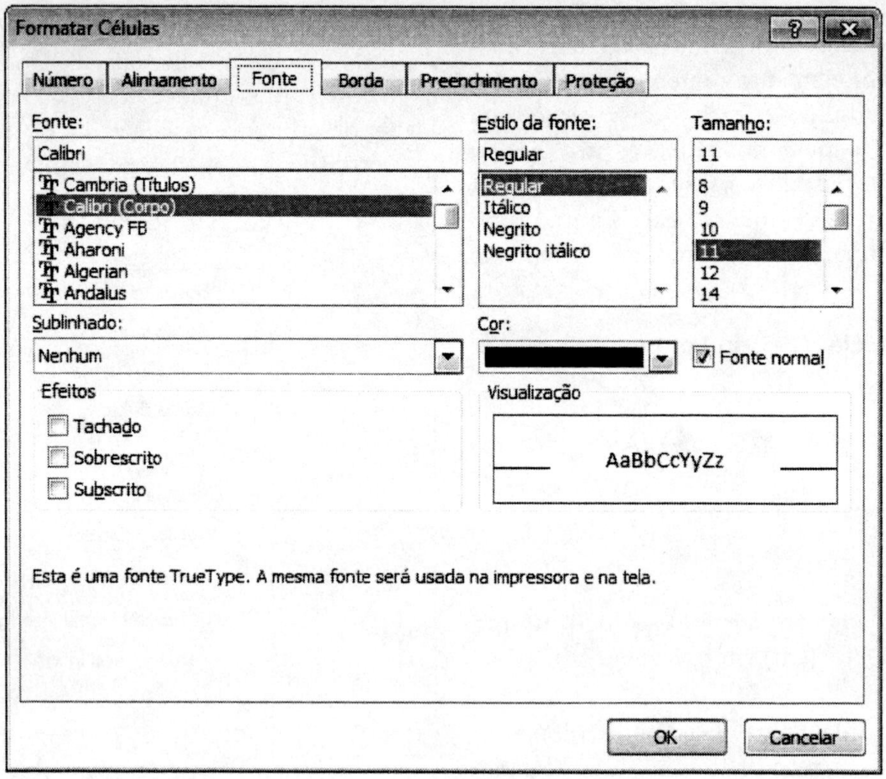

Guia Página Inicial (Grupo Alinhamento)

- **Alinhar em cima** - Alinha o texto na parte superior da célula;
- **Alinhar no meio** - Alinha o texto de forma central;
- **Alinhar embaixo** - Alinha o texto na parte inferior da célula;

- **Orientação** - Gira o texto em um ângulo diagonal ou em uma orientação vertical, recurso muito utilizado para rotular colunas estreitas;

- **Alinhar Texto à Esquerda** - Alinha à esquerda o texto selecionado;
- **Centralizar** - Centraliza texto selecionado;
- **Alinhar Texto à Direita** - Alinha à direita o texto selecionado;

- **Diminuir ou Aumentar o Recuo** - Diminui ou aumenta o recuo do texto na célula;

Quebrar Texto Automaticamente

- **Quebrar Texto Automaticamente** - Torna todo o conteúdo visível em uma célula, exibindo-o em várias linhas;

Mesclar e Centralizar

- **Mesclar e centralizar** - Une as células selecionadas transformando-a em uma maior e com o conteúdo centralizado;

Exemplo: Observe a planilha abaixo. Note que a célula selecionada é A4, e que seu conteúdo é **NOTAS DOS ALUNOS**. Note também que as células A4, B4, C4, D4, E4 e F4 foram mescladas, ou seja, quando selecionamos a área mesclada, aparece apenas o endereço de A4, a primeira célula selecionada para mesclagem, e seu conteúdo foi centralizado.

A4 | fx NOTAS DOS ALUNOS

	A	B	C	D	E	F	G
1	Matéria: Informática						
2	Profª. Lilian Pimenta						
3							
4	NOTAS DOS ALUNOS						
5	Nome	Nota 1	Nota 2	Nota 3	Média	Condição	
6	Friconésio	10,0	9,8	7,5	9,1	Aprovado	
7	Germiciana	8,0	9,0	10,0	9,0	Aprovado	
8	Cralocenilda	7,0	7,0	8,0	7,3	Aprovado	
9	Priscrocralio	5,5	4,5	6,0	5,3	Reprovado	
10	Bosnovitea	7,6	8,4	9,0	8,3	Aprovado	
11							

Caso você selecione para mesclagem várias células preenchidas, apenas o conteúdo da primeira célula selecionada para mesclagem será centralizado. O Excel avisa que o conteúdo das outras células será apagado.

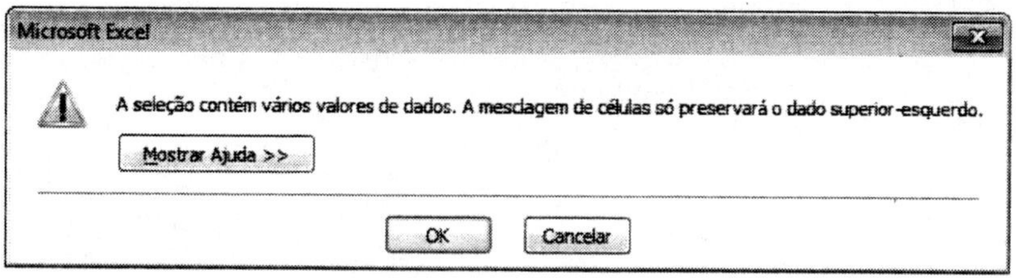

- **Alinhamento** - Clicando-se na setinha ao lado da opção do grupo, abre a caixa de diálogo abaixo.

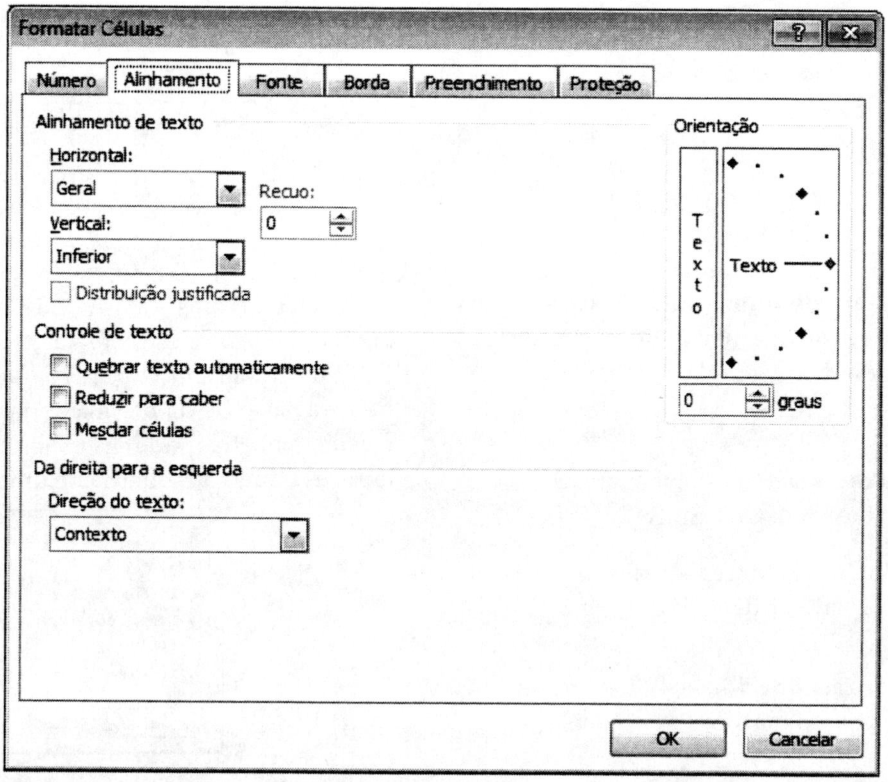

Guia Página Inicial (Grupo Número)

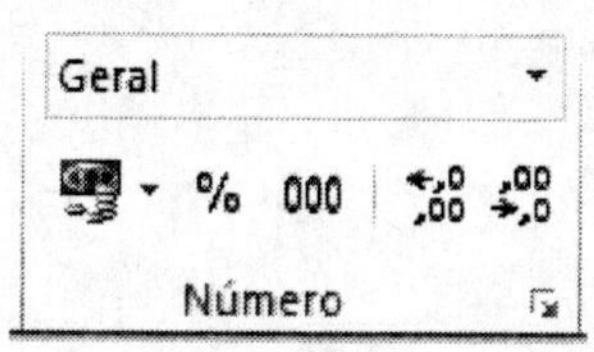

Você pode alterar a aparência de um número sem alterar seu valor. Mudar o formato do número serve para escolher como os valores das células serão exibidos. O valor real é exibido na barra de fórmulas.

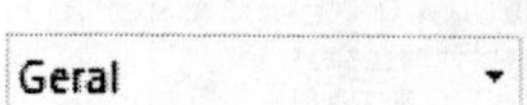

Formato de número – para escolher como os valores das células serão exibidos, como percentual, moeda, data e hora etc.

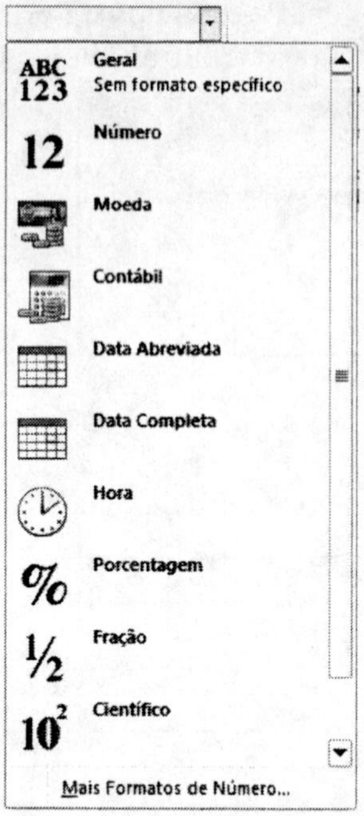

 **Formato de número de contabilização** – escolher um formato alternativo de moeda para a célula selecionada. Por exemplo, escolher Euro em vez de Real.

% **Estilo de Porcentagem** – exibir o valor da célula como percentual. Atalho: **Ctrl+Shift+%**

000 **Separador de Milhares** – Exibir o valor da célula com um separador de milhares.

←,0 ,00 **Aumentar casas decimais** – Mostrar valores mais precisos exibindo mais casas decimais.

,00 →,0 **Diminuir casas decimais** - Mostrar valores menos precisos exibindo menos casas decimais.

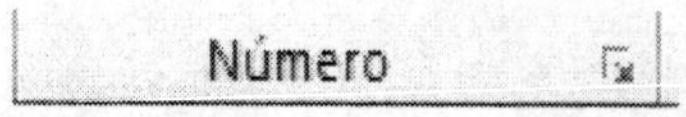

Guia Página Inicial (Grupo Estilo)

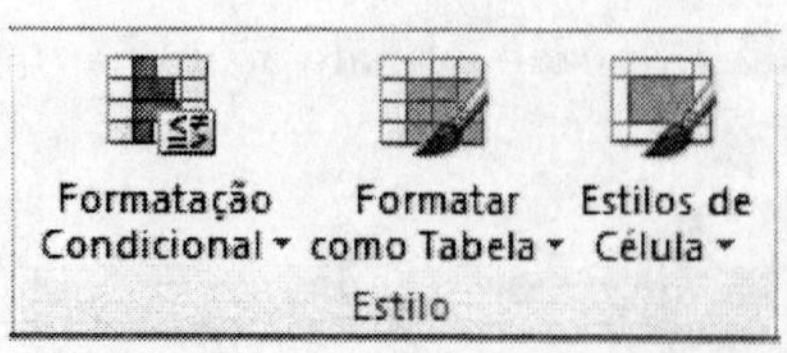

- **Formatação Condicional** – para realçar as células de seu interesse, enfatizar valores incomuns e visualizar os dados usando Barras de Dados, Escalas de Cor e Conjuntos de ícones baseados em critérios específicos.
- **Formatar como Tabela** - Formata rapidamente um intervalo de células e converte em tabela escolhendo um estilo de tabela pré-definido;
- **Estilos de Células** - Formata de forma rápida uma célula, escolhendo um dos estilos pré-definidos.

Guia Página Inicial (Grupo Células)

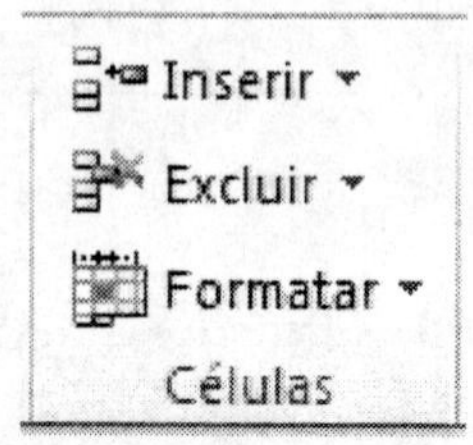

Inserir – Para inserir células, linhas ou colunas.

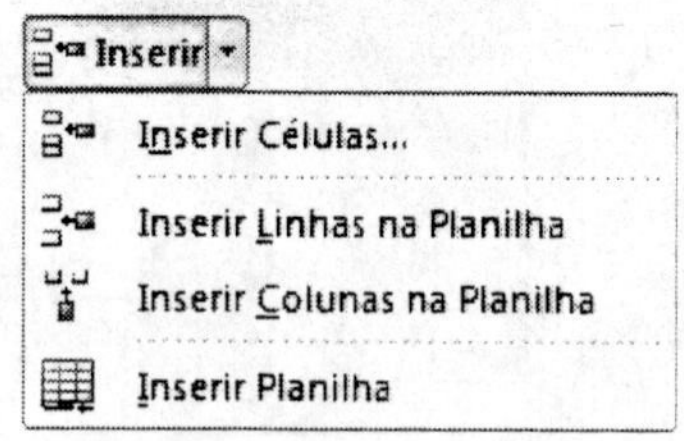

- **Inserir Células** - Você pode inserir células em branco acima ou à esquerda da célula ativa em uma planilha, deslocando outras células da mesma coluna para baixo ou da mesma linha para a direita. Da mesma maneira, pode inserir linhas acima de uma linha e colunas à esquerda de uma coluna.

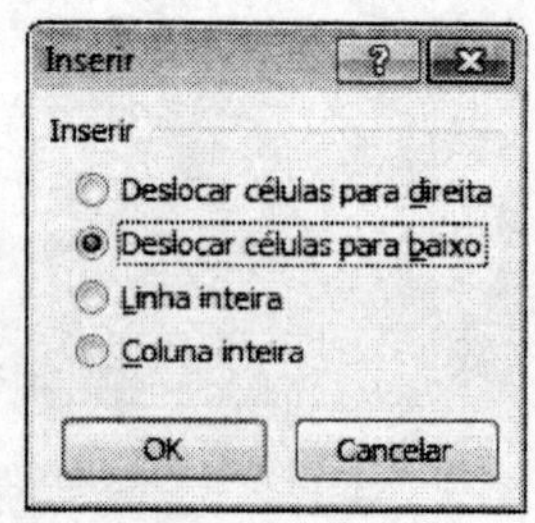

Excluir - Para excluir células, linhas ou colunas.

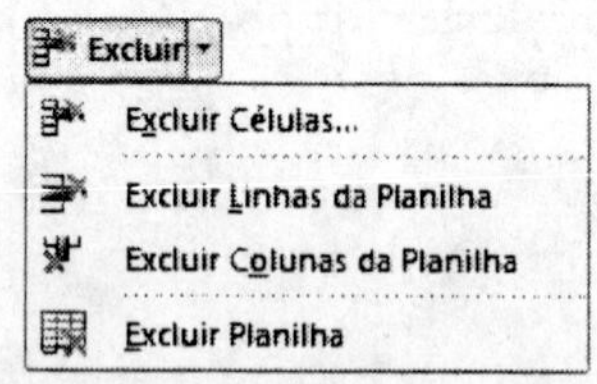

- **Excluir Células** - Você pode excluir células, deslocando células para a esquerda ou para cima. Da mesma maneira, pode excluir linha inteira e coluna inteira.

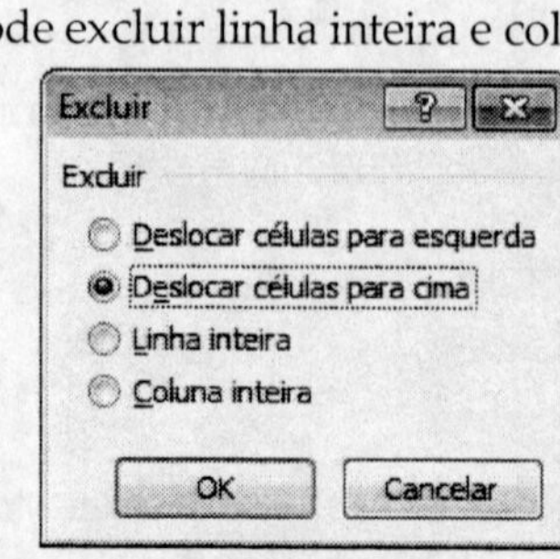

- **Formatar** - Altera a altura da linha ou a largura da coluna, organiza a planilha ou protege/oculta células.

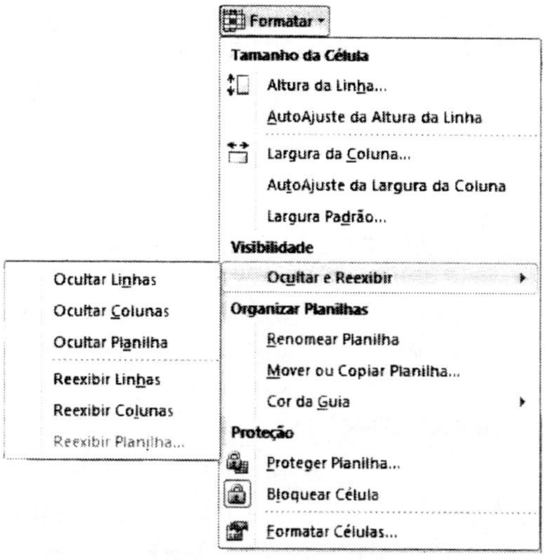

Guia Página Inicial (Grupo Edição)

Σ **Soma** (Alt =) - Exibe a soma das células selecionadas diretamente após essas células;

Preencher - Continua um padrão em uma ou mais células adjacentes. Para preencher é só selecionar a célula que deseja ter continuidade e clicar na alça de preenchimento (pequeno quadrado no canto inferior direito da seleção), arrastando-o até o ponto desejado;

Limpar - Exclui todos os elementos da célula ou remove seletivamente os conteúdos, formatação ou comentários;

Classificar e Filtrar - Organiza os dados para que seja mais fácil analisá-los. Pode-se classificar os dados selecionados em ordem crescente ou decrescente. É possível ainda filtrar temporariamente os valores específicos.

Localizar e Selecionar - Para localizar um texto específico, uma formatação ou um tipo de informação no documento. Também pode-se substituir as informações pelo novo texto ou formatação. Ao clicar neste botão, aparece um menu com diversas opções.

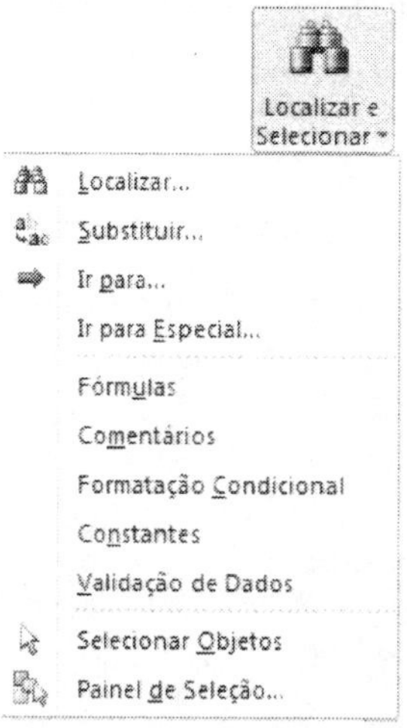

Localizar - Para localizar um texto específico. Atalho: **Ctrl + L**.

Substituir - Para localizar palavras e substituir por outras. Pode-se estender a pesquisa para que o Excel encontre palavras similares, ou reduzi-la para procurar uma parte de um documento ou texto que utilize formatações específicas. Atalho: **Ctrl + U**.

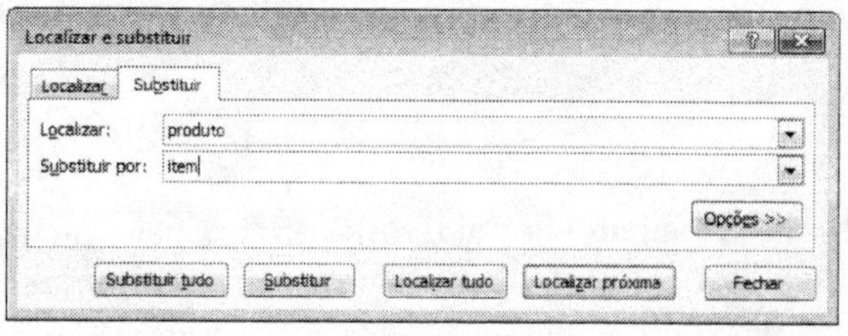

A opção "**Ir para...**" permite navegar para um ponto específico do documento. Dependendo do tipo de documento, você pode navegar para um número de página, um número de linha, uma nota de rodapé, uma tabela, comentário ou outro objeto específico. Atalho: **Ctrl+G**.

Guia Inserir

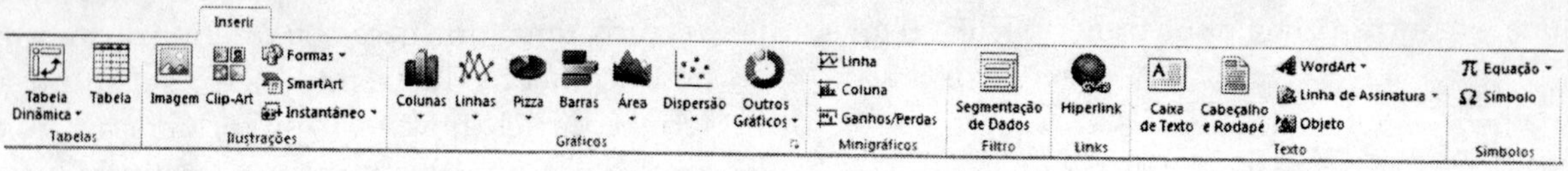

Guia Inserir (Grupo Tabelas)

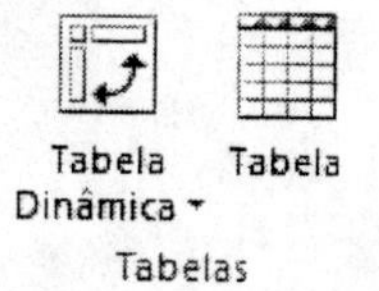

- **Tabela Dinâmica** - Insere uma tabela dinâmica ou um gráfico dinâmico. Clique nesta opção para resumir os dados usando uma tabela dinâmica ou para inserir um gráfico dinâmico. As tabelas dinâmicas tornam mais fácil organizar e resumir dados complicados, bem como analisar detalhes.
- **Tabela (Ctrl+Alt+T)** - Insere uma tabela para gerenciar e analisar dados relacionados. As tabelas facilitam a classificação, filtragem e formatação dos dados de uma planilha. Ao clicar nesta opção, aparece o quadro **Criar Tabela.**

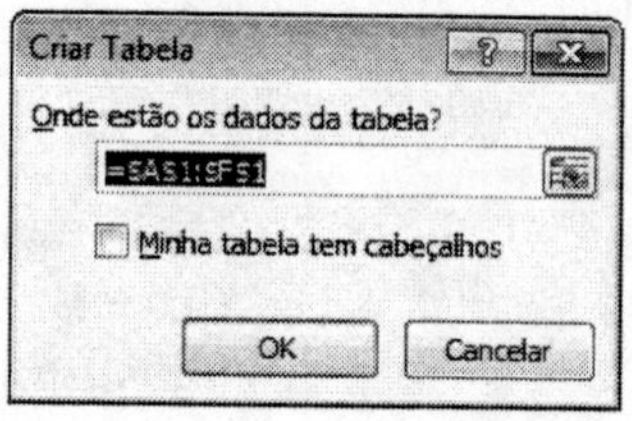

Guia Inserir (Grupo Ilustrações)

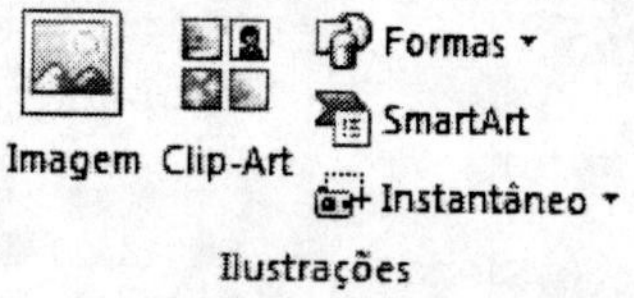

Imagem **Imagem** - Permite importar imagens de um arquivo e inseri-las nas planilhas do Excel;

Obs: Por padrão, o Excel incorpora imagens em uma pasta. É possível reduzir o tamanho de um arquivo vinculando com uma imagem. Na caixa de diálogo **Inserir Imagem**, clique na seta ao lado de **Inserir** e, em seguida, clique em **Vincular ao arquivo**.

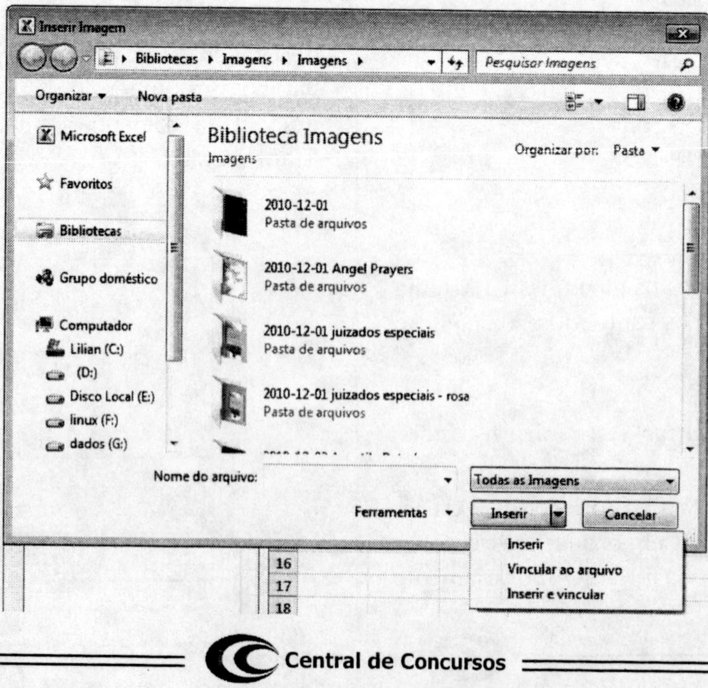

Depois de inserir uma imagem ela pode ser formatada facilmente pela guia "**Ferramentas de** Imagem" que aparecerá, quando a mesma estiver selecionada:

Clip-Art **Clip-art** - Inserir clip-art no documento, abrindo uma janela de navegação onde você pode buscar por grupos pré-estabelecidos, incluindo desenhos, filmes, sons, fotos;

Formas - São formas prontas como quadrados, setas, linhas e outros;

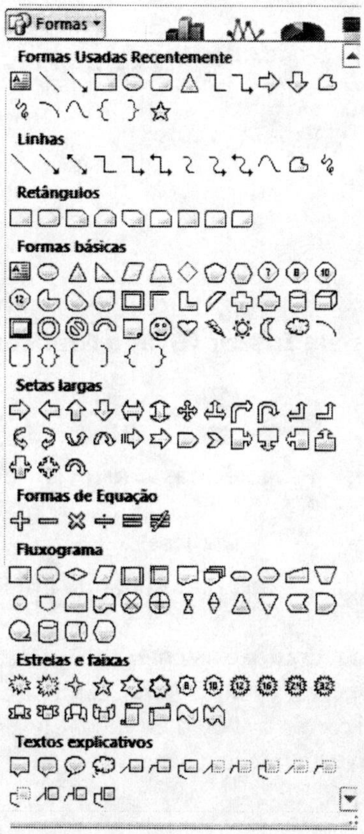

SmartArt - Inserir elemento SmartArt. Um elemento gráfico SmartArt é uma representação visual de suas informações, podendo ser criado com vários layouts diferentes, desde listas gráficas, diagramas e gráficos mais complexos como organogramas;

Como usar:
Clicando sobre ele, abrirá uma janela assim:

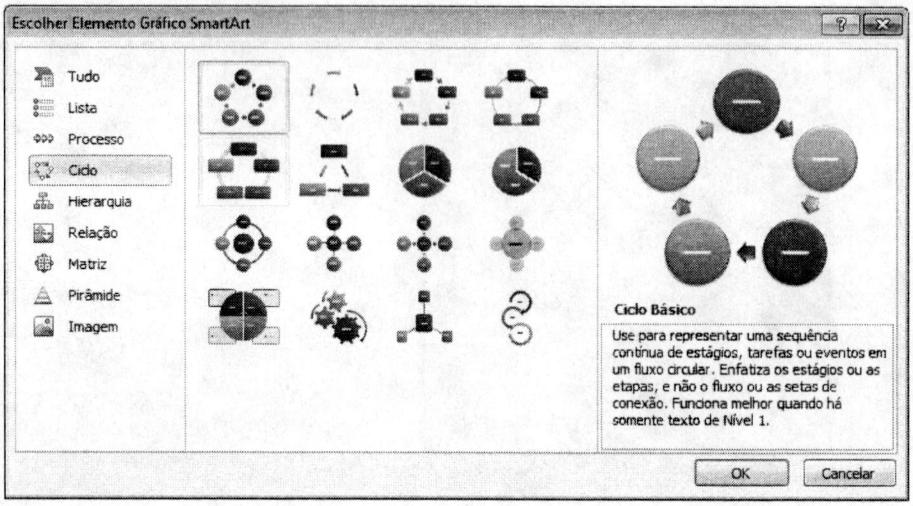

Instantâneo. Permite inserir uma imagem de qualquer programa que não esteja minimizado na barra de tarefas. Clique em Recorte de Tela para inserir uma imagem de parte da tela.

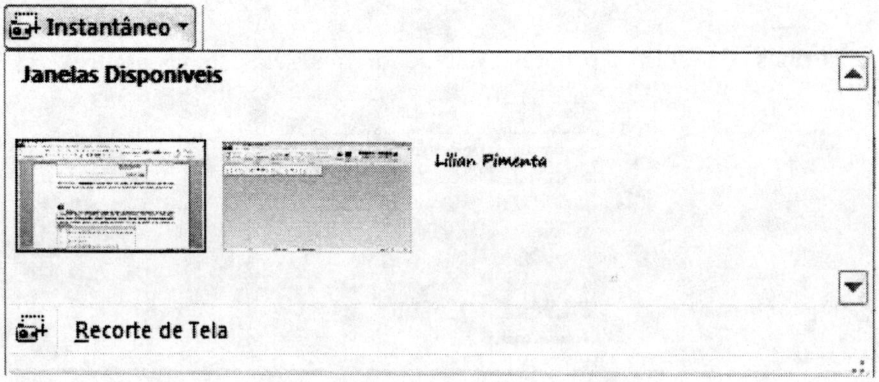

Guia Inserir (Grupo Gráficos)

Os Gráficos têm a finalidade de ajudar a exibir dados, dando um formato profissional à sua planilha.

Para criar um gráfico ou modificar um gráfico existente, você poderá escolher uma ampla gama de subtipos de gráficos disponíveis na Faixa de Opções, como Coluna, Linha, Pizza, Barra, Área, XY(Dispersão), Ações, Superfície, Rosca, Bolhas, Radar, ou recorrer ao botão Gráfico. Ele abrirá uma janela com vários modelos de gráficos separados por famílias. Observe na imagem a seguir:

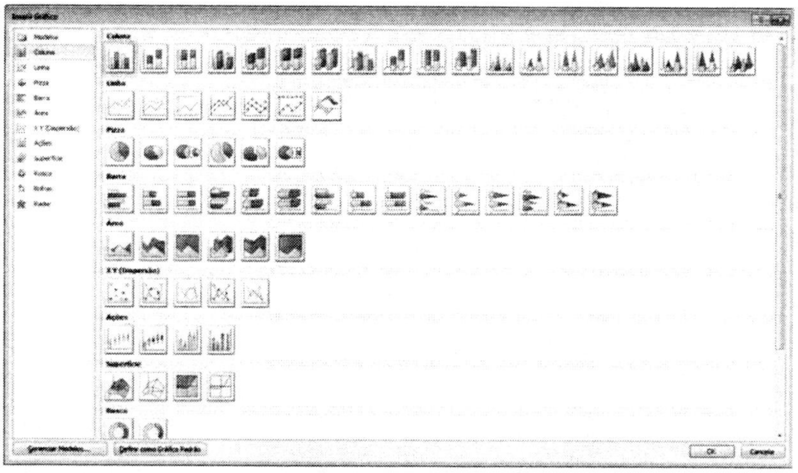

Caso já tenha uma planilha pronta e queira ilustrá-la com um gráfico, basta que selecione as células que deseja exibir os dados no gráfico, e escolha o formato do gráfico;

Guia Ferramentas de Gráfico

Essa Guia fica visível toda vez que o gráfico é selecionado.

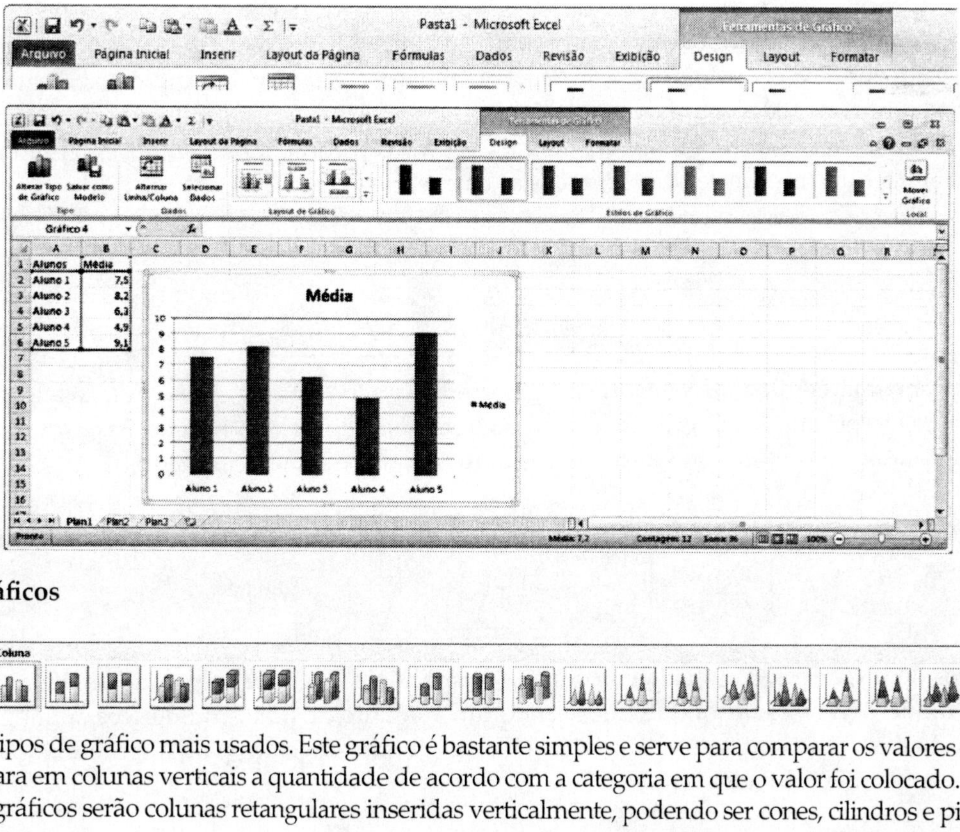

Tipos de Gráficos

Coluna

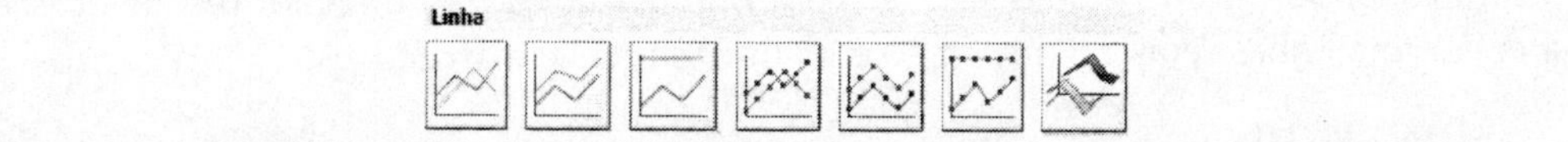

É um dos tipos de gráfico mais usados. Este gráfico é bastante simples e serve para comparar os valores em diferentes séries. Ele separa em colunas verticais a quantidade de acordo com a categoria em que o valor foi colocado. Nem sempre os elementos gráficos serão colunas retangulares inseridas verticalmente, podendo ser cones, cilindros e pirâmides.

Linha

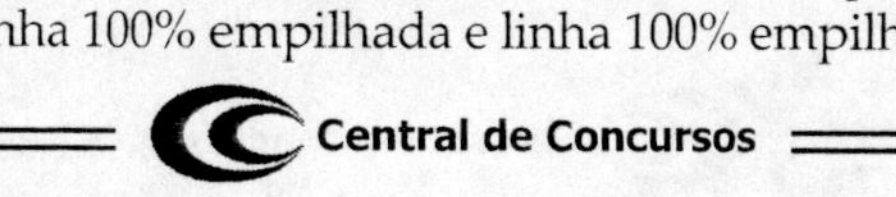

Os gráficos de linha são geralmente usados para representar sequências de dados em uma escala de tempo dividida em períodos iguais. Por exemplo, se você estiver trabalhando com dados que envolvam tempo, no eixo horizontal temos a divisão do tempo em uma determinada unidade de tempo e no eixo vertical os valores. As linhas são ideais para representar várias séries. Este tipo de gráfico também conta com subtipos que podem ser: Linha empilhada e linha empilhada com marcadores; linha 100% empilhada e linha 100% empilhada com marcadores e linha em 3D.

Pizza

O modelo de"Pizza" também é muito usado. É preciso ter duas ou mais categorias e um valor correspondente para cada uma delas. O gráfico "Pizza" possui as subopções "Pizza de pizza" e "Barra de pizza". Quando há um grande valor secundário, este passa a ser exibido em uma barra ou pizza logo ao lado da principal. Este modelo de gráfico torna mais fácil a visualização dos dados. É possível dividir cada pedaço para uma determinada proporção. Pode-se enfatizar pedaços em "pizza" em 3D. Para destacar um pedaço, clique sobre ele e arraste. Os gráficos secundários "pizza de pizza" e "barra de pizza" são resultado da extração de dados da primeira "pizza" e têm a finalidade de destacá-los.

Barra

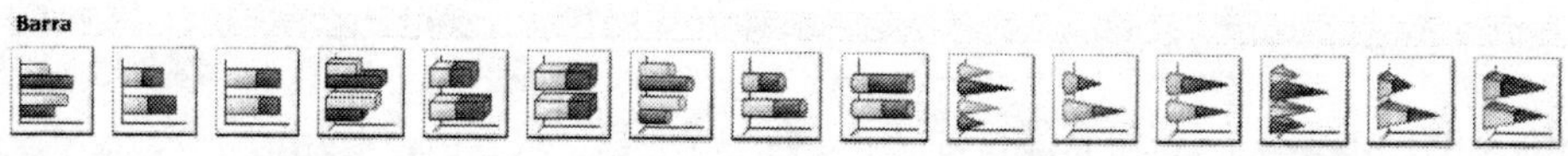

É usado quando há a necessidade de trabalhar com rótulos muito longos ou os eixos estão relacionados ao tempo de duração de algum elemento. Este tipo de gráfico trabalha de forma similar ao gráfico de colunas. Isto porque os dois trabalham com informações lineares que podem ser compreendidas horizontalmente – no caso dos gráficos em barras. Este tipo de gráfico também possui os mesmos subtipos do gráfico em colunas. São eles: Barras agrupadas e barras agrupadas em 3D (exibem três categorias no eixo vertical e os valores no eixo horizontal – muito útil para comparação rápida de valores); Barras empilhadas e barras empilhadas em 3D (reúnem valores das categorias em uma só barra que ilustra a visão total de um determinado item). Barras 100% empilhadas e barras 100% empilhadas em 3D (os gráficos exibidos desta maneira compreendem a contribuição de cada valor para a soma de todos eles dentro de uma categoria); Cone, cilindro, pirâmide, horizontais (formatos diferentes que podem ser apresentadas as barras).

Área

Para destacar oscilações de uma categoria no decorrer do tempo, como por exemplo, o aumento de preços de um determinado produto. Este tipo de gráfico pode também mostrar a relação das partes com um todo. Possui também subtipos em duas ou três dimensões, empilhados e 100% empilhados.

Dispersão (XY)

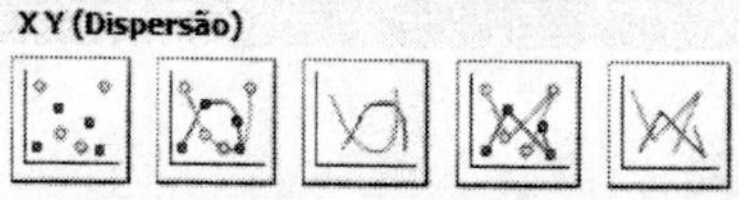

Os gráficos de dispersão XY, trabalham com eixos específicos e pontuam quando os dados numéricos se cruzam possuindo dois eixos de valores, mostrando um conjunto de dados numéricos ao longo do eixo horizontal (eixo X) e outro ao longo do eixo vertical (eixo Y), sendo específico para a representação de séries de dados, fazer comparação de dados.

Precisa de pares de valores para comparar e são comumente usados para exibir e comparar valores numéricos. Possui como subtipos: gráficos de dispersão com linhas suaves com marcadores, dispersão com linhas suaves e dispersão com linhas retas e o dispersão com linhas retas e marcadores.

Ações

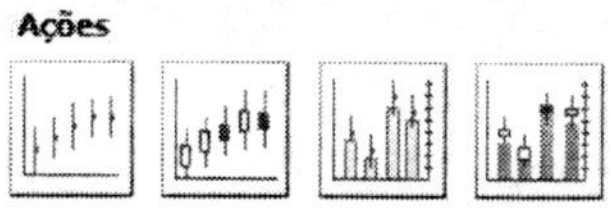

São específicos para o controle e movimentação de flutuação de valores, sendo possível usá-los também para gráficos com detalhamentos científicos. Deve seguir a sequência: Alta-Baixa-Fechamento. Os subtipos de gráfico de ações são: Alta-baixa-fechamento: Representa três séries de dados, contendo as variações de preço das ações. Abertura-alta-baixa-fechamento: Funciona da mesma maneira, porém com quatro séries. Volume-alta-baixa-fechamento: Também requer quatro séries de dados. Volume-abertura-alta-baixa-fechamento: O mais completo gráfico de ações, trabalha com cinco séries. Uma observação é que todos os modelos pedem que os dados sigam a ordem correta do nome do subtipo.

Superfície

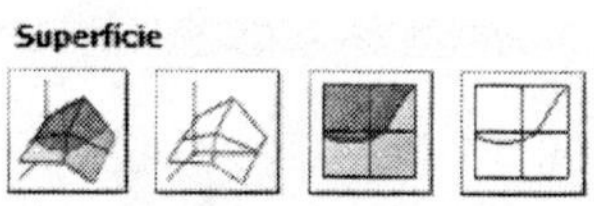

Um gráfico de superfície é útil quando é preciso encontrar combinações vantajosas entre dois conjuntos de dados. O aspecto visual dele se assemelha muito a um mapa topográfico com diferentes níveis, cores e texturas. Os subtipos de gráficos de superfície são: Superfície 3D; Superfície 3D delineada; Contorno e Contorno delineado.

Rosca

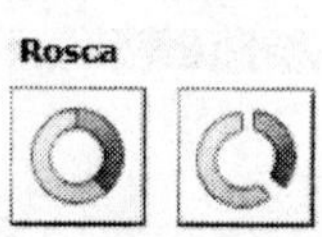

Um gráfico de rosca não é fácil de ler. Funciona de forma semelhante ao gráfico "pizza", uma vez que existem fatias para relacionar todas as partes do inteiro. Este tipo de gráfico exibe a relação das partes com um todo, mas pode conter mais de uma série de dados. Possui o subtipo Rosca destacada. Assim como o gráfico "pizza", permite destacar determinados valores dentro do círculo de maneira manual, clicando e arrastando.

Bolhas

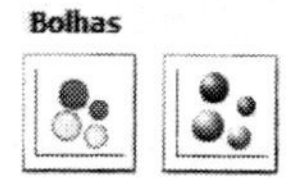

O gráfico de bolhas consegue determinar bem os valores determinados pelo usuário. Assim como o gráfico de ações, exige uma ordem de inserção de dados. Na primeira coluna devem estar os dados do eixo X, na segunda coluna devem estar os dados do eixo Y. O tamanho da bolha na terceira. Este tipo de gráfico possui apenas um subtipo que é o "bolhas 3D".

Radar

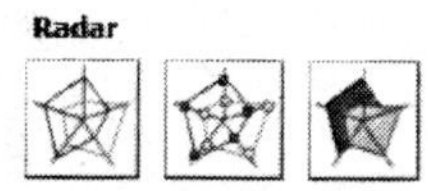

Os gráficos radares são usados para comparar várias séries de dados. Quanto mais próxima a linha fica do vértice, maior o valor do dado que você inserir.

É importante conhecer os tipos e subtipos de gráficos para poder escolher qual deles atende melhor às necessidades do seu trabalho. Os tipos de gráficos já foram cobrados em provas de concursos públicos.

Guia Inserir (Grupo Minigráficos)

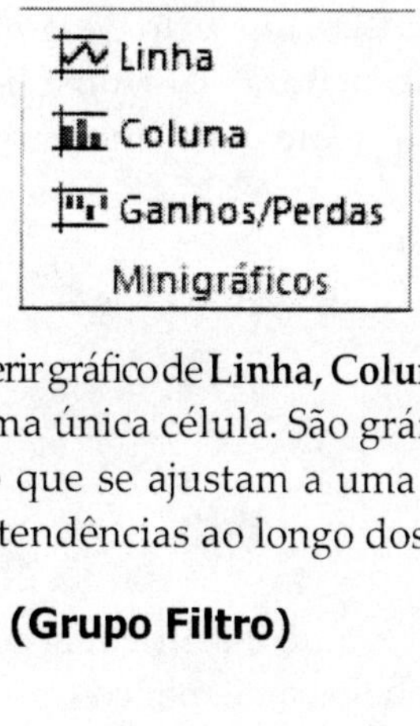

Permite inserir gráfico de **Linha, Coluna** ou **Ganhos/ Perdas**, em uma única célula. São gráficos em tamanho reduzido que se ajustam a uma célula usados para resumir tendências ao longo dos dados.

Guia Inserir (Grupo Filtro)

Segmentação de Dados. Para inserir uma segmentação de dados para filtrar dados interativamente. As segmentações de dados agilizam e facilitam a filtragem de funções de tabelas dinâmicas e cubos.

Guia Inserir (Grupo Links)

Hyperlink (Ctrl+K) - Como em um documento HTML na Web, um hyperlink no Excel localiza e transporta a tela para um indicador na própria planilha, para um documento do Word, do Excel ou até para uma página de Web na Internet, desde que haja uma conexão com a Internet disponível.

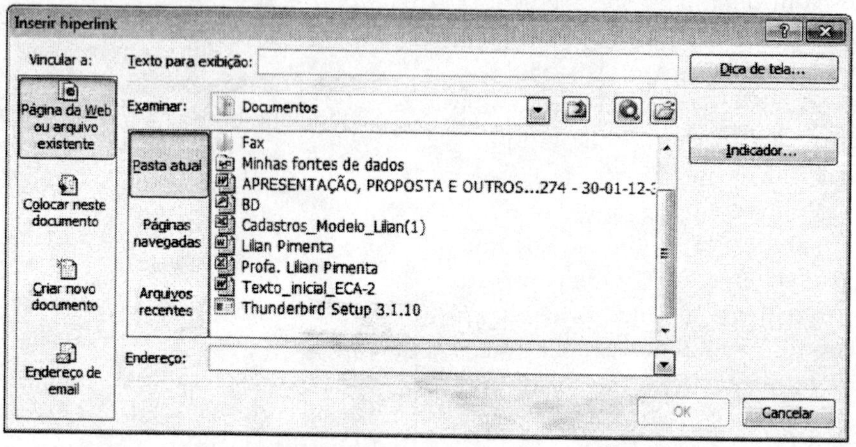

Guia Inserir (Grupo Texto)

- **Caixa de Texto** - Insere uma caixa de texto para ser posicionada em qualquer lugar da planilha;
- **Cabeçalho e Rodapé** - Edita o cabeçalho e rodapé da página. O Excel já possui o espaço para cabeçalho e rodapé em sua configuração de página, mas só será habilitado quando for editado;
- **WordArt** - Insere um texto decorativo na planilha;
- **Linha de Assinatura** - Cria uma linha de assinatura que especifica onde a pessoa vai assinar;
- **Objeto** - Insere um objeto incorporado. Permite inserir um objeto de outro arquivo ou de outro programa, como um slide do PowerPoint, por exemplo.

Guia Inserir (Grupo Símbolos)

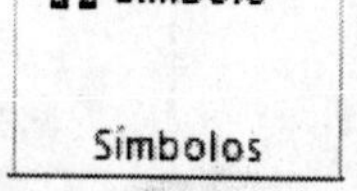

- **Equação** – Permite inserir equações matemáticas ou desenvolver suas próprias equações usando uma biblioteca de símbolos matemáticos.
- **Símbolo** - Permite inserir símbolos que não constam no teclado, como símbolos de copyright, marca registrada, marca de parágrafo etc.

Guia Layout da Página

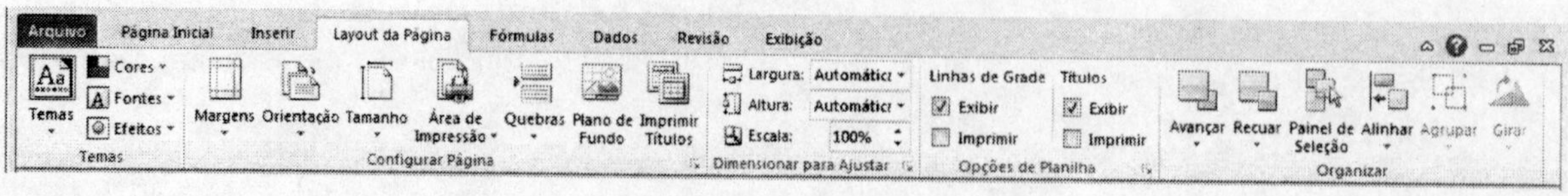

Permite modelar de forma dinâmica o layout completo da planilha:

Comandos da Guia Layout da Página

Guia Layout da Página (Grupo Temas)

Temas

O Excel apresenta temas pré-configurados para melhorar a aparência de suas planilhas, permitindo alterar o design geral do documento, incluindo fontes, cores e efeitos. Ao clicar neste botão, aparecem vários tipos de temas a escolher.

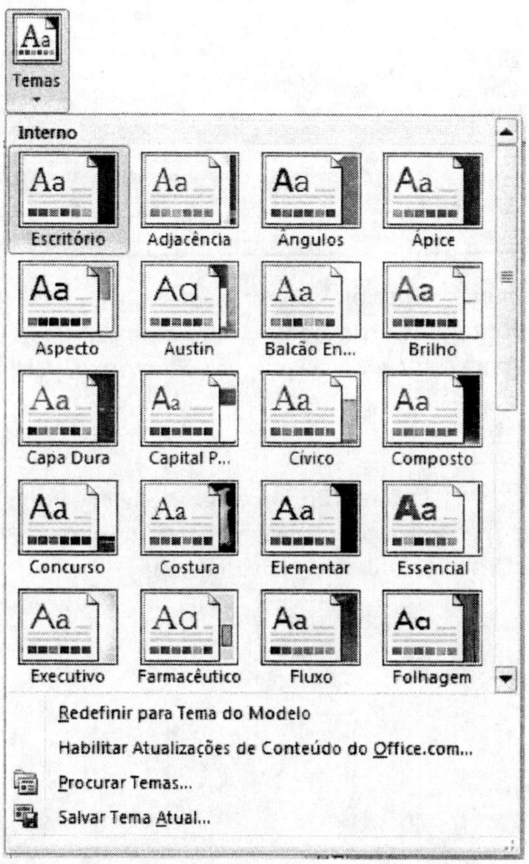

Cor do Tema. Permite alterar a cor do tema. Ao clicar nesta opção, aparecem várias combinações de cores de temas. Também é possível criar novas cores de temas.

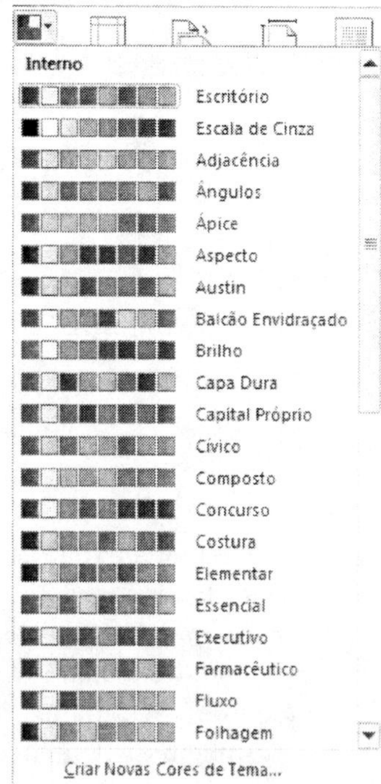

Fontes do Tema. Permite alterar as fontes do tema atual. Ao clicar nesta opção, aparecem várias fontes de temas. Também é possível criar novas fontes para temas.

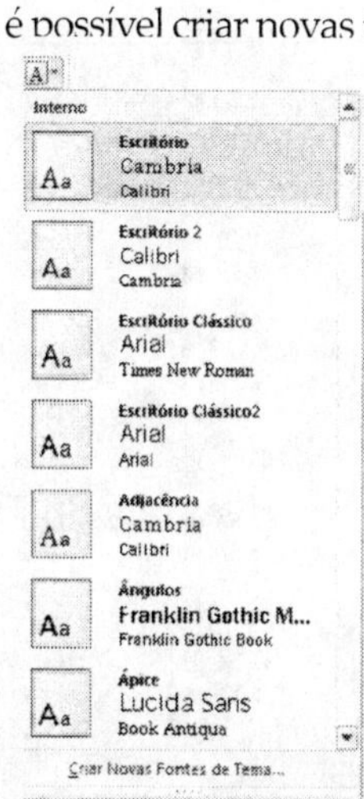

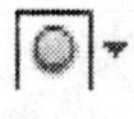

Efeitos de Tema. Permite alterar os efeitos do tema atual.

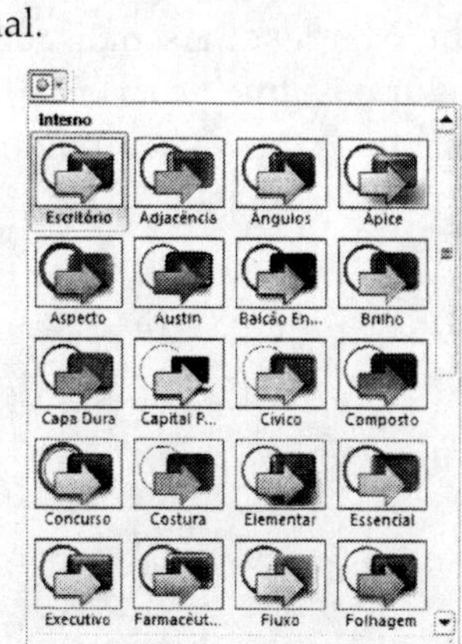

Guia Layout da Página (Grupo Configurar Página)

Margens

Permite configurar as margens da planilha. Ao clicar no botão **Margens**, aparece um menu com vários esquemas de margens pré-configuradas (Normal, Larga, Estreita). Seleciona os tamanhos de margem da planilha inteira ou da seleção atual. Possui modelos prontos, mas também disponibiliza opção de personalizar;

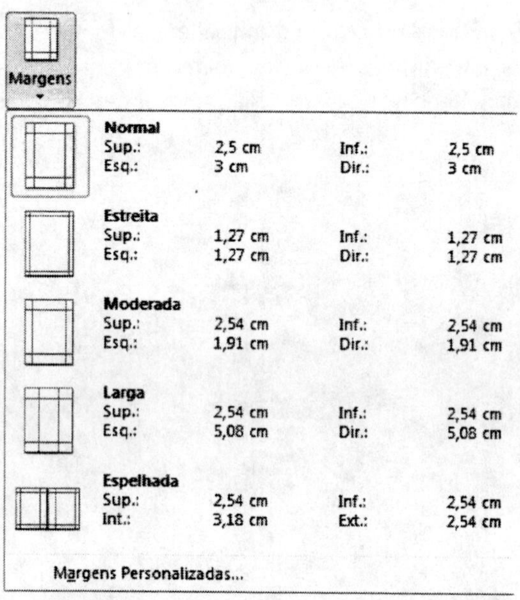

Ao clicar em "**Margens Personalizadas**", abre-se o quadro "**Configurar Página**", com três abas (Margens, Papel, Layout), onde é possível configurar margens, Orientação do papel, Tamanho do Papel etc.

Configurar Página / Margens

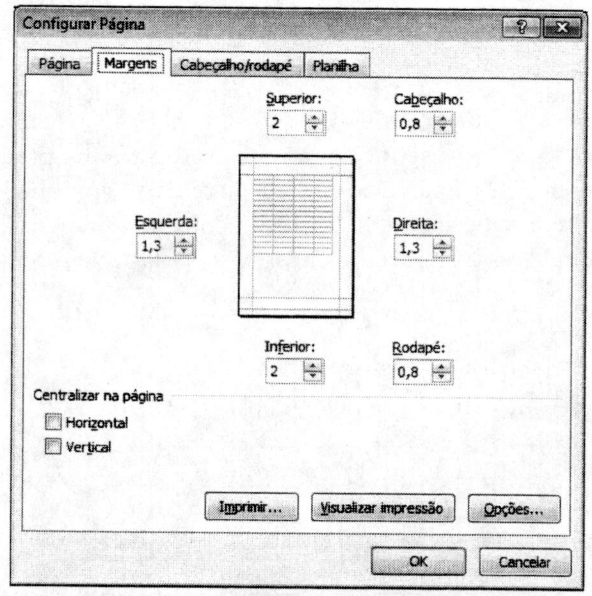

Margens: Superior, Inferior, Esquerda, Direita, além de configuração da área de Cabeçalho e Rodapé. Opção para centralizar na página (Horizontal, Vertical).

Orientação. Permite escolher a orientação do papel (Retrato ou Paisagem), para folha na vertical ou na horizontal, respectivamente.

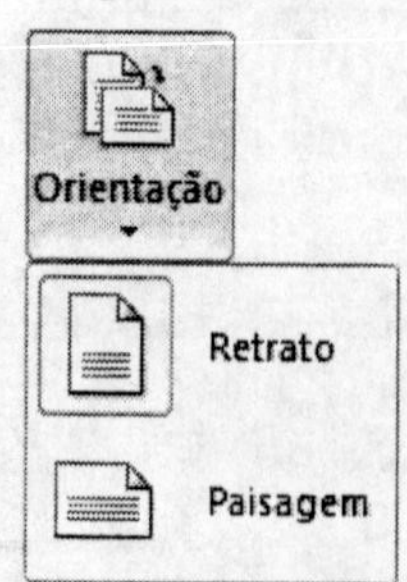

Tamanho. Permite escolher o tamanho do papel para a planilha atual. Ao clicar no botão, aparece um menu com vários tamanhos de papel pré-configurados. Também é possível personalizar o tamanho desejado.

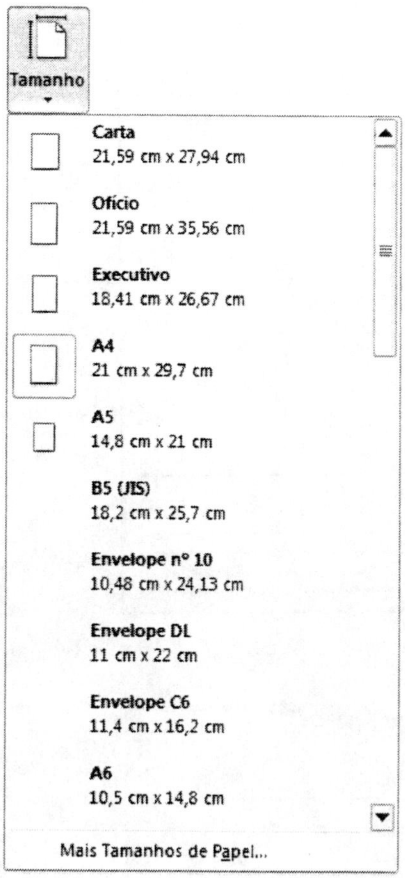

marca uma área específica da planilha para imprimir;

Quebras. Especifica onde uma nova página iniciará em uma cópia impressa;

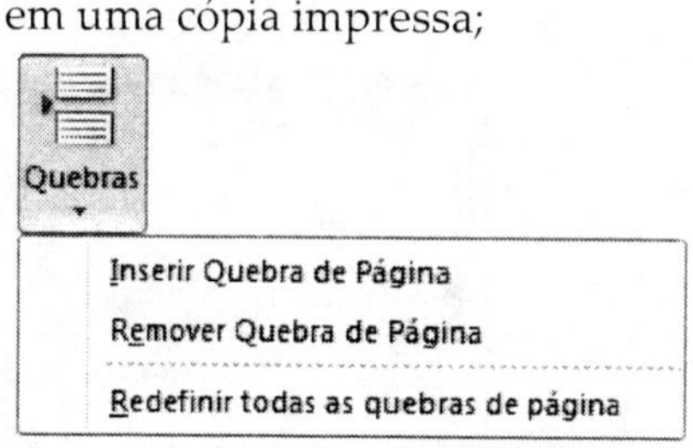

Plano de fundo - Adiciona uma imagem ao plano de fundo da planilha inteira;

Imprimir Títulos - Especifica linha ou coluna a serem repetidas em cada página impressa.

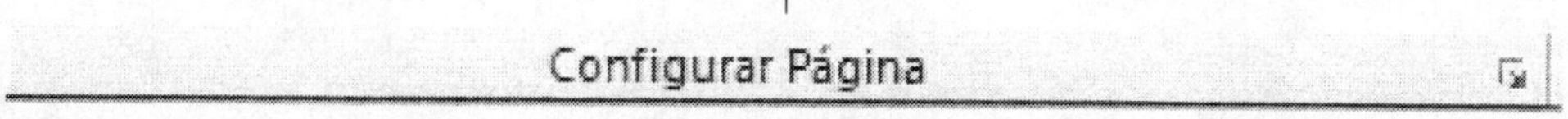

Configurar Página. Clicando na setinha no canto do grupo, abre-se uma janela onde é possível definir **Orientação** da página, dimensionamento, tamanho do papel, margens, cabeçalho e rodapé e área de impressão da planilha.

Configurar Página / Página

Configurar Página / Margens

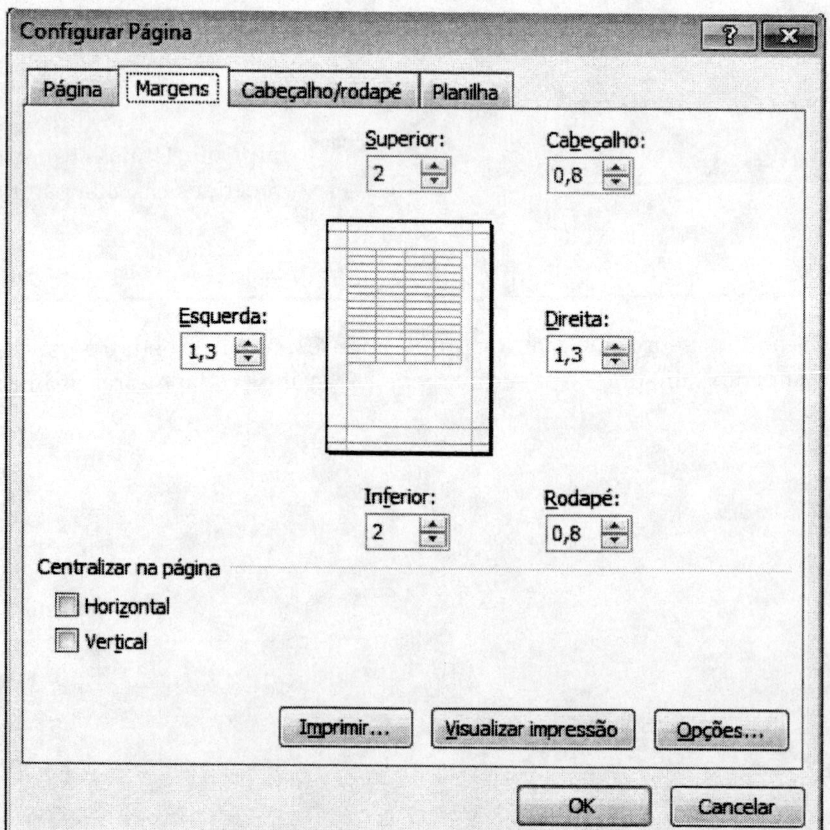

Configurar Página / Cabeçalho e Rodapé

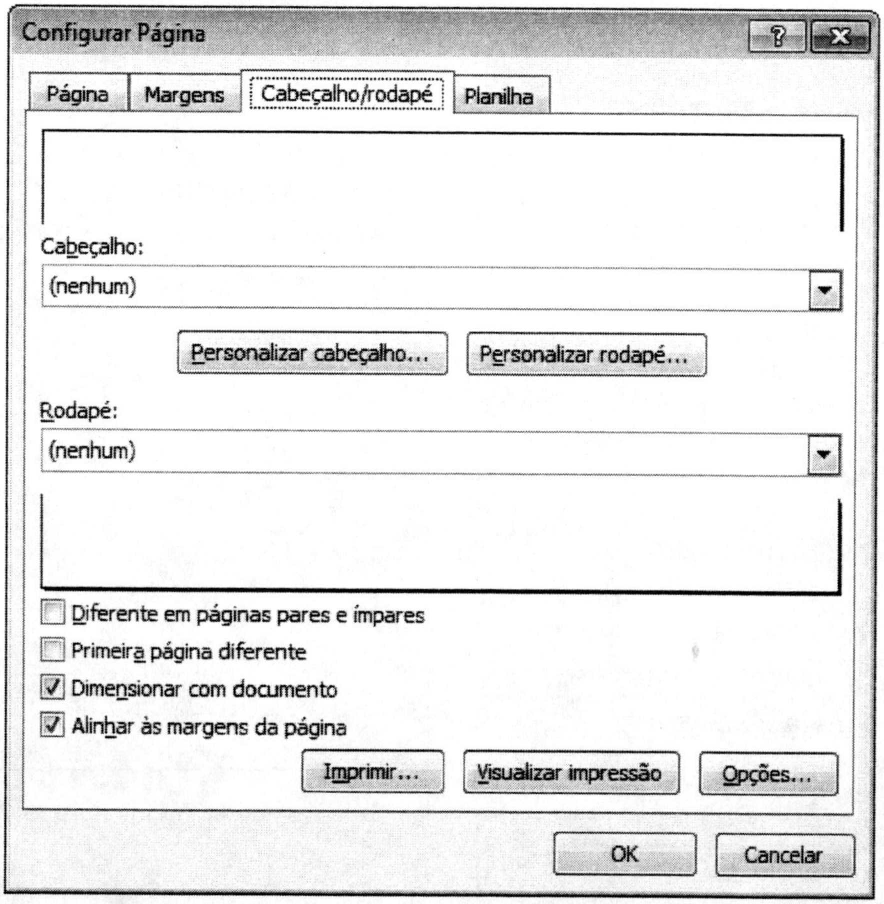

Configurar Página / Planilha

Guia Layout da Página (Grupo Dimensionar para Ajustar)

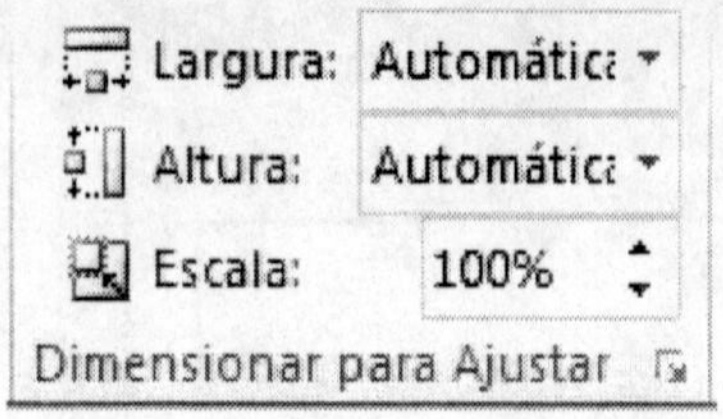

- **Largura** - Reduz a largura da pasta impressa a fim de que ele se ajuste a um número máximo de páginas;
- **Altura** - Reduz a altura do documento impresso, a fim de que ele se ajuste a um número máximo de páginas;
- **Escala** - Alonga ou reduz o impresso em um percentual de seu tamanho real. Para que possa usar essa opção a Largura e Altura devem estar com o formato "automático".

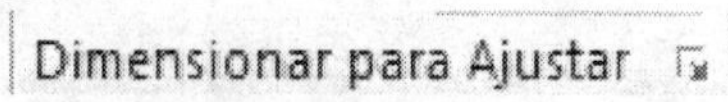

Clicar na setinha do grupo abre a janela **Página** do quadro **Configurar Página.**

Guia Layout da Página (Grupo Opções de Planilha)

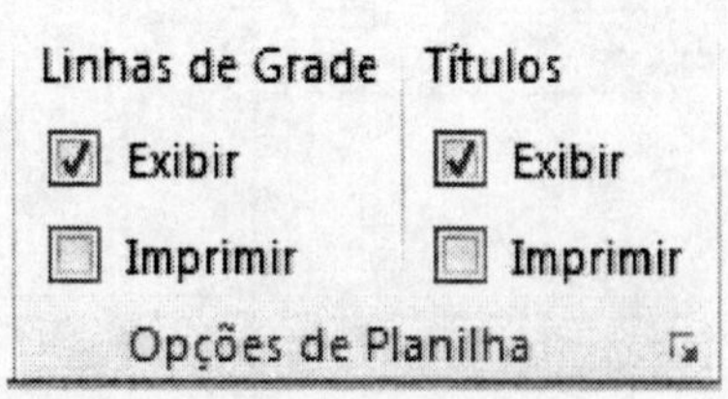

Habilita ou não a exibição e impressão de linhas de grade e títulos.

Clicar na setinha do grupo abre a janela **Planilha** do quadro **Configurar Página.**

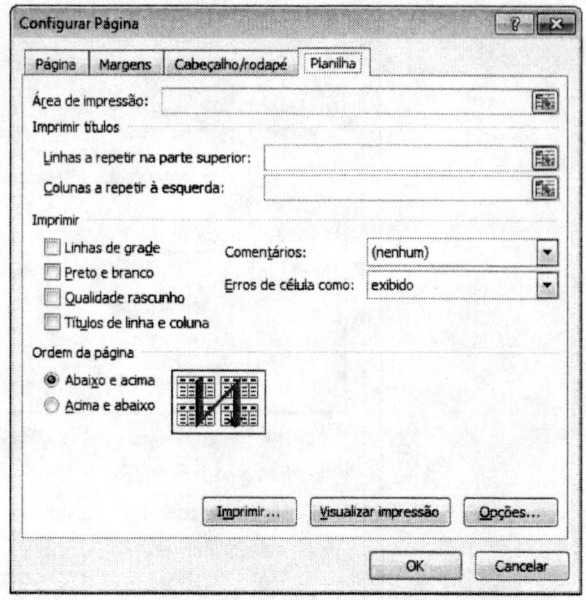

Guia Layout da Página (Grupo Organizar)

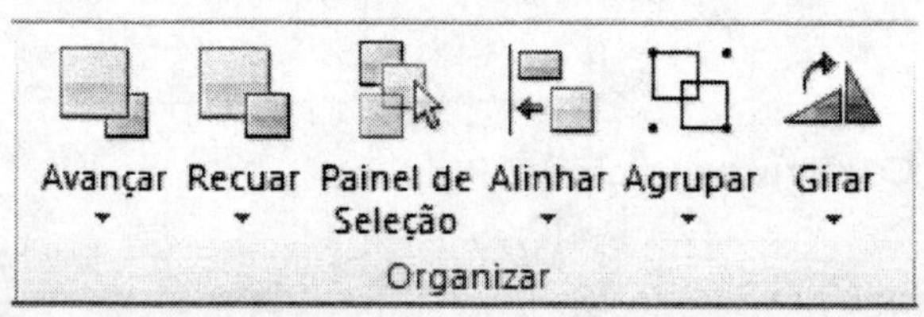

- **Avançar** - Traz o objeto selecionado para a frente de todos os objetos da página;
- **Recuar** - Recua o objeto selecionado para trás de todos os outros;
- **Painel de Seleção** - Exibe o painel de seleção à direita da planilha;
- **Alinhar** - Alinha a borda de diversos objetos selecionados;
- **Agrupar** - Agrupa os objetos selecionados;
- **Girar** - Gira ou inverte o objeto selecionado.

Guia Fórmulas

Fórmulas são equações que executam cálculos sobre valores na planilha.

Comandos da Guia Fórmulas

Guia Fórmulas (Grupo Biblioteca de Funções)

Inserir Função (Shift+F3) – Permite inserir uma função de qualquer categoria, na célula atual. Abre-se uma caixa de diálogo, para procurar a função desejada, entre as diversas categorias, e editar seus argumentos:

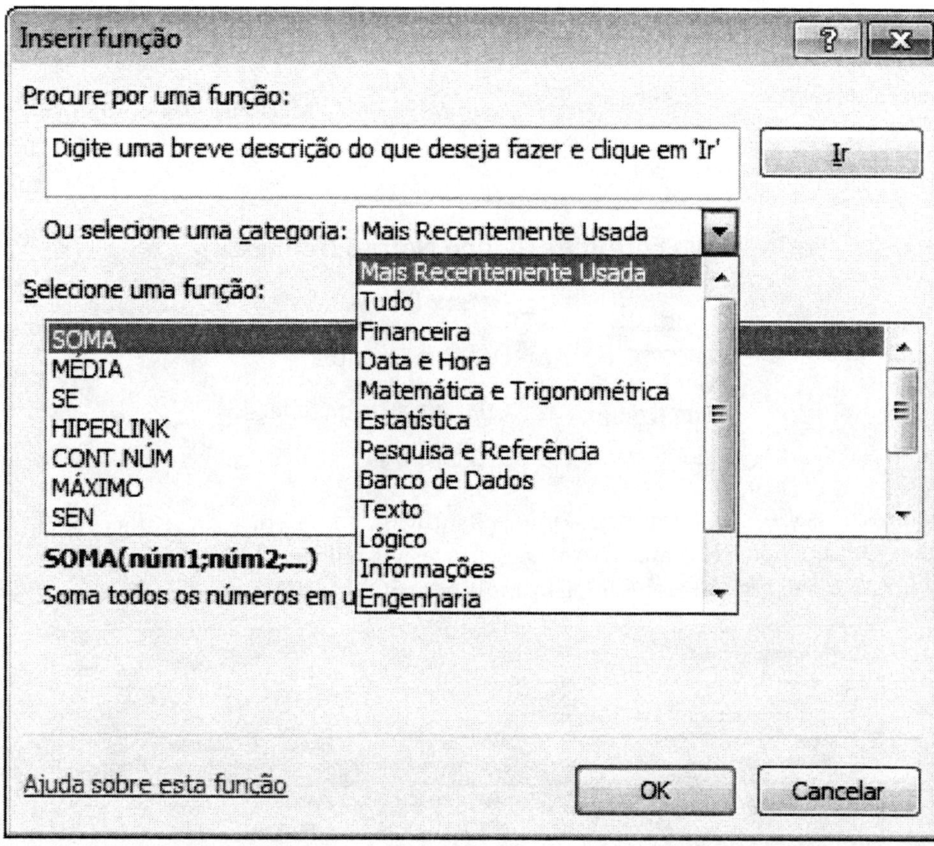

Depois de localizar a função, ao confirmar a operação abrirá uma nova janela para editar seus argumentos.

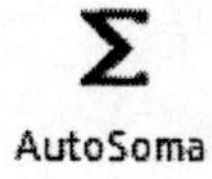

Auto Soma (Alt+=)

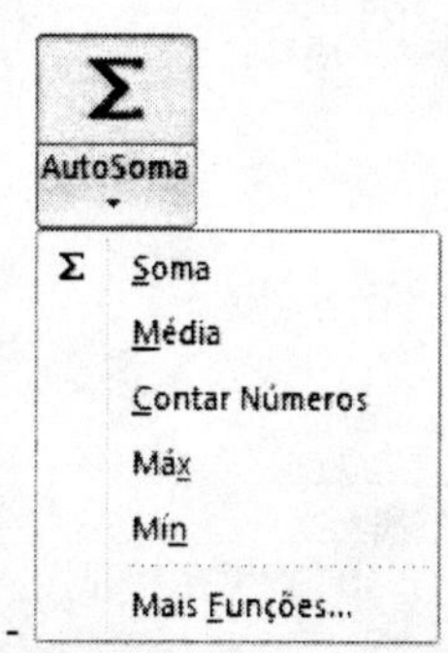

Atalho que possibilita utilizar, de maneira mais rápida, as funções de soma, média, contar, máximo e mínimo;

Usadas Recentemente ▾ **Usadas Recentemente**
Lista as últimas funções mais utilizadas;

Financeira ▾ **Financeira** - Lista todas as funções da categoria Financeira;

Lógica ▾ **Lógica** - Lista todas as funções da categoria Lógica;

Texto ▾ **Texto** - Lista todas as funções da categoria Texto;

Data e Hora ▾ **Data e Hora** - Lista todas as funções da categoria;

Pesquisa e Referência ▾ **Pesquisa e Referência** - Lista todas as funções da categoria Pesquisa e Referência;

Matemática e Trigonometria ▾ **Matemática e Trigonometria** - Lista todas as funções da categoria Matemática e Trigonometria;

Mais Funções ▾ **Mais Funções** - Lista mais quatro categorias de funções: Estatística, Engenharia, Cubo e Informações.

Guia Fórmulas (Grupo Nomes Definidos)

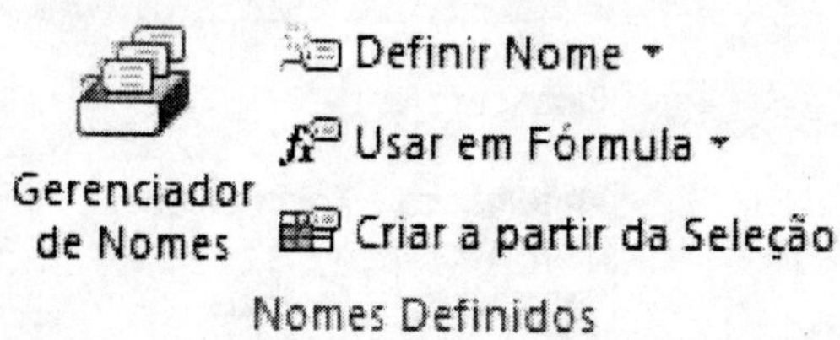

3Os nomes podem ser usados, nas fórmulas, como substitutos da referência da célula:

- **Definir Nomes** - Atribui nome às células, para que seja possível referenciá-las nas fórmulas. Por exemplo especifique as células de A20 a A40 como "Despesas", a fórmula fica =SOMA("Despesas") ao invés de =SOMA(A20:A40);

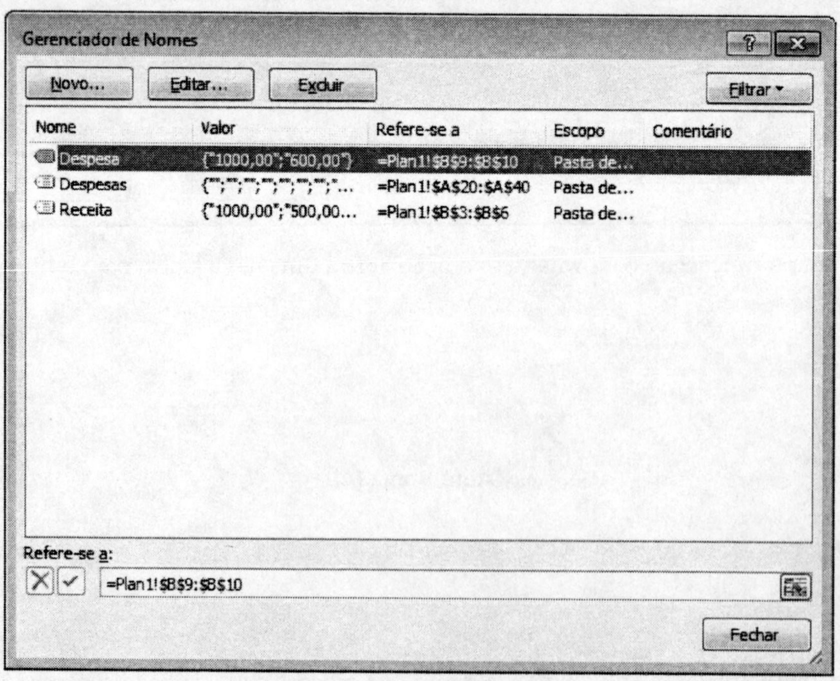

- **Usar em Fórmula** - Escolhe um nome utilizado na planilha atual e insere na fórmula atual;

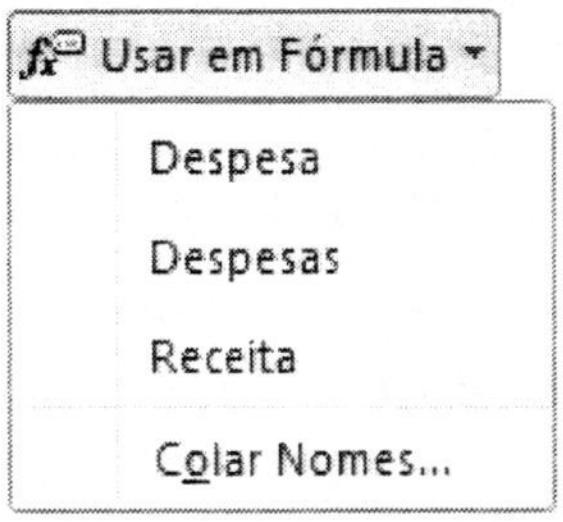

- **Criar a partir da seleção** - Gera automaticamente os nomes das células selecionadas.

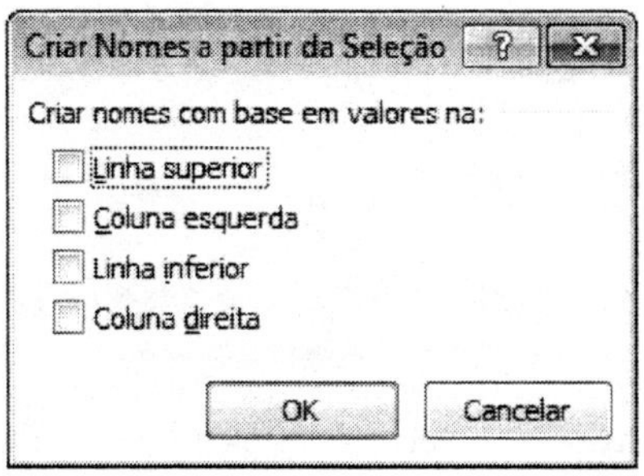

Guia Fórmulas (Grupo Auditoria de Fórmulas)

- **Rastrear Precedentes** - Mostra com setas, as células que compõem a fórmula;
- **Rastrear Dependentes** - Mostra com setas, as fórmulas que dependem ou não desta célula;
- **Remover Setas** - Remove todas as setas de rastreamento;
- **Mostrar Fórmulas** - Mostra as fórmulas em cada célula ao invés do valor resultante;
- **Verificação de Erros** - Procura os erros comuns nas fórmulas, caso existam.
- **Avaliar Fórmula** - Depura uma fórmula, avaliando cada parte, de forma detalhada;
- **Janela de Inspeção** - Monitora os valores de determinadas células à medida que são feitas alterações na planilha. Os valores são exibidos em uma janela separada, que permanece visível na pasta de trabalho;

Guia Fórmulas (Grupo Cálculo)

- **Opções de Cálculo** - Especifica quando a fórmula é calculada. Por padrão, sempre que você altera uma célula que afeta uma fórmula, os valores são calculados automaticamente;

Calcular Agora (F9) - Calcula todas as fórmulas da pasta de trabalho atual. Só será necessário caso o cálculo automático estiver desabilitado. As opções de cálculo automático são configuradas, como já vimos anteriormente em **Guia Arquivo/Opções/Fórmulas**.

Calcular Planilha (Shift+F9) - Calcula todas as fórmulas da planilha. Só será necessário caso o cálculo automático estiver desabilitado.

Guia Dados

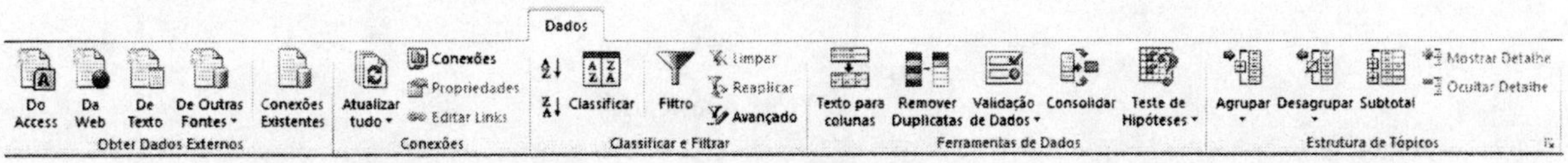

Obter dados de fontes externas, classificar e filtrar dados.

Comandos da Guia Dados

Guia Dados (Grupo Obter dados externos)

- **Do Access** - Importa dados de um banco de dados Microsoft Access;
- **Da Web** - Importa dados de uma página Web;
- **De texto** - Importa dados de um arquivo de texto;
- **De outras fontes** - Importa dados de outras fontes de dados, como SQL Server, XML, Serviços de Análises e outros;
- **Conexões Existentes** - Conecta a uma fonte de dados externa, listando as fontes utilizadas com frequência.

Guia Dados (Grupo Conexões)

- **Atualizar tudo (Ctrl+Alt+F5)** - Atualiza, na pasta de trabalho, todas as informações provenientes de uma fonte de dados;
- **Conexões** - Exibe todas as conexões de dados da pasta de trabalho. As conexões são links para dados fora desta pasta de trabalho;
- **Propriedades** - Especificar como as células conectadas a uma fonte de dados serão atualizadas;
- **Editar Links** - Exibe todos os outros arquivos, aos quais esta planilha está vinculada.

Observação: está opção só estará habilitada, caso esta planilha esteja vinculada a outro arquivo.

Guia Dados (Grupo Classificar e Filtrar)

 **Classificar de A a Z** - Classifica os dados em ordem alfabética ou em ordem numérica crescente;

 **Classificar de Z a A** - Classifica os dados em ordem alfabética ou em ordem numérica decrescente;

- **Classificar** - Inicia uma caixa de diálogo para classificar os dados com base em vários critérios ao mesmo tempo:

Classificar. Para colocar o texto selecionado em ordem alfabética ou numérica. Clicando neste botão aparece uma janela onde é possível configurar a classificação dos dados selecionados.

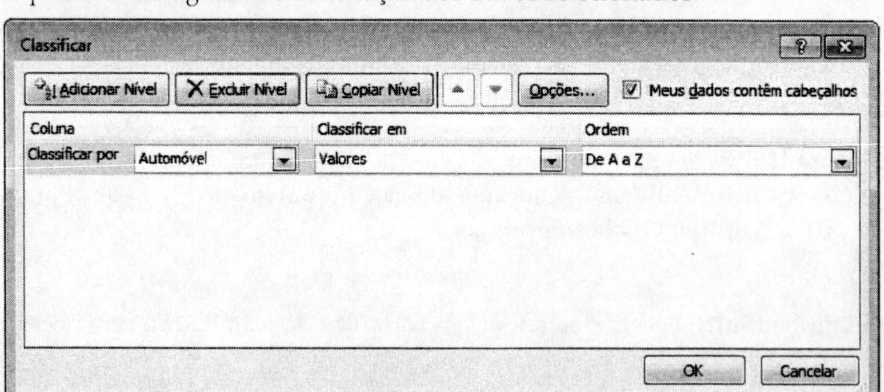

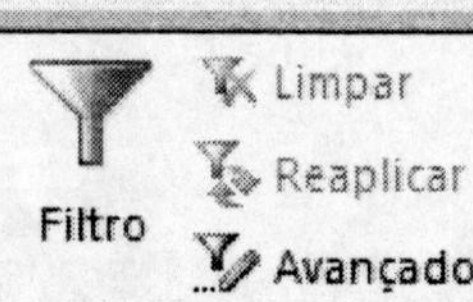

- **Filtro** - Habilita a filtragem das células selecionadas. Atalho: **Ctrl+Shift+L**;
- **Limpar** - Limpa o filtro e as classificações utilizadas;

- **Reaplicar** - Reaplica o filtro e a classificação no intervalo atual;
- **Avançado** - Especifica critérios complexos para limitar quais registros serão incluídos no conjunto de resultados de uma consulta.

Guia Dados (Grupo Ferramentas de Dados)

- **Texto para Colunas** - Separa o conteúdo de uma célula em colunas separadas. Como exemplo você pode separar uma coluna de nomes completos em colunas de nome e sobrenome;
- **Remover Duplicadas** - Exclui as linhas duplicadas de uma planilha;
- **Validação de dados** - Impede que dados inválidos sejam digitados em uma célula, criando critérios de validação.

Exemplo: para limitar que o valor de uma célula não seja maior que 1000, selecione a célula e clique em **Validação de Dados**. Será aberta a janela a seguir:

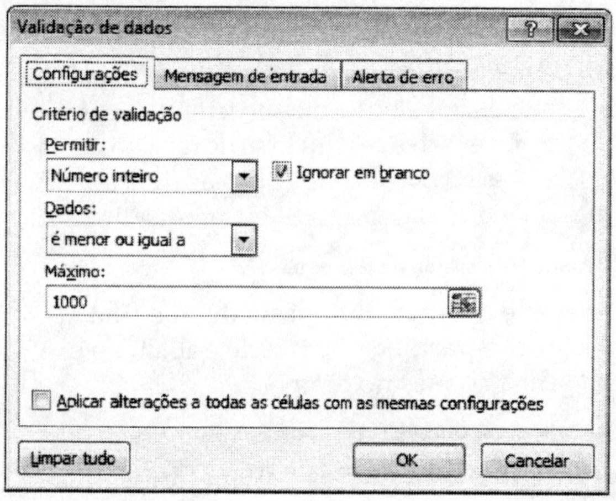

Quando tentamos inserir um valor acima do permitido, aparece uma janela de erro, aviso ou informação, conforme definido na aba **Alerta de Erro**.

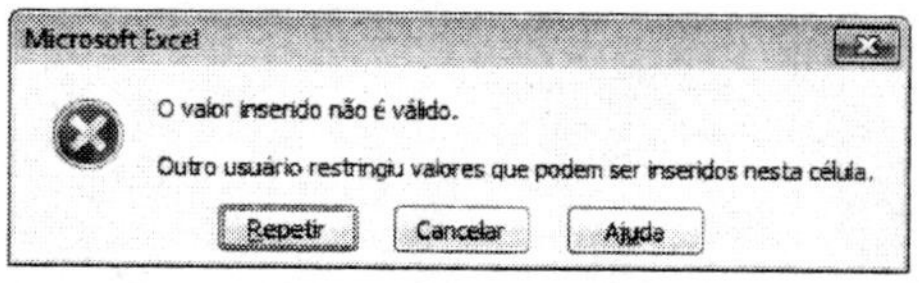

- **Consolidar** - Combina valores de vários intervalos em um novo intervalo;
- **Teste de Hipóteses** - É um processo de alteração dos valores em células para saber como essas alterações afetam o resultado das fórmulas na planilha. Por exemplo, variar a taxa de juros usada em uma tabela de amortização para determinar o valor dos pagamentos.

Grupo: Estrutura de Tópicos

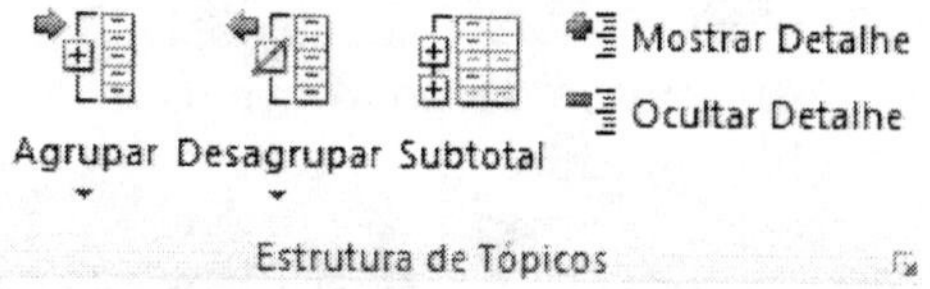

- **Agrupar** - Agrupa um conjunto de células selecionadas para que possam ser recolhidas ou expandidas;
- **Desagrupar** - Separa um conjunto de células Agrupadas;
- **Subtotal** - Totaliza várias linhas de dados relacionados inserindo automaticamente os subtotais e totais das células selecionadas;

Mostrar Detalhe - Expande um grupo de células recolhido;

Ocultar Detalhe – Recolhe um grupo de células expandido.

Guia Revisão

Define formas de revisão de texto e pesquisa, inserção de comentários e configuração de proteção nas planilhas do Excel 2010.

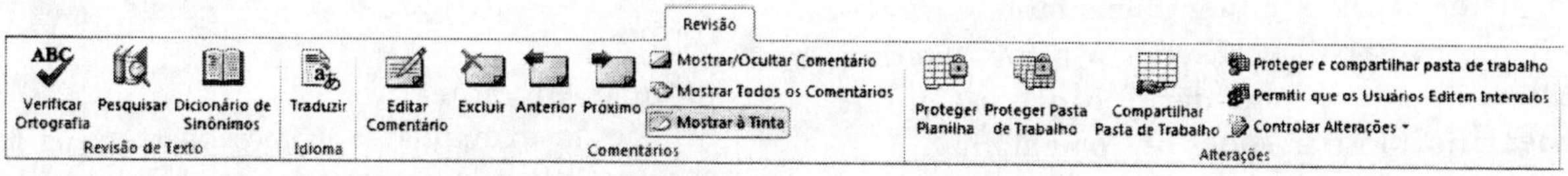

Guia Revisão (Grupo Revisão de Texto)

Verificar Ortografia **Ortografia e Gramática.** Para verificar a ortografia e a gramática no texto das planilhas. Atalho: **F7**

Pesquisar **Pesquisar.** Permite fazer pesquisa em matérias de referência, como dicionário de sinônimos e serviços de tradução.

Dicionário de Sinônimos **Dicionário de Sinônimos**
Para sugerir palavras com significado semelhante ao da palavra selecionada.

Guia Revisão (Grupo Idioma)

Traduzir

Idioma **Traduzir.** Permite traduzir palavras ou frases em um idioma diferente usando dicionários bilíngues ou tradução automática.

Guia Revisão (Grupo Comentários)

Novo Comentário. Permite adicionar um comentário à célula selecionada.

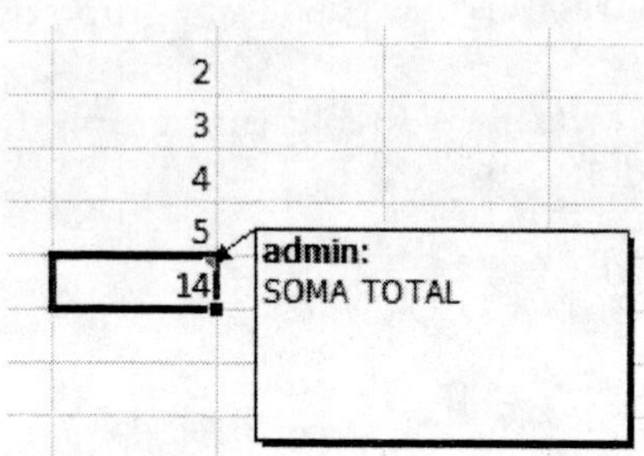

Nas células que possuem comentários aparece uma marcação, um triângulo vermelho no canto superior direito da célula. Ao selecionar células com comentários, o botão "**Editar Comentário**" é acionado. Também será possível **Excluir, Mostrar Anterior, Mostrar Próximo Comentário, Mostrar/Ocultar Comentário, Mostrar Todos os Comentários.**

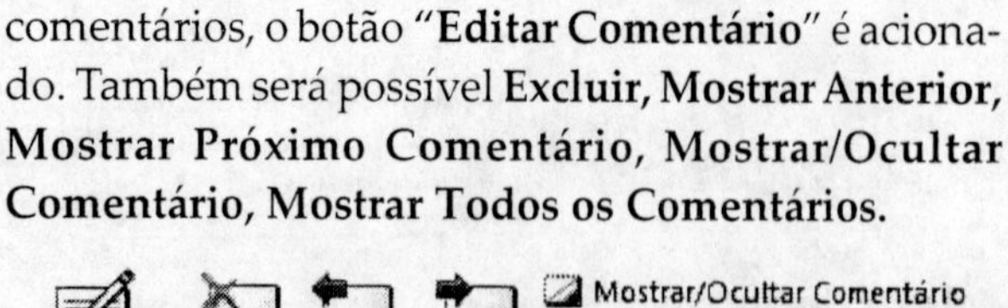

Mostrar à Tinta – Mostra ou oculta as anotações à tinta na planilha.

Guia Revisão (Grupo Alterações)

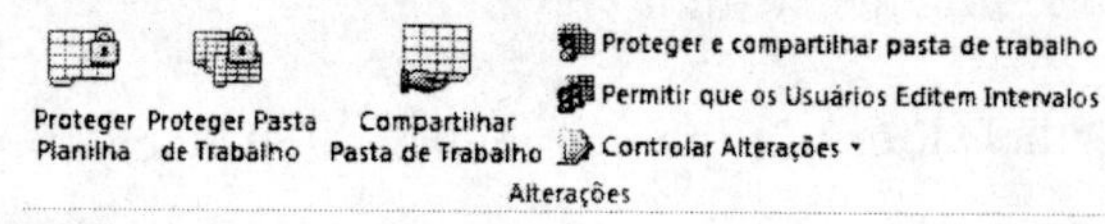

Proteger Planilha **Proteger Planilha**
Para impedir alterações indesejadas nos dados de uma planilha, especificando as informações que podem ser alteradas. Por exemplo, você pode impedir a edição de células bloqueadas ou a alteração da formatação de células. É possível especificar uma senha para desproteger a planilha e permitir essas alterações.

Proteger Pasta de Trabalho **Proteger Pasta de Trabalho**
Para impedir alterações indesejadas na estrutura da pasta de trabalho, como a movimentação, exclusão e adição de planilhas. É possível especificar uma senha para desproteger a pasta de trabalho e permitir essas alterações.

Compartilhar Pasta de Trabalho **Compartilhar Pasta de Trabalho**
Para permitir que várias pessoas em rede trabalhem em uma pasta de trabalho ao mesmo tempo. A pasta de trabalho pode ser salva em um local de rede no qual várias pessoas possam abri-la. Obs.: Pastas de trabalho que contém tabelas não podem ser compartilhadas.

Proteger e compartilhar pasta de trabalho

Proteger e compartilhar pasta de trabalho
Permite compartilhar a pasta de trabalho e proteger com senha ao mesmo tempo.

Permitir que os Usuários Editem Intervalos

Permitir que os Usuários Editem Intervalos
Para permitir que pessoas específicas editem intervalos de células em uma planilha protegida ou pasta de trabalho protegida. É possível bloquear intervalos específicos. Antes de usar esse recurso, defina a segurança na planilha usando o comando Proteger Planilha.

Controlar Alterações ▾

Controlar Alterações
Permite exibir e controlar as alterações feitas na pasta de trabalho compartilhada. A pasta de trabalho compartilhada pode ser aberta e alterada por vários usuários da rede ao mesmo tempo, incluindo inserções, exclusões e alterações de formatação. Além disso, é possível escolher a forma de mostrar as marcações, escolher o tipo de marcação a ser exibida no documento e mostrar as revisões em uma janela separada.

Guia Exibição

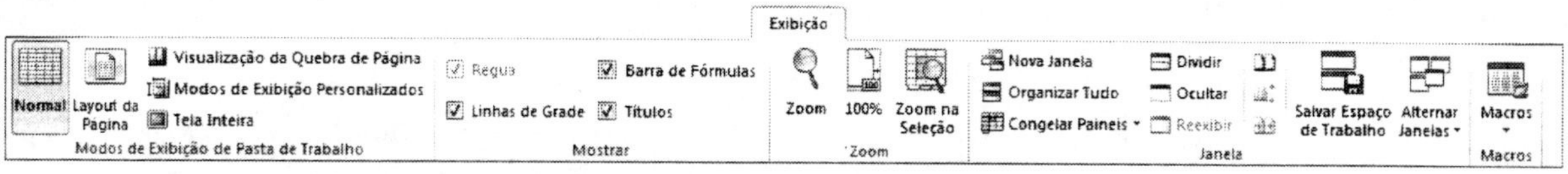

Guia Exibição (Grupo Modos de Exibição de Pasta de Trabalho)

Os "**Modos de Exibição de Pasta de Trabalho**" no Excel 2010 são: **Normal**, **Layout de Página, Visualização da Quebra de Página, Modos de Exibição Personalizados, Tela Inteira.**

- **Normal.** Exibir a planilha no modo normal;
- **Layout de Página.** Exibir a planilha do modo como ficará na página impressa. Use esse modo de exibição para ver onde as páginas começam e terminam, bem como para ver os cabeçalhos e rodapés das páginas. Nesse modo de exibição também é possível ver as réguas;
- **Visualização da Quebra de Página.** Exibe uma prévia de onde as páginas irão quebrar quando o documento for impresso;

Obs: Os itens descritos acima também podem ser encontrados no canto inferior direito da tela, na barra de Status:

- **Modos de Exibição Personalizados**
- **Tela Inteira.** Maximiza o espaço de visualização do documento a fim de proporcionar melhor leitura em tela.

Observação: O único modo de exibição onde aparece a Régua vertical é o Layout de Página, nos outros modos de exibição, a régua vertical não é exibida.

Guia Exibição (Grupo Mostrar)

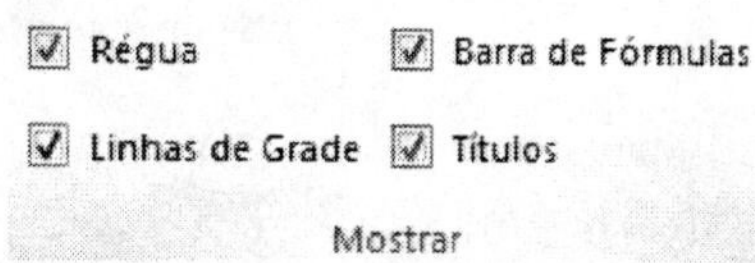

Permite configurar para exibir ou ocultar: **Régua, Linhas de Grade** e **Barra de Fórmulas, Títulos.**
Obs.: As Réguas somente serão habilitadas no modo de exibição **Layout de Página**.

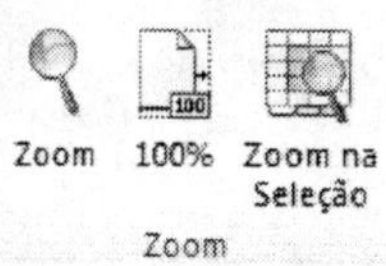

Guia Exibição (Grupo Zoom)

Neste grupo é possível configurar o Zoom da planilha.

Zoom. Exibe a caixa de diálogo Zoom para especificar o nível de Zoom para a planilha.

100%. Altera o zoom para 100%.

Zoom da Seleção. Altera o zoom da planilha de modo que o intervalo de células selecionado preencha a janela inteira.

Guia Exibição (Grupo Janela)

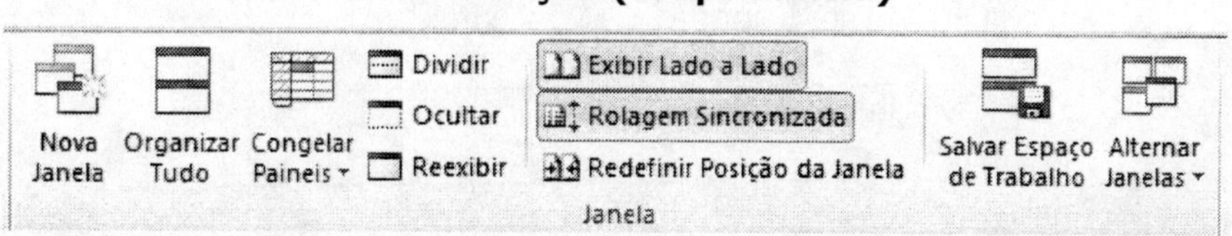

Este grupo corresponde ao antigo menu Janela. Nele é possível abrir uma nova janela do documento, organizar as janelas das pastas abertas, dividir a janela do documento atual em duas partes, exibir documentos lado a lado, sincronizar a rolagem de duas pastas de trabalho de forma que rolem juntos na tela, redefinir a posição da janela das pastas de trabalho que estão sendo comparadas lado a lado de modo que dividam a tela igualmente, alternar entre as janelas das pastas de trabalho abertas etc.

Nova Janela **Nova Janela** - Abre uma nova janela com a exibição da pasta atual;

Organizar Tudo **Organizar Tudo** - Coloca todas as janelas abertas no programa organizadas lado a lado na tela;

Congelar Painéis **Congelar painéis** - Mantém uma parte da planilha visível enquanto o restante da planilha é percorrida;

Dividir **Dividir** - Divide a janela em vários painéis redimensionáveis contendo a exibição de uma planilha;

Ocultar **Ocultar Janela** - Faz com que a janela atual deixe de ser visível;

Reexibir **Reexibir Janela** - Volta a exibir as janelas ocultadas pelo recurso **Ocultar Janela**;

Exibir Lado a Lado **Exibir Lado a Lado** - Exibe duas planilhas lado a lado, ideal para revisão e comparação de planilhas;

Rolagem Sincronizada **Rolagem Sincronizada.** Para rolar os documentos ao mesmo tempo.

Redefinir Posição da Janela **Redefinir Posição da Janela.** Redefinir a posição da janela dos documentos que estão sendo comparados lado a lado de modo que dividam a tela igualmente. Para habilitar este recurso, ative **Exibir Lado a Lado.**

Salvar Espaço de Trabalho **Salvar Espaço de Trabalho** Permite salvar as configurações de layout para que possam ser restabelecidas depois;

Alternar Janelas **Alternar Janelas** Passa para outra janela aberta no momento.

Guia Exibição (Grupo Macros)

Macros **Macros.** Permite gravar, exibir ou acessar outras opções de macros. Atalho: **Alt+F8**

Grupo: Macros

Macro é uma série de comandos e instruções agrupadas como um único comando para realizar uma tarefa automaticamente. Este grupo possibilita a exibição e criação de macros.

O Office 2010 possui novas e por esta razão, muitos usuários podem ter problemas para ler e editar os arquivos do Excel 2010 em outras versões mais antigas do Excel. Na opção Salvar como..., é possível salvar com formatos de versões anteriores, como o formato do Excel 2003 (.xls)

Tipo de arquivo XML	Extensão
Pasta de trabalho	.xlsx
Modelo	.xltx

O Excel 2010 possibilita salvar o documento como um arquivo da versão 2003 do Office: "Documento do Excel 97-2003(*.xls)".

Observação: Ao se pressionar a tecla Alt no Office 2010, aparecem números e letras de atalho, que quando pressionadas, abrem a opção.

Exemplo:

1. Pressione a tecla Alt. Os diversos atalhos aparecerão.
2. Pressione a letra A.
3. Serão exibidas as opções da Guia Arquivo.

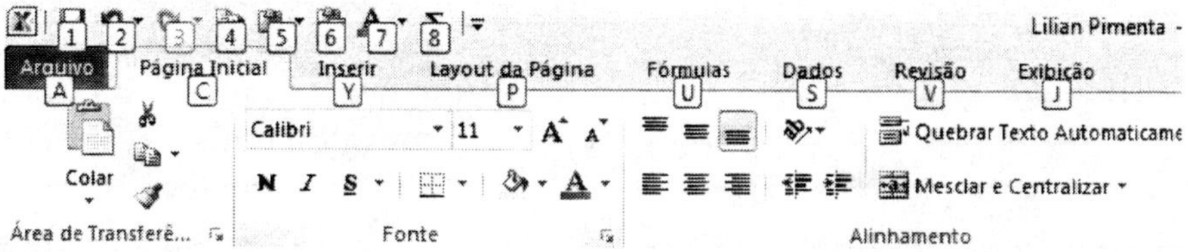

Exercícios de Concursos

VUNESP - CETESB - Técnico Administrativo - 2013

01. Observe o conteúdo das células da planilha do MS-Excel 2010, apresentada parcialmente na figura.

	A	B	C
1	Região	Quantidade	Valor
2	Norte	700	RS 560
3	Sul	900	RS 720
4	Oeste	1000	RS 800
5	Norte	230	RS 184
6	Nordeste	650	RS 520
7	Sul	180	RS 144
8	Nordeste	340	RS 272
9			

Assinale alternativa com o resultado da seguinte fórmula a ser digitada na célula C9:
=SE(A2 = "Norte"; SE(A6="Sul"; 10^2; B6*2 +1 00%); SOMA (B4:C5))

a) R$ 100
b) R$ 1.184
c) R$ 2.600
d) R$ 2.214
e) R$ 1.301

02. Em uma planilha do Excel 2010, a partir da sua configuração padrão, está sendo editado um concurso público da Secretaria da Fazenda do Estado de São Paulo, conforme ilustrado na figura.

	A	B	C	D
1	Nome do Candidato	Prova Básica	Prova Específica	Classificado
2	Ana Maria Torres	40	30	NÃO
3	Carlos Eduardo Fonseca	35	60	NÃO
4	Felipe Camargo	55	65	SIM
5	Sergio Champell	70	35	NÃO
6	Xavier Zamboni	15	70	NÃO

O concurso é composto de 2 provas:

- a prova básica, cuja pontuação é de 0 até 100 pontos;
- a prova específica, cuja pontuação é também de 0 até 100 pontos.

A coluna A contém o nome do candidato do concurso, a coluna B contém a pontuação que o candidato obteve na prova básica, a coluna C contém a pontuação que o candidato obteve na prova específica, a coluna D informa se o candidato está classificado (SIM ou NÃO). Para estar classificado (SIM), é necessário que a pontuação obtida, tanto na prova básica como na prova específica, seja igual ou superior a 50 pontos.

A fórmula a ser aplicada na célula D2, para verificar se o candidato está classificado ou não é:

a) =SE(B2>=50;SE(C2>=50;"SIM";"NÃO");"NÃO")
b) =SE(B2>50;SE(C2>50;"NÃO";"SIM");"NÃO")
c) =SE(B2>=50;SE(C2>=50;"SIM";"NÃO");"SIM")
d) =SE(B2<50;"NÃO";SE(C2<>50;"SIM";"NÃO"))
e) =SE(B2<>50;"NÃO";SE(C2<50;"SIM";"NÃO"))

Gabarito

01. E **02. A**

4. Microsoft Power Point 2010

O PowerPoint é um dos programas mais utilizados para criação de apresentações e transparências. Assim como a interface do programa na versão anterior (2007), o PowerPoint 2010 trabalha com guias na **Faixa de Opções**, possibilitando rápido acesso às ferramentas.

A área que sofreu alteração mais perceptível foi a parte superior da janela do PowerPoint. Em vez dos menus e das barras de ferramentas que você costumava ver, há uma faixa larga distribuída pela tela com vários comandos visuais organizados em grupos. Essa faixa é chamada de Faixa de Opções e ela agora é o centro de controle para criação de uma apresentação. Você aprenderá sobre seu design e verá sua estrutura detalhadamente.

A Faixa de Opções está dividida em guias e os botões de cada guia estão organizados em grupos lógicos. Os botões mais populares de cada grupo ganham maior destaque, aparecendo em tamanho maior. Até mesmo comandos mais novos agora estão muito mais visíveis.

Os arquivos do PowerPoint são nomeados de Apresentação. Portanto, enquanto você não dá nomes aos seus arquivos, eles são chamados de "Apresentação1", "Apresentação2", e assim sucessivamente, conforme você vai criando novos arquivos.

O PowerPoint também possui guias contextuais, ou seja, relacionada ao objeto selecionado, como por exemplo, ao selecionar uma caixa de texto ou um objeto de desenho, ele cria acima da barra de guias, uma guia com opções direcionadas à manipulação do objeto selecionado (Ferramentas de Desenho).

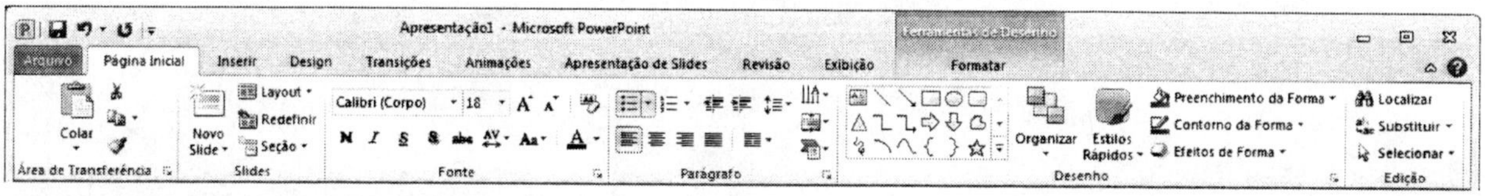

Na Barra de Título dos programas encontramos os botões (Minimizar, Restaurar, este que alterna com o Maximizar, e Fechar).

Logo abaixo desses botões, encontramos dois botões: o primeiro permite minimizar a Faixa de Opções (o botão em forma de setinha para cima) e o botão de ajuda do programa.

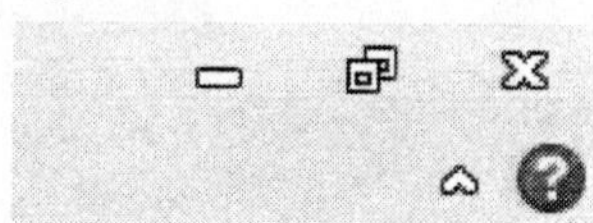

Obs.: Ao minimizar a Faixa de Opções, serão mostrados apenas os nomes das guias e o botão vira uma setinha para baixo, para que possa restaurar à visualização anterior.

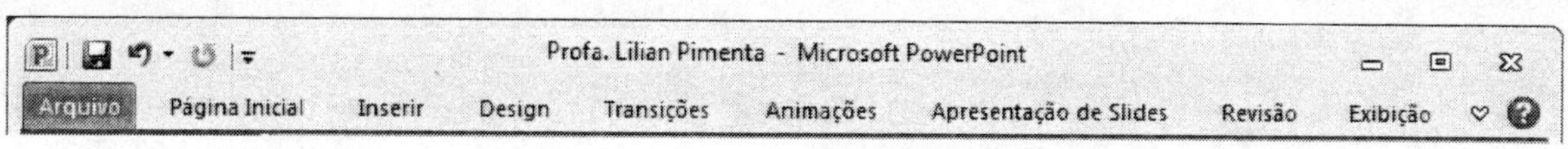

A Tela do Microsoft PowerPoint 2010

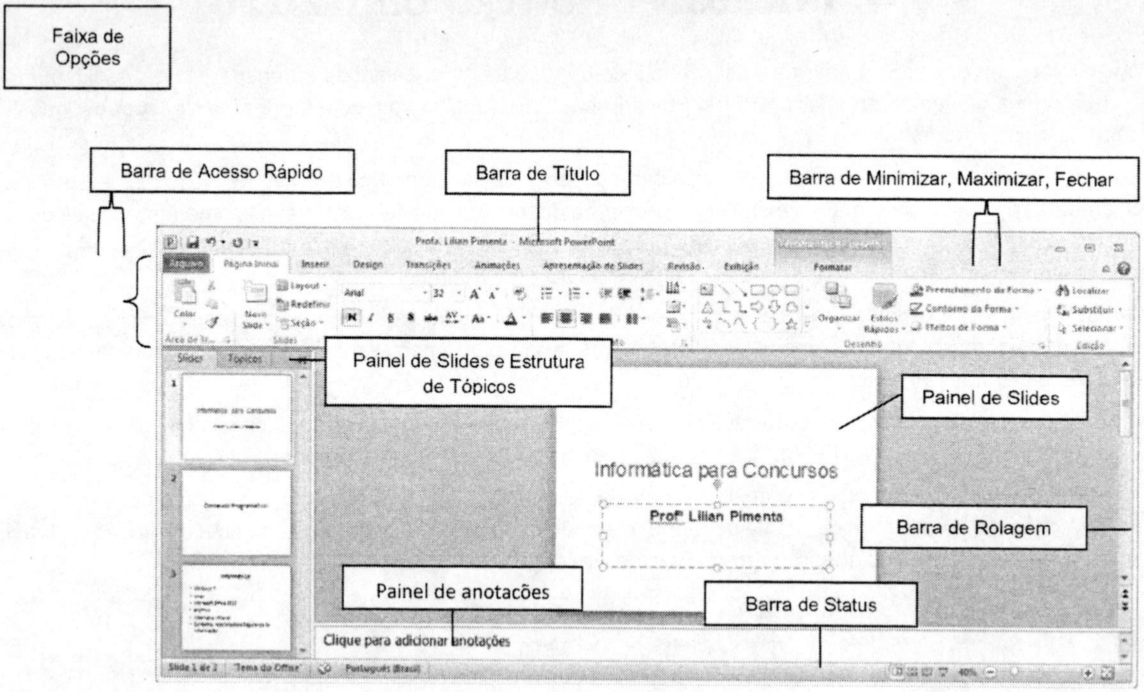

A Barra de Acesso Rápido

Na parte superior da tela do programa temos a barra de título, que apresenta o nome da apresentação em edição e o nome do programa que está sendo utilizado separados por um hífen. À esquerda desta barra, temos a Barra de acesso rápido, que permite acessar alguns comandos, que, geralmente são mais utilizados, como salvar, desfazer, refazer ou repetir, etc. É possível personalizar essa barra, clicando no menu de contexto (seta para baixo) à direita dela (o último botão).

É importante ressaltar que o botão Refazer pode ser trocado pelo botão Repetir, caso a última ação tenha sido executada e não desfeita, será possível repetir a última ação. Só aparecerá o botão Refazer, caso a última ação executada tenha sido desfazer alguma ação.

 Botão do menu de controle, onde é possível acessar opções como (**Restaurar**, **Mover**, **Tamanho**, **Minimizar**, **Maximizar** e **Fechar**).

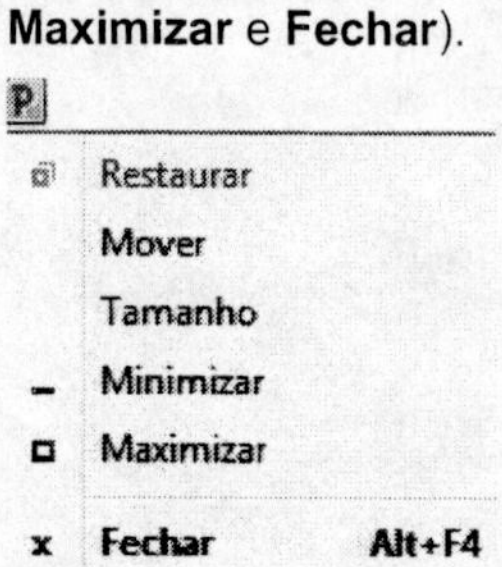

Obs.: Fechar: **Alt+F4** – Fecha o programa.

 Botão **Salvar** (**Ctrl+B**) – Permite salvar a pasta em edição. Na primeira vez em que o arquivo é salvo, aparece a janela Salvar como, onde é possível dar um nome ao arquivo e escolher uma pasta para seu salvamento.

 Botão **Desfazer** (**Ctrl+Z**) – Permite desfazer a última ação executada. Quando clicado várias vezes, pode desfazer ações anteriores na sequência em que foram executadas. Clicando na seta para baixo ao lado do botão desfazer, é aberto um menu com as ações executadas, onde é possível desfazer a partir de uma determinada ação.

 Botão **Personalizar Barra de Ferramentas de Acesso Rápido** - Você pode personalizar essa barra, clicando neste botão (flecha para baixo). Aparece um menu contendo outros comandos que podem ser incluídos.

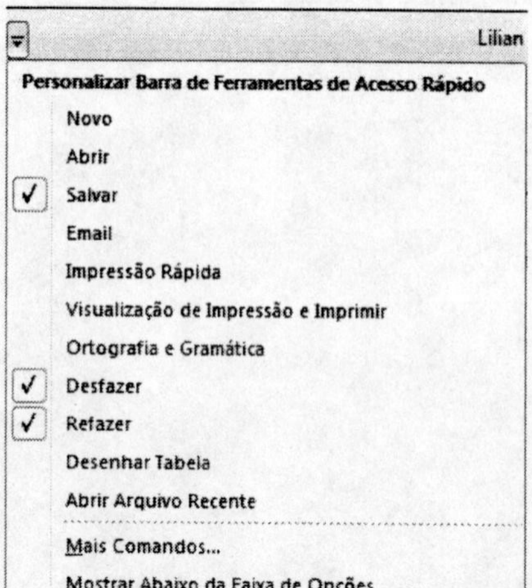

A Faixa de Opções

A Faixa de Opções é a parte correspondida pelas guias e grupos e suas ferramentas e foi criada para ajudar o usuário a localizar rapidamente os comandos necessários para executar uma tarefa. Os comandos são organizados em grupos lógicos, reunidos em guias. Cada guia está relacionada a um tipo de atividade e algumas guias são exibidas somente quando necessário. Por exemplo, a guia Ferramentas de Desenho somente é exibida quando uma imagem é selecionada. No PowerPoint 2010, as guias padrão são: Arquivo, **Página Inicial, Inserir, Design, Transições, Animações, Apresentação de Slides, Revisão e Exibição**.

Como já vimos, outras guias são adicionadas quando elementos são selecionados. Também é possível personalizar guias com outros nomes.

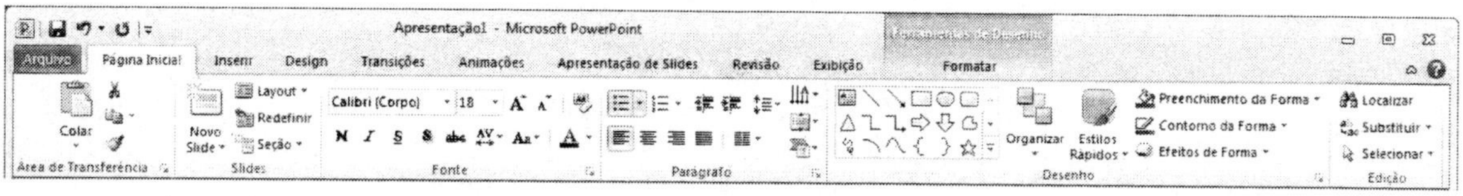

Os Grupos

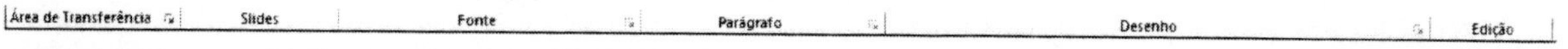

Os grupos são formas de organização das ferramentas nas guias. Cada guia tem seus grupos específicos relacionados a cada atividade. No exemplo da figura acima temos a guia "**Página Inicial**" selecionada e os seus grupos são: **Área de Transferência, Slides, Fonte, Parágrafo, Desenho, Edição**.

Observe que alguns grupos possuem uma setinha no canto direito, o que significa que serão abertas opções ao clicar nesta seta, podendo ser uma janela ou opções no Painel de Tarefas do programa.

As Guias do PowerPoint e seus respectivos Grupos: (os nomes dos grupos que estão sublinhados são aqueles que possuem a setinha ao lado, contendo mais opções).

Obs.: A guia Arquivo, embora nesta versão seja chamada de "guia", possui uma exibição diferente das outras guias do programa, apresentando-se, quando clicada, como um menu de opções.

Página Inicial: <u>Área de Transferência</u>, Slides, <u>Fonte</u>, <u>Parágrafo</u>, <u>Desenho</u>, Edição.

Inserir: Tabelas, Imagens, Ilustrações, Links, Texto, Símbolos, Mídia.

Design: Configurar Página, Temas, <u>Plano de Fundo</u>.

Transições: Visualização, Transição para este Slide, Intervalo.

Animações: Visualização, <u>Animação</u>, Animação Avançada, Intervalo.

Apresentação de Slides: Iniciar Apresentação de Slides, Configurar, Monitores.

Revisão: Revisão de Texto, Idioma, Comentários, Comparar.

Exibição: Modos de Exibição da Apresentação, Modos de Exibição Mestres, <u>Mostrar</u>, Zoom, Cor/Escala de Cinza, Janela, Macros.

Barra de Status

A barra de status é uma área horizontal na parte inferior da janela do PowerPoint. Fornece informações sobre o estado atual do que está sendo exibido na janela da apresentação atual e outras informações contextuais.

Os botões do lado esquerdo da barra de status indicam:

Slide 2 de 3 – Indica que está sendo visualizado na tela o Slide 2 de um total de 3 Slides.

"Tema do Office" – Indica o nome do Tema que está sendo usado na apresentação.

Português(Brasil) - indica o idioma escolhido. Permite alterá-lo, clicando-se sobre o botão.

Do lado direito da Barra de Status encontram-se os seguintes botões de **modos de exibição** do PowerPoint:

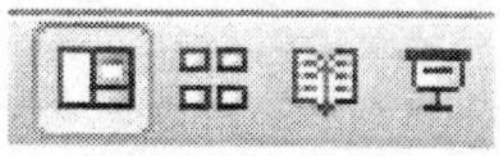

São eles, na sequência: Normal, Classificação de Slides, Modo de Exibição de Leitura, Apresentação de Slides.

Também é mostrado o Zoom (14%) do documento e uma barra deslizante para alterá-lo, além do botão  **Ajustar Slide à janela atual.**

As Guias do PowerPoint 2010:

A Guia Arquivo

Este menu oferece recursos que dizem respeito ao documento de um modo geral.

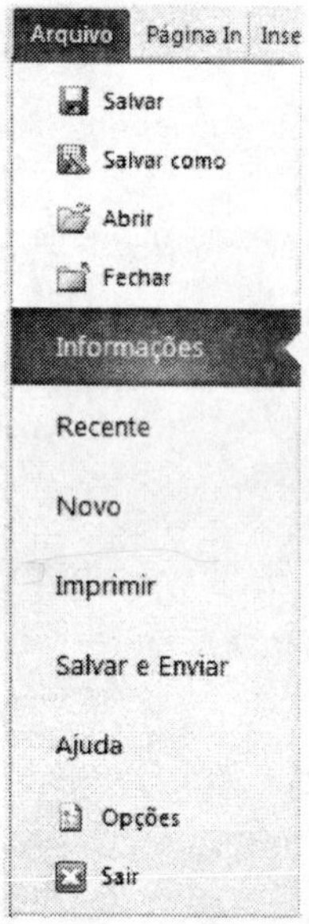

Salvar. Permite salvar as alterações em uma apresentação já existente. Este comando quando executado em um novo arquivo, permite "Salvar Como" para que seja dado um nome e uma localização para a nova apresentação. Atalhos: **Ctrl+B** ou **Shift+F12**.

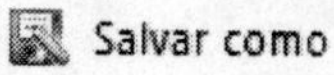

Salvar como.

Salva uma apresentação pela primeira vez, ou uma apresentação já existente em outro local com outro nome. A primeira vez que a apresentação é salva abre-se a janela Salvar Como, para que seja dado um nome e uma localização para a nova apresentação. Após ter sido salva, pode-se renomeá-la e/ou indicar uma nova pasta para o arquivo através desse comando. Atalho: **F12**.

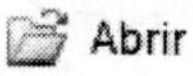

Abrir.

Esta opção abre uma janela mostrando várias pastas e arquivos, onde é possível abrir uma apresentação existente. Atalho: **Ctrl+A**.

Fechar.

Permite fechar a apresentação atual. Atenção! Esta opção permite fechar a apresentação, não fecha o programa. Atalhos: **Ctrl+W** ou **Ctrl+F4**.

Guia Arquivo/Informações

Essa opção permite visualizar as propriedades gerais do arquivo, como caminho de diretório, tamanho, número de páginas, número de palavras, data da última modificação, além de informações sobre modo de compatibilidade, permissões, compartilhamento e gerenciamento de versões.

Guia Arquivo / Recente

Permite visualizar os arquivos recentemente acessados.

Guia Arquivo / Novo

Novo (Ctrl+O) - Cria uma nova apresentação ou um novo modelo, escolher abrir a partir de um modelo disponível ou modelos do Office.com.

Guia Arquivo /Imprimir

Permite imprimir a apresentação, gerenciando as configurações de impressão, como número de Cópias; Impressora; Imprimir todas as páginas (imprime o documento inteiro), imprimir a página atual ou intervalo de páginas; Agrupado (1,2,3; 1,2,3; 1,2,3) ou Desagrupado (1,1,1; 2,2,2; 3,3,3); Orientação (Retrato – para página em pé, ou Paisagem – para página deitada); Margens (Normal, Estreita, Moderada, Larga ou Espelhada, esta para impressão em frente e verso); Páginas por folha (1, 2, 4, 8, 16 págs. por folha ou ainda, ajustar ao tamanho do papel). Atalho: **Ctrl+P**.

Guia Arquivo /Salvar e Enviar

Permite Enviar arquivo por E-mail, Salvar na Web, Enviar como PDF, dentre outras opções. Envia uma cópia da apresentação para outras pessoas por intermédio de e-mail ou fax da Internet;

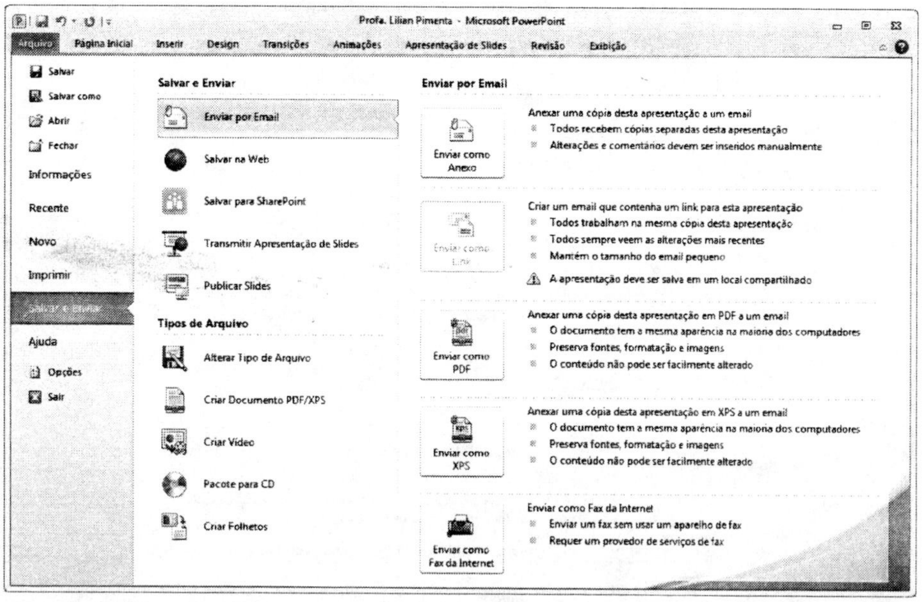

- **Publicar Slides** - Compartilha a apresentação com outras pessoas por intermédio de Blog, rede (servidor de gerenciamento de documentos), ou criando um grupo de compartilhamento onde todos podem ver as alterações feitas, clicando na opção **Criar Espaço de Trabalho de Documento**;

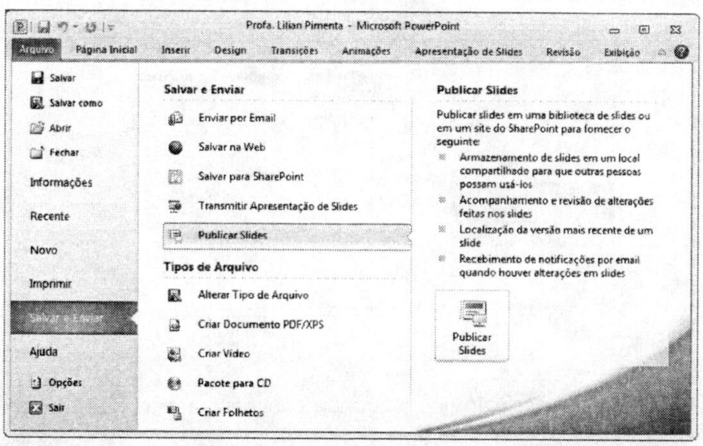

- **Pacote para CD** – Permite criar um pacote para que outras pessoas possam assistir a apresentação na maioria dos computadores. Este pacote inclui qualquer item vinculado ou inserido, como vídeos, áudio e fontes, todos os outros arquivos adicionados ao pacote e o visualizador do PowerPoint (o PowerPoint Viewer), para executar a apresentação.

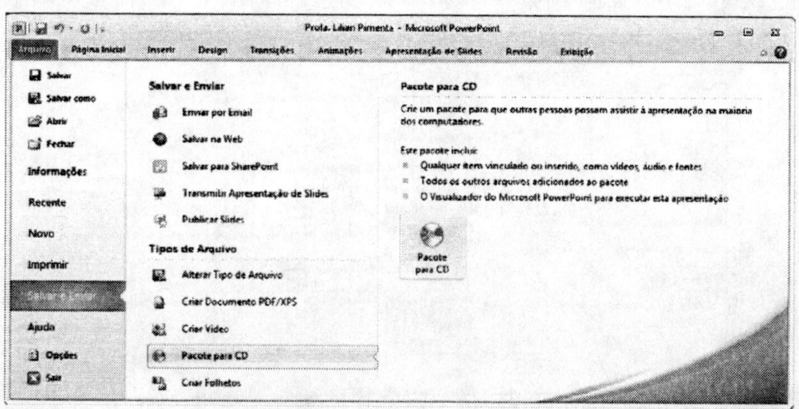

Você também pode criar um pacote em um CD, DVD ou pen-drive ou qualquer outro drive, para executar apresentações em outros computadores, mesmo que não tenha o PowerPoint instalado na máquina. O visualizador do PowerPoint (o PowerPoint Viewer) executa a apresentação.

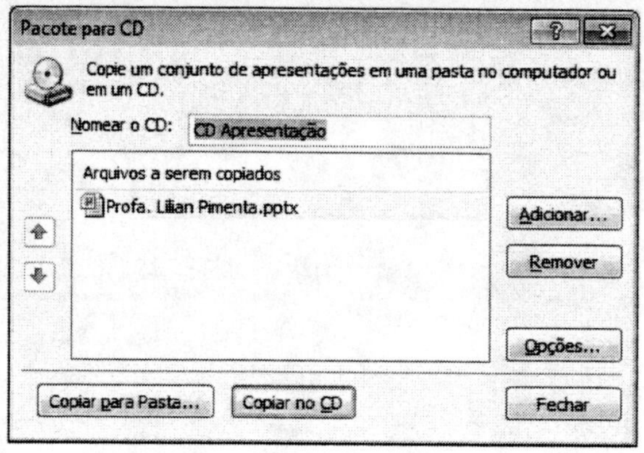

Guia Arquivo / Ajuda

Para acessar a Ajuda e Suporte do Office.

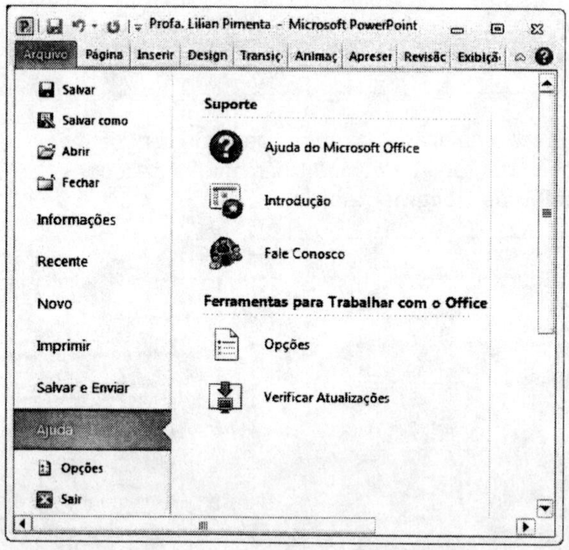

Guia Arquivo / Opções

Opções Botão **Opções do PowerPoint -** Configura as opções básicas do PowerPoint como modo de exibição, revisão do texto, formato em que os arquivos devem ser salvos, dentre outras;

Guia Arquivo / Opções / Geral

Permite acessar opções gerais de trabalho com o PowerPoint.

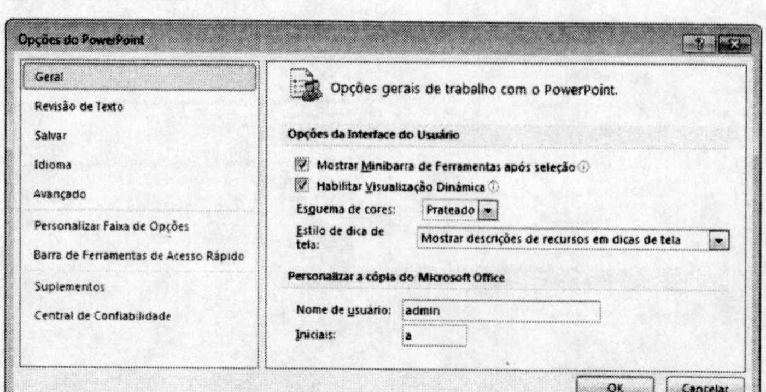

Guia Arquivo / Opções / Revisão de Texto

Permite alterar a maneira como o PowerPoint corrige e formata o texto.

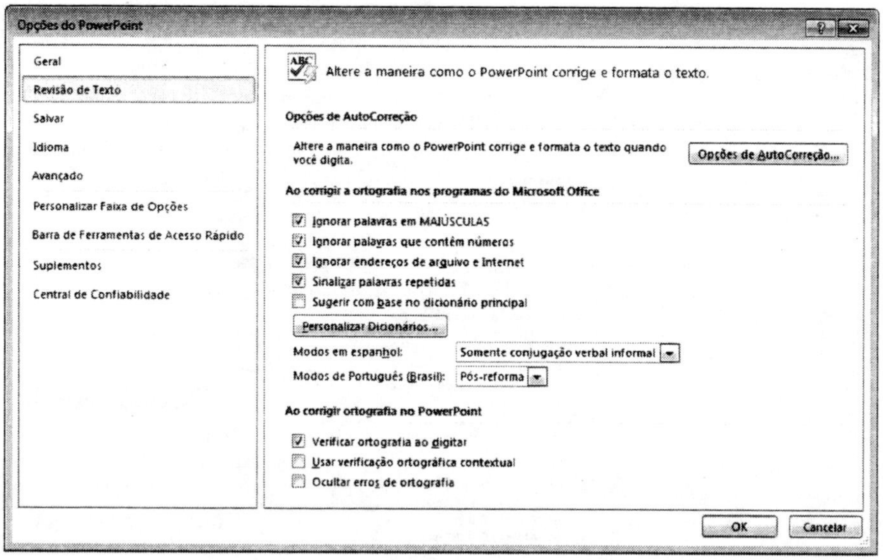

Guia Arquivo / Opções / Salvar

Para configurar a maneira como os documentos são salvos. Aqui é possível configurar o tempo desejado para que o PowerPoint salve informações de Auto-recuperação do arquivo. Por exemplo, mesmo que o usuário não salve o arquivo e ocorra uma queda de luz, o programa poderá recuperar dados a partir de um arquivo temporário criado pelo próprio programa. Veja em destaque na figura abaixo.

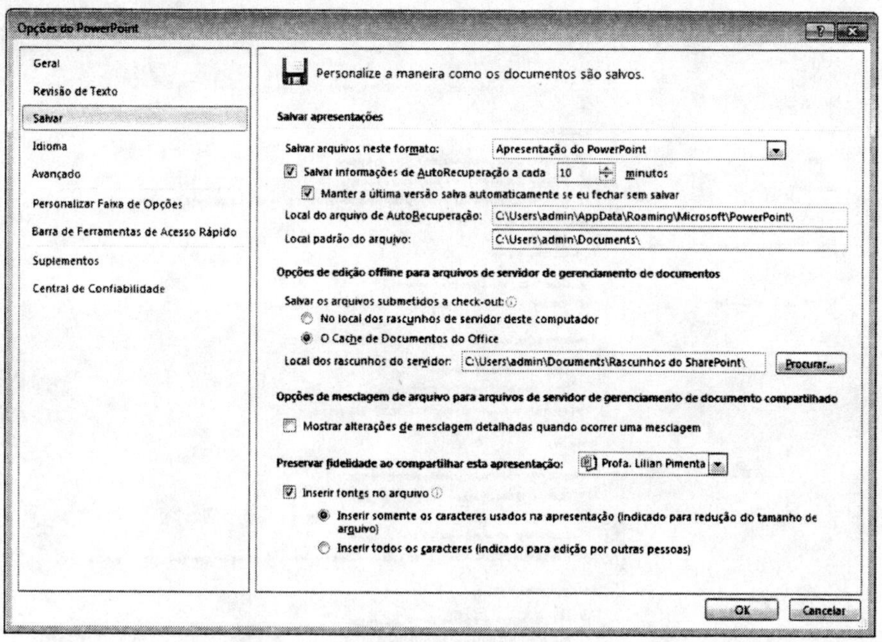

Guia Arquivo / Opções / Idioma

Para configurar preferências de Idioma do Office.

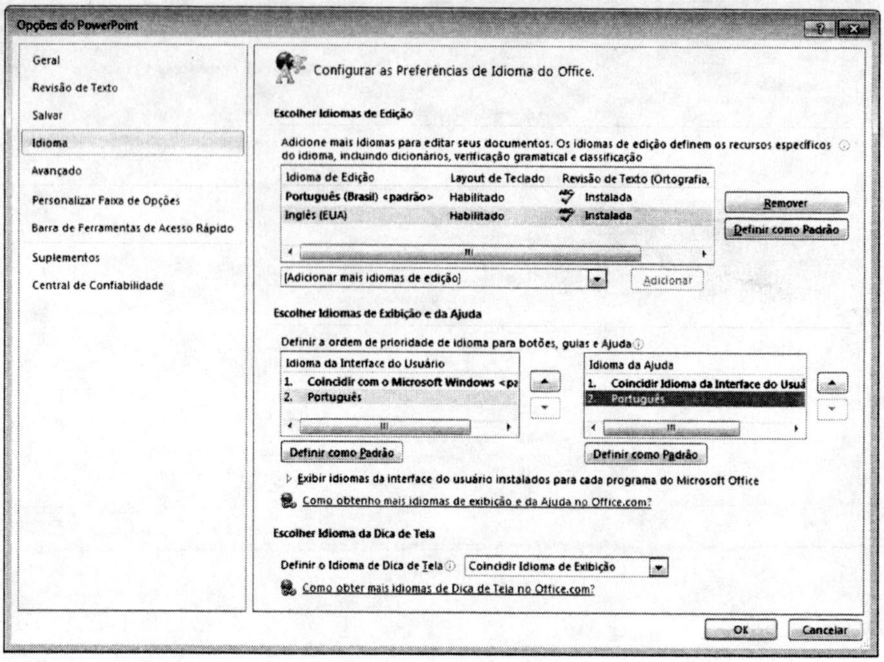

Guia Arquivo / Opções / Avançado

Permite configurar opções avançadas para trabalhar com o PowerPoint.

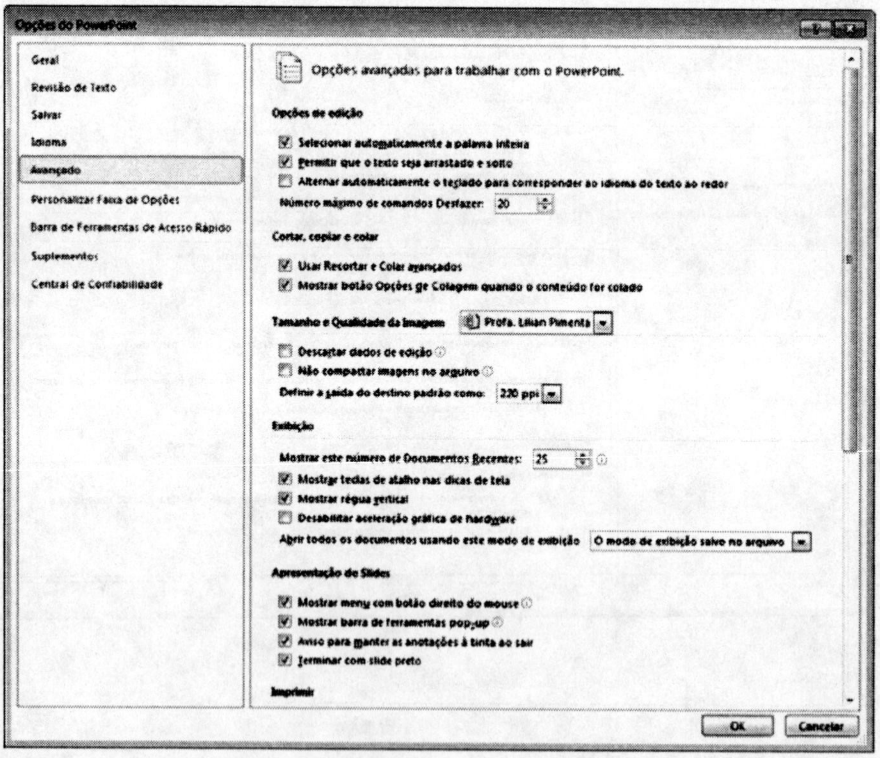

Guia Arquivo / Opções / Personalizar Faixa de Opções

Para personalizar a faixa de Opções e atalhos de teclado. É possível criar novas guias personalizadas, novos grupos e inserir botões.

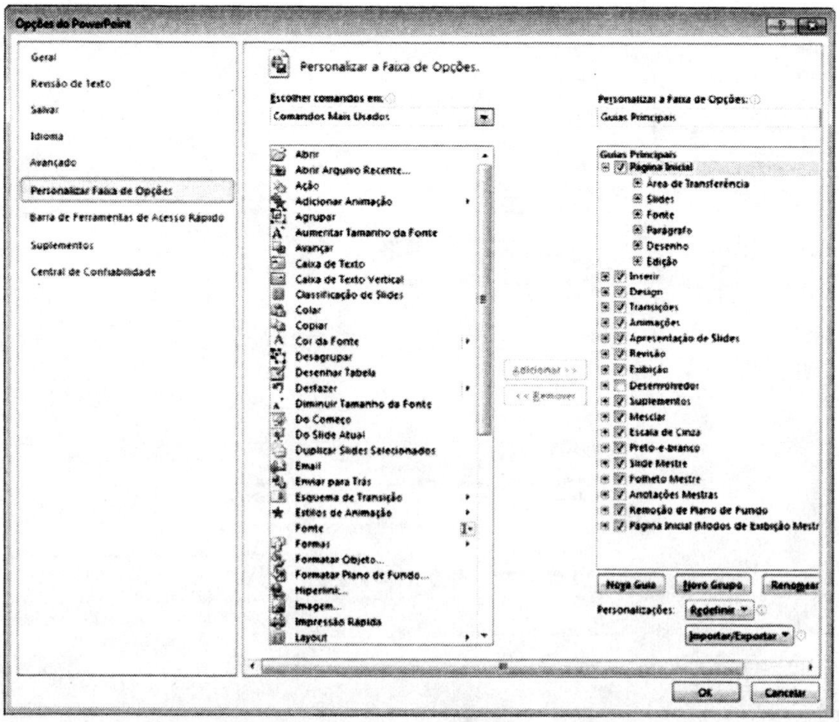

Guia Arquivo / Opções / Barra de Ferramentas de Acesso Rápido

Para personalizar a barra de ferramentas de acesso rápido, que por padrão aparece somente com os botões (Salvar, Desfazer, Refazer). Observe de acordo com a configuração feita no quadro abaixo que agora a barra de ferramentas de acesso rápido passará a apresentar os botões (Colar, Cor da fonte, Abrir e Novo) que foram acrescentados à essa barra de ferramentas.

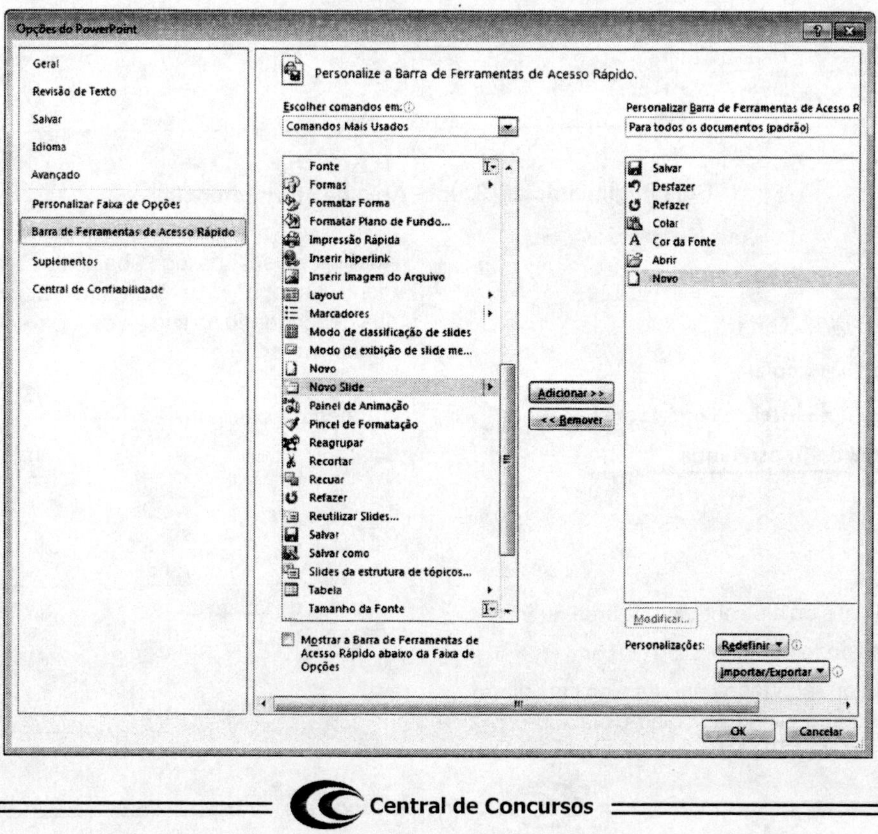

Guia Arquivo / Suplementos

Exibe e gerencia suplementos para o Microsoft Office 2010.

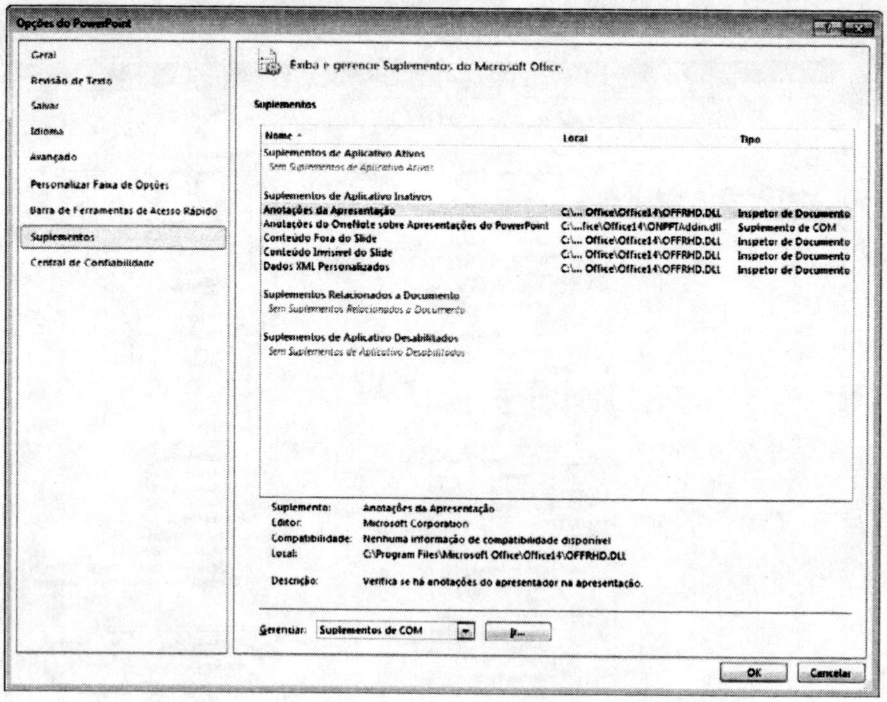

Guia Arquivo / Sair

Sair. Permite sair do programa **PowerPoint**. Equivale ao atalho de teclado **Alt+ F4** (Fecha o programa).

As Guias do PowerPoint 2010

Guia Página Inicial

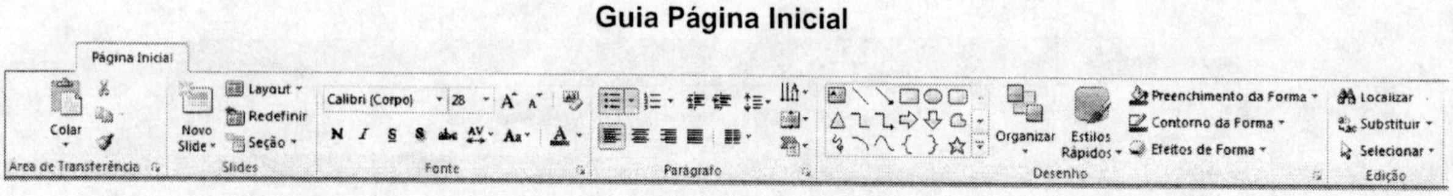

Guia Página Inicial (Grupo Área de Transferência)

Colar. (Ctrl+V) - Cola o conteúdo da área de transferência na posição onde se encontra o cursor;

1º Após ter copiado ou recortado parte da planilha, clique na guia **Página Inicial** e clique no botão **Colar** ou pressione o atalho de teclas **CTRL+V**.

Ao clicar na setinha logo abaixo do botão Colar, desce um menu com opções de Colagem e ColarEspecial. Observe que dependendo do tipo de objeto a ser colado, as opções podem variar.

Opções de colagem

ou

 **Colar**. Você pode escolher ainda as opções **Colar Especial** e **Definir Colagem Padrão**, descritas no próximo exemplo.

 **Usar Tema do Destino.**

 **Manter Formatação Original.** Atalho: Pressione a letra "F" no teclado, quando o menu acima estiver disponível.

 **Colar como Imagem**. Atalho: Pressione a letra "M" no teclado, quando o menu acima estiver disponível.

 **Manter Somente Texto.** Atalho: Pressione a letra "T" no teclado, quando o menu acima estiver disponível.

Colar Especial...:

Ao clicar nesta opção, aparece o quadro abaixo, onde é possível escolher opções de colagem para o texto previamente copiado ou recortado para a área de transferência. A opção "**Texto não formatado**", permite colar um texto sem a formatação original, ou seja, o texto colado assume a formatação do parágrafo para onde será colado. Esta é uma boa opção para aqueles textos que são copiados de páginas da Internet e colados no slide. Assim, retira-se toda a formatação HTML do texto da Internet, deixando-o livre para assumir a formatação do seu documento.

Recortar **Recortar.** (Ctrl+X) Remove texto ou objeto selecionado, que foi previamente selecionada, colocando na área de transferência, para que posteriormente possa ser executado o comando de colar.

1º: selecione a parte do slide a ser recortada.

2º: Na Guia Página Inicial, clique sobre o botão **Recortar** ou utilize o atalho de teclado **CTRL+X**.

Copiar **Copiar.** (Ctrl+C) **Copiar** (Ctrl+C) - Copia texto ou objeto selecionado para a área de transferência para ser colado em outro local;

1º: selecione a parte do documento a ser copiada.

2º: Na Guia Página Inicial, clique sobre o botão **Copiar** ou utilize o atalho de teclado **CTRL+C**.

Pincel de Formatação **Pincel de Formatação.**

Copia a formatação de um local e aplica em outro; Atalho: **Ctrl+Shift+C**.

A Área de Transferência

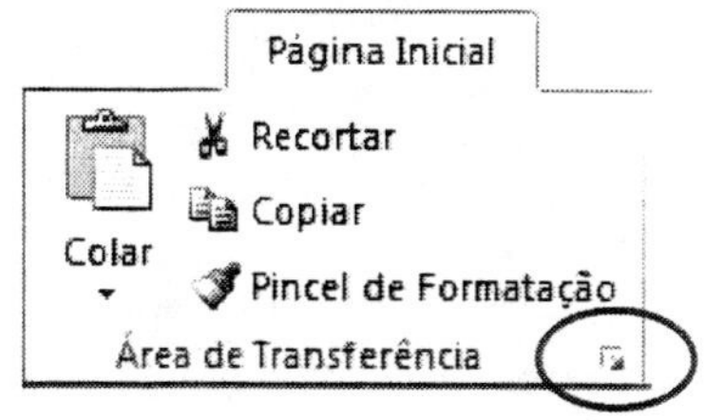

Alguns grupos possuem no canto direito uma seta. Isto significa que há opções referentes à ferramenta a serem abertas. Neste caso, será aberta a Área de Transferência no Painel de Tarefas.

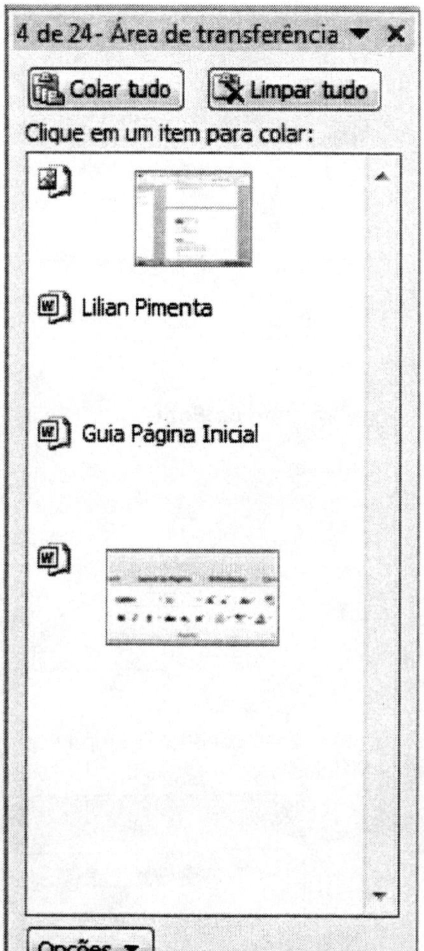

A Área de Transferência do Office 2010, assim como a do Office 2007 e do Office 2003, tem capacidade para até 24 elementos, que podem ter sidos copiados ou recortados e ficarão à disposição para serem colados a qualquer momento. Possui os botões "Colar tudo" (que permite colar todo o conteúdo da área de transferência de uma só vez) e Limpar tudo (que permite limpar todo o conteúdo da área de transferência).

— **Área de transferência** - Abre janela com textos e objetos recortados ou copiados para serem colados.

Grupo: Slides

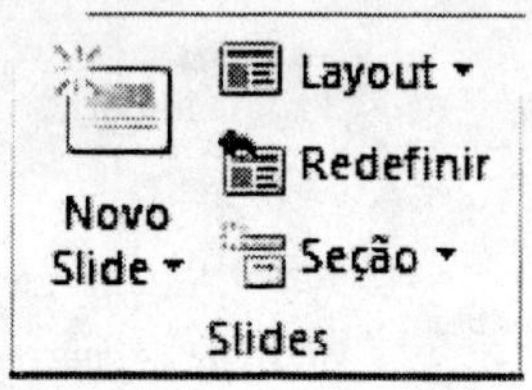

Este grupo contém as opções: **Novo Slide**, **Layout**, **Redefinir**, **Excluir**.

- **Novo Slide** – permite inserir um novo slide na apresentação.
- Layout – permite alterar o layout do slide.
- **Redefinir – permite restabelecer as configurações de posição, tamanho, etc.**
- Seção – para organizar os slides em seções.

Guia Página Inicial (Grupo Fonte)

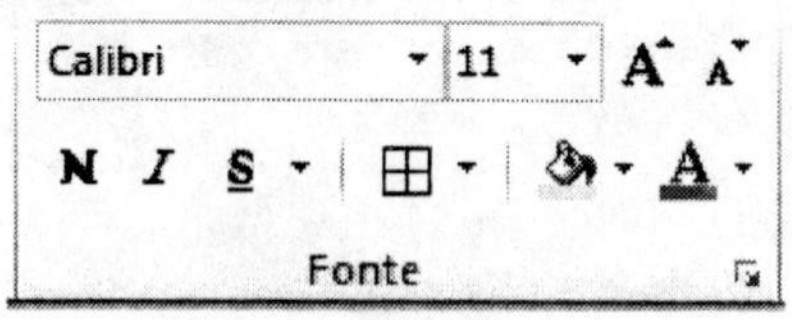

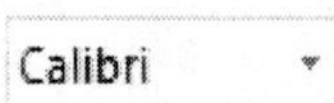

Fonte. (Ctrl+Shift+F) - Altera o tipo de fonte;

Tamanho da Fonte. (Ctrl+Shift+P) - Altera o tamanho da fonte;

Aumentar Fonte. Aumentar o tamanho da fonte.

Diminuir Fonte. Diminuir o tamanho da fonte.

Limpar Toda Formatação - Limpa toda a formatação do texto selecionado;

Negrito. Aplica negrito ao texto. Atalho: **Ctrl+N** ou **Ctrl+Shift+N**

Itálico. Aplica itálico ao texto. Atalho: **Ctrl+I** ou **Ctrl+Shift+I**

Sublinhado. Sublinha o texto. Atalho: **Ctrl+S** ou **Ctrl+Shift+S**

Sombra de Texto – adiciona uma sombra atrás do texto, para destacá-lo;

Tachado - Desenha uma linha no meio do texto selecionado;

Espaçamento entre caracteres – para ajustar o espaço entre os caracteres;

Maiúsculas e Minúsculas - Altera todo o texto selecionado para maiúsculas, minúsculas ou outros comuns do maiúscula/minúscula;

Cor da Fonte - Altera a cor do texto selecionado;

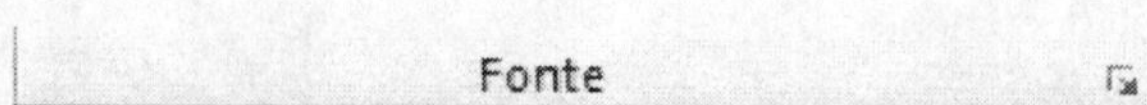

Fonte

Ao clicar na seta do lado direito do grupo Fonte, aparece um quadro de diálogo com opções de configuração de fontes e espaçamento de caracteres.

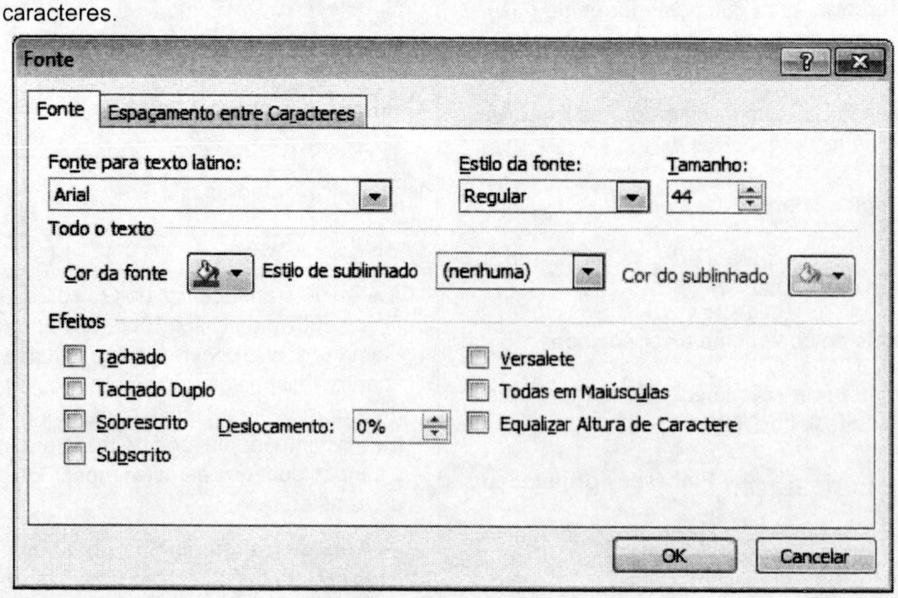

Guia Página Inicial (Grupo Parágrafo)

Grupo: Parágrafo

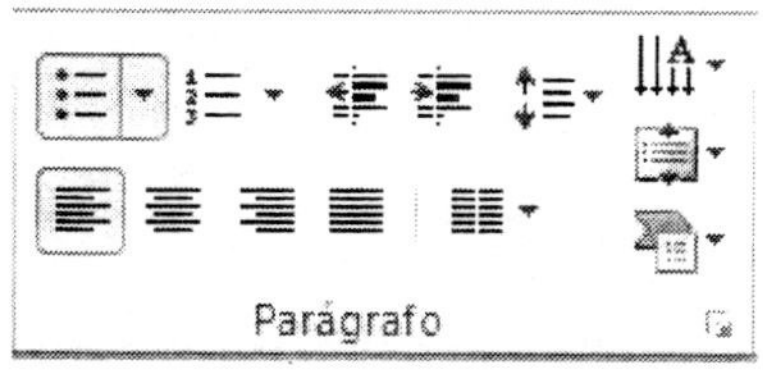

Marcadores. Para iniciar uma lista com marcadores. Clique na seta ao lado para escolher o tipo de marcador.

Numeração. Para iniciar uma lista numerada. Clique na seta ao lado para escolher diferentes formatos de numeração.

Diminuir Recuo. Para diminuir o nível de recuo do parágrafo.

Aumentar Recuo. Para aumentar o nível de recuo do parágrafo. O padrão de recuo é 1,25cm.

Espaçamento de Linha e Parágrafo. Para alterar o espaçamento entre as linhas do texto. É possível personalizar a quantidade de espaço antes e depois do parágrafo, clicando na setinha ao lado do botão.

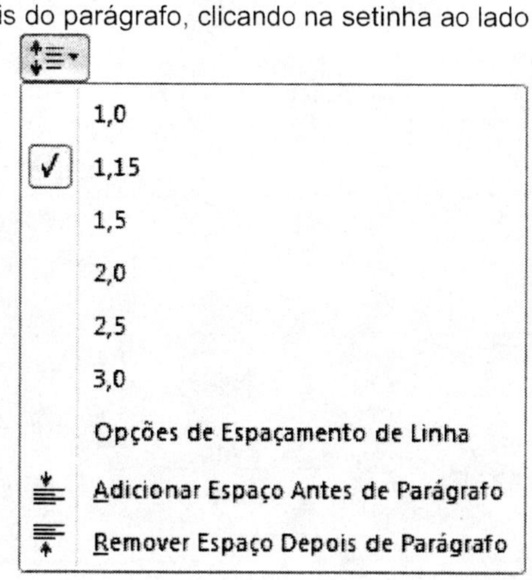

Alinhar Texto à Esquerda. Atalho: **Ctrl+Q**.

Centralizar. Atalho: **Ctrl+E**.

Alinhar Texto à Direita. Atalho: **Ctrl+G**.

Justificar. Atalho: **Ctrl+J**.

Colunas. Para dividir o texto em uma, duas, trÊs ou mais colunas.

Ao clicar na opção "**Mais Colunas**", abre-se o quadro de diálogo "**Colunas**", onde é possível aumentar o número de colunas.

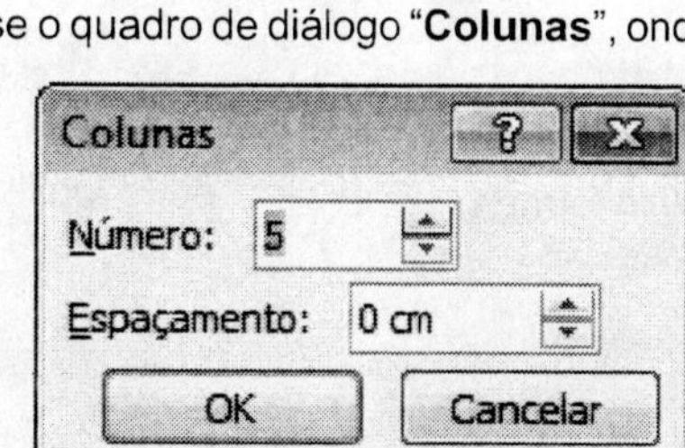

Direção do Texto – altera a orientação do texto;

Alinhar Texto – altera o alinhamento do texto na caixa de texto;

Converter em Elemento Gráfico SmartArt.

Aparece uma lista de gráficos SmartArt que podem ser usados. Clicando na opção **"Mais Elementos Gráficos SmartArt"**, abre-se a janela a seguir:

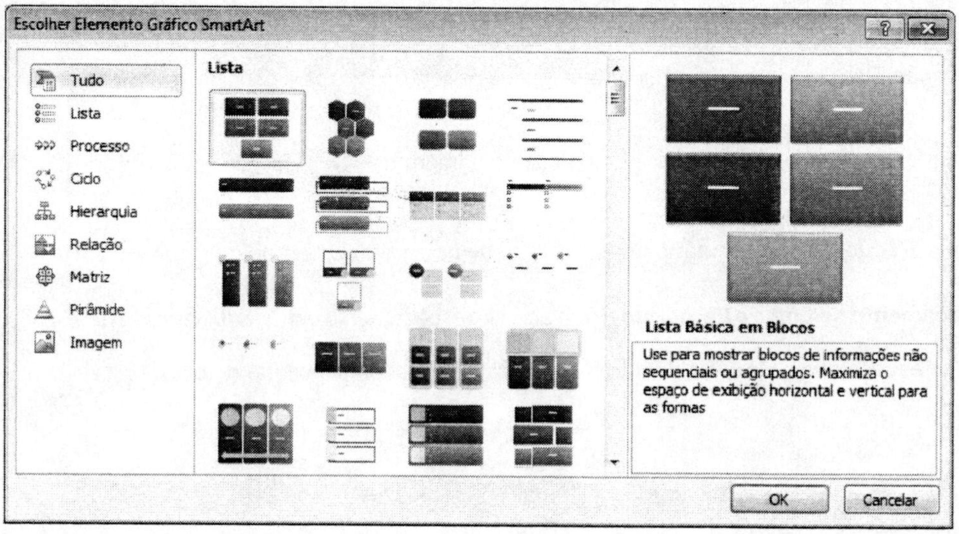

Guia Página Inicial (Grupo Desenho)

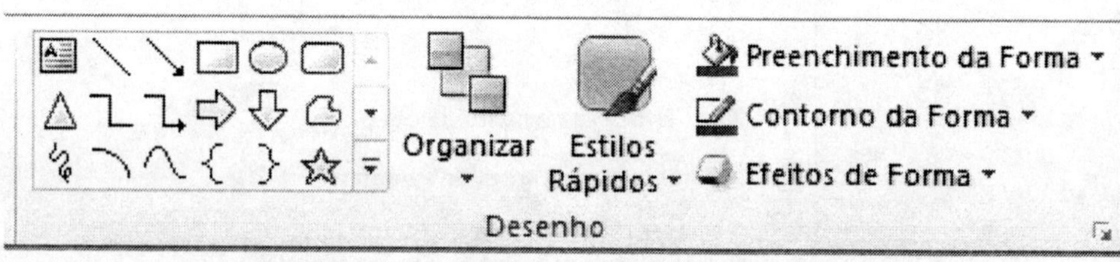

Formas – Inserir formas prontas, como retângulos, linhas, setas, etc;

Organizar Organizar objetos no slide, alterando a ordem, a posição, a rotação;

Estilos Rápidos Escolher um estilo visual para a forma ou linhas;

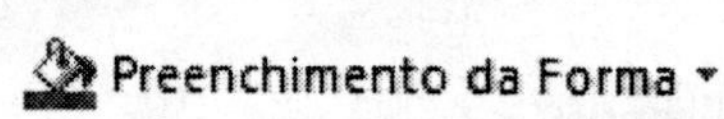

Preenchimento da Forma – permite preencher com cor, imagem ou textura, a forma selecionada;

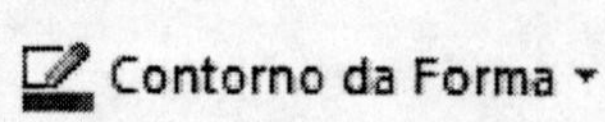

Contorno da Forma
cor, largura e estilo da linha da forma selecionada;

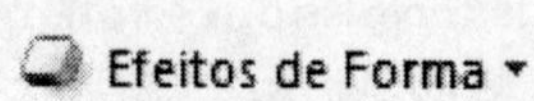

Estilos de Forma
aplicar um efeito à forma selecionada, como sombra, por exemplo;

Guia Página Inicial (Grupo Edição)

Localizar. Para localizar palavras no texto. Atalho: **Ctrl + L**.

- **Localizar** (Ctrl+L) - Localiza texto na apresentação;

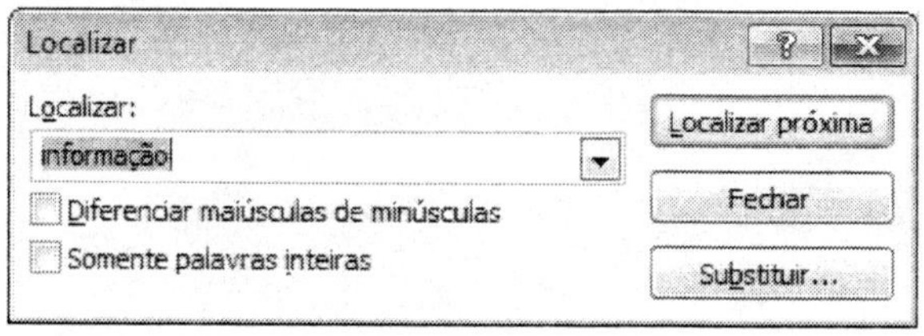

- **Substituir** (Ctrl+U) - Substitui um texto na apresentação;
- **Selecionar** - Seleciona texto ou objeto da apresentação, frequentemente utilizado para selecionar arquivos que estejam atrás do texto.

Guia Inserir

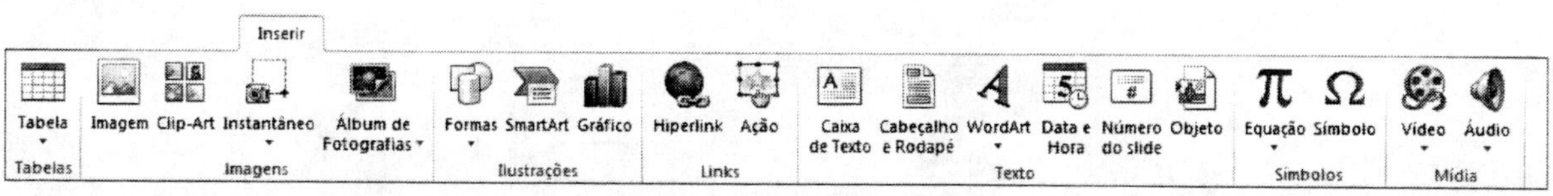

Guia Inserir (Grupo Tabelas)

Tabelas. Permite inserir e trabalhar com tabelas nos slides. Ao clicar na setinha logo abaixo do botão Tabela, abre-se um menu com opções. Selecionando-se uma sequência de quadradinhos, é possível inserir uma tabela automaticamente, após soltar o mouse.

Exemplo: Na figura abaixo, é possível notar a seleção de alguns quadradinhos e a indicação **Tabela 3x2**, o que significa que ao soltar o botão do mouse, será inserida no documento uma tabela com 3 colunas e 2 linhas.

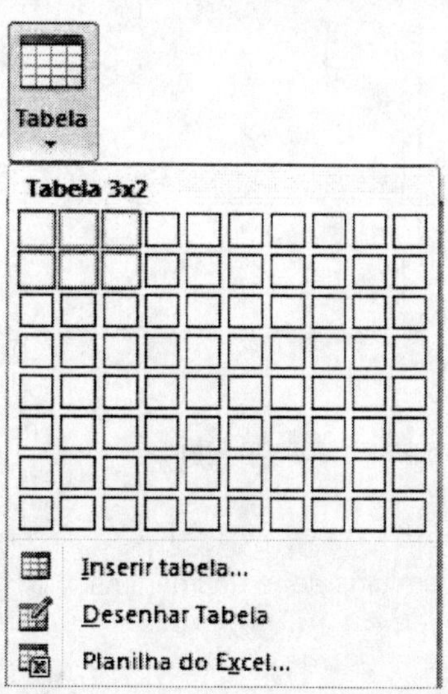

Ao clicar em **Inserir Tabela** aparece a seguinte janela para que você insira o nº de colunas e nº de linhas da tabela.

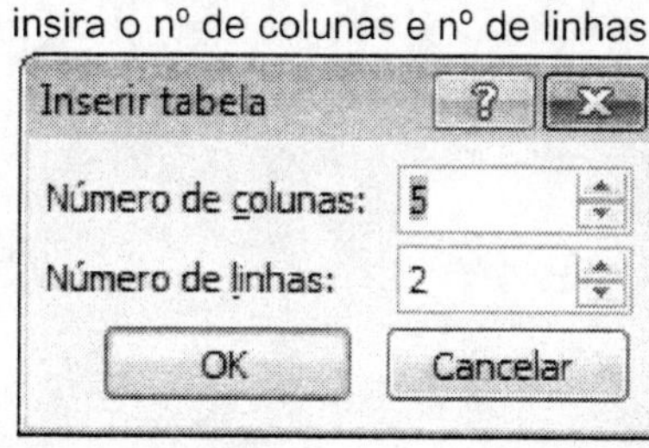

Neste quadro é possível configurar o **número de colunas** e o **número de linhas** da tabela, além de largura de coluna fixa, ajustada automaticamente ao conteúdo ou ajustada automaticamente à janela.

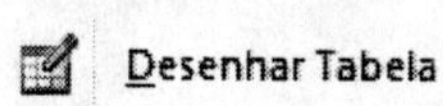

Desenhar Tabela.

Permite desenhar uma tabela linha por linha, definindo seu formato de maneira mais livre.

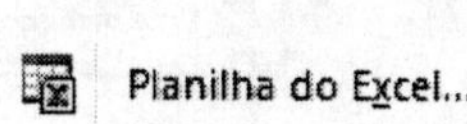

Planilha do Excel.

Permite inserir uma planilha do Excel no documento. Ao clicar neste opção, a janela do programa Microsoft Excel 2010 será aberta, onde o usuário poderá criar a planilha. Ao término, fecha-se a janela do Excel e a planilha é inserida automaticamente no documento na posição do cursor e na forma de uma tabela.

Porém, sempre que o usuário der um duplo clique sobre esta tabela, automaticamente será simulado o ambiente do Excel, permitindo alterações na planilha através do seu programa de origem.

Exemplo de planilha inserida em um documento:

casa	carro	DINHEIRO
2	2	1.000.000,00

Guia Inserir (Grupo Imagens) 

Imagem **Imagem.** Para inserir imagens no documento. Esta opção abre um quadro de diálogo, onde é possível escolher a imagem de arquivo a ser inserida.

Clip-Art **Clip-Art.** Para inserir desenhos que já vem pré-configurados no Office. Esta opção é aberta no Painel de Tarefas, onde é possível escolher o desenho a ser inserido no documento.

Instantâneo **Instantâneo.** Permite inserir imagem de qualquer programa através do recorte da tela.

Álbum de Fotografias **Álbum de Fotografias.** Permite criar uma apresentação com base em uma série de imagens.

Grupo Ilustrações 

Formas. Permite inserir objetos de várias formas no documento, como linhas, setas, fluxogramas, textos explicativos, estrelas, faixas, etc. Ao clicar no botão é aberto um menu com várias formas.

SmartArt. Permite inserir diagramas e organogramas nos slides da apresentação. Ao clicar nesta opção é aberta uma janela com opções.

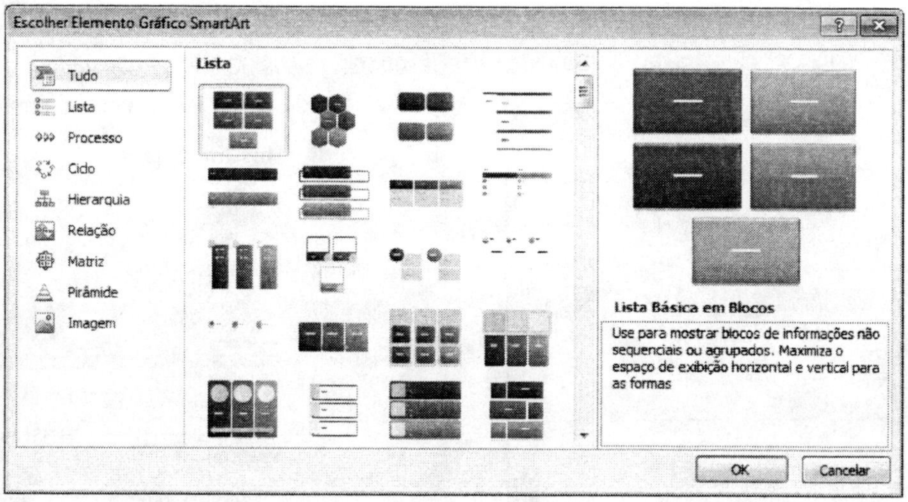

Gráfico. Com esta opção é possível inserir um gráfico nos slides, a fim de ilustrar e comparar dados. Os gráficos podem ser de várias formas, como Coluna, Linha, Pizza, Barra, Área, XY(Dispersão), Ações, Superfície, Rosca, Bolhas, Radar. Ao clicar neste botão, é aberta a janela abaixo com opções de escolha do tipo de gráfico a ser inserido no documento.

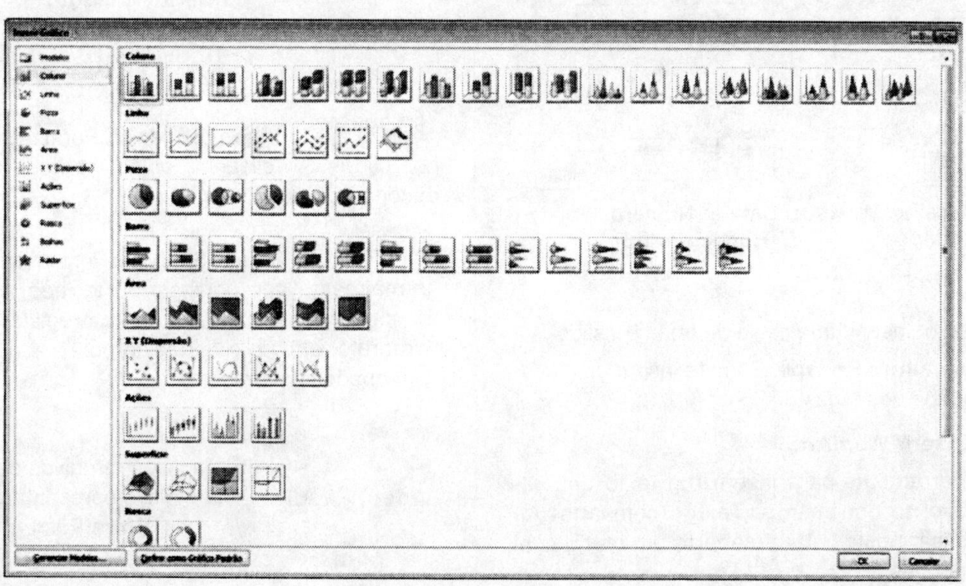

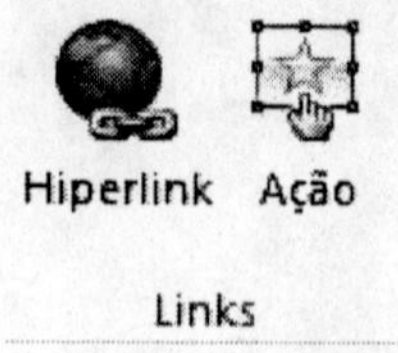

Hiperlink **Inserir Hiperlink.**

Permite criar um link para uma página da Web, uma imagem, um endereço de e-mail, um programa ou qualquer outro tipo de arquivo. Ao clicar nesta opção, é aberta uma janela com opções e pastas para escolher o arquivo com o qual será feito o link. Atalho: **Ctrl+K**.

Ação **Ação.**

Para adicionar uma ação ao objeto selecionado, especificando o que deve acontecer quando você clicar nele.

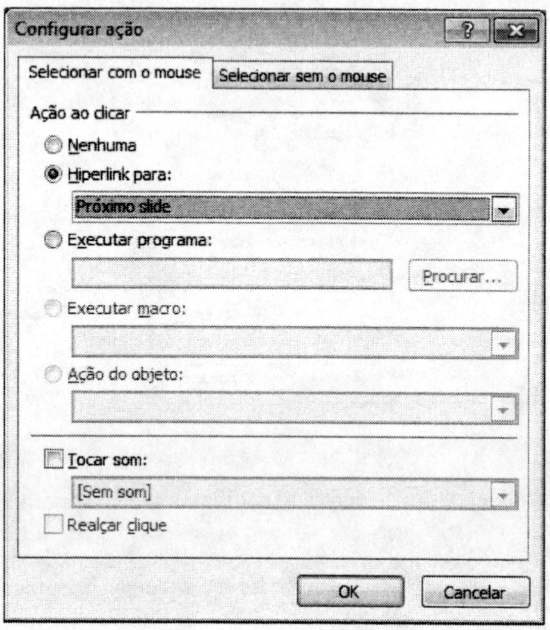

Grupo: Texto

- Caixa de Texto. Inserir uma caixa de texto no slide.
- **Inserir Cabeçalho e Rodapé**. Permite inserir um cabeçalho ou rodapé nos slides.

WordArt **Inserir WordArt.**

Ferramenta para inserir um texto decorativo no documento. Textos com arte. Ao clicar neste botão, é aberto um menu com opções.

Data e Hora **Inserir Data e Hora.**

Para inserir a data e/ou hora atuais no documento atual. Ao clicar neste botão, é aberta uma janela onde é possível configurar o formato de data e hora. Também pode-se habilitar a opção de atualização automática.

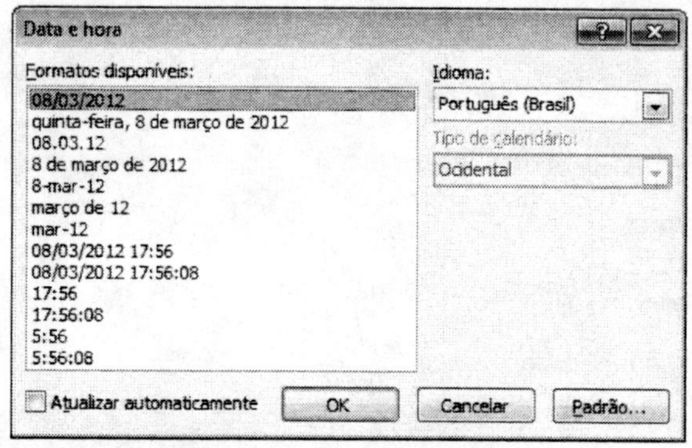

09/03/yyyy 09:03:12

Número do Slide. Permite inserir números nos slides.

Objeto **Inserir Objeto.**

Permite inserir um objeto no slide. Ao clicar na opção Objeto, abre-se a seguinte janela, onde é possível inserir um objeto de um programa.

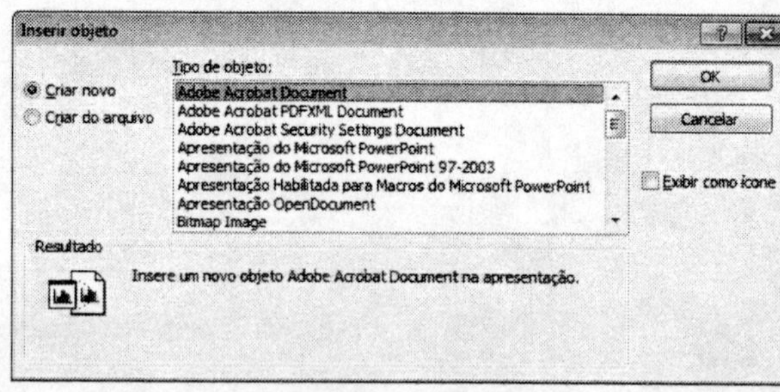

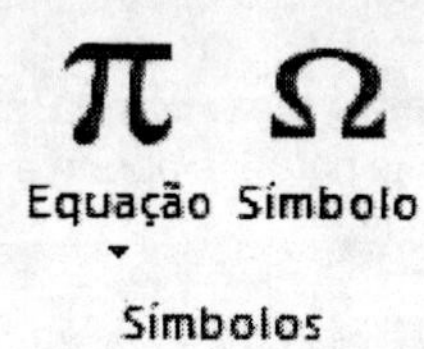

π Equação **Inserir Equação.** Permite inserir equações nos slides. Ao clicar no botão, aparece um menu com opções de Equações.

Ω Símbolo **Inserir Símbolo.** Para inserir símbolos que, normalmente não constam do teclado, como símbolos de copyright, símbolos de marca registrada, marcas de parágrafo, etc. Ao clicar neste botão, é aberto um menu com opções de símbolos.

Para inserir arquivos de vídeo e áudio nas apresentações do PowerPoint.

Guia Design - Escolha um visual completo para os slides que inclui design de plano de fundo, fontes e esquema de cores. Em seguida, personalize esse visual.

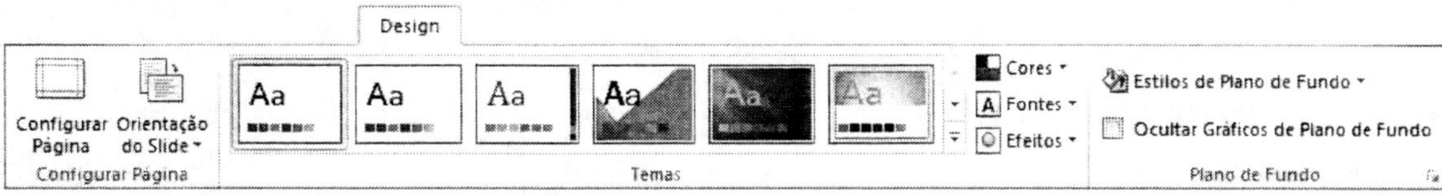

Guia Animações - Todos os efeitos de animação estão aqui. É possível aplicar **efeitos**, **sons**, **modos de transição de slides**, etc.

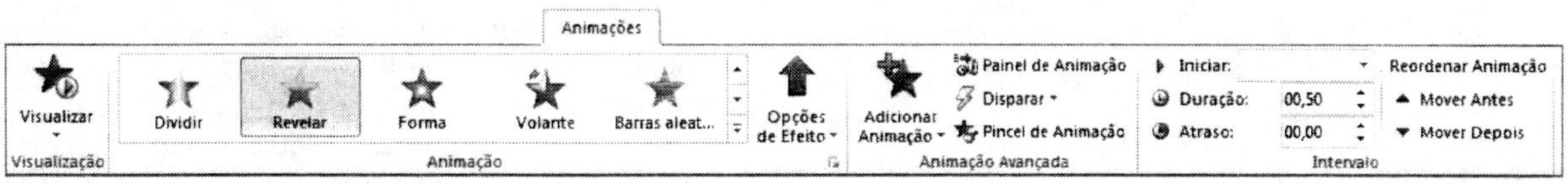

Ao clicar em Animações Personalizadas, abre-se o Painel de Tarefas, com opções para personalizar a animação.

Guia Apresentação de Slides - Permite configurar os modos de apresentação de slides. É possível Ocultar slide, Gravar narração, Testar intervalos, transmitir apresentações de slides pela Web, entre outras opções.

Do começo. Inicia a apresentação de slides a partir do primeiro slide. Atalho: F5.

Do Slide Atual. Inicia a apresentação de slides a partir do slide atual. Atalho: Shift+F5.

Guia Revisão - Nela é possível: **Verificar ortografia**, **pesquisar**, usar o **dicionário de sinônimos**, **traduzir**, mudar o **idioma**. Permite também criar e editar **comentários**, e **proteger apresentação**.

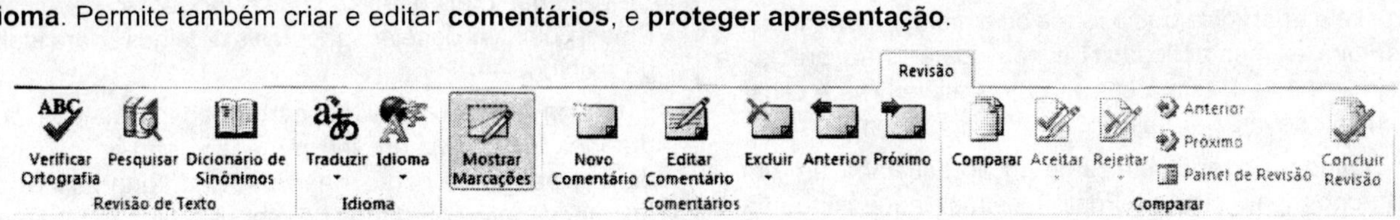

Guia Exibição - Permite alterar entre os modos de Exibição do PowerPoint 2010, que são: **Normal**, **Classificação de Slides**, **Anotações**, **Modo de Exibição de Leitura**.

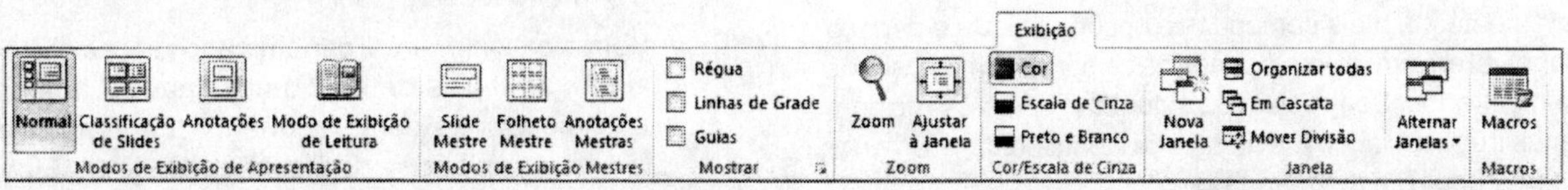

Slide Mestre – todos os elementos criados no slide mestre aparecem em todos os outros slides, como por exemplo, uma marca d'água. Além disso, é possível criar **Folheto mestre** e fazer **anotações**.

Grupo: Mostrar

Permite mostrar/ocultar **réguas**, **linhas de grades** e **barra de mensagens**.

Grupo: Zoom

Permite definir o **zoom** e **ajustar à janela**.

Grupo: Cor/Escala de cinza

Permite alterar entre **cor**, **escala de cinza** e **preto e branco puro**.

Grupo: Janela

Nova Janela, Organizar todas (coloca as apresentações abertas lado a lado na tela), Janelas em Cascata, Mover divisão, alternar janelas;

Grupo: Macros

Macro é uma série de comandos e instruções agrupadas como um único comando para realizar uma tarefa automaticamente. Este grupo possibilita a exibição e criação de macros.

Guias quando necessárias

Você notará as guias de cores exclusivas que aparecem e desaparecem na Faixa de Opções enquanto você trabalha. Elas são **guias contextuais** que contêm ferramentas de formatação especiais para itens, como imagens e elementos gráficos. Há mais sobre essas guias posteriormente.

1. Alguns tipos de efeito de transição mostrados na Faixa de Opções.
2. Para ver mais efeitos, clique no botão **Mais**.
3. A galeria completa de efeitos de transição é exibida. Aponte para qualquer efeito para vê-lo no slide; clique nele para aplicá-lo.

Quando o PowerPoint oferece muitas opções, como estilos para uma forma, tipos de WordArt ou efeitos de animação, algumas delas são mostradas na Faixa de Opções. Para ver a galeria com todas as opções, clique na seta **Mais**, como mostra a imagem.

Aponte para uma visualização – Quando você coloca o ponteiro do mouse sobre uma miniatura da galeria (focaliza), vê a aparência que a forma ou o efeito de animação assumirá ao ser aplicado. Se não gostar, não precisa desfazer nada. Basta focalizar outras miniaturas e clicar naquela que desejar aplicar.

1. Quando não encontrar uma opção desejada em um grupo, como o grupo Fonte mostrado aqui, clique na seta no canto.
2. Será exibida uma caixa de diálogo com mais opções disponíveis.

Claramente, há mais comandos e opções do que o espaço disponível em um grupo. Apenas os comandos mais usados são mostrados. Se precisar de algum comando usado com menos freqüência, clique na seta diagonal no canto inferior de um grupo. Ela exibe mais opções.

Por exemplo, no grupo **Fonte da guia Início**, você tem os botões de formatação comuns para tipo e tamanho de fonte, negrito, itálico, cor etc.

Para usar outro tipo de formatação, como sobrescrito, clique na seta desse grupo para acessar a caixa de diálogo **Fonte**. A seta aparece no grupo quando você está fazendo algum trabalho no slide que possa precisar de comandos desse grupo. Por exemplo, quando clica em um espaço reservado para texto no slide, a seta aparece em cada grupo da guia Início que tem comandos relacionados ao trabalho com texto.

Dica: diminua a Faixa de Opções se você precisar de mais espaço na janela, oculte temporariamente os comandos da Faixa de Opções.

Ao trabalhar em uma apresentação, você executa algumas ações que são gerais ou repetitivas e que não estão relacionadas a uma fase específica do processo, como salvar o arquivo ou desfazer algo que não pretendia fazer. Para essas ações, use a Barra de Ferramentas de Acesso Rápido. É o pequeno grupo de botões à esquerda, acima da Faixa de Opções. Ele contém os comandos **Salvar**, **Desfazer**, **Repetir** ou **Refazer**.

1. Os botões de modo de exibição continuam iguais. Eles só trocaram de posição na janela.
2. Arraste o controle deslizante de zoom para ampliar ou reduzir a exibição do slide. Clicar nos botões menus (-) e mais (+) tem o mesmo efeito.
3. Clique nesse botão para readaptar o slide à janela depois de aplicar zoom.

Você precisa mudar o modo de exibição com freqüência no PowerPoint e sempre fez isso facilmente usando botões. Isso não mudou. Os botões dos modos de exibição Normal, Classificação de Slides e Apresentação de Slides continuam lá, eles apenas mudaram da parte inferior esquerda da janela para a parte inferior direita.

Eles fazem parte da nova barra de ferramentas que inclui um controle deslizante de zoom e um botão que reajusta o slide à janela depois de você ampliar ou reduzir.

Lembre-se – Há uma guia Exibir também e ela inclui uma grande variedade de modos de exibição, como **Anotações**, **Mestre**, uma lista das outras apresentações abertas etc.

Se você usa mais o teclado que o mouse ao trabalhar no PowerPoint, vai desejar saber mais detalhes sobre atalhos de teclado.

O design da Faixa de Opções traz novos atalhos. Duas grandes vantagens em relação a isso são que agora há atalhos para cada botão (nas versões anteriores, isso não acontecia para comandos de menu) e eles normalmente exigem o pressionamento de poucas teclas.

Veja a seguir como usar os atalhos.

1. Em primeiro lugar, pressione ALT.
2. As letras e os números, denominados Dicas de Teclas, que são as teclas de atalho designadas, aparecem, e são mostradas como pequenos quadrados brancos em várias partes da Faixa de Opções. Eles são exibidas como letras em todas as guias da Faixa de Opções. São exibidas como números na Barra de Ferramentas de Acesso Rápido. Os pequenos quadrados brancos contendo as **Dicas de Tecla** são denominados **identificações**.

Pressione uma das teclas designadas para obter mais comandos e botões. Por exemplo, pressione a tecla **H** para exibir todas as Dicas de Tecla dos grupos na guia Início.

3. Em seguida, pressione uma das Dicas de Tecla em um grupo para concluir a seqüência. Por exemplo, pressionar ALT, H, L seria o equivalente a clicar no botão Layout.

E quanto aos antigos atalhos de teclado? – Os antigos atalhos de teclado que começavam com CTRL ainda funcionam e você pode usá-los como sempre fez. Por exemplo, o atalho CTRL+C ainda copia um elemento para a área de transferência, e o atalho CTRL+V ainda cola um elemento da área de transferência.

Os antigos atalhos ALT+ que acessavam menus e comandos também não foram alterados. No entanto, você precisa saber o atalho completo para usá-los.

Como Salvar o Documento

Para salvar as alterações em uma apresentação já existente, basta clicar na Guia Arquivo >> Salvar, ou pela tecla de atalho Ctrl+B.

O Office 2010 possui novas extensões (veja tabela de extensões do PowerPoint 2010 abaixo). Por esta razão, muitos usuários podem ter problemas para ler e editar os arquivos do PowerPoint 2010 em outras versões mais antigas do PowerPoint. Na opção Salvar como..., é possível salvar com formatos de versões anteriores.

Tipo de arquivo	Extensão
Apresentação *Este arquivo abre juntamente com o programa PowerPoint	.pptx
Apresentação do Microsoft PowerPoint *Este arquivo abre somente a apresentação em tela inteira, sem abrir o programa PowerPoint	.ppsx
Modelo	.potx
Modelo habilitado para macro	.pptm

O PowerPoint 2010 possibilita salvar o documento como um arquivo de versão anterior, como a versão 2003.

Observação: Ao se pressionar a tecla Alt no Office 2010, aparecem números e letras de atalho, que quando pressionadas, abrem a opção.

Exemplo:

1. Pressione a tecla Alt. Os diversos atalhos aparecerão.

2. Pressione a letra A.

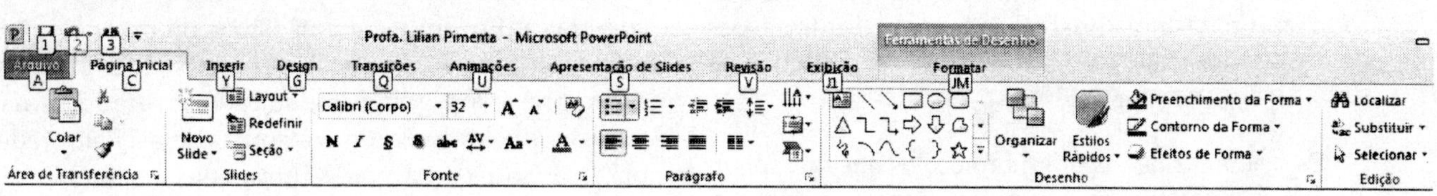

5. Internet e Correio Eletrônico

1. A Internet
2. Ferramentas de Navegação
3. Recursos de Segurança e Privacidade no Internet Explorer 9
4. Opções Internet
5. Protocolos
6. Problemas na Internet
7. Outlook Express 6
8. Software Livre e Formas de Distribuição

1. A Internet

Aquilo que entendemos como internet podemos compreender como uma rede mundial de computadores, ou seja, uma rede com milhões de máquinas conectadas ao redor do mundo. A maior parte destes equipamentos é formada por PCs tradicionais, por estações de trabalho com sistema Unix e pelos chamados servidores que armazenam e transmitem informações, como páginas Web (World Wide Web - WWW) e mensagens de e-mail. Um número cada vez maior de equipamentos não convencionais (TVs, celulares...) estão sendo conectados à internet. Os computadores que usamos diariamente podem ser chamados de hospedeiros (hosts) ou sistemas finais. São assim chamados porque hospedam (rodam) programas de aplicação (ex.: Browser da Web) e, porque se situam na periferia da internet. Estes sistemas podem, ainda, ser divididos em clientes e servidores, onde os clientes, normalmente são as estações de trabalho e os servidores máquinas mais poderosas. Há um significado mais preciso para cliente e servidor em rede de computadores. No chamado modelo cliente/servidor, um programa cliente que roda em um sistema final pede e recebe informações de um servidor que roda em outro sistema final. Esta seria a estrutura que predomina na internet.

Os sistemas finais operam protocolos que controlam o envio e o recebimento de informações na internet. O **TCP** (Trasmission Control Protocol – Protocolo de controle de transmissão) e o **IP** (Internet protocol – Protocolo da Internet) são os protocolos mais importantes da internet. Eles são conhecidos como **TCP/IP**. Estes sistemas são conectados entre si por enlaces de comunicação (Links) que podem utilizar diferentes meios físicos para sua ligação (cabo coaxial, fibra óptica, ondas de rádio etc). A velocidade de transmissão do link é chamada de **largura de banda** e é medida em bits por segundo (bps). Indiretamente são os roteadores que conectam os sistemas finais. Um roteador encaminha a informação que está chegando por um dos links de saída. O protocolo **IP** especifica o formato da informação que é enviada e recebida entre os roteadores e os sistemas finais. O caminho que a informação transmitida percorre do sistema final de origem, passando por uma série de enlaces de comunicação e roteadores, para o sistema final de destino é conhecido como rota ou caminho pela rede.

Em vez de fornecer um caminho dedicado entre os sistemas finais comunicantes, a internet usa uma técnica conhecida como comutação de pacotes, que permite que múltiplos sistemas finais comunicantes compartilhem um caminho, ou partes de um caminho, ao mesmo tempo. Podemos concluir que a internet é um imenso conjunto de redes públicas e privadas, cada uma com gerenciamento próprio.

Esta estrutura toda interconectada demanda uma hierarquia em termos de rede de acesso. Sistemas finais conectados a provedores de acesso (**ISP**). Uma rede de acesso pode ser uma rede local de uma empresa, uma linha telefônica acoplada a um modem ou uma rede de acesso de alta velocidade dedicada ou comutada. Em linhas gerais isto seria o conceito de internet no âmbito público. Existem as redes privadas de empresas ou governos, cujos computadores não são acessíveis às máquinas externas a elas. Estas redes privadas são as chamadas **intranets**.

Como a internet funciona?

Você pode pensar na internet como uma rede telefônica onde, em lugar de um aparelho telefônico, está um computador, o que a transforma em uma rede telefônica audiovisual. A rede telefônica mundial é o conjunto das redes de cada país, sendo que no Brasil, por exemplo, a rede telefônica nacional é subdividida em redes estaduais; as estaduais em metropolitanas; as metropolitanas, em centrais telefônicas onde estão conectados os vários aparelhos telefônicos de um determinado bairro.

A rede mundial da internet também se subdivide em países e, dentro dos países, se subdivide em vários níveis até chegar ao provedor de acesso, que faz o papel da central telefônica. E, assim como do seu telefone você pode ligar para qualquer lugar do mundo, desde que do lado de lá também exista um aparelho, uma linha e uma companhia telefônica, com o seu computador você também pode ligar para qualquer outro computador, desde que cada um tenha um modem, uma linha e um provedor de acesso.

O computador do provedor de acesso (**ISP**) tem o nome de **Host** (pronuncia-se: rôust) cuja tradução é anfitrião, porque é ele quem vai ser o nosso anfitrião na internet. A passagem para a internet chama-se **gateway** (guêituei), cuja tradução é porta, portão, abertura, passagem, ou seja, o provedor de acesso é a nossa porta de entrada na internet.

Repare que quando dizemos que você entrou na internet, queremos dizer que você se conectou com algum computador que está na rede. Ninguém entra na rede sem se conectar com outro computador, assim como você só entra na rede telefônica quando completa a chamada. Quando o modem instalado em sua máquina liga para o modem do seu provedor de acesso, eles trocam as primeiras informações para definir a velocidade, paridade e outros dados daquela conexão.

Cada modem envia o seu protocolo para informar que tipo de equipamento está pedindo e recebendo a conexão, então, **protocolo** é um padrão de comunicação entre dois computadores que permite a troca de mensagens para a transmissão de dados. O mais comum desses padrões, hoje em dia, é o **HTTP**, e ao conjunto de recursos, usuários e computadores ligados na internet pelo protocolo **HTTP** dá-se o nome de **WWW** (**World Wide Web** – ou simplesmente Web**)**.

Na internet existem computadores que estão abertos ao público, são aqueles que têm alguma coisa para mostrar, com ou sem finalidade comercial. Pode ser um texto, uma foto, uma música um filme ou qualquer combinação entre eles. A área da memória deste computador que pode ser visitada chama-se **SITE** (pronuncia-se saite – em algumas provas usa-se o termo "**sitio**"). Ou seja, um site é a área da memória, dentro de um computador na internet, que está aberta ao público.

A Web é um dos mais interessantes, abrangentes e conhecidos serviços oferecidos pela internet. É um banco de dados ou servidor de aplicações que contém informações que podem ser manipuladas através de software de navegação (**browser**). Cada página de um site ou ponto de presença WWW pode conter informações textuais e gráficas e informações na forma de vídeo ou de áudio.

Nas páginas da WWW, qualquer palavra, frase, figura ou ícone pode ser marcada para funcionar como um endereço de outras páginas em um sistema **hipertexto**. Isto permite o deslocamento entre páginas com o simples uso do mouse (apontando com o ponteiro do mouse o que está marcado e apertando o botão principal do mouse). Esta codificação é feita usando uma linguagem de marcação de textos chamada **HTML**, que permite indicar, em cada página, o que é texto normal, o que é figura, ou o que é um ícone de ligação com outras páginas.

E o que é intranet e extranet?

A **intranet** é uma forma de agilizar o trânsito de informações dentro de uma empresa, através da criação de verdadeiros sites departamentais. É baseada no protocolo de rede TCP/IP, padrão de uso da internet e largamente utilizado por aplicações cliente-servidor e conexão de equipamentos em geral. Ou seja, todos os recursos que o protocolo permite poderão ser utilizados na rede (browser, e-mails..). Consiste da instalação de um servidor, Sistema Operacional (Windows Seven, Unix...), que provê páginas de informação e/ou aplicações da mesma maneira como é feito na internet, ou seja, através de softwares gerenciadores de serviços de rede. O Servidor é o responsável pelo processamento das informações arquivadas, este atenderá a todas as solicitações de páginas realizadas pelas diversas estações de trabalho. Na configuração da rede TCP/IP atribui-se um endereço para cada equipamento e a configuração do browser já pré-instalado. O termo intranet é também utilizado para qualquer rede corporativa de acesso remoto (redes **LAN** e **WAN**[1]) que não tenham qualquer conexão com a Internet, então podemos dizer que existem intranets com ou sem acesso a internet.

Em outras palavras intranet é semelhante a um site da Web e usa protocolos da internet, mas é uma rede interna exclusiva de uma empresa. Uma **extranet** também é um site da Web interno ou privado, mas os privilégios de acesso também se estendem aos clientes, parceiros e/ou outras usuários escolhidos. A extranet seria uma tecnologia usada para interligar várias intranets.

[1] **LAN** e **WAN** – Tipos de rede (Local e Remota) que são melhor explicados no capítulo sobre comunicação de dados.

2. Ferramentas de Navegação

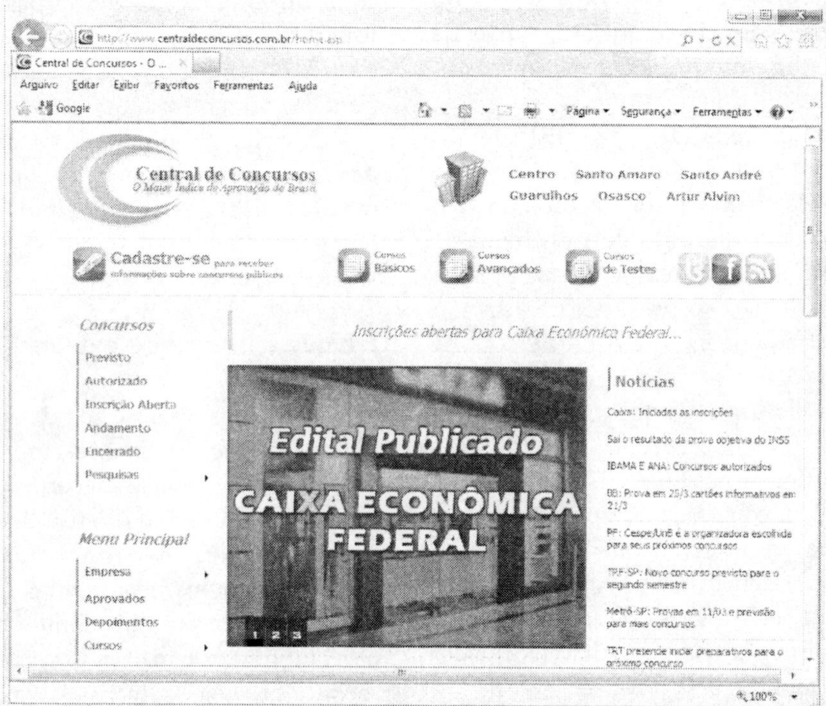

Em algumas provas: **MSIE, IE** ou simplesmente **Browser.**

Barras Para Utilização do IE9

O propósito básico da barra de ferramentas é executar de maneira rápida diversos recursos.

Voltar: Usado para retornar à última página visualizada. Para visualizar uma das últimas nove páginas que você visitou nesta sessão, clique na seta ao lado do botão **Voltar** ou **Encaminhar** e depois clique na página que você deseja na lista.

Avançar: Para mostrar a página visualizada antes de clicar no botão **Voltar**, clique no botão **Avançar**. Para ver uma lista das últimas páginas visitadas, clique na pequena seta abaixo, ao lado do botão.

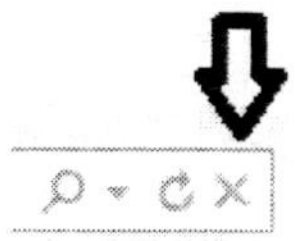

Parar: Suspende o download da página que se estava pretendendo acessar.

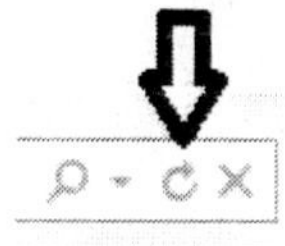

Atualizar: Utilizado para certificar-se de que está visualizando a versão mais recente da página da Web atual.

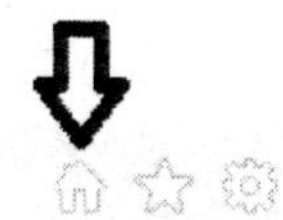

Página Inicial: Você pode definir qual página será inicialmente acessada ao abrir o navegador e que será acessada inclusive quando se acionar este botão. Em **opções da internet...**, no menu **ferramentas**, temos as seguintes opções:

- **Usar atual:** Define a página aberta no momento como página inicial.
- **Usar padrão:** Usa a página inicial que foi definida quando o Internet Explorer foi instalado.
- **Usar em branco:** Especifica que a página inicial será uma página Html em branco.

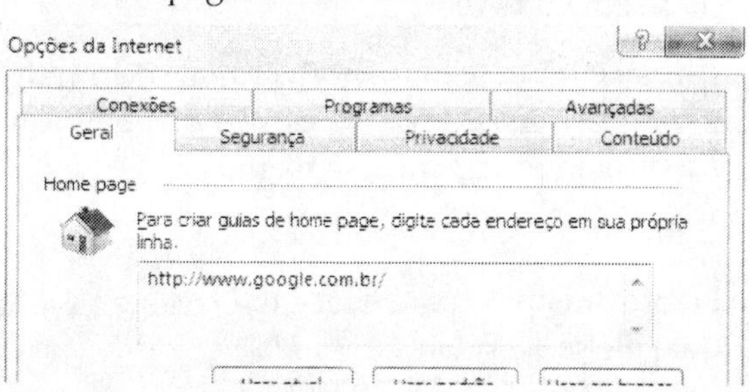

A página inicial pode ser acessada usando a barra de endereço quando se digita ".." (dois pontos) e se pressiona **Enter**.

Pesquisar: Clique no botão Pesquisar na barra de ferramentas para acessar diversos servidores de pesquisa. Digite uma palavra ou expressão na caixa Pesquisar. Digite **go**, **find** ou **?** seguido de uma palavra ou expressão na barra de endereços. O Internet Explorer inicia a pesquisa usando o seu provedor de pesquisa predeterminado.

Depois que estiver em uma página da Web, você pode procurar por um texto específico nessa página, clicando no menu Editar e depois clicando em Localizar (nesta página).

Se um endereço da Web não funcionar, o IE pergunta se você deseja procurar endereços da Web semelhantes. Você pode alterar essa definição de forma que o IE procure automaticamente sem lhe perguntar.

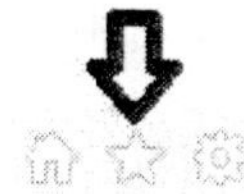

Favoritos: Para adicionar ou acessar uma página na lista de páginas favoritas.

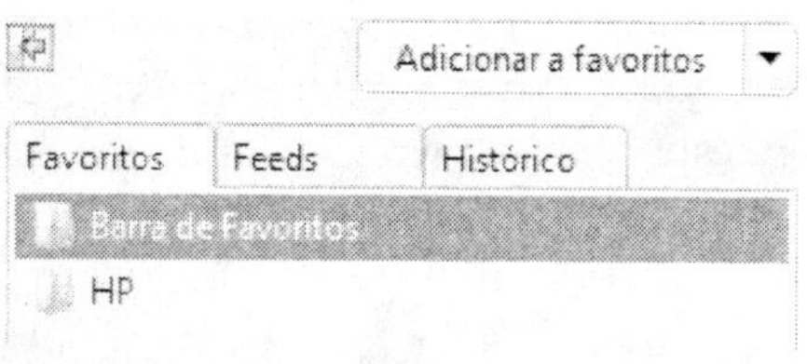

Adicionar:

1. Vá para a página que você deseja adicionar à sua lista de favoritos;
2. No botão favoritos ou no menu favoritos, clique em Adicionar a favoritos, ou direto em  na barra de ferramentas;
3. Digite um novo nome para a página, se desejar.

À medida que a sua lista de páginas favoritas for crescendo, você pode organizá-las em subpastas.

Acessar: Clique no ícone ou no menu favoritos e selecione o endereço desejado.

Histórico: Para localizar uma página acessada nos últimos dias. Ao clicar na guia **Histórico** são exibidos links para sites da Web visitados em dias e semanas anteriores. No padrão está configurado para registrar os 20 últimos dias. É possível esvaziar o conteúdo da pasta histórico acessando menu **ferramentas** em **opções da Internet...** ou alterar a quantidade de dias que os atalhos estarão disponíveis.

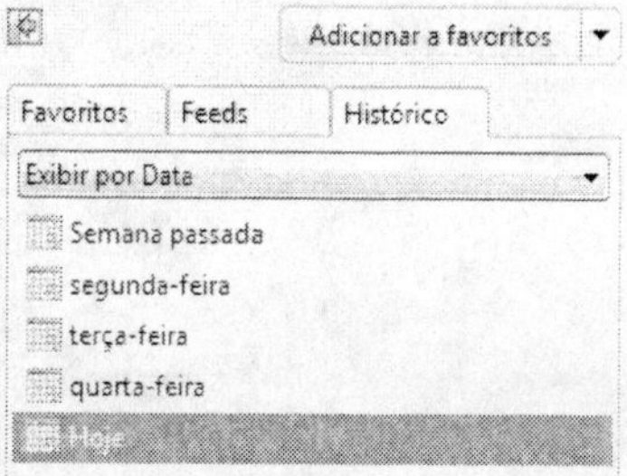

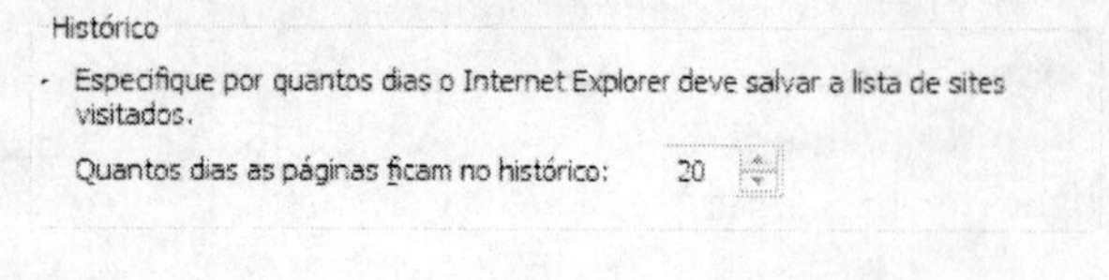

Clique em uma pasta de site da Web para exibir páginas individuais e, em seguida, clique no ícone da página para exibi-la. Para classificar na barra histórico, clique na seta ao lado do botão **Exibir** na parte superior da barra histórico. A barra de histórico pode ser oculta clicando no botão histórico novamente. Você pode alterar o número de dias durante os quais as páginas são mantidas na lista de histórico.

É possível filtrar por: **Data**, **site**, **mais visitados**, **pela ordem de visita hoje** e ainda **pesquisar no conteúdo das páginas** contidas no histórico ou pesquisar Quanto mais dias você especificar, mais espaço em disco será usado no seu computador para salvar as informações.

Correio: O botão correio em sua configuração padrão sugere que seja configurado o **windows live mail**, um programa de correio eletrônico para gerenciar contas de e-mail.

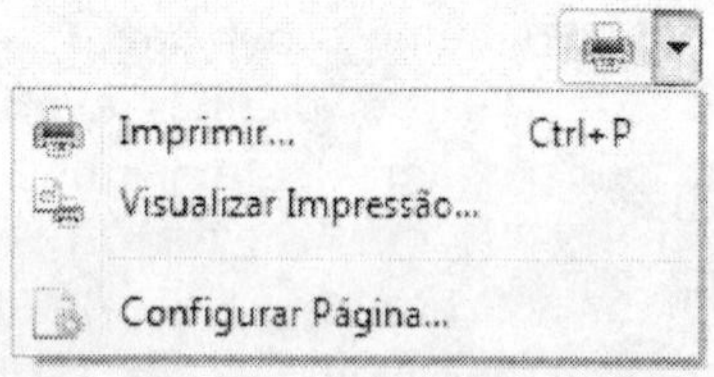

Imprimir: Permite imprimir a página que estiver sendo visualizada no momento na impressora definida como padrão.

Configurar Página:

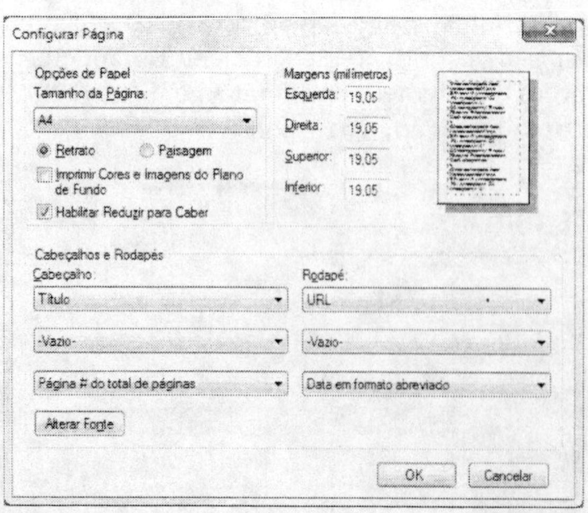

Os feeds, também conhecidos como RSS feeds, são listagens de conteúdo publicado por um site. Eles são usados por sites de notícias e blogs e também para distribuir outros tipos de conteúdo digital, incluindo imagens, áudios ou vídeos.

Assinatura de feeds

Quando você assina um feed, novos conteúdos são baixados automaticamente do site para que o feed esteja sempre atualizado. Existem muitas maneiras de assinar feeds. Estas são algumas:

- Assinar feeds diretamente do Internet Explorer. Esse processo está descrito a seguir.
- Usar um software leitor RSS.
- Clicar em um link em páginas da Web pessoais.

Para assinar um feed usando o Internet Explorer

1. Clique para abrir o Internet Explorer.
   - Se a Barra de comandos não estiver visível, clique com o botão direito do mouse no botão Favoritos  e selecione Barra de comandos.
2. Vá até o site que oferece um feed.
3. Clique no botão Feeds  para visualizar os feeds na página da Web.
4. Clique em um feed (se houver mais de um disponível). Se apenas um feed estiver disponível, você irá diretamente para essa página.
5. Clique em **Assinar este Feed**.
6. Digite um nome para o feed e selecione a pasta na qual ele será criado.
7. Clique em **Assinar**.

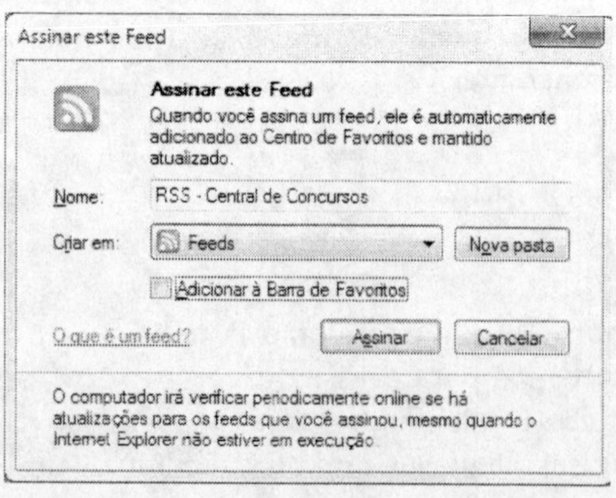

Barra de Endereços

A barra de endereços pode ser usada para abrir uma página ou pasta da Web ou para executar um programa.

O que significa cada item na linha do URL

<u>Http://</u> Quando outro recurso não for especificado, http é o protocolo padrão que o browser utiliza.

<u>Subdomínio</u>: Informação adicional sobre o local onde está o servidor. (opcional, portanto, nem sempre aparece).

<u>Domínio</u>: é o nome associado ao servidor ao qual o usuário está ligado.

DPN (Domínio de Primeiro Nível): Informa sobre o tipo de atividade do domínio.

O nome escolhido deve respeitar as seguintes regras sintáticas:

- Tamanho mínimo de 2 e máximo de 26 caracteres, não incluindo a categoria. Por exemplo: no domínio xxxx.com.br, esta limitação se refere ao xxxx;
- Caracteres válidos são letras de "a" a "z", números de "0" a "9", o hífen, e os seguintes caracteres acentuados: à, á, â, ã, é, ê, í, ó, ô, õ, ú, ü, ç
- Não conter somente números;
- Não iniciar ou terminar por hífen.

Para fins de registro, verifica-se uma equivalência na comparação de nomes de domínio. Esta verificação é realizada convertendo-se os caracteres acentuados e o cedilha, respectivamente, para suas versões não acentuadas e o "c", e descartando-se os hífens. O registro de um domínio **não** é permitido se houver domínio equivalente pertencente a outro titular.

Exclusivo para pessoas jurídicas:
AGR – Empresas agrícolas, fazendas
AM – Empresas de radiodifusão sonora
ART – Artes: música, pintura, folclore
EDU – Entidades de ensino superior
COM – Comércio em geral
COOP – Cooperativas
ESP – Esporte em geral
FAR – Farmácias e drogarias
FM – Empresas de radiodifusão sonora
G12 – Entidades de ensino de primeiro e segundo grau
GOV – Entidades do governo federal
IMB – Imobiliárias
IND – Indústrias
INF – Meios de informação (rádios, jornais, bibliotecas, etc..)
MIL – Forças Armadas Brasileiras
NET – Detentores de autorização para o serviço de Rede e Circuito Especializado da Anatel e/ou detentores de um Sistema Autônomo conectado a internet conforme o RFC1930
ORG – Entidades não governamentais sem fins lucrativos
PSI – Provedores de serviço internet
REC – Atividades de entretenimento, diversão, jogos, etc...
SRV – Empresas prestadoras de serviços
TMP – Eventos temporários, como feiras e exposições
TUR – Entidades da área de turismo
TV – Empresas de radiodifusão de sons e imagens
ETC – Entidades que não se enquadram nas outras categorias

Para profissionais liberais:
ADM – Administradores
ADV – Advogados
ARQ – Arquitetos
ATO – Atores
BIO – Biólogos
BMD – Biomédicos
CIM – Corretores
CNG – Cenógrafos
CNT – Contadores
ECN – Economistas
ENG – Engenheiros
ETI – Especialista em Tecnologia da Informação
FND – Fonoaudiólogos
FOT – Fotógrafos
FST – Fisioterapeutas
GGF – Geógrafos
JOR – Jornalistas
LEL – Leiloeiros
MAT – Matemáticos e Estatísticos
MED – Médicos
MUS – Músicos
NOT – Notários
NTR – Nutricionistas
ODO – Dentistas
PPG – Publicitários e profissionais da área de propaganda e marketing

PRO – Professores
PSC – Psicólogos
QSL – Rádio amadores
SLG – Sociólogos
TRD – Tradutores
VET – Veterinários
ZLG – Zoólogos
NOM – Pessoas Físicas

País: Há uma sigla com duas letras fazendo referencia ao país onde está o servidor responsável pela gestão da internet naquele país. Exceto nos Estados Unidos, onde a Internet se originou (este fato não exclui a possibilidade do registro **.US** – Estados Unidos)
BR – Brasil
FR – França
CA – Canadá
SP – Espanha
PT – Portugal

/pasta: Uma subpasta no servidor que contém itens como subpastas, páginas html, arquivos de qualquer tipo.

/arquivo.ext: Representa qualquer arquivo disponível no site. Geralmente, mas não obrigatoriamente, os arquivos possuem um nome, ponto e extensão com três letras.

Observe que o protocolo **http://** por ser o padrão do Internet Explorer, pode ser omitido na digitação.

Preenchimento Automático

Ajustar as configurações do recurso Preenchimento Automático

Você pode configurar o recurso AutoCompletar para salvar e sugerir somente as informações desejadas. Você pode usar esse recurso em endereços da Web, formulários e senhas ou, se preferir, não usá-lo. Também pode limpar o histórico de qualquer um desses itens.

- No Internet Explorer, no menu **Ferramentas**, clique em **Opções da Internet**.
- Clique na guia **Conteúdo**.
- Em **preenchimento automático**, clique em **Configurações**.
- Marque as caixas de seleção para as opções de **Preenchimento Automático** que você deseja usar.

Excluir as entradas de preenchimento automático da lista da barra de endereços

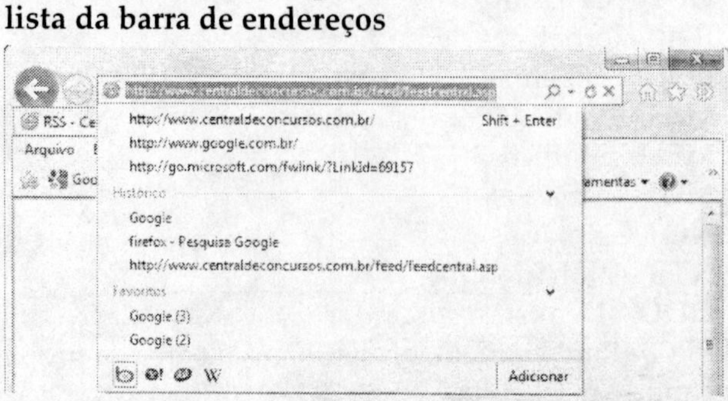

O recurso **preenchimento automático** salva as entradas anteriores de endereços da Web, formulários e senhas. Para excluir as entradas da barra de endereços, limpe a pasta Histórico. Você não pode limpar entradas individuais da lista de entradas salvas.

- No menu **Ferramentas**, clique em **Opções da Internet.**
- Clique na guia **Geral** em **histórico de navegação.**
- Clique em **Excluir.**

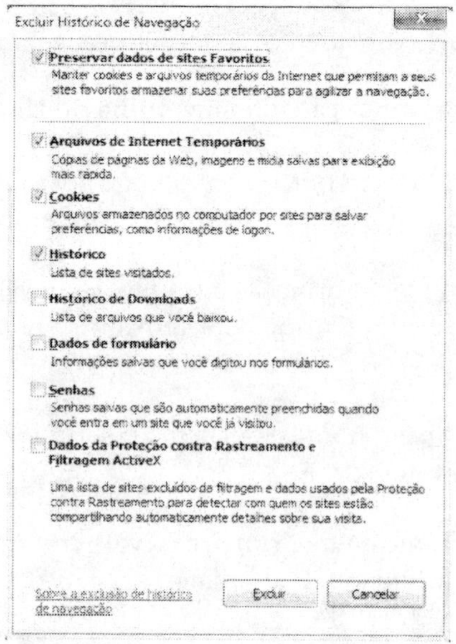

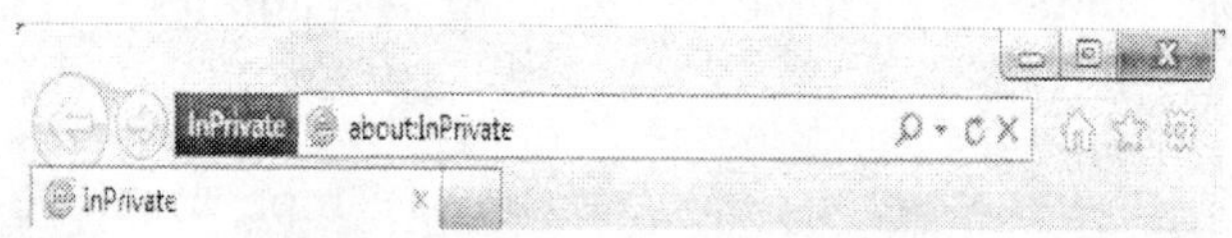

A **Navegação InPrivate** impede que o Internet Explorer armazene dados sobre sua sessão de navegação. Isso ajuda a impedir que qualquer outra pessoa que possa estar usando seu computador veja quais páginas você visitou e o que você procurou na Web. Quando você inicia a Navegação InPrivate, o Internet Explorer abre uma nova janela. A proteção oferecida pela Navegação InPrivate tem efeito apenas durante o tempo que você usar a janela. Você pode abrir quantas guias desejar nessa janela e todas elas estarão protegidas pela Navegação InPrivate. Entretanto, se você abrir outra janela do navegador ela não estará protegida pela Navegação InPrivate. Para ativar a Navegação InPrivate, siga um destes procedimentos:

- Clique no botão Segurança e, em seguida, clique em Navegação InPrivate.
- Abra uma nova guia e, na página da nova guia, clique em Abrir uma janela de Navegação InPrivate.
- Pressione CTRL+SHIFT+P.

Para finalizar a sessão da Navegação InPrivate, feche a janela do navegador.

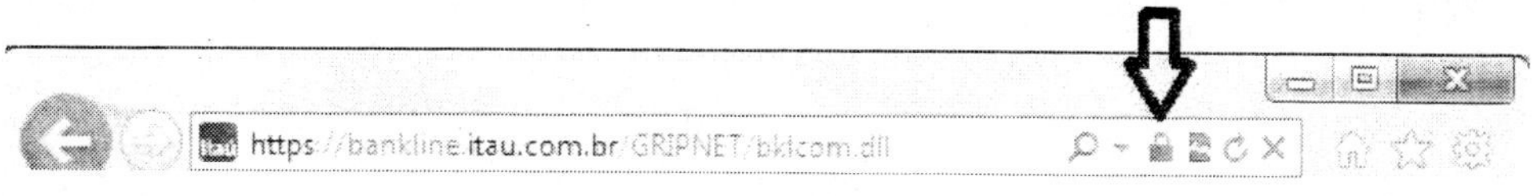

Permite acessar informações sobre um possível certificado de segurança.

Muitos sites da internet são configurados para impedir que pessoas sem autorização vejam as informações que são enviadas para esses sites e desses sites. Eles são chamados sites "seguros". Como o Internet Explorer oferece suporte aos protocolos de segurança usados pelos sites seguros, você pode enviar informações a um site seguro com segurança e confiança

Quando você visita um site da Web seguro, ele lhe envia automaticamente o seu certificado, e o Internet Explorer exibe um ícone de cadeado na barra de status. (Um certificado é uma declaração que atesta a identidade de uma pessoa ou a segurança de um site da Web.)

Ao enviar informações (como o número do seu cartão de crédito) a um site inseguro, o Internet Explorer pode avisá-lo de que o site não é seguro. Se o site declarar que é seguro, mas as suas credenciais de segurança forem suspeitas, o Internet Explorer pode avisá-lo de que o site pode ter sido violado ou pode estar fornecendo informações falsas sobre ele mesmo.

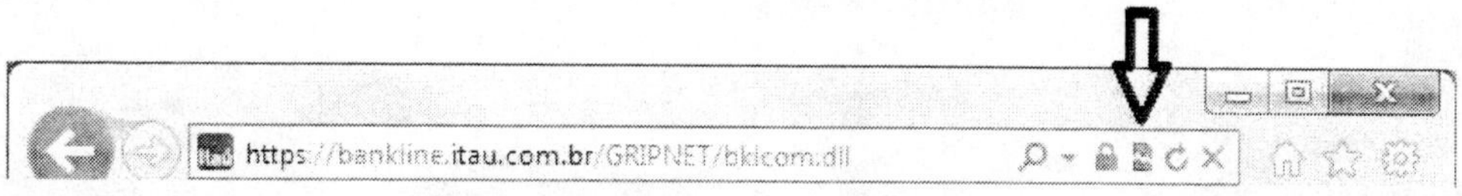

Modo de exibição de compatibilidade: sites feitos para navegadores antigos provavelmente terão melhor aparência, e menus, imagens e textos serão corrigidos.

3. Recursos de segurança e privacidade no Internet Explorer 9

- **Filtragem ActiveX**, que bloqueia os controles ActiveX de todos os sites e permite que você posteriormente os ative novamente apenas para os sites nos quais confia.
- **Realce de domínio**, que mostra claramente a você o verdadeiro endereço Web do site que está visitando. Isso ajuda você a evitar sites que usam endereços Web falsos para enganá-lo, como sites de phishing. O verdadeiro domínio que você está visitando é realçado na barra de endereços.
- **Filtro SmartScreen**, que pode ajudar a protegê-lo contra ataques de phishing online, fraudes e sites falsos ou mal-intencionados. Ele também pode verificar downloads e alertá-lo sobre possível malware (software mal-intencionado).
- **Filtro Cross site scripting (XSS)**, que pode ajudar a evitar ataques de sites fraudulentos que podem tentar roubar suas informações pessoais e financeiras.
- **Uma conexão SSL (Secure Sockets Layer) de 128 bits para usar sites seguros.** Isso ajuda o Internet Explorer a criar uma conexão criptografada com sites de bancos, lojas online, sites médicos ou outras organizações que lidam com as suas informações pessoais.
- **Notificações** que o avisam se as configurações de segurança estiverem abaixo dos níveis recomendados.
- **Proteção contra Rastreamento**, que limita a comunicação do navegador com determinados sites - definidos por uma Lista de Proteção contra Rastreamento - a fim de ajudar a manter suas informações confidenciais.
- **Navegação InPrivate**, que você pode usar para navegar na Web sem salvar dados relacionados, como cookies e arquivos de internet temporários.
- **Configurações de privacidade** que especificam como o computador lida com cookies.

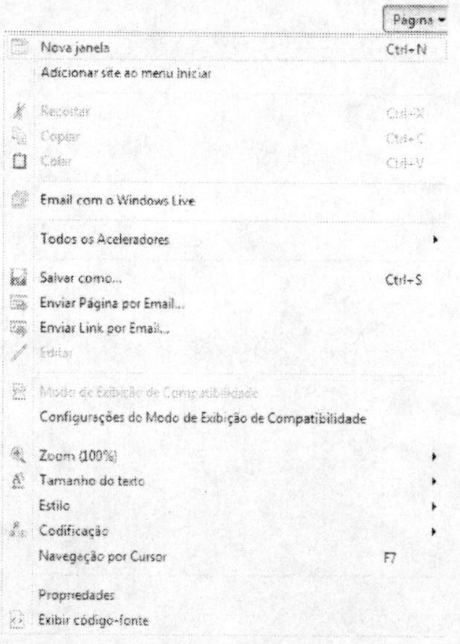

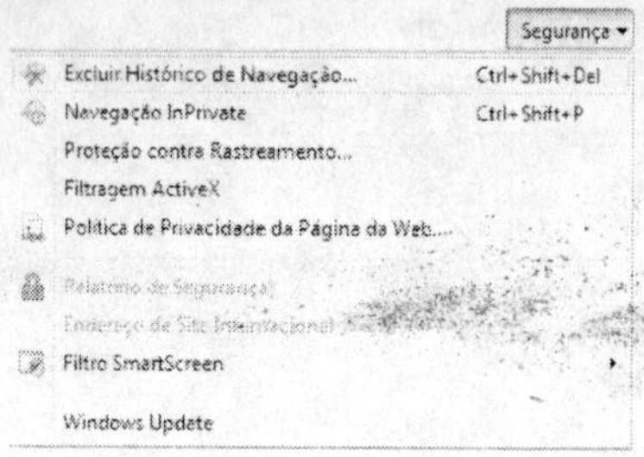

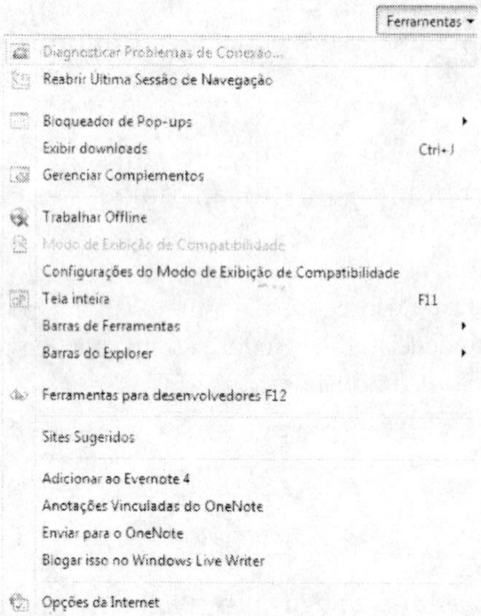

Barra de Menu

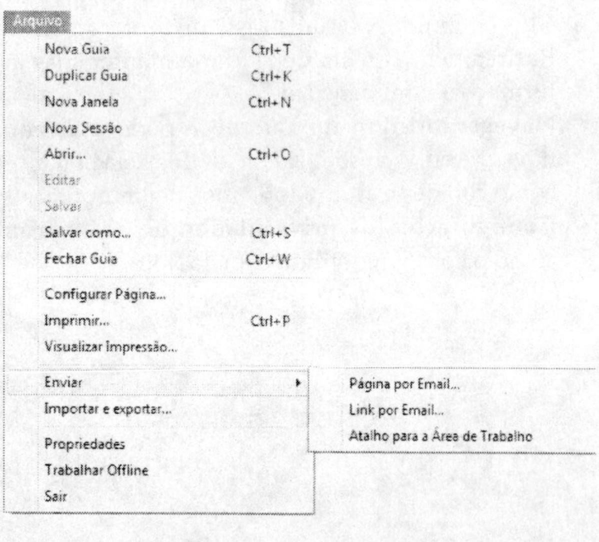

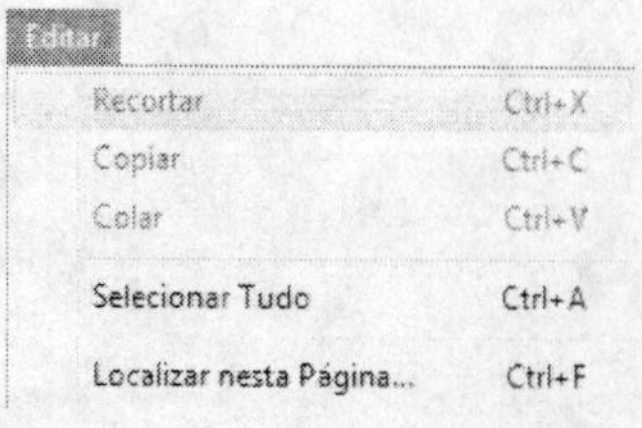

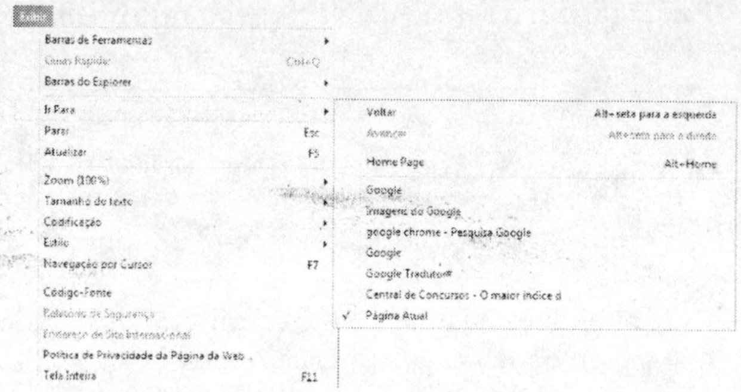

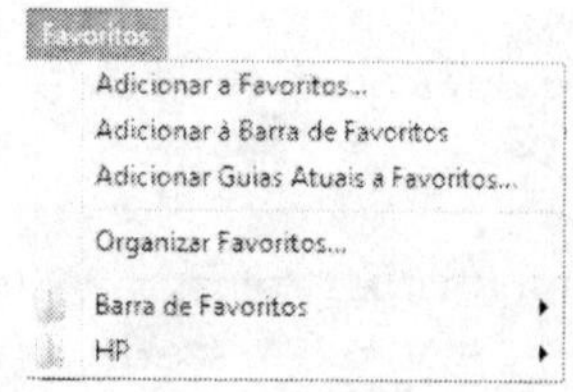

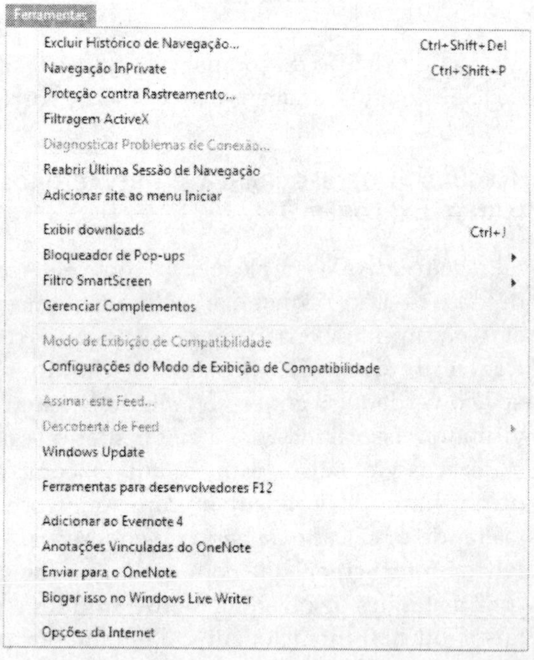

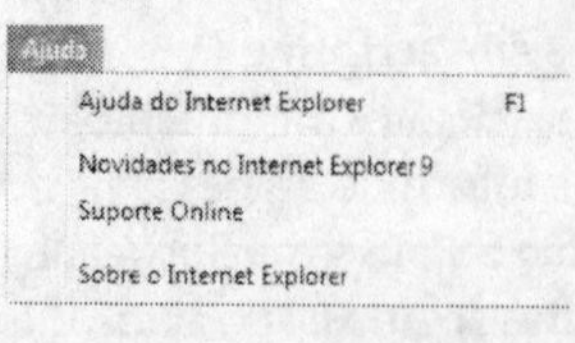

Atalhos

Atalhos Internet Explorer 9	
Para fazer isto	**Teclas de Atalho**
Mostrar a Ajuda	F1
Alternar entre os modos de exibição tela inteira e normal da janela do navegador	F11
Avançar pelos itens de uma página da Web, a barra de endereços ou a barra Favoritos	Tab
Mover-se para frente entre os itens de uma página da Web, a barra de endereços e a barra Favoritos	Shift+Tab
Iniciar a Navegação por Cursor	F7
Ir para a home page	Alt+Home
Ir para a próxima página	Alt+Seta para a direita
Ir para a página anterior	Alt+Seta para a esquerda ou Backspace
Exibir o menu de atalho de um link	Shift+F10
Mover-se para frente entre quadros e elementos do navegador (funciona apenas se a navegação com guias estiver desativada)	Ctrl+Tab ou F6
Mover-se para trás entre quadros (funciona apenas se a navegação com guias estiver desativada)	Ctrl+Shift+Tab
Voltar ao início de um documento	Seta para Cima
Ir para o final de um documento	Seta para Baixo
Voltar ao início de um documento em incrementos maiores	Page Up
Ir para o fim de um documento em incrementos maiores	Page Down
Mover-se para o início de um documento	Home
Mover-se para o fim de um documento	End
Localizar nesta página	Ctrl+F
Atualizar a página da Web atual	F5
Atualizar a página da Web atual, mesmo que os carimbos de data/hora da versão da Web e da versão armazenada localmente sejam iguais.	Ctrl+F5
Parar o download de uma página	Esc
Abrir um novo site ou página	Ctrl+O
Abrir uma nova janela	Ctrl+N
Abrir uma nova janela de Navegação InPrivate	Ctrl+Shift+P
Excluir histórico de navegação	Ctrl+Shift+Delete
Duplicar Guia (abrir a guia atual em uma nova guia)	Ctrl+K
Reabrir a última guia fechada	Ctrl+Shift+T
Fechar a janela atual (se apenas uma guia estiver aberta)	Ctrl+W
Salvar a página atual	Ctrl+S
Imprimir a página atual ou a moldura ativa	Ctrl+P
Ativar um link selecionado	Inserir
Abrir os favoritos	Ctrl+I
Abrir o histórico	Ctrl+H
Abrir o Gerenciador de Download	Ctrl+J
Abrir o menu Página (se a Barra de comandos estiver visível)	Alt+P
Abrir o menu Ferramentas (se a Barra de comandos estiver visível)	Alt+T
Abrir o menu Ajuda (se a Barra de comandos estiver visível)	Alt+H
Abrir links em uma nova guia no plano de fundo	Ctrl+clique
Abrir links em uma nova guia no primeiro plano	Ctrl+Shift+clique
Abrir uma nova guia no primeiro plano	Ctrl+T
Alternar entre guias	Ctrl+Tab ou Ctrl+Shift+Tab

Fechar a guia atual (ou a janela atual, se a navegação com guias estiver desativada)	Ctrl+W
Alternar para um número de guia específico	Ctrl+n (em que n é um número entre 1 e 8)
Alternar para a última guia	Ctrl+9
Fechar outras guias	Ctrl+Alt+F4
Aumentar o zoom (+ 10%)	Ctrl+Sinal de adição
Diminuir o zoom (- 10%)	Ctrl+Sinal de subtração
Ajustar nível de zoom em 100%	Ctrl+0
Abrir uma consulta de pesquisa na Barra de endereços	Ctrl+E
Abrir a solicitação de pesquisa em uma nova guia	Alt+Enter
Abrir o menu da Barra de endereços (para exibir o histórico, os favoritos e os provedores de pesquisa)	Ctrl+Seta para Baixo
Pesquisar usando texto copiado	Ctrl+Shift+L
Definir opções de impressão e imprimir a página	Alt+P
Alterar papel, cabeçalhos e rodapés, orientação e margens da página	Alt+U
Exibir a primeira página a ser impressa	Alt+Home
Exibir a página anterior a ser impressa	Alt+Seta para a Esquerda
Digitar o número da página a ser exibida	Alt+A
Exibir a próxima página a ser impressa	Alt+Seta para a Direita
Exibir a última página a ser impressa	Alt+End
Especificar como deseja imprimir os quadros (essa opção estará disponível apenas se você estiver imprimindo uma página da Web que usa quadros)	Alt+F
Fechar o recurso Visualização de Impressão	Alt+C
Selecionar o texto na barra de endereços	Alt+D
Exibir uma lista de endereços digitados	F4
Na barra de endereços, mover o cursor para a esquerda para a próxima interrupção lógica no endereço (ponto ou barra)	Ctrl+Seta para a Esquerda
Na barra de endereços, mover o cursor para a direita para a próxima interrupção lógica no endereço (ponto ou barra)	Ctrl+Seta para a Direita
Adicionar www. ao início e .com ao final do texto digitado na Barra de endereços	Ctrl+Enter
Mover-se para frente na lista de correspondências do recurso Preenchimento Automático	Seta para Cima
Mover-se para trás na lista de correspondências do recurso Preenchimento Automático	Seta para Baixo
Abrir o menu Início	Alt+M
Abrir o menu Imprimir	Alt+R
Abrir o menu RSS	Alt+J
Abrir o menu Ferramentas	Alt+O
Abrir o menu Segurança	Alt+S
Abra o menu Ajuda	Alt+L
Adicionar a página atual aos favoritos (ou assinar o feed quando estiver na visualização de feeds)	Ctrl+D
Excluir histórico de navegação	Ctrl+Shift+Del
Abrir uma janela de Navegação InPrivate	Ctrl+Shift+P
Abrir a caixa de diálogo Organizar Favoritos	Ctrl+B
Mover o item selecionado para cima na lista de favoritos da caixa de diálogo Organizar Favoritos	Alt+Seta para Cima
Mover o item selecionado para baixo na lista de favoritos da caixa de diálogo Organizar Favoritos	Alt+Seta para Baixo
Abrir a Central de favoritos e exibir os seus favoritos	Alt+C
Abrir a Central de favoritos e exibir o seu histórico	Ctrl+H
Fixar a Central de favoritos e exibir seu histórico	Ctrl+Shift+H
Abrir e encaixar Central de Favoritos e exibir os feeds	Ctrl+Shift+J
Abrir o menu Adicionar a Favoritos (ou abrir Assinar o feed quando estiver na visualização de feeds)	Alt+Z
Abrir o menu Favoritos na barra de menus	Alt+A

4. Opções Internet

Na barra de menu Ferramentas do Internet Explorer é possível acessar o comando **opções internet** e definir configurações de acesso:

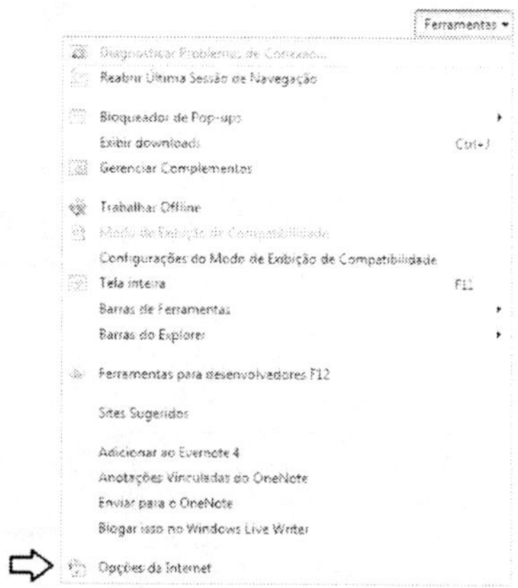

Guia Geral - A Página Inicial é a página que é exibida sempre que se abre o Internet Explorer. Escolha uma página que você deseje exibir frequentemente ou uma que possa ser personalizada para ter acesso rápido a um determinado URL de seu interesse.

Histórico de Navegação: Excluir...

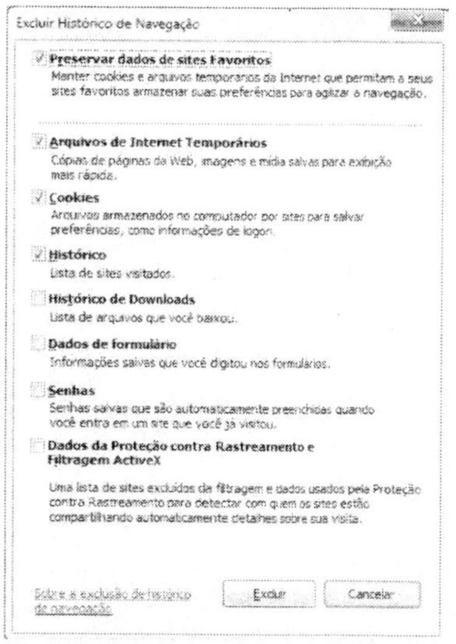

Histórico de Navegação: Configurações

Pesquisa: Configurações

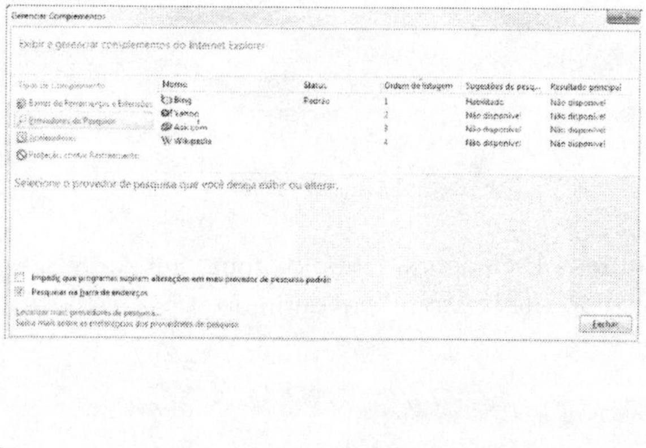

Guias: Configurações

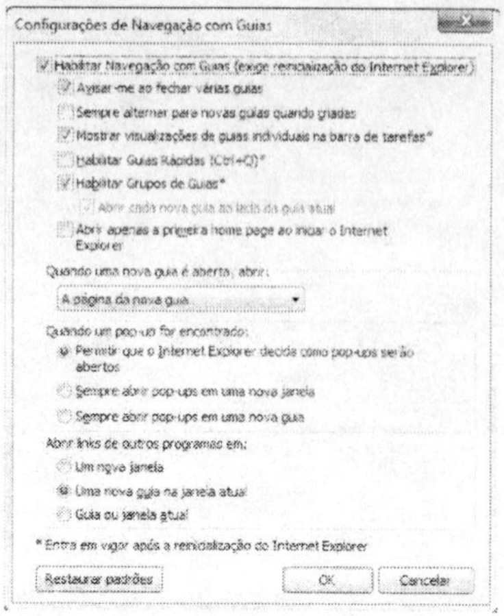

Cores - Para alterar a forma como as cores das páginas são exibidas:

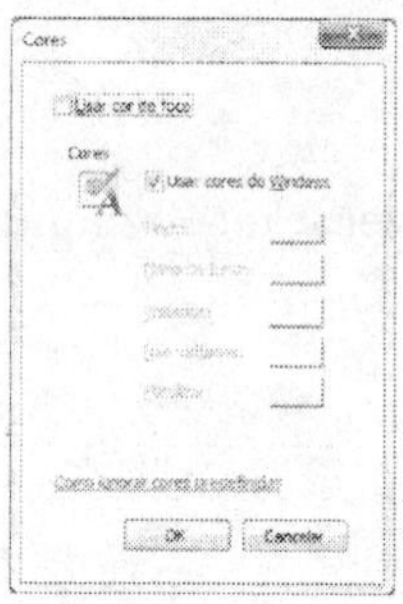

Idiomas - Permite definir prioridades em termos de idioma com o qual quer que o site seja visualizado. Para aqueles que têm esta disponibilidade.

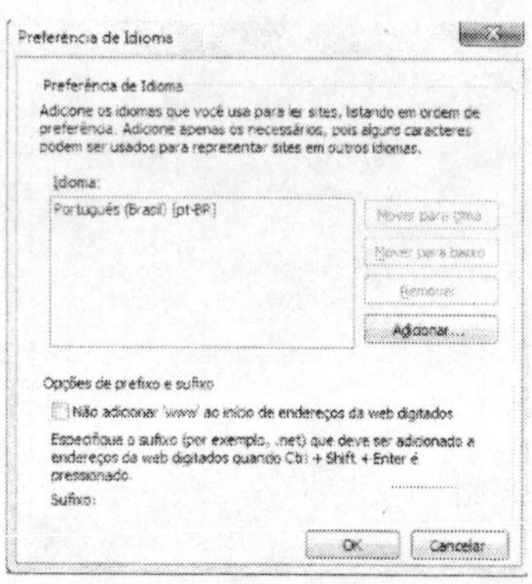

Fontes - Para definir o tipo de fonte desejado para o caso do site já não ter pré-definido.

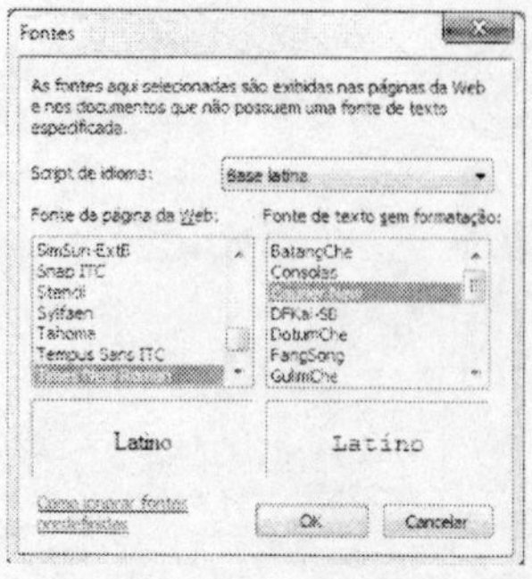

Acessibilidade - Ignora ou estabelece estilos de formatação com os quais o usuário pretende visualizar as páginas.

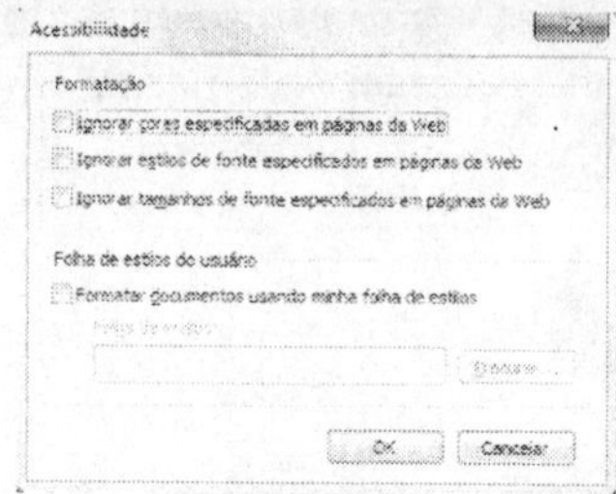

Guia Conexões - Permite configurar novas conexões e define conexão a ser utilizada como padrão.

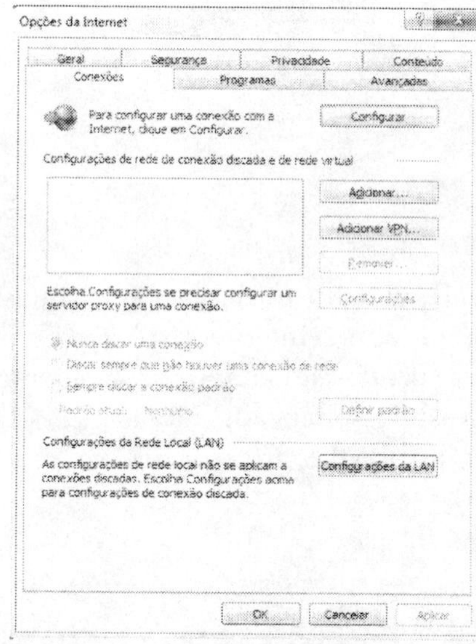

Guia Segurança - Configurações de nível de segurança para cada zona de conteúdo.

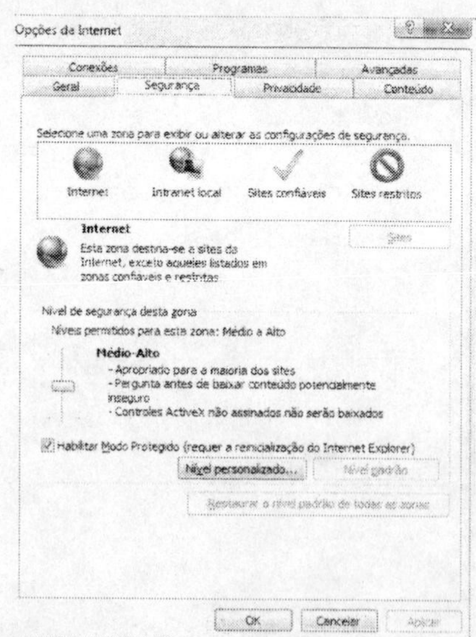

Zonas de Conteúdo:

O Internet Explorer divide o seu mundo da internet em zonas para que você possa atribuir um site da Web a uma zona com um nível de segurança adequado.

Você pode saber em que zona a página da Web atual está, examinando o lado direito da barra de status do Internet Explorer. Sempre que você tentar abrir ou descarregar conteúdo da Web, o Internet Explorer verifica as configurações de segurança da zona daquele site da Web.

Há quatro zonas:

- Zona da **Internet**: Por padrão, esta zona contém tudo que não está no seu computador, em uma intranet ou que não tenha sido atribuído a outra zona. O nível de segurança padrão da zona **internet** é **Médio**. Você pode alterar as configurações de privacidade da zona **Internet** na guia **Privacidade** em **Opções da Internet**. Para obter mais informações, clique em **Tópicos relacionados**.

- Zona da **intranet local**: Esta zona normalmente contém todos os endereços que não requerem um servidor, conforme definido pelo administrador do sistema. Esses incluem sites especificados na guia **Conexões**, caminhos de rede (como \\servidor\compartilhado) e sites da intranet local (normalmente endereços que não contém pontos, como http://interno). Você pode adicionar sites a essa zona. O nível de segurança padrão da zona **Intranet local** é **Médio**; portanto, o Internet Explorer permitirá que todos os cookies de sites da Web dessa zona sejam salvos no computador e lidos pelo site da Web que os criou.

- Zona de **Sites confiáveis**: Essa zona contém sites em que você confia, ou seja, sites dos quais pode fazer download ou executar arquivos sem se preocupar com danos ao seu computador ou aos seus dados. Você pode atribuir sites a essa zona. O nível de segurança padrão para a zona de sites confiáveis é **Baixo**; portanto, o Internet Explorer permitirá que todos os cookies de sites da Web dessa zona sejam salvos no computador e lidos pelo site da Web que os criou.

- Zona de **Sites restritos**: Essa zona contém sites em que você não confia, ou seja, sites que não considera seguros o bastante para fazer download ou executar arquivos sem danificar o seu computador ou seus dados. Você pode atribuir sites a essa zona. O nível de segurança padrão da zona de sites restritos é **Alto**; portanto, o Internet Explorer bloqueará todos os cookies de sites da Web dessa zona.

Além disso, todos os arquivos que já estão no seu computador são considerados muito seguros, portanto configurações mínimas de segurança são atribuídos a eles. Você não pode atribuir uma pasta ou unidade do seu computador a uma zona de segurança.

Você pode alterar o nível de segurança de uma zona. Por exemplo, pode querer alterar a configuração de segurança da sua zona da intranet local para **Baixo**. Ou pode personalizar as configurações dentro de uma zona. Você também pode personalizar configurações de uma zona importando um arquivo de configurações de privacidade de uma autoridade de certificação.

Em **Sites...** é possível adicionar ou remover sites para cada zona de conteúdo.

Guia Programas - Especifica que programa o Windows irá utilizar automaticamente para cada serviço de internet.

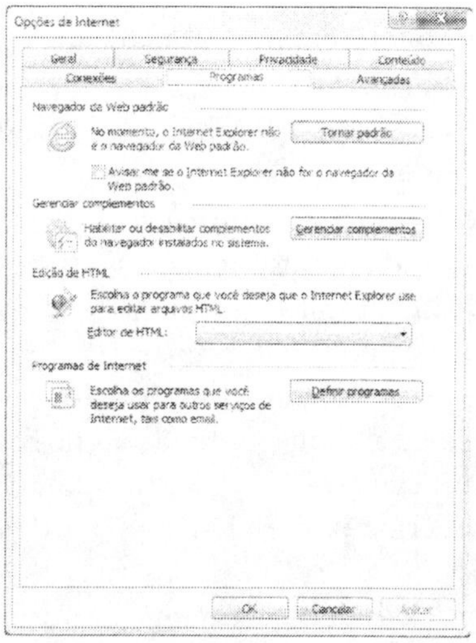

Guia Privacidade - Especifica o nível de privacidade para a zona da internet. Movendo o controle deslizante, altera-se o nível de privacidade ou visualiza-se resumos de cada nível de privacidade. Em avançado é possível personalizar como o Internet Explorer deve lidar com cookies.

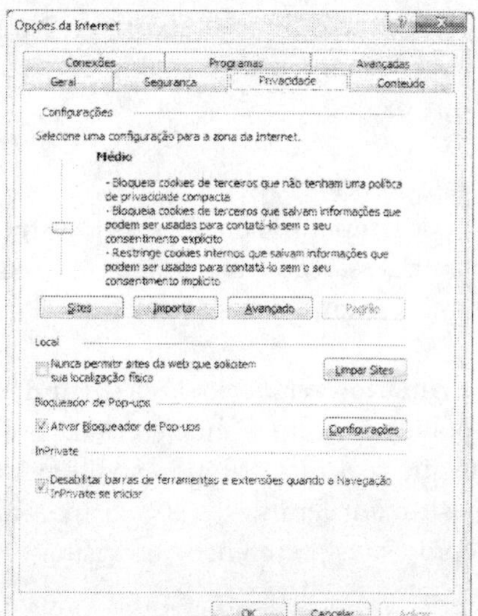

Cookies - São pequenas informações que alguns sites que você visitou guardam em seu computador. Existem diversas formas em que são utilizados pelos sites. As mais comuns são: personalizar sites pessoais ou de notícias, uma vez que se tenha escolhido o que se quer que seja mostrado na página; manter listas de produtos ou de compras preferidos em sites de comércio; resguardar sua senha e identificação enquanto você vai de uma página a outra; conservar a lista das páginas usadas em um site, para simples estatística ou para eliminação daquelas em cujos links você não tem interesse. Essas informações são armazenadas em pequenos arquivos de texto no computador. Esse arquivo é chamado cookie.

Os cookies também podem armazenar informações pessoais de identificação. São aquelas que podem ser usadas para identificar ou contatar você, como seu nome, endereço de e-mail, endereço residencial ou comercial ou número de telefone. Entretanto, um site da Web só tem acesso às informações pessoais de identificação que você fornece. Por exemplo, um site não pode determinar seu nome de e-mail a menos que você o forneça. Além disso, um site não pode ter acesso a outras informações no computador. Quando um cookie é salvo no computador, apenas o site que o criou poderá lê-lo.

Você pode decidir se permitirá que alguns, nenhum ou todos sejam salvos no computador. Se não quiser salvar cookies, talvez não consiga exibir alguns sites da Web nem tirar proveito de recursos de personalização.

Cookies persistentes

Um cookie persistente é aquele armazenado como arquivo no computador e que permanece nele mesmo quando você fecha o Internet Explorer. Na próxima vez que você visitar o site, o cookie poderá ser lido pelo site que o criou.

Cookies temporários

Um cookie temporário ou por sessão é armazenado apenas para a sessão de navegação atual e é excluído do computador quando o Internet Explorer é fechado.

Cookies primários versus cookies secundários

Um cookie primário é aquele criado ou enviado para o site que você está exibindo no momento. Esses cookies costumam ser usados para armazenar informações, como suas preferências ao visitar o site.

Um cookie secundário é aquele criado ou enviado para um site diferente daquele que você está exibindo no momento. Em geral, os sites secundários fornecem conteúdo no site que você está exibindo. Por exemplo, muitos sites exibem propagandas de sites secundários e esses sites podem usar cookies. Esse tipo de cookie costuma ser usado para controlar o uso da sua página da Web para propagandas ou outras finalidades de marketing. Os cookies secundários podem ser persistentes ou temporários.

Cookies não satisfatórios

Os cookies não satisfatórios são cookies que podem permitir acesso a informações pessoais de identificação que poderiam ser usadas com uma finalidade secundária sem o seu consentimento.

Opções para trabalhar com cookies

O Internet Explorer permite o uso de cookies, mas você pode alterar suas configurações de privacidade para especificar que o Internet Explorer deve exibir uma mensagem antes de inserir um cookie no computador (o que permite a você autorizar ou bloquear o cookie) ou para impedir que ele aceite cookies.

Você pode usar as configurações de privacidade do Internet Explorer para especificar como o Internet Explorer deve lidar com cookies de sites da Web específicos ou de todos os sites da Web. Também pode personalizar as configurações de privacidade importando um arquivo que contém configurações personalizadas de privacidade ou especificando essas configurações para todos os sites da Web ou para sites específicos.

Selecionando...	Especificamos:
Bloquear todos os cookies	• Os cookies de todos os sites da Web serão bloqueados. • Os cookies existentes no computador não podem ser lidos por sites da Web.
Alta	• Os cookies de todos os sites da Web que não tenham uma diretiva concisa (uma declaração de privacidade resumida para leitura na tela do computador) serão bloqueados. • Os cookies de todos os sites da Web que usem informações pessoais de identificação sem o seu consentimento explícito serão bloqueados.
Média alta	• Os cookies de sites secundários que não tenham uma diretiva concisa (uma declaração de privacidade resumida para leitura na tela do computador) serão bloqueados. • Os cookies de sites secundários que usem informações pessoais de identificação sem o seu consentimento explícito serão bloqueados. • Os cookies de sites primários que usem suas informações pessoais de identificação sem o seu consentimento implícito serão bloqueados.
Média	• Os cookies de sites secundários que não tenham uma diretiva concisa (uma declaração de privacidade resumida para leitura na tela do computador) serão bloqueados. • Os cookies de sites secundários que usem suas informações pessoais de identificação sem o seu consentimento implícito serão bloqueados. • Os cookies de sites primários que usem suas informações pessoais de identificação sem o seu consentimento implícito serão excluídos do computador quando você fechar o Internet Explorer.
Baixa	• Os cookies de sites secundários que não tenham uma diretiva concisa (uma declaração de privacidade resumida para leitura na tela do computador) serão bloqueados. • Os cookies de sites secundários que usem suas informações pessoais de identificação sem o seu consentimento implícito serão excluídos do computador quando você fechar o Internet Explorer.
Aceitar todos os cookies	• Todos os cookies serão salvos no computador. • Os cookies existentes no computador podem ser lidos pelos sites da Web que os criou.

Guia Conteúdo - Em ativar se inicia ou para o supervisor de conteúdo. O que e como serão exibidos os conteúdos. Permite incluir senha para evitar que usuário não autorizado altere as configurações.

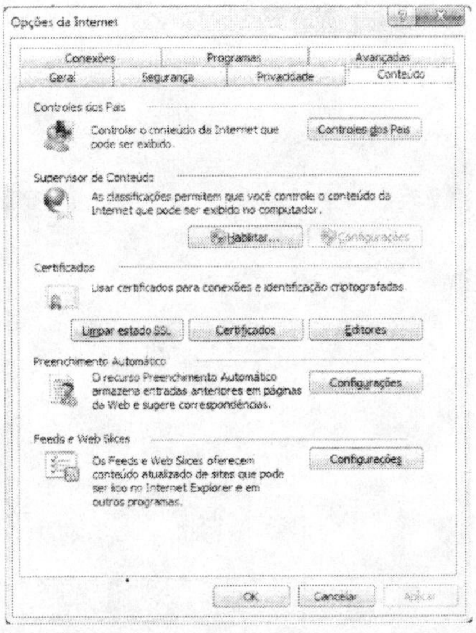

A senha do supervisor permite que se altere, ative ou desative as configurações do supervisor de conteúdo.

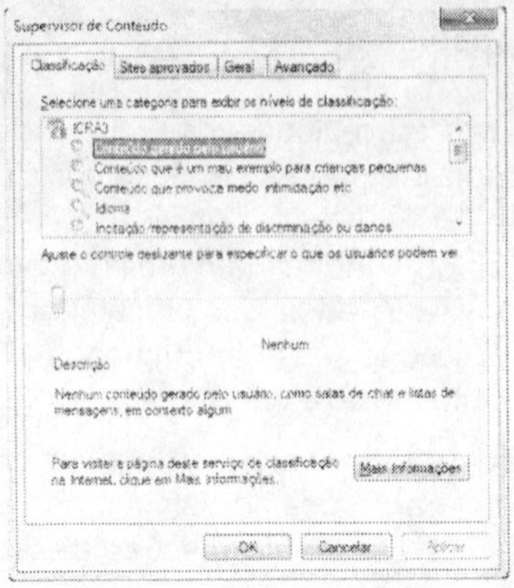

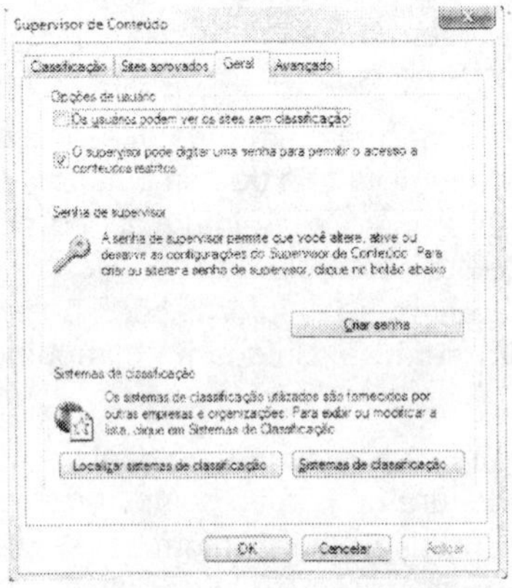

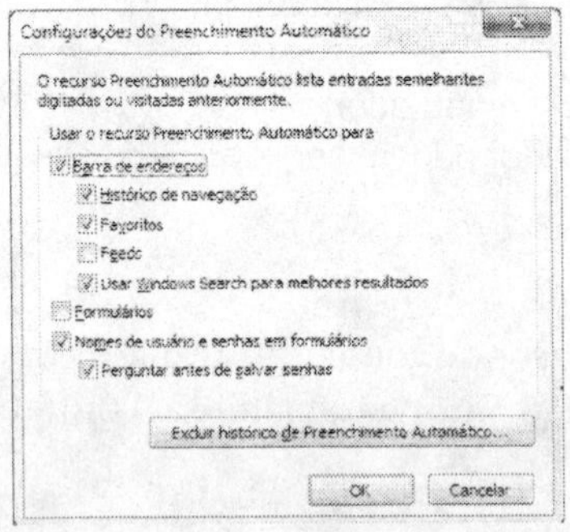

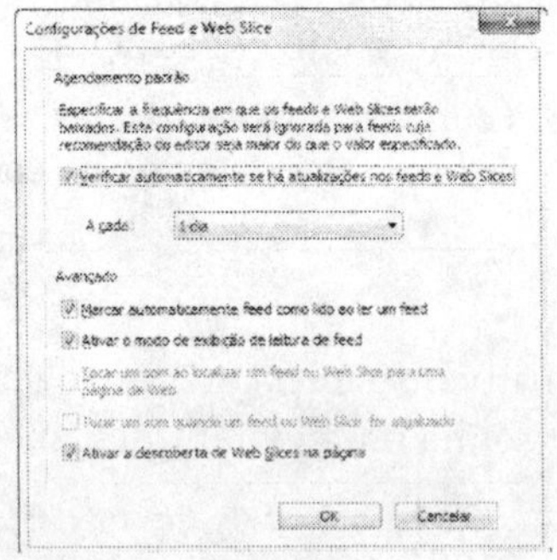

Avançadas - Outras configurações avançadas:

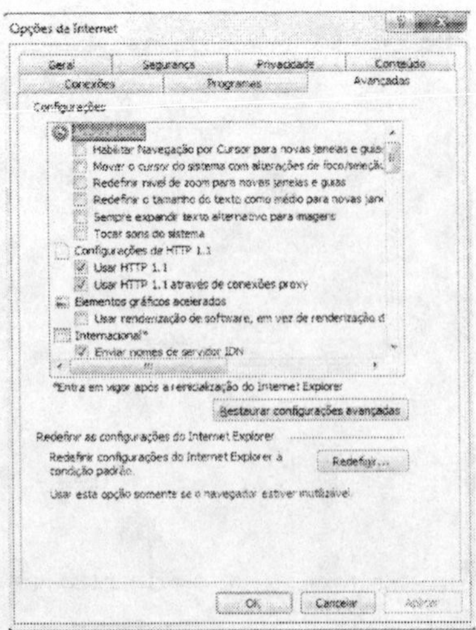

5. Protocolos

Um protocolo é uma linguagem para a comunicação entre dois computadores distantes geograficamente, permitindo a troca de mensagens entre eles para a comunicação de dados. Alguns protocolos e suas funções:

TCP/IP - Protocolo de Controle de Transmissão/ Protocolo Internet

Um padrão de comunicação para todos os computadores na internet. No lado do remetente, o TCP divide os dados a serem enviados em segmentos de dados. O IP monta os segmentos em pacotes que contêm segmentos de dados, além dos endereços do remetente e do destinatário. Em seguida, o IP envia os pacotes para o roteador para entrega. No lado do destinatário, o IP recebe os pacotes e os divide em segmentos de dados. O TCP monta os segmentos de dados no conjunto de dados original.

FTP - Protocolo de Transferência de Arquivo/File Transfer Protocol

É uma ferramenta, um recurso que utilizamos para transferir (receber ou enviar) arquivos na internet. Imagine que ao navegar na rede encontra um site que lhe oferece um software que lhe possibilita editar imagens. Só que tem um problema: pra você copiar este programa, que está guardado em um arquivo no servidor da empresa ou em outro site de FTP, você precisa de outro programa que possa fazer isto. Um programa que possibilite uma comunicação entre o seu computador e o outro que funciona com outro sistema e linguagem, permitindo assim que você possa transferir arquivos (enviar ou receber). Existem dois tipos de conexões de FTP - a conexão anônima e a identificada. No caso citado acima, se você quiser copiar o programa provisoriamente, apenas para testá-lo e verificar se ele realmente lhe interessa, você faz uma conexão de FTP anônimo, ou seja, você não precisará para isto usar uma senha no servidor de FTP (username ou password). Há outro tipo de conexão de FTP que é a identificada, no caso de usuários que têm conta no servidor. Para efetivar este tipo de conexão, você terá que se identificar com uma senha ou password.

O FTP permite somente a transferência de arquivos. Para que os arquivos possam ser lidos ou manipulados, não basta só transferi-los. É necessário outros programas que possam fazer a leitura desses arquivos. Como os arquivos incluem textos, imagens, sons e filmes, eles precisam de programas adicionais. Para ler um arquivo que contém texto, por exemplo, você precisa de um editor de texto que permita sua visualização. O mesmo acontece com arquivos que contém imagens ou sons. Além disso, muitos arquivos de servidores de FTP estão em forma comprimida, pois assim eles ocupam menos espaço. Para descomprimi-los, você precisará de um software específico que realize essa operação.

HTTP - Protocolo de Transferência de Hipertexto/ Hypertext Transfer Protocol

O protocolo cliente/servidor usado para acessar as informações na World Wide Web.

HTTPS - Protocolo de Transferência Segura de Hipertexto/ Secure Hypertext Transfer Protocol

É um protocolo que é acoplado ao navegador, criptografa e criptoanalisa solicitações a páginas e páginas retornadas pelo servidor Web.

SSL – Secure Sockets Layer – Camada de Portas de Segurança

Permite que um usuário confirme a identidade de um servidor. Um browser habilitado para SSL mantém uma lista de **CA**[1]s de confiança, juntamente com as chaves públicas dessas CAs. Quando um browser quer fazer negócios com um servidor web habilitado para SSL, ele obtém um certificado do servidor obtendo a chave pública deste. O certificado é emitido (ou seja, é assinado digitalmente) pela CA que aparece na lista de CAs de confiança do cliente. Essa característica permite que o browser autentique o servidor antes de o usuário informar o número de seu cartão de crédito.

ICMP - Protocolo de Mensagens de Controle da Internet/ Internet Control Message Protocol

Uma extensão do Internet Protocol (IP, Protocolo Internet), o ICMP permite a geração de mensagens de erro, pacotes de teste e mensagens informativas relativas ao IP.

IP - Protocolo Internet /Internet Protocol

A parte do TCP/IP (Transmission Control Protocol/ Internet Protocol) que roteia as mensagens de um local da internet para outro. O IP é responsável pelo endereçamento e envio dos pacotes TCP (Transmission Control Protocol) pela rede. O IP proporciona um sistema de entrega sem conexão e da melhor maneira possível, não garantindo que esses pacotes cheguem aos seus destinos ou que eles sejam recebidos na seqüência na qual foram enviados.

DHCP - Protocolo de configuração dinâmica de hosts/ Dynamic Host Configuration Protocol

Protocolo de serviço TCP/IP que oferece configuração dinâmica com concessão de endereços IP de host e distribui outros parâmetros de configuração para clientes de rede qualificados. O DHCP fornece uma configuração de rede TCP/IP segura, confiável e

[2] **CA** - Autoridade Certificadora: sua tarefa é validar identidades e emitir certificados.

simples, evita conflitos de endereço e ajuda a preservar a utilização de endereços IP de clientes na rede.

O DHCP usa um modelo cliente/servidor, no qual o servidor DHCP mantém o gerenciamento centralizado dos endereços IP usados na rede. Os clientes com suporte para DHCP podem solicitar e obter concessões de um endereço IP de um servidor DHCP como parte do seu processo de inicialização da rede.

SMTP - Protocolo para Transferência de e-mail Simples/ Simple Mail Transfer Protocol

Um protocolo TCP/IP para o envio de mensagens de um computador para outro em uma rede. Esse protocolo é usado na internet para rotear correio eletrônico.

SNMP - Protocolo de Gerenciamento de Redes/ Simple Network Management Protocol

Protocolo usado para monitorar e controlar serviços e dispositivos de uma rede TCP/IP. É o padrão adotado pela RNP (Rede Nacional de Pesquisa) para a gerência de rede.

POP ou POP3 - Post Office Protocol ou Post Office Protocol Version 3

Protocolo popular usado para receber mensagens de e-mail. Este protocolo é utilizado com frequência por provedores de serviços de internet. Protocolo que permite ao cliente de e-mail (Outlook Express) recolher mensagens no servidor de e-mail. Os servidores POP3 permitem acesso a uma única caixa de entrada, diferentemente dos servidores IMAP, que fornecem acesso a várias pastas do lado do servidor.

IMAP - Protocolo de Acesso ao Correio da Internet / Internet Message Access Protocol

Tem mais recursos que o POP3, mais é muito mais complexo. Foi projetado para permitir que os usuários manipulem caixas postais remotas como se elas fossem locais. Permite que se mantenha múltiplas pastas de mensagens no servidor de correio e organizar as mensagens da maneira mais conveniente.

MIME - Multipurpose Internet Mail Extensions

É o protocolo que possibilita o e-mail trabalhar em multimídia. Com ele é possível clicar um objeto do e-mail para ouvir um som, por exemplo.

Telnet

Um protocolo que permite que um usuário da internet faça o logon e insira comandos em um computador remoto ligado à internet, como se o usuário estivesse usando um terminal baseado em texto ligado diretamente àquele computador.

6. Problemas na Internet

Códigos e mensagens de erros comuns

400 - *Bad Request* – Solicitação Incorreta

Há algo de errado com o endereço que você digitou. É o servidor que não encontra a página que você pediu. Pode ser que ela realmente não exista ou que você não esteja autorizado a acessá-la.

401 - *Unauthotized* – Não Autorizado

O site que pretende acessar está protegido e você digitou a senha incorreta ou previamente o hospedeiro não quer que usuários com o seu domínio entrem. Ex.: Alguns sites educacionais permitem somente o acesso a partir de outros sites educacionais.

403 - *Forbidden* - Proibido

O documento que você quer acessar está protegido por senha ou bloqueado para o seu domínio (o provedor de onde acessa a internet).

404 - *Not Found* – Não Foi Encontrado

O servidor que hospeda este site não consegue encontrar o documento HTML no URL com o qual você entrou. Pode ser que você tenha digitado o endereço da página errado ou que tal página simplesmente não exista mais.

503 - *Service Unavailable* – Serviço Não Disponível

Seu provedor pode ter saído do ar, o gateway (conexão com a internet e a rede local) pode estar com problemas ou até mesmo sua máquina pode não estar funcionando muito bem.

***Bad File Request* – Solicitação de Arquivo Incorreto**

Seu browser, muito provavelmente, não consegue se entender com o formulário que você está preenchendo. Ou, existe um erro no formulário.

***Cannot add form submission result to bookmark list* – Impossível Adicionar Resultado de Submissão de Formulário na Lista de Favoritos**

Ocorre quando você submeteu uma solicitação de busca e depois tenta salvar o resultado no favoritos. Apesar de parecer um endereço válido a página não possui um URL que pode ser reutilizado de modo que ele não pode ser adicionado a sua lista de favoritos.

***Connection Refused by Host* – Conexão Recusada Pelo Hospedeiro**

Você não tem permissão para acessar este documento ou porque é protegido por senha ou o hospedeiro não aceita o seu domínio.

Failed DNS[3] Lookup – **Falha de Procura no DNS**

O servidor de DNS não consegue converter a URL que você pediu em um endereço válido.

File Contains no Data – **Arquivo Não Contém Dados**

O site que foi acessado não contém nenhuma página Web. É possível que seja bem o momento em que estão atualizando a página.

Helper Application Not Found – **Aplicação Auxiliar Não Encontrada**

Esta mensagem é exibida quando o browser encontra um arquivo com extensão desconhecida em uma determinada página. Os referidos arquivos não são necessariamente gráficos. Eles podem ser sons, clipes, arquivos ZIP, enfim qualquer tipo de arquivo.

Host Unavailable – **Hospedeiro Não Disponível**

O computador servidor que hospeda esse site não pode ser alcançado. O servidor pode estar off-line ou fora do ar para manutenção.

Host Unknown – **Hospedeiro Desconhecido**

O servidor que você está tentando alcançar não está conectado, ou você perdeu sua própria conexão. Você pode estar usado o URL incorreto.

Network Connection was Refused by the Server – **Conexão na Rede Foi Recusada Pelo Servidor**

Alguns servidores possuem limites para número de usuários concorrentes. É provável que o servidor esteja ocupado para manipular mais um usuário.

Permission Denied – **Permissão Negada**

Esse erro ocorre quando você está conectado a um site FTP e está fazendo upload ou download. Às vezes o administrador do site não quer que faça upload para o site, download em determinado arquivo ou acesse determinado diretório. O site também pode estar ocupado demais.

Too Many Connections - Try Again Later - **Excesso de Conexões – Tente Novamente Mais Tarde**

O limite de pessoas que podem utilizar o site ao mesmo tempo foi excedido.

Too Many User – **Excesso de Usuários**

Nenhum site de FTP (ou qualquer outra espécie) é capaz de oferecer acesso a um número ilimitado de usuários. Quando a lotação do site for atingida, todos que tentarem se logar receberão esta mensagem.

Unable to Locate the Server - **Impossível Localizar Hospedeiro**

Ou você cometeu um erro ao digitar o endereço, ou o servidor tão somente não existe.

Viewer Not Found – **Visualizador Não Encontrado**

Seu browser não reconhece arquivos deste tipo ou seu computador não tem o programa necessário para lidar com ele.

You Can´t Log on as an Anonymous User – **Você Não Pode Fazer Logon Como Usuário Anônimo**

A grande maioria dos sites de FTP oferece um número limitado de vagas para usuários não-cadastrados. Quando estas se esgotam, a mensagem acima é exibida. Outra possibilidade é que seu browser não esteja conseguindo encaixar você numa das vagas que o servidor oferece para visitantes.

DoS – Negação de Serviço/ Denial of Service

Um ataque por negação de serviço é um incidente no qual um usuário ou organização é privado dos serviços de um recurso do qual deveria dispor normalmente.(por exemplo, perda temporária de toda a conectividade e serviços de rede). Ainda que usualmente seja intencional e malicioso, o ataque por negação de serviço às vezes pode acontecer acidentalmente. Ele é um tipo de quebra de segurança de um sistema de computadores que usualmente não resulta no roubo de informações ou em outras perdas de segurança.

[3] **DNS** – Domain Name System – Sistema de Nomes por Domínio. Sistema pelo qual o hosts na internet têm endereços de nome de domínio (como microsoft.com) e endereços IP (como 172.21.13.45). O endereço de nome de domínio é utilizado por usuários e é traduzido automaticamente para o endereço IP numérico, que é usado pelo software de roteamento de pacotes. DNS é também um acrônimo para Domain Name Service, o utilitário da internet que implementa o Sistema de nomes de domínios. Os servidores DNS, também denomina dos servidores de nome, mantêm bancos de dados contendo o endereço e são acessados de forma transparente para o usuário.

6. Outlook Express 6

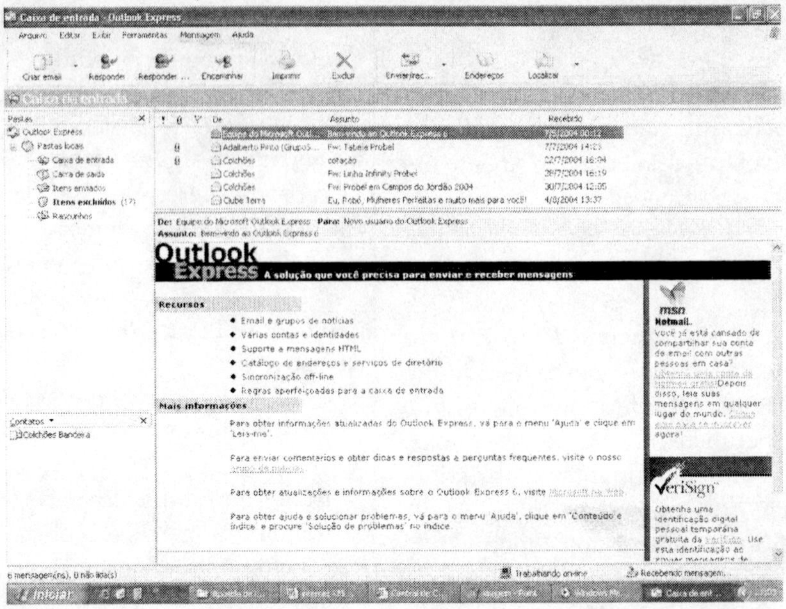

Em algumas provas: **MSOE, Gerenciador de Contas de E-mail** ou simplesmente **OE.**

Com uma conexão à internet e o Microsoft Outlook Express, você pode trocar mensagens de e-mail com qualquer pessoa na internet e associar-se a qualquer número de **grupos de notícias**[4].

O **Assistente para conexão com a internet** o ajuda a conectar-se a um ou mais servidores de e-mail ou de notícias. Você precisará das seguintes informações do provedor de serviços de internet ou do administrador da rede local:

- Para adicionar uma conta de e-mail, você precisa do nome da conta e da senha e dos nomes dos servidores de e-mail de entrada e de saída.
- Para adicionar um grupo de notícias, você precisa do nome do servidor de notícias ao qual deseja se conectar e, se necessário, do nome de sua conta e senha.

Para adicionar uma conta de e-mail ou de grupos de notícias você precisará das seguintes informações do provedor de serviços de internet ou do administrador da rede local:

- Para contas de e-mail, você precisará saber o tipo de servidor de e-mail usado (POP3, IMAP ou HTTP), o nome da conta e a senha, o nome do servidor de e-mail de entrada e, para POP3 e IMAP, o nome de um servidor de e-mail de saída.
- Para uma conta de grupo de notícias, você precisará saber o nome do servidor de notícias ao qual deseja se conectar e, se necessário, o nome da conta e a senha.

1. No menu **Ferramentas**, clique em **Contas**.
2. Na caixa de diálogo **Contas na internet**, clique em **Adicionar**.
3. Selecione **E-mail** ou **Notícias** para abrir o **Assistente para conexão com a internet** e siga as instruções para estabelecer uma conexão com um servidor de e-mail ou de notícias.

Cada usuário pode criar várias contas de e-mail ou de grupo de notícias, repetindo o procedimento acima para cada conta.

Barra de Ferramentas do OE6

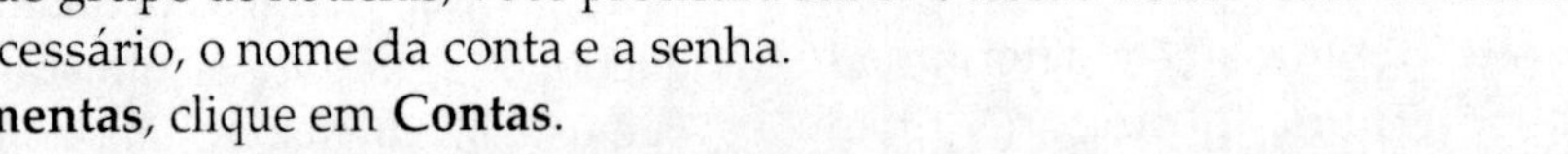

O propósito básico da barra de ferramentas do OE é executar de maneira rápida diversos recursos.

[4] **Grupo de notícias**: é uma coleção de mensagens postadas por indivíduos em um servidor de notícias (um computador que pode hospedar milhares de grupos de notícias).

Criando um novo e-mail

Escrever mensagem - Utilizado para produzir uma nova mensagem que poderá ser enviada ou armazenada como rascunho e posteriormente utilizada. Observe que ao utilizar a seta ao lado do botão temos acesso a um menu de possibilidades para o papel de carta a ser utilizado.

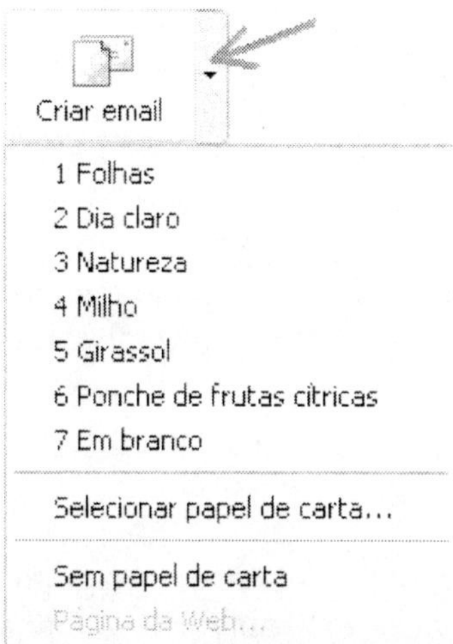

Enviar - Envia a mensagem produzida, desde que a conexão esteja online.

Recortar - Usado na edição do e-mail quando se deseja recortar um trecho de texto ou imagem do e-mail e enviá-lo para a Área de Transferência o que permitirá que seja utilizado em outro local como atalho.

Copiar - Usado para copiar um trecho de texto ou imagem do e-mail e enviá-lo para a Área de Transferência.

Colar - Uma vez que exista algo que tenha sido enviado para a Área de Transferência é possível determinar um ponto de inserção e transferi-lo para esse ponto.

Desfazer - É habilitado assim que algo for inserido no e-mail que está sendo criado. A cada vez que é acionado desfaz o último ato realizado.

Selecionar - Para o caso de se ter no catálogo de endereços mais do que um endereço de e-mail para o mesmo nome. Clicando neste botão se tem uma lista das ocorrências encontradas com o mesmo nome e podemos selecionar o endereço que pretendemos como destinatário.

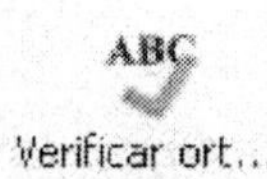

Verificar Ortografia - O Outlook Express usa o verificador ortográfico fornecido com os seguintes programas do Microsoft Office: Microsoft Word, Microsoft Excel e Microsoft Power Point. Se não tiver um desses programas instalado, o comando Verificar ortografia não estará disponível. Atalho: **F7**

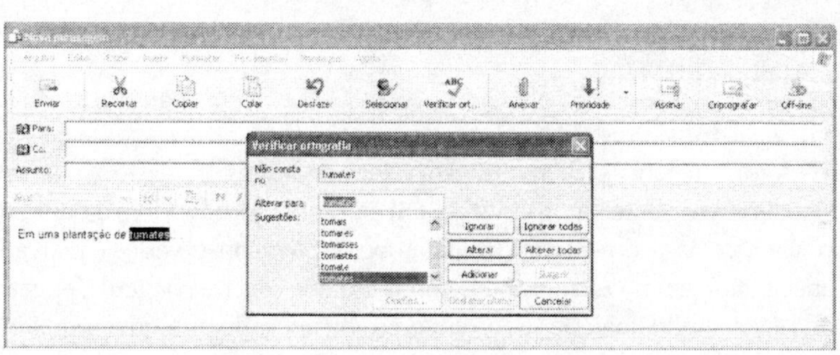

Usado para inserir um arquivo em uma mensagem.

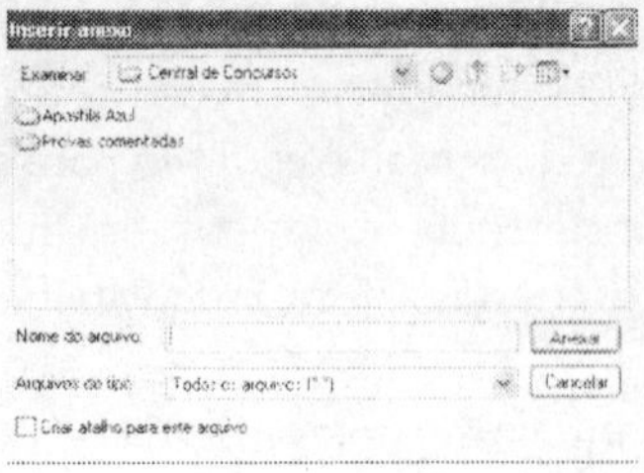

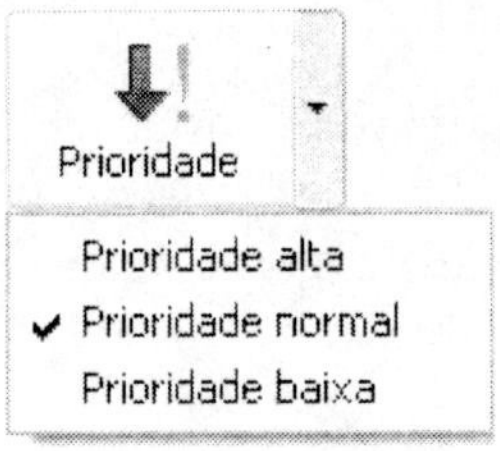

Prioridade - Ao enviar uma nova mensagem ou uma resposta a uma mensagem, você pode atribuir uma prioridade à mensagem, para que o destinatário saiba se deve lê-la imediatamente (prioridade alta) ou quando houver tempo (prioridade baixa). As mensagens com prioridade alta têm um ponto de exclamação ao seu lado. A prioridade baixa é indicada por uma seta para baixo. O padrão é a prioridade normal. Os examinadores, quando utilizam este tema tendem a elaborar questões que façam o candidato acreditar que a prioridade irá definir a velocidade ou algum tipo de conexão diferenciada que será utilizada para enviar a mensagem.

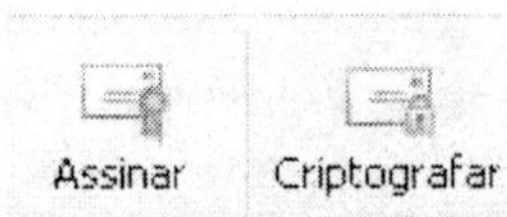

Assinar/Criptografar - Podemos assinar digitalmente e criptografar mensagens usando identificações digitais. Assinar digitalmente mensagens assegura aos destinatários que a mensagem foi realmente enviada por você. A criptografia garante que somente os destinatários desejados possam ler a mensagem.

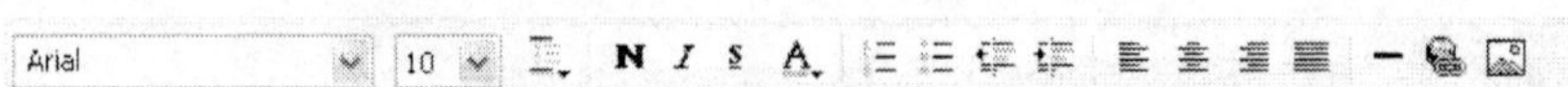

A barra de formatação é usada para determinar a fonte, o tamanho das fontes, o estilo de parágrafo, negrito, itálico, sublinhado, a cor da fonte, numeradores, marcadores, diminuir recuos, aumentar recuos, alinhar à esquerda, centralizar, alinhar à direita, justificar, inserir linha horizontal, inserir hyperlink e inserir imagens.

Responder - Ao acionar este botão o OE irá produzir uma espécie de e-mail pré-formatado que indicará em Para: o endereço do(s) remetente(s) da mensagem selecionada, em Cc: e Cco: não constará nenhum endereço, em Assunto: surgirá, precedendo o assunto do e-mail selecionado um Re: . No corpo da mensagem surgirá uma marca ">" referindo-se ao texto da mensagem que esta sendo respondida e desta maneira mantendo-se o histórico das trocas de e-mails que ocorrerem. A cada troca de respostas o OE acrescenta uma marca.

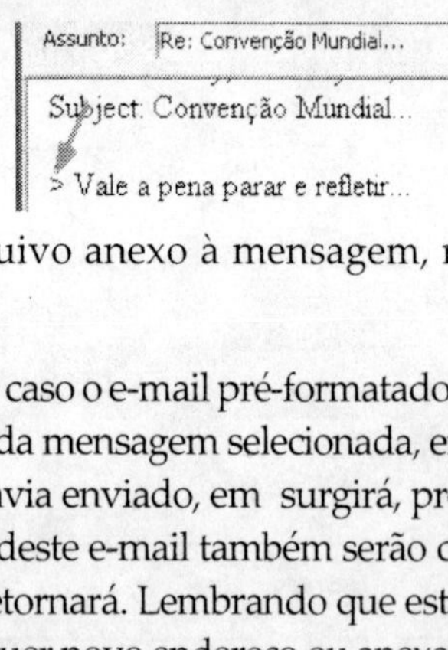

Caso o remetente tenha enviado um arquivo anexo à mensagem, na resposta, este arquivo não retornará no e-mail pré-formatado. Atalho: **Crtl R**

Responder a Todos - Neste caso o e-mail pré-formatado terá as seguintes características: Em Para: o endereço do(s) remetente(s) da mensagem selecionada, em Cc: e Cco: teremos todos os endereços para os quais o remetente havia enviado, em surgirá, precedendo o assunto do e-mail selecionado um Re: , o histórico das trocas deste e-mail também serão conservados e marcados e caso haja algum arquivo anexo, também não retornará. Lembrando que esta mensagem é apenas uma pré-formatação na qual pode ser incluído qualquer novo endereço ou anexado qualquer arquivo. Atalho: **Ctrl Shift R**

Encaminhar - Nesta outra opção o OE cuidará de produzir um e-mail pré-formatado que terá as seguintes características: Em Para:, Cc: e Cco: o usuário poderá indicar a quem pretende enviar a mensagem pois a princípio estarão em branco. O assunto será precedido por Fw: , valem as mesmas marcações para o histórico do e-mail só que desta vez o arquivo que foi anexado pelo remetente permanecerá anexo. Atalho: **Ctrl F**

Imprimir - Imprime o e-mail selecionado. Atalho: **Ctrl P**

Excluir - Exclui o e-mail selecionado enviando-o para a caixa de **itens excluídos.** Atente para o detalhe de que o número entre os parênteses colocados em frente de cada item refere-se ao número de e-mails marcados como não lidos e não ao número de e-mails que eles contêm. Assim, em **itens excluídos**, do exemplo abaixo, sem verificar as propriedades da pasta, não podemos determinar a quantidade de e-mails que contém, porém sabemos que do número de e-mails total, 59 estão marcados como não lidos.

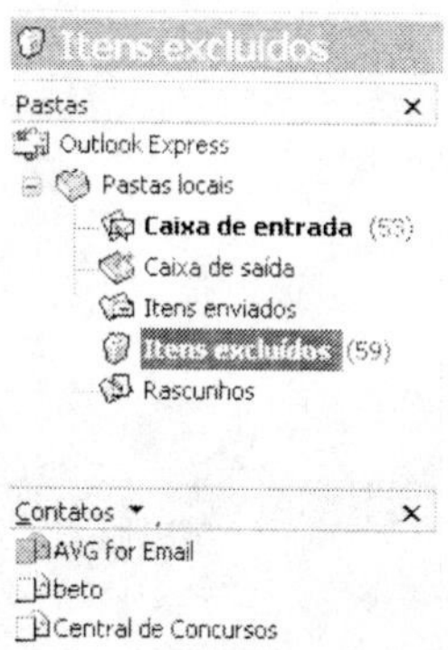

Com o botão direito do mouse podemos acessar as propriedades (ou menu **arquivo/propriedades**) da pasta selecionada:

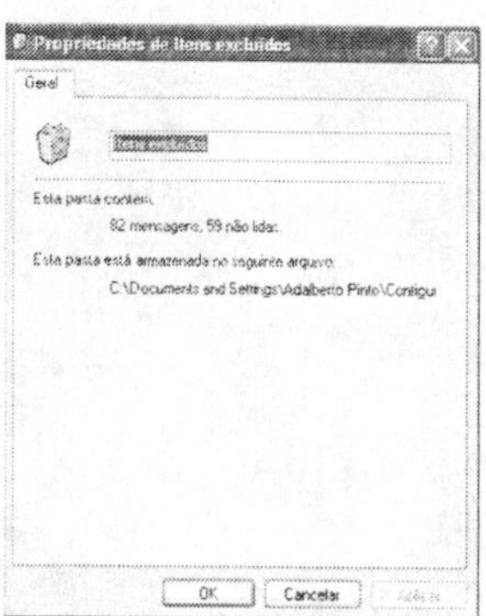

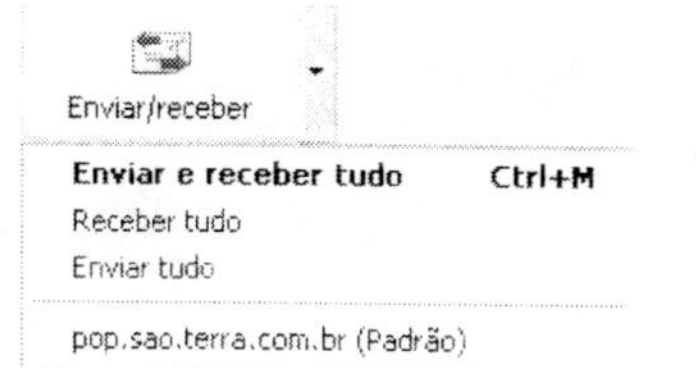

Enviar/Receber - Ao clicar sobre o botão o ato é o de enviar tudo o que está na caixa de saída e receber e-mails de todas as contas gerenciadas pelo OE. Atalho: **Ctrl M**. Caso o usuário utilize a seta ao lado do botão tem acesso à possibilidade de receber ou enviar, cada ação individualmente.

Endereços - Acessa o catálogo de endereços.

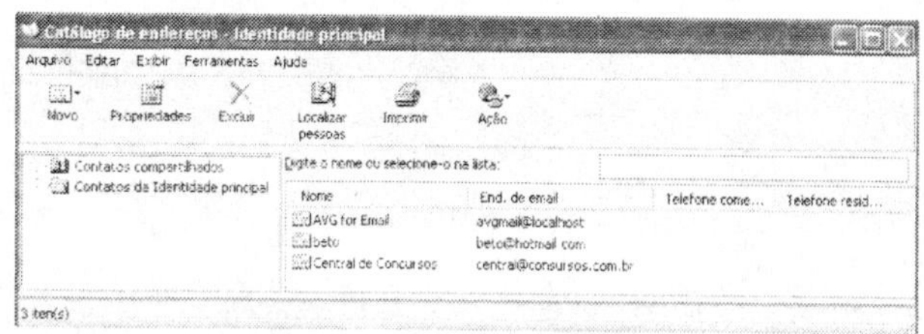

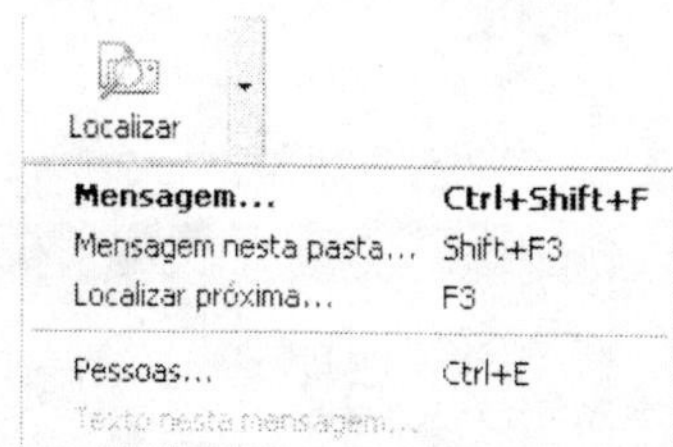

Localizar - Por padrão, o OE pesquisa a pasta selecionada no momento. Para pesquisar em outra pasta, clique em **Procurar...** e selecione a pasta desejada. Atalho: **Ctrl Shift F.**

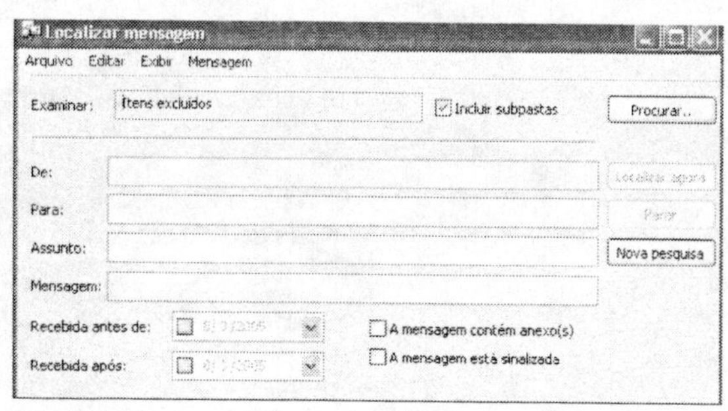

Barra de Menu

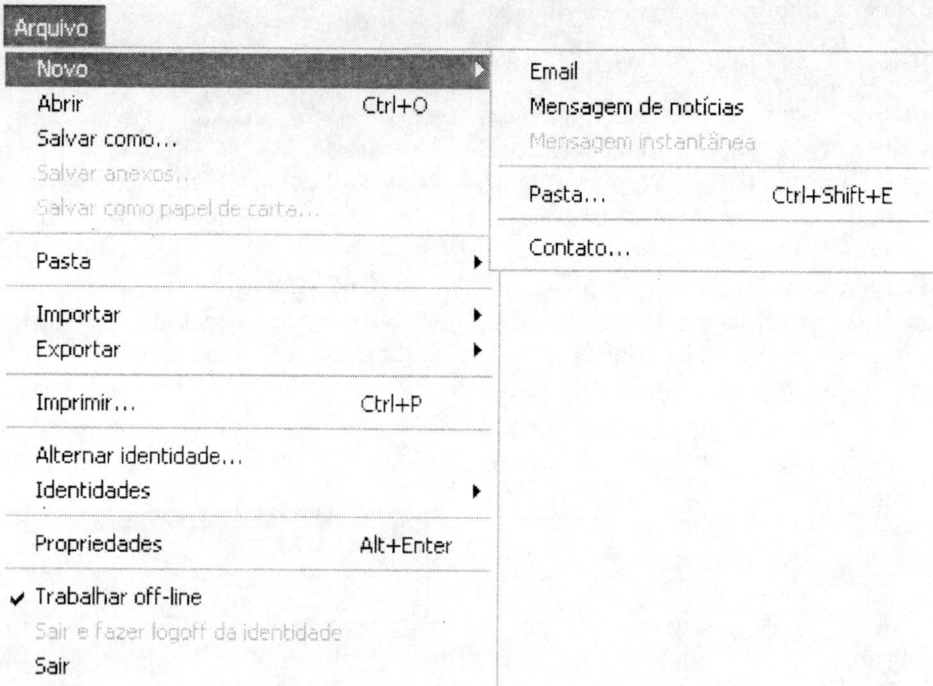

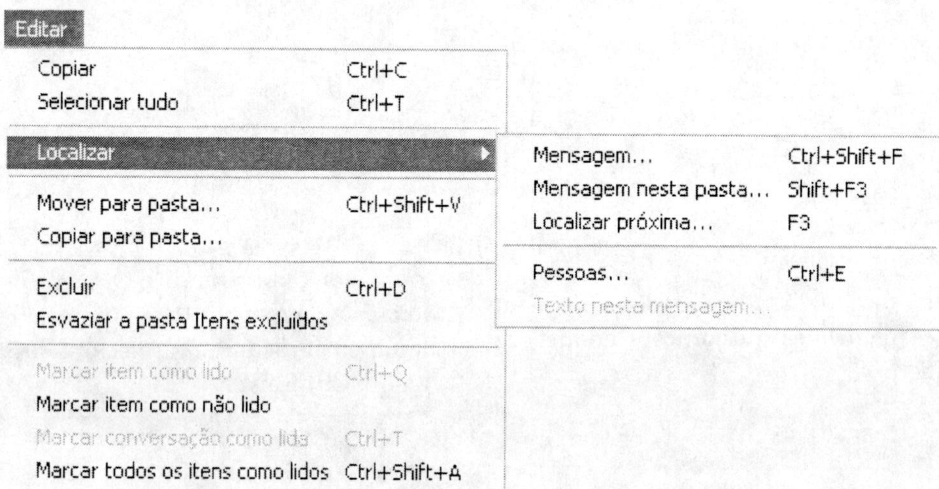

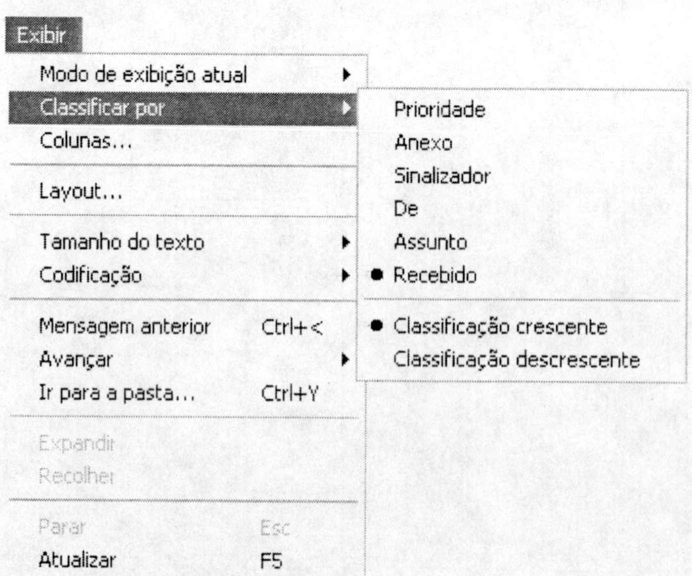

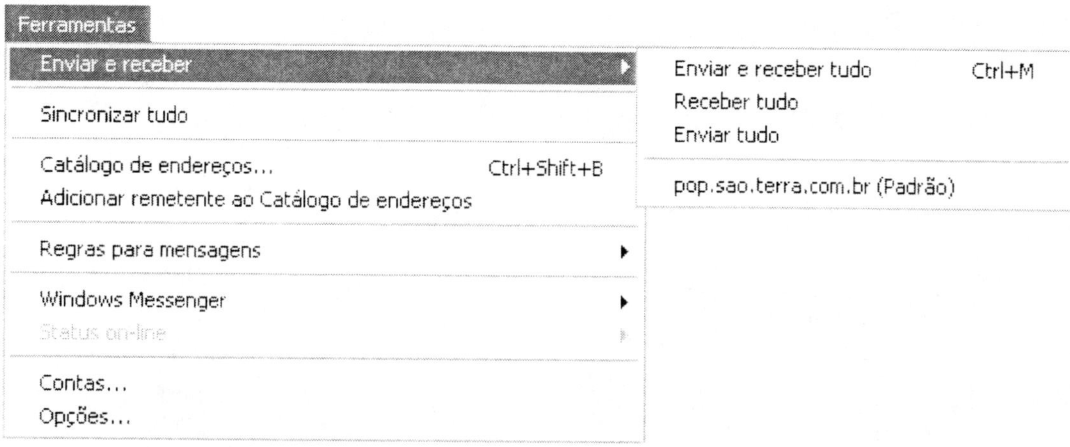

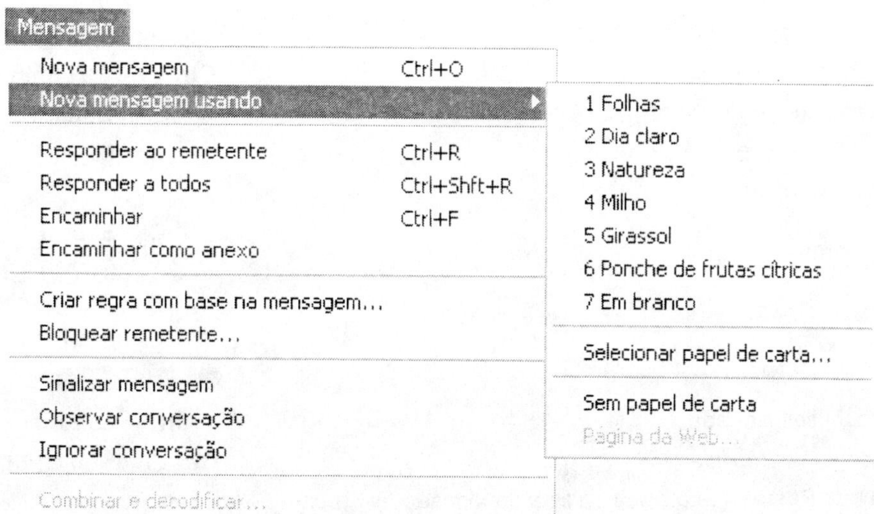

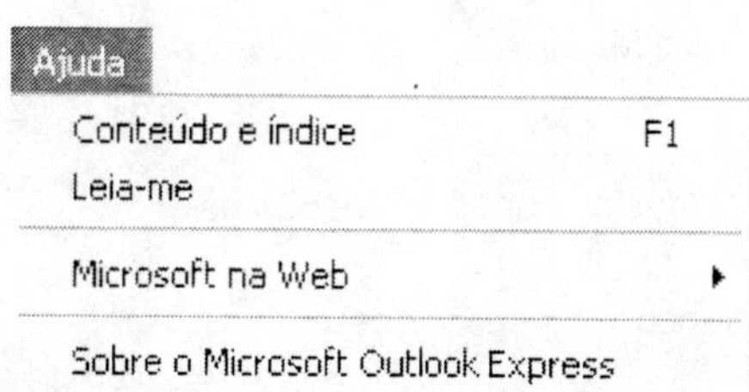

Atalhos para o Outlook Express 6

Janela principal, janela de exibição de mensagens e janela de envio de mensagens

Para	Pressione
Abrir tópicos da **Ajuda**	F1
Selecionar todas as mensagens	Ctrl A

Janela principal e janela de mensagem

Para	Pressione
Imprimir a mensagem selecionada	**Ctrl P**
Enviar e receber e-mail	**Ctrl M**
Excluir uma mensagem de e-mail	**DEL** ou **Ctrl D**
Abrir ou postar uma nova mensagem	**Ctrl N**
Abrir o catálogo de endereços	**Ctrl Shift B**
Responder ao autor da mensagem	**Ctrl R**
Encaminhar uma mensagem	**Ctrl F**
Responder a todos	**Ctrl Shift R** ou **Ctrl G (notícias)**
Ir para sua **Caixa de entrada**	**Ctrl I**
Ir para a próxima mensagem da lista	**Ctrl >** ou **Ctrl Shift >**
Ir para a mensagem anterior da lista	**Ctrl <** ou **Ctrl Shift <**
Exibir as propriedades de uma mensagem selecionada	**Alt Enter**
Atualizar novas mensagens e cabeçalhos	**F5**
Ir para a próxima mensagem de e-mail não lida	**Ctrl U**
Ir para a próxima conversação de notícias não lida	**Ctrl Shift U**
Ir para uma pasta	**Ctrl Y**

Janela principal

Para	Pressione
Abrir uma mensagem selecionada	**Ctrl O ou Enter**
Marcar uma mensagem como lida	**Ctrl Enter ou Ctrl Q**
Mover-se entre a lista **Pastas** (se ativada), a lista de mensagens, o painel de visualização e a lista **Contatos** (se ativada).	**Tab**
Marcar todas as novas mensagens como lidas	**Ctrl Shift A**
Ir para um grupo de notícias	**Ctrl W**
Expandir uma conversação de notícias (mostrar todas as respostas)	**Seta a Esquerda** ou **Sinal de Adição (+)**
Recolher uma conversação de notícias (ocultar mensagens)	**Seta à direita** ou **Sinal de Subtração (-)**
Ir para o próximo grupo de notícias ou pasta não lido	**Ctrl J**
Fazer download de notícias para leitura off-line	**Ctrl Shift M**

Janela de mensagem — exibindo ou enviando

Para	Pressione
Fechar uma mensagem	**Esc**
Localizar texto	**F3**
Localizar uma mensagem	**Ctrl Shift F**
Alternar entre as guias **Editar**, **Origem** e **Visualizar**	**Ctrl Tab**

Janela de mensagem — somente enviando

Para	Pressione
Verificar nomes	**Ctrl K** ou **Alt K**
Verificar ortografia	**F7**
Inserir uma assinatura	**Ctrl Shift S**
Enviar (postar) uma mensagem	**Ctrl Enter** ou **Alt S**

Ícones de mensagens de e-mail

Os ícones a seguir indicam a prioridade das mensagens, se as mensagens possuem arquivos anexados e se as mensagens estão marcadas como lidas ou não lidas.

Ícone	Indica que:
	A mensagem possui um ou mais arquivos anexados.
	A mensagem foi marcada como de prioridade alta pelo remetente.
	A mensagem foi marcada como de prioridade baixa pelo remetente.
	A mensagem foi lida. O título da mensagem aparece em tipo claro.
	A mensagem não foi lida. O título da mensagem aparece em negrito.
	A mensagem foi respondida.
	A mensagem foi encaminhada.
	A mensagem está em andamento na pasta **Rascunhos**.
	A mensagem está assinada digitalmente e não foi aberta.
	A mensagem está criptografada e não foi aberta.
	A mensagem está assinada digitalmente, criptografada e não foi aberta.
	A mensagem está assinada digitalmente e foi aberta.
	A mensagem está criptografada e foi aberta.
	A mensagem está assinada digitalmente, criptografada e foi aberta.
	A mensagem possui respostas que estão recolhidas. Clique no ícone para mostrar todas as respostas (expandir a conversação).
	A mensagem e todas as suas respostas estão expandidas. Clique no ícone para ocultar todas as respostas (recolher a conversação).
	O cabeçalho da mensagem não lida está em um servidor IMAP.
	A mensagem aberta está marcada para exclusão em um servidor IMAP.
	A mensagem está sinalizada.
	A mensagem IMAP está marcada para ser descarregada.
	A mensagem IMAP e todas as conversações estão marcadas para serem descarregadas.
	A mensagem IMAP individual (sem conversações) está marcada para ser descarregada.

Ícones de mensagens de notícias

Os ícones a seguir indicam se uma conversação (um tópico e todas as suas respostas) está expandida ou recolhida e se mensagens e cabeçalhos estão marcados como lidos ou não lidos.

Ícone	Indica que:
	Este nível da conversação está recolhido. Clique no ícone para mostrar todas as respostas (expandir a conversação).
	Este nível da conversação está expandido. Clique no ícone para ocultar todas as respostas (recolher a conversação).
	A mensagem ainda não foi aberta. O título aparece em negrito.
	O cabeçalho da mensagem foi marcado como lido.
	A mensagem foi marcada como lida e está armazenada em um arquivo de mensagens no computador.
	A mensagem não foi marcada como lida e o cabeçalho e o corpo estão armazenados em um arquivo de mensagens em seu computador.
	A mensagem não está mais disponível no servidor.
	A mensagem de notícias está marcada para ser descarregada.
	A mensagem de notícias e todas as conversações estão marcadas para serem descarregadas.
	A mensagem de notícias individual (sem conversações) está marcada para ser descarregada.
	A mensagem de notícias foi respondida.
	A mensagem de notícias foi encaminhada.
	O grupo de notícias é novo no servidor.
	A mensagem está em andamento na pasta **Rascunhos**.
	A mensagem está sinalizada.
	A conversação é observada.
	A conversação é ignorada.

8. Software Livre e Formas de Distribuição

Com a explosão da internet foi dado um súbito destaque a uma nova categoria de programas que praticamente "carrega" a internet movimentando diversos serviços e em alguns casos indo até ao sistema operacional das máquinas que compõem a rede. O que são os programas livres? São programas comuns, construídos como quaisquer outros. A diferença está nos direitos que o autor dá para outras pessoas fazerem uso deste programa: a licença de uso. Existem diversos tipos de licença e consequentemente diversos tipos de comercialização de programas:

Software Livre (Free Software)

É o software disponível com a permissão para qualquer um usá-lo, copiá-lo, e distribuí-lo, seja na sua forma original ou com modificações, seja gratuitamente ou com custo. Em especial, a possibilidade de modificações implica em que o código fonte esteja disponível. Se um programa é livre, potencialmente ele pode ser incluído em um sistema operacional também livre. É importante não confundir software livre com software grátis porque a liberdade associada ao software livre de copiar, modificar e redistribuir, independe de gratuidade. Existem programas que podem ser obtidos gratuitamente mas que não podem ser modificados, nem redistribuídos.

Copyleft

A maioria das licenças usadas na publicação de software livre permite que os programas sejam modificados e redistribuídos. Estas práticas são geralmente proibidas pela legislação internacional de copyright, que tenta justamente impedir que alterações e cópias sejam efetuadas sem a autorização do autor. As licenças que acompanham o software livre fazem uso da legislação de copyright para impedir utilização não-autorizada, mas estas licenças definem clara e explicitamente as condições sob as quais cópias, modificações e redistribuições podem ser efetuadas, para garantir as liberdades de modificar e redistribuir o software assim licenciado. A esta versão de copyright, dá-se o nome de copyleft.

Open source, GPL e GNU

É um tipo de distribuição no qual o programa é um freeware é o seu código-fonte também é disponível para download. Entende-se por código-fonte o código em alguma linguagem de programação no qual o programa foi desenvolvido. Desenvolvedores poderão utilizar este código, readaptando o software de acordo com suas necessidades, mas essa readaptação deverá sempre ser distribuída nos mesmos padrões. GPL (GNU Public License) é o formato padrão dos softwares Open source.

Software em Domínio Público

Software em domínio público é software sem copyright. Alguns tipos de cópia, ou versões modificadas, podem não ser livres porque o autor permite que restrições adicionais sejam impostas na redistribuição do original ou de trabalhos derivados.

Software Semi-livre

Software semi-livre é software que não é livre, mas é concedida a permissão para que indivíduos o usem, copiem, distribuam e modifiquem, incluindo a distribuição de versões modificadas, desde que o façam sem o propósito de auferir lucros. Exemplos de software semi-livre são as primeiras versões do Internet Explorer da Microsoft, algumas versões dos browsers da Netscape, e o StarOffice.

Freeware

O termo freeware não possui uma definição amplamente aceita mas é usado com programas que permitem a redistribuição mas não a modificação, e seu código-fonte não é disponibilizado. Estes programas não são software livre.

Shareware

Shareware é o software disponibilizado com a permissão para que seja redistribuído, mas a sua utilização implica no pagamento pela sua licença. Geralmente, o código-fonte não é disponibilizado e, portanto modificações são impossíveis.

Software Proprietário

Software proprietário é aquele cuja cópia, redistribuição ou modificação são em alguma medida proibidos pelo seu proprietário. Para usar, copiar ou redistribuir deve-se solicitar permissão ao proprietário ou pagar para poder fazê-lo.

Software Comercial

Software comercial é o software desenvolvido por uma empresa com o objetivo de lucrar com sua utilização. Note que 'comercial' e 'proprietário' não é o mesmo. A maioria do software comercial é proprietário, mas existe software livre que é comercial, e existe software não-livre não-comercial.

Demo e Trial

As versões Demo são basicamente relacionadas a jogos. É geralmente uma versão mais curta do jogo, contendo apenas um pedaço do jogo para que você instale-o e veja se gosta. Caso goste, é preciso comprar o software na sua versão de caixa, como chamamos, aquela que literalmente fica exposta na prateleira. Isso acontece porque muitos jogos são muito grandes, ocupam até vários CDs, e seria impraticável distribuí-los a título de Shareware. Os Trials funcionam quase da mesma maneira, se aplicam a programas geralmente mas com uma pequena diferença: geralmente não salvam nem exportam os trabalhos realizados. Você poderá utilizá-los em todo seu potencial para aprender mas deverá comprar o produto de caixa. Existem algumas variações, é preciso verificar os planos do desenvolvedor.

Beta

Versões ainda em desenvolvimento. Muitas vezes com aspectos de Freeware, outras vezes Shareware. Precede a versão oficial, assim como softwares com a versão 0.x ou RC1, RC2, etc. RC é a sigla de Release Candidate, geralmente as últimas versões antes do lançamento oficial.

Exercícios de Fixação e de Concursos

01. Ao se configurar um aplicativo de correio eletrônico para enviar e receber e-mails corretamente, deve-se especificar os servidores:
a) FTP e UDP.
b) TCP e IP.
c) DNS e TCP/IP.
d) Telnet e DNS.
e) SMTP e POP3.

TRE CE - FCC - 2012

02. Sobre o Filtro SmartScreen do Internet Explorer 9, analise:
I. Enquanto você navega pela Web, ele analisa as páginas da Web e determina se elas têm alguma característica que possa ser considerada suspeita. Se encontrar páginas da Web suspeitas, o SmartScreen exibirá uma mensagem dando a você a oportunidade de enviar um comentário e sugerindo que você proceda com cautela.
II. Verifica os sites visitados e os compara com uma lista dinâmica de sites de phishing e sites de softwares mal-intencionados relatados. Se encontrar uma correspondência, o Filtro SmartScreen exibirá um aviso notificando-o que o site foi bloqueado para a sua segurança
III. Verifica os arquivos baixados da Web e os compara com uma lista de sites de softwares mal-intencionados relatados e programas conhecidos como inseguros. Se encontrar uma correspondência, o Filtro SmartScreen o avisará que o download foi bloqueado para a sua segurança.
IV. É um recurso no Internet Explorer que ajuda a detectar sites de phishing. Pode ajudar também a protegê-lo contra o download ou a instalação de malware (software mal-intencionado).

Está correto o que se afirma em
a) I,II, III e IV.
b) I e II, apenas.
c) I, II e II, apenas.
d) III e IV, apenas.
e) IV, apenas.

TRE PR - FCC – 2012 - Analista Judiciário

03. Devido ao modo de armazenamento do histórico de acesso em navegadores, é possível para diferentes usuários acessando um mesmo computador visualizar e até utilizar informações de outro usuário deste histórico ou arquivos armazenados pelos navegadores (Cookies). No Internet Explorer 9 é possível navegar de forma privada onde não será mantido o histórico de navegação por uso do modo InPrivate. Uma das maneiras de iniciar a navegação nesse modo é clicar no botão
a) Arquivo, clicar na opção Segurança e clicar em InPrivate.
b) Segurança e clicar em Modo de Compatibilidade.
c) Arquivo e clicar em InPrivate.
d) Modo de Compatibilidade e clicar em Navegação InPrivate.
e) Nova Guia e, no corpo da página, clicar em Navegação InPrivate.

Delegado de Polícia Federal - CESPE/UNB
(adaptada para IE9)

Considere que um delegado de polícia federal, em uma sessão de uso do Internet Explorer 6 (IE6), obteve a janela ilustrada acima, que mostra uma página web do sítio do DPF, cujo endereço eletrônico está indicado. A partir dessas informações, julgue os itens:

04. Considere a seguinte situação hipotética. O conteúdo da página acessada pelo delegado, por conter dados importantes à ação do DPF, é constantemente atualizado por seu webmaster. Após o acesso mencionado acima, o delegado desejou verificar se houve alteração desse conteúdo.

Nessa situação, ao clicar o botão C, o delegado terá condições de verificar se houve ou não a alteração mencionada, independentemente da configuração do IE9, mas desde que haja recursos técnicos e que o IE9 esteja em modo online.

05. O armazenamento de informações em arquivos denominados cookies pode constituir uma vulnerabilidade de um sistema de segurança instalado em um computador. Para reduzir essa vulnerabilidade, o IE9 disponibiliza recursos para impedir que cookies sejam armazenados no computador. Caso o delegado deseje configurar tratamentos referentes a cookies, ele encontrará recursos a partir do uso do menu Ferramentas ▾.

06. Caso o acesso à internet descrito tenha sido realizado mediante um provedor de internet acessível por meio de uma conexão a uma rede LAN, à qual estava conectado o computador do delegado, é correto concluir que as informações obtidas pelo delegado transitaram na LAN de modo criptografado.

TRE CE - FCC – 2012 - Analista Judiciário

07. O Internet Explorer 9 mostra claramente o verdadeiro endereço Web do site que está sendo visitado. Trata-se de um recurso de segurança e privacidade do IE denominado

a) Navegação InPrivate.
b) Filtro SmartScreen.
c) Filtro ActiveX.
d) Realce de domínio
e) Conexão SSL.

FUMARC - PC MG - 2011

08. Analise as seguintes afirmativas sobre a internet.

I. É globalmente ligada por um espaço de endereços únicos baseado no Internet Protocol (IP).

II. É capaz de suportar a comunicação usando o Transmission Control Protocol/Internet Protocol (TCP/IP).

III. O correio eletrônico (e-mail) é baseado na troca de mensagens entre usuários da internet, por meio de conexões ponto a ponto (P2P).

Assinale a alternativa CORRETA:

a) A afirmativa III está errada e as afirmativas I e II estão corretas.
b) A afirmativa II está errada e as afirmativas I e III estão corretas.
c) A afirmativa I está errada e as afirmativas II e III estão corretas.
d) As afirmativa I, II e III estão corretas.

Técnico da Receita Federal - ESAF

09. Analise as seguintes afirmações relativas ao uso da internet.

I. Todos os servidores na internet são gerenciados, fiscalizados e de propriedade de um órgão governamental que, no Brasil, denomina-se Comitê Gestor da Internet no Brasil, acessado pelo endereço www.registro.br.

II. Na Internet, utilizando-se o FTP, é possível transferir arquivos, autenticar usuários e gerenciar arquivos e diretórios.

III. Na transferência de arquivos, existem situações nas quais é necessário que o serviço FTP seja acessado por usuários que não têm conta no servidor FTP. Nestes casos pode-se utilizar o serviço FTP anônimo.

IV. A transferência de arquivos de algum ponto da internet para um computador específico é denominada download, desde que o servidor intermediário no processo seja um servidor SMTP.

Indique a opção que contenha todas as afirmações verdadeiras.

a) I e II
b) II e III
c) III e IV
d) I e III
e) II e IV

10. Analise as seguintes afirmações relativas ao uso da internet.

I. Um serviço hospedado em um servidor na internet pode ser acessado utilizando-se o número IP do servidor, como também a URL equivalente do serviço disponibilizado pelo referido servidor.

II. O endereço IP 161.148.231.001 é um exemplo de endereço IP que pode ser válido.

III. Para acessar a internet é necessário apenas que o computador tenha uma placa de rede ligada à linha telefônica, permitindo, assim, uma conexão dial-up de alta velocidade.

IV. Para uma conexão à internet com alta velocidade, isto é, velocidades superiores a 2Mbps, pode-se optar por uma ADSL ligada à porta serial do computador, o que dispensa o uso de adaptadores de rede, modens e qualquer outro tipo de conexão entre o computador e a ADSL.

Indique a opção que contenha todas as afirmações verdadeiras:

a) I e II
b) II e III
c) III e IV
d) I e III
e) II e IV

Analista Ambiental (IBAMA) - CESPE/UNB

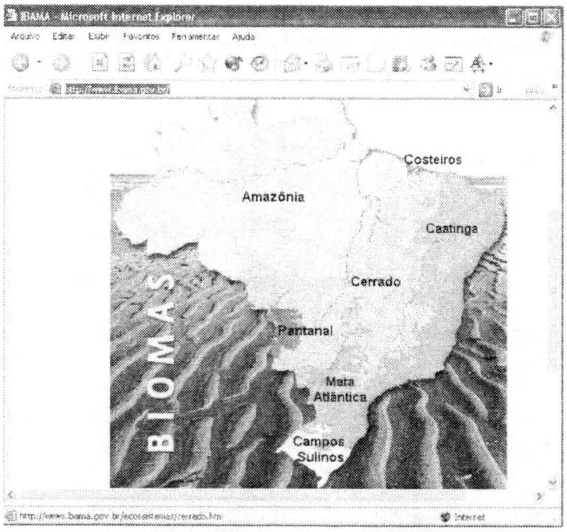

Considerando que a janela do Internet Explorer 6 (IE6) ilustrada na figura acima esteja sendo executada em um computador PC e que, no momento em que a figura foi capturada, o ponteiro do *mouse* encontrava-se sobre o *hyperlink* Cerrado existente na página *web* mostrada na janela do IE6, julgue os itens subsequentes.

11. Sabendo que biomas.gif (97,8 KB) refere-se a um arquivo que contém a figura correspondente ao mapa do Brasil contido na área de páginas da janela do IE6, ao se clicar com o botão direito do *mouse* sobre essa figura, será disponibilizada opção que permite obter a janela do Outlook Express 6 (OE6) ilustrada a seguir, desde que o OE6 esteja adequadamente configurado.

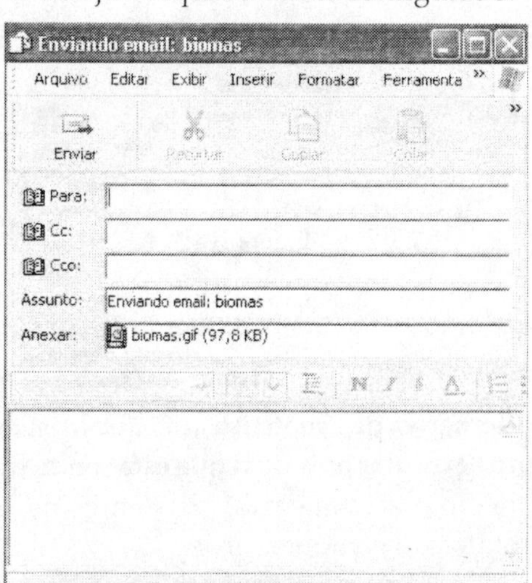

12. Sabendo-se que o sistema operacional do PC acima referido é o Windows XP, seria possível, a partir desse computador, ter acesso à página *web* mostrada na janela do IE6 utilizando-se o *browser* Mozilla FireFox.

13. As informações contidas na janela do IE6 ilustrada são suficientes para se concluir que o acesso à internet que permitiu obter a página *web* mostrada foi realizado por meio de uma conexão segura. Nessas condições, ao se clicar o *hyperlink* Cerrado, será iniciado processo de acesso à página *web* associada ao endereço eletrônico http://www.ibama.gov.br/ecossistemas/cerrado.htm em modo seguro, livre de vírus de computador e ataques por *hackers*.

Escrivão de Polícia Civil/SP - 2005

14. **O protocolo utilizado para fazer download de arquivos da internet é:**
a) o ISS
b) a URL
c) a ARPANET
d) o FTP
e) o HTTP

15. **Assinale a alternativa incorreta.**
a) Browser é um aplicativo utilizado para acessar páginas da internet.
b) Não é necessária a aquisição de licença para utilização de software aberto.
c) O software aberto (open source) não pode ser modificado pelo usuário.
d) Softwares protegidos por direitos autorais não são de domínio público.
e) Planilha de cálculo é um tipo de software aplicativo.

VUNESP – Agente de Organização Escolar – 2012

16. **O sistema de correio eletrônico (*email*) da Internet possui algumas pastas específicas para o armazenamento de mensagens. Por padrão, as mensagens já transmitidas para o destinatário são armazenadas na pasta**
a) Saída.
b) Lixeira.
c) Rascunho.
d) Enviado.
e) Encaminhado.

17. Considere as seguintes afirmações sobre o uso do sistema de correio eletrônico (*email*) da Internet:

I. É possível anexar arquivos eletrônicos contendo textos, imagens, planilhas ou vídeos em uma mensagem.

II. Pode-se inserir assinatura digitalizada em uma mensagem.

III. Ao lermos uma mensagem recebida com um arquivo anexo, o arquivo anexo à mensagem será automaticamente aberto.

Sobre as afirmações, está correto o contido em

a) I, apenas.
b) II, apenas.
c) I e II, apenas.
d) I e III, apenas.
e) I, II e III.

VUNESP – Banco do Brasil – Escriturário – 2011

18. Uma das formas possíveis de criar guias de *home page* no *Internet Explorer* 8, é: abrir o menu

a) Exibir, depois escolher Barra de Ferramentas e, por fim, a janela Nova Guia.
b) Favoritos, depois a opção Nova Janela e, por fim, a janela Adicionar a Favoritos.
c) Favoritos, depois a opção Adicionar Página e, por fim, a janela Adicionar a Favoritos.
d) Ferramentas, depois a opção Opções da Internet e, por fim, a aba Conexões.
e) Ferramentas, depois a opção Opções da Internet e, por fim, a aba Geral.

VUNESP - CETESB - Técnico Administrativo - 2013

19. Considere o correio eletrônico que está sendo digitado no webmail apresentado na figura I e a janela exibida na figura II.

Figura I

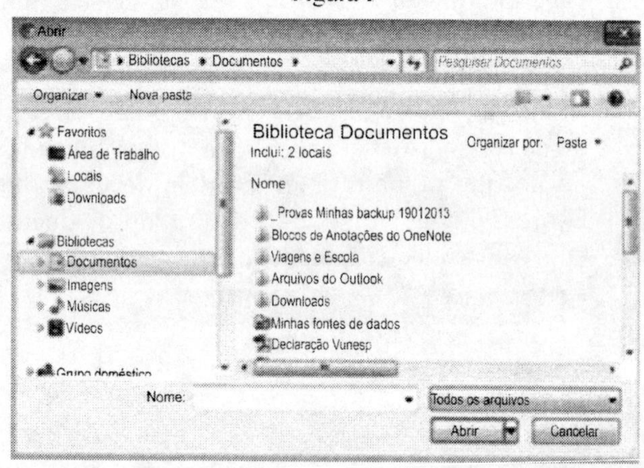

Figura II

Baseando-se na janela da figura II, que apareceu quando o usuário clicou em 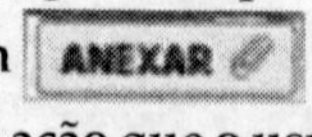

, assinale a alternativa que contém a ação que o usuário pretende executar no e-mail que está sendo digitado.

a) Adicionar destinatários existentes na lista de contatos do computador.
b) Adicionar a mensagem na biblioteca Documentos.
c) Anexar o rascunho da mensagem que está na biblioteca Documentos.
d) Anexar outras mensagens que estão no webmail.
e) Anexar arquivos que estão no computador.

20. Se o site possuir um certificado, a cor na barra de endereços do Internet Explorer 9 mostrará o nível de validação desse certificado. Quando o certificado possuir validação normal, ou seja, a comunicação com o site é criptografada, a cor na barra de ferramentas será
a) Branca.
b) Preta.
c) Verde.
d) Vermelha.
e) Amarela.

21. No Internet Explorer, versão 9 da Microsoft, na sua configuração padrão, na janela "Opções da Internet", o botão que permite excluir o histórico de navegação está contido na aba
a) Geral.
b) Segurança.
c) Privacidade.
d) Programas.
e) Avançadas.

Gabarito

01. E	**02. A**	**03. E**
04. Certo	**05. Certo**	**06. Errado**
07. D	**08. A**	**09. B**
10. A	**11. Certo**	**12. Certo**
13. Errado	**14. D**	**15. C**
16. D	**17. C**	**18. E**
19. E	**20. A**	**21. A**

6. Provas de Concursos

Vunesp

Perito Criminal – PC/SP – 2013

01. Observe a barra de tarefas do MS-Windows 7 – instalado na sua configuração padrão – exibida na figura:

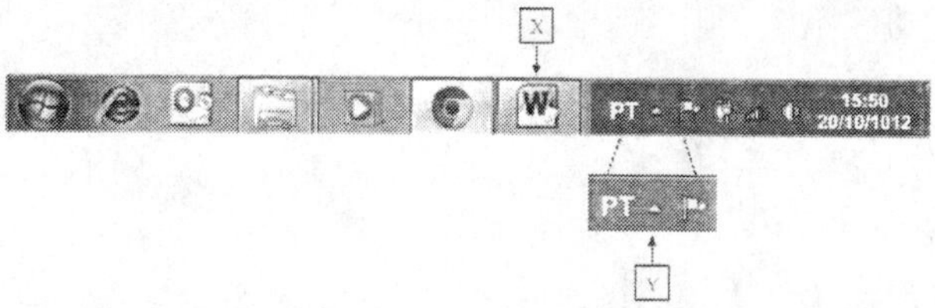

Ao se clicar com o botão secundário do mouse sobre o MS-Word, indicado por X, e com o botão principal do mouse sobre a seta, indicada por Y, serão exibidos(as), respectivamente:

a) lista de ferramentas, incluindo o verificador de ortografia e gramática; indicação de novas atualizações disponíveis.
b) opção de fechar a janela do MS-Word; Windows Media Player.
c) lista de programas do botão Iniciar; ícone para remover hardware e ejetar mídia com segurança.
d) lista de atalhos para os documentos abertos recentemente; gerenciador da área de notificação da barra de tarefas.
e) opção de fixar o programa MS-Word na barra de tarefas; Internet Explorer.

02. O Controle de Conta de Usuário (UAC) do MS-Windows 7 é um recurso que auxilia a manter o controle do computador, informando ao usuário quando um programa faz uma alteração que exige permissão em nível de administrador.

Relacione corretamente o ícone de notificação de permissão do UAC com sua respectiva descrição.

Ícone	Descrição
I. 	x) O usuário foi impedido pelo administrador do sistema de executar o programa.
II. 	y) Um programa com um fornecedor desconhecido precisa de permissão para iniciar.
III. 	w) Um programa que não faz parte do Windows precisa de permissão para iniciar.
IV. 	z) Uma configuração ou um recurso que faz parte do Windows precisa de permissão para iniciar.

Assinale a relação correta.

a) I-x; II-w; III-z; IV-y.
b) I-y; II-x; III-w; IV-z.
c) I-z; II-w; III-y; IV-x.
d) I-w; II-y; III-z; IV-x.
e) I-w; II-z; III-x; IV-y.

03. No MS-Word 2010, a partir da sua configuração padrão, para personalizar uma marca d'água em um documento que está sendo editado, deve-se acessar o menu

a) Inserir, grupo Configurar Página.
b) Layout de Página, grupo Ilustrações.
c) Inserir, grupo Ilustrações.
d) Inserir, grupo Plano de Fundo de Página.
e) Layout de Página, grupo Plano de Fundo de Página.

04. Observe a planilha do MS-Excel 2010, em sua configuração original:

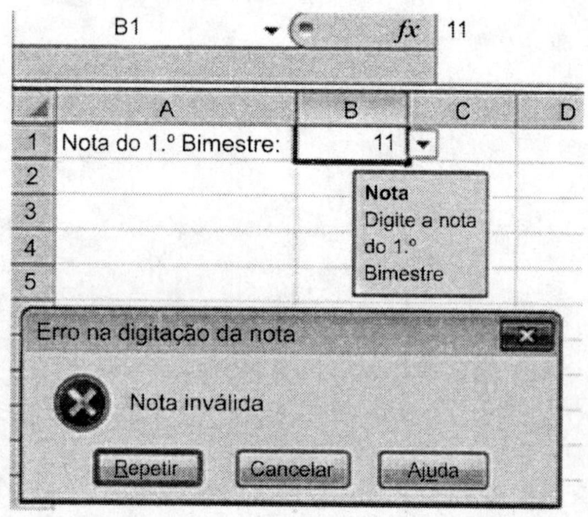

Os critérios de validação de dados da caixa Permitir estão exibidos na próxima figura:

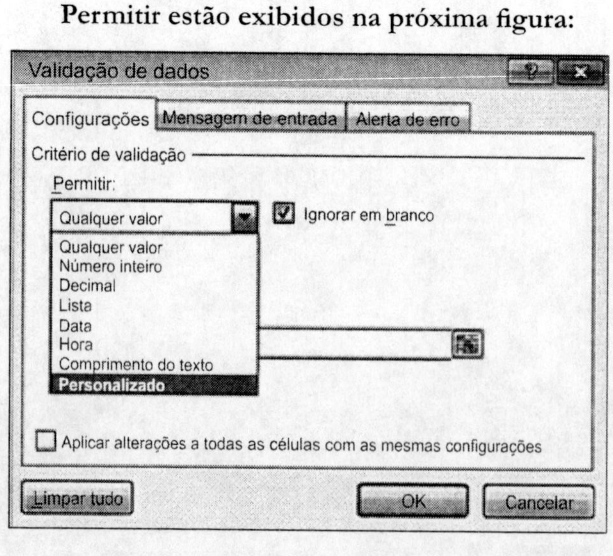

Dentre os critérios apresentados, assinale qual foi utilizado na célula B1.

a) Lista.
b) Qualquer valor.
c) Decimal.
d) Valor inteiro.
e) Comprimento do texto.

05. Observe a lista de utilitários do MS-Windows 7, na sua configuração padrão, apresentados na figura:

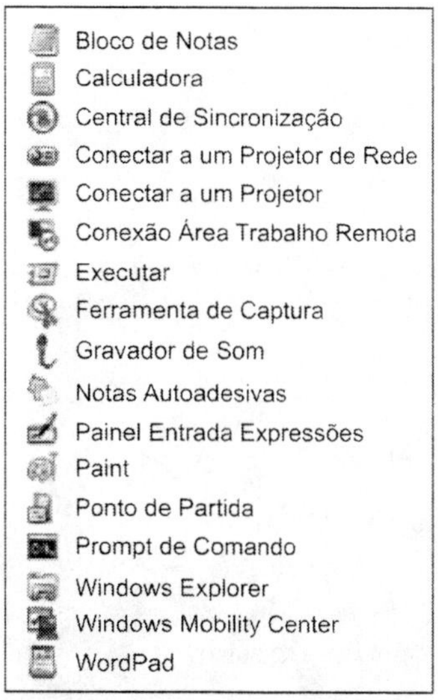

Assinale a alternativa que contém o local onde os utilitários são encontrados.

a) Ferramentas Administrativas.
b) Ferramentas do Sistema.
c) Painel de Controle.
d) Acessórios.
e) Meu Computador.

Gabarito

01. D 02. C 03. E 04. A 05. D

Investigador de Polícia – PC/SP – 2013

01. A área de transferência do MS-Windows 7, na sua configuração padrão,

a) consegue armazenar arquivos inteiros, mas não pastas.
b) trabalha com um bloco de informações por vez, ou seja, o conteúdo anterior será sempre substituído pelo novo conteúdo.
c) é visualizada após a execução do comando clipbrd.exe.
d) consegue armazenar apenas pastas que não contêm subpastas.
e) armazena qualquer tipo de informação, exceto som; exemplos: arquivos com extensão MP3.

02. Considere a figura que mostra parcialmente a janela propriedades do disco rígido de um computador com MS-Windows 7, em sua configuração original.

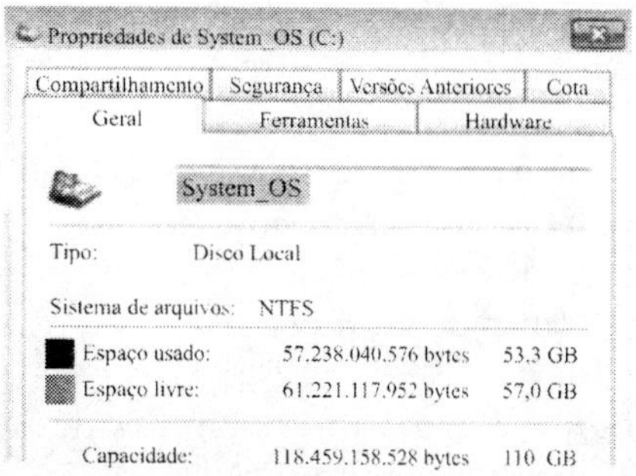

Assinale a alternativa que contém um dos aplicativos disponíveis na guia Ferramentas, visível na janela citada.

a) Backup.
b) Windows Explorer.
c) Painel de Controle.
d) Windows Defender.
e) Paint.

03. A figura seguinte apresenta parte da área de trabalho do MS-Windows 7:

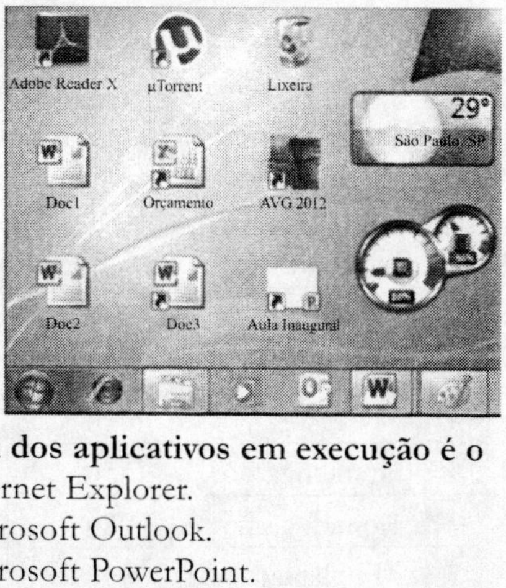

Um dos aplicativos em execução é o

a) Internet Explorer.
b) Microsoft Outlook.
c) Microsoft PowerPoint.
d) Microsoft Excel.
e) Microsoft Word.

Utilize as afirmações seguintes para responder às questões de números 04 e 05.

O texto a seguir será convertido em tabela pelo MS-Word 2010, na sua configuração padrão, sem que o usuário altere as opções apresentadas na janela Converter Texto em Tabela encontrada em Tabela no menu Inserir.

ITEM; QTDE; VALOR; Livros 1 R$25 Revistas 3 R$30

04. Assinale a alternativa com a quantidade de colunas e linhas que serão sugeridas, respectivamente.

a) 4 e 1.
b) 9 e 1.
c) 3 e 3.
d) 9 e 3.
e) 4 e 3.

05. O comportamento de ajuste automático padrão será

a) Altura de linha fixa.
b) Ajustar-se automaticamente ao conteúdo.
c) Ajustar-se automaticamente à janela.
d) Largura de coluna fixa.
e) Texto separado em espaços.

06. A *figura I* exibe uma planilha do MS-Excel 2010, na sua configuração padrão, recém-digitada pelo usuário:

	A	B
1	**Status**	**Solicitação**
2	Implantada	9909
3	Análise	1101
4	Homologação	5505
5	Testes	7707
6	Homologação	8808
7	Iniciar	3303

Figura I

A *figura II* mostra a mesma planilha classificada:

	A	B
1	**Status**	**Solicitação**
2	Iniciar	3303
3	Análise	1101
4	Testes	7707
5	Homologação	5505
6	Homologação	8808
7	Implantada	9909

Figura II

Assinale a alternativa que contém as opções de classificação utilizadas na *figura II*, conforme figura a seguir:

a) Classificar por Status
Classificar em Etapas de Projeto
Ordem Lista Personalizada (Iniciar, Análise, Testes, Homologação, Implantada)

b) Classificar por Solicitação
Classificar em Ícone de Célula
Ordem Lista Personalizada (Iniciar, Análise, Testes, Homologação, Implantada)

c) Classificar por Status
Classificar em Valores
Ordem De Z a A

d) Classificar por Solicitação
Classificar em Valores
Ordem De A a Z

e) Classificar por Status
Classificar em Valores
Ordem Lista Personalizada (Iniciar, Análise, Testes, Homologação, Implantada)

07. O botão  Área de Impressão▾ **encontrado no menu Layout da Página do MS-Excel 2010, na sua configuração padrão, permite definir a área de impressão de intervalo(s) de células previamente selecionado(s) de**

a) várias planilhas de um grupo adjacente de células.
b) várias pastas de trabalho de uma planilha.
c) uma pasta de trabalho da planilha.
d) uma planiha da pasta de trabalho.
e) várias planilhas de uma célula.

Gabarito

01. B **02. A** **03. E** **04. *** **05. ***
06. E **07. D**

*** Anulada**

Agente Policial – PC/SP – 2013

01. Observe a barra de tarefas do MS-Windows 7, na sua configuração padrão, que mostra vários ícones de programas que estão sendo executados ou passíveis de serem executados pelo usuário.

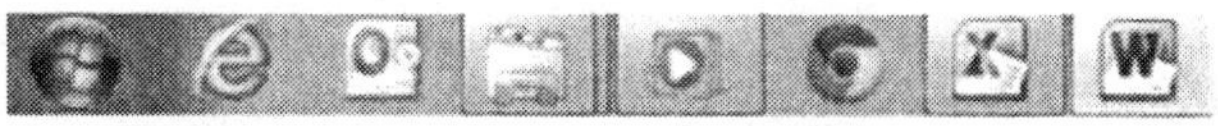

Assinale a alternativa que identifica corretamente o programa  .

a) Internet Explorer.
b) Windows Explorer.
c) Microsoft Word.
d) Microsoft Excel.
e) Botão Iniciar.

02. Analise a janela do Windows Explorer do MS-Windows 7, em sua configuração original, apresentada parcialmente na figura a seguir.

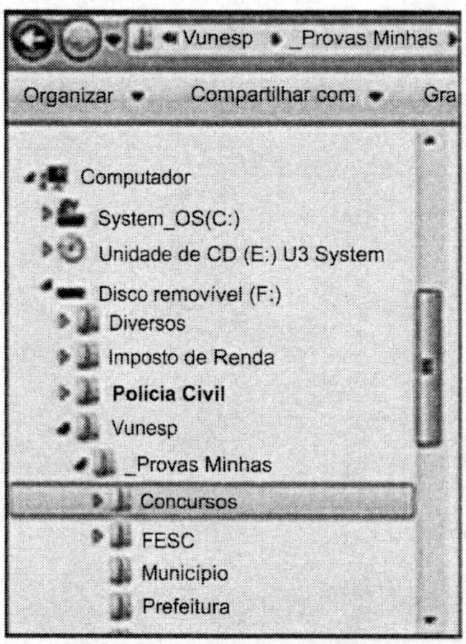

Com relação à janela, assinale a alternativa correta.

a) Existem três discos rígidos no computador.
b) FESC é um arquivo.
c) Município é uma pasta que não possui subpastas.
d) O Disco removível está contido na Unidade de CD (E:) U3 System.
e) Polícia Civil é uma pasta contida no disco rígido do computador.

Considere a janela do gerenciador de tarefas do MS-Windows 7 apresentrada a seguir, em sua versão original, em que é possível observar alguns programas sendo executados, para responder às questões de números 03 e 04.

03. O Paint, programa de edição de imagens, é identificado na janela pelo ícone

a) 

b) 

c) 

d) 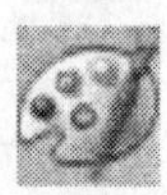

e) 

04. Para alternar os programas em uso, é necessário pressionar a seguinte combinação de teclas:

a) Alt + Shift + P
b) Alt + Tab
c) Shift + Enter
d) Ctrl + Tab
e) Ctrl + Alt + Del

05. Na figura a seguir, observam-se as opções de impressão do MS-Word 2010, na sua configuração padrão:

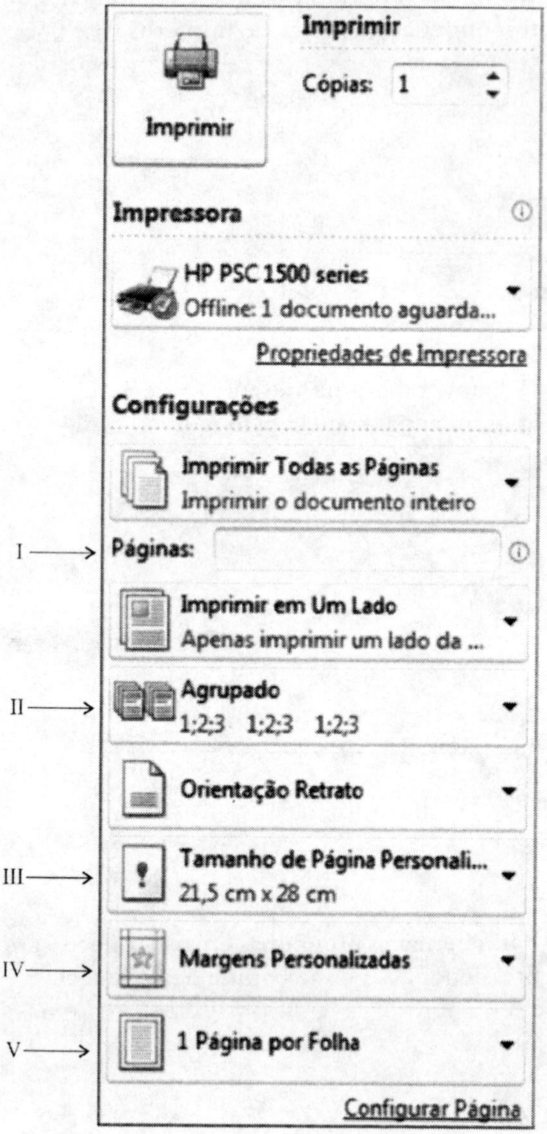

Para imprimir um intervalo personalizado de páginas, exemplo: 1, 3, 5-12, é necessário utilizar a opção indicada pelo número

a) II.
b) III.
c) I.
d) IV.
e) V.

06. A lista a seguir foi digitada no MS-Word 2010, em sua configuração padrão.

a. MS-Windows 7
b. MS-Word 2010
c. MS-Excel 2010
d. MS-PowerPoint 2010
e. Correio Eletrônico
f. Internet

Assinale a alternativa que contém a opção do grupo Parágrafo, pertencente ao menu Página Inicial, que possibilitou a formatação da lista com os identificadores a, b, c, d, e, f.

a) Numeração: 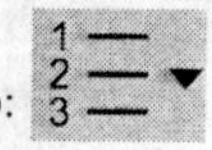

b) Classificar: 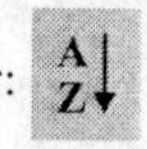

c) Marcadores: 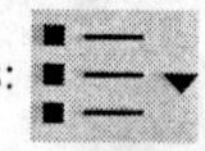

d) Vários Níveis: 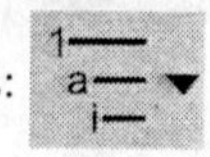

e) Espaçamento de Linha e Parágrafo: 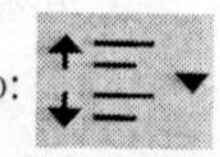

07. A figura a seguir exibe parte da barra de ferramentas do menu Fórmulas do MS-Excel 2010, em sua configuração original.

Com relação à figura, assinale a alternativa que contém uma função encontrado no botão  .

a) MÉDIA
b) SE
c) MÁX
d) CONTAR
e) AGORA

08. A célula do MS-Excel 2010 é formada pela junção da linha e coluna. Por padrão, a linha é identificada por e a coluna por __________. Já a __________ é formada por 3 __________ quando é criada pela primeira vez.

Assinale a alternativa que preenche, correta e respectivamente, as lacunas do enunciado.

a) letras ... números ... planilha ... pastas de trabalho
b) letras ... números ... planilha ... tabelas
c) símbolos ... marcadores ... planilha ... células
d) números ... letras ... pasta de trabalho ... células
e) números ... letras ... pasta de trabalho ... planilhas

09. Observe os gráficos do MS-Excel 2010, a partir da sua configuração padrão, apresentados a seguir.

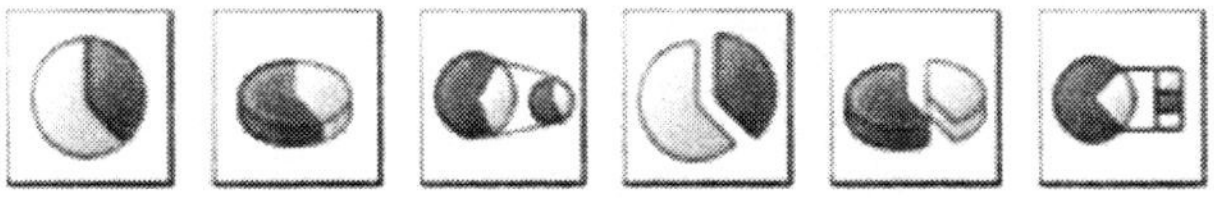

Os gráficos apresentados são do tipo

a) Bolhas.
b) Pizza.
c) Rosca.
d) Fatias.
e) Bolas.

Observe a tela de um *webmail* (correio eletrônico na Internet) em que está sendo redigida uma mensagem, conforme exibido parcialmente na figura, para responder às questões de números <u>10</u> e <u>11</u>.

10. Assinale a alternativa que contém o(s) destinatário(s) que não será(ão) visualizado(s) pelos demais quando o *e-mail* for enviado.

a) deptorh@policiacivil.sp.gov.br
b) professor@vunesp.com.br e banca@vunesp.com.br
c) deptorh@policiacivil.sp.gov.br e professor@vunesp.com.br
d) banca@vunesp.com.br
e) professor@vunesp.com.br

11. A pasta desse *webmail* em que um *e-mail* recém-chegado é armazenado é

a) Limpeza automática.
b) Enviados.
c) Entrada.
d) Lixeira.
e) Rascunhos.

12. Observe o argumento de busca que o usuário fará utilizando o Google, na ilustração apresentada a seguir.

Com base na figura e no que foi digitado, assinale a alternativa correta.

a) Será pesquisado o conjunto exato de palavras.
b) A pesquisa trará como resultados o que encontrar como antônimo do que foi digitado.
c) O conjunto de palavras será excluído dos resultados pesquisados.
d) A pesquisa trará somente as imagens e vídeos não relacionados ao argumento digitado.
e) Além das palavras digitadas, a pesquisa também trará os seus sinônimos.

Gabarito

01. B	02. C	03. D	04. B	05. C
06. A	07. B	08. E	09. B	10. D
11. C	12. A			

Escrivão de Polícia – PC/SP – 2013

01. Observe a barra de tarefas do MS-Windows 7, na sua configuração padrão.

Assinale a alternativa que contém somente aqueles aplicativos fixados na barra de tarefa e que não estão em uso no momento.

a) Internet Explorer e Google Chrome.
b) Windows Explorer e Windows Media Player.
c) Windows Explorer e MS-Word.
d) MS-Word e Google Chrome.
e) MS-Outlook e MS-Word.

02. Considere a janela do Windows Explorer do MS-Windows 7, em sua configuração original, apresentada na figura a seguir.

Assinale a alternativa correta.

a) As subpastas Apresentações, Aulas, Doctos e Planilhas encontram-se no disco rígido.
b) As subpastas Aulas e Planilhas não possuem arquivos.
c) É possível observar que existem vários atalhos na pasta Concursos.
d) Os arquivos Matéria e Notas são documentos do MS-Word.
e) Concursos é uma subpasta que também possui subpastas.

03. O MS-Windows 7, em sua versão original, possui vários programas úteis para o usuário, dentre eles as Notas Autoadesivas. Esse recurso é encontrado na seguinte opção a partir do botão Iniciar:

a) Windows Explorer.
b) Painel de Controle.
c) Acessórios.
d) Computador.
e) Documentos.

04. A tabela a seguir será convertida em texto pelo MS-Word 2010, na sua configuração padrão:

ALUNO	MATÉRIA	NOTA
Kate Perry	Química	6,5
Britney Spears	Física	8,0
Rihanna	Biologia	5,5

Na conversão mencionada, será utilizada a opção de separar texto com tabulação. Assim, assinale a alternativa com a quantidade de linhas de texto resultante.

a) 4.
b) 10.
c) 12.
d) 1.
e) 3.

05. Um usuário do MS-Word 2010, em sua configuração padrão, digitou o seguinte texto em uma página em branco:

Polícia ^{Civil} do **Estado** de ~~São~~ *Paulo*

Assinale a alternativa que contém somente palavras com aplicação de efeitos na fonte.

a) Estado e Paulo.
b) Civil, Estado, São e Paulo.
c) Polícia, Estado e Paulo.
d) Polícia, do e de.
e) Civil e São.

06. A figura a seguir exibe a janela Classificar, do MS-Excel 2010, na sua configuração padrão.

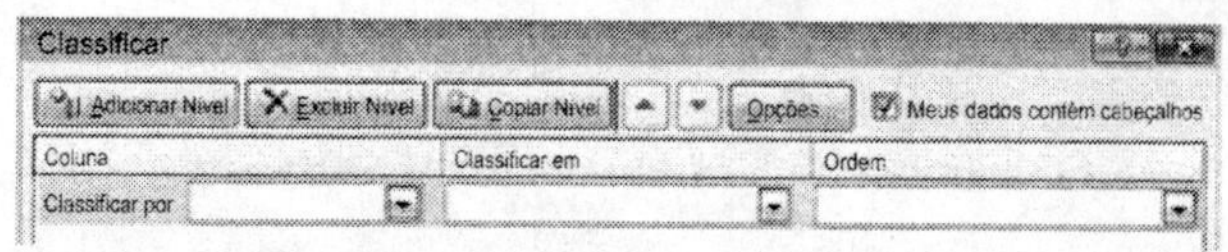

Em 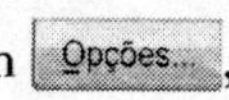 **, é possível**

a) escolher classificar por ícones de célula.
b) alterar a orientação de cima para baixo ou da esquerda para a direita.
c) inverter a ordem de classificação de A a Z para Z a A.
d) definir uma lista personalizada de classificação.
e) escolher classificar por cor da célula ou da fonte.

07. Observe o fragmento de planilha do MS-Excel 2010, em sua configuração original, apresentado a seguir.

	D	E	F
10	Folha de Pagamento		
11	Func	Salário	
12	Scarlet	R$ 4.000	
13	Jolie	R$ 8.000	
14	Phoebe	R$ 15.000	
15	Monica	R$ 12.000	
16			

Ao inserirmos na célula F11 a fórmula =MÉDIA(E12+E13*2;E12/4;E15) somada ao salário da Scarlet, encontraremos o mesmo valor de salário do(s) funcionário(s)

a) Monica.
b) Scarlet + Jolie.
c) Phoebe.
d) Jolie.
e) Phoebe + Monica.

Gabarito

01. A **02. E** **03. C** **04. A** **05. E**
06. B **07. C**

Papiloscopista Policial – PC/SP – 2013

01. Considere os itens a seguir:
I. Clock do processador
II. Memória RAM
III. Espaço livre no disco rígido

Com relação aos itens apresentados, assinale a alternativa que contém os requisitos mínimos necessários do computador para se instalar e executar o MS-Windows 7, versão 64 bits.

a) I. 1GHz; II. 2GB; III. 20GB.
b) I. 3GHz; II. 1GB; III. 16GB.
c) I. 2GHz; II. 2GB; III. 36GB.
d) I. 2GHz; II. 1GB; III. 24GB.
e) I. 1GHz; II. 1GB; III. 16GB.

02. No MS-Windows 7, quando se pressiona a tecla PrtScr ou similar, exemplos: PrtScrn, PrtSc, PrtScn, PrintScreen, Prt/Sysreq, entre outros, uma imagem da tela é copiada para a ____________.Isso se chama captura de tela.

Assinale a alternativa que preenche corretamente a lacuna do texto.

a) Área de trabalho
b) Biblioteca Imagens
c) Área de transferência
d) Biblioteca Downloads
e) Biblioteca Documentos

03. Na figura a seguir, é exibida uma janela do MS-Windows 7, na sua configuração original:

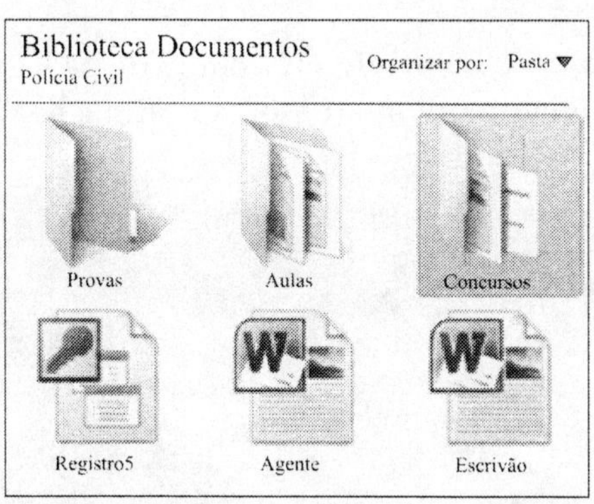

Com base nos objetos exibidos na janela e considerando que um dos objetos está selecionado, pode-se afirmar que

a) Provas é uma pasta que possui arquivos.
b) Agente e Escrivão são arquivos do WordPad.
c) Aulas é um arquivo que contém gráficos e documentos.
d) ao pressionar CTRL+X e, em seguida, CTRL+V, será criado o objeto Concursos – Cópia.
e) ao pressionar CTRL+X e, em seguida, CTRL+V, o objeto será mantido com o mesmo nome, mesmo após a exibição de uma janela de aviso.

04. Observe, na figura a seguir, os parâmetros de impressão de um documento do MS-Word 2010, na sua configuração padrão.

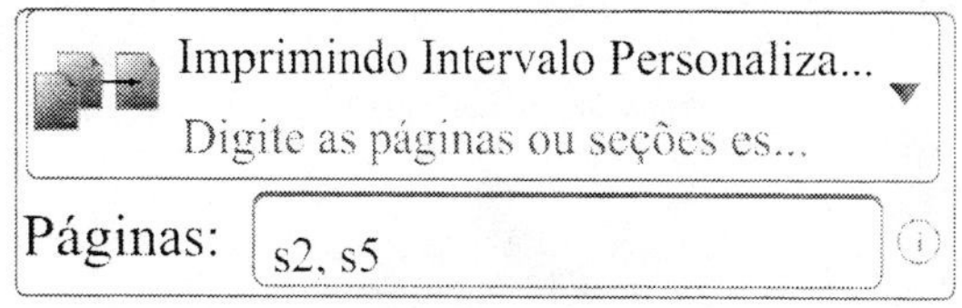

Assinale a alternativa que contém o que será impresso.

a) Seção 2 e seção 5.
b) Seção 2 até seção 5.
c) Seção 2 ou seção 5.
d) Páginas 2, 3, 4 e 5.
e) Páginas 2 e 5.

05. Assinale a alternativa que contém o tipo de quebra indicado pelo ícone 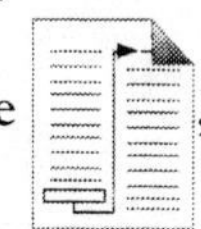, encontrado no menu Layout da Página do MS-Word 2010.

a) Próxima Página.
b) Página.
c) Quebra Automática de Texto.
d) Coluna.
e) Contínuo.

06. Observe o gráfico construído no MS-Excel 2010.

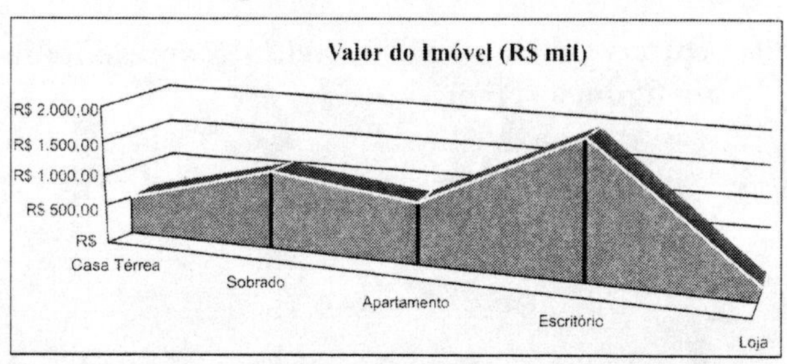

Com relação ao gráfico, assinale a alternativa correta.

a) O valor do imóvel está no eixo de categoria.
b) Os tipos de imóvel estão no eixo de categoria.
c) Trata-se de um gráfico de superfície.
d) Nesse tipo de gráfico, a entrada de legenda considera o cabeçalho do eixo de categoria.
e) Os rótulos estão visíveis.

07. Observe o documento do MS-Word 2010, apresentado parcialmente na figura a seguir.

A figura foi disposta no texto da seguinte forma:

a) 

b) 

c) 

d) 

e) 

08. Observe a tela do MS-Excel 2010, apresentada na figura a seguir.

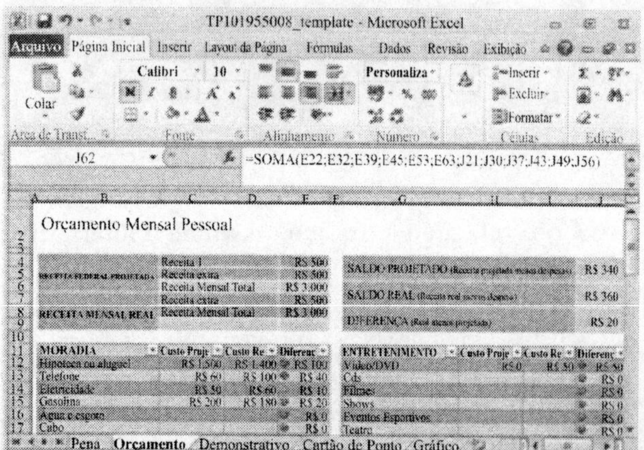

Assinale a alternativa que contém a quantidade de planilhas existentes na pasta de trabalho e o modo de exibição da planilha Orçamento, respectivamente.

a) 1 e Normal.
b) 4 e Layout da Página.
c) 5 e Visualização de Quebra de Página.
d) 4 e Normal.
e) 5 e Layout da Página.

09. Considere a planilha do MS-Excel 2010, apresentada na figura a seguir.

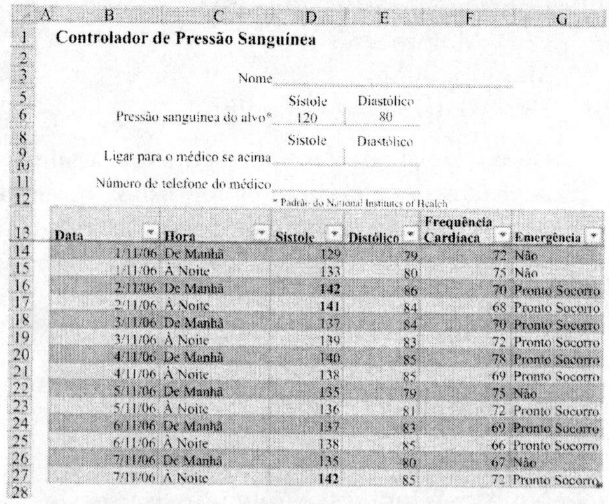

Controlador de Pressão Sanguínea

Nome

	Sístole	Diastólico
Pressão sanguínea do alvo*	120	80
Ligar para o médico se acima		
Número de telefone do médico		

* Padrão do National Institutes of Health

Data	Hora	Sístole	Distólico	Frequência Cardíaca	Emergência
1/11/06	De Manhã	129	79	72	Não
1/11/06	À Noite	133	80	75	Não
2/11/06	De Manhã	142	86	70	Pronto Socorro
2/11/06	À Noite	141	84	68	Pronto Socorro
3/11/06	De Manhã	137	84	70	Pronto Socorro
3/11/06	À Noite	139	83	72	Pronto Socorro
4/11/06	De Manhã	140	85	78	Pronto Socorro
4/11/06	À Noite	138	85	69	Pronto Socorro
5/11/06	De Manhã	135	79	75	Não
5/11/06	À Noite	136	81	72	Pronto Socorro
6/11/06	De Manhã	137	83	69	Pronto Socorro
6/11/06	À Noite	138	85	66	Pronto Socorro
7/11/06	De Manhã	135	80	67	Não
7/11/06	À Noite	142	85	72	Pronto Socorro

Na coluna Emergência, aparecerá o texto Pronto Socorro quando os indicadores Sístole e Diastólico forem superiores a 120 e 80, respectivamente. Assinale a alternativa com a fórmula aplicada na célula G16 e que atende aos requisitos descritos.

a) =SE(OU(D16<=120;E16>=80);"Pronto Socorro";"Não")
b) =SE(OU(D16>120;E16>80);"Não";"Pronto Socorro")
c) =SE(OU(D16<120;E16>80);"Não";"Pronto Socorro")
d) =SE(E(D16>=120;E16>80);"Não";"Pronto Socorro")
e) =SE(E(D16>120;E16>80);"Pronto Socorro";"Não")

10. Observe o correio eletrônico do MS-Outlook, parcialmente ilustrado na figura a seguir.

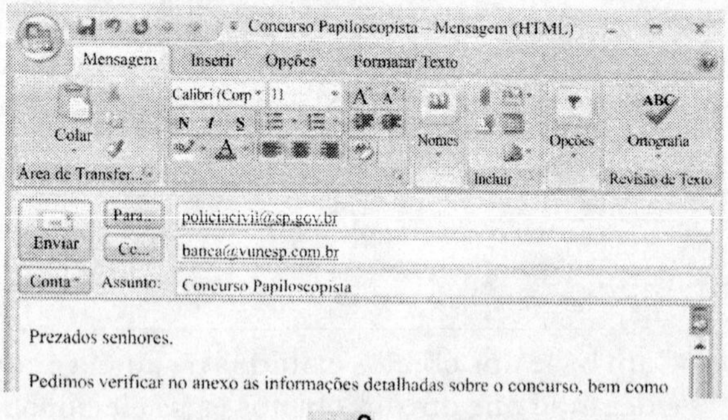

Ao clicar no ícone 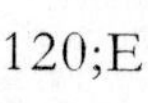**, encontrado no grupo Incluir da barra de ferramentas, o usuário pretende**

a) anexar outro *e-mail* que se encontra na Caixa de Entrada.
b) anexar documento que se encontra na biblioteca Documentos do computador.
c) verificar a ortografia e gramática do texto.
d) salvar a mensagem na pasta Rascunhos.
e) adicionar destinatários copiados existentes na lista de contatos do usuário.

11. **Observe o URL a seguir.**

http://www.vunesp.com.br/PCSP1206/status.html

Assinale a alternativa que identifica corretamente um componente do URL, conforme as normas descritas na RFC 1738.

a) Caminho: http://
b) Servidor: status.html
c) Recurso: www.vunesp.com.br
d) Caminho: /PCSP1206/status.html
e) Protocolo: //www

12. **Observe a figura, que mostra parte do Internet Explorer 9.**

O bloqueador de pop-ups encontra-se em

a) Página.
b) Exibir.
c) Ferramentas.
d) Segurança.
e) Arquivo.

Gabarito

01. A	**02. C**	**03. E**	**04. A**	**05. D**
06. B	**07. C**	**08. C**	**09. E**	**10. A**
11. D	**12. C**			

Auxiliar de Necropsia – PC/SP – 2013

01. **Considerando o MS-Windows 7 Enterprise, na sua configuração padrão, assinale a alternativa que contém o recurso que permite organizar e redimensionar janelas, alinhando- as em cada lado da área de trabalho de forma a auxiliar, por exemplo, na comparação de documentos ou na cópia e movimentação de arquivos entre duas janelas.**

a) Peek.
b) Start.
c) Gadget.
d) Shake.
e) Snap.

02. **Observe o menu Iniciar do MS-Windows 7 (qualquer versão), em sua configuração original, apresentado na figura a seguir.**

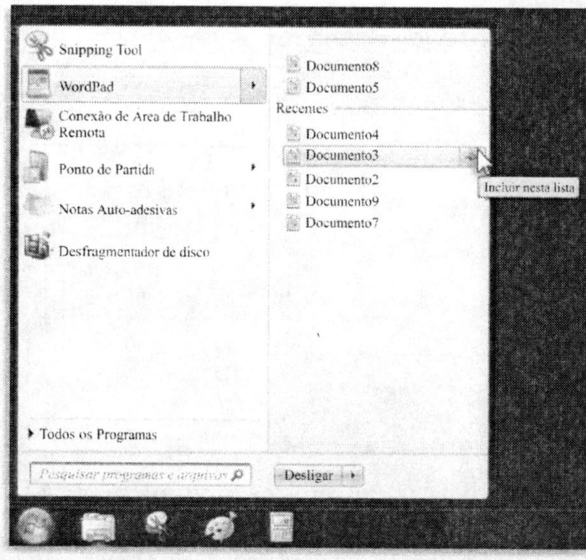

Sabendo-se que menu de contexto é o menu aberto ao se clicar com o botão direito do mouse (configurado para destros) sobre o arquivo, com relação à lista de arquivos visíveis no painel à direita separado em dois grupos: Fixo e Recentes, assinale a alternativa correta.

a) Clicando sobre o Documento4, ele será aberto pelo MS- -Word 2010.
b) Não é possível imprimir o Documento5 simplesmente clicando na respectiva opção do menu de contexto.
c) Ao ser excluído da lista, o Documento3 também será apagado do seu local de origem.
d) Ao ser excluído da lista, o Documento8 também será apagado do seu local de origem.
e) Ao se clicar na opção *Incluir nesta lista* do menu de contexto, o Documento2 é transferido do grupo Recentes para o Fixo.

03. **Servidores comerciais, estações de trabalho e outros computadores de alto desempenho podem ter mais de um processador físico, e isso deve ser levado em consideração quando da instalação e configuração do sistema operacional. Assim sendo, assinale a alternativa em que todas as versões do MS-Windows 7 reconhecem dois processadores físicos.**

a) Enterprise, Home Premium e Ultimate.
b) Ultimate, Enterprise e Starter.
c) Home Basic, Home Premium e Professional.
d) Professional, Enterprise e Ultimate.
e) Starter, Home Basic e Home Premium.

04. **Na figura a seguir, é exibida a janela do Windows Explorer do MS-Windows 7 (qualquer versão), na sua configuração original:**

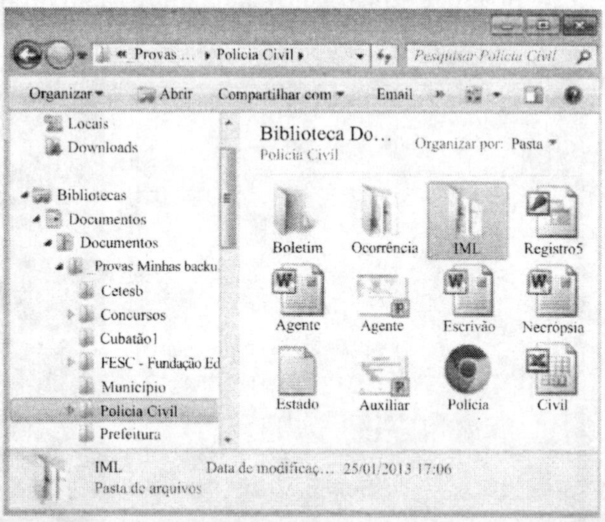

Com base nos objetos exibidos na janela, assinale a alternativa correta.

a) O arquivo Civil é uma apresentação do MS-PowerPoint.
b) IML é uma subpasta de Policia Civil e possui arquivos.
c) Prefeitura é uma subpasta de Policia Civil.
d) Município é uma pasta que possui subpastas.
e) Existem dois arquivos com o nome Agente: um documento do MS-Word e uma planilha do MS-Excel.

05. **Considerando o MS-Word 2010, em sua configuração original, assinale a alternativa que contém a guia que ativa o modo de exibição Backstage e indica pelo menos um comando desse modo de exibição, respectivamente.**

a) Arquivo; Imprimir.
b) Página Inicial; Comparar Documentos.
c) Arquivo; Formatar Fonte.
d) Exibição; Fechar.
e) Exibição; Salvar e Enviar.

06. **Observe a figura que indica um controle de quebra encontrado a partir do menu Layout da Página no MS-Word 2010, em sua configuração padrão:**

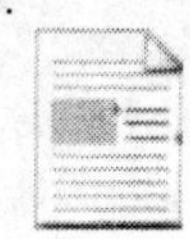

Assinale a alternativa que identifica corretamente o tipo de quebra.

a) Próxima Página.
b) Contínuo.
c) Quebra Automática de Texto.
d) Coluna.
e) Página Par ou Ímpar.

07. **Observe a tabela de dados e o gráfico construídos no MS-Excel 2010, na sua configuração padrão.**

	A	B	C	D	E	F	A
12							
13		Data	Hora	Sístole	Diastólico	Frequência Cardiaca	Emergência
14		1/11/06	De Manhã	129	79	72	Não
15		1/11/06	À Noite	133	80	75	Não
16		2/11/06	De Manhã	142	86	70	Pronto Socorro
17		2/11/06	À Noite	141	84	68	Pronto Socorro
18		3/11/06	De Manhã	137	84	70	Pronto Socorro
19		3/11/06	À Noite	139	83	72	Pronto Socorro
20		4/11/06	De Manhã	140	85	78	Pronto Socorro
21		4/11/06	À Noite	138	85	69	Pronto Socorro
22		5/11/06	De Manhã	135	79	75	Não
23		5/11/06	À Noite	136	81	72	Pronto Socorro
24		6/11/06	De Manhã	137	83	69	Pronto Socorro
25		6/11/06	À Noite	138	85	66	Pronto Socorro
26		7/11/06	De Manhã	135	80	67	Não
27		7/11/06	À Noite	142	85	72	Pronto Socorro

Tabela de Dados

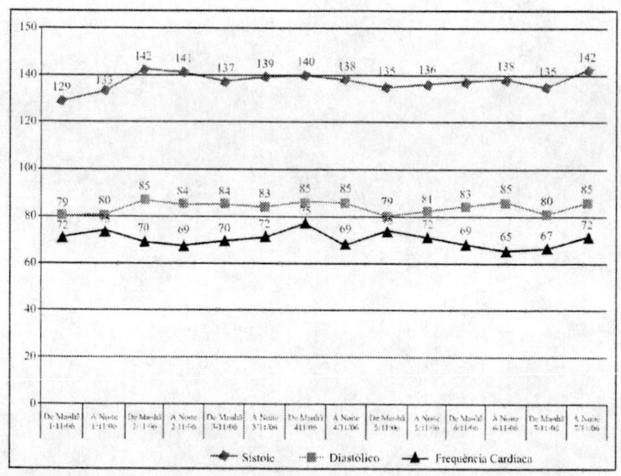

Gráfico

Com base nas figuras, assinale a alternativa correta.

a) O nome das séries é dado pelas células B13:C13.
b) O eixo de categoria do gráfico é dado pelo intervalo B13:F27 da tabela de dados.
c) A legenda não está visível no gráfico.
d) Trata-se de um gráfico de X Y (Dispersão).
e) Os valores das séries estão contidos nas linhas 14 a 27 das colunas D, E e F.

Para responder às questões de números 08 e 09, observe a tela do MS-Excel 2010, na sua configuração padrão, apresentada na figura a seguir.

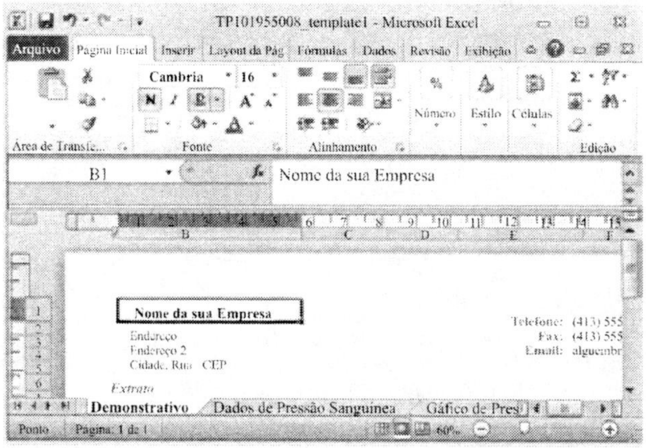

08. O controle de texto aplicado na célula B1 é

a) Reduzir para caber.
b) Alinhamento horizontal superior.
c) Mesclar células.
d) Quebrar texto automaticamente.
e) Alinhamento vertical inferior.

09. Qual o modo de exibição da pasta de trabalho e qual a formatação de fonte aplicada na célula B1, respectivamente?

a) Tela Inteira e negrito.
b) Layout da Página e sublinhado duplo.
c) Normal e Cambria.
d) Rascunho e itálico.
e) Visualização de Quebra de Página e sublinhado.

10. Para ajudar a proteger o computador, o MS--Outlook 2010 não permite receber alguns tipos de arquivos como anexo de *e-mail*. Assinale a alternativa que contém um dos tipos de arquivo bloqueado automaticamente pelo MS-Outlook 2010.

a) .bat
b) .txt
c) .ppt
d) .xls
e) .html

11. Um vírus também pode estar contido em um documento do MS-Word 2010 e contaminar o computador quando aberto pelo usuário após ter sido enviado como anexo de um *e-mail*. Essa situação ocorre quando o documento possui

a) índice.
b) mala direta.
c) imagens.
d) tabelas.
e) macro.

12. Observe a figura, que mostra parcialmente a tela do Internet Explorer 9:

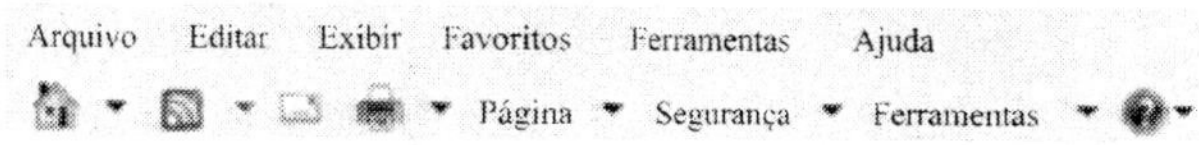

Como uma das formas para voltar, avançar, parar ou atualizar uma página Web que está sendo navegada basta escolher a respectiva opção em

a) Página▾
b) Exibir
c) Ferramentas▾
d) Favoritos
e) Segurança▾

Gabarito

01. E	02. E	03. D	04. B	05. A
06. C	07. E	08. D	09. B	10. A
11. E	12. B			

Auxiliar de Papiloscopista – PC/SP – 2013

01. No MS-Windows 7, na sua configuração padrão, para se criar um atalho da pasta Testando na área de trabalho, de acordo com a disposição da figura a seguir,

bastou arrastar a pasta com o mouse e manter pressionada(s) a(s) tecla(s)

a) Alt + Tab.
b) Ctrl.
c) Alt.
d) Shift.
e) Ctrl + Esc.

02. Para alterar a forma como arquivos e pastas funcionam e como itens são exibidos no computador, o MS-Windows 7, na sua configuração padrão, disponibiliza esse recurso por meio do seguinte caminho:

a) Iniciar; Todos os Programas; e Opções de Pasta.
b) Computador; Painel de Controle; e Opções de Pasta.
c) Todos os Programas; Painel de Controle; e Opções de Pasta.
d) Iniciar; Painel de Controle; Aparência e Personalização; e Opções de Pasta.
e) Iniciar; Computador; Aparência e Personalização; e Opções de Pasta.

03. A tabela a seguir foi criada no MS-Excel 2010, na sua configuração padrão.

	A	B	C
1	INSCRIÇÕES - CONCURSO PÚBLICO ESTADUAL		
2	Nº	NOME	CARGO
3	116481	ANTONIO DA SILVA JUNIOR	AUX. PAPILOSCOPISTA
4	128457	JOANA DE SOUZA	MÉDICO
5	114382	JOSE DA SILVA	AUX. PAPILOSCOPISTA
6	109687	JOSÉ DE OLIVEIRA	ENFERMEIRO
7	107768	MARIA DOS SANTOS	AUX. PAPILOSCOPISTA
8	TOTAL DE CANDIDATOS PARA O CARGO DE AUX. PAPILOSCOPISTA		

A fórmula da célula C8, que determina o total de candidatos inscritos para o cargo de Aux. Papiloscopista, é

a) =CONT.NÚM(C3:C7;"AUX. PAPILOSCOPISTA")
b) =PROCV("AUX. PAPILOSCOPISTA";C3:C7)
c) =SOMASE(C3:C7;"AUX. PAPILOSCOPISTA")
d) =CONT.VALORES(C3:C7;"AUX.PAPILOSCOPISTA")
e) =CONT.SE(C3:C7;"AUX. PAPILOSCOPISTA")

04. O número de questões da prova preambular de um concurso público foi distribuído conforme mostra a tabela a seguir, criada no MS-Excel 2010, na sua configuração padrão.

	A	B	C
1	CONCURSO PÚBLICO ESTADUAL		
2	DISCIPLINAS	Nº DE QUESTÕES	PERCENTUAL (%)
3	LÍNGUA PORTUGUESA	24	
4	NOÇÕES DE DIREITO	24	
5	NOÇÕES DE CRIMINOLOGIA	10	
6	NOÇÕES DE LÓGICA	10	
7	NOÇÕES DE INFORMÁTICA	12	
8	TOTAL DE QUESTÕES	80	

Para calcular o percentual de questões de Língua Portuguesa no concurso, a fórmula correta da célula C3, que está no formato de número, é

a) =B3/$B$8*100
b) =B3*80*100
c) =B7/B8*100
d) =B3/SOMA(B3;B8)/100
e) =SOMA(B4*B8*100)

05. A planilha a seguir foi criada no MS-Excel 2010, na sua configuração padrão, e apresenta uma lista de candidatos aprovados em uma prova de seleção para um concurso.

	A	B	C
1	CLASSIFICAÇÃO - CONCURSO PÚBLICO ESTADUAL		
2	Nº	NOME	PONTUAÇÃO
3	111333	MARIO DA SILVA	780
4	100334	MARCOS DE OLIVEIRA	710
5	121231	ANTONIO DOS SANTOS	670
6	110458	CARLOS DE SOUZA	640
7	102233	FRANCO SILVA JUNIOR	750
8	MAIOR PONTUAÇÃO		
9	MENOR PONTUAÇÃO		

As fórmulas que identificam a maior pontuação (célula C8) e a menor pontuação (célula C9) são, respectivamente,

a) =MÁXIMO(C3:C7) e =MENOR(C3:C7)
b) =MAIOR(B3:B7) e =MENOR(B3:B7)
c) =MAIOR(B3:C7,1) e =MÍNIMO(B3:C7,5)
d) =MÁXIMO(B3:B7) e =MÍNIMO(B3:B7)
e) =MAIOR(C3:C7;1) e =MÍNIMO(C3:C7)

06. A tabela a seguir foi formatada no MS-Word 2010, na sua configuração padrão, e exibe variações nos percentuais de roubos em três aeroportos em São Paulo.

(http://jovempan.uol.com.br/noticias/2013/02/cresce-numero-de-furtosnos-aeroportos-de-cumbica--e-congonhas.html. Acesso em 18.03.2013)

Variações de Roubos		
Congonhas	Cumbica	Viracopos
+ 38%	+ 26%	– 27%

Para eliminar as linhas verticais intermediárias da linha 1, conforme modelo a seguir,

Variações de Roubos		
Congonhas	Cumbica	Viracopos
+ 38%	+ 26%	– 27%

é necessário selecionar toda a linha 1 da tabela, que contém o texto "Variações de Roubos" e acessar a guia

a) Layout da Página e clicar no ícone 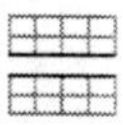 (dividir tabela).

b) Formatar e clicar no ícone 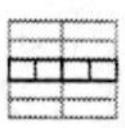 (dividir células).

c) Ferramentas de tabela; Design; e clicar no ícone 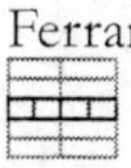 (mesclar células).

d) Ferramentas de tabela; Layout; e clicar no ícone  (mesclar células).

e) Tabela; e clicar no ícone 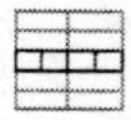 (dividir células).

07. A tela a seguir mostra o sumário com a estrutura do arquivo *Trabalho.doc*, criado no MS-Word 2010, na sua configuração padrão.

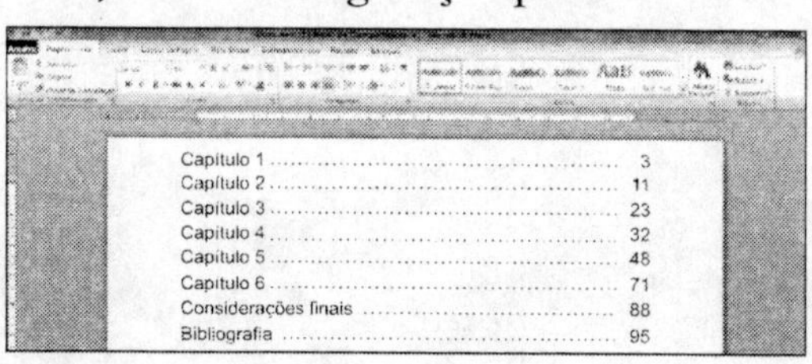

A seguir, tem-se a tela de impressão do arquivo *Trabalho.doc*

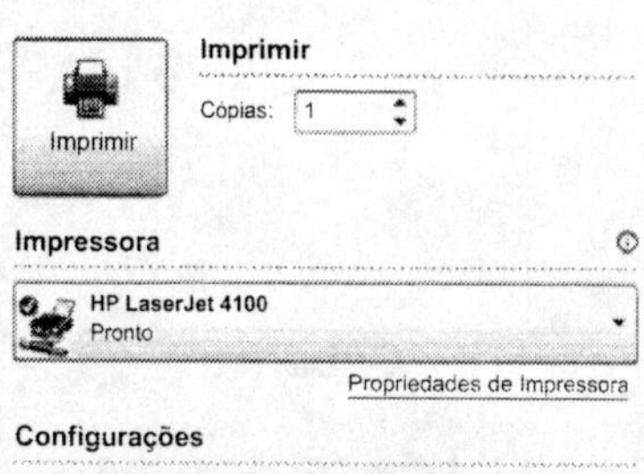

De acordo com a configuração da tela, serão impressas, respectivamente,

a) todas as páginas dos Capítulos 1 e 2, todas as páginas do Capítulo 3 e todas as páginas do Capítulo 5.
b) a página inicial do Capítulo 1, a página inicial do Capítulo 3 e todas as páginas do Capítulo 5.
c) todas as páginas dos Capítulos 1 ao Capítulo 5.
d) a página inicial do Capítulo 1, todas as páginas do Capítulo 3 e a página inicial do Capítulo 5.
e) somente as páginas iniciais dos Capítulos 1, 2, 3 e 5.

08. O texto a seguir apresenta formatação feita no MS-Word 2010, na sua configuração padrão.

"...O presidente da FIFA, Joseph Blatter, disse em 4 de julho de 2006 que ... a Copa do Mundo de 2014 provavelmente seria sediada no país. No dia 28 de setembro do mesmo ano, ele se encontrou com o então Presidente Lula e disse que queria que o país provasse sua capacidade antes de tomar uma decisão. O dia 7 de fevereiro de 2007 seria a data final para as inscrições, porém a FIFA antecipou o prazo, tendo este acabado em 18 de dezembro de 2006...
No último dia para as inscrições, a Colômbia também se candidatou a sediar a Copa de 2014; mas Joseph Blatter não apoiou a candidatura da Colômbia que acabou por desistir de sediar o evento.
No dia 30 de outubro de 2007 a FIFA ratificou o Brasil como país--sede da Copa do Mundo de 2014..."

Para formatar o texto no padrão apresentado, é necessário selecioná-lo inicialmente e acessar a guia

a) Layout da Página; selecionar 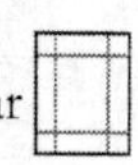 e definir colunas.

b) Revisão; selecionar 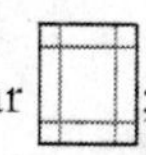; e definir as colunas.

c) Inserir; selecionar 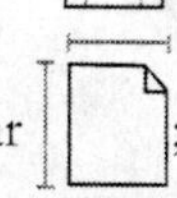; e definir as colunas.

d) Inserir; selecionar ; e definir colunas.

e) Layout da Página; selecionar ; e definir colunas.

09. Um estudante desatento teve seus dados bancários, financeiros e informações sobre seus hábitos na internet transmitidos de seu notebook para uma empresa localizada na Ásia – sem o seu conhecimento ou consentimentopor um programa que se alojou no seu computador.
Esse programa é classificado como

a) Spyware.
b) Uploader.
c) Hacker.
d) Browser.
e) Cracker.

10. **O MS-Internet Explorer 8, na sua configuração padrão, permite que o usuário insira um *URL* padrão, ou seja, ao abrir o navegador o endereço será acessado automaticamente, conforme mostra a figura a seguir.**

Para usar o recurso, é necessário acessar o menu

a) Editar; Opções da Internet; guia Segurança; e digitar o endereço no espaço Home page.
b) Arquivo; guia Privacidade; e digitar o endereço no espaço Home page.
c) Exibir; guia Conexões; e digitar o endereço no espaço Home page.
d) Ferramentas; Opções da Internet; guia Geral; e digitar o endereço no espaço Home page.
e) Favoritos; Opções da Internet; guia Conexões; e digitar o endereço no espaço Home page.

11. **O MS-Outlook 2010, na sua configuração padrão, permite a seleção dos itens da figura a seguir, que confirmam ao remetente a entrega e a leitura de mensagem(ns) enviada(s)**

Para utilizar o recurso, é necessário clicar em Novo E-mail  **e acessar a guia**

a) Revisão; e marcar as duas opções.
b) Opções; e marcar as duas opções.
c) Arquivo; e marcar as duas opções.
d) Inserir; e marcar as duas opções.
e) Mensagem; e marcar as duas opções.

12. **Um vendedor de uma empresa precisa enviar uma mensagem para um cliente por meio do MS-Outlook 2010, na sua configuração padrão. Para que o remetente possa fazer o acompanhamento do e-mail, antes de enviá-lo, deve acessar a guia**

a) Opções; e clicar em 
b) Opções; e clicar em 
c) Mensagem; e clicar em 
d) Mensagem; e clicar em Verificar Nomes 
e) Inserir; e clicar em 

Gabarito

01. C	02. D	03. E	04. A	05. E
06. D	07. *	08. E	09. A	10. D
11. B	12. C			

*** Questão anulada**

Atendente de Necrotério da Polícia Civil – 2013

01. A imagem a seguir, retirada do MS-Windows 7, em sua configuração padrão, exibe uma mensagem indicando a opção de envio de arquivos para a Lixeira, após um usuário selecionar alguns arquivos para exclusão e apertar a tecla DEL (DELETE).

O atalho que poderia ser utilizado pelo usuário, caso ele quisesse excluir os arquivos diretamente, sem a opção de envio para Lixeira, é:

a) SHIFT + DEL
b) ALT + DEL
c) CTRL + DEL
d) DEL + DEL
e) INS + DEL

02. Observe a imagem a seguir, obtida por meio de um clique com o botão direito do *mouse* (configurado para destros) na área de trabalho do MS-Windows 7, em sua configuração padrão.

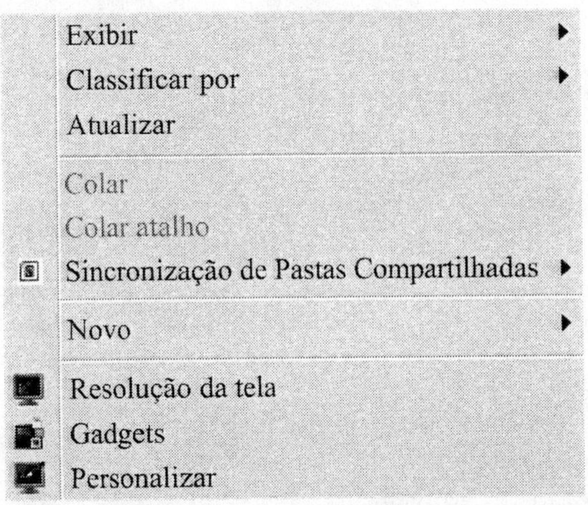

Assinale a alternativa que contém o item correto no menu de contexto exibido na imagem, que permite configurar o MS-Windows 7 para uso de dois monitores simultaneamente.

a) Gadgets.
b) Exibir.
c) Resolução da tela.
d) Atualizar.
e) Novo.

03. Observe as imagens a seguir, contendo ícones de atalhos do MS-Windows 7, em sua configuração padrão.

Assinale a alternativa que identifica corretamente apenas os aplicativos acessórios exibidos nas imagens.

a) Windows Media Center e Paint.
b) Windows Media Player e Windows Media Center.
c) Bloco de Notas e Windows Media Player.
d) Bloco de Notas e Notas Autoadesivas.
e) Notas Autoadesivas e Wordpad.

04. A imagem a seguir exibe as letras utilizadas como atalhos para guias do MS-Word 2010, em sua configuração padrão.

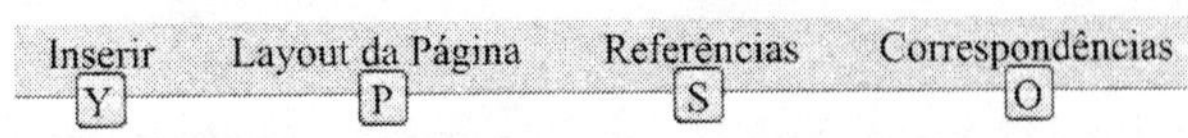

Assinale a alternativa que contém a tecla utilizada para exibir as letras indicadas.

a) CTRL
b) F5
c) F1
d) ALT
e) PtrScr

Considere a figura a seguir, retirada do MS-Word 2010, em sua configuração padrão, para responder às questões de números <u>05</u> e <u>06</u>.

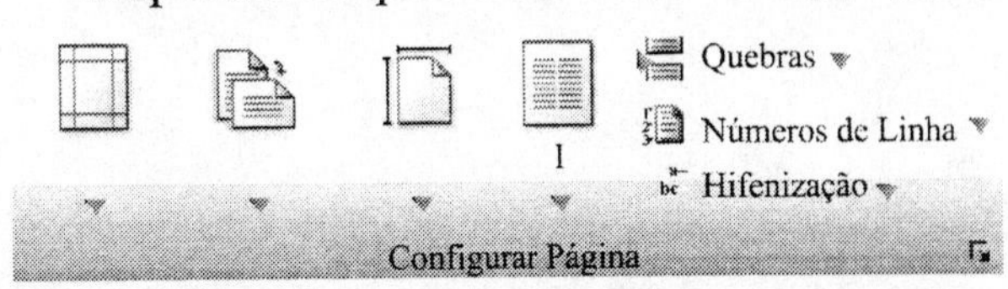

05. Assinale a alternativa que contém o nome da guia a que pertence o grupo exibido na figura.

a) Layout da Página.
b) Exibição.
c) Revisão.
d) Referências.
e) Inserir.

06. Assinale a alternativa que apresenta o nome do ícone indicado, na figura, pelo número I.

a) Orientação.
b) Formatar.
c) Margens.
d) Tamanho.
e) Colunas.

07. Assinale a alternativa que contém a tecla de atalho correta utilizada para formatar em negrito uma célula selecionada no MS-Excel 2010, em sua configuração padrão.

a) ALT + B
b) ALT + N
c) CTRL + N
d) CTRL + S
e) CTRL + B

Observe a planilha a seguir, que está sendo editada no MS-Excel 2010, em sua configuração padrão, e responda às questões de números <u>08</u> e <u>09</u>.

	A	B	C	D
1	4	2	1	
2	1	2	3	
3	4	2	2	
4				

08. A fórmula que preenche corretamente a célula D2, formatada com duas casas decimais, para que o resultado exibido seja igual a 2,00, é:

a) =SOMA(A2;C1)
b) =MÉDIA(A3:C3)
c) =MÉDIA(A2:C3)
d) =SOMA(A1:C1)
e) =A1-C2

09. Assinale a alternativa que contém o resultado da célula B4, ao ser preenchida com a fórmula =MAIOR(A2:C3;2)

a) 2
b) 0
c) 4
d) 1
e) 3

10. Um atendente de necrotério quer que todos os seus *e-mails*, redigidos no MS-Outlook 2010, em sua configuração padrão, contenham, após o texto das mensagens, um trecho comum, indicando nome, cargo e instituição, conforme o trecho a seguir, destacado em negrito.

Prezado Beltrano,
Venho por meio desta...
Atenciosamente,
Fulano de Tal.

____

Fulano de Tal
Atendente de Necrotério
Polícia Civil do Estado de São Paulo

Assinale a alternativa que contém o nome correto do recurso que deve ser utilizado pelo atendente, para que seus *e-mails*, automaticamente, contenham o trecho destacado em negrito.

a) Assinatura.
b) Anexo.
c) Certificado Digital.
d) Assunto padrão.
e) Cópia Oculta.

11. A imagem a seguir contém ícones de programas do tipo ________________

Assinale a alternativa que preenche corretamente a lacuna da frase.

a) Google
b) Programas Acessórios do MS-Windows 7
c) Leitor de *e-mail*
d) Navegador de Internet
e) Gerenciador de Banco de Dados

12. Observe o trecho da imagem a seguir, retirada de uma página de busca realizada na internet por meio do Google.

Pesquisas relacionadas a **policia civil sp**

concurso policia civil sp
investigador policia civil sp
sindicato dos investigadores policia civil sp
vunesp
policia **federal**
policia **militar** sp
policia civil sp **concurso 2012**
policia civil sp **antecedentes criminais**

Gooooooooooogle ›
1 2 3 4 5 6 7 8 9 10 Mais

Pesquisa avançada Ajuda da Pesquisa Enviar feedback Google.com
Página inicial do Google Soluções de publicidade Soluções empresariais
Privacidade e Termos Sobre o Google

Assinale a alternativa correta.

a) O número 7, na imagem, indica o sétimo resultado da busca realizada.
b) O número 8, na imagem, indica a oitava página de resultados.
c) Google.com é um aplicativo incluído no MS-Windows 7.
d) Google.com é um aplicativo que não está incluído no MS-Windows 7, mas pode ser instalado no MS-Windows 7 por meio do Windows Update.
e) A palavra vunesp, na imagem, é o primeiro resultado da busca realizada por: policia civil sp.

Gabarito

01. A	**02. C**	**03. E**	**04. D**	**05. A**
06. E	**07. C**	**08. A**	**09. E**	**10. A**
11. D	**12. B**			

LEGISLAÇÃO

1. Dos Direitos Sociais (Título II: Capítulo II da CF) 201

2. Administração Pública e Servidores Públicos (Título III: Capítulo VII da CF) 212

3. Constituição Estadual 214

4. Lei n. 10.261, de 28 de Outubro de 1968 223

5. Lei N. 10.177, de 30 de Dezembro de 1998 248

6. Lei Complementar n. 1.080 de 17 de Dezembro de 2008 256

7. Lei n. 12.527, de 18 de Novembro de 2011 260

8. Decreto n. 58.052, de 16 de Maio de 2012 267

1. Dos Direitos Sociais (Título II: Capítulo II da CF)

1. Introdução
2. Enumeração dos Direitos Sociais
3. Direitos dos Trabalhadores
4. Direitos Sindicais

1. Introdução

Os direitos sociais são direitos *coletivos*, passíveis de supressão ou alteração por emendas constitucionais.

2. Enumeração dos Direitos Sociais

Art. 6° São direitos sociais a educação, a saúde, a alimentação, o trabalho, a moradia, o lazer, a segurança, a previdência social, a proteção à maternidade e à infância, a assistência aos desamparados, na forma desta Constituição (Redação dada pela EC n.64, de 04 de Fevereiro de 2010).

3. Direitos dos Trabalhadores

O artigo 7°, que passaremos a estudar a seguir, enumerará os direitos dos *trabalhadores* urbanos e rurais.

A expressão *trabalhador*, utilizada no *caput* desse artigo é extremamente ampla e abrange não apenas os *empregados*, como também os trabalhadores que não possuem vínculo empregatício nenhum.

Convém assinalar que a inclusão dos trabalhadores *rurais* entre os titulares dos direitos que serão arrolados representa enorme avanço em direção à justiça social. No ordenamento constitucional anterior, tais trabalhadores estavam completamente destituídos de direitos constitucionais.

Os trabalhadores domésticos também tiveram ganhos com a Constituição de 1988, embora continuem em situação desprivilegiada em relação aos demais: dos 34 incisos arrolados no artigo 7°, a eles apenas se aplicavam os incisos IV, VI, VIII, XV, XVII, XVIII, XIX, XXI, e XXIV, além da sua integração à previdência social.

Essa situação de discriminação em relação aos trabalhadores gerais gerou um movimento que redundou na promulgação da Emenda Constitucional n° 72, de 02 de abril de 2013. Com certeza se trata de um avanço importante, para estender ao empregado doméstico os direitos gerais dos trabalhadores e reconhecer nele um cidadão, com direitos e deveres.

Dessa forma o parágrafo único do art. 7°, passou a ter seguinte redação: *"São assegurados à categoria dos trabalhadores domésticos os direitos previstos nos incisos IV, VI, VII, VIII, X, XIII, XV, XVI, XVII, XVIII, XIX, XXI, XXII, XXIV, XXVI, XXX, XXXI e XXXIII e, atendidas as condições estabelecidas em lei e observada a simplificação do cumprimento das obrigações tributárias, principais e acessórias, decorrentes da relação de trabalho e suas peculiaridades, os previstos nos incisos I, II, III, IX, XII, XXV e XXVIII, bem como a sua integração à previdência social."*

Art. 7° - São direitos dos trabalhadores urbanos e rurais, além de outros que visem à melhoria de sua condição social:

Indenização por despedida arbitrária ou sem justa causa

I - relação de emprego protegida contra despedida arbitrária ou sem justa causa, nos termos de lei complementar, que preverá indenização compensatória, dentre outros direitos.

Até que seja promulgada a lei complementar que deverá regular tal indenização, vale o disposto no artigo 10 do Ato das Disposições Constitucionais Transitórias (ADCT), que prevê, no inciso I, acréscimo de 40% sobre os depósitos do FGTS a ser levantado a título de indenização.

Para os trabalhadores domésticos essa proteção se subordina às condições da lei, que disciplinará como esse direito poderá ser aplicado e em qual percentual será o acréscimo legal.

Sabemos que as relações de trabalho são os vínculos que se estabelecem no âmbito do trabalho. Por essa razão fazem referência às relações entre o trabalho e a prestação da mão de obra e o capital, a ser pago pela entidade empregadora, no âmbito do processo de produção.

O empregado doméstico foge à essa conceituação de produção, daí a necessidade de se prever, em lei. Também devemos lembrar que as relações de trabalho são reguladas por meio de um contrato de trabalho. Esse contrato, para o doméstico passa a ser obrigatório e as cláusulas estipularão os direitos e as obrigações de ambas as partes.

Esse direito foi estendido aos domésticos, com a cautela de serem observadas, as condições estabelecidas em lei. É um direito que precisa de regulamentação.

Seguro-desemprego

II - seguro-desemprego, em caso de desemprego involuntário;

O seguro-desemprego atualmente corresponde a aproximadamente 70% do salário mínimo. Os recursos para seu pagamento provêm do PIS-PASEP (art. 239 da CF). Os domésticos também passaram a ter esse direito, mas condicionado à previsão legal. Isso porque são contribuições sociais de natureza tributária, devidas pelas pessoas jurídicas, com objetivo de financiar o pagamento do seguro-desemprego, abono e participação na receita dos órgãos e entidades para os trabalhadores públicos e privados. E como instituído na Emenda n. 72/2013, será necessário uma simplificação das obrigações tributárias, tanto das principais, quanto das acessórias. Apenas para relembrar o direito tributário define que a obrigação principal de determinado tributo é a obrigação do contribuinte proveniente do pagamento de tributo ou de penalidade pecuniária, tendo sempre conteúdo patrimonial. Por sua vez a obrigação acessória é a de fazer ou não fazer determinado ato no interesse da entidade tributante, ou seja, são os deveres instrumentais exigidos pelo sujeito ativo com o intuito de assegurar o interesse da arrecadação dos tributos e também para facilitar a atividade de fiscalização no sujeito passivo.

Esse direito foi estendido aos domésticos, com a cautela de serem observadas, as condições estabelecidas em lei. É um direito que precisa de regulamentação.

FGTS

III - fundo de garantia do tempo de serviço;

Criado pela Lei n. 5.107/66, o FGTS acabou substituindo a estabilidade no emprego. Ele é um fundo de reserva constituído mediante depósitos compulsórios em conta bancária em nome do trabalhador. Este, por sua vez, somente poderá utilizá-lo nas situações previstas em lei.

O FGTS corresponde a uma indenização de 8% do salário mensal.

Esse direito também segue a linha de raciocício dos inciso I e II e dependem de lei. Deve-se criar um regime tributário especial para simplificar o recolhimento Fundo Garantia por Tempo de Serviço (FGTS) desses trabalhadores, mas a alíquota deverá ser de 8% sobre a remuneração.

Historicamente é bom relembrar que o legislador já havia tornado facultativo a concessão desse benefício, ao empregador. A Lei n. 10.208/01, incluiu o artigo 3º-A na Lei n. 5.859/72 (que regulamenta a profissão de empregado doméstico), deixando ao empregador a *faculdade de* inserir o trabalhador doméstico no regime FGTS, nos seguintes termos: *"É facultada a inclusão do empregado doméstico no Fundo de Garantia do Tempo de Serviço – FGTS, de que trata a Lei n. 8.036, de 11 de maio de 1990, mediante requerimento do empregador, na forma do regulamento".*

Em 2006 os parlamentares novamente abordaram a questão, na tentativa de tornar obrigatório o direito, mas o Presidente da República vetou o artigo da lei, que tornaria obrigatório o FGTS, a todos os domésticos, por entender que sua obrigatoriedade e a da multa rescisória, de 40% sobre os depósitos do FGTS, acabariam por onerar, de forma demasiada, o vínculo de trabalho do doméstico, contribuindo para a informalidade e o desemprego, maculando, portanto, a pretensão constitucional de garantia do pleno emprego.

Esse direito foi estendido aos domésticos, com a cautela de serem observadas, as condições estabelecidas em lei. É um direito que precisa de regulamentação

Salário mínimo

IV - salário mínimo, fixado em lei, nacionalmente unificado, capaz de atender a suas necessidades vitais básicas e às de sua família com moradia, alimentação, educação, saúde, lazer, vestuário, higiene, transporte e previdência social, com reajustes periódicos que lhe preservem o poder aquisitivo, sendo vedada sua vinculação para qualquer fim;

A proibição de vinculação para qualquer fim significa que o salário mínimo não poderá ser utilizado como índice de reajuste de preços.

OBS: os trabalhadores domésticos também têm direito ao salário mínimo.

Piso salarial

V - piso salarial proporcional à extensão e à complexidade do trabalho;

Piso salarial é a remuneração mínima estipulada em lei para cada categoria profissional. Quanto maior e mais complexo for o trabalho, mais elevado deverá ser o piso salarial.

Irredutibilidade do salário

VI - irredutibilidade do salário, salvo o disposto em convenção ou acordo coletivo;

A redução do salário só é possível se uma *convenção* ou um *acordo coletivo* a determinarem.

Um acordo *isolado* entre patrão e empregado não permite a redução do salário, ainda que seja feito com o consentimento de ambas as partes.

Acordo coletivo é aquele realizado entre o *sindicato de empregados* e as *empresas* da correspondente categoria econômica.

Convenção coletiva é o acordo realizado entre *o sindicato dos empregados,* de um lado, e o *sindicato patronal*, de outro.

OBS: a irredutibilidade do salário, também se aplica aos trabalhadores domésticos.

Salário nunca inferior ao mínimo

VII - garantia de salário, nunca inferior ao mínimo, para os que percebem remuneração variável;

Não é permitido o pagamento de vencimentos inferiores ao salário mínimo, mesmo que o trabalhador exerça atividade onde receba uma parcela fixa e outra variável. Na realidade, o objetivo deste inciso é procurar impedir o uso de estratagemas ou ardis, por parte do empregador, para pagar menos de um salário mínimo aos seus empregados. Esse direito também é aplicável à categoria dos trabalhadores domésticos.

13º salário

VIII - décimo terceiro salário com base na remuneração integral ou no valor da aposentadoria;

O direito ao décimo terceiro salário, também chamado de *gratificação natalina*, pela primeira vez na história do direito constitucional brasileiro, foi estendido a todos os trabalhadores, inclusive aos aposentados e aos domésticos.

Adicional noturno

IX - remuneração do trabalho noturno superior à do diurno;

O adicional noturno, segundo a Consolidação das Leis do Trabalho, art. 73, será devido para aqueles que trabalharem entre as 22 horas de um dia e as 5 horas do dia seguinte.

Consiste num acréscimo de 20% sobre os vencimentos devidos pelo período efetivamente trabalhado, não se incorporando ao salário do empregado.

Esse direito foi estendido aos domésticos mas está condicionada ao estabelecido em lei. Nada obstante, sabemos que a hora noturna tem 52min30seg. Falta definir em que situação será computado esse benefício para trabalhadores que dormem no trabalho, daí a necessidade de regulamentação.

Esse direito foi estendido aos domésticos, com a cautela de serem observadas, as condições estabelecidas em lei. É um direito que precisa de regulamentação

Proibição da retenção dolosa do salário

X - proteção do salário na forma da lei, constituindo crime sua retenção dolosa;

Muitas empresas, antes do advento deste inciso, costumavam astuciosamente reter os salários dos empregados (pagando-os, por exemplo, com cheque numa sexta-feira e após o término do expediente bancário), para auferir lucros em aplicações de curto prazo no mercado de capitais. Tal prática, agora, é tipificada como criminosa, submetendo seus autores às penas da lei. Esse direito também se aplica aos domésticos, valendo a partir da promulgação da Emenda Constitucional.

Participação nos lucros

XI - participação nos lucros, ou resultados, desvinculada da remuneração, e, excepcionalmente, participação na gestão da empresa, conforme definido em lei;

A Lei n. 10.101/00, regula a participação dos trabalhadores nos lucros ou resultados da empresa como instrumento de integração entre o capital e o trabalho e como incentivo à produtividade.

Salário-família

"XII - salário-família pago em razão do dependente do trabalhador de baixa renda nos termos da lei".

A nova redação conferida ao artigo 7º, inciso XII, altera o sistema de salário-família, anteriormente considerado direito dos dependentes dos trabalhadores em geral, passando a ser direito apenas dos trabalhadores de baixa renda. Se posicionando acerca de tal dispositivo, a Previdência Social considera trabalhador de baixa renda para fins de recebimento do salário-família, aquele que perceber remuneração mensal igual ou inferior ao estipulado na Lei.

Esse direito está sendo estendido ao trabalhador doméstico, pela primeira vez, mas condicionado ao regulamento em lei. Relembramos que em 2006, por meio do Projeto de Lei de Conversão nº 14, de 2006 (MP n. 284/06), que alterou dispositivos, entre elas, da Lei nº 8.213, de 24 de julho de 1991, os parlamentares tentaram introduzir esse direitos aos domésticos, mas tal pretensão foi elidida pelo Sr. Presidente da República, com o veto.

Jornada máxima de 44 horas

XIII - duração do trabalho normal não superior a oito horas diárias e quarenta e quatro semanais, facultada a compensação de horários e a redução da jornada, mediante acordo ou convenção coletiva de trabalho;

O limite de 44 horas por semana é a regra, mas o legislador irá prever, logo abaixo, remuneração adicional para o trabalhador que excedê-lo. Da mesma forma, o limite de 8 horas diárias também não é absoluto, uma vez que existem atividades que, por sua própria natureza, só podem ser realizadas trabalhando-se acima desse limite (é o caso do piloto de avião, em vôo transcontinental). Em vista disto, a Constituição deixa aberta a possibilidade de compensação de horários *contanto que haja redução de jornada*, sendo que isto *somente poderá ser decidido através de acordo ou convenção coletiva*. A negociação coletiva tende a ser mais equilibrada do que a negociação isolada entre patrão e empregado; daí a sua exigência.

O doméstico também deve cumprir a jornada de 8 horas diárias e 44 horas semanais. Dessa forma a Emenda Constitucional aplicou a essa categoria de trabalhadores o mesmo regime, aplicável a todos os outros, eliminando uma discriminação que vigia até então. Desde a promulgação da Constituição Federal, em 05.10.1988 que, aos domésticos aplicava-se a jornada de 48 horas semanais, em razão de previsão legal especial. Com a emenda, essa jornada finalmente foi adequada aos patamares internacionais.

Um ponto a se observar é que a jornada desse trabalhador deve ser controlada por um livro de ponto, embora a CLT obrigue apenas para empresa com mais de 10 empregadores. Para resguardo do empregador em caso de demanda judicial, o livro servirá como prova judicial.

Também deverá ser observada a possibilidade da redução da jornada, desde que haja acordos ou convenção coletivas de trabalho, que até então, não tinham o respaldo constitucional.

XIV - jornada de seis horas para o trabalho realizado em turnos ininterruptos de revezamento, salvo negociação coletiva;

Siderúrgicas, hospitais, hidrelétricas e empresas de telefonia, por exemplo, não admitem interrupção de atividades.

Daí o estabelecimento da jornada de 6 horas para esse tipo de serviço.

Repouso semanal remunerado

XV - repouso semanal remunerado, preferencialmente aos domingos;

A folga aos domingos não é obrigatória, podendo ser estipulada para qualquer outro dia da semana, a critério do empregador.. Os trabalhadores domésticos também gozam deste direito.

Remuneração de hora-extra superior à normal

XVI - remuneração do serviço extraordinário superior, no mínimo, em cinqüenta por cento à do normal;

A duração do trabalho *normal* é de 44 horas, com no máximo 8 horas por dia. Circunstâncias especiais, porém, podem fazer com que esses limites tenham que ser ultrapassados. Como há uma sobrecarga do trabalhador, o constituinte achou justo que, pelas horas excedentes, fosse este remunerado mais que proporcionalmente ao que recebe normalmente, isto é, com 50% a mais, no mínimo.

Esta medida, de outra parte, onera efetivamente a folha de salários da empresa e tende a inibir a ultrapassagem da jornada prevista na Constituição.

A lei que disciplinava a categoria dos domésticos (Lei n. 5.859, de 11 de dezembro de 1972), previa uma remuneração bem inferior àquela atribuída aos trabalhadores urbanos e rurais. Quando da promulgação da Constituição Federal, a manutenção da diferença de jornada, para os domésticos, em 48 horas, criou uma desigualdade imperdoável. Finalmente a EC 72/2013 eliminou e equiparou as jornadas laborativas dos domésticos às outras categorias laborais.

Férias anuais remuneradas e 1/3 de férias

XVII - gozo de férias anuais remuneradas com, pelo menos, um terço a mais do que o salário normal;

A remuneração adicional de no mínimo 1/3 do salário visa propiciar algum lazer ao trabalhador, por ocasião de suas férias. Aliás, conforme vimos no art. 6º, o lazer é considerado um direito social.

OBS: os trabalhadores domésticos também gozam do direito previsto neste inciso.

Licença-gestante

XVIII - licença à gestante, sem prejuízo do emprego e do salário, com a duração de cento e vinte dias;

O direito da gestante de não perder o emprego foi garantido pelo art. 10, II, do ADCT, que veda a dispensa arbitrária ou sem justa causa da empregada gestante, desde a confirmação da gravidez até cinco meses após o seu parto. Sua duração é de 120 dias.

OBS: a licença-gestante também se aplica aos trabalhadores domésticos.

Licença-paternidade

XIX - licença-paternidade, nos termos fixados em lei;

Até que sobrevenha a lei, o art. 10, § 1º, dos ADCT estipulou o prazo de cinco dias. Os trabalhadores domésticos também têm este direito.

Proteção do mercado de trabalho da mulher

XX - proteção do mercado de trabalho da mulher, mediante incentivos específicos, nos termos da lei;

No mundo moderno é comum encontrar dispositivos de lei que protegem a mulher empregada, seja em relação à maternidade, seja em relação à saúde do recém-nascido, ou à redução da jornada de trabalho, à proibição do trabalho noturno ou insalubre etc. Nessa perspectiva, quis o legislador proteger o mercado de trabalho da mulher através de incentivos específicos.

A lei que deveria regular este inciso, todavia, não foi ainda editada, porém a Lei nº 9.799 de 26 de maio de 1999, insere na Consolidação das Leis do Trabalho regras sobre o acesso da mulher ao mercado de trabalho.

Aviso prévio

XXI - aviso prévio proporcional ao tempo de serviço, sendo no mínimo de trinta dias, nos termos da lei;

Aviso prévio é uma notificação que uma parte faz à outra de sua intenção de não mais prosseguir no contrato de trabalho. É um instituto peculiar a todos contratos de execução por tempo indeterminado, e, sobretudo naqueles que vinculam a pessoa, como ocorre com o trabalho.

OBS: o direito ao aviso prévio foi assegurado aos trabalhadores domésticos, que em razão da EC n. 72/2013, se submete às regras dos trabalhadores em geral.

Redução dos riscos do trabalho

XXII - redução dos riscos inerentes ao trabalho, por meio de normas de saúde, higiene e segurança;

As comissões internas de prevenção de acidentes (CIPA) cumprem um importante papel na fiscalização do direito previsto neste inciso e o constituinte procurou garantir a atuação dessas comissões vedando a dispensa arbitrária ou sem justa causa do cipeiro (empregado eleito para cargo de direção das mesmas), desde o registro de sua candidatura até um ano após o final de seu mandato (art. 10, II, a, ADCT).

O legislador deve proteger os domésticos por meio de normas de saúde, higiene e segurança, de modo que reduza os riscos inerentes ao trabalho. Por esses motivos esse direito foi estendido aos trabalhadores domésticos.

Adicional para atividades penosas, insalubres ou perigosas

XXIII - adicional de remuneração para as atividades penosas, insalubres ou perigosas, na forma da lei;

Penosa é a atividade que causa incômodo ou sacrifício, como os trabalhos executados em subterrâneos, minerações, subsolo, pedreiras etc.

Insalubre é a atividade que expõe o trabalhador a agentes nocivos à saúde, acima dos limites de tolerância.

Perigosa é a atividade que implica no contato com inflamáveis ou explosivos, em condições de risco.

Exercendo o trabalhador qualquer uma dessas atividades, terá direito ao adicional correspondente, que segundo a CLT variará entre 40% e 10%, para atividades insalubres, e 30%, para atividades perigosas, sobre o valor do salário sem os acréscimos resultantes de gratificações, prêmios ou participação nos lucros da empresa.

Direito à aposentadoria

XXIV - aposentadoria;

A matéria é regulada pelo artigo 201 e seus §§ 7º, 8º e 9º da Constituição Federal, que estabelecem os seguintes princípios fundamentais:

Art. 201. *A previdência social será organizada sob a forma de regime geral, de caráter contributivo e de filiação obrigatória, observados critérios que preservem o equilíbrio financeiro e atuarial, e atenderá, nos termos da lei, a:*
I - cobertura dos eventos de doença, invalidez, morte e idade avançada;
II - proteção à maternidade, especialmente à gestante;
III - proteção ao trabalhador em situação de desemprego involuntário;
IV - salário-família e auxílio-reclusão para os dependentes dos segurados de baixa renda;
V - pensão por morte do segurado, homem ou mulher, ao cônjuge ou companheiro e dependentes, observado o disposto no § 2º.
(...)
§ 7º É assegurada aposentadoria no regime geral de previdência social, nos termos da lei, obedecidas as seguintes condições:
I - trinta e cinco anos de contribuição, se homem, e trinta anos de contribuição, se mulher;
II - sessenta e cinco anos de idade, se homem, e sessenta anos de idade, se mulher, reduzido em cinco anos o limite para os trabalhadores rurais de ambos os sexos e para os que exerçam suas atividades em regime de economia familiar, nestes incluídos o produtor rural, o garimpeiro e o pescador artesanal.
§ 8º Os requisitos a que se refere o inciso I do parágrafo anterior serão reduzidos em cinco anos, para o professor que comprove exclusivamente tempo de efetivo exercício das funções de magistério na educação infantil e no ensino fundamental e médio.
§ 9º Para efeito de aposentadoria, assegurada a contagem recíproca do tempo de contribuição na administração pública e na atividade privada, rural e urbana, hipótese em que os diversos regimes de previdência social se compensarão financeiramente, segundo critérios estabelecidos em lei.

OBS: os trabalhadores domésticos também têm direito à aposentadoria.

Creche e pré-escola para filhos de até 5 anos

XXV - assistência gratuita aos filhos e dependentes desde o nascimento até 5 (cinco) anos de idade em creches e pré-escolas; (Redação dada pela Emenda Constitucional nº 53, de 2006)

Tal assistência visa dar tranquilidade ao trabalhador com relação ao bem-estar de seus filhos.

Esse direito foi estendido aos domésticos, com a cautela de serem observadas, as condições estabelecidas em lei. É um direito que precisa de regulamentação.

Reconhecimento das convenções e acordos coletivos

XXVI - reconhecimento das convenções e acordos coletivos de trabalho;

Conforme discutimos anteriormente, nos acordos coletivos, encontramos a presença do sindicato de trabalhadores de um lado e, de outro, a presença de uma empresa ou grupo de empresas; nos acordos coletivos não há a presença de *sindicatos patronais*, ao passo que nas convenções coletivas, sim.

Em decorrência disto, as cláusulas da convenção coletiva atingem a *totalidade dos integrantes de uma categoria profissional e econômica*, independentemente de estarem ou não associados ao sindicato, enquanto que no acordo coletivo só são atingidos os empregados daquela empresa ou grupo que participou do acordo; os demais, não.

Pela primeira vez reconheceu-se as convenções e acordos coletivos realizadas em prol da categoria dos domésticos. Até então, os acordos aconteciam mas entendia-se que não havia a obrigatoriedade de cumprimento para a sociedade, uma vez que a Constituição Federal não havia estendido esse direito. Essa situação finalmente mudou com a promulgação dessa Emenda Constitucional n. 72/2013.

Proteção em face da automação

XXVII - proteção em face da automação, na forma da lei;

A robotização tem causado, em muitos países, um problema social sério: a dispensa maciça de trabalhadores. Daí a previsão de proteção contida neste inciso, que deverá ser regulado em lei.

Seguro contra acidentes

XXVIII - seguro contra acidentes de trabalho, a cargo do empregador, sem excluir a indenização a que este está obrigado, quando incorrer em dolo ou culpa;

Segundo o art. 19 da Lei n.º 8.213/91 (Dispõe sobre os Planos de Benefícios da Previdência Social e dá outras providências), o seguro contra acidentes deverá ser pago para aquele que sofreu um acidente que tenha provocado lesão corporal ou perturbação funcional que cause a morte, ou perda ou redução permanente da capacidade para o trabalho.

Além do seguro, haverá, para o empregador que tenha agido com dolo ou culpa, o dever da reparação do dano, na esfera trabalhista. Essa responsabilidade é *subjetiva*, devendo o empregado ou sua família, para fins de indenização, provar que houve dolo ou culpa por parte do empregador e que por isto ocorreu o acidente.

Exemplificando: a legislação obriga o empregador da construção civil a fornecer capacete, luvas e botas aos seus empregados. Se ele não o fizer e ocorrer um acidente, responderá, na esfera civil, por *dolo*. Por outro lado, se fornecer o material, mas não fiscalizar o seu uso, e disso advier um acidente, ele, empregador, falhou com as cautelas necessárias ao seu dever de ofício; responderá, portanto, na esfera civil, por *culpa*.

Esse direito foi estendido aos domésticos, com a cautela de serem observadas, as condições estabelecidas em lei. É um direito que precisa de regulamentação.

Ação trabalhista

XXIX - ação, quanto a crédito resultante das relações de trabalho, com prazo prescricional de cinco anos para os trabalhadores urbanos e rurais, até o limite de dois anos após a extinção do contrato de trabalho.

Prescrição, no caso, é a perda, por parte do trabalhador, do direito de ingressar na justiça para pleitear as verbas trabalhistas que entende achar de direito. Seja ele urbano, seja ele rural, o prazo máximo é de até dois anos após a extinção do contrato.

Tanto o trabalhador urbano quanto o rural poderão pleitear na justiça apenas os últimos cinco anos trabalhados, contados da data da propositura da ação.

Exemplo: Empregado urbano ou rural trabalhou 10 anos em uma empresa e é mandado embora. Espera 1 ano e 11 meses para ingressar com ação trabalhista. Nela poderá pleitear apenas os últimos cinco anos desde a propositura da ação. Na realidade, perceberá apenas 3 anos e 1 mês, porque nos últimos cinco anos, esteve desvinculado da empresa por 1 ano e 11 meses.

Princípio da isonomia no trabalho

XXX - proibição de diferença de salários, de exercícios de funções e de critério de admissão por motivo de sexo, idade, cor ou estado civil;

A Emenda Constitucional nº 72/2013, reconheceu a igualdade de direitos entre os trabalhadores domésticos e os demais trabalhadores urbanos e rurais. Dessa forma aplica-se à categoria dos domésticos o inciso XXX, sendo terminamente proibida a diferença de salários, de exercícios de funções e de critério de admissão por motivo de sexo, idade, cor ou estado civil.

XXXI - proibição de qualquer discriminação no tocante a salário e critérios de admissão do trabalhador portador de deficiência;

Esse inciso também se aplica à categoria dos domésticos, uma vez que não serão mais tolerada qualquer discriminação no tocante a salário e critérios de admissão do trabalhador portador de deficiência.

XXXII - proibição de distinção entre trabalho manual, técnico e intelectual ou entre os profissionais respectivos;

Os três incisos acima são variações do princípio da isonomia, no tocante ao trabalho.

Proteção ao trabalho do menor

XXXIII - proibição de trabalho noturno, perigoso ou insalubre a menores de dezoito e de qualquer trabalho a menores de dezesseis anos, salvo na condição de aprendiz, a partir de quatorze anos.

Segundo o art. 428 da CLT, Contrato de Aprendizagem é o contrato de trabalho especial, ajustado por escrito e por prazo determinado, em que o empregador se compromete a assegurar ao maior de quatorze e menor de dezoito anos, inscrito em programa de aprendizagem, formação técnico-profissional metódica, compatível com o seu desenvolvimento físico, moral e psicológico e o aprendiz a executar, com zelo e diligência, as tarefas necessárias a essa formação.

Pelas razões acima é que o parlamento atribuiu esse direito aos trabalhadores domésticos. Dessa forma acaba-se com a figura, que perdurou por muitos anos na sociedade brasileira, de que a filha de doméstica, moradora da casa, também se transformaria em doméstica da casa, desde que tenha idade.

XXXIV - igualdade de direitos entre o trabalhador com vínculo empregatício permanente e o trabalhador avulso.

Empregado permanente é toda pessoa física que presta serviços de natureza não eventual a empregador, sob a dependência deste e mediante salário. O traço fundamental para ser empregado permanente, portanto, é a *subordinação.*

Trabalhador avulso é o trabalhador casual, não subordinado à empresa, mas que também não chega a ser autônomo.

A empresa não poderá fazer distinção entre os trabalhadores permanentes e os trabalhadores avulsos que lhe prestam serviços, no tocante aos seus direitos.

Direitos dos trabalhadores domésticos

Parágrafo único - *Parágrafo único - São assegurados à categoria dos trabalhadores domésticos os direitos previstos nos incisos IV, VI, VII, VIII, X, XIII, XV, XVI, XVII, XVIII, XIX, XXI, XXII, XXIV, XXVI, XXX, XXXI, XXXIII e, atendidas as condições estabelecidas em lei e observada a simplificação do cumprimento das obrigações tributárias, principais e acessórias, decorrentes da relação de trabalho e suas peculiaridades, os previstos nos incisos I, II, III, IX, XII, XXV, XXVIII, bem como a sua integração à previdência social. (Redação dada pela EC n. 72/2013)*

Trabalhadores domésticos são os que, mediante relação de confiança, executam serviços nas residências das famílias, atendendo necessidades desta em sua vida normal.

A Constituição lhes assegurou os seguintes direitos: salário mínimo, irredutibilidade do salário, décimo terceiro salário, repouso semanal remunerado, férias anuais e 1/3 de férias, licença gestante, licença paternidade, aviso prévio, aposentadoria e integração à previdência social.

4. Direitos Sindicais

Liberdade de associação sindical

Art. 8º - É livre a associação profissional ou sindical, observado o seguinte:

Proibição ao poder público de interferir e intervir na organização sindical

I - a lei não poderá exigir autorização do Estado para a fundação de sindicato, ressalvado o registro no órgão competente, vedadas ao Poder Público a interferência e a intervenção na organização sindical;

O sindicato é uma associação específica de trabalhadores assalariados ou equiparados destinada a defender os seus interesses perante os patrões.

Para a fundação de um sindicato, segundo o legislador, basta apenas a elaboração de seu estatuto social, que será registrado no órgão competente. Dispensou o legislador a autorização que, segundo a doutrina, representava uma interferência no direito sindical.

O sindicato é livre, a filiação a ele não é obrigatória e o Estado, taxativamente, não pode mais intervir ou interferir nas decisões dessas organizações. Pode-se inferir, ainda, que sindicatos paralelos, não protegidos pelo manto do ordenamento jurídico, não serão tolerados.

Unidade sindical

II - é vedada a criação de mais de uma organização sindical, em qualquer grau, representativa de categoria profissional ou econômica, na mesma base territorial, que será definida pelos trabalhadores ou empregadores interessados, não podendo ser inferior à área de um Município;

Consagrou o legislador aqui a unidade sindical, ou seja, somente haverá um único sindicato representativo de uma categoria profissional, na mesma base territorial, que foi definida em sendo, pelo menos, a área do Município. Há, contudo, casos de sindicatos que representam trabalhadores em regiões maiores do que o Município, como em regiões metropolitanas, por exemplo.

Entende que se houver uma proliferação de sindicatos haverá um enfraquecimento do movimento sindicalista e que, portanto, deve-se proibir essa conduta.

III - ao sindicato cabe a defesa dos direitos e interesses coletivos ou individuais da categoria, inclusive em questões judiciais ou administrativas;

Neste inciso, o legislador nos diz qual o *objetivo* do sindicato: ele foi investido de capacidade *processual* para defesa dos direitos e interesses, *coletivos* e *individuais*, da categoria, tanto na esfera *judicial*, como na esfera *administrativa*. Nos processos, poderá, assim, ingressar como réu, autor, assistente ou parte interessada.

IV - a assembléia geral fixará a contribuição que, em se tratando de categoria profissional, será descontada em folha, para custeio do sistema confederativo da representação sindical respectiva, independentemente da contribuição prevista em lei;

Nesse inciso houve a instituição de uma contribuição para o sustento do sistema confederativo da representação sindical, a instituição de um Imposto para custeio. Isso é de muito bom alvitre, uma vez que, enquanto o sindicato tem suas bases nos trabalhadores, a confederação, não. O valor da contribuição em pauta, para os trabalhadores, corresponderá à remuneração de um dia de trabalho por ano; para os empregadores, o valor é variável.

Estamos diante do único imposto criado pela Constituição, pois todos os outros estão apenas previstos.

Liberdade de sindicalização

V - ninguém será obrigado a filiar-se ou a manter-se filiado a sindicato;

Como no artigo 5º, inciso XX, há a instituição da liberdade de associação como direito coletivo, nada mais lógico do que reprisá-lo aqui, no capítulo dos direitos sociais.

Participação obrigatória do sindicato nas negociações coletivas

VI - é obrigatória a participação dos sindicatos nas negociações coletivas de trabalho;

Uma vez que, originalmente, as convenções coletivas de trabalho surgiram de momentos de tensão entre empregado e empregador, e uma vez que o que for nelas decidido refletirá em toda a categoria profissional, o legislador achou por bem tornar obrigatória a presença do sindicato em todas as negociações coletivas. Trata-se de um poder-dever do sindicato.

É salutar lembrar que aos trabalhadores domésticos foi reconhecida as convenções e os acordos coletivos, o que, com certeza, fortalecerá o sindicato da categoria, nas negociações coletivas.

VII - o aposentado filiado tem direito a votar e ser votado nas organizações sindicais;

Este inciso alterou a regra prevista na CLT, que proibia aos inativos o exercício de cargo de administração sindical ou de representação econômica ou profissional.

Proteção ao sindicalista

VIII - é vedada a dispensa do empregado sindicalizado a partir do registro da candidatura a cargo de direção ou representação sindical e, se eleito, ainda que suplente, até um ano após o final do mandato, salvo se cometer falta grave nos termos da lei.

O dispositivo acima é mera transcrição do artigo 543, § 3º da CLT, e visa garantir a existência dos próprios sindicatos.

Parágrafo único - As disposições deste artigo aplicam-se à organização de sindicatos rurais e de colônias de pescadores, atendidas as condições que a lei estabelecer.

O intuito do legislador é estender, aos sindicatos rurais e de colônias de pescadores, os mesmos princípios que adotou para os sindicatos urbanos, mediante lei futura que regule a matéria.

Direito de greve

Art. 9º - É assegurado o direito de greve, competindo aos trabalhadores decidir sobre a oportunidade de exercê-lo e sobre os interesses que devam por meio dele defender.
§ 1º - A lei definirá os serviços ou atividades essenciais e disporá sobre o atendimento das necessidades inadiáveis da comunidade.
§ 2º - Os abusos cometidos sujeitam os responsáveis às penas da lei.

A Constituição anterior considerava a greve uma subversão à ordem, e não um legítimo direito do trabalhador.

O exercício do direito de greve, como foi adotado neste inciso, deve ser pautado pela prudência e pela responsabilidade.

Nos serviços ou atividades essenciais, os sindicatos, os empregadores e os trabalhadores ficam obrigados, de comum acordo, a garantir, durante a greve, a prestação dos serviços indispensáveis ao atendimento das necessidades inadiáveis da comunidade.

A Lei nº 7.783/89, que regulou a greve, nos diz que as atividades essenciais são:
a) tratamento e abastecimento de água;
b) produção de energia elétrica, gás, combustíveis;
c) assistência médica e hospitalar;
d) distribuição e comercialização de medicamentos e alimentos;
e) serviços funerários;
f) transporte coletivo;
g) captação e tratamento de água e esgoto;
h) telecomunicações;
i) guarda, uso e controle de substâncias radioativas, equipamentos e materiais nucleares;
j) processamento de dados ligados a serviços essenciais;
l) controle de tráfego aéreo e compensação bancária.

A previsão de responsabilização por abusos, prevista no § 2º, carece, ainda, de lei que a regulamente.

Art. 10 - É assegurada a participação dos trabalhadores e empregadores nos colegiados dos órgãos públicos em que seus interesses profissionais ou previdenciários sejam objeto de discussão e deliberação.

A participação de trabalhadores e empregadores nos órgãos mencionados busca conferir caráter mais democrático, maior legitimidade e maior representatividade às decisões governamentais.

Art. 11 - Nas empresas de mais de duzentos empregados, é assegurada a eleição de um representante destes com a finalidade exclusiva de promover-lhes o entendimento direto com os empregadores.

Há aqui mais uma inovação. O representante dos trabalhadores, no caso, é o que a doutrina chama de *delegado*. Sua atuação se restringe à intermediação de acordos no âmbito da empresa, apenas, e a Lei Maior não lhe garante proteção especial contra a despedida arbitrária.

EXERCÍCIOS DE FIXAÇÃO

01. A Constituição do Brasil de 1988, inovando no campo da solução de conflitos coletivos de trabalho, adotou:
I. a convenção coletiva de trabalho.
II. o acordo coletivo de trabalho.
III. a arbitragem.
a) a I e a II estão corretas.
b) a III é a única correta.
c) a I é a única correta.
d) a II é a única correta.
e) todas estão corretas.

02. É livre a associação profissional ou sindical, segundo a Constituição Federal, observadas, dentre outras, as seguintes determinantes (assinale a alternativa incorreta):
a) são vedadas ao Poder Público a interferência e a intervenção na organização sindical.
b) é obrigatória a participação dos sindicatos nas negociações coletivas de trabalho.
c) ninguém será obrigado a filiar-se ou a manter-se filiado a sindicato.
d) o aposentado filiado tem direito a votar, mas não de ser votado nas organizações sindicais.

03. A Constituição do Brasil de 1988:
I. se limitou a reconhecer a validade do acordo e a convenção coletiva de trabalho.
II. foi a primeira a tratar da negociação coletiva nos seus múltiplos aspectos.
III. não se limitou a reconhecer a validade da convenção coletiva de trabalho.
a) a I é a única incorreta.
b) a II e a III estão incorretas.
c) a I e a II estão corretas.
d) a III é a única correta.
e) todas são corretas.

04. Os direitos dos trabalhadores previstos na Constituição:
a) não podem ser alterados em prejuízos deles.
b) não podem ser restringidos, a menos que haja concordância escrita do interessado.
c) podem ser restringidos, em algumas hipóteses, por meio de convenção coletiva.
d) só podem ser alterados em caso de força maior.

05. Assinale a resposta correta. À luz da Constituição da República, é vedado ao menor de 18 anos, quando empregado,

a) filiar-se a sindicato.
b) participar de greve.
c) o trabalho noturno, perigoso ou insalubre.
d) o trabalho sob horas extras.

06. A Constituição Federal de 1988 estabelece, quanto à duração do trabalho:

a) jornada de 7 horas e vinte minutos para todos os trabalhadores.
b) jornada de 6 horas para os empregados que trabalham em turnos ininterruptos de revezamento.
c) jornada livremente negociada entre os sindicatos de empregados e empregadores.
d) jornada não superior a 8 horas para os trabalhadores urbanos, rurais e domésticos.

07. Ao dispor sobre as contribuições sociais, estabeleceu a Constituição que:

a) objetivam dar condições de funcionamento aos sindicatos.
b) constituem modalidade de exação de natureza eminentemente tributária.
c) podem ser livremente instituídas, desde que haja motivo relevante.
d) têm vigência imediata após a sua instituição.

08. A base territorial de um sindicato não poderá ser inferior à área de:

a) um bairro.
b) um Município.
c) uma região administrativa.
d) um distrito.
e) uma região metropolitana.

09. O prazo de prescrição da ação trabalhista, desde a promulgação da Constituição Federal de 05.10.1988, para o trabalhador urbano, passou para:

a) 2 anos, após a extinção do contrato.
b) 5 anos, até o limite de 3 anos após a extinção do contrato.
c) 5 anos, até o limite de 2 anos após a extinção do contrato.
d) 2 anos, até o limite de 5 anos após a extinção do contrato.
e) 3 anos após a extinção do contrato.

10. Complete a lacuna. A remuneração da hora-extra deverá ser .... acima da remuneração da hora normal.

a) no máximo 50% (cinquenta por cento)
b) no mínimo 50% (cinquenta por cento)
c) no máximo 30% (trinta por cento)
d) no mínimo 30% (trinta por cento)
e) 30% (trinta por cento)

11. Ao dispor sobre o empregado sindicalizado, candidato a cargo de direção ou representação sindical, a Constituição Federal concedeu:

a) estabilidade no curso do mandato.
b) estabilidade provisória desde o registro da candidatura.
c) possibilidade de dispensa, desde que sejam pagos os seus direitos até o término do mandato.
d) impossibilidade de dispensa arbitrária ou sem justa causa, desde o registro de sua candidatura até um ano após o término do mandato.

12. Acordos coletivos de trabalho, previstos no art. 7º, XXVI, da Constituição Federal:

a) são os celebrados entre o sindicato da categoria profissional e uma única empresa.
b) são os celebrados entre uma empresa e seus empregados, com ou sem assistência dos respectivos sindicatos.
c) são celebrados entre os sindicatos patronais e os dos empregados correspondentes às categorias econômicas.
d) são aqueles, de caráter normativo, celebrados por um sindicato da categoria profissional com uma ou mais empresas da correspondente categoria econômica.

13. Dentre os avanços alcançados no campo dos Direitos Sociais pela atual Constituição do Brasil, não se inclui:

a) a duração do trabalho, antes de 48 (quarenta e oito) horas, passando a 44 (quarenta e quatro) horas semanais.
b) os turnos que eram de 03 (três) com 08 (oito) horas cada, agora 04 (quatro) com 06 (seis) horas.
c) o salário nas férias, antes integral, atualmente acrescido de 1/3 (um terço).
d) a licença-gestante, anteriormente de 90 (noventa) dias, agora 100 (cem) dias.
e) a remuneração do serviço extraordinário superior, no mínimo, em 50% (cinquenta por cento) a do normal.

14. Assinale a única hipótese que não constitui um direito social do trabalhador rural.

a) Seguro desemprego.
b) 13º salário.
c) Gozo de férias anuais.
d) Fundo de Garantia por Tempo de Serviço.
e) Duração do trabalho normal não superior a 10 (dez) horas diárias.

15. São direitos sociais, segundo a Constituição:

a) educação, saúde, trabalho, lazer, segurança, previdência social, proteção à maternidade e à infância e assistência aos desamparados.
b) proteção contra a despedida arbitrária, seguro-desemprego, FGTS, salário mínimo e salário-família, dentre outros.
c) direitos de petição, direito de ação judicial e recursos a ela inerentes, *habeas data*, proteção ao direito adquirido, etc.
d) trabalho, 13º salário, horas-extras com acréscimo de 50%, etc.

16. **Assinale a alternativa incorreta. A Constituição do Brasil prevê alguns direitos sociais, dentre eles:**
a) educação.
b) lazer.
c) trabalho.
d) cultura.
e) saúde.

17. **Aqueles que recebem remuneração variável, como os vendedores de lojas:**
a) devem receber pelo menos um salário mínimo e meio.
b) podem receber apenas suas comissões.
c) se suas comissões forem inferiores a um salário mínimo, mesmo assim deverão receber pelo menos um salário mínimo.
d) se suas comissões forem inferiores a dois salários mínimos, mesmo assim deverão receber pelo menos dois salários mínimos.
e) constitucionalmente, não existe a previsão de um trabalhador receber remuneração variável.

Gabarito

01. A	**02. D**	**03. A**	**04. C**
05. C	**06. B**	**07. B**	**08. B**
09. C	**10. B**	**11. D**	**12. D**
13. D	**14. E**	**15. A**	**16. D**
17. C			

2. Administração Pública e Servidores Públicos

Arts. 37 e 41 (Título III: Capítulo VII da CF)

CAPÍTULO VII
DA ADMINISTRAÇÃO PÚBLICA
Seção I
DISPOSIÇÕES GERAIS

Art. 37. A administração pública direta e indireta de qualquer dos Poderes da União, dos Estados, do Distrito Federal e dos Municípios obedecerá aos princípios de legalidade, impessoalidade, moralidade, publicidade e eficiência e, também, ao seguinte:

I - os cargos, empregos e funções públicas são acessíveis aos brasileiros que preencham os requisitos estabelecidos em lei, assim como aos estrangeiros, na forma da lei;

II - a investidura em cargo ou emprego público depende de aprovação prévia em concurso público de provas ou de provas e títulos, de acordo com a natureza e a complexidade do cargo ou emprego, na forma prevista em lei, ressalvadas as nomeações para cargo em comissão declarado em lei de livre nomeação e exoneração;

III - o prazo de validade do concurso público será de até dois anos, prorrogável uma vez, por igual período;

IV - durante o prazo improrrogável previsto no edital de convocação, aquele aprovado em concurso público de provas ou de provas e títulos será convocado com prioridade sobre novos concursados para assumir cargo ou emprego, na carreira;

V - as funções de confiança, exercidas exclusivamente por servidores ocupantes de cargo efetivo, e os cargos em comissão, a serem preenchidos por servidores de carreira nos casos, condições e percentuais mínimos previstos em lei, destinam-se apenas às atribuições de direção, chefia e assessoramento;

VI - é garantido ao servidor público civil o direito à livre associação sindical;

VII - o direito de greve será exercido nos termos e nos limites definidos em lei específica;

VIII - a lei reservará percentual dos cargos e empregos públicos para as pessoas portadoras de deficiência e definirá os critérios de sua admissão;

IX - a lei estabelecerá os casos de contratação por tempo determinado para atender a necessidade temporária de excepcional interesse público;

X - a remuneração dos servidores públicos e o subsídio de que trata o § 4° do art. 39 somente poderão ser fixados ou alterados por lei específica, observada a iniciativa privativa em cada caso, assegurada revisão geral anual, sempre na mesma data e sem distinção de índices;

XI - a remuneração e o subsídio dos ocupantes de cargos, funções e empregos públicos da administração direta, autárquica e fundacional, dos membros de qualquer dos Poderes da União, dos Estados, do Distrito Federal e dos Municípios, dos detentores de mandato eletivo e dos demais agentes políticos e os proventos, pensões ou outra espécie remuneratória, percebidos cumulativamente ou não, incluídas as vantagens pessoais ou de qualquer outra natureza, não poderão exceder o subsídio mensal, em espécie, dos Ministros do Supremo Tribunal Federal, aplicando-se como li-mite, nos Municípios, o subsídio do Prefeito, e nos Estados e no Distrito Federal, o subsídio mensal do Governador no âmbito do Poder Executivo, o subsídio dos Deputados Estaduais e Distritais no âmbito do Poder Legislativo e o sub-sídio dos Desembargadores do Tribunal de Justiça, limitado a noventa inteiros e vinte e cinco centésimos por cento do subsídio mensal, em espécie, dos Ministros do Supremo Tribunal Federal, no âmbito do Poder Judiciário, aplicável este limite aos membros do Ministério Público, aos Procuradores e aos Defensores Públicos;

XII - os vencimentos dos cargos do Poder Legislativo e do Poder Judiciário não poderão ser superiores aos pagos pelo Poder Executivo;

XIII - é vedada a vinculação ou equiparação de quaisquer espécies remuneratórias para o efeito de remuneração de pessoal do serviço público;

XIV - os acréscimos pecuniários percebidos por servidor público não serão computados nem acumulados para fins de concessão de acréscimos ulteriores;

XV - o subsídio e os vencimentos dos ocupantes de cargos e empregos públicos são irredutíveis, ressalvado o disposto nos incisos XI e XIV deste artigo e nos arts. 39, § 4°, 150, II, 153, III, e 153, § 2°, I;

XVI - é vedada a acumulação remunerada de cargos públicos, exceto, quando houver compatibilidade de horários, observado em qualquer caso o disposto no inciso XI.

a) a de dois cargos de professor;

b) a de um cargo de professor com outro técnico ou científico;

c) a de dois cargos ou empregos privativos de profissionais de saúde, com profissões regulamentadas;

XVII - a proibição de acumular estende-se a empregos e funções e abrange autarquias, fundações, empresas públicas, sociedades de economia mista, suas subsidiárias, e sociedades controladas, direta ou indiretamente, pelo poder público;

XVIII - a administração fazendária e seus servidores fiscais terão, dentro de suas áreas de competência e jurisdição, precedência sobre os demais setores administrativos, na forma da lei;

XIX - somente por lei específica poderá ser criada autarquia e autorizada a instituição de empresa pública, de sociedade de economia mista e de fundação, cabendo à lei complementar, neste último caso, definir as áreas de sua atuação;

XX - depende de autorização legislativa, em cada caso, a criação de subsidiárias das entidades mencionadas no inciso anterior, assim como a participação de qualquer delas em empresa privada;

XXI - ressalvados os casos especificados na legislação, as obras, serviços, compras e alienações serão contratados mediante processo de licitação pública que assegure igualdade de condições a todos os concorrentes, com cláusulas que estabeleçam obrigações de pagamento, mantidas as condições efetivas da proposta, nos termos da lei, o qual somente permitirá as exigências de qualificação técnica e econômica indispensáveis à garantia do cumprimento das obrigações.

XXII - as administrações tributárias da União, dos Estados, do Distrito Federal e dos Municípios, atividades essenciais ao funcionamento do Estado, exercidas por servidores de carreiras específicas, terão recursos prioritários para a realização de suas atividades e atuarão de forma integrada, inclusive com o compartilhamento de cadastros e de informações fiscais, na forma da lei ou convênio.

§ 1° - A publicidade dos atos, programas, obras, serviços e campanhas dos órgãos públicos deverá ter caráter educativo, informativo ou de orientação social, dela não podendo constar nomes, símbolos ou imagens que caracterizem promoção pessoal de autoridades ou servidores públicos.

§ 2º - A não observância do disposto nos incisos II e III implicará a nulidade do ato e a punição da autoridade responsável, nos termos da lei.

§ 3º A lei disciplinará as formas de participação do usuário na administração pública direta e indireta, regulando especialmente:

I - as reclamações relativas à prestação dos serviços públicos em geral, asseguradas a manutenção de serviços de atendimento ao usuário e a avaliação periódica, externa e interna, da qualidade dos serviços; (Incluído pela Emenda Constitucional nº 19, de 1998)

II - o acesso dos usuários a registros administrativos e a informações sobre atos de governo, observado o disposto no art. 5º, X e XXXIII;

III - a disciplina da representação contra o exercício negligente ou abusivo de cargo, emprego ou função na administração pública.

§ 4º - Os atos de improbidade administrativa importarão a suspensão dos direitos políticos, a perda da função pública, a indisponibilidade dos bens e o ressarcimento ao erário, na forma e gradação previstas em lei, sem prejuízo da ação penal cabível.

§ 5º - A lei estabelecerá os prazos de prescrição para ilícitos praticados por qualquer agente, servidor ou não, que causem prejuízos ao erário, ressalvadas as respectivas ações de ressarcimento.

§ 6º - As pessoas jurídicas de direito público e as de direito privado prestadoras de serviços públicos responderão pelos danos que seus agentes, nessa qualidade, causarem a terceiros, assegurado o direito de regresso contra o responsável nos casos de dolo ou culpa.

§ 7º A lei disporá sobre os requisitos e as restrições ao ocupante de cargo ou emprego da administração direta e indireta que possibilite o acesso a informações privilegiadas.

§ 8º A autonomia gerencial, orçamentária e financeira dos órgãos e entidades da administração direta e indireta poderá ser ampliada mediante contrato, a ser firmado entre seus administradores e o poder público, que tenha por objeto a fixação de metas de desempenho para o órgão ou entidade, cabendo à lei dispor sobre:

I - o prazo de duração do contrato;

II - os controles e critérios de avaliação de desempenho, direitos, obrigações e responsabilidade dos dirigentes;

III - a remuneração do pessoal.

§ 9º O disposto no inciso XI aplica-se às empresas públicas e às sociedades de economia mista, e suas subsidiárias, que receberem recursos da União, dos Estados, do Distrito Federal ou dos Municípios para pagamento de despesas de pessoal ou de custeio em geral.

§ 10. É vedada a percepção simultânea de proventos de aposentadoria decorrentes do art. 40 ou dos arts. 42 e 142 com a remuneração de cargo, emprego ou função pública, ressalvados os cargos acumuláveis na forma desta Constituição, os cargos eletivos e os cargos em comissão declarados em lei de livre nomeação e exoneração.

§ 11. Não serão computadas, para efeito dos limites remuneratórios de que trata o inciso XI do caput deste artigo, as parcelas de caráter indenizatório previstas em lei. (Incluído pela Emenda Constitucional nº 47, de 2005)

§ 12. Para os fins do disposto no inciso XI do caput deste artigo, fica facultado aos Estados e ao Distrito Federal fixar, em seu âmbito, mediante emenda às respectivas Constituições e Lei Or gânica, como limite único, o subsídio mensal dos Desembargadores do respectivo Tribunal de Justiça, limitado a noventa inteiros e vinte e cinco centésimos por cento do subsídio mensal dos Ministros do Supremo Tribunal Federal, não se aplicando o disposto neste parágrafo aos subsídios dos Deputados Estaduais e Distritais e dos Vereadores.

(...)

Art. 41. São estáveis após três anos de efetivo exercício os servidores nomeados para cargo de provimento efetivo em virtude de concurso público.

§ 1º O servidor público estável só perderá o cargo: I - em virtude de sentença judicial transitada em julgado;

II - mediante processo administrativo em que lhe seja assegurada ampla defesa;

III - mediante procedimento de avaliação periódica de desempenho, na forma de lei complementar, assegurada ampla defesa.

§ 2º Invalidada por sentença judicial a demissão do servidor estável, será ele reintegrado, e o eventual ocupante da vaga, se estável, reconduzido ao cargo de origem, sem direito a indenização, aproveitado em outro cargo ou posto em disponibilidade com remuneração proporcional ao tempo de serviço.

§ 3º Extinto o cargo ou declarada a sua desnecessidade, o servidor estável ficará em disponibilidade, com remuneração proporcional ao tempo de serviço, até seu adequado aproveitamento em outro cargo.

§ 4º Como condição para a aquisição da estabilidade, é obrigatória a avaliação especial de desempenho por comissão instituída para essa finalidade.

3. Constituição do Estado de São Paulo

TÍTULO I
Dos Fundamentos do Estado

Art. 1º - O Estado de São Paulo, integrante da República Federativa do Brasil, exerce as competências que não lhe são vedadas pela Constituição Federal.

Art. 2º - A lei estabelecerá procedimentos judiciários abreviados e de custos reduzidos para as ações cujo objeto principal seja a salvaguarda dos direitos e liberdades fundamentais.

Art 3º - O Estado prestará assistência jurídica integral e gratuita aos que declararem insuficiência de recursos.

Art 4º - Nos procedimentos administrativos, qualquer que seja o objeto, observar-se-ão, entre outros requisitos de validade, a igualdade entre os administrados e o devido processo legal, especialmente quanto à exigência da publicidade, do contraditório, da ampla defesa e do despacho ou decisão motivados.

TÍTULO II
Da Organização dos Poderes
CAPÍTULO I
Disposições Preliminares

Art. 5º - São Poderes do Estado, independentes e harmônicos entre si, o Legislativo, o Executivo e o Judiciário.

§1º - É vedado a qualquer dos Poderes delegar atribuições.

§2º - O cidadão, investido na função de um dos Poderes, não poderá exercer a de outro, salvo as exceções previstas nesta Constituição.

Art. 6º - O Município de São Paulo é a Capital do Estado.

Art. 7º - São símbolos do Estado a bandeira, o brasão de armas e o hino.

Art. 8º - Além dos indicados no artigo 26 da Constituição Federal, incluem-se entre os bens do Estado os terrenos reservados às margens dos rios e lagos do seu domínio.

(...)

CAPÍTULO III
Do Poder Executivo
SEÇÃO I
Do Governador e Vice-Governador do Estado

Art. 37 - O Poder Executivo é exercido pelo Governador do Estado, eleito para um mandato de quatro anos, podendo ser reeleito para um único período subseqüente, na forma estabelecida na Constituição Federal. **(NR)**

Art. 38 - Substituirá o Governador, no caso de impedimento, e suceder-lhe-á, no de vaga, o Vice-Governador.

Parágrafo único - O Vice-Governador, além de outras atribuições que lhe forem conferidas por lei complementar, auxiliará o Governador, sempre que por ele convocado para missões especiais.

Art.39 - A eleição do Governador e do Vice-Governador realizar-se-á no primeiro domingo de outubro, em primeiro turno, e no último domingo de outubro, em segundo turno, se houver, do ano anterior ao do término do mandato de seus antecessores, e a posse ocorrerá em primeiro de janeiro do ano subseqüente, observado, quanto ao mais, o disposto no art. 77 da Constituição Federal. **(NR)**

Artigo 40 - Em caso de impedimento do Governador e do Vice-Governador, ou vacância dos respectivos cargos, serão sucessivamente chamados ao exercício da Governança o Presidente da Assembléia Legislativa e o Presidente do Tribunal de Justiça.

Artigo 41 - Vagando os cargos de Governador e Vice-Governador, far-se-á eleição noventa dias depois de aberta a última vaga.

§ 1º - Ocorrendo a vacância no último ano do período governamental, aplica-se o disposto no artigo anterior.

§ 2º - Em qualquer dos casos, os sucessores deverão completar o período de governo restante.

Artigo 42 - Perderá o mandato o Governador que assumir outro cargo ou função na administração pública direta ou indireta, ressalvada a posse em virtude de concurso público e observado o disposto no artigo 38, I, IV e V, da Constituição Federal.

Artigo 43 - O Governador e o Vice-Governador tomarão posse perante a Assembléia Legislativa, prestando compromisso de cumprir e fazer cumprir a Constituição Federal e a do Estado e de observar as leis.

Parágrafo único - Se, decorridos dez dias da data fixada para a posse, o Governador ou o Vice-Governador, salvo motivo de força maior, não tiver assumido o cargo, este será declarado vago.

Artigo 44 - O Governador e o Vice-Governador não poderão, sem licença da Assembléia Legislativa, ausentar-se do Estado por período superior a quinze dias, sob pena de perda do cargo.

Parágrafo único - O pedido de licença, amplamente motivado, indicará, especialmente, as razões da viagem, o roteiro e a previsão de gastos.

Artigo 45 - O Governador deverá residir na Capital do Estado.

Artigo 46 - O Governador e o Vice-Governador deverão, no ato da posse e no término do mandato, fazer declaração pública de bens.

SEÇÃO II
Das Atribuições do Governador

Artigo 47 - Compete privativamente ao Governador, além de outras atribuições previstas nesta Constituição:

I - representar o Estado nas suas relações jurídicas, políticas e administrativas;

II - exercer, com o auxílio dos Secretários de Estado, a direção superior da administração estadual;

III - sancionar, promulgar e fazer publicar as leis, bem como, no prazo nelas estabelecido, não inferior a trinta nem superior a cento e oitenta dias, expedir decretos e regulamentos para sua fiel execução, ressalvados os casos em que, nesse prazo, houver interposição de ação direta de inconstitucionalidade contra a lei publicada;

IV - vetar projetos de lei, total ou parcialmente;

V - prover os cargos públicos do Estado, com as restrições da Constituição Federal e desta Constituição, na forma pela qual a lei estabelecer;

VI - nomear e exonerar livremente os Secretários de Estado;

VII - nomear e exonerar os dirigentes de autarquias, observadas as condições estabelecidas nesta Constituição;

VIII - decretar e fazer executar intervenção nos Municípios, na forma da Constituição Federal e desta Constituição;

IX - prestar contas da administração do Estado à Assembléia Legislativa, na forma desta Constituição;

X - apresentar à Assembléia Legislativa, na sua sessão inaugural, mensagem sobre a situação do Estado, solicitando medidas de interesse do Governo;

XI - iniciar o processo legislativo, na forma e nos casos previstos nesta Constituição;

XII - fixar ou alterar, por decreto, os quadros, vencimentos e vantagens do pessoal das fundações instituídas ou mantidas pelo Estado, nos termos da lei;

XIII - indicar diretores de sociedade de economia mista e empresas públicas;

XIV - praticar os demais atos de administração, nos limites da competência do Executivo;

XV - subscrever ou adquirir ações, realizar ou aumentar capital, desde que haja recursos hábeis, de sociedade de economia mista ou de empresa pública, bem como dispor, a qualquer título, no todo ou em parte, de ações ou capital que tenha subscrito, adquirido, realizado ou aumentado, mediante autorização da Assembléia Legislativa;

XVI - delegar, por decreto, a autoridade do Executivo, funções administrativas que não sejam de sua exclusiva competência;

XVII - enviar à Assembléia Legislativa projetos de lei relativos ao plano plurianual, diretrizes orçamentárias, orçamento anual, dívida pública e operações de crédito;

XVIII - enviar à Assembléia Legislativa projeto de lei sobre o regime de concessão ou permissão de serviços públicos;

XIX - dispor, mediante decreto, sobre:

a) organização e funcionamento da administração estadual, quando não implicar em aumento de despesa, nem criação ou extinção de órgãos públicos;

b) extinção de funções ou cargos públicos, quando vagos.

Parágrafo único - A representação a que se refere o inciso I poderá ser delegada por lei de iniciativa do Governador, a outra autoridade.

SEÇÃO III
Da Responsabilidade do Governador

Artigo 48 - São crimes de responsabilidade do Governador ou dos seus Secretários, quando por eles praticados, os atos como tais definidos na lei federal especial, que atentem contra a Constituição Federal ou a do Estado, especialmente contra:

I - a existência da União;

II - o livre exercício do Poder Legislativo, do Poder Judiciário, do Ministério Público e dos poderes constitucionais das unidades da Federação;

III - o exercício dos direitos políticos, individuais e sociais;

IV - a segurança interna do País;

V - a probidade na administração;

VI - a lei orçamentária;

VII - o cumprimento das leis e das decisões judiciais.

Parágrafo único - A definição desses crimes, assim como o seu processo e julgamento, será estabelecida em lei especial.

- O "caput" deste artigo, na sua redação original, seus incisos e seu parágrafo único encontram-se com eficácia suspensa, em virtude de liminar concedida pelo Supremo Tribunal Federal, nos autos da Ação Direta de Inconstitucionalidade n º 2.220-2.

Artigo 49 - Admitida a acusação contra o Governador, por dois terços da Assembléia Legislativa, será ele submetido a julgamento perante o Superior Tribunal de Justiça, nas infrações penais comuns, ou, nos crimes de responsabilidade, perante Tribunal Especial.

- A expressão "ou, nos crimes de responsabilidade, perante Tribunal Especial", encontra-se com eficácia suspensa, em virtude de liminar concedida pelo Supremo Tribunal Federal, nos autos da Ação Direta de Inconstitucionalidade nº2.220-2..

§1º - O Tribunal Especial a que se refere este artigo será constituído por sete Deputados e sete Desembargadores, sorteados pelo Presidente do Tribunal de Justiça, que também o presidirá.

- Este parágrafo encontra-se com eficácia suspensa, em virtude de liminar concedida pelo Supremo Tribunal Federal, nos autos da Ação Direta de Inconstitucionalidade nº2.220-2.

§2º - Compete, ainda, privativamente, ao Tribunal Especial referido neste artigo processar e julgar o Vice-Governador nos crimes de responsabilidade, e os Secretários de Estado, nos crimes da mesma natureza conexos com aqueles, ou com os praticados pelo Governador, bem como o Procurador-Geral de Justiça e o Procurador-Geral do Estado.

- Este parágrafo encontra-se com eficácia suspensa, em virtude de liminar concedida pelo Supremo Tribunal Federal, nos autos da Ação Direta de Inconstitucionalidade nº2.220-2.

§3º - O Governador ficará suspenso de suas funções:

1 - nas infrações penais comuns, recebida a denúncia ou queixa-crime pelo Superior Tribunal de Justiça;

2 - nos crimes de responsabilidade, após instauração do processo pela Assembléia Legislativa.

- Este parágrafo encontra-se com eficácia suspensa, em virtude de liminar concedida pelo Supremo Tribunal Federal, nos autos da Ação Direta de Inconstitucionalidade nº2.220-2.

§4º - Se, decorrido o prazo de cento e oitenta dias, o julgamento não estiver concluído, cessará o afastamento do Governador, sem prejuízo do prosseguimento do processo.

§5º - ***Declarado inconstitucional, em controle concentrado, pelo Supremo Tribunal Federal, nos autos da Ação Direta de Inconstitucionalidade nº 1.021-2.***

§6º - ***Declarado inconstitucional, em controle concentrado, pelo Supremo Tribunal Federal, nos autos da Ação Direta de Inconstitucionalidade nº 1.021-2.***

Artigo 50 - Qualquer cidadão, partido político, associação ou entidade sindical poderá denunciar o Governador, o Vice-Governador e os Secretários de Estado, por crime de responsabilidade, perante a Assembléia Legislativa.

- Este artigo encontra-se com eficácia suspensa, em virtude de liminar concedida pelo Supremo Tribunal Federal, nos autos da Ação Direta de Inconstitucionalidade nº2.220-2.

SEÇÃO IV
Dos Secretários de Estado

Artigo 51 - Os Secretários de Estado serão escolhidos entre brasileiros maiores de vinte e um anos e no exercício dos direitos políticos.

Artigo 52 - Os Secretários de Estado, auxiliares diretos e da confiança do Governador, serão responsáveis pelos atos que praticarem ou referendarem no exercício do cargo, bem como por retardar ou deixar de praticar, indevidamente, ato de ofício.

§1º - Os Secretários de Estado responderão, no prazo estabelecido pelo inciso XVI do art. 20, os requerimentos de informação formulados por Deputados e encaminhados pelo Presidente da Assembléia após apreciação da Mesa, reputando-se não praticado o ato de seu ofício sempre que a resposta for elaborada em desrespeito ao parlamentar ou ao Poder Legislativo, ou que deixar de referir-se especificamente a cada questionamento feito.

§2º - Para os fins do disposto no § 1º deste artigo, os Secretários de Estado respondem pelos atos dos dirigentes, diretores e superintendentes de órgãos da administração pública direta, indireta e fundacional a eles diretamente subordinados ou vinculados.

§3º - Aos diretores de Agência Reguladora aplica-se o disposto no § 1º deste artigo.

Artigo 52-A - Caberá a cada Secretário de Estado, semestralmente, comparecer perante a Comissão Permanente da Assembléia Legislativa a que estejam afetas as atribuições de sua Pasta, para prestação de contas do andamento da gestão, bem como demonstrar e avaliar o desenvolvimento de ações, programas e metas da Secretaria correspondente.

§1º - Aplica-se o disposto no 'caput' deste artigo aos Diretores de Agências Reguladoras.

§2º - Aplicam-se aos procedimentos previstos neste artigo, no que couber, aqueles já disciplinados em Regimento Interno do Poder Legislativo.

§3º - O comparecimento do Secretário de Estado, com a finalidade de apresentar, quadrimestralmente, perante Comissão Permanente do Poder Legislativo, a demonstração e a avaliação do cumprimento das metas fiscais por parte do Poder Executivo suprirá a obrigatoriedade constante do 'caput' deste artigo.

§4º - No caso das Universidades Públicas Estaduais e da Fundação de Amparo à Pesquisa do Estado de São Paulo, incumbe, respectivamente, aos próprios Reitores e ao Presidente, efetivar, anualmente e no que couber, o disposto no 'caput' deste artigo.

- § 4º acrescentado pela Emenda Constitucional nº 37, de 05/12/2012.

Artigo 53 - Os Secretários farão declaração pública de bens, no ato da posse e no término do exercício do cargo, e terão os mesmos impedimentos estabelecidos nesta Constituição para os Deputados, enquanto permanecerem em suas funções.

(...)

TÍTULO III
Da Organização do Estado
CAPÍTULO I
Da Administração Pública
SEÇÃO I
Disposições Gerais

Artigo 111 - A administração pública direta, indireta ou fundacional, de qualquer dos Poderes do Estado, obedecerá aos princípios de legalidade, impessoalidade, moralidade, publicidade, razoabilidade, finalidade, motivação, interesse público e eficiência.

Artigo 111-A - É vedada a nomeação de pessoas que se enquadram nas condições de inelegibilidade nos termos da legislação federal para os cargos de Secretário de Estado, Secretário-Adjunto, Procurador-Geral de Justiça, Procurador-Geral do Estado, Defensor Público Geral, Superintendentes e Diretores de órgãos da administração pública indireta, fundacional, de agências reguladoras e autarquias, Delegado-Geral de Polícia, Reitores das universidades públicas estaduais e ainda para todos os cargos de livre provimento dos poderes Executivo, Legislativo e Judiciário do Estado.

- Artigo 111-A acrescentado pela Emenda Constitucional nº 34, de 21/03/2012.

Artigo 112 - As leis e atos administrativos externos deverão ser publicados no órgão oficial do Estado, para que produzam os seus efeitos regulares. A publicação dos atos não normativos poderá ser resumida.

Artigo 113 - A lei deverá fixar prazos para a prática dos atos administrativos e estabelecer recursos adequados à sua revisão, indicando seus efeitos e forma de processamento.

Artigo 114 - A administração é obrigada a fornecer a qualquer cidadão, para a defesa de seus direitos e esclarecimentos de situações de seu interesse pessoal, no prazo máximo de dez dias úteis, certidão de atos, contratos, decisões ou pareceres, sob pena de responsabilidade da autoridade ou servidor que negar ou retardar a sua expedição. No mesmo prazo deverá atender às requisições judiciais, se outro não for fixado pela autoridade judiciária.

Artigo 115 - Para a organização da administração pública direta e indireta, inclusive as fundações instituídas ou mantidas por qualquer dos Poderes do Estado, é obrigatório o cumprimento das seguintes normas:

I - os cargos, empregos e funções públicas são acessíveis aos brasileiros que preenchem os requisitos estabelecidos em lei, assim como aos estrangeiros, na forma da lei;

II - a investidura em cargo ou emprego público depende de aprovação prévia, em concurso público de provas ou de provas e títulos, ressalvadas as nomeações para cargo em comissão, declarado em lei, de livre nomeação e exoneração;

III - o prazo de validade do concurso público será de até dois anos, prorrogável uma vez, por igual período. A nomeação do candidato aprovado obedecerá à ordem de classificação;

IV - durante o prazo improrrogável previsto no edital de convocação, o aprovado em concurso público de provas ou de provas e títulos será convocado com prioridade sobre novos concursados para assumir cargo ou emprego, na carreira;

V - as funções de confiança, exercidas exclusivamente por servidores ocupantes de cargo efetivo, e os cargos em comissão, a serem preenchidos por servidores de carreira nos casos, condições e percentuais mínimos previstos em lei, destinam-se apenas às atribuições de direção, chefia e assessoramento;

VI - é garantido ao servidor público civil o direito à livre associação sindical, obedecido o disposto no artigo 8º da Constituição Federal;

VII - o servidor e empregado público gozarão de estabilidade no cargo ou emprego desde o registro de sua candidatura para o exercício de cargo de representação sindical ou no caso previsto no inciso XXIII deste artigo, até um ano após o término do mandato, se eleito, salvo se cometer falta grave definida em lei;

VIII - o direito de greve será exercido nos termos e nos limites definidos em lei específica;

IX - a lei reservará percentual dos cargos e empregos públicos para os portadores de deficiências, garantindo as adaptações necessárias para a sua participação nos concursos públicos e definirá os critérios de sua admissão;

X - a lei estabelecerá os casos de contratação por tempo determinado, para atender a necessidade temporária de excepcional interesse público;

XI - a revisão geral anual da remuneração dos servidores públicos, sem distinção de índices entre servidores públicos civis e militares, far-se-á sempre na mesma data e por lei específica, observada a iniciativa privativa em cada caso;

XII - em conformidade com o art. 37, XI, da Constituição Federal, a remuneração e o subsídio dos ocupantes de cargos, funções e empregos públicos da administração direta, autárquica e fundacional, os proventos, pensões ou outra espécie remuneratória, percebidos cumulativamente ou não, incluídas as vantagens pessoais ou de qualquer outra natureza, não poderão exceder o subsídio mensal do Governador no âmbito do Poder Executivo, o subsídio dos Deputados Estaduais e Distritais no âmbito do Poder Legislativo e o subsídio dos Desembargadores do Tribunal de Justiça, limitado a noventa inteiros e vinte e cinco centésimos por cento do subsídio mensal, em espécie, dos Ministros do Supremo Tribunal Federal, no âmbito do Poder Judiciário, aplicável este limite aos membros do Ministério Público, aos Procuradores e aos Defensores Públicos;

XIII - até que se atinja o limite a que se refere o inciso anterior, é vedada a redução de salários que implique a supressão das vantagens de caráter individual, adquiridas em razão de tempo de serviço, previstas no artigo 129 desta Constituição. Atingido o referido limite, a redução se aplicará independentemente da natureza das vantagens auferidas pelo servidor;

XIV - os vencimentos dos cargos do Poder Legislativo e do Poder Judiciário não poderão ser superiores aos pagos pelo Poder Executivo;

XV - é vedada a vinculação ou equiparação de quaisquer espécies remuneratórias para o efeito de remuneração de pessoal do serviço público, observado o disposto na Constituição Federal;

XVI - os acréscimos pecuniários percebidos por servidor público não serão computados nem acumulados para fins de concessão de acréscimos ulteriores sob o mesmo título ou idêntico fundamento;

XVII - o subsídio e os vencimentos dos ocupantes de cargos e empregos públicos são irredutíveis, observado o disposto na Constituição Federal;

XVIII - é vedada a acumulação remunerada de cargos públicos, exceto quando houver compatibilidade de horários:

a) de dois cargos de professor;

b) de um cargo de professor com outro técnico ou científico;

c) a de dois cargos ou empregos privativos de profissionais de saúde, com profissões regulamentadas;

XIX - a proibição de acumular estende-se a empregos e funções e abrange autarquias, fundações, empresas públicas, sociedades de economia mista, suas subsidiárias, e sociedades controladas, direta ou indiretamente, pelo Poder Público;

XX - a administração fazendária e seus agentes fiscais de rendas, aos quais compete exercer, privativamente, a fiscalização de tributos estaduais, terão, dentro de suas áreas de competência e jurisdição, precedência sobre os demais setores administrativos, na forma da lei;

XX-A - a administração tributária, atividade essencial ao funcionamento do Estado, exercida por servidores de carreiras específicas, terá recursos prioritários para a realização de suas atividades e atuarão de forma integrada com as administrações tributárias da União, de outros Estados, do Distrito Federal e dos Municípios, inclusive com o compartilhamento de cadastros e de informações fiscais, na forma da lei ou convênio;

XXI- a criação, transformação, fusão, cisão, incorporação, privatização ou extinção das sociedades de economia mista, autarquias, fundações e empresas públicas depende de prévia aprovação da Assembléia Legislativa;

XXII - depende de autorização legislativa, em cada caso, a criação de subsidiárias das entidades mencionadas no inciso anterior, assim como a participação de qualquer delas em empresa privada;

XXIII - fica instituída a obrigatoriedade de um Diretor Representante e de um Conselho de Representantes, eleitos pelos servidores e empregados públicos, nas autarquias, sociedades de economia mista e fundações instituídas ou mantidas pelo Poder Público, cabendo à lei definir os limites de sua competência e atuação;

XXIV - é obrigatória a declaração pública de bens, antes da posse e depois do desligamento, de todo o dirigente de empresa pública, sociedade de economia mista, autarquia e fundação instituída ou mantida pelo Poder Público;

XXV - os órgãos da administração direta e indireta ficam obrigados a constituir Comissão Interna de Prevenção de Acidentes - CIPA - e, quando assim o exigirem suas atividades, Comissão de Controle Ambiental, visando à proteção da vida, do meio ambiente e das condições de trabalho dos seus servidores, na forma da lei;

XXVI - ao servidor público que tiver sua capacidade de trabalho reduzida em decorrência de acidente de trabalho ou doença do trabalho será garantida a transferência para locais ou atividades compatíveis com sua situação;

XXVII - é vedada a estipulação de limite de idade para ingresso por concurso público na administração direta, empresa pública, sociedade de economia mista, autarquia e fundações instituídas ou mantidas pelo Poder Público, respeitando-se apenas o limite constitucional para aposentadoria compulsória;

XXVIII - os recursos provenientes dos descontos compulsórios dos servidores públicos, bem como a contrapartida do Estado, destinados à formação de fundo próprio de previdência, deverão ser postos, mensalmente, à disposição da entidade estadual responsável pela prestação do benefício, na forma que a lei dispuser;

XXIX - a administração pública direta e indireta, as universidades públicas e as entidades de pesquisa técnica e científica oficiais ou subvencionadas pelo Estado prestarão ao Ministério Público o apoio especializado ao desempenho das funções da Curadoria de Proteção de Acidentes do Trabalho, da Curadoria de Defesa do Meio Ambiente e de outros interesses coletivos e difusos.

§1º - A publicidade dos atos, programas, obras, serviços e campanhas da administração pública direta, indireta, fundações e órgãos controlados pelo Poder Público deverá ter caráter educacional, informativo e de orientação social, dela não podendo constar nomes, símbolos e imagens que caracterizem promoção pessoal de autoridades ou servidores públicos.

§2º - É vedada ao Poder Público, direta ou indiretamente, a publicidade de qualquer natureza fora do território do Estado, para fins de propaganda governamental, exceto às empresas que enfrentam concorrência de mercado e divulgação destinada a promover o turismo estadual.

§3º - A inobservância do disposto nos incisos II, III e IV deste artigo implicará a nulidade do ato e a punição da autoridade responsável, nos termos da lei.

§4º - As pessoas jurídicas de direito público e as de direito privado, prestadoras de serviços públicos, responderão pelos danos que seus agentes, nessa qualidade, causarem a terceiros, assegurado o direito de regresso contra o responsável nos casos de dolo ou culpa.

§5º - As entidades da administração direta e indireta, inclusive fundações instituídas ou mantidas pelo Poder Público, o Ministério Público, bem como os Poderes Legislativo e Judiciário, publicarão, até o dia trinta de abril de cada ano, seu quadro de cargos e funções, preenchidos e vagos, referentes ao exercício anterior.

§6º - É vedada a percepção simultânea de proventos de aposentadoria decorrentes dos arts. 40, 42 e 142 da Constituição Federal e dos arts. 126 e 138 desta Constituição com a remuneração de cargo, emprego ou função pública, ressalvados os cargos acumuláveis na forma desta Constituição, os cargos eletivos e os cargos em comissão declarados em lei de livre nomeação e exoneração.

§7º - Não serão computadas, para efeito dos limites remuneratórios de que trata o inciso XII do caput deste artigo, as parcelas de caráter indenizatório previstas em lei.

§8º - Para os fins do disposto no inciso XII deste artigo e no inciso XI do art. 37 da Constituição Federal, poderá ser fixado no âmbito do Estado, mediante emenda à presente Constituição, como limite único, o subsídio mensal dos Desembargadores do Tribunal de Justiça, limitado a noventa inteiros e vinte e cinco centésimos por cento do subsídio mensal dos Ministros do Supremo Tribunal Federal, não se aplicando o disposto neste parágrafo aos subsídios dos Deputados Estaduais.

CAPÍTULO II
Dos Servidores Públicos do Estado
SEÇÃO I
Dos Servidores Públicos Civis

Artigo 124 - Os servidores da administração pública direta, das autarquias e das fundações instituídas ou mantidas pelo Poder Público terão regime jurídico único e planos de carreira.

§1º - A lei assegurará aos servidores da administração direta isonomia de vencimentos para cargos de atribuições iguais ou assemelhados do mesmo Poder, ou entre servidores dos Poderes Legislativo, Executivo e Judiciário, ressalvadas as vantagens de caráter individual e as relativas à natureza ou ao local de trabalho.

§2º - No caso do parágrafo anterior, não haverá alteração nos vencimentos dos demais cargos da carreira a que pertence aquele cujos vencimentos foram alterados por força da isonomia.

§3º - Aplica-se aos servidores a que se refere o "caput" deste artigo e disposto no art. 7º, IV, VI, VII, VIII, IX, XII, XIII, XV, XVI, XVII, XVIII, XIX, XX, XXII, XXIII e XXX da Constituição Federal.

§4º - Lei estadual poderá estabelecer a relação entre a maior e a menor remuneração dos servidores públicos, obedecido, em qualquer caso, o disposto no art. 37, XI, da Constituição Federal e no art. 115, XII, desta Constituição.

Artigo 125 - O exercício do mandato eletivo por servidor público far-se-á com observância do art. 38 da Constituição Federal.

§1º - Fica assegurado ao servidor público, eleito para ocupar cargo em sindicato de categoria, o direito de afastar-se de suas funções, durante o tempo em que durar o mandato, recebendo seus vencimentos e vantagens, nos termos da lei.

§2º - O tempo de mandato eletivo será computado para fins de aposentadoria especial.

Artigo 126 - Aos servidores titulares de cargos efetivos do Estado, incluídas suas autarquias e fundações, é assegurado regime de previdência de caráter contributivo e solidário, mediante contribuição do respectivo ente público, dos servidores ativos e inativos e dos pensionistas, observados critérios que preservem o equilíbrio financeiro e atuarial e o disposto neste artigo.

§1º - Os servidores abrangidos pelo regime de previdência de que trata este artigo serão aposentados:

1 - por invalidez permanente, sendo os proventos proporcionais ao tempo de contribuição, exceto se decorrente de acidente em serviço, moléstia profissional ou doença grave, contagiosa ou incurável, na forma da lei;

2 - compulsoriamente, aos setenta anos de idade, com proventos proporcionais ao tempo de contribuição;

3 - voluntariamente, desde que cumprido tempo mínimo de dez anos de efetivo exercício no serviço público e cinco anos no cargo efetivo em que se dará a aposentadoria, observadas as seguintes condições:

a) sessenta anos de idade e trinta e cinco de contribuição, se homem, e cinqüenta e cinco anos de idade e trinta de contribuição, se mulher;

b) sessenta e cinco anos de idade, se homem, e sessenta anos de idade, se mulher, com proventos proporcionais ao tempo de contribuição.

§2º - Os proventos de aposentadoria e as pensões, por ocasião de sua concessão, não poderão exceder a remuneração do respectivo servidor, no cargo efetivo em que se deu a aposentadoria ou que serviu de referência para a concessão da pensão.

§3º - Para o cálculo dos proventos de aposentadoria, por ocasião da sua concessão, serão consideradas as remunerações utilizadas como base para as contribuições do servidor aos regimes de previdência de que tratam este artigo e o art. 201 da Constituição Federal, na forma da lei.

§4º - É vedada a adoção de requisitos e critérios diferenciados para a concessão de aposentadoria aos abrangidos pelo regime de que trata este artigo, ressalvados, nos termos definidos em leis complementares, os casos de servidores:

1 - portadores de deficiência;

2 - que exerçam atividades de risco;

3 - cujas atividades sejam exercidas sob condições especiais que prejudiquem a saúde ou a integridade física.

§5º - Os requisitos de idade e de tempo de contribuição serão reduzidos em cinco anos, em relação ao disposto no § 1º, 3, "a", para o professor que comprove exclusivamente tempo de efetivo exercício das funções de magistério na educação infantil e no ensino fundamental e médio.

§6º - Declarado inconstitucional, em controle concentrado, pelo Supremo Tribunal Federal;

§6º - A - Ressalvadas as aposentadorias decorrentes dos cargos acumuláveis na forma desta Constituição, é vedada a percepção de mais de uma aposentadoria à conta do regime de previdência previsto neste artigo.

§7º - Lei disporá sobre a concessão do benefício de pensão por morte, que será igual:

1 - ao valor da totalidade dos proventos do servidor falecido, até o limite máximo estabelecido para os benefícios do regime geral de previdência social de que trata o art. 201 da Constituição Federal, acrescido de setenta por cento da parcela excedente a este limite, caso aposentado à data do óbito; ou

2 - ao valor da totalidade da remuneração do servidor no cargo efetivo em que se deu o falecimento, até o limite máximo estabelecido para os benefícios do regime geral de previdência social de que trata o art. 201 da Constituição Federal, acrescido de setenta por cento da parcela excedente a este limite, caso em atividade na data do óbito.

§8º - Declarado inconstitucional, em controle concentrado, pelo Supremo Tribunal Federal;

§8º- A - É assegurado o reajustamento dos benefícios para preservar-lhes, em caráter permanente, o valor real, conforme critérios estabelecidos em lei.

§9º - O tempo de contribuição federal, estadual ou municipal será contado para efeito de aposentadoria e o tempo de serviço correspondente para efeito de disponibilidade.

§10 - A lei não poderá estabelecer qualquer forma de contagem de tempo de contribuição fictício.

§11 - Aplica-se o limite fixado no art. 115, XII, desta Constituição e do art. 37, XI, da Constituição Federal à soma total dos proventos de inatividade, inclusive quando decorrentes da acumulação de cargos ou empregos públicos, bem como de outras atividades sujeitas a contribuição para o regime geral de previdência social, e ao montante resultante da adição de proventos de inatividade com remuneração de cargo acumulável na forma desta Constituição, cargo em comissão declarado em lei de livre nomeação e exoneração, e de cargo eletivo.

§12 - Além do disposto neste artigo, o regime de previdência dos servidores públicos titulares de cargo efetivo observará, no que couber, os requisitos e critérios fixados para o regime geral de previdência social.

§13 - Ao servidor ocupante, exclusivamente, de cargo em comissão declarado em lei de livre nomeação e exoneração bem como de outro cargo temporário ou de emprego público, aplica-se o regime geral de previdência social.

§14 - O Estado, desde que institua regime de previdência complementar para os seus respectivos servidores titulares de cargo efetivo, poderá fixar, para o valor das aposentadorias e pensões a serem concedidas pelo regime de que trata este artigo, o limite máximo estabelecido para os benefícios do regime geral de previdência social de que trata o art. 201 da Constituição Federal.

§15 - O regime de previdência complementar de que trata o §14 será instituído por lei de iniciativa do respectivo Poder Executivo, observado o disposto no art. 202 e seus parágrafos, da Constituição Federal, no que couber, por intermédio de entidades fechadas de previdência complementar, de natureza pública, que oferecerão aos respectivos participantes planos de benefícios somente na modalidade de contribuição definida.

§16 - Somente mediante sua prévia e expressa opção, o disposto nos §§ 14 e 15 poderá ser aplicado ao servidor que tiver ingressado no serviço público até a data da publicação do ato de instituição do correspondente regime de previdência complementar.

§17 - Todos os valores de remuneração considerados para o cálculo do benefício previsto no §3° serão devidamente atualizados, na forma da lei.

§18 - Incidirá contribuição sobre os proventos de aposentadorias e pensões concedidas pelo regime de que trata este artigo que superem o limite máximo estabelecido para os benefícios do regime geral de previdência social de que trata o art. 201 da Constituição Federal, com percentual igual ao estabelecido para os servidores titulares de cargos efetivos.

§19 - O servidor de que trata este artigo que tenha completado as exigências para aposentadoria voluntária estabelecidas no § 1°, 3, "a", e que opte por permanecer em atividade fará jus a um abono de permanência equivalente ao valor da sua contribuição previdenciária até completar as exigências para aposentadoria compulsória contidas no §1°, 2.

§20 - Fica vedada a existência de mais de um regime próprio de previdência social para os servidores titulares de cargos efetivos, e de mais de uma unidade gestora do respectivo regime em cada ente estatal, ressalvado o disposto no art. 142, § 3°, X, da Constituição Federal.

§21 - A contribuição prevista no § 18 deste artigo incidirá apenas sobre as parcelas de proventos de aposentadoria e de pensão que superem o dobro do limite máximo estabelecido para os benefícios do regime geral de previdência social de que trata o art. 201 da Constituição Federal, quando o beneficiário, na forma da lei, for portador de doença incapacitante.

§22 - O servidor, após noventa dias decorridos da apresentação do pedido de aposentadoria voluntária, instruído com prova de ter completado o tempo de contribuição necessário à obtenção do direito, poderá cessar o exercício da função pública, independentemente de qualquer formalidade.

Artigo 127 - Aplica-se aos servidores públicos estaduais, para efeito de estabilidade, o disposto no art. 41 da Constituição Federal.

Artigo 128 - As vantagens de qualquer natureza só poderão ser instituídas por lei e quando atendam efetivamente ao interesse público e às exigências do serviço.

Artigo 129 - Ao servidor público estadual é assegurado o percebimento do adicional por tempo de serviço, concedido no mínimo, por qüinqüênio, e vedada a sua limitação, bem como a sexta-parte dos vencimentos integrais, concedida aos vinte anos de efetivo exercício, que se incorporarão aos vencimentos para todos os efeitos, observado o disposto no artigo 115, XVI, desta Constituição.

Artigo 130 - Ao servidor será assegurado o direito de remoção para igual cargo ou função, no lugar de residência do cônjuge, se este também for servidor e houver vaga, nos termos da lei.

Parágrafo único - O disposto neste artigo aplica-se também ao servidor cônjuge de titular de mandato eletivo estadual ou municipal.

Artigo 131 - O Estado responsabilizará os seus servidores por alcance e outros danos causados à administração, ou por pagamentos efetuados em desacordo com as normas legais, sujeitando-os ao seqüestro e perdimento dos bens, nos termos da lei.

Artigo 132 - Os servidores titulares de cargos efetivos do Estado, incluídas suas autarquias e fundações, desde que tenham completado cinco anos de efetivo exercício, terão computado, para efeito de aposentadoria, nos termos da lei, o tempo de contribuição ao regime geral de previdência social decorrente de atividade de natureza privada, rural ou urbana, hipótese em que os diversos sistemas de previdência social se compensarão financeiramente, segundo os critérios estabelecidos em lei.

Artigo 133 - O servidor, com mais de cinco anos de efetivo exercício, que tenha exercido ou venha a exercer cargo ou função que lhe proporcione remuneração superior à do cargo de que seja titular, ou função para a qual foi admitido, incorporará um décimo dessa diferença, por ano, até o limite de dez décimos.

- A expressão "a qualquer título", que integrava o dispositivo, teve a sua execução suspensa pela Resolução nº 51, de 13/7/2005, do Senado Federal.

Artigo 134 - O servidor, durante o exercício do mandato de vereador, será inamovível.

Artigo 135 - Ao servidor público titular de cargo efetivo do Estado será contado, como efetivo exercício, para efeito de aposentadoria e disponibilidade, o tempo de contribuição decorrente de serviço prestado em cartório não oficializado, mediante certidão expedida pela Corregedoria-Geral da Justiça.

Artigo 136 - O servidor público civil demitido por ato administrativo, se absolvido pela Justiça, na ação referente ao ato que deu causa à demissão, será reintegrado ao serviço público, com todos os direitos adquiridos.

Artigo 137 - A lei assegurará à servidora gestante mudança de função, nos casos em que for recomendado, sem prejuízo de seus vencimentos ou salários e demais vantagens do cargo ou função-atividade.

(...)

CAPÍTULO III
Da Educação, da Cultura e dos Esportes e Lazer
SEÇÃO I
Da Educação

Artigo 237 - A educação, ministrada com base nos princípios estabelecidos no artigo 205 e seguintes da Constituição Federal e inspirada nos princípios de liberdade e solidariedade humana, tem por fim:

I - a compreensão dos direitos e deveres da pessoa humana, do cidadão, do Estado, da família e dos demais grupos que compõem a comunidade;

II - o respeito à dignidade e às liberdades fundamentais da pessoa humana;

III - o fortalecimento da unidade nacional e da solidariedade internacional;

IV - o desenvolvimento integral da personalidade humana e a sua participação na obra do bem comum;

V - o preparo do indivíduo e da sociedade para o domínio dos conhecimentos científicos e tecnológicos que lhes permitam utilizar as possibilidades e vencer as dificuldades do meio, preservando-o;

VI - a preservação, difusão e expansão do patrimônio cultural;

VII - a condenação a qualquer tratamento desigual por motivo de convicção filosófica, política ou religiosa, bem como a quaisquer preconceitos de classe, raça ou sexo;

VIII - o desenvolvimento da capacidade de elaboração e reflexão crítica da realidade.

Artigo 238 - A lei organizará o Sistema de Ensino do Estado de São Paulo, levando em conta o princípio da descentralização.

Artigo 239 - O Poder Público organizará o Sistema Estadual de Ensino, abrangendo todos os níveis e modalidades, incluindo a especial, estabelecendo normas gerais de funcionamento para as escolas públicas estaduais e municipais, bem como para as particulares.

§1° - Os Municípios organizarão, igualmente, seus sistemas de ensino.

§2° - O Poder Público oferecerá atendimento especializado aos portadores de deficiências, preferencialmente na rede regular de ensino.

§3° - As escolas particulares estarão sujeitas à fiscalização, controle e avaliação, na forma da lei.

§4° - O Poder Público adequará as escolas e tomará as medidas necessárias q*uando da construção de novos prédios, visando promover a acessibilidade das pessoas* com deficiência ou com mobilidade reduzida, mediante a supressão de barreiras e obstáculos nos espaços e mobiliários.

- § 4º acrescentado pela Emenda Constitucional nº 39, de 27/01/2014.

Artigo 240 - Os Municípios responsabilizar-se-ão prioritariamente pelo ensino fundamental, inclusive para os que a ele não tiveram acesso na idade própria, e pré-escolar, só podendo atuar nos níveis mais elevados quando a demanda naqueles níveis estiver plena e satisfatoriamente atendida, do ponto de vista qualitativo e quantitativo.

Artigo 241 - O Plano Estadual de Educação, estabelecido em lei, é de responsabilidade do Poder Público Estadual, tendo sua elaboração coordenada pelo Executivo, consultados os órgãos descentralizados do Sistema Estadual de Ensino, a comunidade educacional, e considerados os diagnósticos e necessidades apontados nos Planos Municipais de Educação.

Artigo 242 - O Conselho Estadual de Educação é órgão normativo, consultivo e deliberativo do sistema de ensino do Estado de São Paulo, com suas atribuições, organização e composição definidas em lei.

Artigo 243 - Os critérios para criação de Conselhos Regionais e Municipais de Educação, sua composição e atribuições, bem como as normas para seu funcionamento, serão estabelecidos e regulamentados por lei.

Artigo 244 - O ensino religioso, de matrícula facultativa, constituirá disciplina dos horários normais das escolas públicas de ensino fundamental.

Artigo 245 - Nos três níveis de ensino, será estimulada a prática de esportes individuais e coletivos, como complemento à formação integral do indivíduo.

Parágrafo Único - A prática referida no "caput", sempre que possível, será levada em conta em face das necessidades dos portadores de deficiências.

Artigo 246 - É vedada a cessão de uso de próprios públicos estaduais, para o funcionamento de estabelecimentos de ensino privado de qualquer natureza.

Artigo 247 - A educação da criança de zero a seis anos, integrada ao sistema de ensino, respeitará as características próprias dessa faixa etária.

Artigo 248 - O órgão próprio de educação do Estado será responsável pela definição de normas, autorização de funcionamento, supervisão e fiscalização das creches e pré-escolas públicas e privadas no Estado.

Parágrafo único - Aos Municípios, cujos sistemas de ensino estejam organizados, será delegada competência para autorizar o funcionamento e supervisionar as instituições de educação das crianças de zero a seis anos de idade.

Artigo 249 - O ensino fundamental, com oito anos de duração é obrigatório para todas as crianças, a partir dos sete anos de idade, visando a propiciar formação básica e comum indispensável a todos.

§1º - É dever do Poder Público o provimento, em todo o território paulista, de vagas em número suficiente para atender à demanda do ensino fundamental obrigatório e gratuito.

§2º - A atuação da administração pública estadual no ensino público fundamental dar-se-á por meio de rede própria ou em cooperação técnica e financeira com os Municípios, nos termos do artigo 30, VI, da Constituição Federal, assegurando a existência de escolas com corpo técnico qualificado e elevado padrão de qualidade, devendo ser definidas com os Municípios formas de colaboração, de modo a assegurar a universalização do ensino obrigatório.

- § 2º com redação dada pela Emenda Constitucional nº 21, de 14/02/2006.

§3º - O ensino fundamental público e gratuito será também garantido aos jovens e adultos que, na idade própria, a ele não tiveram acesso, e terá organização adequada às características dos alunos.

§4º - Caberá ao Poder Público prover o ensino fundamental diurno e noturno, regular e supletivo, adequado às condições de vida do educando que já tenha ingressado no mercado de trabalho.

§5º - É permitida a matrícula no ensino fundamental, a partir dos seis anos de idade, desde que plenamente atendida a demanda das crianças de sete anos de idade.

Artigo 250 - O Poder Público responsabilizar-se-á pela manutenção e expansão do ensino médio, público e gratuito, inclusive para os jovens e adultos que, na idade própria, a ele não tiveram acesso, tomando providências para universalizá-lo.

§1º - O Estado proverá o atendimento do ensino médio em curso diurno e noturno, regular e supletivo, aos jovens e adultos, especialmente trabalhadores, de forma compatível com suas condições de vida.

§2º - Além de outras modalidades que a lei vier a estabelecer no ensino médio, fica assegurada a especificidade do curso de formação do magistério para a pré-escola e das quatro primeiras séries do ensino fundamental, inclusive com formação de docentes para atuarem na educação de portadores de deficiências.

Artigo 251 - A lei assegurará a valorização dos profissionais de ensino, mediante fixação de planos de carreira para o magistério público, com piso salarial profissional, carga horária compatível com o exercício das funções e ingresso exclusivamente por concurso público de provas e títulos.

Artigo 252 - O Estado manterá seu próprio sistema de ensino superior, articulado com os demais níveis.

Parágrafo único - O sistema de ensino superior do Estado de São Paulo incluirá universidades e outros estabelecimentos.

Artigo 253 - A organização do sistema de ensino superior do Estado será orientada para a ampliação do número de vagas oferecidas no ensino público diurno e noturno, respeitadas as condições para a manutenção da qualidade de ensino e do desenvolvimento da pesquisa.

Parágrafo único - As universidades públicas estaduais deverão manter cursos noturnos que, no conjunto de suas unidades, correspondam a um terço pelo menos, do total das vagas por elas oferecidas.

Artigo 254 - A autonomia da universidade será exercida, respeitando, nos termos do seu estatuto, a necessária democratização do ensino e a responsabilidade pública da instituição, observados os seguintes princípios:

I - utilização dos recursos de forma a ampliar o atendimento à demanda social, tanto mediante cursos regulares, quanto atividades de extensão;

II - representação e participação de todos os segmentos da comunidade interna nos órgãos decisórios e na escolha de dirigentes, na forma de seus estatutos.

§1º - A lei criará formas de participação da sociedade, por meio de instâncias públicas externas à universidade, na avaliação do desempenho da gestão dos recursos.

- § 1º com redação dada pela Emenda Constitucional nº 21, de 14/02/2006.

§2º - É facultado às universidades admitir professores, técnicos e cientistas estrangeiros, na forma da lei.

§3º - O disposto neste artigo aplica-se às instituições de pesquisa científica e tecnológica.

- §§ 2º e 3º acrescentados pela Emenda Constitucional nº 21, de 14/02/2006.

Artigo 255 - O Estado aplicará, anualmente, na manutenção e no desenvolvimento do ensino público, no mínimo, trinta por cento da receita resultante de impostos, incluindo recursos provenientes de transferências.

Parágrafo único - A lei definirá as despesas que se caracterizem como manutenção e desenvolvimento do ensino.

Artigo 256 - O Estado e os Municípios publicarão, até trinta dias após o encerramento de cada trimestre, informações completas sobre receitas arrecadadas e transferências de recursos destinados à educação, nesse período e discriminadas por nível de ensino.

Artigo 257 - A distribuição dos recursos públicos assegurará prioridade ao atendimento das necessidades do ensino fundamental.

Parágrafo único - Parcela dos recursos públicos destinados à educação deverá ser utilizada em programas integrados de aperfeiçoamento e atualização para os educadores em exercício no ensino público.

Artigo 258 - O Poder Público poderá, mediante convênio, destinar parcela dos recursos de que trata o artigo 255 a instituições filantrópicas, definidas em lei, para a manutenção e o desenvolvimento de atendimento educacional, especializado e gratuito a educandos portadores de necessidades especiais.

CAPÍTULO VII
Da Proteção Especial
SEÇÃO I
Da Família, da Criança, do Adolescente, do Jovem, do Idoso e dos Portadores de Deficiências

Artigo 277 - Cabe ao Poder Público, bem como à família, assegurar à criança, ao adolescente, ao jovem, ao idoso e aos portadores de deficiências, com absoluta prioridade, o direito à vida, à saúde, à alimentação, à educação, ao lazer, à profissionalização, à cultura, à dignidade, ao respeito, à liberdade e à convivência familiar e comunitária, além de colocá-los a salvo de toda forma de negligência, discriminação, exploração, violência, crueldade e agressão.

- Artigo 277, "caput", com redação dada pela Emenda Constitucional nº 38 de 16/10/2013.

Parágrafo único - O direito à proteção especial, conforme a lei, abrangerá, entre outros, os seguintes aspectos:

1 - garantia à criança e ao adolescente de conhecimento formal do ato infracional que lhe seja atribuído, de igualdade na relação processual, representação legal, acompanhamento psicológico e social, e defesa técnica por profissionais habilitados;

2 - obrigação de empresas e instituições, que recebam do Estado recursos financeiros para a realização de programas, projetos e atividades culturais, educacionais, de lazer e outros afins, de preverem o acesso e a participação de portadores de deficiências.

Artigo 278 - O Poder Público promoverá programas especiais, admitindo a participação de entidades não governamentais e tendo como propósito:

I - assistência social e material às famílias de baixa renda dos egressos de hospitais psiquiátricos do Estado, até sua reintegração na sociedade;

II - concessão de incentivo às empresas para adequação de seus equipamentos, instalações e rotinas de trabalho aos portadores de deficiências.

III - garantia às pessoas idosas de condições de vida apropriadas, freqüência e participação em todos os equipamentos, serviços e programas culturais, educacionais, esportivos, recreativos e de lazer, defendendo sua dignidade e visando à sua integração à sociedade;

IV - integração social de portadores de deficiências, mediante treinamento para o trabalho, convivência e facilitação do acesso aos bens e serviços coletivos.

V - criação e manutenção de serviços de prevenção, orientação, recebimento e encaminhamento de denúncias referentes à violência;

VI - instalação e manutenção de núcleos de atendimento especial e casas destinadas ao acolhimento provisório de crianças, adolescentes, idosos, portadores de deficiências e vítimas de violência, incluindo a criação de serviços jurídicos de apoio às vítimas, integrados a atendimento psicológico e social;

VII - nos internamentos de crianças com até doze anos nos hospitais vinculados aos órgãos da administração direta ou indireta, é assegurada a permanência da mãe, também nas enfermarias, na forma da lei.

VIII - prestação de orientação e informação sobre a sexualidade humana e conceitos básicos da instituição da família, sempre que possível, de forma integrada aos conteúdos curriculares do ensino fundamental e médio;

IX - criação e manutenção de serviços e programas de prevenção e orientação contra entorpecentes, álcool e drogas afins, bem como de encaminhamento de denúncias e atendimento especializado, referentes à criança, ao adolescente, ao adulto e ao idoso dependentes.

Artigo 279 - Os Poderes Públicos estadual e municipal assegurarão condições de prevenção de deficiências, com prioridade para a assistência pré-natal e à infância, bem como integração social de portadores de deficiências, mediante treinamento para o trabalho e para a convivência, mediante:

I - criação de centros profissionalizantes para treinamento, habilitação e reabilitação profissional de portadores de deficiências, oferecendo os meios adequados para esse fim aos que não tenham condições de freqüentar a rede regular de ensino;

II - implantação de sistema "Braille" em estabelecimentos da rede oficial de ensino, em cidade pólo regional, de forma a atender às necessidades educacionais e sociais dos portadores de deficiências.

Parágrafo único - As empresas que adaptarem seus equipamentos para o trabalho de portadores de deficiências poderão receber incentivos, na forma da lei.

Artigo 280 - É assegurado, na forma da lei, aos portadores de deficiências e aos idosos, acesso adequado aos logradouros e edifícios de uso público, bem como aos veículos de transporte coletivo urbano.

Artigo 281 - O Estado propiciará, por meio de financiamentos, aos portadores de deficiências, a aquisição dos equipamentos que se destinam a uso pessoal e que permitam a correção, diminuição e superação de suas limitações, segundo condições a serem estabelecidas em lei.

TÍTULO VIII
Disposições Constitucionais Gerais

Artigo 284 - O Estado comemorará, anualmente, no período de 3 a 9 de julho, a Revolução Constitucionalista de 1932.

Artigo 285 - Fica assegurado a todos livre e amplo acesso às praias do litoral paulista.

§1º - Sempre que, de qualquer forma, for impedido ou dificultado esse acesso, o Ministério Público tomará imediata providência para a garantia desse direito.

§2º - O Estado poderá utilizar-se da desapropriação para abertura de acesso a que se refere o "caput".

Artigo 286 - Fica assegurada a criação de creches nos presídios femininos e, às mães presidiárias, a adequada assistência aos seus filhos durante o período de amamentação.

Artigo 287 - Declarado inconstitucional, em controle concentrado, pelo Supremo Tribunal Federal.

Parágrafo único - Declarado inconstitucional, em controle concentrado, pelo Supremo Tribunal Federal.

Artigo 288 - É assegurada a participação dos servidores públicos nos colegiados e diretorias dos órgãos públicos em que seus interesses profissionais, de assistência médica e previdenciários sejam objeto de discussão e deliberação, na forma da lei.

Artigo 289 - O Estado criará crédito educativo, por meio de suas entidades financeiras, para favorecer os estudantes de baixa renda, na forma que dispuser a lei.

Artigo 290 - Toda e qualquer pensão paga pelo Estado, a qualquer título, não poderá ser de valor inferior ao do salário mínimo vigente no País.

Artigo 291 - Todos terão o direito de, em caso de condenação criminal, obter das repartições policiais e judiciais competentes, após reabilitação, bem como no caso de inquéritos policiais arquivados, certidões e informações de folha corrida, sem menção aos antecedentes, salvo em caso de requisição judicial, do Ministério Público, ou para fins de concurso público.

Parágrafo único - Observar-se-á o disposto neste artigo quando o interesse for de terceiros.

4. Estatuto dos Funcionários Públicos Civis do Estado de São Paulo

Lei n. 10.261, de 28 de Outubro de 1968

TÍTULO I
Disposições Preliminares

Art. 1º - Esta lei institui o regime jurídico dos funcionários públicos civis do Estado.

Parágrafo único - As suas disposições, exceto no que colidirem com a legislação especial, aplicam-se aos funcionários dos 3 Poderes do Estado e aos do Tribunal de Contas do Estado.

Art. 2º - As disposições desta lei não se aplicam aos empregados das autarquias, entidades paraestatais e serviços públicos de natureza industrial, ressalvada a situação daqueles que, por lei anterior, já tenham a qualidade de funcionário público.

Parágrafo único - Os direitos, vantagens e regalias dos funcionários públicos só poderão ser estendidos aos empregados das entidades a que se refere este artigo na forma e condições que a lei estabelecer.

Art. 3º - Funcionário público, para os fins deste Estatuto, é a pessoa legalmente investida em cargo público.

Art. 4º - Cargo público é o conjunto de atribuições e responsabilidades cometidas a um funcionário.

Art. 5º - Os cargos públicos são isolados ou de carreira.

Art. 6º - Aos cargos públicos serão atribuídos valores determinados por referências numéricas, seguidas de letras em ordem alfabética, indicadoras de graus.

Parágrafo único - O conjunto de referência e grau constitui o padrão do cargo.

Art. 7º - Classe é o conjunto de cargos da mesma denominação.

Art. 8º - Carreira é o conjunto de classes da mesma natureza de trabalho, escalonadas segundo o nível de complexidade e de responsabilidade.

Art. 9º - Quadro é o conjunto de carreiras e de cargos isolados.

Art. 10 - É vedado atribuir ao funcionário serviços diversos dos inerentes ao seu cargo, exceto as funções de chefia e direção e as comissões legais.

Título II
Do Provimento, do Exercício e da Vacância dos Cargos Públicos
Capítulo I
Do Provimento

Art. 11 - Os cargos públicos serão providos por:

I - nomeação;
II - transferência;
III - reintegração;
IV - acesso;
V - reversão;
VI - aproveitamento; e
VII - readmissão.

Art. 12 - *(Revogado tacitamente pelo art. 92 -III da Emenda Constitucional nº 2, de 30/10/1969)*

Capítulo II
Das Nomeações
Seção I
Das Formas de Nomeação

Art. 13 - As nomeações serão feitas:

I - em caráter vitalício, nos casos expressamente previstos na Constituição do Brasil;
II - em comissão, quando se tratar de cargo que em virtude de lei assim deva ser provido; e
III - em caráter efetivo, quando se tratar de cargo de provimento dessa natureza.

- Súmula nº 11 do STF:
- *"A vitaliciedade não impede a extinção do cargo, ficando o funcionário em disponibilidade com todos os vencimentos".*

Seção II
Da Seleção de Pessoal
Subseção I
Do Concurso

Art. 14 - A nomeação para cargo público de provimento efetivo será precedida de concurso público de provas ou de provas e títulos.

Parágrafo único - As provas serão avaliadas na escala de 0 (zero) a 100 (cem) pontos e aos títulos serão atribuídos, no máximo, 50 (cinqüenta) pontos.

Art. 15 - A realização dos concursos será centralizada num só órgão.

Art. 16 - As normas gerais para a realização dos concursos e para a convocação e indicação dos candidatos para o provimento dos cargos serão estabelecidas em regulamento.

Art. 17 - Os concursos serão regidos por instruções especiais, expedidas pelo órgão competente.

Art. 18 - As instruções especiais determinarão, em função da natureza do cargo:

I - se o concurso será:
1 - de provas ou de provas e títulos; e
2 - por especializações ou por modalidades profissionais, quando couber;
II - as condições para provimento do cargo referentes a:
1 - diplomas ou experiência de trabalho;
2 - capacidade física; e
3 - conduta;
III - o tipo e conteúdo das provas e as categorias de títulos;
IV - a forma de julgamento das provas e dos títulos;
V - os critérios de habilitação e de classificação; e
VI - o prazo de validade do concurso.

Art. 19 - As instruções especiais poderão determinar que a execução do concurso, bem como a classificação dos habilitados, seja feita por regiões.

Art. 20 - A nomeação obedecerá à ordem de classificação no concurso.

- Súmulas nº 15 e 17 do STF:
- 15 - "Dentro do prazo de validade do concurso, o candidato aprovado tem direito à nomeação, quando o cargo for preenchido sem observância da classificação".
- 17 - "A nomeação de funcionário sem concurso pode ser desfeita antes da posse".
- Sobre concurso, ver art. 37, II, III, IV e § 2º da Constituição Federal, de 05/10/1988.
- Art. 115.II ,III, IV e § 3º da Constituição Estadual.

Subseção II
Das Provas de Habilitação

Art. 21 - As provas de habilitação serão realizadas pelo órgão encarregado dos concursos, para fins de transferência e de outras formas de provimento que não impliquem em critério competitivo.

Art. 22 - As normas gerais para realização das provas de habilitação serão estabelecidas em regulamento, obedecendo, no que couber, ao estabelecido para os concursos.

Capítulo III
Das Substituições

Art. 23 - Haverá substituição no impedimento legal e temporário do ocupante de cargo de chefia ou de direção.

Parágrafo único - Ocorrendo a vacância, o substituto passará a responder pelo expediente da unidade ou órgão correspondente até o provimento do cargo.

Art. 24 - A substituição, que recairá sempre em funcionário público, quando não for automática, dependerá da expedição de ato de autoridade competente.

§ 1º - O substituto exercerá o cargo enquanto durar o impedimento do respectivo ocupante.

§ 2º - O substituto, durante todo o tempo em que exercer a substituição terá direito a perceber o valor do padrão e as vantagens pecuniárias inerentes ao cargo do substituído e mais as vantagens pessoais a que fizer jus.

§ 3º - O substituto perderá, durante o tempo da substituição, o vencimento ou a remuneração e demais vantagens pecuniárias inerentes ao seu cargo, se pelo mesmo não optar.

Art. 25 - Exclusivamente para atender à necessidade de serviço, os tesoureiros, caixas e outros funcionários que tenham valores sob sua guarda, em caso de impedimento, serão substituídos por funcionários de sua confiança, que indicarem, respondendo a sua fiança pela gestão do substituto.

Parágrafo único - Feita a indicação, por escrito, ao chefe da repartição ou do serviço, este proporá a expedição do ato de designação, aplicando -se ao substituto a partir da data em que assumir as funções do cargo, o disposto nos §§ 1º e 2º do art. 24.

Capítulo IV
Da Transferência

Art. 26 - O funcionário poderá ser transferido de um para outro cargo de provimento efetivo.

Art. 27 - As transferências serão feitas a pedido do funcionário ou "ex -officio", atendidos sempre a conveniência do serviço e os requisitos necessários ao provimento do cargo.

Art. 28 - A transferência será feita para cargo do mesmo padrão de vencimento ou de igual remuneração, ressalvados os casos de transferência a pedido, em que o vencimento ou a remuneração poderá ser inferior.

Art. 29 - A transferência por permuta se processará a requerimento de ambos os interessados e de acordo com o prescrito neste capítulo.

Capítulo V
Da Reintegração

Art. 30 - A reintegração é o reingresso no serviço público, decorrente da decisão judicial passada em julgado, com ressarcimento de prejuízos resultantes do afastamento.

Art. 31 - A reintegração será feita no cargo anteriormente ocupado e, se este houver sido transformado, no cargo resultante.

§ 1º - Se o cargo estiver preenchido, o seu ocupante será exonerado, ou, se ocupava outro cargo, a este será reconduzido, sem direito a indenização.

§ 2º - Se o cargo houver sido extinto, a reintegração se fará em cargo equivalente, respeitada a habilitação profissional, ou, não sendo possível, ficará o reintegrado em disponibilidade no cargo que exercia.

Art. 32 - Transitada em julgado a sentença, será expedido o decreto de reintegração no prazo máximo de 30 (trinta) dias.

Capítulo VI
Do Acesso

Art. 33 - Acesso é a elevação do funcionário, dentro do respectivo quadro a cargo da mesma natureza de trabalho, de maior grau de responsabilidade e maior complexidade de atribuições, obedecido o interstício na classe e as exigências a serem instituídas em regulamento.

§ 1º - Serão reservados para acesso os cargos cujas atribuições exijam experiência prévia do exercício de outro cargo.

§ 2º - O acesso será feito mediante aferição do mérito dentre titulares de cargos cujo exercício proporcione a experiência necessária ao desempenho das atribuições dos cargos referidos no parágrafo anterior.

Art. 34 - Será de 3 (três) anos de efetivo exercício o interstício para concorrer ao acesso.

Capítulo VII
Da Reversão

Art. 35 - Reversão é o ato pelo qual o aposentado reingressa no serviço público a pedido ou "ex -officio".

§ 1º - A reversão "ex -officio" será feita quando insubsistentes as razões que determinaram a aposentadoria por invalidez.

§ 2º - Não poderá reverter à atividade o aposentado que contar mais de 58 (cinqüenta e oito) anos de idade.

§ 3º - No caso de reversão "ex -officio", será permitido o reingresso além do limite previsto no parágrafo anterior.

§ 4º - A reversão só poderá efetivar -se quando, em inspeção médica, ficar comprovada a capacidade para o exercício do cargo.

§ 5º - Se o laudo médico não for favorável, poderá ser procedida nova inspeção de saúde, para o mesmo fim, decorridos pelo menos 90 (noventa) dias.

§ 6º - Será tornada sem efeito a reversão "ex -officio" e cassada a aposentadoria do funcionário que reverter e não tomar posse ou não entrar em exercício dentro do prazo legal.

Art. 36 - A reversão far -se - á no mesmo cargo.

§ 1º - Em casos especiais, a juízo do Governo, poderá o aposentado reverter em outro cargo, de igual padrão de vencimentos, respeitada a habilitação profissional.

§ 2º - A reversão a pedido, que será feita a critério da Administração, dependerá também da existência de cargo vago, que deva ser provido mediante promoção por merecimento.

- Súmula nº 38 do STF:
- "Reclassificação posterior à aposentadoria não aproveita o servidor aposentado".

Capítulo VIII
Do Aproveitamento

Art. 37 - Aproveitamento é o reingresso no serviço público do funcionário em disponibilidade.

Art. 38 - O obrigatório aproveitamento do funcionário em disponibilidade ocorrerá em vagas existentes ou que se verificarem nos quadros do funcionalismo.

§ 1º - O aproveitamento dar -se -á, tanto quanto possível, em cargo de natureza e padrão de vencimentos correspondentes ao que ocupava, não podendo ser feito em cargo de padrão superior.

§ 2º - Se o aproveitamento se der em cargo de padrão inferior ao provento da disponibilidade, terá o funcionário direito à diferença.

§ 3º - Em nenhum caso poderá efetuar -se o aproveitamento sem que, mediante inspeção médica, fique provada a capacidade para o exercício do cargo.

§ 4º - Se o laudo médico não for favorável, poderá ser procedida nova inspeção de saúde, para o mesmo fim, decorridos no mínimo 90 (noventa) dias.

§ 5º - Será tornado sem efeito o aproveitamento e cassada a disponibilidade do funcionário que, aproveitado, não tomar posse e não entrar em exercício dentro do prazo legal.

§ 6º - Será aposentado no cargo anteriormente ocupado, o funcionário em disponibilidade que for julgado incapaz para o serviço público, em inspeção médica.

§ 7º - Se o aproveitamento se der em cargo de provimento em comissão, terá o aproveitado assegurado, no novo cargo, a condição de efetividade que tinha no cargo anteriormente ocupado.

- Súmula nº 39 do STF:
- "À falta de lei, funcionário em disponibilidade não pode exigir, judicialmente, o seu aproveitamento, que fica subordinado ao critério de conveniência da administração".

Capítulo IX
Da Readmissão

Art. 39 - Readmissão é o ato pelo qual o ex -funcionário, demitido ou exonerado, reingressa no serviço público, sem direito a ressarcimento de prejuízos, assegurada, apenas, a contagem de tempo de serviço em cargos anteriores, para efeito de aposentadoria e disponibilidade.

§ 1° - A readmissão do ex -funcionário demitido será obrigatoriamente precedida de reexame do respectivo processo administrativo, em que fique demonstrado não haver inconveniente, para o serviço público, na decretação da medida.

§ 2° - Observado o disposto no parágrafo anterior, se a demissão tiver sido a bem do serviço público, a readmissão não poderá ser decretada antes de decorridos 5 (cinco) anos do ato demissório.

Art. 40 - A readmissão será feita no cargo anteriormente exercido pelo ex -funcionário ou, se transformado, no cargo resultante da transformação.

Capítulo X
Da Readaptação

Art. 41 - Readaptação é a investidura em cargo mais compatível com a capacidade do funcionário e dependerá sempre de inspeção médica.

Art. 42 - A readaptação não acarretará diminuição, nem aumento de vencimento ou remuneração e será feita mediante transferência.

Capítulo XI
Da Remoção

Art. 43 - A remoção, que se processará a pedido do funcionário ou "ex -officio", só poderá ser feita:

I - de uma para outra repartição, da mesma Secretaria; e

II - de um para outro órgão da mesma repartição.

Parágrafo único - A remoção só poderá ser feita respeitada a lotação de cada repartição.

Art. 44 - A remoção por permuta será processada a requerimento de ambos os interessados, com anuência dos respectivos chefes e de acordo com o prescrito neste Capítulo.

Art. 45 - O funcionário não poderá ser removido ou transferido "ex -officio" para cargo que deva exercer fora da localidade de sua residência, no período de 6 (seis) meses antes e até 3 (três) meses após a data das eleições.

Parágrafo único - Essa proibição vigorará no caso de eleições federais, estaduais ou municipais, isolada ou simultaneamente realizadas. (Sobre remoção, ver artigo 130 da Constituição Estadual, de 05/10/1989)

Capítulo XII
Da Posse

Art. 46 - Posse é o ato que investe o cidadão em cargo público.

Art. 47 - São requisitos para a posse em cargo público:

I - ser brasileiro;

II - ter completado 18 (dezoito) anos de idade;

III - estar em dia com as obrigações militares;

IV - estar no gozo dos direitos políticos;

V - ter boa conduta;

VI - gozar de boa saúde, comprovada em inspeção realizada por órgão médico registrado no Conselho Regional correspondente, para provimento de cargo em comissão; *(Redação dada pela Lei Complementar n. 1.123, de 01.07.2010)*

VII - possuir aptidão para o exercício do cargo; e

VIII - ter atendido às condições especiais prescritas para o cargo.

Parágrafo único - A deficiência da capacidade física, comprovadamente estacionária, não será considerada impedimento para a caracterização da capacidade psíquica e somática a que se refere o item VI deste artigo, desde que tal deficiência não impeça o desempenho normal das funções inerentes ao cargo de cujo provimento se trata.

Art. 48 - São competentes para dar posse:

I - Os Secretários de Estado, aos diretores gerais, aos diretores ou chefes das repartições e aos funcionários que lhes são diretamente subordinados; e

II - Os diretores gerais e os diretores ou chefes de repartição ou serviço, nos demais casos, de acordo com o que dispuser o regulamento.

Art. 49 - A posse verificar -se -á mediante a assinatura de termo em que o funcionário prometa cumprir fielmente os deveres do cargo.

Parágrafo único - O termo será lavrado em livro próprio e assinado pela autoridade que der posse.

Art. 50 - A posse poderá ser tomada por procuração quando se tratar de funcionário ausente do Estado, em comissão do Governo ou, em casos especiais, a critério da autoridade competente.

Art. 51 - A autoridade que der posse deverá verificar, sob pena de responsabilidade, se foram satisfeitas as condições estabelecidas, em lei ou regulamento, para a investidura no cargo.

Art. 52 - A posse deverá verificar -se no prazo de 30 (trinta) dias, contados da data da publicação do ato de provimento do cargo, no órgão oficial.

§ 1° - O prazo fixado neste artigo poderá ser prorrogado por mais 30 (trinta) dias, a requerimento do interessado.

§ 2° - O prazo inicial para a posse do funcionário em férias ou licença, será contado da data em que voltar ao serviço.

§ 3° - Se a posse não se der dentro do prazo, será tornado sem efeito o ato de provimento.

Art. 53 - a contagem do prazo a que se refere o artigo anterior poderá ser suspensa nas seguintes hipóteses: *(Redação dada pela Lei Complementar n. 1.123, de 01.07.2010)*

I - por até 120 (cento e vinte) dias, a critério do órgão médico oficial, a partir da data de apresentação do candidato junto ao referido órgão para perícia de sanidade e capacidade física, para fins de ingresso, sempre que a inspeção médica exigir essa providência; *(Redação dada pela Lei Complementar n. 1.123, de 01.07.2010)*

II - por 30 (trinta) dias, mediante a interposição de recurso pelo candidato contra a decisão do órgão médico oficial. *(Redação dada pela Lei Complementar n. 1.123, de 01.07.2010)*

§ 1° - o prazo a que se refere o inciso I deste artigo recomeçará a correr sempre que o candidato, sem motivo justificado, deixe de submeter-se aos exames médicos julgados necessários. *(Redação dada pela Lei Complementar n. 1.123, de 01.07.2010)*

§ 2° - a interposição de recurso a que se refere o inciso II deste artigo dar-se-á no prazo máximo de 5 (cinco) dias, a contar da data de decisão do órgão médico oficial. *(Redação dada pela Lei Complementar n. 1.123, de 01.07.2010)*

Art. 54 - O prazo a que se refere o art. 52 para aquele que, antes de tomar posse, for incorporado às Forças Armadas, será contado a partir da data da desincorporação.

Art. 55 - o funcionário efetivo, nomeado para cargo em comissão, fica dispensado, no ato da posse, da apresentação do atestado de que trata o inciso VI do artigo 47 desta lei. *(Redação dada pela Lei Complementar n. 1.123, de 01.07.2010)*

- Súmula 16 do STF:
- "Funcionário nomeado por concurso tem direito à posse".

Capítulo XIII
Da Fiança

Art. 56 - *(Revogado pelo art. 5° da Lei Complementar n° 575, de 11/11/1988)*

Capítulo XIV
Do Exercício

Art. 57 - O exercício é o ato pelo qual o funcionário assume as atribuições e responsabilidades do cargo

§ 1º - O início, a interrupção e o reinicio do exercício serão registrados no assentamento individual do funcionário.

§ 2º - O início do exercício e as alterações que ocorrerem serão comunicados ao órgão competente, pelo chefe da repartição ou serviço em que estiver lotado o funcionário.

Art. 58 - Entende -se por lotação, o número de funcionários de carreira e de cargos isolados que devam ter exercício em cada repartição ou serviço.

Art. 59 - O chefe da repartição ou de serviço em que for lotado o funcionário é a autoridade competente para dar -lhe exercício.

Parágrafo único - É competente para dar exercício ao funcionário, com sede no Interior do Estado, a autoridade a que o mesmo estiver diretamente subordinado.

Art. 60 - O exercício do cargo terá início dentro do prazo de 30 (trinta) dias, contados:

I - da data da posse; e

II - da data da publicação oficial do ato, no caso de remoção.

§ 1º - Os prazos previstos neste artigo poderão ser prorrogados por 30 (trinta) dias, a requerimento do interessado e a juízo da autoridade competente.

§ 2º - No caso de remoção, o prazo para exercício de funcionário em férias ou em licença, será contado da data em que voltar ao serviço.

§ 3º - No interesse do serviço público, os prazos previstos neste artigo poderão ser reduzidos para determinados cargos.

§ 4º - O funcionário que não entrar em exercício dentro do prazo será exonerado.

Art. 61 - Em caso de mudança de sede, será concedido um período de trânsito, até 8 (oito) dias, a contar do desligamento do funcionário.

Art. 62 - O funcionário deverá apresentar ao órgão competente, logo após ter tomado posse e assumido o exercício, os elementos necessários à abertura do assentamento individual.

Art. 63 - Salvo os casos previstos nesta lei, o funcionário que interromper o exercício por mais de 30 (trinta) dias consecutivos, ficará sujeito à pena de demissão por abandono de cargo.

Art. 64 - O funcionário deverá ter exercício na repartição em cuja lotação houver claro.

Art. 65 - Nenhum funcionário poderá ter exercício em serviço ou repartição diferente daquela em que estiver lotado, salvo nos casos previstos nesta lei, ou mediante autorização do Governador.

Art. 66 - Na hipótese de autorização do Governador, o afastamento só será permitido, com ou sem prejuízo de vencimentos, para fim determinado e prazo certo.

Parágrafo único - O afastamento sem prejuízo de vencimentos poderá ser condicionado ao reembolso das despesas efetuadas pelo órgão de origem, na forma a ser estabelecida em regulamento. *(incluído pela Lei Complementar n. 1043/08)*

Art. 67 - O afastamento do funcionário para ter exercício em entidades com as quais o Estado mantenha convênios, reger -se - á pelas normas nestes estabelecidas.

Art. 68 - O funcionário poderá ausentar -se do Estado ou deslocar -se da respectiva sede de exercício, para missão ou estudo de interesse do serviço público, mediante autorização expressa do Governador.

Art. 69 - Os afastamentos de funcionários para participação em congressos e outros certames culturais, técnicos ou científicos, poderão ser autorizados pelo Governador, na forma estabelecida em regulamento.

Art. 70 - O servidor preso em flagrante, preventiva ou temporariamente ou pronunciado será considerado afastado do exercício do cargo, com prejuízo da remuneração, até a condenação ou absolvição transitada em julgado.

§ 1º - Estando o servidor licenciado, sem prejuízo de sua remuneração, será considerada cessada a licença na data em que o servidor for recolhido à prisão.

§ 2º - Se o servidor for, ao final do processo judicial, condenado, o afastamento sem remuneração perdurará até o cumprimento total da pena, em regime fechado ou semi-aberto, salvo na hipótese em que a decisão condenatória determinar a perda do cargo público. *(Redação dada ao art. 70 e §§ pelo art. 6º da Lei Complementar nº 1.012, de 05/04/2007)*

Art. 71 - As autoridades competentes determinarão o afastamento imediato do trabalho, do funcionário que apresente indícios de lesões orgânicas ou funcionais causadas por raios X ou substâncias radioativas, podendo atribuir -lhe conforme o caso, tarefas sem risco de radiação ou conceder-lhe licença "ex -officio" na forma do art. 194 e seguintes.

Art. 72 - O funcionário, quando no desempenho do mandato eletivo federal ou estadual, ficará afastado de seu cargo, com prejuízo do vencimento ou remuneração.

- Súmula nº 34 do STF:

- "No Estado de São Paulo, funcionário eleito vereador fica licenciado por toda a duração do mandato".

Art. 73 - O exercício do mandato de Prefeito, ou de Vereador, quando remunerado, determinará o afastamento do funcionário, com a faculdade de opção entre os subsídios do mandato e os vencimentos ou a remuneração do cargo, inclusive vantagens pecuniárias, ainda que não incorporadas.

Parágrafo único - O disposto neste artigo aplica -se igualmente à hipótese de nomeação de Prefeito.

Art. 74 - Quando não remunerada a vereança, o afastamento somente ocorrerá nos dias de sessão e desde que o horário das sessões da Câmara coincida com o horário normal de trabalho a que estiver sujeito o funcionário.

§ 1º - Na hipótese prevista neste artigo, o afastamento se dará sem prejuízo de vencimentos e vantagens, ainda que não incorporadas, do respectivo cargo.

§ 2º - É vedada a remoção ou transferência do funcionário durante o exercício do mandato.

Art. 75 - O funcionário, devidamente autorizado pelo Governador, poderá afastar -se do cargo para participar de provas de competições desportivas, dentro ou fora do Estado.

§ 1º - O afastamento de que trata este artigo, será precedido de requisição justificada do órgão competente.

§ 2º - O funcionário será afastado por prazo certo, nas seguintes condições:

I - sem prejuízo do vencimento ou remuneração, quando representar o Brasil, ou o Estado, em competições desportivas oficiais; e

II - com prejuízo do vencimento ou remuneração, em quaisquer outros casos.

Capítulo XV
Da Contagem de Tempo de Serviço

Art. 76 - O tempo de serviço público, assim considerado o exclusivamente prestado ao Estado e suas Autarquias, será contado singelamente para todos os fins.

Parágrafo único. O tempo de serviço público prestado à União, outros Estados e Municípios, e suas autarquias, anteriormente ao ingresso do funcionário no serviço público estadual, será contado integralmente para os efeitos de aposentadoria e disponibilidade.

Art. 77 - A apuração do tempo de serviço será feita em dias.

§ 1º - Serão computados os dias de efetivo exercício, do registro de freqüência ou da folha de pagamento.

§ 2º - O número de dias será convertido em anos, considerados sempre estes como de 365 (trezentos e sessenta e cinco) dias.

§ 3° - Feita a conversão de que trata o parágrafo anterior, os dias restantes, até 182 (cento e oitenta e dois), não serão computados, arredondando -se para 1 (um) ano, na aposentadoria compulsória ou por invalidez, quando excederem esse número.

Art. 78 - Serão considerados de efetivo exercício, para todos os efeitos legais, os dias em que o funcionário estiver afastado do serviço em virtude de:
I - férias;
II - casamento, até 8 (oito) dias;
III - falecimento do cônjuge, filhos, pais e irmãos, até 8 (oito) dias;
IV - falecimento dos avós, netos, sogros, do padrasto ou madrasta, até 2 (dois) dias;
V - serviços obrigatórios por lei;
VI - licença quando acidentado no exercício de suas atribuições ou atacado de doença profissional;
VII - licença à funcionária gestante;
VIII - licenciamento compulsório, nos termos do art. 206;
IX - licença -prêmio;
X - faltas abonadas nos termos do Parágrafo 1° do art. 110, observados os limites ali fixados;
XI - missão ou estudo dentro do Estado, em outros pontos do território nacional ou no estrangeiro, nos termos do art. 68;
XII - nos casos previstos no art. 122;
XIII - afastamento por processo administrativo, se o funcionário for declarado inocente ou se a pena imposta for de repreensão ou multa; e, ainda, os dias que excederem o total da pena de suspensão efetivamente aplicada;
XIV - trânsito, em decorrência de mudança de sede de exercício, desde que não exceda o prazo de 8 (oito) dias; e
XV - provas de competições desportivas, nos termos do item I, do § 2°, do art. 75.
XVI - nascimento de filho, por 1 (um) dia, ao pai, no decorrer da primeira semana.

Art.79 - Os dias em que o funcionário deixar de comparecer ao serviço em virtude de mandato legislativo municipal serão considerados de efetivo exercício para todos os efeitos legais.

Parágrafo único - No caso de vereança remunerada, os dias de afastamento não serão computados para fins de vencimento ou remuneração, salvo se por eles tiver optado o funcionário.

Art. 80 - Será contado para todos os efeitos, salvo para a percepção de vencimento ou remuneração:
I - o afastamento para provas de competições desportivas nos termos do item II do § 2° do art. 75; e
II - as licenças previstas nos arts. 200 e 201.

Art. 81 - Os tempos adiante enunciados serão contados:
I - para efeito de concessão de adicional por tempo de serviço, sexta -parte, aposentadoria e disponibilidade:
a) o de afastamento nos termos dos arts. 65 e 66, junto a outros poderes do Estado, a fundações instituídas pelo Estado ou empresas em que o Estado tenha participação majoritária pela sua Administração Centralizada ou Descentralizada, bem como junto a órgãos da Administração Direta da União, de outros Estados e Municípios, e de suas autarquias;
b) o de afastamento nos termos do art. 67;
II - para efeito de disponibilidade e aposentadoria, o de licença para tratamento de saúde.

Art. 82 - O tempo de mandato federal e estadual, bem como o municipal, quando remunerados, será contado para fins de aposentadoria e de promoção por antigüidade.

Parágrafo único. O disposto neste artigo aplica -se à hipótese de nomeação de Prefeito.

- Súmula n° 34 do STF, citada após art. 72 deste Estatuto.

Art. 83 - Para efeito de aposentadoria será contado o tempo em que o funcionário esteve em disponibilidade.

Art. 84 - É vedada a acumulação de tempo de serviço concorrente ou simultaneamente prestado, em dois ou mais cargos ou funções, à União, Estados, Municípios ou Autarquias em geral.

Parágrafo único - Em regime de acumulação é vedado contar tempo de um dos cargos para reconhecimento de direito ou vantagens no outro.

Art. 85 - Não será computado, para nenhum efeito, o tempo de serviço gratuito.

Capítulo XVI
Da Vacância

Art. 86 - A vacância do cargo decorrerá de:
I - exoneração;
II - demissão;
III - transferência;
IV - acesso;
V - aposentadoria; e
VI - falecimento.

§ 1° - Dar -se -á a exoneração:
1 - a pedido do funcionário;
2 - a critério do Governo, quando se tratar de ocupante de cargo em comissão; e
3 - quando o funcionário não entrar em exercício dentro do prazo legal.

§ 2° - A demissão será aplicada como penalidade nos casos previstos nesta lei.

Título III
Da Promoção
Capítulo Único
Da Promoção

Art. 87 - Promoção é a passagem do funcionário de um grau a outro da mesma classe e se processará obedecidos, alternadamente, os critérios de merecimento e de antigüidade na forma que dispuser o regulamento.

Art. 88 - O merecimento do funcionário será apurado em pontos positivos e negativos.

§ 1° - Os pontos positivos se referem a condições de eficiência no cargo e ao aperfeiçoamento funcional resultante do aprimoramento dos seus conhecimentos.

§ 2° - Os pontos negativos resultam da falta de assiduidade e da indisciplina.

Art. 89 - Da apuração do merecimento será dada ciência ao funcionário.

Art. 90 - A antigüidade será determinada pelo tempo de efetivo exercício no cargo e no serviço público, apurado em dias.

Art. 91 - As promoções serão feitas em junho e dezembro de cada ano, dentro de limites percentuais a serem estabelecidos em regulamento e corresponderão às condições existentes até o último dia do semestre imediatamente anterior.

Art. 92 - Os direitos e vantagens que decorrerem da promoção serão contados a partir da publicação do ato, salvo quando publicado fora do prazo legal, caso em que vigorará a contar do último dia do semestre a que corresponder.

Parágrafo único - Ao funcionário que não estiver em efetivo exercício, só se abonarão as vantagens a partir da data da reassunção.

Art. 93 - Será declarada sem efeito a promoção indevida, não ficando o funcionário, nesse caso, obrigado a restituições, salvo na hipótese de declaração falsa ou omissão intencional.

Art. 94 - Só poderão ser promovidos os servidores que tiverem o interstício de efetivo exercício no grau.

Parágrafo único - O interstício a que se refere este artigo será estabelecido em regulamento.

Art. 95 - Dentro de cada quadro, haverá para cada classe, nos respectivos graus, uma lista de classificação, para os critérios de merecimento e antigüidade.

Parágrafo único - Ocorrendo empate terão preferência, sucessivamente:
1 - na classificação por merecimento:
a) os títulos e os comprovantes de conclusão de cursos, relacionados com a função exercida;
b) a assiduidade;
c) a antigüidade no cargo;
d) os encargos de família; e
e) a idade;
2 - na classificação por antigüidade:
a) o tempo no cargo;
b) o tempo de serviço prestado ao Estado;
c) o tempo de serviço público;
d) os encargos de família; e
e) a idade.

Art. 96 - O funcionário em exercício de mandato eletivo federal ou estadual ou de mandato de prefeito, somente poderá ser promovido por antigüidade.

Art. 97 - Não serão promovidos por merecimento, ainda que classificados dentro dos limites estabelecidos no regulamento, os funcionários que tiverem sofrido qualquer penalidade nos dois anos anteriores à data de vigência da promoção.

Art. 98 - O funcionário submetido a processo administrativo poderá ser promovido, ficando, porém, sem efeito a promoção por merecimento no caso de o processo resultar em penalidade.

Art. 99 - Para promoção por merecimento é indispensável que o funcionário obtenha número de pontos não inferior à metade do máximo atribuível.

Art. 100 - O merecimento do funcionário é adquirido na classe.

Art. 101 - Revogado

Art. 102 - O tempo no cargo será o efetivo exercício, contado na seguinte conformidade:
I - a partir da data em que o funcionário assumir o exercício do cargo, nos casos de nomeação, transferência a pedido, reversão e aproveitamento;
II - como se o funcionário estivesse em exercício, no caso de reintegração;
III - a partir da data em que o funcionário assumir o exercício do cargo do qual foi transferido, no caso de transferência "ex -officio"; e
IV - a partir da data em que o funcionário assumir o exercício do cargo reclassificado ou transformado.

Art. 103 - Será contado como tempo no cargo o efetivo exercício que o funcionário houver prestado no mesmo cargo, sem solução de continuidade, desde que por prazo superior a 6 (seis) meses:
I - como substituto; e
II - no desempenho de função gratificada, em período anterior à criação do respectivo cargo.

Art. 104 - As promoções obedecerão à ordem de classificação.

Art. 105 - Haverá em cada Secretaria de Estado uma Comissão de Promoção que terá as seguintes atribuições:
I - eleger o respectivo presidente;
II - decidir as reclamações contra a avaliação do mérito, podendo alterar, fundamentalmente, os pontos atribuídos ao reclamante ou a outros funcionários;
III - avaliar o mérito do funcionário quando houver divergência igual ou superior a 20 (vinte) pontos entre os totais atribuídos pelas autoridades avaliadoras;
IV - propor à autoridade competente a penalidade que couber ao responsável pelo atraso na expedição e remessa do Boletim de Promoção, pela falta de qualquer informação ou de elementos solicitados, pelos fatos de que decorram irregularidade ou parcialidade no processamento das promoções;
V - Avaliar os títulos e os certificados de cursos apresentados pelos funcionários; e
VI - dar conhecimento aos interessados mediante afixação na repartição:
1 - das alterações de pontos feitos nos Boletins de Promoção; e
2 - dos pontos atribuídos pelos títulos e certificados de cursos.

Art. 106 - No processamento das promoções cabem as seguintes reclamações:
I - da avaliação do mérito; e
II - da classificação final.
§ 1º - Da avaliação do mérito podem ser interpostos pedidos de reconsideração e recurso, e, da classificação final, apenas recurso.
§ 2º- Terão efeito suspensivo as reclamações relativas à avaliação do mérito.
§ 3º- Serão estabelecidos em regulamento as normas e os prazos para o processamento das reclamações de que trata este artigo.

Art. 107 - A orientação das promoções do funcionalismo público civil será centralizada, cabendo ao órgão a que for deferida tal competência:
I - expedir normas relativas ao processamento das promoções e elaborar as respectivas escalas de avaliação, com a aprovação do Governador;
II - orientar as autoridades competentes quanto à avaliação das condições de promoção;
III - realizar estudos e pesquisas no sentido de averiguar a eficiência do sistema em vigor, propondo medidas tendentes ao seu aperfeiçoamento; e
IV - opinar em processos sobre assuntos de promoção, sempre que solicitado.

Título IV
Dos Direitos e das Vantagens de Ordem Pecuniária
Capítulo I
Do Vencimento e da Remuneração
Seção I
Disposições Gerais

Art. 108 - Vencimento é a retribuição paga ao funcionário pelo efetivo exercício do cargo, correspondente ao valor do respectivo padrão fixado em lei, mais as vantagens a ele incorporadas para todos os efeitos legais.

Art. 109 - Remuneração é a retribuição paga ao funcionário pelo efetivo exercício do cargo, correspondente a 2/3 (dois terços) do respectivo padrão, mais as quotas ou porcentagens que, por lei, lhe tenham sido atribuídas e as vantagens pecuniárias a ela incorporadas.

Art. 110 - O funcionário perderá:
I - o vencimento ou remuneração do dia. quando não comparecer ao serviço, salvo no caso previsto no §1º deste artigo; e
II - 1/3 (um terço) do vencimento ou remuneração diária, quando comparecer ao serviço dentro da hora seguinte à marcada para o início do expediente ou quando dele retirar -se dentro da última hora.
§ 1º - As faltas ao serviço, até o máximo de 6 (seis) por ano, não excedendo a uma por mês, em razão de moléstia ou outro motivo relevante, poderão ser abonadas pelo superior imediato, a requerimento do funcionário no primeiro dia útil subseqüente ao da falta.
§ 2º - No caso de faltas sucessivas, justificadas ou injustificadas, os dias intercalados - domingos, feriados e aqueles em que não haja expediente - serão computados exclusivamente para efeito de desconto do vencimento ou remuneração.

Art. 111 - As reposições devidas pelo funcionário e as indenizações por prejuízos que causar à Fazenda Pública Estadual, serão descontadas em parcelas mensais não excedentes da décima parte do vencimento ou remuneração ressalvados os casos especiais previstos neste Estatuto.

Art. 112 - Só será admitida procuração para efeito de recebimento de quaisquer importâncias dos cofres estaduais, decorrentes do exercício do cargo, quando o funcionário se encontrar fora da sede ou comprovadamente impossibilitado de locomover - se.

Art. 113 - O vencimento, remuneração ou qualquer vantagem pecuniária atribuídos ao funcionário, não poderão ser objeto de arresto, seqüestro ou penhora, salvo:

I - quando se tratar de prestação de alimentos, na forma da lei civil; e

II - nos casos previstos no Capítulo II do Título VI deste Estatuto.

Art. 114 - É proibido, fora dos casos expressamente consignados neste Estatuto, ceder ou gravar vencimento, remuneração ou qualquer vantagem decorrente do exercício de cargo público.

Art. 115 - O vencimento ou remuneração do funcionário não poderá sofrer outros descontos, exceto os obrigatórios e os autorizados por lei.

Art. 116 - As consignações em folha, para efeito de desconto de vencimentos ou remuneração, serão disciplinadas em regulamento.

Seção II
Do Horário e do Ponto

Art. 117 - O horário de trabalho nas repartições será fixado pelo Governo de acordo com a natureza e as necessidades do serviço.

Art. 118 - O período de trabalho, nos casos de comprovada necessidade, poderá ser antecipado ou prorrogado pelo chefe da repartição ou serviço.

Parágrafo único - No caso de antecipação ou prorrogação, será remunerado o trabalho extraordinário, na forma estabelecida no art. 136.

Art. 119 - Nos dias úteis, só por determinação do Governador poderão deixar de funcionar as repartições públicas ou ser suspenso o expediente.

Art. 120 - Ponto é o registro pelo qual se verificará, diariamente, a entrada e saída do funcionário em serviço.

§ 1º - Para registro do ponto serão usados, de preferência, meios mecânicos.

§ 2º - É vedado dispensar o funcionário do registro do ponto, salvo os casos expressamente previstos em lei.

§ 3º - A infração do disposto no parágrafo anterior determinará a responsabilidade da autoridade que tiver expedido a ordem, sem prejuízo da ação disciplinar cabível.

Art. 121 - Para o funcionário estudante, conforme dispuser o regulamento, poderão ser estabelecidas normas especiais quanto à freqüência ao serviço.

Art. 122 - O funcionário que comprovar sua contribuição para banco de sangue mantido por órgão estatal ou paraestatal, ou entidade com a qual o Estado mantenha convênio, fica dispensado de comparecer ao serviço no dia da doação.

Art. 123 - Apurar -se -á a freqüência do seguinte modo:

I - pelo ponto; e

II - pela forma determinada, quanto aos funcionários não sujeitos a ponto.

Capítulo II
Das Vantagens de Ordem Pecuniária
Seção I
Disposições Gerais

Art. 124 - Além do valor do padrão do cargo, o funcionário só poderá receber as seguintes vantagens pecuniárias:

I - adicionais por tempo de serviço;

II - gratificações;

III - diárias;

IV - ajudas de custo;

V - salário -família e salário -esposa;

VI - Revogado;

VII - quota -parte de multas e porcentagens fixadas em lei;

VIII - honorários, quando fora do período normal ou extraordinário de trabalho a que estiver sujeito, for designado para realizar investigações ou pesquisas científicas, bem como para exercer as funções de auxiliar ou membro de bancas e comissões de concurso ou prova, ou de professor de cursos de seleção e aperfeiçoamento ou especialização de servidores, legalmente instituídos, observadas as proibições atinentes a regimes especiais de trabalho fixados em lei;

IX - honorários pela prestação de serviço peculiar à profissão que exercer e, em função dela, à Justiça, desde que não a execute dentro do período normal ou extraordinário de trabalho a que estiver sujeito e sejam respeitadas as restrições estabelecidas em lei pela subordinação a regimes especiais de trabalho; e

X - outras vantagens ou concessões pecuniárias previstas em leis especiais ou neste Estatuto (Ver artigo 7º e incisos da Constituição Federal, de 05/10/1988)

§ 1º - Excetuados os casos expressamente previstos neste artigo, o funcionário não poderá receber, a qualquer título, seja qual for o motivo ou forma de pagamento, nenhuma outra vantagem pecuniária dos órgãos do serviço público, das entidades autárquicas ou paraestatais ou outras organizações públicas, em razão de seu cargo ou função nos quais tenha sido mandado servir.

§ 2º - O não cumprimento do que preceitua este artigo importará na demissão do funcionário, por procedimento irregular, e na imediata reposição, pela autoridade ordenadora do pagamento, da importância indevidamente paga.

§ 3º - Nenhuma importância relativa às vantagens constantes deste artigo será paga ou devida ao funcionário, seja qual for o seu fundamento, se não houver crédito próprio, orçamentário ou adicional.

Art. 125 - As porcentagens ou quotas -partes, atribuídas em virtude de multas ou serviços de fiscalização e inspeção, só serão creditadas ao funcionário após a entrada da importância respectiva, a título definitivo, para os cofres públicos.

Art. 126 - O funcionário não fará jus à percepção de quaisquer vantagens pecuniárias, nos casos em que deixar de perceber o vencimento ou remuneração, ressalvado o disposto no parágrafo único do art. 160.

Seção II
Dos Adicionais por Tempo de Serviço

Art. 127 - O funcionário terá direito, após cada período de 5 (cinco) anos, contínuos, ou não, à percepção de adicional por tempo de serviço, calculado à razão de 5% (cinco por cento) sobre o vencimento ou remuneração, a que se incorpora para todos os efeitos.

Parágrafo único - O adicional por tempo de serviço será concedido pela autoridade competente, na forma que for estabelecida em regulamento, no prazo máximo de 180 (cento e oitenta) dias, contados da data da completação do período aquisitivo, sob pena de ser responsabilizado o servidor que der causa ao descumprimento do prazo ora fixado. *(Redação dada pelo artigo 1º da Lei Complementar nº 792, de 20/03/1995)*

Art. 128 - A apuração do qüinqüênio será feita em dias e o total convertido em anos, considerados estes sempre como de 365 (trezentos e sessenta e cinco) dias.

Art. 129 - Vetado.

Art. 130 - O funcionário que completar 25 (vinte e cinco) anos de efetivo exercício perceberá mais a sexta - parte do vencimento ou remuneração, a estes incorporada para todos os efeitos.

- Sobre sexta -parte, ver art. 129 da Constituição Estadual, de 05/10/1989:

- "Artigo 129 - Ao servidor público estadual é assegurado o percebimento de adicional por tempo de serviço, concedido no mínimo por qüinqüênio, e vedada a sua limitação, bem como a sexta -parte dos vencimentos integrais, concedida aos 20 (vinte) anos de efetivo exercício, que se incorporarão aos vencimentos para todos os efeitos, observado o disposto no art. 115, inc. XVI, desta Constituição."

Art. 131 - O funcionário que exercer cumulativamente cargos ou funções, terá direito aos adicionais de que trata esta Seção, isoladamente, referentes a cada cargo ou a função.

Art. 132 - O ocupante de cargo em comissão fará jus aos adicionais previstos nesta Seção, calculados sobre o vencimento que perceber no exercício desse cargo, enquanto nele permanecer.

Art. 133 - Ao funcionário no exercício de cargo em substituição aplica -se o disposto no artigo anterior.

Art. 134 - Para efeito dos adicionais a que se refere esta Seção, será computado o tempo de serviço, na forma estabelecida nos arts. 76 e 78.

- Sobre adicional por tempo de serviço, ver art. 129 da Constituição Estadual, de 05/10/1989.

Seção III
Das Gratificações

Art. 135 - Poderá ser concedida gratificação ao funcionário:

I - pela prestação de serviço extraordinário;

II - pela elaboração ou execução de trabalho técnico ou científico ou de utilidade para o serviço público;

III - a título de representação, quando em função de gabinete, missão ou estudo fora do Estado ou designação para função de confiança do Governador;

IV - quando designado para fazer parte de órgão legal de deliberação coletiva; e

V - outras que forem previstas em lei.

Art. 136 - A gratificação pela prestação de serviço extraordinário será paga por hora de trabalho prorrogado ou antecipado, na mesma razão percebida pelo funcionário em cada hora de período normal de trabalho a que estiver sujeito.

Parágrafo único - A prestação de serviço extraordinário não poderá exceder a duas horas diárias de trabalho.

Art. 137 - É vedado conceder gratificação por serviço extraordinário, com o objetivo de remunerar outros serviços ou encargos.

§ 1º - O funcionário que receber importância relativa a serviço extraordinário que não prestou, será obrigado a restituí-la de uma só vez, ficando ainda sujeito à punição disciplinar.

§ 2º - Será responsabilizada a autoridade que infringir o disposto no "caput" deste artigo.

Art. 138 - Será punido com pena de suspensão e, na reincidência, com a de demissão, a bem do serviço público, o funcionário:

I - que atestar falsamente a prestação de serviço extraordinário; e

II - que se recusar, sem justo motivo, à prestação de serviço extraordinário.

Art. 139 - O funcionário que exercer cargo de direção não poderá perceber gratificação por serviço extraordinário.

§ 1º - O disposto neste artigo não se aplica durante o período em que subordinado de titular de cargo nele mencionado venha a perceber, em conseqüência do acréscimo da gratificação por serviço extraordinário, quantia que iguale ou ultrapasse o valor do padrão do cargo de direção.

§ 2º - Aos titulares de cargos de direção, para efeito do parágrafo anterior, apenas será paga gratificação por serviço extraordinário correspondente à quantia a esse título percebida pelo subordinado de padrão mais elevado.

Art. 140 - A gratificação pela elaboração ou execução de trabalho técnico ou científico, ou de utilidade para o serviço, será arbitrada pelo Governador, após sua conclusão.

Art. 141 - A gratificação a título de representação, quando o funcionário for designado para serviço ou estudo fora do Estado, será arbitrada pelo Governador, ou por autoridade que a lei determinar, podendo ser percebida cumulativamente com a diária.

Art. 142 - A gratificação relativa ao exercício em órgão legal de deliberação coletiva, será fixada pelo Governador.

Art. 143 - A gratificação de representação de gabinete, fixada em regulamento, não poderá ser percebida cumulativamente com a referida no inciso I do art. 135.

Seção IV
Das Diárias

Art. 144 - Ao funcionário que se deslocar temporariamente da respectiva sede, no desempenho de suas atribuições, ou em missão ou estudo, desde que relacionados com o cargo que exerce, poderá ser concedida, além do transporte, uma diária a título de indenização das despesas de alimentação e pousada.

§ 1º - Não será concedida diária ao funcionário removido ou transferido, durante o período de trânsito.

§ 2º - Não caberá a concessão de diária quando o deslocamento de funcionário constituir exigência permanente do cargo ou função.

§ 3º - Entende-se por sede o município onde o funcionário tem exercício.

§ 4º - O disposto no "caput" deste artigo não se aplica aos casos de missão ou estudo fora do País.

§ 5º - As diárias relativas aos deslocamentos de funcionários para outros Estados e Distrito Federal, serão fixadas por decreto.

Art. 145 - O valor das diárias será fixado em decreto.

Parágrafo único - As diárias para os cargos sujeitos ao regime de remuneração serão fixadas em decreto do Poder Executivo, obedecidos os limites que forem estabelecidos para os demais cargos.

Art. 146 - A tabela de diárias, bem como as autoridades que as concederem, deverão constar de decreto.

Art. 147 - O funcionário que indevidamente receber diária, será obrigado a restituí-la de uma só vez, ficando ainda sujeito à punição disciplinar.

Art. 148 - É vedado conceder diárias com o objetivo de remunerar outros encargos ou serviços.

Parágrafo único - Será responsabilizada a autoridade que infringir o disposto neste artigo.

Seção V
Das Ajudas de Custo

Art. 149 - A juízo da Administração, poderá ser concedida ajuda de custo ao funcionário que no interesse do serviço passar a ter exercício em nova sede.

§ 1º - A ajuda de custo destina -se a indenizar o funcionário das despesas de viagem e de nova instalação .

§ 2º - O transporte do funcionário e de sua família compreende passagem e bagagem e correrá por conta do Governo.

Art. 150 - A ajuda de custo, desde que em território do País, será arbitrada pelos Secretários de Estado, não podendo exceder importância correspondente a 3 (três) vezes o valor do padrão do cargo.

Parágrafo único - O regulamento fixará o critério para o arbitramento, tendo em vista o número de pessoas que acompanham o funcionário, as condições de vida na nova sede, a distância a ser percorrida, o tempo de viagem e os recursos orçamentários disponíveis.

Art. 151 - Não será concedida ajuda de custo:

I - ao funcionário que se afastar da sede ou a ela voltar, em virtude de mandato eletivo; e

II - ao que for afastado junto a outras Administrações.

Parágrafo único - O funcionário que recebeu ajuda de custo, se for obrigado a mudar de sede dentro do período de 2 (dois) anos poderá receber, apenas, 2/3 (dois terços) do benefício que lhe caberia.

Art. 152 - Quando o funcionário for incumbido de serviço que o obrigue a permanecer fora da sede por mais de 30 (trinta) dias, poderá receber ajuda de custo sem prejuízos das diárias que lhe couberem.

Parágrafo único - A importância dessa ajuda de custo será fixada na forma do art. 150, não podendo exceder a quantia relativa a 1 (uma) vez o valor do padrão do cargo.

Art. 153 - Restituirá a ajuda de custo que tiver recebido:

I - o funcionário que não seguir para a nova sede dentro dos prazos fixados, salvo motivo independente de sua vontade, devidamente comprovado sem prejuízo da pena disciplinar cabível;

II - o funcionário que, antes de concluir o serviço que lhe foi cometido, regressar da nova sede, pedir exoneração ou abandonar o cargo.

§ 1º - A restituição poderá ser feita parceladamente, a juízo da autoridade que houver concedido a ajuda de custo, salvo no caso de recebimento indevido, em que a importância por devolver será descontada integralmente do vencimento ou remuneração, sem prejuízo da pena disciplinar cabível.

§ 2º - A responsabilidade pela restituição de que trata este artigo, atinge exclusivamente a pessoa do funcionário.

§ 3º - Se o regresso do funcionário for determinado pela autoridade competente ou por motivo de força maior devidamente comprovado, não ficará ele obrigado a restituir a ajuda de custo.

Art. 154 - Caberá também ajuda de custo ao funcionário designado para serviço ou estudo no estrangeiro.

Parágrafo único - A ajuda de custo de que trata este artigo será arbitrada pelo Governador.

Seção VI
Do Salário - Família e do Salário - Esposa

Art. 155 - O salário -família será concedido ao funcionário ou ao inativo por:

I - filho menor de 18 (dezoito) anos; e

II - filho inválido de qualquer idade.

Parágrafo único - Consideram -se dependentes, desde que vivam total ou parcialmente às expensas do funcionário, os filhos de qualquer condição, os enteados e os adotivos, equiparando -se a estes os tutelados sem meios próprios de subsistência.

Art. 156 - A invalidez que caracteriza a dependência é a incapacidade total e permanente para o trabalho.

Art. 157 - Quando o pai e a mãe tiverem ambos a condição de funcionário público ou de inativo e viverem em comum, o salário - família será concedido a um deles.

Parágrafo único - Se não viverem em comum, será concedido ao que tiver os dependentes sob sua guarda, ou a ambos, de acordo com a distribuição de dependentes.

Art. 158 - Ao pai e à mãe equiparam -se o padrasto e a madrasta e, na falta destes, os representantes legais dos incapazes.

Art. 158 -A - Fica assegurada nas mesmas bases e condições, ao cônjuge supérstite ou ao responsável legal pelos filhos do casal, a percepção do salário -família a que tinha direito o funcionário ou inativo falecido.

Art. 159 - A concessão e a supressão do salário -família serão processadas na forma estabelecida em lei.

Art. 160 - Não será pago o salário -família nos casos em que o funcionário deixar de perceber o respectivo vencimento ou remuneração.

Parágrafo único - O disposto neste artigo não se aplica aos casos disciplinares e penais, nem aos de licença por motivo de doença em pessoa da família.

Art. 161 - É vedada a percepção de salário - família por dependente em relação ao qual já esteja sendo pago este benefício por outra entidade pública federal, estadual ou municipal, ficando o infrator sujeito às penalidades da lei.

Art. 162 - O salário - esposa será concedido ao funcionário que não perceba vencimento ou remuneração de importância superior a 2 (duas) vezes o valor do menor vencimento pago pelo Estado, desde que a mulher não exerça atividade remunerada.

Parágrafo único - A concessão do benefício a que se refere este artigo será objeto de regulamento.

Seção VII
Outras Concessões Pecuniárias

Art. 163 - O Estado assegurará ao funcionário o direito de pleno ressarcimento de danos ou prejuízos, decorrentes de acidentes no trabalho, do exercício em determinadas zonas ou locais e da execução de trabalho especial, com risco de vida ou saúde.

Art. 164 - Ao funcionário licenciado, para tratamento de saúde poderá ser concedido transporte, se decorrente do tratamento, inclusive para pessoa de sua família.

Art. 165 - Poderá ser concedido transporte à família do funcionário, quando este falecer fora da sede de exercício, no desempenho de serviço.

§ 1º - A mesma concessão poderá ser feita à família do funcionário falecido fora do Estado.

§ 2º - Só serão atendidos os pedidos de transporte formulados dentro do prazo de 1 (um) ano, a partir da data em que houver falecido o funcionário.

Art. 166 - *(Revogado pelo art. 11 do Decreto - lei de 27/02/1970)*

Art. 167 - A concessão de que trata o artigo anterior só poderá ser deferida ao funcionário que se encontre no exercício do cargo e mantenha contato com o público, pagando ou recebendo em moeda corrente.

Art. 168 - ao cônjuge, ao companheiro ou companheira ou, na falta destes, à pessoa que provar ter feito despesas em virtude do falecimento de funcionário ativo ou inativo será concedido auxílio-funeral, a título de benefício assistencial, de valor correspondente a 1 (um) mês da respectiva remuneração. *(Redação dada pela Lei Complementar n. 1.123, de 01.07.2010)*

§ 1º - o pagamento será efetuado pelo órgão competente, mediante apresentação de atestado de óbito pelas pessoas indicadas no "caput" deste artigo, ou procurador legalmente habilitado, feita a prova de identidade. *(Redação dada pela Lei Complementar n. 1.123, de 01.07.2010)*

§ 2º - no caso de integrante da carreira de Agente de Segurança Penitenciária ou da classe de Agente de Escolta e Vigilância Penitenciária, se ficar comprovado, por meio de competente apuração, que o óbito decorreu de lesões recebidas no exercício de suas funções, o benefício será acrescido do valor correspondente a mais 1 (um) mês da respectiva remuneração, cujo pagamento será efetivado mediante apresentação de alvará judicial. *(Redação dada pela Lei Complementar n. 1.123, de 01.07.2010)*

§ 3º - o pagamento do benefício previsto neste artigo, caso as despesas tenham sido custeadas por terceiros, em virtude da contratação de planos funerários, somente será efetivado mediante apresentação de alvará judicial. *(Redação dada pela Lei Complementar n. 1.123, de 01.07.2010)*

Art. 169 - O Governo do Estado poderá conceder prêmios em dinheiro, dentro das dotações orçamentárias próprias, aos funcionários autores dos melhores trabalhos, classificados em concursos de monografias de interesse para o serviço público.

Art. 170 - *(Revogado pelo art. 1º do Decreto -Lei nº 24, de 28/03/1969)*

Capítulo III
Das Acumulações Remuneradas

Art. 171 - É vedada a acumulação remunerada, exceto:

I - a de um juiz e um cargo de professor;

II - a de dois cargos de professor;
III - a de um cargo de professor e outro técnico ou científico; e
IV - a de dois cargos privativos de médico. *(Vide art. 37, XVI da Constituição Federal)*
§ 1º - Em qualquer dos casos, a acumulação somente é permitida quando haja correlação de matérias e compatibilidade de horários.
§ 2º - A proibição de acumular se estende a cargos, funções ou empregos em autarquias, empresas públicas e sociedades de economia mista.
§ 3º - A proibição de acumular proventos não se aplica aos aposentados, quanto ao exercício de mandato eletivo, cargo em comissão ou ao contrato para prestação de serviços técnicos ou especializados.
Art. 172 - O funcionário ocupante de cargo efetivo, ou em disponibilidade, poderá ser nomeado para cargo em comissão, perdendo, durante o exercício desse cargo, o vencimento ou remuneração do cargo efetivo ou o provento, salvo se optar pelo mesmo.
Art. 173 - Não se compreende na proibição de acumular, desde que tenha correspondência com a função principal, a percepção das vantagens enumeradas no art. 124.
Art. 174 - Verificado, mediante processo administrativo, que o funcionário está acumulando, fora das condições previstas neste Capítulo, será ele demitido de todos os cargos e funções e obrigado a restituir o que indevidamente houver recebido.
§ 1º - Provada a boa -fé, o funcionário será mantido no cargo ou função que exercer há mais tempo.
§ 2º - Em caso contrário, o funcionário demitido ficará ainda inabilitado pelo prazo de 5 (cinco) anos, para o exercício de função ou cargo público, inclusive em entidades que exerçam função delegada do poder público ou são por este mantidas ou administradas.
Art. 175 - As autoridades civis e os chefes de serviço, bem como os diretores ou responsáveis pelas entidades referidas no Parágrafo 2º do artigo anterior e os fiscais ou representantes dos poderes públicos junto às mesmas, que tiverem conhecimento de que qualquer dos seus subordinados ou qualquer empregado da empresa sujeita à fiscalização está no exercício de acumulação proibida, farão a devida comunicação ao órgão competente, para os fins indicados no artigo anterior.
Parágrafo único - Qualquer cidadão poderá denunciar a existência de acumulação ilegal.

Título V
Dos Direitos e Vantagens em Geral
Capítulo I
Das Férias

Art. 176 - O funcionário terá direito ao gozo de 30 (trinta) dias de férias anuais, observada a escala que for aprovada.
§ 1º - É proibido levar à conta de férias qualquer falta ao trabalho.
§ 2º - É proibida a acumulação de férias, salvo por absoluta necessidade de serviço e pelo máximo de 2 (dois) anos consecutivos.
§ 3º - O período de férias será reduzido para 20 (vinte) dias, se o servidor, no exercício anterior, tiver, considerados em conjunto, mais de 10 (dez) não comparecimentos correspondentes a faltas abonadas, justificadas e injustificadas ou às licenças previstas nos itens IV, VI e VII do art. 181.
§ 4º - Durante as férias, o funcionário terá direito a todas as vantagens, como se estivesse em exercício.
Art. 177 - Atendido o interesse do serviço, o funcionário poderá gozar férias de uma só vez ou em dois períodos iguais.
Art. 178 - Somente depois do primeiro ano de exercício no serviço público, adquirirá o funcionário direito a férias.
Parágrafo único - Será contado para efeito deste artigo o tempo de serviço prestado em outro cargo público, desde que entre a cessação do anterior e o início do subseqüente exercício não haja interrupção superior a 10 (dez) dias.
Art. 179 - Caberá ao chefe da repartição ou do serviço, organizar, no mês de dezembro, a escala de férias para o ano seguinte, que poderá alterar de acordo com a conveniência do serviço.
Art. 180 - O funcionário transferido ou removido, quando em gozo de férias, não será obrigado a apresentar -se antes de terminá-las.
- Sobre férias, ver inciso XVII do artigo 7º da Constituição Federal, de 05/10/1988.

Capítulo II
Das Licenças
Seção I
Disposições Gerais

Art. 181 - o funcionário efetivo poderá ser licenciado:
I - para tratamento de saúde; *(Redação dada pela Lei Complementar n. 1.123, de 01.07.2010)*
II - quando acidentado no exercício de suas atribuições ou acometido por doença profissional; *(Redação dada pela Lei Complementar n. 1.123, de 01.07.2010)*
III - no caso previsto no artigo 198; *(Redação dada pela Lei Complementar n. 1.123, de 01.07.2010)*
IV - por motivo de doença em pessoa de sua família; *(Redação dada pela Lei Complementar n. 1.123, de 01.07.2010)*
V - para cumprir obrigações concernentes ao serviço militar; *(Redação dada pela Lei Complementar n. 1.123, de 01.07.2010)*
VI - para tratar de interesses particulares; *(Redação dada pela Lei Complementar n. 1.123, de 01.07.2010)*
VII - no caso previsto no artigo 205; *(Redação dada pela Lei Complementar n. 1.123, de 01.07.2010)*
VIII - compulsoriamente, como medida profilática; *(Redação dada pela Lei Complementar n. 1.123, de 01.07.2010)*
IX - como prêmio de assiduidade. *(Redação dada pela Lei Complementar n. 1.123, de 01.07.2010)*
§ 1º - ao funcionário ocupante exclusivamente de cargo em comissão serão concedidas as licenças previstas neste artigo, salvo as referidas nos incisos IV, VI e VII. *(Redação dada pela Lei Complementar n. 1.123, de 01.07.2010)*
§ 2º - As licenças previstas nos incisos I a III serão concedidas ao funcionário de que trata o § 1º deste artigo mediante regras estabelecidas pelo regime geral de previdência social. *(Redação dada pela Lei Complementar n. 1.123, de 01.07.2010)*
Art. 182 - As licenças dependentes de inspeção médica serão concedidas pelo prazo indicado pelos órgãos oficiais competentes. *(Redação dada pela Lei Complementar n. 1.123, de 01.07.2010)*
Art. 183 - Finda a licença, o funcionário deverá reassumir, imediatamente, o exercício do cargo. *(Redação dada pela Lei Complementar n. 1.123, de 01.07.2010)*
§ 1º - o disposto no "caput" deste artigo não se aplica às licenças previstas nos incisos V e VII do artigo 181, quando em prorrogação. *(Redação dada pela Lei Complementar n. 1.123, de 01.07.2010)*
§ 2º - a infração do disposto no "caput" deste artigo importará em perda total do vencimento ou remuneração correspondente ao período de ausência e, se esta exceder a 30 (trinta) dias, ficará o funcionário sujeito à pena de demissão por abandono de cargo. *(Redação dada pela Lei Complementar n. 1.123, de 01.07.2010)*
Art. 184 - O funcionário licenciado nos termos dos itens I a IV do art. 181, é obrigado a reassumir o exercício, se for considerado apto em inspeção médica realizada "ex -officio" ou se não subsistir a doença na pessoa de sua família.
Parágrafo único - O funcionário poderá desistir da licença, desde que em inspeção médica fique comprovada a cessação dos motivos determinantes da licença.
Art. 185 - As licenças previstas nos incisos I, II e IV do artigo 181 não serão concedidas em prorrogação, cabendo ao

funcionário ou à autoridade competente ingressar, quando for o caso, com um novo pedido. *(Redação dada pela Lei Complementar n. 1.123, de 01.07.2010)*

Art. 186 - *(Revogado pela Lei Complementar n. 1.123, de 01.07.2010)*

Art. 187 - O funcionário licenciado nos termos dos itens I e II do art. 181 não poderá dedicar -se a qualquer atividade remunerada, sob pena de ser cassada a licença e de ser demitido por abandono do cargo, caso não reassuma o seu exercício dentro do prazo de 30 (trinta) dias.

Art. 188 - *(Revogado pela Lei Complementar n. 1.123, de 01.07.2010)*

Art. 189 - *(Revogado pela Lei Complementar n. 1.123, de 01.07.2010)*

Art. 190 - O funcionário que se recusar a submeter - se à inspeção médica, quando julgada necessária, será punido com pena de suspensão.

Parágrafo único - A suspensão cessará no dia em que se realizar a inspeção.

Seção II
Da Licença para Tratamento de Saúde

Art. 191 - Ao funcionário que, por motivo de saúde, estiver impossibilitado para o exercício do cargo, será concedida licença até o máximo de 4 (quatro) anos, com vencimento ou remuneração *(Redação dada pela Lei Complementar n. 1.196, de 2013)*

§ 1º - Findo o prazo, previsto neste artigo, o funcionário será submetido à inspeção médica e aposentado, desde que verificada a sua invalidez, permitindo-se o licenciamento além desse prazo, quando não se justificar a aposentadoria.

§ 2º - Será obrigatória a reversão do aposentado, desde que cessados os motivos determinantes da aposentadoria.

Art. 192 - O funcionário ocupante de cargo em comissão poderá ser aposentado, nas condições do artigo anterior, desde que preencha os requisitos do art. 227.

Art. 193 - A licença para tratamento de saúde dependerá de inspeção médica oficial e poderá ser concedida:

I - a pedido do funcionário;

II - "ex officio".

§ 1º - A inspeção médica de que trata o "caput" deste artigo poderá ser dispensada, a critério do órgão oficial, quando a análise documental for suficiente para comprovar a incapacidade laboral, observado o estabelecido em decreto.

§ 2º - A licença "ex officio" de que trata o inciso II deste artigo será concedida por decisão do órgão oficial:

1 - quando as condições de saúde do funcionário assim o determinarem;

2 - a pedido do órgão de origem do funcionário.

§ 3º - O funcionário poderá ser dispensado da inspeção médica de que trata o "caput" deste artigo em caso de licença para tratamento de saúde de curta duração, conforme estabelecido em decreto. *(Redação dada pela Lei Complementar n. 1.196, de 2013)*

Seção III
Da Licença ao Funcionário Acidentado no Exercício de suas Atribuições ou Atacado de Doença Profissional

Art. 194 - o funcionário acidentado no exercício de suas atribuições ou que tenha adquirido doença profissional terá direito à licença com vencimento ou remuneração. *(Redação dada pela Lei Complementar n. 1.123, de 01.07.2010)*

Parágrafo único - Considera-se também acidente: *(Redação dada pela Lei Complementar n. 1.123, de 01.07.2010)*

1 - a agressão sofrida e não provocada pelo funcionário, no exercício de suas funções; *(Redação dada pela Lei Complementar n. 1.123, de 01.07.2010)*

2 - a lesão sofrida pelo funcionário, quando em trânsito, no percurso usual para o trabalho. *(Redação dada pela Lei Complementar n. 1.123, de 01.07.2010)*

Art. 195 - A licença prevista no artigo anterior não poderá exceder de 4 (quatro) anos.

Parágrafo único - No caso de acidente, verificada a incapacidade total para qualquer função pública, será desde logo concedida aposentadoria ao funcionário.

Art. 196 - a comprovação do acidente, indispensável para a concessão da licença, será feita em procedimento próprio, que deverá iniciar-se no prazo de 10 (dez) dias, contados da data do acidente. *(Redação dada pela Lei Complementar n. 1.123, de 01.07.2010)*

§ 1º - o funcionário deverá requerer a concessão da licença de que trata o "caput" deste artigo junto ao órgão de origem. *(Redação dada pela Lei Complementar n. 1.123, de 01.07.2010)*

§ 2º - Concluído o procedimento de que trata o "caput" deste artigo caberá ao órgão médico oficial a decisão. *(Redação dada pela Lei Complementar n. 1.123, de 01.07.2010)*

§ 3º - o procedimento para a comprovação do acidente de que trata este artigo deverá ser cumprido pelo órgão de origem do funcionário, ainda que não venha a ser objeto de licença. *(Redação dada pela Lei Complementar n. 1.123, de 01.07.2010)*

Art. 197 - Para a conceituação do acidente da doença profissional, serão adotados os critérios da legislação federal de acidentes do trabalho.

Seção IV
Da Licença à Funcionária Gestante

(Redação dada pela Lei Complementar n. 1.054/08)

Art. 198 - À funcionária gestante será concedida licença de 180 (cento e oitenta) dias com vencimento ou remuneração, observado o seguinte:

I - a licença poderá ser concedida a partir da 32ª (trigésima segunda) semana de gestação, mediante documentação médica que comprove a gravidez e a respectiva idade gestacional;" *(Redação dada pela Lei Complementar n. 1.196, de 2013)*

II - ocorrido o parto, sem que tenha sido requerida a licença, será esta concedida mediante a apresentação da certidão de nascimento e vigorará a partir da data do evento, podendo retroagir até 15 (quinze) dias;

III - durante a licença, cometerá falta grave a servidora que exercer qualquer atividade remunerada ou mantiver a criança em creche ou organização similar;

Parágrafo único - No caso de natimorto, será concedida a licença para tratamento de saúde, a critério médico, na forma prevista no artigo 193.

Seção V
Da Licença por Motivo de Doença em Pessoa da Família

Art. 199 - o funcionário poderá obter licença, por motivo de doença do cônjuge e de parentes até segundo grau. *(Redação dada pela Lei Complementar n. 1.123, de 01.07.2010)*

§ 1º - Provar-se-á a doença em inspeção médica na forma prevista no artigo 193. *(Redação dada pela Lei Complementar n. 1.123, de 01.07.2010)*

§ 2º - a licença de que trata este artigo será concedida com vencimentos ou remuneração até 1 (um) mês e com os seguintes descontos: *(Redação dada pela Lei Complementar n. 1.123, de 01.07.2010)*

1 - de 1/3 (um terço), quando exceder a 1 (um) mês até 3 (três); *(Redação dada pela Lei Complementar n. 1.123, de 01.07.2010)*

2 - 2/3 (dois terços), quando exceder a 3 (três) até 6 (seis); *(Redação dada pela Lei Complementar n. 1.123, de 01.07.2010)*

3 - sem vencimento ou remuneração do sétimo ao vigésimo mês. *(Redação dada pela Lei Complementar n. 1.123, de 01.07.2010)*

§ 3º - para os efeitos do § 2º deste artigo, serão somadas as licenças concedidas durante o período de 20 (vinte) meses, contado da primeira concessão. *(Redação dada pela Lei Complementar n. 1.123, de 01.07.2010)*

Seção VI
Da Licença para Atender a Obrigações Concernentes ao Serviço Militar

Art. 200 - Ao funcionário que for convocado para o serviço militar e outros encargos da segurança nacional, será concedida licença sem vencimento ou remuneração.

§ 1º - A licença será concedida mediante comunicação do funcionário ao chefe da repartição ou do serviço, acompanhada de documentação oficial que prove a incorporação.

§ 2º - O funcionário desincorporado reassumirá imediatamente o exercício, sob pena de demissão por abandono do cargo, se a ausência exceder a 30 (trinta) dias.

§ 3º - Quando a desincorporação se verificar em lugar diverso do da sede, os prazos para apresentação serão os previstos no art. 60.

Art. 201 - Ao funcionário que houver feito curso para ser admitido como oficial da reserva das Forças Armadas, será também concedida licença sem vencimento ou remuneração, durante os estágios prescritos pelos regulamentos militares.

Seção VII
Da Licença para Tratar de Interesses Particulares

Art. 202 - Depois de 5 (cinco) anos de exercício, o funcionário poderá obter licença, sem vencimento ou remuneração, para tratar de interesses particulares, pelo prazo máximo de 2 (dois) anos.

§ 1º - Poderá ser negada a licença quando o afastamento do funcionário for inconveniente ao interesse do serviço.

§ 2º - O funcionário deverá aguardar em exercício a concessão da licença.

§ 3º - A licença poderá ser gozada parceladamente a juízo da Administração, desde que dentro do período de 3 (três) anos.

§ 4º - O funcionário poderá desistir da licença, a qualquer tempo, reassumindo o exercício em seguida.

Art. 203 - Não será concedida licença para tratar de interesses particulares ao funcionário nomeado, removido ou transferido, antes de assumir o exercício do cargo.

Art. 204 - Só poderá ser concedida nova licença depois de decorridos 5 (cinco) anos do término da anterior.

Seção VIII
Da Licença à Funcionária Casada com Funcionário ou Militar

Art. 205 - A funcionária casada com funcionário estadual ou com militar terá direito à licença, sem vencimento ou remuneração, quando o marido for mandado servir, independentemente de solicitação, em outro ponto do Estado ou do território nacional ou no estrangeiro.

Parágrafo único - A licença será concedida mediante pedido devidamente instruído e vigorará pelo tempo que durar a comissão ou a nova função do marido.

Seção IX
Da Licença Compulsória

Art. 206 - O funcionário, ao qual se possa atribuir a condição de fonte de infecção de doença transmissível, poderá ser licenciado, enquanto durar essa condição, a juízo de autoridade sanitária competente, e na forma prevista no regulamento.

Art. 207 - Verificada a procedência da suspeita, o funcionário será licenciado para tratamento de saúde na forma prevista no art. 191, considerando-se incluídos no período da licença os dias de licenciamento compulsório.

Art. 208 - Quando não positivada a moléstia, deverá o funcionário retornar ao serviço, considerando -se como de efetivo exercício para todos os efeitos legais, o período de licença compulsória.

Seção X
Da Licença - Prêmio

Art. 209 - O funcionário terá direito, como prêmio de assiduidade, à licença de 90 (noventa) dias em cada período de 5 (cinco) anos de exercício ininterrupto, em que não haja sofrido qualquer penalidade administrativa.

Parágrafo único - O período da licença será considerado de efetivo exercício para todos os efeitos legais, e não acarretará desconto algum no vencimento ou remuneração.

Art. 210 - Para fins da licença prevista nesta Seção, não se consideram interrupção de exercício:

I - os afastamentos enumerados no art. 78, excetuado o previsto no item X; e

II - as faltas abonadas, as justificadas e os dias de licença a que se referem os itens I e IV do art. 181 desde que o total de todas essas ausências não exceda o limite máximo de 30 (trinta) dias, no período de 5 (cinco) anos.

Art. 211 - *(Revogado pelo art. 13 da Lei Complementar nº 318, de 10/03/1983)*

Art. 212 - A licença-prêmio será concedida mediante certidão de tempo de serviço, independente de requerimento do funcionário, e será publicada no Diário Oficial do Estado, nos termos da legislação em vigor. *(Redação dada pela Lei Complementar n. 1048/08)*

Art. 213 - O funcionário poderá requerer o gozo da licença-prêmio *(Redação dada pela Lei Complementar n. 1048/08):*

I - por inteiro ou em parcelas não inferiores a 15 (quinze) dias;

II - até o implemento das condições para a aposentadoria voluntária.

§ 1º - Caberá à autoridade competente:

1 - adotar, após manifestação do chefe imediato, sem prejuízo para o serviço, as medidas necessárias para que o funcionário possa gozar a licença-prêmio a que tenha direito;

2 - decidir, após manifestação do chefe imediato, observada a opção do funcionário e respeitado o interesse do serviço, pelo gozo da licença-prêmio por inteiro ou parceladamente.

§ 2º - A apresentação de pedido de passagem à inatividade, sem a prévia e oportuna apresentação do requerimento de gozo, implicará perda do direito à licença-prêmio.

Art. 214 - O funcionário deverá aguardar em exercício a apreciação do requerimento de gozo da licença-prêmio *(Redação dada pela Lei Complementar n. 1048/08).*

Parágrafo único - O gozo da licença-prêmio dependerá de novo requerimento, caso não se inicie em até 30 (trinta) dias contados da publicação do ato que o houver autorizado.

Art. 215 - (Revogado pelo art. 12 da Lei Complementar nº 644, de 26/12/1989)

Art. 216 - (Revogado pelo art. 12 da Lei Complementar nº 644, de 26/12/1989)

Capítulo III
Da Estabilidade

Art. 217 - É assegurada a estabilidade somente ao funcionário que, nomeado por concurso, contar mais de 2 (dois) anos de efetivo exercício.

- Sobre estabilidade, ver artigo 41 da Constituição Federal, de 05/10/1988.

Art. 218 - O funcionário estável só poderá ser demitido em virtude de sentença judicial ou mediante processo administrativo, assegurada ampla defesa.

Parágrafo único - A estabilidade diz respeito ao serviço público e não ao cargo, ressalvando-se à Administração o direito de aproveitar o funcionário em outro cargo de igual padrão, de acordo com as suas aptidões.

Capítulo IV
Da Disponibilidade

Art. 219 - O funcionário poderá ser posto em disponibilidade remunerada:

I - no caso previsto no § 2º do art. 31; e

II - quando, tendo adquirido estabilidade, o cargo for extinto por lei.

Parágrafo único - O funcionário ficará em disponibilidade até o seu obrigatório aproveitamento em cargo equivalente.

Art. 220 - O provento da disponibilidade não poderá ser superior ao vencimento ou remuneração e vantagens percebidos pelo funcionário.

Art. 221 - Qualquer alteração do vencimento ou remuneração e vantagens percebidas pelo funcionário em virtude de medida geral, será extensiva ao provento do disponível, na mesma proporção.

- Súmulas n.º 358 e 567 do STF:

- 358 - "O servidor público em disponibilidade tem direito aos vencimentos integrais do cargo".

- 567 - "A Constituição ao assegurar, no § 3º, do art. 102, a contagem integral do tempo de serviço público federal, estadual ou municipal para os efeitos de aposentadoria e disponibilidade não proíbe à União, aos Estados e aos Municípios mandarem contar, mediante lei, para efeito diverso, tempo de serviço prestado a outra pessoa de direito público interno".

Capítulo V
Da Aposentadoria

- Sobre aposentadoria ver Emenda Constitucional Federal nº 20, de 15/12/1998.

Art. 222 - O funcionário será aposentado:

I - por invalidez;

II - compulsoriamente, aos 70 (setenta) anos; e

III - voluntariamente, após 35 (trinta e cinco) anos de serviço.

§ 1º - No caso do item III, o prazo é reduzido a 30 (trinta) anos para as mulheres.

§ 2º - Os limites de idade e de tempo de serviço para a aposentadoria poderão ser reduzidos, nos termos do parágrafo único do art. 94 da Constituição do Estado de São Paulo.

Art. 223 - A aposentadoria prevista no item I do artigo anterior, só será concedida, após a comprovação da invalidez do funcionário, mediante inspeção de saúde realizada em órgão médico oficial.

Art. 224 - A aposentadoria compulsória prevista no item II do art. 222 é automática.

Parágrafo único - O funcionário se afastará no dia imediato àquele em que atingir a idade limite, independentemente da publicação do ato declaratório da aposentadoria.

Art. 225 - O funcionário em disponibilidade poderá ser aposentado nos termos do art. 222.

Art. 226 - O provento da aposentadoria será:

I - igual ao vencimento ou remuneração e demais vantagens pecuniárias incorporadas para esse efeito:

1 - quando o funcionário, do sexo masculino, contar 35 (trinta e cinco) anos de serviço e do sexo feminino, 30 (trinta) anos; e

2 - quando ocorrer a invalidez.

II - proporcional ao tempo de serviço, nos demais casos.

Art. 227 - As disposições dos itens I e II do art. 222 aplicam -se ao funcionário ocupante de cargo em comissão, que contar mais de 15 (quinze) anos de exercício ininterrupto nesse cargo, seja ou não ocupante de cargo de provimento efetivo.

Art. 228 - A aposentadoria prevista no item III do art. 222 produzirá efeito a partir da publicação do ato no "Diário Oficial".

Art. 229 - O pagamento dos proventos a que tiver direito o aposentado deverá iniciar -se no mês seguinte ao em que cessar a percepção do vencimento ou remuneração.

Art. 230 - O provento do aposentado só poderá sofrer descontos autorizados em lei.

Art. 231 - O provento da aposentadoria não poderá ser superior ao vencimento ou remuneração e demais vantagens percebidas pelo funcionário.

Art. 232 - Qualquer alteração do vencimento ou remuneração e vantagens percebidas pelo funcionário em virtude de medida geral, será extensiva ao provento do aposentado, na mesma proporção.

- Súmulas nº 6, 10, 36 e 567 do STF:

- 6 - "A revogação ou anulação, pelo Poder Executivo, de aposentadoria, ou qualquer outro ato aprovado pelo Tribunal de Contas, não produz efeitos antes de aprovada por aquele Tribunal, ressalvada a competência revisora do Judiciário".

- 10 - "O tempo de serviço militar conta -se para efeito de disponibilidade e aposentadoria do servidor público estadual".

- 36 - "Servidor vitalício está sujeito à aposentadoria compulsória em razão da idade".

- 567 - "A Constituição ao assegurar, no § 3º, do art. 102, a contagem integral do tempo de serviço público federal, estadual ou municipal para os efeitos de aposentadoria e disponibilidade não proíbe à União, aos Estados e aos Municípios mandarem contar, mediante lei, para efeito diverso, tempo de serviço prestado a outra pessoa de direito público interno".

- Sobre aposentadoria, ver art. 40 da Constituição Federal, de 05/10/1988, e artigos 126 e 132 da Constituição Estadual, de 05/10/1989.

Capítulo VI
Da Assistência ao Funcionário

Art. 233 - Nos trabalhos insalubres executados pelos funcionários, o Estado é obrigado a fornecer - lhes gratuitamente equipamentos de proteção à saúde.

Parágrafo único - Os equipamentos aprovados por órgão competente, serão de uso obrigatório dos funcionários, sob pena de suspensão.

Art. 234 - Ao funcionário é assegurado o direito de remoção para igual cargo no local de residência do cônjuge, se este também for funcionário e houver vaga.

Art. 235 - Havendo vaga na sede do exercício de ambos os cônjuges, a remoção poderá ser feita para o local indicado por qualquer deles, desde que não prejudique o serviço.

Art. 236 - Somente será concedida nova remoção por união de cônjuges ao funcionário que for removido a pedido para outro local, após transcorridos 5 (cinco) anos.

Art. 237 - Considera -se local, para os fins dos arts. 234 a 236, o município onde o cônjuge tem sua residência.

Art. 238 - O ato que remover ou transferir o funcionário estudante de uma para outra cidade ficará suspenso se, na nova sede, não existir estabelecimento congênere, oficial, reconhecido ou equiparado àquele em que o interessado esteja matriculado.

§ 1º - Efetivar -se -á a transferência, se o funcionário concluir o curso, deixar de cursá-lo ou for reprovado durante 2 (dois) anos.

§ 2º - Anualmente, o interessado deverá fazer prova, perante a repartição a que esteja subordinado, de que está freqüentando regularmente o curso em que estiver matriculado.

Capítulo VII
Do Direito de Petição

Art. 239 - É assegurado a qualquer pessoa, física ou jurídica, independentemente de pagamento, o direito de petição contra ilegalidade ou abuso de poder e para defesa de direitos.

§ 1º - Qualquer pessoa poderá reclamar sobre abuso, erro, omissão ou conduta incompatível no serviço público.

§ 2º - Em nenhuma hipótese, a Administração poderá recusar -se a protocolar, encaminhar ou apreciar a petição, sob pena de responsabilidade do agente. *(Redação dada pelo artigo 1º, I da Lei Complementar nº 942, de 06/06/2003)*

Art. 240 - Ao servidor é assegurado o direito de requerer ou representar, bem como, nos termos desta lei complementar, pedir reconsideração e recorrer de decisões, no prazo de 30 (trinta) dias, salvo previsão legal específica. *(Redação dada pelo artigo 1°, I da Lei Complementar n° 942, de 06/06/2003)*

Título VI
Dos Deveres, das Proibições e das Responsabilidades
Capítulo I
Dos Deveres e das Proibições
Seção I
Dos Deveres

Art. 241 - São deveres do funcionário:
I - ser assíduo e pontual;
II - cumprir as ordens superiores, representando quando forem manifestamente ilegais;
III - desempenhar com zelo e presteza os trabalhos de que for incumbido;
IV - guardar sigilo sobre os assuntos da repartição e, especialmente, sobre despachos, decisões ou providências;
V - representar aos superiores sobre todas as irregularidades de que tiver conhecimento no exercício de suas funções;
VI - tratar com urbanidade as pessoas; *(Redação dada pela Lei Complementar n. 1.096, de 24/09/2009)*
VII - residir no local onde exerce o cargo ou, onde autorizado;
VIII - providenciar para que esteja sempre em ordem, no assentamento individual, a sua declaração de família;
IX - zelar pela economia do material do Estado e pela conservação do que for confiado à sua guarda ou utilização;
X - apresentar -se convenientemente trajado em serviço ou com uniforme determinado, quando for o caso;
XI - atender prontamente, com preferência sobre qualquer outro serviço, às requisições de papéis, documentos, informações ou providências que lhe forem feitas pelas autoridades judiciárias ou administrativas, para defesa do Estado, em Juízo;
XII - cooperar e manter espírito de solidariedade com os companheiros de trabalho,
XIII - estar em dia com as leis, regulamentos, regimentos, instruções e ordens de serviço que digam respeito às suas funções; e
XIV - proceder na vida pública e privada na forma que dignifique a função pública.

Seção II
Das Proibições

Art. 242 - Ao funcionário é proibido:
I - Revogado. *(Redação dada pela Lei Complementar n. 1.096, de 24/09/2009)*
II - retirar, sem prévia permissão da autoridade competente, qualquer documento ou objeto existente na repartição;
III - entreter -se, durante as horas de trabalho, em palestras, leituras ou outras atividades estranhas ao serviço;
IV - deixar de comparecer ao serviço sem causa justificada;
V - tratar de interesses particulares na repartição;
VI - promover manifestações de apreço ou desapreço dentro da repartição, ou tornar -se solidário com elas;
VII - exercer comércio entre os companheiros de serviço, promover ou subscrever listas de donativos dentro da repartição; e
VIII - empregar material do serviço público em serviço particular.

Art. 243 - É proibido ainda, ao funcionário:
I - fazer contratos de natureza comercial e industrial com o Governo, por si, ou como representante de outrem;
II - participar da gerência ou administração de empresas bancárias ou industriais, ou de sociedades comerciais, que mantenham relações comerciais ou administrativas com o Governo do Estado, sejam por este subvencionadas ou estejam diretamente relacionadas com a finalidade da repartição ou serviço em que esteja lotado;
III - requerer ou promover a concessão de privilégios, garantias de juros ou outros favores semelhantes, federais, estaduais ou municipais, exceto privilégio de invenção própria;
IV - exercer, mesmo fora das horas de trabalho, emprego ou função em empresas, estabelecimentos ou instituições que tenham relações com o Governo, em matéria que se relacione com a finalidade da repartição ou serviço em que esteja lotado;
V - aceitar representação de Estado estrangeiro, sem autorização do Presidente da República;
VI - comerciar ou ter parte em sociedades comerciais nas condições mencionadas no item II deste artigo, podendo, em qualquer caso, ser acionista, quotista ou comanditário;
VII - incitar greves ou a elas aderir, ou praticar atos de sabotagem contra o serviço público;
- Sobre greve ver art. 37, VII da Constituição Federal.
VIII - praticar a usura;
IX - constituir -se procurador de partes ou servir de intermediário perante qualquer repartição pública, exceto quando se tratar de interesse de cônjuge ou parente até segundo grau;
X - receber estipêndios de firmas fornecedoras ou de entidades fiscalizadas, no País, ou no estrangeiro, mesmo quando estiver em missão referente à compra de material ou fiscalização de qualquer natureza;
XI - valer -se de sua qualidade de funcionário para desempenhar atividade estranha às funções ou para lograr, direta ou indiretamente, qualquer proveito; e
XII - fundar sindicato de funcionários ou deles fazer parte.
- Sobre sindicato ver art. 37, VI da Constituição Federal.
Parágrafo único - Não está compreendida na proibição dos itens II e VI deste artigo, a participação do funcionário em sociedades em que o Estado seja acionista, bem assim na direção ou gerência de cooperativas e associações de classe, ou como seu sócio.

Art. 244 - É vedado ao funcionário trabalhar sob as ordens imediatas de parentes, até segundo grau, salvo quando se tratar de função de confiança e livre escolha, não podendo exceder a 2 (dois) o número de auxiliares nessas condições.

Capítulo II
Das Responsabilidades

Art. 245 - O funcionário é responsável por todos os prejuízos que, nessa qualidade, causar à Fazenda Estadual, por dolo ou culpa, devidamente apurados.
Parágrafo único - Caracteriza-se especialmente a responsabilidade:
I - pela sonegação de valores e objetos confiados à sua guarda ou responsabilidade, ou por não prestar contas, ou por não as tomar, na forma e no prazo estabelecidos nas leis, regulamentos, regimentos, instruções e ordens de serviço;
II - pelas faltas, danos, avarias e quaisquer outros prejuízos que sofrerem os bens e os materiais sob sua guarda, ou sujeitos a seu exame ou fiscalização;
III - pela falta ou inexatidão das necessárias averbações nas notas de despacho, guias e outros documentos da receita, ou que tenham com eles relação; e
IV - por qualquer erro de cálculo ou redução contra a Fazenda Estadual.
- Ver artigos 312 ao 327 do Código Penal sobre os crimes contra a Administração Pública.

Art. 246 - O funcionário que adquirir materiais em desacordo com disposições legais e regulamentares, será responsabilizado pelo respectivo custo, sem prejuízo das penalidades disciplinares cabíveis, podendo -se proceder ao desconto no seu vencimento ou remuneração.

Art. 247 - Nos casos de indenização à Fazenda Estadual, o funcionário será obrigado a repor, de uma só vez, a importância do prejuízo causado em virtude de alcance, desfalque, remissão ou omissão em efetuar recolhimento ou entrada nos prazos legais.

Art. 248 - Fora dos casos incluídos no artigo anterior, a importância da indenização poderá ser descontada do vencimento ou remuneração não excedendo o desconto à 10ª (décima) parte do valor destes.

Parágrafo único - No caso do item IV do parágrafo único do art. 245, não tendo havido má-fé, será aplicada a pena de repreensão e, na reincidência, a de suspensão.

Art. 249 - Será igualmente responsabilizado o funcionário que, fora dos casos expressamente previstos nas leis, regulamentos ou regimentos, cometer a pessoas estranhas às repartições, o desempenho de encargos que lhe competirem ou aos seus subordinados.

Art. 250 - A responsabilidade administrativa não exime o funcionário da responsabilidade civil ou criminal que no caso couber, nem o pagamento da indenização a que ficar obrigado, na forma dos arts. 247 e 248, o exame da pena disciplinar em que incorrer.

§ 1° - A responsabilidade administrativa é independente da civil e da criminal.

§ 2° - Será reintegrado ao serviço público, no cargo que ocupava e com todos os direitos e vantagens devidas, o servidor absolvido pela Justiça, mediante simples comprovação do trânsito em julgado de decisão que negue a existência de sua autoria ou do fato que deu origem à sua demissão.

§ 3° - O processo administrativo só poderá ser sobrestado para aguardar decisão judicial por despacho motivado da autoridade competente para aplicar a pena. *(§§ 1°, 2° e 3° acrescentados pelo artigo 2°, I da Lei Complementar n° 942, de 06/06/2003)*

- Sobre responsabilidades, ver artigo 131 da Constituição Estadual, de 05/10/1989.

Título VII
Das Penalidades, da Extinção da Punibilidade e das Providências Preliminares

(Redação dada pela Lei Complementar n° 942, de 06/06/2003)

Capítulo I
Das Penalidades e de sua Aplicação

Art. 251 - São penas disciplinares:

I - repreensão;

II - suspensão;

III - multa;

IV - demissão;

V - demissão a bem do serviço público; e

VI - cassação de aposentadoria ou disponibilidade

Art. 252 - Na aplicação das penas disciplinares serão consideradas a natureza e a gravidade da infração e os danos que dela provierem para o serviço público.

Art. 253 - A pena de repreensão será aplicada por escrito, nos casos de indisciplina ou falta de cumprimento dos deveres.

Art. 254 - A pena de suspensão, que não excederá de 90 (noventa) dias, será aplicada em caso de falta grave ou de reincidência.

§ 1° - O funcionário suspenso perderá todas as vantagens e direitos decorrentes do exercício do cargo.

§ 2° - A autoridade que aplicar a pena de suspensão poderá converter essa penalidade em multa, na base de 50% (cinqüenta por cento) por dia de vencimento ou remuneração, sendo o funcionário, nesse caso, obrigado a permanecer em serviço.

Art. 255 - A pena de multa será aplicada na forma e nos casos expressamente previstos em lei ou regulamento.

Art. 256 - Será aplicada a pena de demissão nos casos de:

I - abandono de cargo;

II - procedimento irregular, de natureza grave;

III - ineficiência no serviço;

IV - aplicação indevida de dinheiros públicos, e

V - ausência ao serviço, sem causa justificável, por mais de 45 (quarenta e cinco) dias, interpoladamente, durante 1 (um) ano.

§ 1° - Considerar -se -á abandono de cargo, o não comparecimento do funcionário por mais de (30) dias consecutivos "ex -vi" do art. 63.

§ 2° - A pena de demissão por ineficiência no serviço, só será aplicada quando verificada a impossibilidade de readaptação.

Art. 257 - Será aplicada a pena de demissão a bem do serviço público ao funcionário que:

I - for convencido de incontinência pública e escandalosa e de vício de jogos proibidos;

II - praticar ato definido como crime contra a administração pública, a fé pública e a Fazenda Estadual, ou previsto nas leis relativas à segurança e à defesa nacional; *(Redação dada pelo artigo 1°, II da Lei Complementar n° 942, de 06/06/2003)*

III - revelar segredos de que tenha conhecimento em razão do cargo, desde que o faça dolosamente e com prejuízo para o Estado ou particulares;

IV - praticar insubordinação grave;

V - praticar, em serviço, ofensas físicas contra funcionários ou particulares, salvo se em legítima defesa;

VI - lesar o patrimônio ou os cofres públicos;

VII - receber ou solicitar propinas, comissões, presentes ou vantagens de qualquer espécie, diretamente ou por intermédio de outrem, ainda que fora de suas funções mas em razão delas;

VIII - pedir, por empréstimo, dinheiro ou quaisquer valores a pessoas que tratem de interesses ou o tenham na repartição, ou estejam sujeitos à sua fiscalização;

IX - exercer advocacia administrativa; e

X - apresentar com dolo declaração falsa em matéria de salário -família, sem prejuízo da responsabilidade civil e de procedimento criminal, que no caso couber.

XI - praticar ato definido como crime hediondo, tortura, tráfico ilícito de entorpecentes e drogas afins e terrorismo;

XII - praticar ato definido como crime contra o Sistema Financeiro, ou de lavagem ou ocultação de bens, direitos ou valores;

XIII - praticar ato definido em lei como de improbidade. *(Incisos XI, XII e XIII acrescentados pelo artigo 2°, II da Lei Complementar n° 942, de 06/06/2003)*

Art. 258 - O ato que demitir o funcionário mencionará sempre a disposição legal em que se fundamenta.

- Sobre demissão, ver artigo 136 da Constituição Estadual, de 05/10/1989.

Art. 259 - Será aplicada a pena de cassação de aposentadoria ou disponibilidade, se ficar provado que o inativo:

I - praticou, quando em atividade, falta grave para a qual é cominada nesta lei a pena de demissão ou de demissão a bem do serviço público;

II - aceitou ilegalmente cargo ou função pública;

III - aceitou representação de Estado estrangeiro sem prévia autorização do Presidente da República; e

IV - praticou a usura em qualquer de suas formas.

Art. 260 - Para aplicação das penalidades previstas no art. 251, são competentes:

I - o Governador;

II - os Secretários de Estado, o Procurador *(Redação dada pelo artigo 1°, III da Lei Complementar n° 942, de 06/06/2003)*

III - os Chefes de Gabinete, até a de suspensão; *(Redação dada pelo artigo 1°, III da Lei Complementar n° 942, de 06/06/2003)*

IV - os Coordenadores, até a de suspensão limitada a 60 (sessenta) dias; e *(Redação dada pelo artigo 1°, III da Lei Complementar n° 942, de 06/06/2003)*

V - os Diretores de Departamento e Divisão, até a de suspensão limitada a 30 (trinta) dias. *(Redação dada pelo artigo 1°, III da Lei Complementar n° 942, de 06/06/2003)*

Parágrafo único - Havendo mais de um infrator e diversidade de sanções, a competência será da autoridade responsável pela imposição da penalidade mais grave. *(Redação dada pelo artigo 1°, III da Lei Complementar n° 942, de 06/06/2003)*

Art. 261 - Extingue -se a punibilidade pela prescrição: *(Redação dada pelo artigo 1°, III da Lei Complementar n° 942, de 06/06/2003)*

I - da falta sujeita à pena de repreensão, suspensão ou multa, em 2 (dois) anos; *(Redação dada pelo artigo. 1° da Lei Complementar n.° 61, de 21/08/1972)*

II - da falta sujeita à pena de demissão, de demissão a bem do serviço público e de cassação da aposentadoria ou disponibilidade, em 5 (cinco) anos; *(Redação dada pelo artigo 1°, III da Lei Complementar n° 942, de 06/06/2003)*

III - da falta prevista em lei como infração penal, no prazo de prescrição em abstrato da pena criminal, se for superior a 5 (cinco) anos. *(Redação dada pelo artigo 1°, III da Lei Complementar n° 942, de 06/06/2003)*

§ 1° - A prescrição começa a correr:

1 - do dia em que a falta for cometida;

2 - do dia em que tenha cessado a continuação ou a permanência, nas faltas continuadas ou permanentes. *(Redação dada pelo artigo 1°, III da Lei Complementar n° 942, de 06/06/2003)*

§ 2° - Interrompem a prescrição a portaria que instaura sindicância e a que instaura processo administrativo. *(Redação dada pelo artigo 1°, III da Lei Complementar n° 942, de 06/06/2003)*

§ 3° - O lapso prescricional corresponde:

1 - na hipótese de desclassificação da infração, ao da pena efetivamente aplicada;

2 - na hipótese de mitigação ou atenuação, ao da pena em tese cabível. *(Redação dada pelo artigo 1°, III da Lei Complementar n° 942, de 06/06/2003)*

§ 4° - A prescrição não corre:

1 - enquanto sobrestado o processo administrativo para aguardar decisão judicial, na forma do § 3° do artigo 250;

2 - enquanto insubsistente o vínculo funcional que venha a ser restabelecido. *(Redação dada pelo artigo 1°, III da Lei Complementar n° 942, de 06/06/2003)*

§ 5° - Extinta a punibilidade pela prescrição, a autoridade julgadora determinará o registro do fato nos assentamentos individuais do servidor. *(Redação dada pelo artigo 1°, III da Lei Complementar n° 942, de 06/06/2003)*

§ 6° - A decisão que reconhecer a existência de prescrição deverá desde logo determinar, quando for o caso, as providências necessárias à apuração da responsabilidade pela sua ocorrência.

Art. 262 - O funcionário que, sem justa causa, deixar de atender a qualquer exigência para cujo cumprimento seja marcado prazo certo, terá suspenso o pagamento de seu vencimento ou remuneração até que satisfaça essa exigência.

Parágrafo único - Aplica -se aos aposentados ou em disponibilidade o disposto neste artigo.

Art. 263 - Deverão constar do assentamento individual do funcionário todas as penas que lhe forem impostas.

Capítulo II
Das Providências Preliminares

(Redação dada pela Lei Complementar n° 942, de 06/06/2003)

Art. 264 - A autoridade que, por qualquer meio, tiver conhecimento de irregularidade praticada por servidor é obrigada a adotar providências visando à sua imediata apuração, sem prejuízo das medidas urgentes que o caso exigir. *(Redação dada pelo artigo 1°, IV da Lei Complementar n° 942, de 06/06/2003).*

Art. 265 - A autoridade realizará apuração preliminar, de natureza simplesmente investigativa, quando a infração não estiver suficientemente caracterizada ou definida autoria. *(Redação dada pelo artigo 1°, IV da Lei Complementar n° 942, de 06/06/2003)*

§ 1° - A apuração preliminar deverá ser concluída no prazo de 30 (trinta) dias.

§ 2° - Não concluída no prazo a apuração, a autoridade deverá imediatamente encaminhar ao Chefe de Gabinete relatório das diligências realizadas e definir o tempo necessário para o término dos trabalhos.

§ 3° - Ao concluir a apuração preliminar, a autoridade deverá opinar fundamentadamente pelo arquivamento ou pela instauração de sindicância ou de processo administrativo. *(§§ 1°, 2° e 3° acrescentados pelo artigo 1°, IV da Lei Complementar n° 942, de 06/06/2003)*

Art. 266 - Determinada a instauração de sindicância ou processo administrativo, ou no seu curso, havendo conveniência para a instrução ou para o serviço, poderá o Chefe de Gabinete, por despacho fundamentado, ordenar as seguintes providências: *(Redação dada pelo artigo 1°, IV da Lei Complementar n° 942, de 06/06/2003)*

I - afastamento preventivo do servidor, quando o recomendar a moralidade administrativa ou a apuração do fato, sem prejuízo de vencimentos ou vantagens, até 180 (cento e oitenta) dias, prorrogáveis uma única vez por igual período;

II - designação do servidor acusado para o exercício de atividades exclusivamente burocráticas até decisão final do procedimento;

III - recolhimento de carteira funcional, distintivo, armas e algemas;

IV - proibição do porte de armas;

V - comparecimento obrigatório, em periodicidade a ser estabelecida, para tomar ciência dos atos do procedimento. *(Redação dada pelo artigo 1°, IV da Lei Complementar n° 942, de 06/06/2003)*

§ 1° - A autoridade que determinar a instauração ou presidir sindicância ou processo administrativo poderá representar ao Chefe de Gabinete para propor a aplicação das medidas previstas neste artigo, bem como sua cessação ou alteração.

§ 2° - O Chefe de Gabinete poderá, a qualquer momento, por despacho fundamentado, fazer cessar ou alterar as medidas previstas neste artigo. *(§§ 1° e 2° acrescentados pelo artigo 1°, IV da Lei Complementar n° 942, de 06/06/2003)*

Art. 267 - O período de afastamento preventivo computa -se como de efetivo exercício, não sendo descontado da pena de suspensão eventualmente aplicada. *(Redação dada pelo artigo 1°, IV da Lei Complementar n° 942, de 06/06/2003)*

Título VIII
Do Procedimento Disciplinar
Capítulo I
Das Disposições Gerais

(Redação dada pela Lei Complementar n° 942, de 06/06/2003)

Art. 268 - A apuração das infrações será feita mediante sindicância ou processo administrativo, assegurados o contraditório e a ampla defesa. *(Redação dada pelo artigo 1°, V da Lei Complementar n° 942, de 06/06/2003).*

Art. 269 - Será instaurada sindicância quando a falta disciplinar, por sua natureza, possa determinar as penas de repreensão, suspensão ou multa. *(Redação dada pelo artigo 1°, V da Lei Complementar n° 942, de 06/06/2003).*

Art. 270 - Será obrigatório o processo administrativo quando a falta disciplinar, por sua natureza, possa determinar as penas de demissão, de demissão a bem do serviço público e de cassação de aposentadoria ou disponibilidade. *(Redação dada pelo artigo 1°, V da Lei Complementar n° 942, de 06/06/2003)*

Art. 271 - Os procedimentos disciplinares punitivos serão realizados pela Procuradoria Geral do Estado e presididos por

Procurador do Estado confirmado na carreira. *(Redação dada pelo artigo 1°, V da Lei Complementar n° 942, de 06/06/2003).*

Capítulo II
Da Sindicância

Art. 272 - São competentes para determinar a instauração de sindicância as autoridades enumeradas no artigo 260.

Parágrafo único - Instaurada a sindicância, o Procurador do Estado que a presidir comunicará o fato ao órgão setorial de pessoal. *(Parágrafo único acrescentado pelo artigo 1°, V da Lei Complementar n° 942, de 06.06.2003).*

- Súmula nº 18 e 19 do STF:

- 18. "Pela falta residual, não compreendida na absolvição pelo juízo criminal, é admissível a punição administrativa do servidor público.

- 19. "É inadmissível segunda punição de servidor público, baseada no mesmo processo em que se fundou a primeira

Art. 273 - Aplicam -se à sindicância as regras previstas nesta lei complementar para o processo administrativo, com as seguintes modificações: *(Redação dada pelo artigo 1°, V da Lei Complementar n° 942, de 06/06/2003).*

I - a autoridade sindicante e cada acusado poderão arrolar até 3 (três) testemunhas;

II - a sindicância deverá estar concluída no prazo de 60 (sessenta) dias;

III - com o relatório, a sindicância será enviada à autoridade competente para a decisão. *(Incisos acrescentados pelo artigo 1°, V da Lei Complementar n° 942, de 06/06/2003).*

Capítulo III
Do Processo Administrativo

(Redação dada pela Lei Complementar n° 942, de 06/06/2003).

Art. 274 - São competentes para determinar a instauração de processo administrativo as autoridades enumeradas no artigo 260, até o inciso IV, inclusive. *(Redação dada pelo artigo 1°, V da Lei Complementar n° 942, de 06/06/2003).*

Art. 275 - Não poderá ser encarregado da apuração, nem atuar como secretário, amigo íntimo ou inimigo, parente consangüíneo ou afim, em linha reta ou colateral, até o terceiro grau inclusive, cônjuge, companheiro ou qualquer integrante do núcleo familiar do denunciante ou do acusado, bem assim o subordinado deste. *(Redação dada pelo artigo 1°, V da Lei Complementar n° 942, de 06/06/2003).*

Art. 276 - A autoridade ou o funcionário designado deverão comunicar, desde logo, à autoridade competente, o impedimento que houver. *(Redação dada pelo artigo 1°, V da Lei Complementar n° 942, de 06/06/2003).*

Art. 277 - O processo administrativo deverá ser instaurado por portaria, no prazo improrrogável de 8 (oito) dias do recebimento da determinação, e concluído no de 90 (noventa) dias da citação do acusado. *(Redação dada pelo artigo 1°, V da Lei Complementar n° 942, de 06/06/2003).*

§ 1º - Da portaria deverão constar o nome e a identificação do acusado, a infração que lhe é atribuída, com descrição sucinta dos fatos, a indicação das normas infringidas e a penalidade mais elevada em tese cabível.

§ 2º - Vencido o prazo, caso não concluído o processo, o Procurador do Estado que o presidir deverá imediatamente encaminhar ao seu superior hierárquico relatório indicando as providências faltantes e o tempo necessário para término dos trabalhos.

§ 3º - O superior hierárquico dará ciência dos fatos a que se refere o parágrafo anterior e das providências que houver adotado à autoridade que determinou a instauração do processo. *(§§ 1°, 2° e 3° acrescentados pelo artigo 1°, V da Lei Complementar n° 942, de 06/06/2003).*

Art. 278 - Autuada a portaria e demais peças preexistentes, designará o presidente dia e hora para audiência de interrogatório, determinando a citação do acusado e a notificação do denunciante, se houver. *(Redação dada pelo artigo 1°, V da Lei Complementar n° 942, de 06/06/2003).*

§ 1º - O mandado de citação deverá conter: *(Redação dada pelo artigo 1°, V da Lei Complementar n° 942, de 06/06/2003).*

1 - cópia da portaria;

2 - data, hora e local do interrogatório, que poderá ser acompanhado pelo advogado do acusado;

3 - data, hora e local da oitiva do denunciante, se houver, que deverá ser acompanhada pelo advogado do acusado;

4 - esclarecimento de que o acusado será defendido por advogado dativo, caso não constitua advogado próprio;

5 - informação de que o acusado poderá arrolar testemunhas e requerer provas, no prazo de 3 (três) dias após a data designada para seu interrogatório;

6 - advertência de que o processo será extinto se o acusado pedir exoneração até o interrogatório, quando se tratar exclusivamente de abandono de cargo ou função, bem como inassiduidade. *(Itens acrescentados pelo artigo 1°, V da Lei Complementar n° 942, de 06/06/2003).*

§ 2º - A citação do acusado será feita pessoalmente, no mínimo 2 (dois) dias antes do interrogatório, por intermédio do respectivo superior hierárquico, ou diretamente, onde possa ser encontrado. *(Redação dada pelo artigo 1°, V da Lei Complementar n° 942, de 06/06/2003).*

§ 3º - Não sendo encontrado em seu local de trabalho ou no endereço constante de seu assentamento individual, furtando -se o acusado à citação ou ignorando -se seu paradeiro, a citação far -se -á por edital, publicado uma vez no Diário Oficial do Estado, no mínimo 10 (dez) dias antes do interrogatório. *(§ 3° acrescentado pelo artigo 1°, V da Lei Complementar n° 942, de 06/06/2003).*

Art. 279 - Havendo denunciante, este deverá prestar declarações, no interregno entre a data da citação e a fixada para o interrogatório do acusado, sendo notificado para tal fim.

§ 1º - A oitiva do denunciante deverá ser acompanhada pelo advogado do acusado, próprio ou dativo.

§ 2º - O acusado não assistirá à inquirição do denunciante; antes porém de ser interrogado, poderá ter ciência das declarações que aquele houver prestado. *(Redação dada pelo artigo 1°, V da Lei Complementar n° 942, de 06/06/2003).*

Art. 280 - Não comparecendo o acusado, será, por despacho, decretada sua revelia, prosseguindo -se nos demais atos e termos do processo. *(Redação dada pelo artigo 1°, V da Lei Complementar n° 942, de 06/06/2003).*

Art. 281 - Ao acusado revel será nomeado advogado dativo. *(Redação dada pelo artigo 1°, V da Lei Complementar n° 942, de 06/06/2003).*

Art. 282 - O acusado poderá constituir advogado que o representará em todos os atos e termos do processo. *(Redação dada pelo artigo 1°, V da Lei Complementar n° 942, de 06/06/2003).*

§ 1º - É faculdade do acusado tomar ciência ou assistir aos atos e termos do processo, não sendo obrigatória qualquer notificação.

§ 2º - O advogado será intimado por publicação no Diário Oficial do Estado, de que conste seu nome e número de inscrição na Ordem dos Advogados do Brasil, bem como os dados necessários à identificação do procedimento.

§ 3º - Não tendo o acusado recursos financeiros ou negando-se a constituir advogado, o presidente nomeará advogado dativo.

§ 4º - O acusado poderá, a qualquer tempo, constituir advogado para prosseguir na sua defesa. *(§§ 1°, 2°, 3º e 4° acrescentados pelo artigo 1°, V da Lei Complementar n° 942, de 06/06/2003).*

Art. 283 - Comparecendo ou não o acusado ao interrogatório, inicia-se o prazo de 3 (três) dias para requerer a produção de provas, ou apresentá-las.

§ 1º - O presidente e cada acusado poderão arrolar até 5 (cinco) testemunhas.

§ 2º - A prova de antecedentes do acusado será feita exclusivamente por documentos, até as alegações finais. *(Redação dada pelo artigo 1°, V da Lei Complementar n° 942, de 06/06/2003).*

§ 3º - Até a data do interrogatório,será designada a audiência de instrução. *(Redação dada pelo artigo 1°, V da Lei Complementar n° 942, de 06/06/2003).*

Art. 284 - Na audiência de instrução, serão ouvidas, pela ordem, as testemunhas arroladas pelo presidente e pelo acusado. *(Redação dada pelo artigo 1°, V da Lei Complementar n° 942, de 06/06/2003).*

Parágrafo único - Tratando -se de servidor público, seu comparecimento poderá ser solicitado ao respectivo superior imediato com as indicações necessárias. *(Parágrafo único acrescentado pelo artigo 1°, V da Lei Complementar n° 942, de 06/06/2003).*

Art. 285 - A testemunha não poderá eximir -se de depor, salvo se for ascendente, descendente, cônjuge, ainda que legalmente separado, companheiro, irmão, sogro e cunhado, pai, mãe ou filho adotivo do acusado, exceto quando não for possível, por outro modo, obter-se ou integrar-se a prova do fato e de suas circunstâncias. *(Redação dada pelo artigo 1°, V da Lei Complementar n° 942, de 06/06/2003).*

§ 1º - Se o parentesco das pessoas referidas for com o denunciante, ficam elas proibidas de depor, observada a exceção deste artigo.

§ 2º - Ao servidor que se recusar a depor, sem justa causa, será pela autoridade competente adotada a providência a que se refere o artigo 262, mediante comunicação do presidente.

§ 3º - O servidor que tiver de depor como testemunha fora da sede de seu exercício, terá direito a transporte e diárias na forma da legislação em vigor, podendo ainda expedir -se precatória para esse efeito à autoridade do domicílio do depoente.

§ 4º - São proibidas de depor as pessoas que, em razão de função, ministério, ofício ou profissão, devam guardar segredo, salvo se, desobrigadas pela parte interessada, quiserem dar o seu testemunho. *(§§ 1°, 2°, 3° e 4° acrescentados pelo artigo 1°, V da Lei Complementar n° 942, de 06/06/2003).*

Art. 286 - A testemunha que morar em comarca diversa poderá ser inquirida pela autoridade do lugar de sua residência, expedindo -se, para esse fim, carta precatória, com prazo razoável, intimada a defesa. *(Redação dada pelo artigo 1°, V da Lei Complementar n° 942, de 06/06/2003).*

§ 1º - Deverá constar da precatória a síntese da imputação e os esclarecimentos pretendidos, bem como a advertência sobre a necessidade da presença de advogado.

§ 2º - A expedição da precatória não suspenderá a instrução do procedimento.

§ 3º - Findo o prazo marcado, o procedimento poderá prosseguir até final decisão; a todo tempo, a precatória, uma vez devolvida, será juntada aos autos. *(§§ 1°, 2° e 3° acrescentados pelo artigo 1°, V da Lei Complementar n° 942, de 06/06/2003).*

Art. 287 - As testemunhas arroladas pelo acusado comparecerão à audiência designada independente de notificação. *(Redação dada pelo artigo 1°, V da Lei Complementar n° 942, de 06/06/2003).*

§ 1º - Deverá ser notificada a testemunha cujo depoimento for relevante e que não comparecer espontaneamente.

§ 2º - Se a testemunha não for localizada, a defesa poderá substituí-la, se quiser, levando na mesma data designada para a audiência outra testemunha, independente de notificação. *(§§ 1° e 2° acrescentados pelo artigo 1°, V da Lei Complementar n° 942, de 06/06/2003).*

Art. 288 - Em qualquer fase do processo, poderá o presidente, de ofício ou a requerimento da defesa, ordenar diligências que entenda convenientes. *(Redação dada pelo artigo 1°, V da Lei Complementar n° 942, de 06/06/2003).*

§ 1º - As informações necessárias à instrução do processo serão solicitadas diretamente, sem observância de vinculação hierárquica, mediante ofício, do qual cópia será juntada aos autos.

§ 2º - Sendo necessário o concurso de técnicos ou peritos oficiais, o presidente os requisitará, observados os impedimentos do artigo 275. *(§§ 1° e 2° acrescentados pelo artigo 1°, V da Lei Complementar n° 942, de 06/06/2003).*

Art. 289 - Durante a instrução, os autos do procedimento administrativo permanecerão na repartição competente.

§ 1º - Será concedida vista dos autos ao acusado, mediante simples solicitação, sempre que não prejudicar o curso do procedimento.

§ 2º - A concessão de vista será obrigatória, no prazo para manifestação do acusado ou para apresentação de recursos, mediante publicação no Diário Oficial do Estado. *(Redação dada pelo artigo 1°, V da Lei Complementar n° 942, de 06/06/2003).*

§ 3º - Não corre o prazo senão depois da publicação a que se refere o parágrafo anterior e desde que os autos estejam efetivamente disponíveis para vista.

§ 4º - Ao advogado é assegurado o direito de retirar os autos da repartição, mediante recibo, durante o prazo para manifestação de seu representado, salvo na hipótese de prazo comum, de processo sob regime de segredo de justiça ou quando existirem nos autos documentos originais de difícil restauração ou ocorrer circunstância relevante que justifique a permanência dos autos na repartição, reconhecida pela autoridade em despacho motivado. *(§§ 3° e 4° acrescentados pelo artigo 1°, V da Lei Complementar n° 942, de 06/06/2003).*

Art. 290 - Somente poderão ser indeferidos pelo presidente, mediante decisão fundamentada, os requerimentos de nenhum interesse para o esclarecimento do fato, bem como as provas ilícitas, impertinentes, desnecessárias ou protelatórias. *(Redação dada pelo artigo 1°, V da Lei Complementar n° 942, de 06/06/2003).*

Art. 291 - Quando, no curso do procedimento, surgirem fatos novos imputáveis ao acusado, poderá ser promovida a instauração de novo procedimento para sua apuração, ou, caso conveniente, aditada a portaria, reabrindo-se oportunidade de defesa. *(Redação dada pelo artigo 1°, V da Lei Complementar n° 942, de 06/06/2003).*

Art. 292 - Encerrada a fase probatória, dar -se -á vista dos autos à defesa, que poderá apresentar alegações finais, no prazo de 7 (sete) dias.

Parágrafo único - Não apresentadas no prazo as alegações finais, o presidente designará advogado dativo, assinando -lhe novo prazo. *(Redação dada pelo artigo 1°, V da Lei Complementar n° 942, de 06/06/2003).*

Art. 293 - O relatório deverá ser apresentado no prazo de 10 (dez) dias, contados da apresentação das alegações finais. *(Redação dada pelo artigo 1°, V da Lei Complementar n° 942, de 06/06/2003).*

§ 1º - O relatório deverá descrever, em relação a cada acusado, separadamente, as irregularidades imputadas, as provas colhidas e as razões de defesa, propondo a absolvição ou punição e indicando, nesse caso, a pena que entender cabível.

§ 2º - O relatório deverá conter, também, a sugestão de quaisquer outras providências de interesse do serviço público. *(§§ 1° e 2° acrescentados pelo artigo 1°, V da Lei Complementar n° 942, de 06/06/2003).*

Art. 294 - Relatado, o processo será encaminhado à autoridade que determinou sua instauração. *(Redação dada pelo artigo 1°, V da Lei Complementar n° 942, de 06/06/2003).*

Art. 295 - Recebendo o processo relatado, a autoridade que houver determinado sua instauração deverá, no prazo de 20 (vinte) dias, proferir o julgamento ou determinar a realização de diligência, sempre que necessária ao esclarecimento de fatos. *(Redação dada pelo artigo 1°, V da Lei Complementar n° 942, de 06/06/2003).*

Art. 296 - Determinada a diligência, a autoridade encarregada do processo administrativo terá prazo de 15 (quinze) dias para seu cumprimento, abrindo vista à defesa para manifestar-se em 5 (cinco) dias. *(Redação dada pelo artigo 1°, V da Lei Complementar n° 942, de 06/06/2003).*

Art. 297 - Quando escaparem à sua alçada as penalidades e providências que lhe parecerem cabíveis, a autoridade que determinou a instauração do processo administrativo deverá propô-las, justificadamente, dentro do prazo para julgamento, à autoridade competente. *(Redação dada pelo artigo 1°, V da Lei Complementar n° 942, de 06/06/2003).*

Art. 298 - A autoridade que proferir decisão determinará os atos dela decorrentes e as providências necessárias a sua execução. *(Redação dada pelo artigo 1°, V da Lei Complementar n° 942, de 06/06/2003).*

Art. 299 - As decisões serão sempre publicadasno Diário Oficial do Estado, dentro do prazo de 8 (oito) dias, bem como averbadas no registro funcional do servidor. *(Redação dada pelo artigo 1°, V da Lei Complementar n° 942, de 06/06/2003).*

Art. 300 - Terão forma processual resumida, quando possível, todos os termos lavrados pelo secretário, quais sejam: autuação, juntada, conclusão, intimação, data de recebimento, bem como certidões e compromissos.

§ 1° - Toda e qualquer juntada aos autos se fará na ordem cronológica da apresentação, rubricando o presidente as folhas acrescidas.

§ 2° - Todos os atos ou decisões, cujo original não conste do processo, nele deverão figurar por cópia. *(Redação dada pelo artigo 1°, V da Lei Complementar n° 942, de 06/06/2003).*

Art. 301 - Constará sempre dos autos da sindicância ou do processo a folha de serviço do indiciado. *(Redação dada pelo artigo 1°, V da Lei Complementar n° 942, de 06/06/2003).*

Art. 302 - Quando ao funcionário se imputar crime, praticado na esfera administrativa, a autoridade que determinou a instauração do processo administrativo providenciará para que se instaure, simultaneamente, o inquérito policial. *(Redação dada pelo artigo 1°, V da Lei Complementar n° 942, de 06/06/2003).*

Parágrafo único - Quando se tratar de crime praticado fora da esfera administrativa, a autoridade policial dará ciência dele à autoridade administrativa. *(Parágrafo único acrescentado pelo artigo 1°, V da Lei Complementar n° 942, de 06/06/2003).*

Art. 303 - As autoridades responsáveis pela condução do processo administrativo e do inquérito policial se auxiliarão para que os mesmos se concluam dentro dos prazos respectivos. *(Redação dada pelo artigo 1°, V da Lei Complementar n° 942, de 06/06/2003).*

Art. 304 - Quando o ato atribuído ao funcionário for considerado criminoso, serão remetidas à autoridade competente cópias autenticadas das peças essenciais do processo. *(Redação dada pelo artigo 1°, V da Lei Complementar n° 942, de 06/06/2003).*

Art. 305 - Não será declarada a nulidade de nenhum ato processual que não houver influído na apuração da verdade substancial ou diretamente na decisão do processo ou sindicância. *(Redação dada pelo artigo 1°, V da Lei Complementar n° 942, de 06/06/2003).*

Art. 306 - É defeso fornecer à imprensa ou a outros meios de divulgação notas sobre os atos processuais, salvo no interesse da Administração, a juízo do Secretário de Estado ou do Procurador Geral do Estado. *(Redação dada pelo artigo 1°, V da Lei Complementar n° 942, de 06/06/2003).*

Art. 307 - Decorridos 5 (cinco) anos de efetivo exercício, contados do cumprimento da sanção disciplinar, sem cometimento de nova infração, não mais poderá aquela ser considerada em prejuízo do infrator, inclusive para efeito de reincidência. *(Redação dada pelo artigo 1°, V da Lei Complementar n° 942, de 06/06/2003).*

Parágrafo único - A demissão e a demissão a bem do serviço público acarretam a incompatibilidade para nova investidura em cargo, função ou emprego público, pelo prazo de 5 (cinco) e 10 (dez) anos, respectivamente. *(Parágrafo único acrescentado pelo artigo 1°, V da Lei Complementar n° 942, de 06/06/2003).*

Capítulo IV
Do Processo por Abandono do Cargo ou Função e por Inassiduidade

(Redação dada pela Lei Complementar n. 942, de 06/06/2003)

Art. 308 - Verificada a ocorrência de faltas ao serviço que caracterizem abandono de cargo ou função, bem como inassiduidade, o superior imediato comunicará o fato à autoridade competente para determinar a instauração de processo disciplinar, instruindo a representação com cópia da ficha funcional do servidor e atestados de freqüência. *(Redação dada pelo artigo 1°, V da Lei Complementar n° 942, de 06/06/2003).*

Art. 309 - Não será instaurado processo para apurar abandono de cargo ou função, bem como inassiduidade, se o servidor tiver pedido exoneração. *(Redação dada pelo artigo 1°, V da Lei Complementar n° 942, de 06/06/2003).*

Art. 310 - Extingue-se o processo instaurado exclusivamente para apurar abandono de cargo ou função, bem como inassiduidade, se o indiciado pedir exoneração até a data designada para o interrogatório, ou por ocasião deste. *(Redação dada pelo artigo 1°, V da Lei Complementar n° 942, de 06/06/2003).*

Art. 311 - A defesa só poderá versar sobre força maior, coação ilegal ou motivo legalmente justificável. *(Redação dada pelo artigo 1°, V da Lei Complementar n° 942, de 06/06/2003)*

Capítulo V
Dos Recursos

(Redação dada pela Lei Complementar n° 942, de 06/06/2003)

Art. 312 - Caberá recurso, por uma única vez, da decisão que aplicar penalidade. *(Redação dada pelo artigo 1°, V da Lei Complementar n° 942, de 06/06/2003).*

§ 1° - O prazo para recorrer é de 30 (trinta) dias, contados da publicação da decisão impugnada no Diário Oficial do Estado ou da intimação pessoal do servidor, quando for o caso.

§ 2° - Do recurso deverá constar, além do nome e qualificação do recorrente, a exposição das razões de inconformismo.

§ 3° - O recurso será apresentado à autoridade que aplicou a pena, que terá o prazo de 10 (dez) dias para, motivadamente, manter sua decisão ou reformá-la. (NR)

§ 4° - Mantida a decisão, ou reformada parcialmente, será imediatamente encaminhada a reexame pelo superior hierárquico.

§ 5° - O recurso será apreciado pela autoridade competente ainda que incorretamente denominado ou endereçado. *(§§ 1°, 2°, 3°, 4° e 5° acrescentados pelo artigo 1°, V da Lei Complementar n° 942, de 06/06/2003).*

Art. 313 - Caberá pedido de reconsideração, que não poderá ser renovado, de decisão tomada pelo Governador do Estado em única instância, no prazo de 30 (trinta) dias. *(Redação dada pelo artigo 1°, V da Lei Complementar n° 942, de 06/06/2003).*

Art. 314 - Os recursos de que trata esta lei complementar não têm efeito suspensivo; os que forem providos darão lugar às retificações necessárias, retroagindo seus efeitos à data do ato punitivo. *(Redação dada pelo artigo 1°, V da Lei Complementar n° 942, de 06/06/2003).*

Capítulo VI
Da Revisão

(Redação dada pela Lei Complementar n° 942, de 06/06/2003)

Art. 315 - Admitir -se -á, a qualquer tempo, a revisão de punição disciplinar de que não caiba mais recurso, se surgirem fatos ou circunstâncias ainda não apreciados, ou vícios insanáveis de procedimento, que possam justificar redução ou anulação da pena aplicada. *(Redação dada pelo artigo 1°, V da Lei Complementar n° 942, de 06/06/2003).*

§ 1º - A simples alegação da injustiça da decisão não constitui fundamento do pedido.

§ 2º - Não será admitida reiteração de pedido pelo mesmo fundamento.

§ 3º - Os pedidos formulados em desacordo com este artigo serão indeferidos.

§ 4º - O ônus da prova cabe ao requerente. *(§§ 1°, 2°, 3° e 4° acrescentados pelo artigo 1°, V da Lei Complementar n° 942, de 06/06/2003).*

Art. 316 - A pena imposta não poderá ser agravada pela revisão. *(Redação dada pelo artigo 1°, V da Lei Complementar n° 942, de 06/06/2003).*

Artigo 317 - A instauração de processo revisional poderá ser requerida fundamentadamente pelo interessado ou, se falecido ou incapaz, por seu curador, cônjuge, companheiro, ascendente, descendente ou irmão, sempre por intermédio de advogado. *(Redação dada pelo artigo 1°, V da Lei Complementar n° 942, de 06/06/2003).*

Parágrafo único - O pedido será instruído com as provas que o requerente possuir ou com indicação daquelas que pretenda produzir. *(Parágrafo único acrescentados pelo artigo 1°, V da Lei Complementar n° 942, de 06/06/2003).*

Art. 318 - A autoridade que aplicou a penalidade, ou que a tiver confirmado em grau de recurso, será competente para o exame da admissibilidade do pedido de revisão, bem como, caso deferido o processamento, para a sua decisão final. *(Redação dada pelo artigo 1°, V da Lei Complementar n° 942, de 06/06/2003).*

Art. 319 - Deferido o processamento da revisão, será este realizado por Procurador de Estado que não tenha funcionado no procedimento disciplinar de que resultou a punição do requerente. *(Redação dada pelo artigo 1°, V da Lei Complementar n° 942, de 06/06/2003).*

Art. 320 - Recebido o pedido, o presidente providenciará o apensamento dos autos originais e notificará o requerente para, no prazo de 8 (oito) dias, oferecer rol de testemunhas, ou requerer outras provas que pretenda produzir. *(Redação dada pelo artigo 1°, V da Lei Complementar n° 942, de 06/06/2003).*

Parágrafo único - No processamento da revisão serão observadas as normas previstas nesta lei complementar para o processo administrativo. *(Parágrafo único acrescentado pelo artigo 1°, V da Lei Complementar n° 942, de 06/06/2003).*

Art. 321 - A decisão que julgar procedente a revisão poderá alterar a classificação da infração, absolver o punido, modificar a pena ou anular o processo, restabelecendo os direitos atingidos pela decisão reformada. *(Redação dada pelo artigo 1°, V da Lei Complementar n° 942, de 06/06/2003).*

Disposições Finais

Art. 322 - O dia 28 de outubro será consagrado ao "Funcionário Público Estadual".

Art. 323 - Os prazos previstos neste Estatuto serão todos contados por dias corridos.

Parágrafo único - Não se computará no prazo o dia inicial, prorrogando -se o vencimento, que incidir em sábado, domingo, feriado ou facultativo, para o primeiro dia útil seguinte.

Art. 324 - As disposições deste Estatuto se aplicam aos extranumerários, exceto no que colidirem com a precariedade de sua situação no Serviço Público.

Disposições Transitórias

Art. 325 - Aplicam -se aos atuais funcionários interinos as disposições deste Estatuto, salvo as que colidirem com a natureza precária de sua investidura e, em especial, as relativas a acesso, promoção, afastamentos, aposentadoria voluntária e às licenças previstas nos itens VI, VII e IX do artigo 181.

Art 326 - Serão obrigatoriamente exonerados os ocupantes interinos de cargos para cujo provimento for realizado concurso.

Parágrafo único - As exonerações serão efetivadas dentro de 30 (trinta) dias, após a homologação do concurso.

Art. 327 - Revogado.

Art. 328 - Dentro de 120 (cento e vinte) dias proceder -se -á ao levantamento geral das atuais funções gratificadas, para efeito de implantação de novo sistema retribuitório dos encargos por elas atendidos.

Parágrafo único - Até a implantação do sistema de que trata este artigo, continuarão em vigor as disposições legais referentes à função gratificada.

Art. 329 - Ficam expressamente revogadas:

I - as disposições de leis gerais ou especiais que estabeleçam contagem de tempo em divergência com o disposto no Capítulo XV do Título II, ressalvada, todavia, a contagem, nos termos da legislação ora revogada, do tempo de serviço prestado anteriormente ao presente Estatuto;

II - a Lei n. 1.309, de 29 de novembro de 1951 e as demais disposições atinentes aos extranumerários; e

III - a Lei n. 2.576, de 14 de janeiro de 1954.

Art. 330 - Vetado.

Art. 331 - Revogam-se as disposições em contrário.

Exercícios de Fixação

1. (Vunesp) O funcionário público será obrigado a indenizar a Fazenda Estadual, de uma só vez, recolhendo a importância do prejuízo causado em virtude de:

a) omissão em efetuar recolhimento ou entrada nos prazos legais.

b) sonegação de valores e objetos confiados à sua guarda ou responsabilidade.

c) qualquer erro de cálculo ou redução contra a Fazenda.

d) aquisição de materiais em desacordo com disposições legais e regulamentares.

e) quaisquer danos ou avarias sofridos pelos bens e materiais sob sua guarda.

2. (Vunesp) Assinale a alternativa correta:

a) Ao funcionário que praticar insubordinação grave será aplicada a pena de demissão a bem do serviço público.

b) Ao funcionário que abandonar o cargo será aplicada a pena de suspensão, por até 90 (noventa) dias.

c) Ao funcionário que aplicar indevidamente dinheiro público será aplicada a pena de demissão a bem do serviço público.

d) Ao funcionário que adotar procedimento irregular, de natureza grave, será aplicada a pena de multa, que poderá ser descontada do seu vencimento ou remuneração.

e) Ao funcionário que revelar dolosamente segredos de que tenha conhecimento em razão do cargo, com prejuízo para o Estado, será aplicada a pena de demissão.

3. (Vunesp) Será aplicada a pena de cassação de aposentadoria ou de disponibilidade se ficar provado que o inativo, quando em atividade:

a) praticou falta grave para a qual é cominada a pena de repreensão.

b) deixou de zelar pela economia do material do Estado e pela conservação do que foi confiado à sua guarda ou utilização.

c) praticou falta grave para a qual é cominada a pena de suspensão.
d) ausentou-se do serviço, sem causa justificável, por mais de 45 (quarenta e cinco) dias, interpoladamente, durante um ano.
e) não desempenhou com zelo e presteza os trabalhos de que era incumbido.

4. (Vunesp) Assinale a alternativa incorreta:
a) A pena de repreensão será aplicada por escrito, nos casos de indisciplina ou falta de cumprimento dos deveres.
b) Todas as penas impostas ao funcionário devem constar do seu assentamento individual, exceto a repreensão, quando verbal.
c) o funcionário que, sem justa causa, deixar de atender a qualquer exigência para cujo cumprimento seja marcado prazo certo, terá suspenso o pagamento de seu vencimento ou remuneração até que satisfaça essa exigência.
d) o aposentado que, sem justa causa, deixar de atender a qualquer exigência para cujo cumprimento seja marcado prazo certo, terá suspenso o pagamento de seu vencimento ou remuneração até que satisfaça essa exigência
e) o funcionário em disponibilidade que, sem justa causa, deixar de atender a qualquer exigência para cujo cumprimento seja marcado prazo certo, terá suspenso o pagamento de seu vencimento ou remuneração até que satisfaça essa exigência.

5. (Vunesp) Analise os itens abaixo e assinale a alternativa correta:
I - O prazo da prescrição da punibilidade inicia-se no dia em que a autoridade tomar conhecimento da existência da falta e interrompe-se pela notificação feita ao funcionário faltoso.
II - A pena de cassação de aposentadoria será aplicada se ficar provado que o inativo aceitou ilegalmente cargo ou função pública.
III - Prescreverá em 5 (cinco) anos a punibilidade das faltas sujeitas às penas de repreensão e de suspensão.
IV - Os diretores gerais são competentes para aplicar penalidades até a de suspensão, limitada a 15 (quinze) dias.
a) Todos os itens estão corretos.
b) Todos os itens estão incorretos.
c) Apenas um item está correto.
d) Apenas dois itens estão corretos.
e) Apenas três itens estão corretos.

6. (Vunesp) Julgue os itens abaixo e assinale a alternativa correta:
I - É proibido ao funcionário público promover manifestações de apreço dentro da repartição, ou tornar-se solidário com elas.
II - É proibido ao funcionário público promover ou subscrever listas de donativos dentro da repartição.
III - Não é proibido ao funcionário público constituir-se procurador ou servir de intermediário de parentes até o segundo grau perante qualquer repartição pública.
a) todos os itens estão corretos.
b) todos os itens estão incorretos.
c) somente estão corretos os itens I e II.
d) somente está correto o item I.
e) somente está correto o item II.

7. (Vunesp) Assinale a alternativa correta:
a) O funcionário não poderá, em hipótese alguma, cometer a pessoas estranhas às repartições o desempenho de encargos que lhe competirem ou a seus subordinados.
b) Os Diretores de Departamento e Divisão, podem aplicar a pena disciplinar até a de suspensão limitada a 30 (trinta) dias.
c) O funcionário que adquirir materiais em desacordo com disposições legais e regulamentares, deverá repor, de uma só vez, a importância correspondente ao respectivo custo, sem prejuízo das penalidades disciplinares cabíveis.
d) A pena de repreensão será aplicada verbalmente, nos casos de indisciplina ou falta de cumprimento dos deveres.
e) O ato que demitir o funcionário público mencionará, sempre que possível, a disposição legal em que se fundamenta.

8. (Vunesp) Será aplicada a pena de demissão a bem do serviço público ao funcionário que:
a) aplicar indevidamente as verbas públicas.
b) cometer falta grave.
c) abandonar o cargo.
d) adotar procedimento irregular, de natureza grave.
e) revelar dolosamente segredos de que tenha conhecimento em razão do cargo, com prejuízo para o Estado.

9. (Vunesp) O funcionário, até que repare a falta, terá suspenso o pagamento de seu vencimento ou remuneração:
a) sempre que deixar de atender a qualquer exigência do seu superior hierárquico.
b) sempre que deixar de atender a qualquer exigência para cujo cumprimento seja marcado prazo certo.
c) quando, sem justa causa, deixar de atender a qualquer exigência para cujo cumprimento seja marcado prazo certo.
d) quando, sem justa causa, deixar de atender a qualquer exigência do seu superior hierárquico.
e) quando, embora justificadamente, deixar de atender a qualquer exigência para cujo cumprimento seja marcado prazo certo.

10. (Escrevente Técnico Judiciário de SP/2006) Determina o Estatuto dos Funcionários Públicos Civis do Estado de São Paulo que será aplicada a pena de demissão a bem do serviço público ao funcionário que
a) praticar ato definido como crime ou contravenção.
b) durante o serviço, ainda que por ato de legítima defesa, ofender fisicamente outros funcionários.
c) pedir ou receber empréstimo de instituição financeira oficial.
d) exercer a advocacia administrativa.
e) participar de manifestações públicas.

11. (Vunesp) Ao funcionário público não é proibido:
a) freqüentar toda e qualquer espécie de palestra durante as horas de trabalho.
b) participar da gerência ou administração de sociedades que mantenham relações comerciais com o Estado.
c) participar, como acionista ou quotista, de sociedades que mantenham relações comerciais com o Estado.
d) participar da gerência ou administração de sociedades subvencionadas pelo Estado.
e) fazer contratos de natureza comercial ou industrial com o Estado, como representantes de terceiro.

12. (Vunesp) Prescreverá a punibilidade:
a) da falta sujeita à pena de cassação de aposentadoria, em 5 (cinco) anos.
b) da falta sujeita à pena de multa, em 3 (três) anos.
c) da falta sujeita à pena de suspensão, em 5 (cinco) anos.
d) da falta sujeita à pena de demissão, em 8 (oito) anos.
e) da falta sujeita à pena de demissão a bem do serviço público, em 10 (dez) anos.

13. (Escrevente Técnico Judiciário de SP/2004) De acordo com a Lei n.º 10.261/68 e suas alterações, incluídas as modificações introduzidas pela Lei Complementar n.º 942/03, é assegurado a qualquer pessoa física ou jurídica, independentemente de pagamento, o direito de petição contra ilegalidade ou abuso de poder e para defesa de direitos, sendo correto afirmar que:
a) a Administração pode, em determinadas hipóteses fixadas nessa Lei, recusar-se a protocolar, encaminhar ou apreciar essa petição.

b) a Administração pode, em virtude do seu poder discricionário, recusar-se a protocolar, encaminhar ou apreciar essa petição.
c) em nenhuma hipótese, a Administração pode recusar-se a protocolar, encaminhar ou apreciar essa petição, sob pena de responsabilidade do agente.
d) em uma única hipótese, prevista na Lei n.º 10.261/68 e suas alterações, pode a Administração recusar-se a protocolar essa petição.
e) não há dispositivo expresso nessa Lei a respeito da possibilidade de a Administração recusar-se a protocolar essa petição, sendo essa matéria disciplinada pela Constituição Federal.

14. (Escrevente Técnico Judiciário de SP/2004) O Estatuto dos Funcionários Públicos Civis do Estado de São Paulo (Lei n.º 10.261/68 e suas alterações) estabelece que o funcionário que sofrer pena de suspensão, aplicada em caso de falta grave ou de reincidência,
a) perderá todas as vantagens e direitos decorrentes do exercício do seu cargo.
b) perderá apenas as vantagens pessoais decorrentes do exercício do seu cargo.
c) perderá somente o número de dias referentes aos da sua suspensão, se eles excederem noventa dias.
d) perderá somente o número de dias referentes aos da sua suspensão
e) não perderá nenhuma vantagem ou direito decorrente do exercício do cargo.

15. (Escrevente Técnico Judiciário de SP/2004) Nos termos da Lei n.º 10.261/68 e suas alterações, o funcionário é responsável por todos os prejuízos que, nessa qualidade, causar à Fazenda Estadual.
a) só por dolo, devidamente apurado.
b) só por culpa, devidamente apurada.
c) independentemente de dolo ou culpa, mas com averiguação preliminar para indicar o causador do dano.
d) por dolo ou culpa, devidamente apurados.
e) por mera culpa levíssima, independentemente de prévia apuração.

16. (Escrevente Técnico Judiciário de SP/2004) É proibido ao funcionário público estadual, nos termos da Lei n.º 10.261/68 e suas alterações,
a) deixar de comparecer ao serviço com causa justificada.
b) entreter-se, durante as horas de trabalho, com leituras inerentes ao serviço.
c) ingerir bebidas alcoólicas fora do período de trabalho.
d) requerer privilégios de invenção própria.
e) praticar atos de sabotagem contra o serviço público.

17. (Escrevente Técnico Judiciário de SP/2007) A pena disciplinar de
a) repreensão será aplicada em caso de falta grave ou de reincidência.
b) suspensão não poderá exceder 30 (trinta) dias.
c) pena de multa será aplicada no caso de utilização indevida do dinheiro público.
d) cassação de aposentadoria será aplicada se o funcionário praticar ato definido em lei como de improbidade.
e) demissão a bem do serviço público será aplicada ao funcionário que praticar ato definido como crime contra a administração pública, a fé pública e a Fazenda Estadual.

18. (Escrevente Técnico Judiciário de SP/2007) Para a aplicação das penas disciplinares, previstas no Estatuto dos Funcionários Públicos Civis do Estado de São Paulo, não é competente o
a) Prefeito. b) Procurador Geral do Estado.
c) Chefe de Gabinete. d) Governador.

19. (Escrevente Técnico Judiciário de SP/2007) Extingue-se a punibilidade pela prescrição da falta sujeita à suspensão em
a) 1 ano. b) 2 anos. c) 3 anos.
d) 4 anos. e) 5 anos.

20. (Escrevente Técnico Judiciário de SP/2007) Assinale a alternativa correta, considerando o disposto no Estatuto dos Funcionários Públicos Civis do Estado de São Paulo.
a) A pena de suspensão poderá ser convertida em multa, na base de 50% (cinqüenta por cento) por dia de vencimento ou remuneração, sendo o funcionário, nesse caso, dispensado de comparecer ao serviço pelo mesmo tempo da pena.
b) No caso de procedimento irregular, de natureza grave, ao funcionário será aplicada a pena de demissão a bem do serviço público.
c) O funcionário suspenso manterá as vantagens e direitos decorrentes do exercício do cargo.
d) Será aplicada a pena de demissão a bem do serviço público ao funcionário que receber ou solicitar presentes, diretamente ou por intermédio de outrem, ainda que fora de suas funções, mas em razão delas.
e) A pena de suspensão do funcionário público, que não poderá exceder 90 (noventa) dias, será aplicada pela autoridade competente da respectiva repartição onde o funcionário exerce suas funções, nos casos de indisciplina ou falta do cumprimento dos deveres.

21. (Escrevente Técnico Judiciário de SP/2007) Conforme dispõe o Estatuto dos Funcionários Públicos Civis do Estado de São Paulo, a prescrição
a) começa a correr do dia em que a autoridade competente para aplicação da pena teve conhecimento da falta.
b) extingue a punibilidade da falta sujeita à pena de repreensão, no prazo de 3 (três) anos.
c) é interrompida pela portaria que instaura sindicância e a que instaura processo administrativo.
d) não corre se já tiver sido iniciada a apuração preliminar, objetivando averiguação do ocorrido.
e) reconhecida pela Administração, extinguindo a punibilidade, impede que autoridade julgadora determine o registro do fato nos assentamentos individuais do servidor.) Diretor de Departamento.

22. (Escrevente Técnico Judiciário de SP/2007) A respeito do processo administrativo, consoante o disposto na Lei Estadual n.º 10.261/68, é correto afirmar que
a) não sendo encontrado para receber a citação, o processo será suspenso até que o acusado venha a ser encontrado para ser citado pessoalmente, não correndo a prescrição nesse caso.
b) é obrigação do acusado tomar ciência e assistir aos atos e termos do processo, devendo ser notificado de tais atos processuais.
c) mesmo que o acusado não compareça ao interrogatório, inicia-se o prazo de 3 (três) dias para requerer a produção de provas, ou apresentá-las.
d) as testemunhas arroladas pelo acusado serão obrigatoriamente intimadas a comparecer à audiência designada.
e) a demissão do funcionário a bem do serviço público acarreta a incompatibilidade para nova investidura em cargo público, pelo prazo de 8 (oito) anos.

Gabarito

01. A	02. A	03. D	04. B	05. C
06. A	07. B	08. E	09. C	10. D
11. C	12. A	13. C	14. A	15. D
16. E	17. E	18. A	19. B	20. D
21. C	22. C			

Exercícios Complementares

01. Consoante o Estatuto dos Funcionários Públicos Civis do Estado de São Paulo, poderá ser aplicada a pena de
a) demissão, nos casos de indisciplina.
b) multa e de repreensão, nos casos de procedimento irregular de natureza grave.
c) suspensão, por até 120 dias, no caso de aplicação indevida de dinheiro público.
d) suspensão, por até 180 dias, no caso de reincidência na ausência ao serviço, por mais de 60 dias durante um ano, sem causa justificável.
e) demissão nos casos de ineficiência no serviço.

02. Determina o Estatuto dos Funcionários Públicos Civis do Estado de São Paulo que será aplicada a pena de demissão a bem do serviço público ao funcionário que
a) praticar ato definido como crime ou contravenção.
b) durante o serviço, ainda que por ato de legítima defesa, ofender fisicamente outros funcionários.
c) pedir ou receber empréstimo de instituição financeira oficial.
d) exercer a advocacia administrativa.
e) participar de manifestações públicas.

03. O acusado em processo administrativo, consoante o Estatuto dos Funcionários Públicos Civis do Estado de São Paulo,
a) deverá ser citado pelo menos 10 dias antes da data fixada para o interrogatório.
b) caso se apresente sem advogado próprio constituído, será considerado réu revel.
c) não sendo encontrado para citação no endereço constante de seu assentamento individual, terá imediatamente decretado o abandono de cargo.
d) não tem assegurada a ampla defesa, que só se defere no processo judicial posterior.
e) deverá ser citado, devendo o mandado de citação conter, dentre outros elementos, a data do interrogatório e a data da oitiva do denunciante, se houver.

04. Quanto ao processo por abandono do cargo ou por inassiduidade, é correto afirmar, nos termos do Estatuto dos Funcionários Públicos Civis do Estado de São Paulo, que
a) se extingue o processo instaurado exclusivamente para apurar abandono de cargo se o indiciado pedir exoneração até a data designada para interrogatório, ou por ocasião deste.
b) será instaurado processo, no caso de inassiduidade, ainda que o servidor tenha pedido exoneração.
c) a defesa somente poderá versar sobre força maior ou coação absoluta.
d) verificada a ocorrência do abandono de cargo, o superior imediato poderá, a seu critério, determinar a citação do servidor ou arquivar eventual denúncia.
e) a acusação não poderá ter sido feita por funcionário pertencente ao mesmo departamento ou setor do acusado.

05. Na apuração de infração cometida por funcionário público civil do Estado de São Paulo,
a) realizada por meio de sindicância, não está assegurado o contraditório.
b) a autoridade deverá realizar apuração preliminar, de natureza simplesmente investigativa, com direito ao contraditório.
c) o processo administrativo deverá ser concluído no prazo de 10 dias, contados da data em que ocorreu a citação do acusado.
d) quando se tratar de falta disciplinar que, por sua natureza, possa determinar a pena de demissão ou de cassação de aposentadoria, será obrigatório o processo administrativo.
e) a sindicância deverá ser concluída no prazo de 15 dias.

06. (Escrevente do TJ/SP - 2007) A Administração Estadual descobre e comprova, observado o devido processo legal, que um funcionário público aposentado havia aplicado, indevidamente, dinheiro público, quando ainda estava em atividade, tendo causado prejuízo ao Erário. Nesse caso, o inativo
a) não mais poderá ser apenado, pois a Administração deveria ter tomado as devidas providências legais antes da aposentadoria do funcionário.
b) não mais poderá sofrer pena administrativa, mas somente poderá responder civil e criminalmente pelo seu ato.
c) poderá ser submetido a processo administrativo, mas não poderá ser apenado, uma vez que se operou a prescrição da pena com a concessão da aposentadoria pela Administração.
d) deverá responder somente perante o Poder Judiciário, podendo vir a perder a sua aposentadoria, caso o fato em questão venha a ser devidamente comprovado em Juízo.
e) estará sujeito à pena de cassação de sua aposentadoria pela Administração, desde que não extrapolado o prazo prescricional.

07. Assinale a alternativa correta, considerando o disposto no Estatuto dos Funcionários Públicos Civis do Estado de São Paulo.
a) A pena de suspensão poderá ser convertida em multa, na base de 50% (cinqüenta por cento) por dia de vencimento ou remuneração, sendo o funcionário, nesse caso, dispensado de comparecer ao serviço pelo mesmo tempo da pena.
b) No caso de procedimento irregular, de natureza grave, ao funcionário será aplicada a pena de demissão a bem do serviço público.
c) O funcionário suspenso manterá as vantagens e direitos decorrentes do exercício do cargo.
d) Será aplicada a pena de demissão a bem do serviço público ao funcionário que receber ou solicitar presentes, diretamente ou por intermédio de outrem, ainda que fora de suas funções, mas em razão delas.
e) A pena de suspensão do funcionário público, que não poderá exceder 90 (noventa) dias, será aplicada pela autoridade competente da respectiva repartição onde o funcionário exerce suas funções, nos casos de indisciplina ou falta do cumprimento dos deveres.

08. (Escrevente do TJ/SP - 2007) Um funcionário público causa prejuízo pecuniário à Fazenda Estadual em razão de erro de cálculo no exercício de suas funções. Com base no Estatuto dos Funcionários Públicos do Estado de São Paulo, o funcionário em questão
a) tem responsabilidade objetiva pelos prejuízos devidamente apurados, podendo responder criminalmente se agiu de má-fé.
b) deverá restituir ao Estado a quantia do prejuízo causado, mas a Lei n.º 10.261/68 não permite que tal importância seja descontada do seu vencimento ou remuneração.
c) estará sujeito à pena de repreensão, mas, se for reincidente, deverá ser demitido a bem do serviço público.
d) somente poderá ser responsabilizado administrativamente após decisão judicial, que deverá decidir se houve má-fé do funcionário.
e) estará sujeito, se não agiu de má-fé, à pena de repreensão e, na reincidência, à de suspensão.

09. (Escrevente do TJ/SP - 2006) Ao funcionário público é proibido
a) retirar documento ou objeto da repartição, em qualquer hipótese.
b) fazer contratos de natureza comercial e industrial com o Governo, por si, ou como representante de outrem.

c) participar da gerência ou administração de sociedades comerciais, mesmo que estas não mantenham relações comerciais ou administrativas com o Governo do Estado.
d) constituir-se procurador de partes ou servir de intermediário perante qualquer repartição pública, mesmo quando se tratar de interesse de cônjuge ou parente.
e) aceitar, em qualquer hipótese, representação de Estado estrangeiro.

10. (Escrevente do TJ/SP - 2006) Extingue-se a punibilidade pela prescrição da falta
a) sujeita à pena de repreensão, em 1 ano.
b) sujeita à pena de demissão, em 2 anos.
c) sujeita à pena de multa, em 3 anos.
d) sujeita à pena de demissão a bem do serviço público, em 4 anos.
e) prevista em lei como infração penal, no prazo de prescrição em abstrato da pena criminal, se for superior a 5 anos.

11. (Escrevente do TJ/SP - 2006) É correto afirmar que
a) o processo administrativo deverá ser instaurado por portaria, no prazo improrrogável de 5 dias do recebimento da determinação, e concluído no de 30 dias da citação do acusado.
b) é obrigatório ao acusado tomar ciência ou assistir aos atos e termos do processo.
c) não será declarada a nulidade de nenhum ato processual que não houver influído na apuração da verdade substancial ou diretamente na decisão do processo ou sindicância.
d) o presidente e os acusados poderão arrolar até 3 testemunhas.
e) a expedição da precatória suspenderá a instrução do procedimento.

12. (Escrevente do TJ/SP - 2006)Caberá recurso, por uma única vez, da decisão que aplicar a penalidade. O prazo para recorrer, contado da publicação da decisão impugnada no Diário Oficial do Estado, é de
a) 5 dias.
b) 10 dias.
c) 15 dias.
d) 30 dias.
e) 60 dias.

13. (Escrevente do TJ/SP - 2006) É correto afirmar que, no processo administrativo,
a) a decisão que julgar procedente a revisão poderá alterar a classificação da infração, absolver o punido, modificar a pena ou anular o processo.
b) os recursos administrativos terão efeito suspensivo.
c) a pena imposta poderá ser agravada pela revisão.
d) o recurso incorretamente denominado ou endereçado não será apreciado.
e) será admitida reiteração do pedido de revisão pelo mesmo fundamento.

14. (Agente de Fiscalização Judiciária/10) É um dever do funcionário público previsto, expressamente, na Lei n. 10.261/68:
a) pedir reconsideração e recorrer de decisões no prazo de 30 dias.
b) cumprir as ordens superiores, representando quando forem manifestamente ilegais.
c) desempenhar com alegria e simpatia os trabalhos de que for incumbido.
d) promover manifestações de apreço dentro da repartição e, se for o caso, tornar-se solidário com elas em benefício de todos os colegas da repartição.
e) comportar-se de maneira digna e voluntariosa no local de trabalho, auxiliando os demais colegas no desempenho de suas tarefas quando estes não lograrem êxito em fazê-lo.

15. (Agente de Fiscalização Judiciária/10) Ao funcionário é proibido
a) tratar de interesses públicos ou de terceiros na repartição, especialmente se o funcionário estiver lotado em repartição que presta atendimento ao público.
b) utilizar-se de material particular no serviço público.
c) servir de intermediário de interesses de seu cônjuge ou de parente até o segundo grau perante qualquer repartição pública.
d) guardar sigilo sobre os assuntos da repartição e, especialmente, sobre despachos, decisões ou providências.
e) exercer comércio entre os companheiros de serviço, promover ou subscrever listas de donativos dentro da repartição.

16. (Agente de Fiscalização Judiciária/10) Conforme o disposto na Lei n. 10.261/68, o funcionário público que, comprovadamente, causou prejuízo em razão de erro de cálculo contra a Fazenda Estadual, mas não agiu de má-fé e não é reincidente,
a) ficará sujeito à pena de repreensão.
b) não deverá ser responsabilizado administrativamente.
c) estará sujeito à pena de exoneração do serviço público.
d) deverá ser demitido a bem do serviço público.
e) deverá ser suspenso das suas funções pelo prazo de 30 dias.

17. (Agente de Fiscalização Judiciária/10) Um funcionário foi demitido do serviço público, mas sua demissão foi posteriormente anulada por meio de decisão judicial transitada em julgado, a qual negou o fato que deu origem à sua demissão. Nesse caso, portanto, esse funcionário público
a) não terá direito a retornar ao seu cargo, mas terá direito à indenização do Estado.
b) não terá direito a retornar ao seu cargo e nem terá direito à indenização, a não ser que o juiz tenha determinado, de ofício, o pagamento de algum valor ao servidor.
c) terá direito de ser reintegrado ao cargo que ocupava, com todos os direitos e vantagens devidas.
d) deverá, posteriormente, ingressar com uma ação cível, postulando a reintegração ao seu cargo público.
e) terá direito a requerer aposentadoria no mesmo cargo que ocupava, mas não terá direito às vantagens que recebia antes da demissão.

Gabarito

01. E	02. D	03. E	04. A	05. D
06. E	07. D	08. E	09. B	10. E
11. C	12. D	13. A	14. B	15. E
16. A	17. C			

5. Lei N. 10.177, de 30 de Dezembro de 1998

Regula o processo administrativo no âmbito da Administração Pública Estadual

O GOVERNADOR DO ESTADO DE SÃO PAULO:
Faço saber que a Assembléia Legislativa decreta e eu promulgo a seguinte lei:

TÍTULO I
Das Disposições Preliminares

Artigo 1º - Esta lei regula os atos e procedimentos administrativos da Administração Pública centralizada e descentralizada do Estado de São Paulo, que não tenham disciplina legal específica.

Parágrafo único - Considera - se integrante da Administração descentralizada estadual toda pessoa jurídica controlada ou mantida, direta ou indiretamente, pelo Poder Público estadual, seja qual for seu regime jurídico.

Artigo 2º - As normas desta lei aplicam - se subsidiariamente aos atos e procedimentos administrativos com disciplina legal específica.

Artigo 3º - Os prazos fixados em normas legais específicas prevalecem sobre os desta lei.

TÍTULO II
Dos Princípios da Administração Pública

Artigo 4º - A Administração Pública atuará em obediência aos princípios da legalidade, impessoalidade, moralidade, publicidade, razoabilidade, finalidade, interesse público e motivação dos atos administrativos.

Artigo 5º - A norma administrativa deve ser interpretada e aplicada da forma que melhor garanta a realização do fim público a que se dirige.

Artigo 6º - Somente a lei poderá:
I - criar condicionamentos aos direitos dos particulares ou impor - lhes deveres de qualquer espécie; e
II - prever infrações ou prescrever sanções.

TÍTULO III
Dos Atos Administrativos
CAPÍTULO I
Disposição Preliminar

Artigo 7º - A Administração não iniciará qualquer atuação material relacionada com a esfera jurídica dos particulares sem a prévia expedição do ato administrativo que lhe sirva de fundamento, salvo na hipótese de expressa previsão legal.

CAPÍTULO II
Da Invalidade dos Atos

Artigo 8º - São inválidos os atos administrativos que desatendam os pressupostos legais e regulamentares de sua edição, ou os princípios da Administração, especialmente nos casos de:
I - incompetência da pessoa jurídica, órgão ou agente de que emane;
II - omissão de formalidades ou procedimentos essenciais;
III - impropriedade do objeto;
IV - inexistência ou impropriedade do motivo de fato ou de direito;
V - desvio de poder;
VI - falta ou insuficiência de motivação.

Parágrafo único - Nos atos discricionários, será razão de invalidade a falta de correlação lógica entre o motivo e o conteúdo do ato, tendo em vista sua finalidade.

Artigo 9º - A motivação indicará as razões que justifiquem a edição do ato, especialmente a regra de competência, os fundamentos de fato e de direito e a finalidade objetivada.

Parágrafo único - A motivação do ato no procedimento administrativo poderá consistir na remissão a pareceres ou manifestações nele proferidos.

Artigo 10 - A Administração anulará seus atos inválidos, de ofício ou por provocação de pessoa interessada, salvo quando:
I - ultrapassado o prazo de 10 (dez) anos contado de sua produção;
II - da irregularidade não resultar qualquer prejuízo;
III - forem passíveis de convalidação.

Artigo 11 - A Administração poderá convalidar seus atos inválidos, quando a invalidade decorrer de vício de competência ou de ordem formal, desde que:
I - na hipótese de vício de competência, a convalidação seja feita pela autoridade titulada para a prática do ato, e não se trate de competência indelegável;
II - na hipótese de vício formal, este possa ser suprido de modo eficaz.

§ 1º - Não será admitida a convalidação quando dela resultar prejuízo à Administração ou a terceiros ou quando se tratar de ato impugnado.

§ 2º - A convalidação será sempre formalizada por ato motivado.

CAPÍTULO III
Da Formalização dos Atos

Artigo 12 - São atos administrativos:
I - de competência privativa:
a) do Governador do Estado, o Decreto;
b) dos Secretários de Estado, do Procurador Geral do Estado e dos Reitores das Universidades, a Resolução;
c) dos órgãos colegiados, a Deliberação;
II - de competência comum:
a) a todas as autoridades, até o nível de Diretor de Serviço; às autoridades policiais; aos dirigentes das entidades descentralizadas, bem como, quando estabelecido em norma legal específica, a outras autoridades administrativas, a Portaria;

b) a todas as autoridades ou agentes da Administração, os demais atos administrativos, tais como Ofícios, Ordens de Serviço, Instruções e outros.

§ 1º - Os atos administrativos, excetuados os decretos, aos quais se refere a Lei Complementar nº 60, de 10 de julho de 1972, e os referidos no artigo 14 desta lei, serão numerados em séries próprias, com renovação anual, identificando - se pela sua denominação, seguida da sigla do órgão ou entidade que os tenha expedido.

§ 2º - Aplica - se na elaboração dos atos administrativos, no que couber, o disposto na Lei Complementar nº 60, de 10 de julho de 1972.

Artigo 13 - Os atos administrativos produzidos por escrito indicarão a data e o local de sua edição, e conterão a identificação nominal, funcional e a assinatura da autoridade responsável.

Artigo 14 - Os atos de conteúdo normativo e os de caráter geral serão numerados em séries específicas, seguidamente, sem renovação anual.

Artigo 15 - Os regulamentos serão editados por decreto, observadas as seguintes regras:

I - nenhum regulamento poderá ser editado sem base em lei, nem prever infrações, sanções, deveres ou condicionamentos de direitos nela não estabelecidos;

II - os decretos serão referendados pelos Secretários de Estado em cuja área de atuação devam incidir, ou pelo Procurador Geral do Estado, quando for o caso;

III - nenhum decreto regulamentar será editado sem exposição de motivos que demonstre o fundamento legal de sua edição, a finalidade das medidas adotadas e a extensão de seus efeitos;

IV - as minutas de regulamento serão obrigatoriamente submetidas ao órgão jurídico competente, antes de sua apreciação pelo Governador do Estado.

CAPÍTULO IV
Da Publicidade dos Atos

Artigo 16 - Os atos administrativos, inclusive os de caráter geral, entrarão em vigor na data de sua publicação, salvo disposição expressa em contrário.

Artigo 17 - Salvo norma expressa em contrário, a publicidade dos atos administrativos consistirá em sua publicação no Diário Oficial do Estado, ou, quando for o caso, na citação, notificação ou intimação do interessado.

Parágrafo único - A publicação dos atos sem conteúdo normativo poderá ser resumida.

CAPÍTULO V
Do Prazo para a Produção dos Atos

Artigo 18 - Será de 60 (sessenta) dias, se outra não for a determinação legal, o prazo máximo para a prática de atos administrativos isolados, que não exijam procedimento para sua prolação, ou para a adoção, pela autoridade pública, de outras providências necessárias à aplicação de lei ou decisão administrativa.

Parágrafo único - O prazo fluirá a partir do momento em que, à vista das circunstâncias, tornar - se logicamente possível a produção do ato ou a adoção da medida, permitida prorrogação, quando cabível, mediante proposta justificada.

CAPÍTULO VI
Da Delegação e da Avocação

Artigo 19 - Salvo vedação legal, as autoridades superiores poderão delegar a seus subordinados a prática de atos de sua competência ou avocar os de competência destes.

Artigo 20 - São indelegáveis, entre outras hipóteses decorrentes de normas específicas:

I - a competência para a edição de atos normativos que regulem direitos e deveres dos administrados;

II - as atribuições inerentes ao caráter político da autoridade;

III - as atribuições recebidas por delegação, salvo autorização expressa e na forma por ela determinada;

IV - a totalidade da competência do órgão;

V - as competências essenciais do órgão, que justifiquem sua existência.

Parágrafo único - O órgão colegiado não pode delegar suas funções, mas apenas a execução material de suas deliberações.

TÍTULO IV
Dos Procedimentos Administrativos
CAPÍTULO I
Normas Gerais
Seção I
Dos Princípios

Artigo 21 - Os atos da Administração serão precedidos do procedimento adequado à sua validade e à proteção dos direitos e interesses dos particulares.

Artigo 22 - Nos procedimentos administrativos observar - se -ão, entre outros requisitos de validade, a igualdade entre os administrados e o devido processo legal, especialmente quanto à exigência de publicidade, do contraditório, da ampla defesa e, quando for o caso, do despacho ou decisão motivados.

§ 1º - Para atendimento dos princípios previstos neste artigo, serão assegurados às partes o direito de emitir manifestação, de oferecer provas e acompanhar sua produção, de obter vista e de recorrer.

§ 2º - Somente poderão ser recusadas, mediante decisão fundamentada, as provas propostas pelos interessados quando sejam ilícitas, impertinentes, desnecessárias ou protelatórias.

Seção II
Do Direito de Petição

Artigo 23 - É assegurado a qualquer pessoa, física ou jurídica, independentemente de pagamento, o direito de petição contra ilegalidade ou abuso de poder e para a defesa de direitos.

Parágrafo único - As entidades associativas, quando expressamente autorizadas por seus estatutos ou por ato especial, e os sindicatos poderão exercer o direito de petição, em defesa dos direitos e interesses coletivos ou individuais de seus membros.

Artigo 24 - Em nenhuma hipótese, a Administração poderá recusar - se a protocolar a petição, sob pena de responsabilidade do agente.

Seção III
Da Instrução

Artigo 25 - Os procedimentos serão impulsionados e instruídos de ofício, atendendo - se à celeridade, economia, simplicidade e utilidade dos trâmites.

Artigo 26 - O órgão ou entidade da Administração estadual que necessitar de informações de outro, para instrução de procedimento administrativo, poderá requisitá- las diretamente, sem observância da vinculação hierárquica, mediante ofício, do qual uma cópia será juntada aos autos.

Artigo 27 - Durante a instrução, os autos do procedimento administrativo permanecerão na repartição competente.

Artigo 28 - Quando a matéria do processo envolver assunto de interesse geral, o órgão competente poderá, mediante despacho motivado, autorizar consulta pública para manifestação de terceiros, antes da decisão do pedido, se não houver prejuízo para a parte interessada.

§ 1º - A abertura da consulta pública será objeto de divulgação pelos meios oficiais, a fim de que os autos possam ser examinados pelos interessados, fixando - se prazo para oferecimento de alegações escritas.

§ 2º - O comparecimento à consulta pública não confere, por si, a condição de interessado no processo, mas constitui o direito de obter da Administração resposta fundamentada.

Artigo 29 - Antes da tomada de decisão, a juízo da autoridade, diante da relevância da questão, poderá ser realizada audiência pública para debates sobre a matéria do processo.

Artigo 30 - Os órgãos e entidades administrativas, em matéria relevante, poderão estabelecer outros meios de participação dos administrados, diretamente ou por meio de organizações e associações legalmente reconhecidas.

Artigo 31 - Os resultados da consulta e audiência pública e de outros meios de participação dos administrados deverão ser acompanhados da indicação do procedimento adotado.

Seção IV
Dos Prazos

Artigo 32 - Quando outros não estiverem previstos nesta lei ou em disposições especiais, serão obedecidos os seguintes prazos máximos nos procedimentos administrativos:

I - para autuação, juntada aos autos de quaisquer elementos, publicação e outras providências de mero expediente: 2 (dois) dias;

II - para expedição de notificação ou intimação pessoal: 6 (seis) dias;

III - para elaboração e apresentação de informes sem caráter técnico ou jurídico: 7 (sete) dias;

IV - para elaboração e apresentação de pareceres ou informes de caráter técnico ou jurídico: 20 (vinte) dias, prorrogáveis por 10 (dez) dias quando a diligência requerer o deslocamento do agente para localidade diversa daquela onde tem sua sede de exercício;

V - para decisões no curso do procedimento: 7 (sete) dias;

VI - para manifestações do particular ou providências a seu cargo: 7 (sete) dias;

VII - para decisão final: 20 (vinte) dias;

VIII - para outras providências da Administração: 5 (cinco) dias.

§ 1º - O prazo fluirá a partir do momento em que, à vista das circunstâncias, tornar - se logicamente possível a produção do ato ou a adoção da providência.

§ 2º - Os prazos previstos neste artigo poderão ser, caso a caso, prorrogados uma vez, por igual período, pela autoridade superior, à vista de representação fundamentada do agente responsável por seu cumprimento.

Artigo 33 - O prazo máximo para decisão de requerimentos de qualquer espécie apresentados à Administração será de 120 (cento e vinte) dias, se outro não for legalmente estabelecido.

§ 1º - Ultrapassado o prazo sem decisão, o interessado poderá considerar rejeitado o requerimento na esfera administrativa, salvo previsão legal ou regulamentar em contrário.

§ 2º - Quando a complexidade da questão envolvida não permitir o atendimento do prazo previsto neste artigo, a autoridade cientificará o interessado das providências até então tomadas, sem prejuízo do disposto no parágrafo anterior.

§ 3º - O disposto no § 1º deste artigo não desonera a autoridade do dever de apreciar o requerimento.

Seção V
Da Publicidade

Artigo 34 - No curso de qualquer procedimento administrativo, as citações, intimações e notificações, quando feitas pessoalmente ou por carta com aviso de recebimento, observarão as seguintes regras:

I - constitui ônus do requerente informar seu endereço para correspondência, bem como alterações posteriores;

II - considera - se efetivada a intimação ou notificação por carta com sua entrega no endereço fornecido pelo interessado;

III - será obrigatoriamente pessoal a citação do acusado, em procedimento sancionatório, e a intimação do terceiro interessado, em procedimento de invalidação;

IV - na citação, notificação ou intimação pessoal, caso o destinatário se recuse a assinar o comprovante de recebimento, o servidor encarregado certificará a entrega e a recusa;

V - quando o particular estiver representado nos autos por procurador, a este serão dirigidas as notificações e intimações, salvo disposição em contrário.

Parágrafo único - Na hipótese do inciso III, não encontrado o interessado, a citação ou a intimação serão feitas por edital publicado no Diário Oficial do Estado.

Artigo 35 - Durante a instrução, será concedida vista dos autos ao interessado, mediante simples solicitação, sempre que não prejudicar o curso do procedimento.

Parágrafo único - A concessão de vista será obrigatória, no prazo para manifestação do interessado ou para apresentação de recursos, mediante publicação no Diário Oficial do Estado.

Artigo 36 - Ao advogado é assegurado o direito de retirar os autos da repartição, mediante recibo, durante o prazo para manifestação de seu constituinte, salvo na hipótese de prazo comum.

CAPÍTULO II
Dos Recursos
Seção I
Da Legitimidade para Recorrer

Artigo 37 - Todo aquele que for afetado por decisão administrativa poderá dela recorrer, em defesa de interesse ou direito.

Artigo 38 - À Procuradoria Geral do Estado compete recorrer, de ofício, de decisões que contrariarem Súmula Administrativa ou Despacho Normativo do Governador do Estado, sem prejuízo da possibilidade de deflagrar, de ofício, o procedimento invalidatório pertinente, nas hipóteses em que já tenha decorrido o prazo recursal.

Seção II
Da Competência para Conhecer do Recurso

Artigo 39 - Quando norma legal não dispuser de outro modo, será competente para conhecer do recurso a autoridade imediatamente superior àquela que praticou o ato.

Artigo 40 - Salvo disposição legal em contrário, a instância máxima para o recurso administrativo será:

I - na Administração centralizada, o Secretário de Estado ou autoridade a ele equiparada, excetuados os casos em que o ato tenha sido por ele praticado originariamente; e

II - na Administração descentralizada, o dirigente superior da pessoa jurídica.

Parágrafo único O disposto neste artigo não se aplica ao recurso previsto no artigo 38.

Seção III
Das Situações Especiais

Artigo 41 - São irrecorríveis, na esfera administrativa, os atos de mero expediente ou preparatórios de decisões.

Artigo 42 - Contra decisões tomadas originariamente pelo Governador do Estado ou pelo dirigente superior de pessoa jurídica da Administração descentralizada, caberá pedido de reconsideração, que não poderá ser renovado, observando - se, no que couber, o regime do recurso hierárquico.

Parágrafo único - O pedido de reconsideração só será admitido se contiver novos argumentos, e será sempre dirigido à autoridade que houver expedido o ato ou proferido a decisão.

Seção IV
Dos Requisitos da Petição de Recurso

Artigo 43 - A petição de recurso observará os seguintes requisitos:

I - será dirigida à autoridade recorrida e protocolada no órgão a que esta pertencer;

II - trará a indicação do nome, qualificação e endereço do recorrente;

III - conterá exposição, clara e completa, das razões da inconformidade.

Artigo 44 - Salvo disposição legal em contrário, o prazo para apresentação de recurso ou pedido de reconsideração será de 15 (quinze) dias contados da publicação ou notificação do ato.

Artigo 45 - Conhecer - se -á do recurso erroneamente designado, quando de seu conteúdo resultar induvidosa a impugnação do ato.

Seção V
Dos Efeitos dos Recursos

Artigo 46 - O recurso será recebido no efeito meramente devolutivo, salvo quando:

I - houver previsão legal ou regulamentar em contrário; e

II - além de relevante seu fundamento, da execução do ato recorrido, se provido, puder resultar a ineficácia da decisão final.

Parágrafo único - Na hipótese do inciso II, o recorrente poderá requerer, fundamentadamente, em petição anexa ao recurso, a concessão do efeito suspensivo.

Seção VI
Da Tramitação dos Recursos

Artigo 47 - A tramitação dos recursos observará as seguintes regras:

I - a petição será juntada aos autos em 2 (dois) dias, contados da data de seu protocolo;

II - quando os autos em que foi produzida a decisão recorrida tiverem de permanecer na repartição de origem para quaisquer outras providências cabíveis, o recurso será autuado em separado, trasladando - se cópias dos elementos necessários;

III - requerida a concessão de efeito suspensivo, a autoridade recorrida apreciará o pedido nos 5 (cinco) dias subseqüentes;

IV - havendo outros interessados representados nos autos, serão estes intimados, com prazo comum de 15 (quinze) dias, para oferecimento de contra - razões;

V - com ou sem contra - razões, os autos serão submetidos ao órgão jurídico, para elaboração de parecer, no prazo máximo de 20 (vinte) dias, salvo na hipótese do artigo 38;

VI - a autoridade recorrida poderá reconsiderar seu ato, nos 7 (sete) dias subseqüentes;

VII - mantido o ato, os autos serão encaminhados à autoridade competente para conhecer do recurso, para decisão, em 30 (trinta) dias.

§ 1° - As decisões previstas nos incisos III, VI e VII

serão encaminhadas, em 2 (dois) dias, à publicação no Diário Oficial do Estado.

§ 2º - Da decisão prevista no inciso III, não caberá recurso na esfera administrativa.

Artigo 48 - Os recursos dirigidos ao Governador do Estado serão, previamente, submetidos à Procuradoria Geral do Estado ou ao órgão de consultoria jurídica da entidade descentralizada, para parecer, a ser apresentado no prazo máximo de 20 (vinte) dias.

Seção VII
Da Decisão e seus Efeitos

Artigo 49 - A decisão de recurso não poderá, no mesmo procedimento, agravar a restrição produzida pelo ato ao interesse do recorrente, salvo em casos de invalidação.

Artigo 50 - Ultrapassado, sem decisão, o prazo de 120 (cento e vinte) dias contado do protocolo do recurso que tramite sem efeito suspensivo, o recorrente poderá considerá- lo rejeitado na esfera administrativa.

§ 1º - No caso do pedido de reconsideração previsto no artigo 42, o prazo para a decisão será de 90 (noventa) dias.

§ 2º - O disposto neste artigo não desonera a autoridade do dever de apreciar o recurso.

Artigo 51 - Esgotados os recursos, a decisão final tomada em procedimento administrativo formalmente regular não poderá ser modificada pela Administração, salvo por anulação ou revisão, ou quando o ato, por sua natureza, for revogável.

CAPÍTULO III
Dos Procedimentos em Espécie
Seção I
Do Procedimento de Outorga

Artigo 52 - Regem - se pelo disposto nesta Seção os pedidos de reconhecimento, de atribuição ou de liberação do exercício do direito.

Artigo 53 - A competência para apreciação do requerimento será do dirigente do órgão ou entidade encarregados da matéria versada, salvo previsão legal ou regulamentar em contrário.

Artigo 54 - O requerimento será dirigido à autoridade competente para sua decisão, devendo indicar:

I - o nome, a qualificação e o endereço do requerente;

II - os fundamentos de fato e de direito do pedido;

III - a providência pretendida;

IV - as provas em poder da Administração que o requerente pretende ver juntadas aos autos.

Parágrafo único - O requerimento será desde logo instruído com a prova documental de que o interessado disponha.

Artigo 55 - A tramitação dos requerimentos de que trata esta Seção observará as seguintes regras:

I - protocolado o expediente, o órgão que o receber providenciará a autuação e seu encaminhamento à repartição competente, no prazo de 2 (dois) dias;

II - o requerimento será desde logo indeferido, se não atender aos requisitos dos incisos I a IV do artigo anterior, notificando - se o requerente;

III - se o requerimento houver sido dirigido a órgão incompetente, este providenciará seu encaminhamento à unidade adequada, notificando - se o requerente;

IV - a autoridade determinará as providências adequadas à instrução dos autos, ouvindo, em caso de dúvida quanto à matéria jurídica, o órgão de consultoria jurídica;

V - quando os elementos colhidos puderem conduzir ao indeferimento, o requerente será intimado, com prazo de 7 (sete) dias, para manifestação final;

VI - terminada a instrução, a autoridade decidirá, em despacho motivado, nos 20 (vinte) dias subseqüentes;

VII - da decisão caberá recurso hierárquico.

Artigo 56 - Quando duas ou mais pessoas pretenderem da Administração o reconhecimento ou atribuição de direitos que se excluam mutuamente, será instaurado procedimento administrativo para a decisão, com observância das normas do artigo anterior, e das ditadas pelos princípios da igualdade e do contraditório.

Seção II
Do Procedimento de Invalidação

Artigo 57 - Rege - se pelo disposto nesta Seção o procedimento para invalidação de ato ou contrato administrativo e, no que couber, de outros ajustes.

Artigo 58 - O procedimento para invalidação provocada observará as seguintes regras:

I - o requerimento será dirigido à autoridade que praticou o ato ou firmou o contrato, atendidos os requisitos do artigo 54;

II - recebido o requerimento, será ele submetido ao órgão de consultoria jurídica para emissão de parecer, em 20 (vinte) dias;

III - o órgão jurídico opinará sobre a procedência ou não do pedido, sugerindo, quando for o caso, providências para a instrução dos autos e esclarecendo se a eventual invalidação atingirá terceiros;

IV - quando o parecer apontar a existência de terceiros interessados, a autoridade determinará sua intimação, para, em 15 (quinze) dias, manifestar - se a respeito;

V - concluída a instrução, serão intimadas as partes para, em 7 (sete) dias, apresentarem suas razões finais;

VI - a autoridade, ouvindo o órgão jurídico, decidirá em 20 (vinte) dias, por despacho motivado, do qual serão intimadas as partes;

VII - da decisão, caberá recurso hierárquico.

Artigo 59 - O procedimento para invalidação de ofício observará as seguintes regras:

I - quando se tratar da invalidade de ato ou contrato, a autoridade que o praticou, ou seu superior hierárquico, submeterá o assunto ao órgão de consultoria jurídica;

II - o órgão jurídico opinará sobre a validade do ato ou contrato, sugerindo, quando for o caso, providências para instrução dos autos, e indicará a necessidade ou não da instauração de contraditório, hipótese em que serão aplicadas as disposições dos incisos IV a VII do artigo anterior.

Artigo 60 - No curso de procedimento de invalidação, a autoridade poderá, de ofício ou em face de requerimento, suspender a execução do ato ou contrato, para evitar prejuízos de reparação onerosa ou impossível.

Artigo 61 - Invalidado o ato ou contrato, a Administração tomará as providências necessárias para desfazer os efeitos produzidos, salvo quanto a terceiros de boa fé, determinando a apuração de eventuais responsabilidades.

Seção III
Do Procedimento Sancionatório

Artigo 62 - Nenhuma sanção administrativa será aplicada a pessoa física ou jurídica pela Administração Pública, sem que lhe seja assegurada ampla defesa, em procedimento sancionatório.

Parágrafo único - No curso do procedimento ou, em caso de extrema urgência, antes dele, a Administração poderá adotar as medidas cautelares estritamente indispensáveis à eficácia do ato final.

Artigo 63 - O procedimento sancionatório observará, salvo legislação específica, as seguintes regras:

I - verificada a ocorrência de infração administrativa, será instaurado o respectivo procedimento para sua apuração;

II - o ato de instauração, expedido pela autoridade competente, indicará os fatos em que se baseia e as normas pertinentes à infração e à sanção aplicável;

III - o acusado será citado ou intimado, com cópia do ato de instauração, para, em 15 (quinze) dias, oferecer sua defesa e indicar as provas que pretende produzir;

IV - caso haja requerimento para produção de provas, a autoridade apreciará sua pertinência, em despacho motivado;

V - o acusado será intimado para:

a) manifestar - se, em 7 (sete) dias, sobre os documentos juntados aos autos pela autoridade, se maior prazo não lhe for assinado em face da complexidade da prova;

b) acompanhar a produção das provas orais, com antecedência mínima de 2 (dois) dias;

c) formular quesitos e indicar assistente técnico, quando necessária prova pericial, em 7 (sete) dias;

d) concluída a instrução, apresentar, em 7 (sete) dias, suas alegações finais;

VI - antes da decisão, será ouvido o órgão de consultoria jurídica;

VII - a decisão, devidamente motivada, será proferida no prazo máximo de 20 (vinte) dias, notificando - se o interessado por publicação no Diário Oficial do Estado;

VIII - da decisão caberá recurso.

Artigo 64 - O procedimento sancionatório será sigiloso até decisão final, salvo em relação ao acusado, seu procurador ou terceiro que demonstre legítimo interesse.

Parágrafo único - Incidirá em infração disciplinar grave o servidor que, por qualquer forma, divulgar irregularmente informações relativas à acusação, ao acusado ou ao procedimento.

Seção IV
Do Procedimento de Reparação de Danos

Artigo 65 - Aquele que pretender, da Fazenda Pública, ressarcimento por danos causados por agente público, agindo nessa qualidade, poderá requerê- lo administrativamente, observadas as seguintes regras:

I - o requerimento será protocolado na Procuradoria Geral do Estado, até 5 (cinco) anos contados do ato ou fato que houver dado causa ao dano;

II - o protocolo do requerimento suspende, nos termos da legislação pertinente, a prescrição da ação de responsabilidade contra o Estado, pelo período que durar sua tramitação;

III - o requerimento conterá os requisitos do artigo 54, devendo trazer indicação precisa do montante atualizado da indenização pretendida, e declaração de que o interessado concorda com as condições contidas neste artigo e no subseqüente;

IV - o procedimento, dirigido por Procurador do Estado, observará as regras do artigo 55;

V - a decisão do requerimento caberá ao Procurador Geral do Estado ou ao dirigente da entidade descentralizada, que recorrerão de ofício ao Governador, nas hipóteses previstas em regulamento;

VI - acolhido em definitivo o pedido, total ou parcialmente, será feita, em 15 (quinze) dias, a inscrição, em registro cronológico, do valor atualizado do débito, intimando - se o interessado;

VII - a ausência de manifestação expressa do interessado, em 10 (dez) dias, contados da intimação, implicará em concordância com o valor inscrito; caso não concorde com esse valor, o interessado poderá, no mesmo prazo, apresentar desistência, cancelando - se a inscrição e arquivando - se os autos;

VIII - os débitos inscritos até 1º de julho serão pagos até o último dia útil do exercício seguinte, à conta de dotação orçamentária específica;

IX - o depósito, em conta aberta em favor do interessado, do valor inscrito, atualizado monetariamente até o mês do pagamento, importará em quitação do débito;

X - o interessado, mediante prévia notificação à Administração, poderá considerar indeferido seu requerimento caso o pagamento não se realize na forma e no prazo previstos nos incisos VIII e IX.

§ 1º - Quando o interessado utilizar - se da faculdade prevista nos incisos VII, parte final, e X, perderá qualquer efeito o ato que tiver acolhido o pedido, não se podendo invocá- lo como reconhecimento da responsabilidade administrativa.

§ 2º - Devidamente autorizado pelo Governador, o Procurador Geral do Estado poderá delegar, no âmbito da Administração centralizada, a competência prevista no inciso V, hipótese em que o delegante tornar - se -á a instância máxima de recurso.

Artigo 66 - Nas indenizações pagas nos termos do artigo anterior, não incidirão juros, honorários advocatícios ou qualquer outro acréscimo.

Artigo 67 - Na hipótese de condenação definitiva do Estado ao ressarcimento de danos, deverá o fato ser comunicado ao Procurador Geral do Estado, no prazo de 15 (quinze) dias, pelo órgão encarregado de oficiar no feito, sob pena de responsabilidade.

Artigo 68 - Recebida a comunicação, o Procurador Geral do Estado, no prazo de 10 (dez) dias, determinará a instauração de procedimento, cuja tramitação obedecerá o disposto na Seção III para apuração de eventual responsabilidade civil de agente público, por culpa ou dolo.

Parágrafo único - O Procurador Geral do Estado, de ofício, determinará a instauração do procedimento previsto neste artigo, quando na forma do artigo 65, a Fazenda houver ressarcido extrajudicialmente o particular.

Artigo 69 - Concluindo - se pela responsabilidade civil do agente, será ele intimado para, em 30 (trinta) dias, recolher aos cofres públicos o valor do prejuízo suportado pela Fazenda, atualizado monetariamente.

Artigo 70 - Vencido, sem o pagamento, o prazo estipulado no artigo anterior, será proposta, de imediato, a respectiva ação judicial para cobrança do débito.

Artigo 71 - Aplica - se o disposto nesta Seção às entidades descentralizadas, observada a respectiva estrutura administrativa.

Seção V
Do Procedimento para Obtenção de Certidão

Artigo 72 - É assegurada, nos termos do artigo 5º , XXXIV, "b", da Constituição Federal, a expedição de certidão sobre atos, contratos, decisões ou pareceres constantes de registros ou autos de procedimentos em poder da Administração Pública, ressalvado o disposto no artigo 75.

Parágrafo único - As certidões serão expedidas sob a forma de relato ou mediante cópia reprográfica dos elementos pretendidos.

Artigo 73 - Para o exercício do direito previsto no artigo anterior, o interessado deverá protocolar requerimento no órgão competente, independentemente de qualquer pagamento, especificando os elementos que pretende ver certificados.

Artigo 74 - O requerimento será apreciado, em 5 (cinco) dias úteis, pela autoridade competente, que determinará a expedição da certidão requerida em prazo não superior a 5 (cinco) dias úteis.

Artigo 75 - O requerimento será indeferido, em despacho motivado, se a divulgação da informação solicitada colocar em comprovado risco a segurança da sociedade ou do Estado, violar a intimidade de terceiros ou não se enquadrar na hipótese constitucional.

§ 1º - Na hipótese deste artigo, a autoridade competente, antes de sua decisão, ouvirá o órgão de consultoria jurídica, que se manifestará em 3 (três) dias úteis.

§ 2º - Do indeferimento do pedido de certidão caberá recurso.

Artigo 76 - A expedição da certidão independerá de qualquer pagamento quando o requerente demonstrar sua necessidade para a defesa de direitos ou esclarecimento de situações de interesse pessoal.

Parágrafo único - Nas demais hipóteses, o interessado deverá recolher o valor correspondente, conforme legislação específica.

Seção VI
Do Procedimento para Obtenção de Informações Pessoais

Artigo 77 - Toda pessoa terá direito de acesso aos registros nominais que a seu respeito constem em qualquer espécie de fichário ou registro, informatizado ou não, dos órgãos ou entidades da Administração, inclusive policiais.

Artigo 78 - O requerimento para obtenção de informações observará as seguintes regras:

I - o interessado apresentará, ao órgão ou entidade do qual pretende as informações, requerimento escrito manifestando o desejo de conhecer tudo o que a seu respeito conste das fichas ou registros existentes;

II - as informações serão fornecidas no prazo máximo de 10 (dez) dias úteis, contados do protocolo do requerimento;

III - as informações serão transmitidas em linguagem clara e indicarão, conforme for requerido pelo interessado:

a) o conteúdo integral do que existir registrado;

b) a fonte das informações e dos registros;

c) o prazo até o qual os registros serão mantidos;

d) as categorias de pessoas que, por suas funções ou por necessidade do serviço, têm, diretamente, acesso aos registros;

e) as categorias de destinatários habilitados a receber comunicação desses registros; e

f) se tais registros são transmitidos a outros órgãos estaduais, e quais são esses órgãos.

Artigo 79 - Os dados existentes, cujo conhecimento houver sido ocultado ao interessado, quando de sua solicitação de informações, não poderão, em hipótese alguma, ser utilizados em quaisquer procedimentos que vierem a ser contra o mesmo instaurados.

Artigo 80 - Os órgãos ou entidades da Administração, ao coletar informações, devem esclarecer aos interessados:

I - o caráter obrigatório ou facultativo das respostas;

II - as conseqüências de qualquer incorreção nas respostas;

III - os órgãos aos quais se destinam as informações; e

IV - a existência do direito de acesso e de retificação das informações.

Parágrafo único Quando as informações forem colhidas mediante questionários impressos, devem eles conter os esclarecimentos de que trata este artigo.

Artigo 81 - É proibida a inserção ou conservação em fichário ou registro de dados nominais relativos a opiniões políticas, filosóficas ou religiosas, origem racial, orientação sexual e filiação sindical ou partidária.

Artigo 82 - É vedada a utilização, sem autorização prévia do interessado, de dados pessoais para outros fins que não aqueles para os quais foram prestados.

Seção VII
Do Procedimento para Retificação de Informações Pessoais

Artigo 83 - Qualquer pessoa tem o direito de exigir, da Administração:

I - a eliminação completa de registros de dados falsos a seu respeito, os quais tenham sido obtidos por meios ilícitos, ou se refiram às hipóteses vedadas pelo artigo 81;

II - a retificação, complementação, esclarecimento ou atualização de dados incorretos, incompletos, dúbios ou desatualizados.

Parágrafo único - Aplicam - se ao procedimento de retificação as regras contidas nos artigos 54 e 55.

Artigo 84 - O fichário ou o registro nominal devem ser completados ou corrigidos, de ofício, assim que a entidade ou órgão por eles responsável tome conhecimento da incorreção, desatualização ou caráter incompleto de informações neles contidas.

Artigo 85 - No caso de informação já fornecida a terceiros, sua alteração será comunicada a estes, desde que requerida pelo interessado, a quem dará cópia da retificação.

Seção VIII
Do Procedimento de Denúncia

Artigo 86 - Qualquer pessoa que tiver conhecimento de violação da ordem jurídica, praticada por agentes administrativos, poderá denunciá- la à Administração.

Artigo 87 - A denúncia conterá a identificação do seu autor, devendo indicar o fato e suas circunstâncias, e, se possível, seus responsáveis ou beneficiários.

Parágrafo único - Quando a denúncia for apresentada verbalmente, a autoridade lavrará termo, assinado pelo denunciante.

Artigo 88 - Instaurado o procedimento administrativo, a autoridade responsável determinará as providências necessárias à sua instrução, observando - se os prazos legais e as seguintes regras:

I - é obrigatória a manifestação do órgão de consultoria jurídica;

II - o denunciante não é parte no procedimento, podendo, entretanto, ser convocado para depor;

III - o resultado da denúncia será comunicado ao autor, se este assim o solicitar.

Artigo 89 - Incidirá em infração disciplinar grave a autoridade que não der andamento imediato, rápido e eficiente ao procedimento regulado nesta Seção.

TÍTULO V
Disposições Finais

Artigo 90 - O descumprimento injustificado, pela Administração, dos prazos previstos nesta lei gera responsabilidade disciplinar, imputável aos agentes públicos encarregados do assunto, não implicando, necessariamente, em nulidade do procedimento.

§ 1º - Respondem também os superiores hierárquicos que se omitirem na fiscalização dos serviços de seus subordinados, ou que de algum modo concorram para a infração.

§ 2º - Os prazos concedidos aos particulares poderão ser devolvidos, mediante requerimento do interessado, quando óbices injustificados, causados pela Administração, resultarem na impossibilidade de atendimento do prazo fixado.

Artigo 91 - Os prazos previstos nesta lei são contínuos, salvo disposição expressa em contrário, não se interrompendo aos domingos ou feriados.

Artigo 92 - Quando norma não dispuser de forma diversa, os prazos serão computados excluindo - se o dia do começo e incluindo - se o do vencimento.

§ 1º - Só se iniciam e vencem os prazos em dia de expediente no órgão ou entidade.

§ 2º - Considera - se prorrogado o prazo até o primeiro dia útil subseqüente se, no dia do vencimento, o expediente for encerrado antes do horário normal.

Artigo 93 - Esta lei entrará em vigor em 120 (cento e vinte) dias contados da data de sua publicação.

Artigo 94 - Revogam - se as disposições em contrário, especialmente o Decreto - lei nº 104, de 20 de junho de 1969 e a Lei nº 5702, de 5 de junho de 1987.

Palácio dos Bandeirantes, 30 de dezembro de 1998.

MÁRIO COVAS

6. Lei Complementar n. 1.080 de 17 de Dezembro de 2008

Institui Plano Geral de Cargos, Vencimentos e Salários para os servidores das classes que especifica e dá providências correlatas

O GOVERNADOR DO ESTADO DE SÃO PAULO: Faço saber que a Assembléia Legislativa decreta e eu promulgo a seguinte lei complementar:

CAPÍTULO I
Disposição Preliminar

Artigo 1º - Fica instituído, na forma desta lei complementar, Plano Geral de Cargos, Vencimentos e Salários aplicável aos servidores das Secretarias de Estado, da Procuradoria Geral do Estado e das Autarquias, titulares de cargos e ocupantes de funções-atividades expressamente indicados nos Anexos I e II.

CAPÍTULO II
Do Plano Geral de Cargos, Vencimentos e Salários
SEÇÃO I
Disposições Gerais

Artigo 2º - O Plano Geral de Cargos, Vencimentos e Salários, de que trata esta lei complementar, organiza as classes que o integram, tendo em vista a complexidade das atribuições, os graus diferenciados de formação, de responsabilidade e de experiência profissional requeridos, bem como as demais condições e requisitos específicos exigíveis para seu exercício, compreendendo:

I - a identificação, agregação e alteração de nomenclatura de cargos e funçõesatividades e suas respectivas atribuições, na forma indicada nos Anexos I a III;

II - o estabelecimento de um sistema retribuitório que estrutura os vencimentos e salários de acordo com o nível de escolaridade e o grau de complexidade das atribuições dos cargos e funções-atividades, por intermédio de 5 (cinco) escalas de vencimentos, compostas de referências e graus ou de referências,
na forma indicada nos Anexos V a XII;

III - a instituição de perspectivas de mobilidade funcional, mediante progressão e promoção.

Artigo 3º - Para fins de aplicação deste Plano Geral de Cargos, Vencimentos e Salários, considera-se:

I - classe: o conjunto de cargos e funções-atividades de mesma natureza e igual denominação;

II - referência: o símbolo indicativo do vencimento do cargo ou do salário da função-atividade;

III - grau: valor do vencimento ou salário dentro da referência;

IV - padrão: conjunto de referência e grau;

V - vencimento: retribuição pecuniária, fixada em lei, paga mensalmente ao servidor pelo efetivo exercício do cargo;

VI - salário: retribuição pecuniária, fixada em lei, paga mensalmente ao servidor pelo efetivo exercício da função-atividade;

VII - remuneração: o valor correspondente ao vencimento ou salário, acrescido das vantagens pecuniárias a que o servidor faça jus, previstas em lei.

SEÇÃO II
Do Ingresso

Artigo 4º - O ingresso nos cargos e funções-atividades constantes dos Subanexos 2 e 3 dos Anexos I e II desta lei complementar far-se-á no padrão inicial da respectiva classe, mediante concurso público de provas ou de provas e títulos, obedecidos os seguintes requisitos mínimos:

I - para as classes de nível intermediário: certificado de conclusão do ensino médio ou equivalente;

II - para as classes de nível universitário: diploma de graduação em curso de nível superior.

§ 1º - Os editais fixarão os requisitos específicos, de acordo com a área de atuação, para cada concurso público.

§ 2º - As atribuições básicas das classes de que trata este artigo são as fixadas no Anexo III desta lei complementar.

Artigo 5º - Os cargos em comissão e as funçõesatividades em confiança obedecerão aos requisitos mínimos de escolarida de e experiência profissional fixados no Anexo IV desta lei complementar.

Artigo 6º - Os cargos e as funções-atividades de supervisão, chefia e encarregatura indicados no Subanexo 4 dos Anexos I e II serão providos ou preenchidas, privativamente, por servidores públicos estaduais titulares de cargos efetivos ou ocupantes de funçõesatividades de natureza permanente.

Parágrafo único - Excetuam-se do disposto no "caput" deste artigo, os cargos de Chefe de Cerimonial e Chefe de Gabinete identificados no Subanexo 4 do Anexo I e os cargos e funções-atividades de Chefe de Gabinete de Autarquia identificados no Subanexo 4 do Anexo II desta lei complementar.

SEÇÃO III
Do Estágio Probatório

Artigo 7º - Nos 3 (três) primeiros anos de efetivo exercício nos cargos das classes a que se refere o artigo 4º desta lei complementar, que se caracteriza como estágio probatório, o servidor será submetid o à avaliação especial de desempenho, verificando-se a sua aptidão e capacidade para o exercício das atribuições inerentes ao cargo que ocupa, por intermédio dos seguintes critérios:

I - assiduidade;

II - disciplina;

III - capacidade de iniciativa;

IV - produtividade;

V - responsabilidade.

§ 1º - O período de estágio probatório será acompanhado por Comissão Especial de Avaliação de Desempenho constituída para este fim, em conjunto com o órgão setorial de recursos humanos e as chefias imediata e mediata, que deverão:

1 - propiciar condições para a adaptação do servidor ao ambiente de trabalho;

2 - orientar o servidor no desempenho de suas atribuições;

3 - verificar o grau de adaptação ao cargo e a necessidade de submeter o servidor a programa de treinamento.

§ 2º - a avaliação será promovida semestralmente pelo órgão setorial de recursos humanos, com base em critérios estabelecidos em decreto. *(Redação dada pela Lei Complementar n. 1.123, de 1º de Julho de 2010)*

Artigo 8º - Decorridos 30 (trinta) meses do período de estágio probatório, o responsável pelo órgão setorial de recursos humanos encaminhará à Comissão Especial de Avaliação de Desempenho, no prazo de 30 (trinta) dias, relatório circunstanciado sobre a conduta e o desempenho profissional do servidor, com proposta fundamentada de confirmação no cargo ou exoneração.

§ 1º - A Comissão Especial de Avaliação de Desempenho poderá solicitar informações complementares para referendar a proposta de que trata o "caput" deste artigo.

§ 2º - No caso de ter sido proposta a exoneração, a Comissão Especial de Avaliação de Desempenho abrirá prazo de 10 (dez) dias para o exercício do direito de defesa do interessado, e decidirá pelo voto da maioria absoluta de seus membros.

§ 3º - A Comissão Especial de Avaliação de Desempenho encaminhará ao Titular do órgão ou entidade, para decisão final, proposta de confirmação no cargo ou de exoneração do servidor.

§ 4º - Os atos decorrentes do cumprimento do período de estágio probatório deverão ser publicados pela autoridade competente, na seguinte conformidade:
1 - os de exoneração do cargo, até o primeiro dia útil subsequente ao encerramento do estágio probatório;
2 - os de confirmação no cargo, até 45 (quarenta e cinco) dias úteis após o término do estágio.
Artigo 9º - Durante o período de estágio probatório, o servidor não poderá ser afastado ou licenciado do seu cargo, exceto: *(Redação dada pela Lei Complementar n. 1.123, de 1º de Julho de 2010)*
I - nas hipóteses previstas nos artigos 69, 72, 75 e 181, incisos I a V, VII e VIII, da Lei nº 10.261, de 28 de outubro de 1968; *(Incluído pela Lei Complementar n. 1.123, de 1º de Julho de 2010)*
II - para participação em curso específico de formação decorrente de aprovação em concurso público para outro cargo na Administração Pública Estadual; *(Incluído pela Lei Complementar n. 1.123, de 1º de Julho de 2010)*
III - quando nomeado ou designado para o exercício de cargo em comissão ou função em confiança no âmbito do órgão ou entidade em que estiver lotado; *(Incluído pela Lei Complementar n. 1.123, de 1º de Julho de 2010)*
IV - quando nomeado para o exercício de cargo em comissão em órgão diverso da sua lotação de origem;
V - nas hipóteses previstas nos artigos 65 e 66 da Lei nº 10.261, de 28 de outubro de 1968, somente quando nomeado ou designado para o exercício de cargo em comissão ou função em confiança. *(Incluído pela Lei Complementar n. 1.123, de 1º de Julho de 2010)*
Parágrafo único - Fica suspensa, para efeito de estágio probatório, a contagem de tempo dos períodos de afastamentos referidos neste artigo, excetuadas as hipóteses previstas em seu inciso III, bem como nos artigos 69 e 75 da Lei nº 10.261, de 28 de outubro de 1968. *(Incluído pela Lei Complementar n. 1.123, de 1º de Julho de 2010)*
Artigo 10 - O servidor confirmado no cargo de provimento efetivo fará jus à progressão automática do grau "A" para o grau "B" da respectiva referência da classe a que pertença, independentemente do limite estabelecido no artigo 23 desta lei complementar.

SEÇÃO IV
Da Jornada de Trabalho, dos Vencimentos e das Vantagens Pecuniárias

Artigo 11 - Os cargos e as funções-atividades abrangidos por esta lei complementar serão exercidos em Jornada Completa de Trabalho, caracterizada pela exigência da prestação de 40 (quarenta) horas semanais de trabalho.
Parágrafo único - Excetuam-se do disposto no "caput" deste artigo, os cargos e as funções-atividades cujos ocupantes estejam sujeitos a Jornada Comum de Trabalho, caracterizada pela exigência da prestação de 30 (trinta) horas semanais de trabalho.
Artigo 12 - Os vencimentos ou salários dos servidores abrangidos pelo Plano Geral de Cargos, Vencimentos e Salários, de que trata esta lei complementar, ficam fixados de acordo com as Escalas de Vencimentos a seguir mencionadas:
I - Escala de Vencimentos - Nível Elementar, constituída de 1 (uma) referência e 10 (dez) graus;
II - Escala de Vencimentos - Nível Intermediário, constituída de 3 (três) referências e 10 (dez) graus;
III - Escala de Vencimentos - Nível Universitário, composta de 2 (duas) Estruturas de Vencimentos, sendo a Estrutura I constituída de 3 (três) referências e 10 (dez) graus, e a Estrutura II constituída de 3 (três) referências e 10 (dez) graus;
IV - Escala de Vencimentos - Comissão, constituída de 18 (dezoito) referências.
Artigo 13 - As Escalas de Vencimentos a que se refere o artigo 12 desta lei complementar são constituídas de tabelas, aplicáveis aos cargos e funçõesatividades, de acordo com a jornada de trabalho a que estejam sujeitos os seus ocupantes, na seguinte conformidade:
I - Tabela I, para os sujeitos à Jornada Completa de Trabalho;
II - Tabela II, para os sujeitos à Jornada Comum de Trabalho.
Artigo 14 - A remuneração dos servidores abrangidos pelo Plano Geral de Cargos, Vencimentos e Salários, de que trata esta lei complementar, compreende, além dos vencimentos e salários de que trata o artigo 12, as seguintes vantagens pecuniárias:
I - adicional por tempo de serviço de que trata o artigo 129 da Constituição do Estado, que será calculado na base de 5% (cinco por cento) sobre o valor do vencimento ou salário, por qüinqüênio de prestação de serviço, observado o disposto no inciso XVI do artigo 115 da mesma Constituição;
II - sexta-parte;
III - gratificação "pro labore" a que se referem os artigos 16 a 19 desta lei complementar;
IV - décimo-terceiro salário;
V - acréscimo de 1/3 (um terço) das férias;
VI - ajuda de custo;
VII - diárias;
VIII - gratificações e outras vantagens pecuniárias previstas em lei.
(...)

SEÇÃO VII
Da Progressão

Artigo 22 - Progressão é a passagem do servidor de um grau para outro imediatamente superior dentro de uma mesma referência da respectiva classe.
Artigo 23 - A progressão será realizada anualmente, mediante processo de avaliação de desempenho, obedecido o limite de até 20% (vinte por cento) do total de servidores titulares de cargos ou ocupantes de funções-atividades integrantes de cada classe de nível elementar, nível intermediário e nível universitário prevista nesta lei complementar, no âmbito de cada órgão ou entidade.
Artigo 24 - Poderão participar do processo de progressão, os servidores que tenham:
I - cumprido o interstício mínimo de 2 (dois) anos de efetivo exercício, no padrão da classe em que seu cargo ou função-atividade estiver enquadrado;
II - o desempenho avaliado anualmente, por meio de procedimentos e critérios estabelecidos em decreto.
Parágrafo único - O cômputo do interstício a que se refere o inciso I deste artigo terá início a partir do cumprimento do estágio probatório de 3 (três) anos de efetivo exercício.
Artigo 25 - Observado o limite estabelecido no artigo 23 desta lei complementar, somente poderão ser beneficiados com a progressão os servidores que tiverem obtido resultados finais positivos no processo anual de avaliação de desempenho.
Artigo 26 - Interromper-se-á o interstício quando o servidor estiver afastado de seu cargo ou função-atividade, exceto se:
I - nomeado para cargo em comissão ou designado, nos termos da legislação trabalhista, para exercício de função-atividade em confiança;
II - designado para função retribuída mediante gratificação "pro labore", a que se referem os artigos 16 a 18 desta lei complementar;
III - designado para função de serviço público retribuída mediante "pro labore", nos termos do artigo 28 da Lei nº 10.168, de 10 de julho de 1968;
IV - designado como substituto ou para responder por cargo vago de comando;
V - afastado nos termos dos artigos 65 e 66 da Lei nº 10.261,

de 28 de outubro de 1968, sem prejuízo de vencimentos, junto a órgãos da Administração Direta ou Autárquica do Estado;

VI - afastado nos termos dos artigos 67, 78, 79 e 80 da Lei nº 10.261, de 28 de outubro de 1968, ou nos termos do inciso I do artigo 15 e dos artigos 16 e 17 da Lei nº 500, de 13 de novembro de 1974;

VII - afastado, sem prejuízo dos vencimentos ou salários, para participação em cursos, congressos ou demais certames afetos à respectiva área de atuação, pelo prazo máximo de 90 (noventa) dias;

VIII - afastado nos termos do § 1º do artigo 125 da Constituição do Estado de São Paulo;

IX - afastado nos termos da Lei Complementar nº 367, de 14 de dezembro de 1984, alterada pela Lei Complementar nº 1.054, de 7 de julho de 2008.

X - licenciado para tratamento de saúde, no limite de 45 (quarenta e cinco) dias por ano;

XI - ausente em virtude de consulta ou sessão de tratamento de saúde, nos termos da Lei Complementar nº 1.041, de 14 de abril de 2008

Artigo 27 - Os demais critérios relativos à progressão serão estabelecidos em decreto.

SEÇÃO VIII
Da Promoção

Artigo 28 - Promoção é a passagem do servidor da referência 1 para a referência 2 de sua respectiva classe, devido à aquisição de competências adicionais às exigidas para ingresso no cargo de que é titular ou funçãoatividade de que é ocupante.

Parágrafo único - Quando o valor do vencimento ou salário do grau "A" da referência final for inferior àquele anteriormente percebido, o enquadramento farse-á no grau com valor imediatamente superior.

Artigo 29 - A promoção permitirá a passagem da referência 1 para a referência 2 dos servidores integrantes das seguintes classes:

I - de nível intermediário:

a) Oficial Administrativo;

b) Oficial Operacional;

c) Oficial Sociocultural;

II - de nível universitário:

a) Analista Administrativo;

b) Analista de Tecnologia;

c) Analista Sociocultural;

d) Executivo Público.

Artigo 30 - São requisitos para fins de promoção:

I - contar, no mínimo, 5 (cinco) anos de efetivo exercício em um mesmo cargo ou função-atividade pertencente às classes identificadas no artigo 29 desta lei complementar;

II - ser aprovado em avaliação teórica ou prática para aferir a aquisição de competências necessárias ao exercício de suas funções na referência superior;

III - possuir diploma de:

a) graduação em curso de nível superior, para os integrantes das classes referidas no inciso I do artigo 29 desta lei complementar;

b) pós-graduação "stricto" ou "lato sensu", para os integrantes das classes referidas no inciso II do artigo 29 desta lei complementar.

Artigo 31 - Os cursos a que se referem as alíneas "a" e "b" do inciso III do artigo 30 desta lei complementar e os demais critérios relativos ao processo de promoção serão estabelecidos em decreto.

SEÇÃO IX
Da Substituição

Artigo 32 - Para os servidores abrangidos por esta lei complementar poderá haver a substituição de que tratam os artigos 80 a 83 da Lei Complementar nº 180, de 12 de maio de 1978, para os cargos de coordenação, direção, chefia, supervisão e encarregatura, constantes da Escala de Vencimentos - Comissão.

§ 1º - Se o período de substituição for igual ou superior a 15 (quinze) dias, o servidor fará jus à diferença entre o valor do padrão ou da referência em que estiver enquadrado o cargo de que é titular ou a função-atividade de que é ocupante, acrescido da Gratificação Executiva, de que trata o inciso I do artigo 38 desta lei complementar, dos adicionais por tempo de serviço e da sextaparte, se for o caso, e do valor da referência do cargo em comissão acrescido das mesmas vantagens, proporcional aos dias substituídos.

§ 2º - O disposto neste artigo aplica-se, também, às hipóteses de designação para funções de serviço público retribuídas mediante "pro labore" de que trata o artigo 28 da Lei nº 10.168, de 10 de julho de 1968, e para as funções previstas nos artigos 16 e 17 desta lei complementar.

§ 3º - Na hipótese de substituição em funções-atividades em confiança, no âmbito das Autarquias, aplica-se, no que couber, o disposto neste artigo.

§ 4º - Os servidores integrantes de classes pertencentes a outros sistemas retribuitórios que venham a exercer a substituição em cargos abrangidos por este Plano, receberão o pagamento dessa substituição de acordo com critérios de cálculo a serem estabelecidos em decreto.

(...)

CAPÍTULO IV
Disposições Finais

(...)

Artigo 54 - Poderá ser convertida em pecúnia, mediante requerimento, uma parcela de 30 (trinta) dias de licença-prêmio aos integrantes dos Quadros das Secretarias de Estado, da Procuradoria Geral do Estado e das Autarquias, regidos por esta lei complementar, que se encontrem em efetivo exercício nas unidades desses órgãos e entidades.

§ 1º - Os 60 (sessenta) dias de licença-prêmio restantes, do período aquisitivo considerado, somente poderão ser usufruídos em ano diverso daquele em que o beneficiário recebeu a indenização, observado o disposto no artigo 213 da Lei nº 10.261, de 28 de outubro de 1968, com a redação dada pela Lei Complementar nº 1048, de 10 de junho de 2008.

§ 2º - O disposto neste artigo não se aplica aos servidores dos Quadros das Secretarias de Economia e Planejamento e da Fazenda regidos por esta lei complementar.

Artigo 55 - O pagamento da indenização de que trata o artigo 54 restringir-se-á às licenças-prêmio cujos períodos aquisitivos se completem a partir da data da vigência desta lei complementar e observará o seguinte:

I - será efetivado no 5º dia útil do mês de aniversário do requerente;

II - corresponderá ao valor da remuneração do servidor no mês-referência de que trata o inciso anterior.

Artigo 56 - O servidor de que trata o artigo 54 desta lei complementar que optar pela conversão em pecúnia, de 30 (trinta) dias de licença-prêmio, deverá apresentar requerimento no prazo de 3 (três) meses antes do mês do seu aniversário.

§ 1º - O órgão setorial ou subsetorial de recursos humanos competente deverá instruir o requerimento com:

1 - informações relativas à publicação do ato de concessão da licença-prêmio e ao período aquisitivo;

2 - declaração de não-fruição de parcela de licença-prêmio no ano considerado, relativa ao mesmo período aquisitivo.

§ 2º - Caberá à autoridade competente decidir sobre o deferimento do pedido, com observância:

1 - da necessidade do serviço;

2 - da assiduidade e da ausência de penas disciplinares, no período de 1 (um) ano imediatamente anterior à data do requerimento do servidor.

7. Lei n. 12.527, de 18 de Novembro de 2011

LEI DE ACESSO À INFORMAÇÃO

Regula o acesso a informações previsto no inciso XXXIII do art. 5º, no inciso II do § 3º do art. 37 e no § 2º do art. 216 da Constituição Federal; altera a Lei nº 8.112, de 11 de dezembro de 1990; revoga a Lei nº 11.111, de 5 de maio de 2005, e dispositivos da Lei nº 8.159, de 8 de janeiro de 1991; e dá outras providências.

A PRESIDENTA DA REPÚBLICA Faço saber que o Congresso Nacional decreta e eu sanciono a seguinte Lei:

CAPÍTULO I
DISPOSIÇÕES GERAIS

Art. 1º Esta Lei dispõe sobre os procedimentos a serem observados pela União, Estados, Distrito Federal e Municípios, com o fim de garantir o acesso a informações previsto no inciso XXXIII do art. 5º, no inciso II do § 3º do art. 37 e no § 2º do art. 216 da Constituição Federal.

Parágrafo único. Subordinam-se ao regime desta Lei:

I - os órgãos públicos integrantes da administração direta dos Poderes Executivo, Legislativo, incluindo as Cortes de Contas, e Judiciário e do Ministério Público;

II - as autarquias, as fundações públicas, as empresas públicas, as sociedades de economia mista e demais entidades controladas direta ou indiretamente pela União, Estados, Distrito Federal e Municípios.

Art. 2º Aplicam-se as disposições desta Lei, no que couber, às entidades privadas sem fins lucrativos que recebam, para realização de ações de interesse público, recursos públicos diretamente do orçamento ou mediante subvenções sociais, contrato de gestão, termo de parceria, convênios, acordo, ajustes ou outros instrumentos congêneres.

Parágrafo único. A publicidade a que estão submetidas as entidades citadas no **caput** refere-se à parcela dos recursos públicos recebidos e à sua destinação, sem prejuízo das prestações de contas a que estejam legalmente obrigadas.

Art. 3º Os procedimentos previstos nesta Lei destinam-se a assegurar o direito fundamental de acesso à informação e devem ser executados em conformidade com os princípios básicos da administração pública e com as seguintes diretrizes:

I - observância da publicidade como preceito geral e do sigilo como exceção;

II - divulgação de informações de interesse público, independentemente de solicitações;

III - utilização de meios de comunicação viabilizados pela tecnologia da informação;

IV - fomento ao desenvolvimento da cultura de transparência na administração pública;

V - desenvolvimento do controle social da administração pública.

Art. 4º Para os efeitos desta Lei, considera-se:

I - informação: dados, processados ou não, que podem ser utilizados para produção e transmissão de conhecimento, contidos em qualquer meio, suporte ou formato;

II - documento: unidade de registro de informações, qualquer que seja o suporte ou formato;

III - informação sigilosa: aquela submetida temporariamente à restrição de acesso público em razão de sua imprescindibilidade para a segurança da sociedade e do Estado;

IV - informação pessoal: aquela relacionada à pessoa natural identificada ou identificável;

V - tratamento da informação: conjunto de ações referentes à produção, recepção, classificação, utilização, acesso, reprodução, transporte, transmissão, distribuição, arquivamento, armazenamento, eliminação, avaliação, destinação ou controle da informação;

VI - disponibilidade: qualidade da informação que pode ser conhecida e utilizada por indivíduos, equipamentos ou sistemas autorizados;

VII - autenticidade: qualidade da informação que tenha sido produzida, expedida, recebida ou modificada por determinado indivíduo, equipamento ou sistema;

VIII - integridade: qualidade da informação não modificada, inclusive quanto à origem, trânsito e destino;

IX - primariedade: qualidade da informação coletada na fonte, com o máximo de detalhamento possível, sem modificações.

Art. 5º É dever do Estado garantir o direito de acesso à informação, que será franqueada, mediante procedimentos objetivos e ágeis, de forma transparente, clara e em linguagem de fácil compreensão.

CAPÍTULO II
DO ACESSO A INFORMAÇÕES E DA SUA DIVULGAÇÃO

Art. 6º Cabe aos órgãos e entidades do poder público, observadas as normas e procedimentos específicos aplicáveis, assegurar a:

I - gestão transparente da informação, propiciando amplo acesso a ela e sua divulgação;

II - proteção da informação, garantindo-se sua disponibilidade, autenticidade e integridade; e

III - proteção da informação sigilosa e da informação pessoal, observada a sua disponibilidade, autenticidade, integridade e eventual restrição de acesso.

Art. 7º O acesso à informação de que trata esta Lei compreende, entre outros, os direitos de obter:

I - orientação sobre os procedimentos para a consecução de acesso, bem como sobre o local onde poderá ser encontrada ou obtida a informação almejada;

II - informação contida em registros ou documentos, produzidos ou acumulados por seus órgãos ou entidades, recolhidos ou não a arquivos públicos;

III - informação produzida ou custodiada por pessoa física ou entidade privada decorrente de qualquer vínculo com seus órgãos ou entidades, mesmo que esse vínculo já tenha cessado;

IV - informação primária, íntegra, autêntica e atualizada;

V - informação sobre atividades exercidas pelos órgãos e entidades, inclusive as relativas à sua política, organização e serviços;

VI - informação pertinente à administração do patrimônio público, utilização de recursos públicos, licitação, contratos administrativos; e

VII - informação relativa:

a) à implementação, acompanhamento e resultados dos programas, projetos e ações dos órgãos e entidades públicas, bem como metas e indicadores propostos;

b) ao resultado de inspeções, auditorias, prestações e tomadas de contas realizadas pelos órgãos de controle interno e externo, incluindo prestações de contas relativas a exercícios anteriores.

§ 1º O acesso à informação previsto no **caput** não compreende as informações referentes a projetos de pesquisa e desenvolvimento científicos ou tecnológicos cujo sigilo seja imprescindível à segurança da sociedade e do Estado.

§ 2º Quando não for autorizado acesso integral à informação por ser ela parcialmente sigilosa, é assegurado o acesso à parte não sigilosa por meio de certidão, extrato ou cópia com ocultação da parte sob sigilo.

§ 3º O direito de acesso aos documentos ou às informações neles contidas utilizados como fundamento da tomada de decisão e do ato administrativo será assegurado com a edição do ato decisório respectivo.

§ 4º A negativa de acesso às informações objeto de pedido formulado aos órgãos e entidades referidas no art. 1º, quando não fundamentada, sujeitará o responsável a medidas disciplinares, nos termos do art. 32 desta Lei.

§ 5º Informado do extravio da informação solicitada, poderá o interessado requerer à autoridade competente a imediata abertura de sindicância para apurar o desaparecimento da respectiva documentação.

§ 6º Verificada a hipótese prevista no § 5º deste artigo, o responsável pela guarda da informação extraviada deverá, no prazo de 10 (dez) dias, justificar o fato e indicar testemunhas que comprovem sua alegação.

Art. 8º É dever dos órgãos e entidades públicas promover, independentemente de requerimentos, a divulgação em local de fácil acesso, no âmbito de suas competências, de informações de interesse coletivo ou geral por eles produzidas ou custodiadas.

§ 1º Na divulgação das informações a que se refere o **caput**, deverão constar, no mínimo:

I - registro das competências e estrutura organizacional, endereços e telefones das respectivas unidades e horários de atendimento ao público;

II - registros de quaisquer repasses ou transferências de recursos financeiros;

III - registros das despesas;

IV - informações concernentes a procedimentos licitatórios, inclusive os respectivos editais e resultados, bem como a todos os contratos celebrados;

V - dados gerais para o acompanhamento de programas, ações, projetos e obras de órgãos e entidades; e

VI - respostas a perguntas mais frequentes da sociedade.

§ 2º Para cumprimento do disposto no **caput**, os órgãos e entidades públicas deverão utilizar todos os meios e instrumentos legítimos de que dispuserem, sendo obrigatória a divulgação em sítios oficiais da rede mundial de computadores (internet).

§ 3º Os sítios de que trata o § 2º deverão, na forma de regulamento, atender, entre outros, aos seguintes requisitos:

I - conter ferramenta de pesquisa de conteúdo que permita o acesso à informação de forma objetiva, transparente, clara e em linguagem de fácil compreensão;

II - possibilitar a gravação de relatórios em diversos formatos eletrônicos, inclusive abertos e não proprietários, tais como planilhas e texto, de modo a facilitar a análise das informações;

III - possibilitar o acesso automatizado por sistemas externos em formatos abertos, estruturados e legíveis por máquina;

IV - divulgar em detalhes os formatos utilizados para estruturação da informação;

V - garantir a autenticidade e a integridade das informações disponíveis para acesso;

VI - manter atualizadas as informações disponíveis para acesso;

VII - indicar local e instruções que permitam ao interessado comunicar-se, por via eletrônica ou telefônica, com o órgão ou entidade detentora do sítio; e

VIII - adotar as medidas necessárias para garantir a acessibilidade de conteúdo para pessoas com deficiência, nos termos do art. 17 da Lei nº 10.098, de 19 de dezembro de 2000, e do art. 9º da Convenção sobre os Direitos das Pessoas com Deficiência, aprovada pelo Decreto Legislativo nº 186, de 9 de julho de 2008.

§ 4º Os Municípios com população de até 10.000 (dez mil) habitantes ficam dispensados da divulgação obrigatória na internet a que se refere o § 2º, mantida a obrigatoriedade de divulgação, em tempo real, de informações relativas à execução orçamentária e financeira, nos critérios e prazos previstos no art. 73-B da Lei Complementar nº 101, de 4 de maio de 2000 (Lei de Responsabilidade Fiscal).

Art. 9º O acesso a informações públicas será assegurado mediante:

I - criação de serviço de informações ao cidadão, nos órgãos e entidades do poder público, em local com condições apropriadas para:

a) atender e orientar o público quanto ao acesso a informações;

b) informar sobre a tramitação de documentos nas suas respectivas unidades;

c) protocolizar documentos e requerimentos de acesso a informações; e

II - realização de audiências ou consultas públicas, incentivo à participação popular ou a outras formas de divulgação.

CAPÍTULO III
DO PROCEDIMENTO DE ACESSO À INFORMAÇÃO
Seção I
Do Pedido de Acesso

Art. 10. Qualquer interessado poderá apresentar pedido de acesso a informações aos órgãos e entidades referidos no art. 1º desta Lei, por qualquer meio legítimo, devendo o pedido conter a identificação do requerente e a especificação da informação requerida.

§ 1º Para o acesso a informações de interesse público, a identificação do requerente não pode conter exigências que inviabilizem a solicitação.

§ 2º Os órgãos e entidades do poder público devem viabilizar alternativa de encaminhamento de pedidos de acesso por meio de seus sítios oficiais na internet.

§ 3º São vedadas quaisquer exigências relativas aos motivos determinantes da solicitação de informações de interesse público.

Art. 11. O órgão ou entidade pública deverá autorizar ou conceder o acesso imediato à informação disponível.

§ 1º Não sendo possível conceder o acesso imediato, na forma disposta no **caput**, o órgão ou entidade que receber o pedido deverá, em prazo não superior a 20 (vinte) dias:

I - comunicar a data, local e modo para se realizar a consulta, efetuar a reprodução ou obter a certidão;

II - indicar as razões de fato ou de direito da recusa, total ou parcial, do acesso pretendido; ou

III - comunicar que não possui a informação, indicar, se for do seu conhecimento, o órgão ou a entidade que a detém, ou, ainda, remeter o requerimento a esse órgão ou entidade, cientificando o interessado da remessa de seu pedido de informação.

§ 2º O prazo referido no § 1º poderá ser prorrogado por mais 10 (dez) dias, mediante justificativa expressa, da qual será cientificado o requerente.

§ 3º Sem prejuízo da segurança e da proteção das informações e do cumprimento da legislação aplicável, o órgão ou entidade poderá oferecer meios para que o próprio requerente possa pesquisar a informação de que necessitar.

§ 4º Quando não for autorizado o acesso por se tratar de informação total ou parcialmente sigilosa, o requerente deverá ser informado sobre a possibilidade de recurso, prazos e condições para sua interposição, devendo, ainda, ser-lhe indicada a autoridade competente para sua apreciação.

§ 5º A informação armazenada em formato digital será fornecida nesse formato, caso haja anuência do requerente.

§ 6º Caso a informação solicitada esteja disponível ao público em formato impresso, eletrônico ou em qualquer outro meio de acesso universal, serão informados ao requerente, por escrito, o lugar e a forma pela qual se poderá consultar, obter ou reproduzir a referida informação, procedimento esse que desonerará o órgão ou entidade pública da obrigação de seu fornecimento direto, salvo se o requerente declarar não dispor de meios para realizar por si mesmo tais procedimentos.

Art. 12. O serviço de busca e fornecimento da informação é gratuito, salvo nas hipóteses de reprodução de documentos pelo órgão ou entidade pública consultada, situação em que poderá ser cobrado exclusivamente o valor necessário ao ressarcimento do custo dos serviços e dos materiais utilizados.

Parágrafo único. Estará isento de ressarcir os custos previstos no **caput** todo aquele cuja situação econômica não lhe permita fazê-lo sem prejuízo do sustento próprio ou da família, declarada nos termos da Lei nº 7.115, de 29 de agosto de 1983.

Art. 13. Quando se tratar de acesso à informação contida em documento cuja manipulação possa prejudicar sua integridade, deverá ser oferecida a consulta de cópia, com certificação de que esta confere com o original.

Parágrafo único. Na impossibilidade de obtenção de cópias, o interessado poderá solicitar que, a suas expensas e sob supervisão de servidor público, a reprodução seja feita por outro meio que não ponha em risco a conservação do documento original.

Art. 14. É direito do requerente obter o inteiro teor de decisão de negativa de acesso, por certidão ou cópia.

Seção II
Dos Recursos

Art. 15. No caso de indeferimento de acesso a informações ou às razões da negativa do acesso, poderá o interessado interpor recurso contra a decisão no prazo de 10 (dez) dias a contar da sua ciência.

Parágrafo único. O recurso será dirigido à autoridade hierarquicamente superior à que exarou a decisão impugnada, que deverá se manifestar no prazo de 5 (cinco) dias.

Art. 16. Negado o acesso a informação pelos órgãos ou entidades do Poder Executivo Federal, o requerente poderá recorrer à Controladoria-Geral da União, que deliberará no prazo de 5 (cinco) dias se:

I - o acesso à informação não classificada como sigilosa for negado;

II - a decisão de negativa de acesso à informação total ou parcialmente classificada como sigilosa não indicar a autoridade classificadora ou a hierarquicamente superior a quem possa ser dirigido pedido de acesso ou desclassificação;

III - os procedimentos de classificação de informação sigilosa estabelecidos nesta Lei não tiverem sido observados; e

IV - estiverem sendo descumpridos prazos ou outros procedimentos previstos nesta Lei.

§ 1º O recurso previsto neste artigo somente poderá ser dirigido à Controladoria-Geral da União depois de submetido à apreciação de pelo menos uma autoridade hierarquicamente superior àquela que exarou a decisão impugnada, que deliberará no prazo de 5 (cinco) dias.

§ 2º Verificada a procedência das razões do recurso, a Controladoria-Geral da União determinará ao órgão ou entidade que adote as providências necessárias para dar cumprimento ao disposto nesta Lei.

§ 3º Negado o acesso à informação pela Controladoria-Geral da União, poderá ser interposto recurso à Comissão Mista de Reavaliação de Informações, a que se refere o art. 35.

Art. 17. No caso de indeferimento de pedido de desclassificação de informação protocolado em órgão da administração pública federal, poderá o requerente recorrer ao Ministro de Estado da área, sem prejuízo das competências da Comissão Mista de Reavaliação de Informações, previstas no art. 35, e do disposto no art. 16.

§ 1º O recurso previsto neste artigo somente poderá ser dirigido às autoridades mencionadas depois de submetido à apreciação de pelo menos uma autoridade hierarquicamente superior à autoridade que exarou a decisão impugnada e, no caso das Forças Armadas, ao respectivo Comando.

§ 2º Indeferido o recurso previsto no **caput** que tenha como objeto a desclassificação de informação secreta ou ultrassecreta, caberá recurso à Comissão Mista de Reavaliação de Informações prevista no art. 35.

Art. 18. Os procedimentos de revisão de decisões denegatórias proferidas no recurso previsto no art. 15 e de revisão de classificação de documentos sigilosos serão objeto de regulamentação própria dos Poderes Legislativo e Judiciário e do Ministério Público, em seus respectivos âmbitos, assegurado ao solicitante, em qualquer caso, o direito de ser informado sobre o andamento de seu pedido.

Art. 19. (VETADO).

§ 1º (VETADO).

§ 2º Os órgãos do Poder Judiciário e do Ministério Público informarão ao Conselho Nacional de Justiça e ao Conselho Nacional do Ministério Público, respectivamente, as decisões que, em grau de recurso, negarem acesso a informações de interesse público.

Art. 20. Aplica-se subsidiariamente, no que couber, a Lei nº 9.784, de 29 de janeiro de 1999, ao procedimento de que trata este Capítulo.

CAPÍTULO IV
DAS RESTRIÇÕES DE ACESSO À INFORMAÇÃO
Seção I
Disposições Gerais

Art. 21. Não poderá ser negado acesso à informação necessária à tutela judicial ou administrativa de direitos fundamentais.

Parágrafo único. As informações ou documentos que versem sobre condutas que impliquem violação dos direitos humanos praticada por agentes públicos ou a mando de autoridades públicas não poderão ser objeto de restrição de acesso.

Art. 22. O disposto nesta Lei não exclui as demais hipóteses legais de sigilo e de segredo de justiça nem as hipóteses de segredo industrial decorrentes da exploração direta de atividade econômica pelo Estado ou por pessoa física ou entidade privada que tenha qualquer vínculo com o poder público.

Seção II
Da Classificação da Informação quanto ao Grau e Prazos de Sigilo

Art. 23. São consideradas imprescindíveis à segurança da sociedade ou do Estado e, portanto, passíveis de classificação as informações cuja divulgação ou acesso irrestrito possam:

I - pôr em risco a defesa e a soberania nacionais ou a integridade do território nacional;

II - prejudicar ou pôr em risco a condução de negociações ou as relações internacionais do País, ou as que tenham sido fornecidas em caráter sigiloso por outros Estados e organismos internacionais;
III - pôr em risco a vida, a segurança ou a saúde da população;
IV - oferecer elevado risco à estabilidade financeira, econômica ou monetária do País;
V - prejudicar ou causar risco a planos ou operações estratégicos das Forças Armadas;
VI - prejudicar ou causar risco a projetos de pesquisa e desenvolvimento científico ou tecnológico, assim como a sistemas, bens, instalações ou áreas de interesse estratégico nacional;
VII - pôr em risco a segurança de instituições ou de altas autoridades nacionais ou estrangeiras e seus familiares; ou
VIII - comprometer atividades de inteligência, bem como de investigação ou fiscalização em andamento, relacionadas com a prevenção ou repressão de infrações.

Art. 24. A informação em poder dos órgãos e entidades públicas, observado o seu teor e em razão de sua imprescindibilidade à segurança da sociedade ou do Estado, poderá ser classificada como ultrassecreta, secreta ou reservada.
§ 1º Os prazos máximos de restrição de acesso à informação, conforme a classificação prevista no **caput**, vigoram a partir da data de sua produção e são os seguintes:
I - ultrassecreta: 25 (vinte e cinco) anos;
II - secreta: 15 (quinze) anos; e
III - reservada: 5 (cinco) anos.
§ 2º As informações que puderem colocar em risco a segurança do Presidente e Vice-Presidente da República e respectivos cônjuges e filhos(as) serão classificadas como reservadas e ficarão sob sigilo até o término do mandato em exercício ou do último mandato, em caso de reeleição.
§ 3º Alternativamente aos prazos previstos no § 1º, poderá ser estabelecida como termo final de restrição de acesso a ocorrência de determinado evento, desde que este ocorra antes do transcurso do prazo máximo de classificação.
§ 4º Transcorrido o prazo de classificação ou consumado o evento que defina o seu termo final, a informação tornar-se-á, automaticamente, de acesso público.
§ 5º Para a classificação da informação em determinado grau de sigilo, deverá ser observado o interesse público da informação e utilizado o critério menos restritivo possível, considerados:
I - a gravidade do risco ou dano à segurança da sociedade e do Estado; e
II - o prazo máximo de restrição de acesso ou o evento que defina seu termo final.

Seção III
Da Proteção e do Controle de Informações Sigilosas

Art. 25. É dever do Estado controlar o acesso e a divulgação de informações sigilosas produzidas por seus órgãos e entidades, assegurando a sua proteção.
§ 1º O acesso, a divulgação e o tratamento de informação clas sificada como sigilosa ficarão restritos a pessoas que tenham necessidade de conhecê-la e que sejam devidamente credenciadas na forma do regulamento, sem prejuízo das atribuições dos agentes públicos autorizados por lei.
§ 2º O acesso à informação classificada como sigilosa cria a obrigação para aquele que a obteve de resguardar o sigilo.
§ 3º Regulamento disporá sobre procedimentos e medidas a serem adotados para o tratamento de informação sigilosa, de modo a protegê-la contra perda, alteração indevida, acesso, transmissão e divulgação não autorizados.

Art. 26. As autoridades públicas adotarão as providências necessárias para que o pessoal a elas subordinado hierarquicamente conheça as normas e observe as medidas e procedimentos de segurança para tratamento de informações sigilosas.
Parágrafo único. A pessoa física ou entidade privada que, em razão de qualquer vínculo com o poder público, executar atividades de tratamento de informações sigilosas adotará as providências necessárias para que seus empregados, prepostos ou representantes observem as medidas e procedimentos de segurança das informações resultantes da aplicação desta Lei.

Seção IV
Dos Procedimentos de Classificação, Reclassificação e Desclassificação

Art. 27. A classificação do sigilo de informações no âmbito da administração pública federal é de competência:
I - no grau de ultrassecreto, das seguintes autoridades:
a) Presidente da República;
b) Vice-Presidente da República;
c) Ministros de Estado e autoridades com as mesmas prerrogativas;
d) Comandantes da Marinha, do Exército e da Aeronáutica; e
e) Chefes de Missões Diplomáticas e Consulares permanentes no exterior;
II - no grau de secreto, das autoridades referidas no inciso I, dos titulares de autarquias, fundações ou empresas públicas e sociedades de economia mista; e
III - no grau de reservado, das autoridades referidas nos incisos I e II e das que exerçam funções de direção, comando ou chefia, nível DAS 101.5, ou superior, do Grupo-Direção e Assessoramento Superiores, ou de hierarquia equivalente, de acordo com regulamentação específica de cada órgão ou entidade, observado o disposto nesta Lei.
§ 1º A competência prevista nos incisos I e II, no que se refere à classificação como ultrassecreta e secreta, poderá ser delegada pela autoridade responsável a agente público, inclusive em missão no exterior, vedada a subdelegação.
§ 2º A classificação de informação no grau de sigilo ultrassecreto pelas autoridades previstas nas alíneas "d" e "e" do inciso I deverá ser ratificada pelos respectivos Ministros de Estado, no prazo previsto em regulamento.
§ 3º A autoridade ou outro agente público que classificar informação como ultrassecreta deverá encaminhar a decisão de que trata o art. 28 à Comissão Mista de Reavaliação de Informações, a que se refere o art. 35, no prazo previsto em regulamento.

Art. 28. A classificação de informação em qualquer grau de sigilo deverá ser formalizada em decisão que conterá, no mínimo, os seguintes elementos:
I - assunto sobre o qual versa a informação;
II - fundamento da classificação, observados os critérios estabelecidos no art. 24;
III - indicação do prazo de sigilo, contado em anos, meses ou dias, ou do evento que defina o seu termo final, conforme limites previstos no art. 24; e
IV - identificação da autoridade que a classificou.
Parágrafo único. A decisão referida no **caput** será mantida no mesmo grau de sigilo da informação classificada.

Art. 29. A classificação das informações será reavaliada pela autoridade classificadora ou por autoridade hierarquicamente superior, mediante provocação ou de ofício, nos termos e prazos previstos em regulamento, com vistas à sua desclassificação ou à redução do prazo de sigilo, observado o disposto no art. 24.

§ 1º O regulamento a que se refere o **caput** deverá considerar as peculiaridades das informações produzidas no exterior por autoridades ou agentes públicos.

§ 2º Na reavaliação a que se refere o **caput**, deverão ser examinadas a permanência dos motivos do sigilo e a possibilidade de danos decorrentes do acesso ou da divulgação da informação.

§ 3º Na hipótese de redução do prazo de sigilo da informação, o novo prazo de restrição manterá como termo inicial a data da sua produção.

Art. 30. A autoridade máxima de cada órgão ou entidade publicará, anualmente, em sítio à disposição na internet e destinado à veiculação de dados e informações administrativas, nos termos de regulamento:

I - rol das informações que tenham sido desclassificadas nos últimos 12 (doze) meses;

II - rol de documentos classificados em cada grau de sigilo, com identificação para referência futura;

III - relatório estatístico contendo a quantidade de pedidos de informação recebidos, atendidos e indeferidos, bem como informações genéricas sobre os solicitantes.

§ 1º Os órgãos e entidades deverão manter exemplar da publicação prevista no **caput** para consulta pública em suas sedes.

§ 2º Os órgãos e entidades manterão extrato com a lista de informações classificadas, acompanhadas da data, do grau de sigilo e dos fundamentos da classificação.

Seção V
Das Informações Pessoais

Art. 31. O tratamento das informações pessoais deve ser feito de forma transparente e com respeito à intimidade, vida privada, honra e imagem das pessoas, bem como às liberdades e garantias individuais.

§ 1º As informações pessoais, a que se refere este artigo, relativas à intimidade, vida privada, honra e imagem:

I - terão seu acesso restrito, independentemente de classificação de sigilo e pelo prazo máximo de 100 (cem) anos a contar da sua data de produção, a agentes públicos legalmente autorizados e à pessoa a que elas se referirem; e

II - poderão ter autorizada sua divulgação ou acesso por terceiros diante de previsão legal ou consentimento expresso da pessoa a que elas se referirem.

§ 2º Aquele que obtiver acesso às informações de que trata este artigo será responsabilizado por seu uso indevido.

§ 3º O consentimento referido no inciso II do § 1º não será exigido quando as informações forem necessárias:

I - à prevenção e diagnóstico médico, quando a pessoa estiver física ou legalmente incapaz, e para utilização única e exclusivamente para o tratamento médico;

II - à realização de estatísticas e pesquisas científicas de evidente interesse público ou geral, previstos em lei, sendo vedada a identificação da pessoa a que as informações se referirem;

III - ao cumprimento de ordem judicial;

IV - à defesa de direitos humanos; ou

V - à proteção do interesse público e geral preponderante.

§ 4º A restrição de acesso à informação relativa à vida privada, honra e imagem de pessoa não poderá ser invocada com o intuito de prejudicar processo de apuração de irregularidades em que o titular das informações estiver envolvido, bem como em ações voltadas para a recuperação de fatos históricos de maior relevância.

§ 5º Regulamento disporá sobre os procedimentos para tratamento de informação pessoal.

CAPÍTULO V
DAS RESPONSABILIDADES

Art. 32. Constituem condutas ilícitas que ensejam responsabilidade do agente público ou militar:

I - recusar-se a fornecer informação requerida nos termos desta Lei, retardar deliberadamente o seu fornecimento ou fornecê-la intencionalmente de forma incorreta, incompleta ou imprecisa;

II - utilizar indevidamente, bem como subtrair, destruir, inutilizar, desfigurar, alterar ou ocultar, total ou parcialmente, informação que se encontre sob sua guarda ou a que tenha acesso ou conhecimento em razão do exercício das atribuições de cargo, emprego ou função pública;

III - agir com dolo ou má-fé na análise das solicitações de acesso à informação;

IV - divulgar ou permitir a divulgação ou acessar ou permitir acesso indevido à informação sigilosa ou informação pessoal;

V - impor sigilo à informação para obter proveito pessoal ou de terceiro, ou para fins de ocultação de ato ilegal cometido por si ou por outrem;

VI - ocultar da revisão de autoridade superior competente informação sigilosa para beneficiar a si ou a outrem, ou em prejuízo de terceiros; e

VII - destruir ou subtrair, por qualquer meio, documentos concernentes a possíveis violações de direitos humanos por parte de agentes do Estado.

§ 1º Atendido o princípio do contraditório, da ampla defesa e do devido processo legal, as condutas descritas no **caput** serão consideradas:

I - para fins dos regulamentos disciplinares das Forças Armadas, transgressões militares médias ou graves, segundo os critérios neles estabelecidos, desde que não tipificadas em lei como crime ou contravenção penal; ou

II - para fins do disposto na Lei nº 8.112, de 11 de dezembro de 1990, e suas alterações, infrações administrativas, que deverão ser apenadas, no mínimo, com suspensão, segundo os critérios nela estabelecidos.

§ 2º Pelas condutas descritas no **caput**, poderá o militar ou agente público responder, também, por improbidade administrativa, conforme o disposto nas Leis nºs 1.079, de 10 de abril de 1950, e 8.429, de 2 de junho de 1992.

Art. 33. A pessoa física ou entidade privada que detiver informações em virtude de vínculo de qualquer natureza com o poder público e deixar de observar o disposto nesta Lei estará sujeita às seguintes sanções:

I - advertência;

II - multa;

III - rescisão do vínculo com o poder público;

IV - suspensão temporária de participar em licitação e impedimento de contratar com a administração pública por prazo não superior a 2 (dois) anos; e

V - declaração de inidoneidade para licitar ou contratar com a administração pública, até que seja promovida a reabilitação perante a própria autoridade que aplicou a penalidade.

§ 1º As sanções previstas nos incisos I, III e IV poderão ser aplicadas juntamente com a do inciso II, assegurado o direito de defesa do interessado, no respectivo processo, no prazo de 10 (dez) dias.

§ 2º A reabilitação referida no inciso V será autorizada somente quando o interessado efetivar o ressarcimento ao órgão ou entidade dos prejuízos resultantes e após decorrido o prazo da sanção aplicada com base no inciso IV.

§ 3º A aplicação da sanção prevista no inciso V é de competência exclusiva da autoridade máxima do órgão ou entidade pública, facultada a defesa do interessado, no respectivo processo, no prazo de 10 (dez) dias da abertura de vista.

Art. 34. Os órgãos e entidades públicas respondem diretamente pelos danos causados em decorrência da divulgação não autorizada ou utilização indevida de informações sigilosas ou informações pessoais, cabendo a apuração de responsabilidade funcional nos casos de dolo ou culpa, assegurado o respectivo direito de regresso.

Parágrafo único. O disposto neste artigo aplica-se à pessoa física ou entidade privada que, em virtude de vínculo de qualquer natureza com órgãos ou entidades, tenha acesso a informação sigilosa ou pessoal e a submeta a tratamento indevido.

CAPÍTULO VI
DISPOSIÇÕES FINAIS E TRANSITÓRIAS

Art. 35. (VETADO).

§ 1º É instituída a Comissão Mista de Reavaliação de Informações, que decidirá, no âmbito da administração pública federal, sobre o tratamento e a classificação de informações sigilosas e terá competência para:

I - requisitar da autoridade que classificar informação como ultrassecreta e secreta esclarecimento ou conteúdo, parcial ou integral da informação;

II - rever a classificação de informações ultrassecretas ou secretas, de ofício ou mediante provocação de pessoa interessada, observado o disposto no art. 7º e demais dispositivos desta Lei; e

III - prorrogar o prazo de sigilo de informação classificada como ultrassecreta, sempre por prazo determinado, enquanto o seu acesso ou divulgação puder ocasionar ameaça externa à soberania nacional ou à integridade do território nacional ou grave risco às relações internacionais do País, observado o prazo previsto no § 1º do art. 24.

§ 2º O prazo referido no inciso III é limitado a uma única renovação.

§ 3º A revisão de ofício a que se refere o inciso II do § 1º deverá ocorrer, no máximo, a cada 4 (quatro) anos, após a reavaliação prevista no art. 39, quando se tratar de documentos ultrassecretos ou secretos.

§ 4º A não deliberação sobre a revisão pela Comissão Mista de Reavaliação de Informações nos prazos previstos no § 3º implicará a desclassificação automática das informações.

§ 5º Regulamento disporá sobre a composição, organização e funcionamento da Comissão Mista de Reavaliação de Informações, observado o mandato de 2 (dois) anos para seus integrantes e demais disposições desta Lei.

Art. 36. O tratamento de informação sigilosa resultante de tratados, acordos ou atos internacionais atenderá às normas e recomendações constantes desses instrumentos.

Art. 37. É instituído, no âmbito do Gabinete de Segurança Institucional da Presidência da República, o Núcleo de Segurança e Credenciamento (NSC), que tem por objetivos:

I - promover e propor a regulamentação do credenciamento de segurança de pessoas físicas, empresas, órgãos e entidades para tratamento de informações sigilosas; e

II - garantir a segurança de informações sigilosas, inclusive aquelas provenientes de países ou organizações internacionais com os quais a República Federativa do Brasil tenha firmado tratado, acordo, contrato ou qualquer outro ato internacional, sem prejuízo das atribuições do Ministério das Relações Exteriores e dos demais órgãos competentes.

Parágrafo único. Regulamento disporá sobre a composição, organização e funcionamento do NSC.

Art. 38. Aplica-se, no que couber, a Lei nº 9.507, de 12 de novembro de 1997, em relação à informação de pessoa, física ou jurídica, constante de registro ou banco de dados de entidades governamentais ou de caráter público.

Art. 39. Os órgãos e entidades públicas deverão proceder à reavaliação das informações classificadas como ultrassecretas e secretas no prazo máximo de 2 (dois) anos, contado do termo inicial de vigência desta Lei.

§ 1º A restrição de acesso a informações, em razão da reavaliação prevista no **caput**, deverá observar os prazos e condições previstos nesta Lei.

§ 2º No âmbito da administração pública federal, a reavaliação prevista no **caput** poderá ser revista, a qualquer tempo, pela Comissão Mista de Reavaliação de Informações, observados os termos desta Lei.

§ 3º Enquanto não transcorrido o prazo de reavaliação previsto no **caput**, será mantida a classificação da informação nos termos da legislação precedente.

§ 4º As informações classificadas como secretas e ultrassecretas não reavaliadas no prazo previsto no **caput** serão consideradas, automaticamente, de acesso público.

Art. 40. No prazo de 60 (sessenta) dias, a contar da vigência desta Lei, o dirigente máximo de cada órgão ou entidade da administração pública federal direta e indireta designará autoridade que lhe seja diretamente subordinada para, no âmbito do respectivo órgão ou entidade, exercer as seguintes atribuições:

I - assegurar o cumprimento das normas relativas ao acesso a informação, de forma eficiente e adequada aos objetivos desta Lei;

II - monitorar a implementação do disposto nesta Lei e apresentar relatórios periódicos sobre o seu cumprimento;

III - recomendar as medidas indispensáveis à implementação e ao aperfeiçoamento das normas e procedimentos necessários ao correto cumprimento do disposto nesta Lei; e

IV - orientar as respectivas unidades no que se refere ao cumprimento do disposto nesta Lei e seus regulamentos.

Art. 41. O Poder Executivo Federal designará órgão da administração pública federal responsável:

I - pela promoção de campanha de abrangência nacional de fomento à cultura da transparência na administração pública e conscientização do direito fundamental de acesso à informação;

II - pelo treinamento de agentes públicos no que se refere ao desenvolvimento de práticas relacionadas à transparência na administração pública;

III - pelo monitoramento da aplicação da lei no âmbito da administração pública federal, concentrando e consolidando a publicação de informações estatísticas relacionadas no art. 30;

IV - pelo encaminhamento ao Congresso Nacional de relatório anual com informações atinentes à implementação desta Lei.

Art. 42. O Poder Executivo regulamentará o disposto nesta Lei no prazo de 180 (cento e oitenta) dias a contar da data de sua publicação.

Art. 43. O inciso VI do art. 116 da Lei nº 8.112, de 11 de dezembro de 1990, passa a vigorar com a seguinte redação:

"Art. 116. ....

VI - levar as irregularidades de que tiver ciência em razão do cargo ao conhecimento da autoridade superior ou, quando houver suspeita de envolvimento desta, ao conhecimento de outra autoridade competente para apuração;

....

." (NR)

Art. 44. O Capítulo IV do Título IV da Lei nº 8.112, de 1990, passa a vigorar acrescido do seguinte art. 126-A:

"Art. 126-A. Nenhum servidor poderá ser responsabilizado civil, penal ou administrativamente por dar ciência à autoridade superior ou, quando houver suspeita de envolvimento desta, a outra autoridade competente para apuração de informação concernente à prática de crimes ou improbidade de que tenha conhecimento, ainda que em decorrência do exercício de cargo, emprego ou função pública."

Art. 45. Cabe aos Estados, ao Distrito Federal e aos Municípios, em legislação própria, obedecidas as normas gerais estabelecidas nesta Lei, definir regras específicas, especialmente quanto ao disposto no art. 9º e na Seção II do Capítulo III.

Art. 46. Revogam-se:

I - a Lei nº 11.111, de 5 de maio de 2005; e

II - os arts. 22 a 24 da Lei nº 8.159, de 8 de janeiro de 1991.

Art. 47. Esta Lei entra em vigor 180 (cento e oitenta) dias após a data de sua publicação.

Brasília, 18 de novembro de 2011; 190º da Independência e 123º da República.

8. Decreto n. 58.052, de 16 de Maio de 2012

Regulamenta a Lei federal n° 12.527, de 18 de novembro de 2011, que regula o acesso a informações, e dá providências correlatas

GERALDO ALCKMIN, Governador do Estado de São Paulo, no uso de suas atribuições legais,

Considerando que é dever do Poder Público promover a gestão dos documentos públicos para assegurar o acesso às informações neles contidas, de acordo com o § 2° do artigo 216 da Constituição Federal e com o artigo 1° da Lei federal n° 8.159, de 8 de janeiro de 1991;

Considerando que cabe ao Estado definir, em legislação própria, regras específicas para o cumprimento das determinações previstas na Lei federal n° 12.527, de 18 de novembro de 2011, que regula o acesso a informações;

Considerando as disposições das Leis estaduais n° 10.177, de 30 de dezembro de 1998, que regula o processo administrativo e n° 10.294, de 20 de abril de 1999, que dispõe sobre proteção e defesa do usuário de serviços públicos, e dos Decretos estaduais n° 22.789, de 19 de outubro de 1984, que institui o Sistema de Arquivos do Estado de São Paulo - SAESP, n° 44.074, de 1° de julho de 1999, que regulamenta a composição e estabelece a competência das Ouvidorias, n° 54.276, de 27 de abril de 2009, que reorganiza a Unidade do Arquivo Público do Estado, da Casa Civil, n° 55.479, de 25 de fevereiro de 2010, que institui na Casa Civil o Comitê Gestor do Sistema Informatizado Unificado de Gestão Arquivística de Documentos e Informações - SPdoc, alterado pelo de n° 56.260, de 6 de outubro de 2010, n° 55.559, de 12 de março de 2010, que institui o Portal do Governo Aberto SP e n° 57.500, de 8 de novembro de 2011, que reorganiza a Corregedoria Geral da Administração e institui o Sistema Estadual de Controladoria; e

Considerando, finalmente, a proposta apresentada pelo Grupo Técnico instituído pela Resolução CC-3, de 9 de janeiro de 2012, junto ao Comitê de Qualidade da Gestão Pública,

Decreta:

CAPÍTULO I
Disposições Gerais

Artigo 1° - Este decreto define procedimentos a serem observados pelos órgãos e entidades da Administração Pública Estadual, e pelas entidades privadas sem fins lucrativos que recebam recursos públicos estaduais para a realização de atividades de interesse público, à vista das normas gerais estabelecidas na Lei federal n° 12.527, de 18 de novembro de 2011.

Artigo 2° - O direito fundamental de acesso a documentos, dados e informações será assegurado mediante:

I - observância da publicidade como preceito geral e do sigilo como exceção;

II - implementação da política estadual de arquivos e gestão de documentos;

III - divulgação de informações de interesse público, independentemente de solicitações;

IV - utilização de meios de comunicação viabilizados pela tecnologia da informação;

V - fomento ao desenvolvimento da cultura de transparência na administração pública;

VI - desenvolvimento do controle social da administração pública.

Artigo 3° - Para os efeitos deste decreto, consideram-se as seguintes definições:

I - arquivos públicos: conjuntos de documentos produzidos, recebidos e acumulados por órgãos públicos, autarquias, fundações instituídas ou mantidas pelo Poder Público, empresas públicas, sociedades de economia mista, entidades privadas encarregadas da gestão de serviços públicos e organizações sociais, no exercício de suas funções e atividades;

II - autenticidade: qualidade da informação que tenha sido produzida, expedida, recebida ou modificada por determinado indivíduo, equipamento ou sistema;

III - classificação de sigilo: atribuição, pela autoridade competente, de grau de sigilo a documentos, dados e informações;

IV - credencial de segurança: autorização por escrito concedida por autoridade competente, que habilita o agente público estadual no efetivo exercício de cargo, função, emprego ou atividade pública a ter acesso a documentos, dados e informações sigilosas;

V - criptografia: processo de escrita à base de métodos lógicos e controlados por chaves, cifras ou códigos, de forma que somente os usuários autorizados possam reestabelecer sua forma original;

VI - custódia: responsabilidade pela guarda de documentos, dados e informações;

VII - dado público: sequência de símbolos ou valores, representado em algum meio, produzido ou sob a guarda governamental, em decorrência de um processo natural ou artificial, que não tenha seu acesso restrito por legislação específica;

VIII - desclassificação: supressão da classificação de sigilo por ato da autoridade competente ou decurso de prazo, tornando irrestrito o acesso a documentos, dados e informações sigilosas;

IX - documentos de arquivo: todos os registros de informação, em qualquer suporte, inclusive o magnético ou óptico, produzidos, recebidos ou acumulados por órgãos e entidades da Administração Pública Estadual, no exercício de suas funções e atividades;

X - disponibilidade: qualidade da informação que pode ser conhecida e utilizada por indivíduos, equipamentos ou sistemas autorizados;

XI - documento: unidade de registro de informações, qualquer que seja o suporte ou formato;

XII - gestão de documentos: conjunto de procedimentos operações técnicas referentes à sua produção, classificação, avaliação, tramitação, uso, arquivamento e reprodução, que assegura a racionalização e a eficiência dos arquivos;

XIII - informação: dados, processados ou não, que podem ser utilizados para produção e transmissão de conhecimento, contidos em qualquer meio, suporte ou formato;

XIV - informação pessoal: aquela relacionada à pessoa natural identificada ou identificável;

XV - informação sigilosa: aquela submetida temporariamente à restrição de acesso público em razão de sua imprescindibilidade para a segurança da sociedade e do Estado;

XVI - integridade: qualidade da informação não modificada, inclusive quanto à origem, trânsito e destino;

XVII - marcação: aposição de marca assinalando o grau de sigilo de documentos, dados ou informações, ou sua condição de acesso irrestrito, após sua desclassificação;

XVIII - metadados: são informações estruturadas e codificadas que descrevem e permitem gerenciar, compreender, preservar e acessar os documentos digitais ao longo do

tempo e referem-se a:
a) identificação e contexto documental (identificador único, instituição produtora, nomes, assunto, datas, local, código de classificação, tipologia documental, temporalidade, destinação, versão, documentos relacionados, idioma e indexação);
b) segurança (grau de sigilo, informações sobre criptografia, assinatura digital e outras marcas digitais);
c) contexto tecnológico (formato de arquivo, tamanho de arquivo, dependências de hardware e software, tipos de mídias, algoritmos de compressão) e localização física do documento;
XIX - primariedade: qualidade da informação coletada na fonte, com o máximo de detalhamento possível, sem modificações;
XX - reclassificação: alteração, pela autoridade competente, da classificação de sigilo de documentos, dados e informações;
XXI - rol de documentos, dados e informações sigilosas e pessoais: relação anual, a ser publicada pelas autoridades máximas de órgãos e entidades, de documentos, dados e informações classificadas, no período, como sigilosas ou pessoais, com identificação para referência futura;
XXII - serviço ou atendimento presencial: aquele prestado a presença física do cidadão, principal beneficiário ou interessado no serviço;
XXIII - serviço ou atendimento eletrônico: aquele prestado remotamente ou à distância, utilizando meios eletrônicos de comunicação;
XXIV - tabela de documentos, dados e informações sigilosas e pessoais: relação exaustiva de documentos, dados e informações com quaisquer restrição de acesso, com a indicação do grau de sigilo, decorrente de estudos e pesquisas promovidos pelas Comissões de Avaliação de Documentos e Acesso - CADA, e publicada pelas autoridades máximas dos órgãos e entidades;
XXV - tratamento da informação: conjunto de ações referentes à produção, recepção, classificação, utilização, acesso, reprodução, transporte, transmissão, distribuição, arquivamento, armazenamento, eliminação, avaliação, destinação ou controle da informação.

CAPÍTULO II
Do Acesso a Documentos, Dados e Informações
SEÇÃO I
Disposições Gerais

Artigo 4º - É dever dos órgãos e entidades da Administração Pública Estadual:
I - promover a gestão transparente de documentos, dados e informações, assegurando sua disponibilidade, autenticidade e integridade, para garantir o pleno direito de acesso;
II - divulgar documentos, dados e informações de interesse coletivo ou geral, sob sua custódia, independentemente de solicitações;
III - proteger os documentos, dados e informações sigilosas e pessoais, por meio de critérios técnicos e objetivos, o menos restritivo possível.

SEÇÃO II
Da Gestão de Documentos, Dados e Informações

Artigo 5º - A Unidade do Arquivo Público do Estado, na condição de órgão central do Sistema de Arquivos do Estado de São Paulo - SAESP, é a responsável pela formulação e implementação da política estadual de arquivos e gestão de documentos, a que se refere o artigo 2º, inciso II deste decreto, e deverá propor normas, procedimentos e requisitos técnicos complementares, visando o tratamento da informação.
Parágrafo único - Integram a política estadual de arquivos e gestão de documentos:
1. os serviços de protocolo e arquivo dos órgãos e entidades;
2. as Comissões de Avaliação de Documentos e Acesso - CADA, a que se refere o artigo 11 deste decreto;
3. o Sistema Informatizado Unificado de Gestão Arquivística de Documentos e Informações - SPdoc;
4. os Serviços de Informações ao Cidadão - SIC.
Artigo 6º - Para garantir efetividade à política de arquivos e gestão de documentos, os órgãos e entidades da Administração Pública Estadual deverão:
I - providenciar a elaboração de planos de classificação e tabelas de temporalidade de documentos de suas atividadesfim, a que se referem, respectivamente, os artigos 10 a 18 e 19 a 23, do Decreto nº 48.897, de 27 de agosto de 2004;
II - cadastrar todos os seus documentos no Sistema Informatizado Unificado de Gestão Arquivística de Documentos e Informações - SPdoc.
Parágrafo único - As propostas de planos de classificação e de tabelas de temporalidade de documentos deverão ser apreciadas pelos órgãos jurídicos dos órgãos e entidades e encaminhadas à Unidade do Arquivo Público do Estado para aprovação, antes de sua oficialização.
Artigo 7º - Ficam criados, em todos os órgãos e entidades da Administração Pública Estadual, os Serviços de Informações ao Cidadão - SIC, a que se refere o artigo 5º, inciso IV, deste decreto, diretamente subordinados aos seus titulares, em local com condições apropriadas, infraestrutura tecnológica e equipe capacitada para:
I - realizar atendimento presencial e/ou eletrônico na sede e nas unidades subordinadas, prestando orientação ao público sobre os direitos do requerente, o funcionamento do Serviço de Informações ao Cidadão - SIC, a tramitação de documentos, bem como sobre os serviços prestados pelas respectivas unidades do órgão ou entidade;
II - protocolar documentos e requerimentos de acesso a informações, bem como encaminhar os pedidos de informação aos setores produtores ou detentores de documentos, dados e informações;
III - controlar o cumprimento de prazos por parte dos setores produtores ou detentores de documentos, dados e informações, previstos no artigo 15 deste decreto;
IV - realizar o serviço de busca e fornecimento de documentos, dados e informações sob custódia do respectivo órgão ou entidade, ou fornecer ao requerente orientação sobre o local onde encontrá-los.
§ 1º - As autoridades máximas dos órgãos e entidades da Administração Pública Estadual deverão designar, no prazo de 30 (trinta) dias, os responsáveis pelos Serviços de Informações ao Cidadão - SIC.
§ 2º - Para o pleno desempenho de suas atribuições, os Serviços de Informações ao Cidadão - SIC deverão:
1. manter intercâmbio permanente com os serviços de protocolo e arquivo;
2. buscar informações junto aos gestores de sistemas informatizados e bases de dados, inclusive de portais e sítios institucionais;
3. atuar de forma integrada com as Ouvidorias, instituídas pela Lei estadual nº 10.294, de 20 de abril de 1999, e organizadas pelo Decreto nº 44.074, de 1º de julho de 1999.
§ 3º - Os Serviços de Informações ao Cidadão - SIC, independentemente do meio utilizado, deverão ser identificados com ampla visibilidade.
Artigo 8º - A Casa Civil deverá providenciar a contratação

de serviços para o desenvolvimento de "Sistema Integrado de Informações ao Cidadão", capaz de interoperar com o SPdoc, a ser utilizado por todos os órgãos e entidades nos seus respectivos Serviços de Informações ao Cidadão - SIC.

Artigo 9º - A Unidade do Arquivo Público do Estado, da Casa Civil, deverá adotar as providências necessárias para a organização dos serviços da Central de Atendimento ao Cidadão - CAC, instituída pelo Decreto nº 54.276, de 27 de abril de 2009, com a finalidade de:

I - coordenar a integração sistêmica dos Serviços de Informações ao Cidadão - SIC, instituídos nos órgãos e entidades;

II - realizar a consolidação e sistematização de dados a que se refere o artigo 26 deste decreto, bem como a elaboração de estatísticas sobre as demandas de consulta e os perfis de usuários, visando o aprimoramento dos serviços.

Parágrafo único - Os Serviços de Informações ao Cidadão - SIC deverão fornecer, periodicamente, à Central de Atendimento ao Cidadão - CAC, dados atualizados dos atendimentos prestados.

Artigo 10 - O acesso aos documentos, dados e informações compreende, entre outros, os direitos de obter:

I - orientação sobre os procedimentos para a consecução de acesso, bem como sobre o local onde poderá ser encontrado ou obtido o documento, dado ou informação almejada;

II - dado ou informação contida em registros ou documentos, produzidos ou acumulados por seus órgãos ou entidades, recolhidos ou não a arquivos públicos;

III - documento, dado ou informação produzida ou custodiada por pessoa física ou entidade privada decorrente de qualquer vínculo com seus órgãos ou entidades, mesmo que esse vínculo já tenha cessado;

IV - dado ou informação primária, íntegra, autêntica e atualizada;

V - documento, dado ou informação sobre atividades exercidas pelos órgãos e entidades, inclusive as relativas à sua política, organização e serviços;

VI - documento, dado ou informação pertinente à administração o patrimônio público, utilização de recursos públicos, licitação, contratos administrativos;

VII - documento, dado ou informação relativa:

a) à implementação, acompanhamento e resultados dos programas, projetos e ações dos órgãos e entidades públicas, bem como metas e indicadores propostos;

b) ao resultado de inspeções, auditorias, prestações e tomadas de contas realizadas pelos órgãos de controle interno e externo, incluindo prestações de contas relativas a exercícios anteriores.

§ 1º - O acesso aos documentos, dados e informações previsto no "caput" deste artigo não compreende as informações referentes a projetos de pesquisa e desenvolvimento científicos ou tecnológicos cujo sigilo seja imprescindível à segurança da sociedade e do Estado.

§ 2º - Quando não for autorizado acesso integral ao documento, dado ou informação por ser ela parcialmente sigilosa, é assegurado o acesso à parte não sigilosa por meio de certidão, extrato ou cópia com ocultação da parte sob sigilo.

§ 3º - O direito de acesso aos documentos, aos dados ou às informações neles contidas utilizados como fundamento da tomada de decisão e do ato administrativo será assegurado com a edição do ato decisório respectivo.

§ 4º - A negativa de acesso aos documentos, dados e informações objeto de pedido formulado aos órgãos e entidades referidas no artigo 1º deste decreto, quando não fundamentada, sujeitará o responsável a medidas disciplinares, nos termos do artigo 32 da Lei federal nº 12.527, de 18 de novembro de 2011.

§ 5º - Informado do extravio da informação solicitada, poderá o interessado requerer à autoridade competente a imediata instauração de apuração preliminar para investigar o desaparecimento da respectiva documentação.

§ 6º - Verificada a hipótese prevista no § 5º deste artigo, o responsável pela guarda da informação extraviada deverá, no prazo de 10 (dez) dias, justificar o fato e indicar testemunhas que comprovem sua alegação.

SEÇÃO III
Das Comissões de Avaliação de Documentos e Acesso

Artigo 11 - As Comissões de Avaliação de Documentos de Arquivo, a que se referem os Decretos nº 29.838, de 18 de abril de 1989, e nº 48.897, de 27 de agosto de 2004, instituídas nos órgãos e entidades da Administração Pública Estadual, passarão a ser denominadas Comissões de Avaliação de Documentos e Acesso - CADA.

§ 1º - As Comissões de Avaliação de Documentos e Acesso - CADA deverão ser vinculadas ao Gabinete da autoridade máxima do órgão ou entidade.

§ 2º - As Comissões de Avaliação de Documentos e Acesso - CADA serão integradas por servidores de nível superior das áreas jurídica, de administração geral, de administração financeira, de arquivo e protocolo, de tecnologia da informação e por representantes das áreas específicas da documentação a ser analisada.

§ 3º - As Comissões de Avaliação de Documentos e Acesso - CADA serão compostas por 5 (cinco), 7 (sete) ou 9 (nove) membros, designados pela autoridade máxima do órgão ou entidade.

Artigo 12 - São atribuições das Comissões de Avaliação de Documentos e Acesso - CADA, além daquelas previstas para as Comissões de Avaliação de Documentos de Arquivo nos Decretos nº 29.838, de 18 de abril de 1989, e nº 48.897, de 27 de agosto de 2004:

I - orientar a gestão transparente dos documentos, dados e informações do órgão ou entidade, visando assegurar o amplo acesso e divulgação;

II - realizar estudos, sob a orientação técnica da Unidade do Arquivo Público do Estado, órgão central do Sistema de Arquivos do Estado de São Paulo - SAESP, visando à identificação e elaboração de tabela de documentos, dados e informações sigilosas e pessoais, de seu órgão ou entidade;

III - encaminhar à autoridade máxima do órgão ou entidade a tabela mencionada no inciso II deste artigo, bem como as normas e procedimentos visando à proteção de documentos, dados e informações sigilosas e pessoais, para oitiva do órgão jurídico e posterior publicação;

IV - orientar o órgão ou entidade sobre a correta aplicação dos critérios de restrição de acesso constantes das tabelas de documentos, dados e informações sigilosas e pessoais;

V - comunicar à Unidade do Arquivo Público do Estado a publicação de tabela de documentos, dados e informações sigilosas e pessoais, e suas eventuais alterações, para consolidação de dados, padronização de critérios e realização de estudos técnicos na área;

VI - propor à autoridade máxima do órgão ou entidade a renovação, alteração de prazos, reclassificação ou desclassificação de documentos, dados e informações sigilosas;

VII - manifestar-se sobre os prazos mínimos de restrição de acesso aos documentos, dados ou informações pessoais;

VIII - atuar como instância consultiva da autoridade máxima do órgão ou entidade, sempre que provocada, sobre os recursos interpostos relativos às solicitações de acesso a documentos, dados e informações não atendidas ou indeferidas, nos termos do parágrafo único do artigo 19 deste decreto;

IX - informar à autoridade máxima do órgão ou entidade

a previsão de necessidades orçamentárias, bem como encaminhar relatórios periódicos sobre o andamento dos trabalhos.

Parágrafo único - Para o perfeito cumprimento de suas atribuições as Comissões de Avaliação de Documentos e Acesso - CADA poderão convocar servidores que possam contribuir com seus conhecimentos e experiências, bem como constituir subcomissões e grupos de trabalho.

Artigo 13 - À Unidade do Arquivo Público do Estado, órgão central do Sistema de Arquivos do Estado de São Paulo - SAESP, responsável por propor a política de acesso aos documentos públicos, nos termos do artigo 6º, inciso XII, do Decreto nº 22.789, de 19 de outubro de 1984, caberá o reexame, a qualquer tempo, das tabelas de documentos, dados e informações sigilosas e pessoais dos órgãos e entidades da Administração Pública Estadual.

SEÇÃO IV
Do Pedido

Artigo 14 - O pedido de informações deverá ser apresentado ao Serviço de Informações ao Cidadão - SIC do órgão ou entidade, por qualquer meio legítimo que contenha a identificação do interessado (nome, número de documento e endereço) e a especificação da informação requerida.

Artigo 15 - O Serviço de Informações ao Cidadão - SIC do órgão ou entidade responsável pelas informações solicitadas deverá conceder o acesso imediato àquelas disponíveis.

§ 1º - Na impossibilidade de conceder o acesso imediato, o Serviço de Informações ao Cidadão - SIC do órgão ou entidade, em prazo não superior a 20 (vinte) dias, deverá:

1. comunicar a data, local e modo para se realizar a consulta, efetuar a reprodução ou obter a certidão;
2. indicar as razões de fato ou de direito da recusa, total ou parcial, do acesso pretendido;
3. comunicar que não possui a informação, indicar, se for do seu conhecimento, o órgão ou a entidade que a detém, ou, ainda, remeter o requerimento a esse órgão ou entidade, cientificando o interessado da remessa de seu pedido de informação.

§ 2º - O prazo referido no § 1º deste artigo poderá ser prorrogado por mais 10 (dez) dias, mediante justificativa expressa, da qual será cientificado o interessado.

§ 3º - Sem prejuízo da segurança e da proteção das informações e do cumprimento da legislação aplicável, o Serviço de Informações ao Cidadão - SIC do órgão ou entidade poderá oferecer meios para que o próprio interessado possa pesquisar a informação de que necessitar.

§ 4º - Quando não for autorizado o acesso por se tratar de informação total ou parcialmente sigilosa, o interessado deverá ser informado sobre a possibilidade de recurso, prazos e condições para sua interposição, devendo, ainda, ser-lhe indicada a autoridade competente para sua apreciação.

§ 5º - A informação armazenada em formato digital será fornecida nesse formato, caso haja anuência do interessado.

§ 6º - Caso a informação solicitada esteja disponível ao público em formato impresso, eletrônico ou em qualquer outro meio de acesso universal, serão informados ao interessado, por escrito, o lugar e a forma pela qual se poderá consultar, obter ou reproduzir a referida informação, procedimento esse que desonerará o órgão ou entidade pública da obrigação de seu fornecimento direto, salvo se o interessado declarar não dispor de meios para realizar por si mesmo tais procedimentos.

Artigo 16 - O serviço de busca e fornecimento da informação é gratuito, salvo nas hipóteses de reprodução de documentos pelo órgão ou entidade pública consultada, situação em que poderá ser cobrado exclusivamente o valor necessário ao ressarcimento do custo dos serviços e dos materiais utilizados, a ser fixado em ato normativo pelo Chefe do Executivo.

Parágrafo único - Estará isento de ressarcir os custos previstos no "caput" deste artigo todo aquele cuja situação econômica não lhe permita fazê-lo sem prejuízo do sustento próprio ou da família, declarada nos termos da Lei federal nº 7.115, de 29 de agosto de 1983.

Artigo 17 - Quando se tratar de acesso à informação contida em documento cuja manipulação possa prejudicar sua integridade, deverá ser oferecida a consulta de cópia, com certificação de que esta confere com o original.

Parágrafo único - Na impossibilidade de obtenção de cópias, o interessado poderá solicitar que, a suas expensas e sob Grupo Técnico supervisão de servidor público, a reprodução seja feita por outro meio que não ponha em risco a conservação do documento original.

Artigo 18 - É direito do interessado obter o inteiro teor de decisão de negativa de acesso, por certidão ou cópia.

SEÇÃO V
Dos Recursos

Artigo 19 - No caso de indeferimento de acesso aos documentos, dados e informações ou às razões da negativa do acesso, bem como o não atendimento do pedido, poderá o interessado interpor recurso contra a decisão no prazo de 10 (dez) dias a contar de sua ciência.

Parágrafo único - O recurso será dirigido à apreciação de pelo menos uma autoridade hierarquicamente superior à que exarou a decisão impugnada, que deverá se manifestar, após eventual consulta à Comissão de Avaliação de Documentos e Acesso - CADA, a que se referem os artigos 11 e 12 deste decreto, e ao órgão jurídico, no prazo de 5 (cinco) dias.

Artigo 20 - Negado o acesso ao documento, dado e informação pelos órgãos ou entidades da Administração Pública Estadual, o interessado poderá recorrer à Corregedoria Geral da Administração, que deliberará no prazo de 5 (cinco) dias se:

I - o acesso ao documento, dado ou informação não classificada como sigilosa for negado;

II - a decisão de negativa de acesso ao documento, dado ou informação, total ou parcialmente classificada como sigilosa, não indicar a autoridade classificadora ou a hierarquicamente superior a quem possa ser dirigido o pedido de acesso ou desclassificação;

III - os procedimentos de classificação de sigilo estabelecidos na Lei federal nº 12.527, de 18 de novembro de 2011, não tiverem sido observados;

IV - estiverem sendo descumpridos prazos ou outros procedimentos revistos na Lei federal nº 12.527, de 18 de novembro de 2011.

§ 1º - O recurso previsto neste artigo somente poderá ser dirigido à Corregedoria Geral da Administração depois de submetido à apreciação de pelo menos uma autoridade hierarquicamente superior àquela que exarou a decisão impugnada, nos termos do parágrafo único do artigo 19 deste decreto.

§ 2º - Verificada a procedência das razões do recurso, a Corregedoria Geral da Administração determinará ao órgão ou entidade que adote as providências necessárias para dar cumprimento ao disposto na Lei federal nº 12.527, de 18 de novembro de 2011, e neste decreto.

Artigo 21 - Negado o acesso ao documento, dado ou informação pela Corregedoria Geral da Administração, o requerente poderá, no prazo de 10 (dez) dias a contar

da sua ciência, interpor recurso à Comissão Estadual de Acesso à Informação, de que trata o artigo 76 deste decreto.
Artigo 22 - Aplica-se, no que couber, a Lei estadual nº 10.177, de 30 de dezembro de 1998, ao procedimento de que trata este Capítulo.

CAPÍTULO III
Da Divulgação de Documentos, Dados e Informações

Artigo 23 - É dever dos órgãos e entidades da Administração Pública Estadual promover, independentemente de requerimentos, a divulgação em local de fácil acesso, no âmbito de suas competências, de documentos, dados e informações de interesse coletivo ou geral por eles produzidas ou custodiadas.
§ 1º - Na divulgação das informações a que se refere o "caput" deste artigo, deverão constar, no mínimo:
1. registro das competências e estrutura organizacional, endereços e telefones das respectivas unidades e horários de atendimento ao público;
2. registros de quaisquer repasses ou transferências de recursos financeiros;
3. registros de receitas e despesas;
4. informações concernentes a procedimentos licitatórios, inclusive os respectivos editais e resultados, bem como a todos os contratos celebrados;
5. relatórios, estudos e pesquisas;
6. dados gerais para o acompanhamento da execução orçamentária, de programas, ações, projetos e obras de órgãos e entidades;
7. respostas a perguntas mais frequentes da sociedade.
§ 2º - Para o cumprimento do disposto no "caput" deste artigo, os órgãos e entidades estaduais deverão utilizar todos os meios e instrumentos legítimos de que dispuserem, sendo obrigatória a divulgação em sítios oficiais da rede mundial de computadores (internet).
§ 3º - Os sítios de que trata o § 2º deste artigo deverão atender, entre outros, aos seguintes requisitos:
1. conter ferramenta de pesquisa de conteúdo que permita o acesso à informação de forma objetiva, transparente, clara e em linguagem de fácil compreensão;
2. possibilitar a gravação de relatórios em diversos formatos eletrônicos, inclusive abertos e não proprietários, tais como planilhas e texto, de modo a facilitar a análise das informações;
3. possibilitar o acesso automatizado por sistemas externos em formatos abertos, estruturados e legíveis por máquina;
4. divulgar em detalhes os formatos utilizados para estruturação da informação;
5. garantir a autenticidade e a integridade das informações disponíveis para acesso;
6. manter atualizadas as informações disponíveis para acesso;
7. indicar local e instruções que permitam ao interessado comunicar-se, por via eletrônica ou telefônica, com o órgão ou entidade detentora do sítio;
8. adotar as medidas necessárias para garantir a acessibilidade de conteúdo para pessoas com deficiência, nos termos do artigo 17 da Lei federal nº 10.098, de 19 de dezembro de 2000, artigo 9° da Convenção sobre os Direitos das Pessoas com Deficiência, aprovada pelo Decreto Legislativo nº 186, de 9 de julho de 2008, e da Lei estadual n° 12.907, de 15 de abril de 2008.
Artigo 24 - Os documentos que contenham informações que se enquadrem nos casos referidos no artigo anterior deverão estar cadastrados no Sistema Informatizado Unificado de Gestão Arquivística de Documentos e Informações - SPdoc.
Artigo 25 - A autoridade máxima de cada órgão ou entidade estadual publicará, anualmente, em sítio próprio, bem como no Portal da Transparência e do Governo Aberto:
I - rol de documentos, dados e informações que tenham sido desclassificadas nos últimos 12 (doze) meses;
II - rol de documentos classificados em cada grau de sigilo, com identificação para referência futura;
III - relatório estatístico contendo a quantidade de pedidos de informação recebidos, atendidos e indeferidos, bem como informações genéricas sobre os solicitantes.
Parágrafo único - Os órgãos e entidades da Administração Pública Estadual deverão manter exemplar da publicação prevista no "caput" deste artigo para consulta pública em suas sedes, bem como o extrato com o rol de documentos, dados e informações classificadas, acompanhadas da data, do grau de sigilo e dos fundamentos da classificação.
Artigo 26 - Os órgãos e entidades da Administração Pública Estadual deverão prestar no prazo de 60 (sessenta) dias, para compor o "Catálogo de Sistemas e Bases de Dados da Administração Pública do Estado de São Paulo - CSBD", as seguintes informações:
I - tamanho e descrição do conteúdo das bases de dados;
II - metadados;
III - dicionário de dados com detalhamento de conteúdo;
IV - arquitetura da base de dados;
V - periodicidade de atualização;
VI - software da base de dados;
VII - existência ou não de sistema de consulta à base de dados e sua linguagem de programação;
VIII - formas de consulta, acesso e obtenção à base de dados.
§ 1º - Os órgãos e entidades da Administração Pública Estadual deverão indicar o setor responsável pelo fornecimento e atualização permanente de dados e informações que compõem o "Catálogo de Sistemas e Bases de Dados da Administração Pública do Estado de São Paulo - CSBD".
§ 2º - O desenvolvimento do "Catálogo de Sistemas e Bases de Dados da Administração Pública do Estado de São Paulo - CSBD", coleta de informações, manutenção e atualização permanente ficará a cargo da Fundação Sistema Estadual de Análise de Dados - SEADE.
§ 3º - O "Catálogo de Sistemas e Bases de Dados da Administração Pública do Estado de São Paulo - CSBD", bem como as bases de dados da Administração Pública Estadual deverão estar disponíveis no Portal do Governo Aberto e no Portal da Transparência, nos termos dos Decretos nº 57.500, de 8 de novembro de 2011, e nº 55.559, de 12 de março de 2010, com todos os elementos necessários para permitir sua utilização por terceiros, como a arquitetura da base e o dicionário de dados.

CAPÍTULO IV
Das Restrições de Acesso a Documentos, Dados e Informações
SEÇÃO I
Disposições Gerais

Artigo 27 - São consideradas passíveis de restrição de acesso, no âmbito da Administração Pública Estadual, duas categorias de documentos, dados e informações:
I - Sigilosos: aqueles submetidos temporariamente à restrição de acesso público em razão de sua imprescindibilidade para a segurança da sociedade e do Estado;
II - Pessoais: aqueles relacionados à pessoa natural identificada ou identificável, relativas à intimidade, vida privada, honra e imagem das pessoas, bem como às liberdades e garantias individuais.
Parágrafo único - Cabe aos órgãos e entidades da Administração Pública Estadual, por meio de suas respectivas

Comissões de Avaliação de Documentos e Acesso - CADA, a que se referem os artigos 11 e 12 deste decreto, promover os estudos necessários à elaboração de tabela com a identificação de documentos, dados e informações sigilosas e pessoais, visando assegurar a sua proteção.

Artigo 28 - Não poderá ser negado acesso à informação necessária à tutela judicial ou administrativa de direitos fundamentais.

Parágrafo único - Os documentos, dados e informações que versem sobre condutas que impliquem violação dos direitos humanos praticada por agentes públicos ou a mando de autoridades públicas não poderão ser objeto de restrição de acesso.

Artigo 29 - O disposto neste decreto não exclui as demais hipóteses legais de sigilo e de segredo de justiça nem as hipóteses de segredo industrial decorrentes da exploração direta de atividade econômica pelo Estado ou por pessoa física ou entidade privada que tenha qualquer vínculo com o poder público.

SEÇÃO II
Da Classificação, Reclassificação e Desclassificação de Documentos, Dados e Informações Sigilosas

Artigo 30 - São considerados imprescindíveis à segurança da sociedade ou do Estado e, portanto, passíveis de classificação de sigilo, os documentos, dados e informações cuja divulgação ou acesso irrestrito possam:

I - pôr em risco a defesa e a soberania nacionais ou a integridade do território nacional;

II - prejudicar ou pôr em risco a condução de negociações ou as relações internacionais do País, ou as que tenham sido fornecidas em caráter sigiloso por outros Estados e organismos internacionais;

III - pôr em risco a vida, a segurança ou a saúde da população;

IV - oferecer elevado risco à estabilidade financeira, econômica ou monetária do País;

V - prejudicar ou causar risco a planos ou operações estratégicos das Forças Armadas;

VI - prejudicar ou causar risco a projetos de pesquisa e desenvolvimento científico ou tecnológico, assim como a sistemas, bens, instalações ou áreas de interesse estratégico nacional;

VII - pôr em risco a segurança de instituições ou de altas autoridades nacionais ou estrangeiras e seus familiares;

VIII - comprometer atividades de inteligência, bem como de investigação ou fiscalização em andamento, relacionadas com a prevenção ou repressão de infrações.

Artigo 31 - Os documentos, dados e informações sigilosas em poder de órgãos e entidades da Administração Pública Estadual, observado o seu teor e em razão de sua imprescindibilidade à segurança da sociedade ou do Estado, poderão ser classificados nos seguintes graus:

I - ultrassecreto;

II - secreto;

III - reservado.

§ 1º - Os prazos máximos de restrição de acesso aos documentos, dados e informações, conforme a classificação prevista no "caput" e incisos deste artigo, vigoram a partir da data de sua produção e são os seguintes:

1. ultrassecreto: até 25 (vinte e cinco) anos;
2. secreto: até 15 (quinze) anos;
3. reservado: até 5 (cinco) anos.

§ 2º - Os documentos, dados e informações que puderem colocar em risco a segurança do Governador e Vice-Governador do Estado e respectivos cônjuges e filhos (as) serão classificados como reservados e ficarão sob sigilo até o término do mandato em exercício ou do último mandato, em caso de reeleição.

§ 3º - Alternativamente aos prazos previstos no § 1º deste artigo, poderá ser estabelecida como termo final de restrição de acesso a ocorrência de determinado evento, desde que este ocorra antes do transcurso do prazo máximo de classificação.

§ 4º - Transcorrido o prazo de classificação ou consumado o evento que defina o seu termo final, o documento, dado ou informação tornar-se-á, automaticamente, de acesso público.

§ 5º - Para a classificação do documento, dado ou informação em determinado grau de sigilo, deverá ser observado o interesse público da informação, e utilizado o critério menos restritivo possível, considerados:

1. a gravidade do risco ou dano à segurança da sociedade e do Estado;
2. o prazo máximo de restrição de acesso ou o evento que defina seu termo final.

Artigo 32 - A classificação de sigilo de documentos, dados e informações no âmbito da Administração Pública Estadual deverá ser realizada mediante:

I - publicação oficial, pela autoridade máxima do órgão ou entidade, de tabela de documentos, dados e informações sigilosas e pessoais, que em razão de seu teor e de sua imprescindibilidade à segurança da sociedade e do Estado ou à proteção da intimidade, da vida privada, da honra e imagem das pessoas, sejam passíveis de restrição de acesso, a partir do momento de sua produção,

II - análise do caso concreto pela autoridade responsável ou agente público competente, e formalização da decisão de classificação, reclassificação ou desclassificação de sigilo, bem como de restrição de acesso à informação pessoal, que conterá, no mínimo, os seguintes elementos:

a) assunto sobre o qual versa a informação;

b) fundamento da classificação, reclassificação ou desclassificação de sigilo, observados os critérios estabelecidos no artigo 31 deste decreto, bem como da restrição de acesso à informação pessoal;

c) indicação do prazo de sigilo, contado em anos, meses ou dias, ou do evento que defina o seu termo final, conforme limites previstos no artigo 31 deste decreto, bem como a indicação do prazo mínimo de restrição de acesso à informação pessoal;

d) identificação da autoridade que a classificou, reclassificou ou desclassificou.

Parágrafo único - O prazo de restrição de acesso contarse-á da data da produção do documento, dado ou informação.

Artigo 33 - A classificação de sigilo de documentos, dados e informações no âmbito da Administração Pública Estadual, a que se refere o inciso II do artigo 32 deste decreto, é de competência:

I - no grau de ultrassecreto, das seguintes autoridades:

a) Governador do Estado;

b) Vice-Governador do Estado;

c) Secretários de Estado e Procurador Geral do Estado;

d) Delegado Geral de Polícia e Comandante Geral da olícia Militar;

II - no grau de secreto, das autoridades referidas no inciso I deste artigo, das autoridades máximas de autarquias, fundações ou empresas públicas e sociedades de economia mista;

III - no grau de reservado, das autoridades referidas nos incisos I e II deste artigo e das que exerçam funções de direção, comando ou chefia, ou de hierarquia equivalente, de acordo com regulamentação específica de cada órgão ou entidade, observado o disposto neste decreto.

§ 1º - A competência prevista nos incisos I e II deste artigo, no que se refere à classificação como ultrassecreta e secreta, poderá ser delegada pela autoridade responsável a agente público, vedada a subdelegação.
§ 2º - A classificação de documentos, dados e informações no grau de sigilo ultrassecreto pelas autoridades previstas na alínea "d" do inciso I deste artigo deverá ser ratificada pelo Secretário da Segurança Pública, no prazo de 10 (dez) dias.
§ 3º - A autoridade ou outro agente público que classificar documento, dado e informação como ultrassecreto deverá encaminhar a decisão de que trata o inciso II do artigo 32 deste decreto, à Comissão Estadual de Acesso à Informação, a que se refere o artigo 76 deste diploma legal, no prazo previsto em regulamento.
Artigo 34 - A classificação de documentos, dados e informações será reavaliada pela autoridade classificadora ou por autoridade hierarquicamente superior, mediante provocação ou de ofício, nos termos e prazos previstos em regulamento, com vistas à sua desclassificação ou à redução do prazo de sigilo, observado o disposto no artigo 31 deste decreto.
§ 1º - O regulamento a que se refere o "caput" deste artigo deverá considerar as peculiaridades das informações produzidas no exterior por autoridades ou agentes públicos.
§ 2º - Na reavaliação a que se refere o "caput" deste artigo deverão ser examinadas a permanência dos motivos do sigilo e a possibilidade de danos decorrentes do acesso ou da divulgação da informação.
§ 3º - Na hipótese de redução do prazo de sigilo da informação, o novo prazo de restrição manterá como termo inicial a data da sua produção.

SEÇÃO III
Da Proteção de Documentos, Dados e Informações Pessoais

Artigo 35 - O tratamento de documentos, dados e informações pessoais deve ser feito de forma transparente e com respeito à intimidade, vida privada, honra e imagem das pessoas, bem como às liberdades e garantias individuais.
§ 1º - Os documentos, dados e informações pessoais, a que se refere este artigo, relativas à intimidade, vida privada, honra e imagem:
1. terão seu acesso restrito, independentemente de classificação de sigilo e pelo prazo máximo de 100 (cem) anos a contar da sua data de produção, a agentes públicos legalmente autorizados e à pessoa a que elas se referirem;
2. poderão ter autorizada sua divulgação ou acesso por terceiros diante de previsão legal ou consentimento expresso da pessoa a que elas se referirem.
§ 2º - Aquele que obtiver acesso às informações de que trata este artigo será responsabilizado por seu uso indevido.
§ 3º - O consentimento referido no item 2 do § 1º deste artigo não será exigido quando as informações forem necessárias:
1. à prevenção e diagnóstico médico, quando a pessoa estiver física ou legalmente incapaz, e para utilização única e exclusivamente para o tratamento médico;
2. à realização de estatísticas e pesquisas científicas de evidente interesse público ou geral, previstos em lei, sendo vedada a identificação da pessoa a que as informações se referirem;
3. ao cumprimento de ordem judicial;
4. à defesa de direitos humanos;
5. à proteção do interesse público e geral preponderante.
§ 4º - A restrição de acesso aos documentos, dados e informações relativos à vida privada, honra e imagem de pessoa não poderá ser invocada com o intuito de prejudicar processo de apuração de irregularidades em que o titular das informações estiver envolvido, bem como em ações voltadas para a recuperação de fatos históricos de maior relevância.
§ 5º - Os documentos, dados e informações identificados como pessoais somente poderão ser fornecidos pessoalmente, com a identificação do interessado.

SEÇÃO IV
Da Proteção e do Controle de Documentos, Dados e Informações Sigilosos

Artigo 36 - É dever da Administração Pública Estadual controlar o acesso e a divulgação de documentos, dados e informações sigilosos sob a custódia de seus órgãos e entidades, assegurando a sua proteção contra perda, alteração indevida, acesso, transmissão e divulgação não autorizados.
§ 1º - O acesso, a divulgação e o tratamento de documentos, dados e informações classificados como sigilosos ficarão restritos a pessoas que tenham necessidade de conhecê-la e que sejam devidamente credenciadas na forma dos artigos 62 a 65 deste decreto, sem prejuízo das atribuições dos agentes públicos autorizados por lei.
§ 2º - O acesso aos documentos, dados e informações classificados como sigilosos ou identificados como pessoais, cria a obrigação para aquele que as obteve de resguardar restrição de acesso.
Artigo 37 - As autoridades públicas adotarão as providências necessárias para que o pessoal a elas subordinado hierarquicamente conheça as normas e observe as medidas e procedimentos de segurança para tratamento de documentos, dados e informações sigilosos e pessoais.
Parágrafo único - A pessoa física ou entidade privada que, em razão de qualquer vínculo com o poder público executar atividades de tratamento de documentos, dados e informações sigilosos e pessoais adotará as providências necessárias para que seus empregados, prepostos ou representantes observem as medidas e procedimentos de segurança das informações resultantes da aplicação deste decreto.
Artigo 38 - O acesso a documentos, dados e informações sigilosos, originários de outros órgãos ou instituições privadas, custodiados para fins de instrução de procedimento, processo administrativo ou judicial, somente poderá ser realizado para outra finalidade se autorizado pelo agente credenciado do respectivo órgão, entidade ou instituição de origem.

SUBSEÇÃO I
Da Produção, do Registro, Expedição, Tramitação e Guarda

Artigo 39 - A produção, manuseio, consulta, transmissão, manutenção e guarda de documentos, dados e informações sigilosos observarão medidas especiais de segurança.
Artigo 40 - Os documentos sigilosos em sua expedição e tramitação obedecerão às seguintes prescrições:
I - deverão ser registrados no momento de sua produção, prioritariamente em sistema informatizado de gestão arquivística de documentos;
II - serão acondicionados em envelopes duplos;
III - no envelope externo não constará qualquer indicação do grau de sigilo ou do teor do documento;
IV - o envelope interno será fechado, lacrado e expedido mediante relação de remessa, que indicará, necessariamente, remetente, destinatário, número de registro e o grau de sigilo do documento;

V - para os documentos sigilosos digitais deverão ser observadas as prescrições referentes à criptografia.

Artigo 41 - A expedição, tramitação e entrega de documento ultrassecreto e secreto, deverá ser efetuadas pessoalmente, por agente público credenciado, sendo vedada a sua postagem.

Parágrafo único - A comunicação de informação de natureza ultrassecreta e secreta, de outra forma que não a prescrita no "caput" deste artigo, só será permitida excepcionalmente e em casos extremos, que requeiram tramitação e solução imediatas, em atendimento ao princípio da oportunidade e considerados os interesses da segurança da sociedade e do Estado, utilizando-se o adequado meio de criptografia.

Artigo 42 - A expedição de documento reservado poderá ser feita mediante serviço postal, com opção de registro, mensageiro oficialmente designado, sistema de encomendas ou, quando for o caso, mala diplomática.

Parágrafo único - A comunicação dos documentos de que trata este artigo poderá ser feita por outros meios, desde que sejam usados recursos de criptografia compatíveis com o grau de sigilo do documento, conforme previsto nos artigos 51 a 56 deste decreto.

Artigo 43 - Cabe aos agentes públicos credenciados responsáveis pelo recebimento de documentos sigilosos:

I - verificar a integridade na correspondência recebida e registrar indícios de violação ou de qualquer irregularidade, dando ciência do fato ao seu superior hierárquico e ao destinatário, o qual informará imediatamente ao remetente;

II - proceder ao registro do documento e ao controle de sua tramitação.

Artigo 44 - O envelope interno só será aberto pelo destinatário, seu representante autorizado ou autoridade competente hierarquicamente superior, observados os requisitos do artigo 62 deste decreto.

Artigo 45 - O destinatário de documento sigiloso comunicará imediatamente ao remetente qualquer indício de violação ou adulteração do documento.

Artigo 46 - Os documentos, dados e informações sigilosos serão mantidos em condições especiais de segurança, na forma do regulamento interno de cada órgão ou entidade.

Parágrafo único - Para a guarda de documentos secretos e ultrassecretos deverá ser utilizado cofre forte ou estrutura que ofereça segurança equivalente ou superior.

Artigo 47 - Os agentes públicos responsáveis pela guarda ou custódia de documentos sigilosos os transmitirão a seus substitutos, devidamente conferidos, quando da passagem ou transferência de responsabilidade.

SUBSEÇÃO II
Da Marcação

Artigo 48 - O grau de sigilo será indicado em todas as páginas do documento, nas capas e nas cópias, se houver, pelo produtor do documento, dado ou informação, após classificação, ou pelo agente classificador que juntar a ele documento ou informação com alguma restrição de acesso.

§ 1º - Os documentos, dados ou informações cujas partes contenham diferentes níveis de restrição de acesso devem receber diferentes marcações, mas no seu todo, será tratado nos termos de seu grau de sigilo mais elevado.

§ 2º - A marcação será feita em local que não comprometa a leitura e compreensão do conteúdo do documento e em local que possibilite sua reprodução em eventuais cópias.

§ 3º - As páginas serão numeradas seguidamente, devendo a juntada ser precedida de termo próprio consignando o número total de folhas acrescidas ao documento.

§ 4º - A marcação deverá ser necessariamente datada.

Artigo 49 - A marcação em extratos de documentos, esboços, desenhos, fotografias, imagens digitais, multimídia, negativos, diapositivos, mapas, cartas e fotocartas obedecerá ao prescrito no artigo 48 deste decreto.

§ 1º - Em fotografias e reproduções de negativos sem legenda, a indicação do grau de sigilo será no verso e nas respectivas embalagens.

§ 2º - Em filmes cinematográficos, negativos em rolos contínuos e microfilmes, a categoria e o grau de sigilo serão indicados nas imagens de abertura e de encerramento de cada rolo, cuja embalagem será tecnicamente segura e exibirá a classificação do conteúdo.

§ 3º - Os esboços, desenhos, fotografias, imagens digitais, multimídia, negativos, diapositivos, mapas, cartas e fotocartas de que trata esta seção, que não apresentem condições para a indicação do grau de sigilo, serão guardados em embalagens que exibam a classificação correspondente à classificação do conteúdo.

Artigo 50 - A marcação da reclassificação e da desclassificação de documentos, dados ou informações sigilosos obedecerá às mesmas regras da marcação da classificação.

Parágrafo único - Havendo mais de uma marcação, prevalecerá a mais recente.

SUBSEÇÃO III
Da Criptografia

Artigo 51 - Fica autorizado o uso de código, cifra ou sistema de criptografia no âmbito da Administração Pública Estadual e das instituições de caráter público para assegurar o sigilo de documentos, dados e informações.

Artigo 52 - Para circularem fora de área ou instalação sigilosa, os documentos, dados e informações sigilosos, produzidos em suporte magnético ou óptico, deverão necessariamente estar criptografados.

Artigo 53 - A aquisição e uso de aplicativos de criptografia no âmbito da Administração Pública Estadual sujeitar-se-ão às normas gerais baixadas pelo Comitê de Qualidade da Gestão Pública - CQGP.

Parágrafo único - Os programas, aplicativos, sistemas e equipamentos de criptografia são considerados sigilosos e deverão, antecipadamente, ser submetidos à certificação de conformidade.

Artigo 54 - Aplicam-se aos programas, aplicativos, sistemas e equipamentos de criptografia todas as medidas de segurança previstas neste decreto para os documentos, dados e informações sigilosos e também os seguintes procedimentos:

I - realização de vistorias periódicas, com a finalidade de assegurar uma perfeita execução das operações criptográficas;

II - elaboração de inventários completos e atualizados do material de criptografia existente;

III - escolha de sistemas criptográficos adequados a cada destinatário, quando necessário;

IV - comunicação, ao superior hierárquico ou à autoridade competente, de qualquer anormalidade relativa ao sigilo, à inviolabilidade, à integridade, à autenticidade, à legitimidade e à disponibilidade de documentos, dados e informações sigilosos criptografados;

V - identificação e registro de indícios de violação ou interceptação ou de irregularidades na transmissão ou recebimento

de documentos, dados e informações criptografados.

§ 1º - A autoridade máxima do órgão ou entidade da Administração Pública Estadual responsável pela custódia de documentos, dados e informações sigilosos e detentor de material criptográfico designará um agente público responsável pela segurança criptográfica, devidamente credenciado, que deverá observar os procedimentos previstos no "caput" deste artigo.

§ 2º - O agente público referido no § 1º deste artigo deverá providenciar as condições de segurança necessárias ao resguardo do sigilo de documentos, dados e informações durante sua produção, tramitação e guarda, em suporte magnético ou óptico, bem como a segurança dos equipamentos e sistemas utilizados.

§ 3º - As cópias de segurança de documentos, dados e informações sigilosos deverão ser criptografados, observadas as disposições dos §§ 1º e 2º deste artigo.

Artigo 55 - Os equipamentos e sistemas utilizados para a produção e guarda de documentos, dados e informações sigilosos poderão estar ligados a redes de comunicação de dados desde que possuam sistemas de proteção e segurança adequados, nos termos das normas gerais baixadas pelo Comitê de Qualidade da Gestão Pública - CQGP.

Artigo 56 - Cabe ao órgão responsável pela criptografia de documentos, dados e informações sigilosos providenciar a sua descriptação após a sua desclassificação.

SUBSEÇÃO IV
Da Preservação e Eliminação

Artigo 57 - Aplicam-se aos documentos, dados e informações sigilosos os prazos de guarda estabelecidos na Tabela de Temporalidade de Documentos das Atividades-Meio, oficializada pelo Decreto nº 48.898, de 27 de agosto de 2004, e nas Tabelas de Temporalidade de Documentos das Atividades-Fim, oficializadas pelos órgãos e entidades da Administração Pública Estadual, ressalvado o disposto no artigo 59 deste decreto.

Artigo 58 - Os documentos, dados e informações sigilosos considerados de guarda permanente, nos termos dos Decretos nº 48.897 e nº 48.898, ambos de 27 de agosto de 2004, somente poderão ser recolhidos à Unidade do Arquivo Público do Estado após a sua desclassificação.

Parágrafo único - Excetuam-se do disposto no "caput" deste artigo, os documentos de guarda permanente de órgãos ou entidades extintos ou que cessaram suas atividades, em conformidade com o artigo 7, § 2º, da Lei federal nº 8.159, de 8 de janeiro de 1991, e com o artigo 1º, § 2º, do Decreto nº 48.897, de 27 de agosto de 2004.

Artigo 59 - Decorridos os prazos previstos nas tabelas de temporalidade de documentos, os documentos, dados e informações sigilosos de guarda temporária somente poderão ser eliminados após 1 (um) ano, a contar da data de sua desclassificação, a fim de garantir o pleno acesso às informações neles contidas.

Artigo 60 - A eliminação de documentos dados ou informações sigilosos em suporte magnético ou ótico que não possuam valor permanente deve ser feita, por método que sobrescreva as informações armazenadas, após sua desclassificação.

Parágrafo único - Se não estiver ao alcance do órgão a eliminação que se refere o "caput" deste artigo, deverá ser providenciada a destruição física dos dispositivos de armazenamento.

SUBSEÇÃO V
Da Publicidade de Atos Administrativos

Artigo 61 - A publicação de atos administrativos referentes a documentos, dados e informações sigilosos poderá ser efetuada mediante extratos, com autorização da autoridade classificadora ou hierarquicamente superior.

§ 1º - Os extratos referidos no "caput" deste artigo limitar-se-ão ao seu respectivo número, ao ano de edição e à sua ementa, redigidos por agente público credenciado, de modo a não comprometer o sigilo.

§ 2º - A publicação de atos administrativos que trate de documentos, dados e informações sigilosos para sua divulgação ou execução dependerá de autorização da autoridade classificadora ou autoridade competente hierarquicamente superior.

SUBSEÇÃO VI
Da Credencial de Segurança

Artigo 62 - O credenciamento e a necessidade de conhecer são condições indispensáveis para que o agente público estadual no efetivo exercício de cargo, função, emprego ou atividade tenha acesso a documentos, dados e informações sigilosos equivalentes ou inferiores ao de sua credencial de segurança.

Artigo 63 - As credenciais de segurança referentes aos graus de sigilo previstos no artigo 31 deste decreto, serão classificadas nos graus de sigilo ultrassecreta, secreta ou reservada.

Artigo 64 - A credencial de segurança referente à informação pessoal, prevista no artigo 35 deste decreto, será identificada como personalíssima.

Artigo 65 - A emissão da credencial de segurança compete às autoridades máximas de órgãos e entidades da Administração Pública Estadual, podendo ser objeto de delegação.

§ 1º - A credencial de segurança será concedida mediante termo de compromisso de preservação de sigilo, pelo qual os agentes públicos responsabilizam-se por não revelarem ou divulgarem documentos, dados ou informações sigilosos dos quais tiverem conhecimento direta ou indiretamente no exercício de cargo, função ou emprego público.

§ 2º - Para a concessão de credencial de segurança serão avaliados, por meio de investigação, os requisitos profissionais, funcionais e pessoais dos propostos.

§ 3º - A validade da credencial de segurança poderá ser limitada no tempo e no espaço.

§ 4º - O compromisso referido no "caput" deste artigo persistirá enquanto durar o sigilo dos documentos a que tiveram acesso.

SUBSEÇÃO VII
Da Reprodução e Autenticação

Artigo 66 - Os Serviços de Informações ao Cidadão - SIC dos órgãos e entidades da Administração Pública Estadual fornecerão, desde que haja autorização expressa das autoridades classificadoras ou das autoridades hierarquicamente superiores, reprodução total ou parcial de documentos, dados e informações sigilosos.

§ 1º - A reprodução do todo ou de parte de documentos, dados e informações sigilosos terá o mesmo grau de sigilo dos documentos, dados e informações originais.

§ 2º - A reprodução e autenticação de cópias de documentos, dados e informações sigilosos serão realizadas por agentes públicos credenciados.

§ 3º - Serão fornecidas certidões de documentos sigilosos que não puderem ser reproduzidos integralmente, em razão das restrições legais ou do seu estado de conservação.

§ 4º - A reprodução de documentos, dados e informações pessoais que possam comprometer a intimidade, a vida privada, a honra ou a imagem de terceiros poderá ocorrer desde que haja autorização nos termos item 2 do § 1º do artigo 35 deste decreto.

Artigo 67 - O responsável pela preparação ou reprodução de documentos sigilosos deverá providenciar a eliminação de provas ou qualquer outro recurso, que possam dar origem à cópia não autorizada do todo ou parte.

Artigo 68 - Sempre que a preparação, impressão ou, se for o caso, reprodução de documentos, dados e informações sigilosos forem efetuadas em tipografias, impressoras, oficinas gráficas, ou similares, essa operação deverá ser acompanhada por agente público credenciado, que será responsável pela garantia do sigilo durante a confecção do documento.

SUBSEÇÃO VIII
Da Gestão de Contratos

Artigo 69 - O contrato cuja execução implique o acesso por parte da contratada a documentos, dados ou informações sigilosos, obedecerá aos seguintes requisitos:

I - assinatura de termo de compromisso de manutenção de sigilo;

II - o contrato conterá cláusulas prevendo:

a) obrigação de o contratado manter o sigilo relativo ao objeto contratado, bem como à sua execução;

b) obrigação de o contratado adotar as medidas de segurança adequadas, no âmbito de suas atividades, para a manutenção do sigilo de documentos, dados e informações aos quais teve acesso;

c) identificação, para fins de concessão de credencial de segurança, das pessoas que, em nome da contratada, terão acesso a documentos, dados e informações sigilosos.

Artigo 70 - Os órgãos contratantes da Administração Pública Estadual fiscalizarão o cumprimento das medidas necessárias à proteção dos documentos, dados e informações de natureza sigilosa transferidos aos contratados ou decorrentes da execução do contrato.

CAPÍTULO V
Das Responsabilidades

Artigo 71 - Constituem condutas ilícitas que ensejam responsabilidade do agente público:

I - recusar-se a fornecer documentos, dados e informações requeridas nos termos deste decreto, retardar deliberadamente o seu fornecimento ou fornecê-la intencionalmente de forma incorreta, incompleta ou imprecisa;

II - utilizar indevidamente, bem como subtrair, destruir, inutilizar, desfigurar, alterar ou ocultar, total ou parcialmente, documento, dado ou informação que se encontre sob sua guarda ou a que tenha acesso ou conhecimento em razão do exercício das atribuições de cargo, emprego ou função pública;

III - agir com dolo ou má-fé na análise das solicitações de acesso a documento, dado e informação;

IV - divulgar ou permitir a divulgação ou acessar ou permitir acesso indevido ao documento, dado e informação sigilosos ou pessoal;

V - impor sigilo a documento, dado e informação para obter proveito pessoal ou de terceiro, ou para fins de ocultação de ato ilegal cometido por si ou por outrem;

VI - ocultar da revisão de autoridade superior competente documento, dado ou informação sigilosos para beneficiar a si ou a outrem, ou em prejuízo de terceiros;

VII - destruir ou subtrair, por qualquer meio, documentos concernentes a possíveis violações de direitos humanos por parte de agentes do Estado.

§ 1º - Atendido o princípio do contraditório, da ampla defesa e do devido processo legal, as condutas descritas no "caput" deste artigo serão apuradas e punidas na forma da legislação em vigor.

§ 2º - Pelas condutas descritas no "caput" deste artigo, poderá o agente público responder, também, por improbidade administrativa, conforme o disposto na Lei federal nº 8.429, de 2 de junho de 1992.

Artigo 72 - O agente público que tiver acesso a documentos, dados ou informações sigilosos, nos termos deste decreto, é responsável pela preservação de seu sigilo, ficando sujeito às sanções administrativas, civis e penais previstas na legislação, em caso de eventual divulgação não autorizada.

Artigo 73 - Os agentes responsáveis pela custódia de documentos e informações sigilosos sujeitam-se às normas referentes ao sigilo profissional, em razão do ofício, e ao seu código de ética específico, sem prejuízo das sanções legais.

Artigo 74 - A pessoa física ou entidade privada que detiver documentos, dados e informações em virtude de vínculo de qualquer natureza com o poder público e deixar de observar o disposto na Lei federal nº 12.527, de 18 de novembro de 2011, e neste decreto estará sujeita às seguintes sanções:

I - advertência;

II - multa;

III - rescisão do vínculo com o poder público;

IV - suspensão temporária de participar em licitação e impedimento de contratar com a Administração Pública Estadual por prazo não superior a 2 (dois) anos;

V - declaração de inidoneidade para licitar ou contratar com a Administração Pública Estadual, até que seja promovida a reabilitação perante a própria autoridade que aplicou a penalidade.

§ 1º - As sanções previstas nos incisos I, III e IV deste artigo poderão ser aplicadas juntamente com a do inciso II, assegurado o direito de defesa do interessado, no respectivo processo, no prazo de 10 (dez) dias.

§ 2º - A reabilitação referida no inciso V deste artigo será autorizada somente quando o interessado efetivar o ressarcimento ao órgão ou entidade dos prejuízos resultantes e decorrido o prazo da sanção aplicada com base no inciso IV.

§ 3º - A aplicação da sanção prevista no inciso V deste artigo é de competência exclusiva da autoridade máxima do órgão ou entidade pública, facultada a defesa do interessado, no respectivo processo, no prazo de 10 (dez) dias da abertura de vista.

Artigo 75 - Os órgãos e entidades estaduais respondem diretamente pelos danos causados em decorrência da divulgação não autorizada ou utilização indevida de documentos, dados e informações sigilosos ou pessoais, cabendo a apuração de responsabilidade funcional nos casos de dolo ou culpa, assegurado o respectivo direito de regresso.

Parágrafo único - O disposto neste artigo aplica-se à pessoa física ou entidade privada que, em virtude de vínculo de qualquer natureza com órgãos ou entidades estaduais, tenha acesso a documento, dado ou informação sigilosos ou pessoal e a submeta a tratamento indevido.

CAPÍTULO VI
Disposições Finais

Artigo 76 - O tratamento de documento, dado ou informação sigilosos resultante de tratados, acordos ou atos internacionais atenderá às normas e recomendações constantes desses instrumentos.

Artigo 77 - Aplica-se, no que couber, a Lei federal nº 9.507, de 12 de novembro de 1997, em relação à informação de pessoa, física ou jurídica, constante de registro ou banco de dados de entidades governamentais ou de caráter público.

Artigo 78 - Cabe à Secretaria de Gestão Pública:

I - realizar campanha de abrangência estadual de fomento à cultura da transparência na Administração Pública Estadual e conscientização do direito fundamental de acesso à informação;

II - promover treinamento de agentes públicos no que se refere ao desenvolvimento de práticas relacionadas à transparência na Administração Pública Estadual;

III - formular e implementar política de segurança da informação, em consonância com as diretrizes da política estadual de arquivos e gestão de documentos;

IV - propor e promover a regulamentação do credenciamento de segurança de pessoas físicas, empresas, órgãos e entidades da Administração Pública Estadual para tratamento de informações sigilosas e pessoais.

Artigo 79 - A Corregedoria Geral da Administração será responsável pela fiscalização da aplicação da Lei federal nº 12.527, de 18 de novembro de 2011, e deste decreto no âmbito da Administração Pública Estadual, sem prejuízo da atuação dos órgãos de controle interno.

Artigo 80 - Este decreto e suas disposições transitórias entram em vigor na data de sua publicação.

DISPOSIÇÕES TRANSITÓRIAS

Artigo 1º - Fica instituído Grupo Técnico, junto ao Comitê de Qualidade da Gestão Pública - CQGP, visando a promover os estudos necessários à criação, composição, organização e funcionamento da Comissão Estadual de Acesso à Informação.

Parágrafo único - O Presidente do Comitê de Qualidade da Gestão Pública designará, no prazo de 30 (trinta) dias, os membros integrantes do Grupo Técnico.

Artigo 2º - Os órgãos e entidades da Administração Pública Estadual deverão proceder à reavaliação dos documentos, dados e informações classificados como ultrassecretos e secretos no prazo máximo de 2 (dois) anos, contado do termo inicial de vigência da Lei federal nº 12.527, de 18 de novembro de 2011.

§ 1º - A restrição de acesso a documentos, dados e informações, em razão da reavaliação prevista no "caput" deste artigo, deverá observar os prazos e condições previstos na Lei federal nº 12.527, de 18 de novembro de 2011.

§ 2º - No âmbito da administração pública estadual, a reavaliação prevista no "caput" deste artigo poderá ser revista, a qualquer tempo, pela Comissão Estadual de Acesso à Informação, observados os termos da Lei federal nº 12.527, de 18 de novembro de 2011, e deste decreto.

§ 3º - Enquanto não transcorrido o prazo de reavaliação previsto no "caput" deste artigo, será mantida a classificação dos documentos, dados e informações nos termos da legislação precedente.

§ 4º - Os documentos, dados e informações classificados como secretos e ultrassecretos não reavaliados no prazo previsto no "caput" deste artigo serão considerados, automaticamente, de acesso público.

Artigo 3º - No prazo de 30 (trinta) dias, a contar da vigência deste decreto, a autoridade máxima de cada órgão ou entidade da Administração Pública Estadual designará subordinado para, no âmbito do respectivo órgão ou entidade, exercer as seguintes atribuições:

I - planejar e propor, no prazo de 90 (noventa) dias, os recursos organizacionais, materiais e humanos, bem como as demais providências necessárias à instalação e funcionamento dos Serviços de Informações ao Cidadão - SIC, a que se refere o artigo 7º deste decreto;

II - assegurar o cumprimento das normas relativas ao acesso a documentos, dados ou informações, de forma eficiente e adequada aos objetivos da Lei federal nº 12.527, de 18 de novembro de 2011, e deste decreto;

III - orientar e monitorar a implementação do disposto na Lei federal nº 12.527, de 18 de novembro de 2011, e neste decreto, e apresentar relatórios periódicos sobre o seu cumprimento;

IV - recomendar as medidas indispensáveis à implementação e ao aperfeiçoamento das normas e procedimentos necessários ao correto cumprimento do disposto neste decreto;

V - promover a capacitação, o aperfeiçoamento e a atualização de pessoal que desempenhe atividades inerentes à salvaguarda de documentos, dados e informações sigilosos e pessoais.

Artigo 4º - As Comissões de Avaliação de Documentos e Acesso - CADA deverão apresentar à autoridade máxima do órgão ou entidade, plano e cronograma de trabalho, no prazo de 30 (trinta) dias, para o cumprimento das atribuições previstas no artigo 6º, incisos I e II, e artigo 32, inciso I, deste decreto. Palácio dos Bandeirantes, 16 de maio de 2012

GERALDO ALCKMIN

Cód.: 1189
Polícia Militar do Estado de São Paulo
Soldado PM 2ª Classe (Masculino)
10/14

Caro(a) leitor(a),

Sua opinião é fundamental para que possamos corrigir eventuais falhas e continuar melhorando sempre a qualidade de nosso material didático, de modo a atender cada vez mais às suas expectativas, como é o nosso objetivo.
Assim sendo, gostaríamos de saber o que você achou desta apostila e, para isto, solicitamos-lhe a gentileza de preencher o formulário abaixo e entregá-lo em qualquer agência dos Correios. A postagem é gratuita.

Agradecemos a sua colaboração.

Atenção: Esta carta não será respondida.

Para entrar em contato conosco, envie um e-mail para: *faleconosco@degraucultural.com.br*

Os Editores

Nome: ____________________

Formação: ____________ Atividade profissional: ____________

Endereço: ____________ Bairro: ____________

Cidade: ____________ UF: ______ CEP: ____________

Telefone residencial: ____________ Telefone comercial: ____________

E-mail: ____________ Fax: ____________

Título da apostila:

Edição: | **Código (favor ver na última página):**

Quais são os aspectos mais positivos desta apostila e como eles lhe foram úteis?

____

____

Que aspectos desta apostila você acha que poderiam ser melhorados e qual seria a sua sugestão?

____

____

Espaço reservado para outras observações que você queira fazer sobre este material:

____

____

corte aqui

cole aqui

dobre aqui

DEGRAU CULTURAL

Carta Resposta
099122107-9/2003-DR/RJ
Editora
Degrau Cultural
CORREIOS

CARTA RESPOSTA

NÃO É NECESSÁRIO SELAR

O selo será pago por

EDITORA DEGRAU CULTURAL

AG. AFONSO CAVALCANTI
20299-999 Rio de Janeiro - RJ